75년

1945~2020

한국의 직업교육훈련정책

- 포스트 코로나·한국판 뉴딜의 HRD 방향 -

이무근·이찬 공저

박영story

머리말

과거를 이해하고 현재를 알면 미래를 전망할 수 있다. 과거 없는 현재가 없고 현재 없는 미래도 없다. 이 두 구절은 시간의 연속성을 강조하면서 과거 · 현재 · 미래가 불가분의 관계임을 시사한다. 따라서 과거에 대한 존중, 현재에 대한 성찰, 미래에 대한 비전을 공유하지 못하면 발전을 기대하기 어렵다.

교육은 미래를 품고 있는 과업이기 때문에 교육개혁은 언제나 과거, 현재, 미래를 잇는 연속선상에서 계획, 실천, 평가되어야 한다. 그렇기 때문에 미래 교육을 계획하고 실행하는 데 직·간접으로 참여하는 모든 교육자는 과거와 현재를 냉철하게 되새겨 미래를 날카롭게 예견하고 비견해보는 안목과 식견이 필요하다.

한국은 지난 반세기 동안 어려운 여건들을 극복하면서 경이적인 경제 발전을 이루었다. 그 과정에 1996년에는 OECD에 가입했고, 2010년에는 개발원조위원회DAC회원국이 됨으로써 원조를 받던 수원국에서 경제를 지원해주는 공여국ODA이 되었다. 지금은 GDP가 3만 달러에 달하면서 선진국 문턱에 진입했다.

이와 같은 국가 발전에는 교육 특히 인적자원개발의 중추적 역할을 담당했던 직업교육훈련의 기여가 컸다. 그런데 인적자원개발을 위한 직업교육훈련을 실시하는 과정에 광복 이후 오늘에 이르기까지1945~2020 75여 년 동안 크고 작은 변화와 시련을 겪어야만했다. 산업화, 민주화, 세계화와 같은 시대변천에 따른 사회변화, 농경사회, 경공업, 중화학공업 및 고도산업화사회, 지식기반 사회, 4차 산업혁명과 같은 산업발달 단계에 따른 산업사회 변화, 때로는 예측하기 어려운 격변의 정권 교체를 겪는 정치적 변동 등의 다양한 변화에 대처해야만 했다. 지금은 세계가 코로나19에 휩싸여 신음하고 있다.

이런 와중에 각 정권별 직업교육훈련정책은 어떻게 기획 · 추진되었고, 성과는 어느 정도 달성되었으며, 기획 · 추진 과정에 제기된 문제점은 무엇이고, 이들이 미래의 직업교육훈련에 주는 시사점은 무엇인가 등을 종합적으로 고찰 해 볼 필요가 있다고 판단했다.

이런 문헌은 직업교육훈련정책을 담당하고 있는 교육행정가, 직업교육훈련을 직접 담당하고 있는 교원, 그리고 이런 분야를 전공하는 학자 및 후학들에게도 필요하다고 생각했다.

2017년은 필자가 교직에 종사한 지 50년이 되는 해였다. 지난 반세기 동안 직업교육훈련과 함께 교육자, 학자, 행정가로서 경험한 것과 축적한 지식을 체계적으로 정리하여 보고도 싶었다. 이러한 저서는 한 번으로 끝나는 것이 아니라 앞으로도 정권이 바뀌거나 시대가 바뀔 때마다 주기적으로 개정·보완하여 계속 발간할 필요가 있다고 느꼈다.

집필을 하면서 75여 년에 걸쳐 이루어진 여러 분야의 직업교육훈련정책을 둘이서 저술한다는 데에는 한계가 있고 역부족이라는 것도 알았다. 앞으로 후학들에 의해 미비한 부분은 수정·보완하고 더욱 발전시켜 계속 간행될 것을 기대하면서 미력하나마 이 책을 발간하고자 한다.

이 책의 집필 기본 방향은 세 가지 관점에서 구성했다. 첫 번째 관점은 직업교육훈련이 시대 변화, 산업발달 단계 변화, 정권 교체 등에 따라 어떻게 변동되었고, 성과와 문제, 그리고 시사점은 무엇인가를 규명하려 했다. 두 번째 관점은 직업교육훈련의 변화를 평생교육 체제와 진로개발 단계의 관점에서 고찰하려 했다. 즉 직업교육훈련을 교양교육으로서 초·중등학교에서의 직업교육진로 인지 및 탐색 단계, 직업 준비를 위한 중등 및 고등교육에서의 직업교육진로 준비 단계, 그리고 직업능력개발, 향상, 전직 등을 위한 평생교육사회교육을 통한 직업교육훈련진로 유지 및 개선 단계 등으로 구분하여 고찰했다. 세 번째 관점은 앞의 두 가지 관점 위에 미래변화를 전망하면서 미래 직업교육훈련정책의 방향을 모색하려 했다.

이 책은 5부 10장으로 구성되어 있다. 제1부는 '직업교육훈련의 기저'로 '삶과 일과 교육', '직업교육훈련의 기본 개념', '교양 직업교육' 등 3개의 장으로 구성되었다.

제1장 '삶과 일과 교육'에서는 삶의 목적과 행복의 조건, 일의 뜻과 기능, 교육의 의미 등을 서술하였다.

제2장 '직업교육훈련의 기본 개념'에서는 직업교육훈련의 정의, 목적, 특성, 개념체계, 정책 고찰의 관점 등을 논하였다.

제3장 '교양 직업교육'에서는 세 가지 관점에서 논했다. 첫째, 모든 국민이 일work을 근간으로 가정과 사회생활을 하는데 필요한 기초 능력과 실기 능력을 함양하기 위한 초등학교 실과와 중·고등학교 기술·가정교육에 관해 서술했다. 둘째, 우리 모두가 자신을 알고 직업세계를 이해하며 미래 변화를 전망하면서 진로를 인지·탐색하고 계획하게 하는 진로교육에 관해 논했다. 셋째, 어떤 직업에 종사하든 모든 직업인에게 공통적으로 필요한 역량으

로서 초·중등학교 보통교육에서 개발되어야 할 직업기초능력에 관하여 고찰하였다.

제2부는 '중등 직업교육' 1개의 장으로 구성되어 있다.

제4장 '중등 직업교육'에서는 정권별 중등 직업교육 정책 변동을 논하기 전에 우선 각 정권이 당시 처해 있던 정치, 경제, 사회 문화적 특성 등 시대적 배경을 서두에 간략히 서술했다. 그 후 고등학교 직업교육을 역대 정권별로 광복 후 이승만 정부부터 박근혜 정부1945~2017에 이르기까지 산업 발달 단계별로 구분하여 직업교육 정책의 수립·집행·성과와 문제의 관점에서 고찰하고 특성을 제시하려 했다.

제3부는 '고등 직업교육'을 '대학 교육'과 '전문대학 교육' 2 개장으로 나누어 서술했다.

제5장 '대학 교육'에서는 대학의 역할 변화 과정과 그 과정에서 교육중심 대학의 직업교육에 관해 논했다. 특히 대학에서의 직업교육을 역대 정권별로 구분하여 고찰하고 특성을 제시하려 했다.

제6장 '전문대학 교육'에서는 역대 정권별로 전문대학 교육을 구분하여 변동 과정을 고찰하고 특성을 제시하려 했다.

제4부에서는 '평생 직업교육훈련과 지원체제'에 관하여 서술하였다.

제7장 '평생교육사회교육을 통한 직업교육훈련'에서는 학교 체제하산업교육기관의 평생 직업교육훈련과, 직업능력개발훈련직업훈련, 직업능력개발, 국가공무원인재개발, 기업교육기업인적자원개발: 기업HRD, 사업내직업훈련, 학원평생직업교육학원 등을 통한 학교 외 직업교육훈련으로 구분하여 고찰하였다.

제8장에서는 '직업교육훈련을 위한 법제 및 지원 조직'에 관해 서술하였다.

제5부에서는 '미래 변화 전망과 직업교육훈련의 정책 방향'에 관해 서술하였다.

제9장 '미래 변화전망과 요구되는 인재상 및 역량, 광복 75년의 직업훈련 정책의 성과'에서는 미래를 전망하고, 미래 변화가 요구하는 인재상과 역량을 제시 한 후, 광복 후 75년간의 직업교육훈련정책의 공과를 고찰했다. 이어서 2018년 기준 한국 인적자원개발의 주요 지표를 제시하였다.

끝으로 제10장 '포스트 코로나·한국판 뉴딜의 HRD 방향'에서는 제1장부터 제9장에서 논의된 내용을 근거로 미래 직업교육훈련정책의 방향을 제시하였다.

이 책을 출판하는 과정에 여러 전문가의 도움을 받았다. 직업교육훈연 개념 정립, 교양 직업교육과 중등 직업교육에 관한 집필 체제와 목차 정리에 큰 도움을 주었고 연말연시의 바쁜 일정 속에서 원고 내용도 수정 보완2, 3, 4장해준 경인대학교 서우석 교수에게 진심으로 감사의 뜻을 표한다. 또한 대학 및 전문대학을 중심으로 한 고등 직업교육과 미래 직업교육 훈련 방향에 대해 원고를 아주 면밀하게 검토해 보완5, 6, 10장해 주고 전체 원고 집필 방향 및 내용 진술에 지침을 제시해 준 신구대학교 이길순 교수에게도 감사를 드린다. 아울러 중등 직업교육에 관한 원고를 검토4장하고 조언해준 전 교육부 중등직업교육정책과장 송달용 박사, 직업능력개발훈련에 관한 원고를 검토7장하고 좋은 의견을 제안해 준 전 한국직업능력개발원 정택수 박사님께도 깊은 감사의 뜻을 표한다. 그리고 편집과정에 창의적 아이디어를 제공하고, 원고 교정, 표지 디자인, 도비라와 일러스트 작업, 문헌수집 등에 많은 도움을 준 서울대학교 농산업교육과 산업인력개발전공 박복미 연구원에게도 그 동안의 노고에 깊은 감사의 뜻을 전하고 싶다.

끝으로 이 책이 출간될 수 있도록 최선을 다해주신 노현 대표님과 출판을 하는 과정에 윤문과 수정 작업도 세세한 부분까지 도와 준 박영스토리 출판인들에게 감사의 마음을 전한다.

저자 이 무 근 · 이 찬

차 례

PART 01

직업교육훈련의 기저

PART
02

중등 직업교육

PART 03

고등 직업교육

PART 04

평생 직업교육훈련과 지원 체제

PART
05

미래 변화 전망과 직업교육훈련의 방향

PART

01

직업교육훈련의 기저

CHAPTER 01

삶과 일과 교육

01 삶의 목적과 행복의 조건

1) 삶의 목적

통계청이 발표한 2018년 생명표에 따르면 한국인의 평균 기대 수명은 2020년 83.2세, 2067년에는 90.1세에 이를 전망이다. 앞으로도 남·녀의 평균 기대 수명은 계속 늘어날 전망이다. 2015년 유엔 보고서의 새 연령 분류에 따르면 17세 미만은 미성년, 18~65세는 청년, 66~79세는 중년, 80~99세는 노년, 100세 이상은 장수 노인으로 구분하고 있다. 따라서 발달 과업이나 진로 발달 단계도 곧 수정해야 할 것이다.

이와 같이 인생의 긴 여정을 무엇을 목적으로 어떻게 살아가야 할 것인가라는 문제는 대단히 중요하다. 왜냐하면 "왜 그리고 어떻게 살 것인가"라는 문제에 대한 기본적인 성찰 없이는 삶의 현장에서 부딪치는 크고 작은 문제에 대해 자신 있는 태도를 취할 수 없기 때문이다.

아리스토텔레스Aristoteles는 일찍이 모든 사람의 삶의 궁극적인 목적은 행복에 있다고 하였다. 즉, 사람들은 각각 다른 길에서 다양한 모습으로 생활하면서 무엇인가를 성취하려 애쓰고 있지만 결국 모든 사람이 행복을 추구하고 있다는 것이다.

그렇다면 행복이란 무엇인가? 행복이란 일반적으로 삶 전체에 대하여 한 인간이 느끼는 보람과 깊은 만족을 뜻한다. 자신의 삶이 소중하고 가치 있음을 깨닫고 만족할 때에 행복을 느낄 수 있다. 만족스러운 삶은 누군가에 의해 주어지는 것이 아니라 스스로 만들고 찾는 것이라는 점을 생각한다면, 자신이 이루고자 하는 과업을 성취하기 위해 노력하는 과정 역시 행복이라 할 수 있다.

그런데 사람에 따라 보람과 만족을 느끼는 대상이 서로 다를 수 있다. 그 만족의 대상을 돈·명예·지위와 같은 외면적 가치에 비중을 두는 경우가 있다. 반면에 사랑과 우정, 인격과 사상, 학문과 예술 같이 내면적 가치에서 찾으려는 사람도 있다.

이런 여러 가지 만족 중에서 인간이 만족을 느끼기 위해 공통적으로 바라는 다섯 가지 기본 조건이 있다. 즉, 몸이 아프지 않고건강, 물질적으로 곤란을 겪지 않으며경제적 안정, 자신의 꿈과 소망을 실현하고자아실현, 다른 사람과 사회, 국가에 도움을 주고 은혜를 베풀며봉사, 주변 사람과 화목하게 지내는 것원만한 인간관계이다.

2) 행복의 조건

(1) 건강

인간이 행복하기 위해서는 건강해야 한다. "건강한 신체에 건강한 정신이 깃든다."는 말이 있듯이, 우리는 건강할 때 만족스러운 삶을 영위할 수 있다. "인간이 일생을 살아가는 과정에서 재산을 잃는 것은 조금 잃는 것이고, 명예를 잃는 것은 많이 잃는 것이며, 건강을 잃는 것은 모두를 잃는 것이다."라는 말이 있다. 이는 건강이야말로 모든 사람에게 가장 소중하다는 것을 잘 표현해주는 말이다. 그러므로 항상 신체적으로 건강을 잘 유지해야 한다.

행복한 삶을 위해서는 정신적으로도 건강하여야 한다. 항상 바르고 곧게 살며, 남에게 도움을 주고 사랑하며 은혜를 베풀고, 명랑한 생활을 유지함으로써 사회질서와 안녕에도 이바지할 수 있어야 한다. 이렇게 신체적으로나 정신적으로 건강한 생활을 하는 것을 웰빙 well-being: 참살이이라고 한다.

건강은 인생의 대본[1]

농(農)은 천하지 대본(天下之大本)이요, 건강(健康)은 인생(人生)의 대본(大本)이다. 건강은 인간의 기초자본이요, 첫째가는 재산이다. 튼튼한 집을 지으려면 먼저 기초가 튼튼해야 하듯이, 행복한 인생을 건설하려면 우리의 몸이 건강해야 한다. 관리 중에서 가장 중요한 관리는 건강관리이다. 그러므로 인도의 위대한 지도자 간디는 이렇게 말했다.

"인간의 첫째 의무는 자기의 심신(心身)을 강건하게 하는 것이다".

건강은 돈으로 살 수도 없고 팔 수도 없다. 억만 금을 주어도 남의 건강을 살 수는 없다. 나 자신이 건강해지는 수밖에 없다. 건강은 남에게 빌려 줄 수도 없고 빌려 쓸 수도 없다. 건강을 잃어버리면 인생 만사(人生 萬事)가 무(無)로 돌아간다.

무병장수(無病長壽)를 원하면 오과(五過)를 피하여라. 과(過)는 지나치는 것이요, 무리하는 것이다. 자동차가 과속하면 사고가 나고, 난로가 과열되면 화재가 발생하며, 돈을 과용하면 빚을 지게 된다. 과(過)는 반드시 화(禍)를 초래한다. 과(過)는 과실(過失)을 낳는다. 건강을 원하는가? 다음 다섯 가지의 과(過)를 피하여라. 과음(過飮), 과식(過食), 과색(過色), 과로(過勞), 과욕(過慾)을 피하라.

---

1 안병욱 (2003). 나의 건강 비결. 월간조선. 2003년 1월호. pp. 94-95.

(2) 경제적 안정

만족한 삶을 누리기 위해서는 기본 생활을 영위할 수 있는 경제적 안정이 필요하다. 굶주림에 시달리는 가난 속에서도 깊은 만족을 느끼는 경우가 있다. 그러나 그러한 만족은 일시적인 것이며, 계속되는 빈곤 속에서 삶 전체에 대한 지속적인 만족을 느낀다는 것은 대단히 어려운 일이다. 그렇다고 필요 이상의 물질적 풍요가 행복을 더 가져다주는 것은 아니고, 물질적 풍요에 비례해서 만족이 늘어나는 것도 아니다. 따라서 물질적 풍요는 기본 생활을 영위하는 수준에서도 만족할 수 있다.

(3) 자아실현

우리는 스스로 정신적 또는 육체적으로 발전하고 있음을 의식할 때 인간으로서의 만족, 즉 행복을 느낀다. 자기의 능력이나 기량 또는 신망 등이 그저께보다 어제가 낫고, 어제보다 오늘이 낫다는 것을 의식할 때, 즉 '자아성장'을 의식할 때 삶 전체에 대해 깊은 만족을 느낄 수 있다. 모든 사람이 추구하는 궁극적인 목적은 행복이라고 말한 아리스토텔레스 역시 '행복'이 무엇이냐는 물음에 '자아의 실현'이라고 대답하였다. 즉, 사람은 누구나 타고난 자신의 소질을 충분히 발전시키고 욕구를 충족하는 과정에서 행복이 실현된다.

(4) 봉사

인간은 혼자서 살 수 없고 인간의 행복 또한 사회적인 삶 속에서 실현이 가능하다. 그러므로 우리는 자기가 속해 있는 공동체 내지 집단을 위해서 떳떳한 구실을 하는 필요한 존재라는 것을 스스로 인정할 때 인간으로서의 깊은 만족, 즉 행복을 느낄 수 있다.

사람은 누구나 어떤 조직에서 집단생활을 하게 되어 있다. 그가 속해 있는 집단을 위해서 무엇인가 떳떳한 역할을 함으로써 자기의 존재에 대해서 가치를 인정할 수 있고, 또 자신의 삶에 대해서 만족을 느낄 수 있다. 무의촌에 가서 환자를 치료하는 의사, 장애인에게 자활 능력을 키워주기 위해 지식과 기술을 가르치는 선생님, 고령 사회를 맞아 노인들을 보살펴주는 사회복지사나 자원 봉사자들이 그 예라고 할 수 있다.

(5) 원만한 인간관계

인간은 이 세상에 태어나서 떠날 때까지 끊임없이 '너'와 '나'의 관계 속에서 생활을 하게 된다. '너'는 돌, 나무, 동물일 수도 있고, 부모, 형제, 배우자, 스승, 동문 선후배, 친구, 애인, 이웃 친지, 직장인, 국가, 더 나아가 세계 인류일 수도 있다. '너'와 '나'의 만남의 과정에서 그 관계가 원만할 때 인간으로서의 깊은 만족을 경험할 수 있다.

특히, 대인관계가 원만한가 여부는 사회질서와 번영에도 직결되고, 개인의 행·불행에도 결정적 영향을 끼친다. 그렇기 때문에 인간관계가 원만해야 한다.

대인관계가 원만하다는 것은 넓은 의미에서 사랑으로 맺어진 사람과의 관계가 많다는 것을 의미한다. 반면에, 대인관계가 좋지 않다는 것은 넓은 의미에서 미움으로 맺어진 사람과의 관계가 많다는 것을 말한다. 그런데 인간이 인간으로서의 환희를 가장 훈훈하게 느끼는 것은 사랑의 감정 속에서이며, 인간이 인간으로서의 비애를 가장 심각하게 느끼는 것은 미움의 감정 속에서이다. 이러한 관점에서 볼 때 원만한 대인관계, 즉 인화人和는 행복을 위한 중요한 조건이라 할 수 있다.

02 삶과 일과 교육의 관계

1) 일의 뜻과 목적

인간은 매일 아침에 일어나 잠자리에 들기 전까지 자신이나 다른 사람에게 무엇인가 도움을 주기 위해 의도적인 활동, 즉 일work을 하면서 일생을 보낸다. 물론 잠을 자거나 쉬는 시간도 있지만, 인간이 살아가는 과정에서 삶의 중핵은 일이라고 할 수 있다. 일은 개인이 하는 일의 내용에 따라 그 사람의 지위, 생활수준, 정신 건강 등 생활양식에 큰 영향을 끼치고 있다. 그런데도 우리는 "왜 일을 하고 있으며 반드시 일을 해야 하는가?"라는 질문에 대해서 정확한 답을 가지고 있지 못하다. 즉, 사람들 가운데는 자신이 일생 동안 얼마나 많은 일을 하면서 살아야 하는지를 알지 못하고 생활하는 사람이 있을 뿐 아니라, 이를 불만스럽게 생각하면서 사는 사람도 있다.

인간은 일을 하면서 사는 존재일 뿐만 아니라 일에 대하여 생각하면서 사는 존재이다. 동물도 일을 하지만 일에 대하여 생각을 하면서 사는 존재는 아니다. 꿀벌이나 개미가 하는 일은 수천 년이 지난 오늘날까지도 그 방법과 양식이 별로 변한 것이 없다. 인간만이 일에 관한 생각을 통해 일을 변화시키며 발전시켜 왔다고 할 수 있다.

우리는 왜 일을 해야만 하는가에 대하여 확신을 가지고 생활하기 위해, 일에 관하여 좀 더 구체적으로 살펴보기로 하자.

그렇다면 일이란 무엇인가? 일work이란 자신이나 다른 사람에게 가치 있는 물건재화이나 서비스용역를 만들어생산내기 위한 의도적 활동을 뜻한다. 이런 일은 인간이 목표를 세우고 힘을 투입하여 대상에 대해 변화를 가져오게 한다.

이런 일을 일생을 통하여 하는 목적은 크게 세 가지로 '생계유지, 자아실현, 사회 봉사'에 있다.

(1) 생계유지의 수단

인간은 일정한 나이가 되면 직업을 가진다. 대개 20세 전후에서 60세 전후까지 직업생활을 한다. 앞으로는 100세 시대를 맞이하여 대부분의 사람은 25세~50세까지의 인생 일모작에서의 직업생활과 51세~75세까지의 인생 이모작에서의 직업생활이 일반화될 전망이다. 직업은 여러 가지 기능을 가지고 있다. 그 중의 하나는 일의 대가로 얻는 경제적 보수이며, 이것으로 생계유지의 수단을 마련할 수 있다. 이 경우 일은 바로 직업occupation이라 할 수 있다. 따라서 우리는 자신과 가족의 건강을 유지하고 건전한 경제생활을 위하여 직업에 종사하면서 열심히 일을 해야 된다.

(2) 자아실현

인간은 욕망을 충족시키고 꿈을 성취하며 심신의 건강을 유지하기 위하여 일을 한다. 인간은 빵으로만 살 수 없는 존재이며 육체적 욕구가 어느 정도 충족되면 문화적, 정신적 욕구를 추구하게 된다. 한 마디로 이러한 욕망 충족을 '자아실현'이라고 할 수 있다. 자아실현은 일을 통해서 성취할 수 있다. 그래서 교육의 궁극적 목적도 개인의 잠재 능력을 최대로 계발하여 일을 통해서 자아실현을 할 수 있는 사람을 키우는 데 있다.

(3) 가정, 사회, 국가에 대한 봉사

사람은 돈과 욕망의 충족뿐만 아니라 그가 사랑하는 가족, 사회, 국가, 세계를 위하여 일을 한다. 원래 일은 시초부터 자기만을 위한 것이 아니다. 어머니가 집안일을 할 때 일의 대가에 경제적 보수가 수반되는 것은 아니지만 가족과 가정을 위하여 소명감calling을 가지고 열심히 일vocation을 한다.

일을 해서 얻는 물질적, 문화적 소득은 언제나 다른 사람과 직·간접적으로 연관되어 있다. 자기가 번 돈을 혼자서 쓰는 경우에도 그가 어떤 물품을 구입하느냐에 따라 그의 행위는 타인과 연관되어 있다. 그러므로 일이란 본질적으로 사회성을 가지고 있으며, 이웃에 대한 봉사성, 사회에 대한 필요성, 국가와 인류에 대한 공헌성을 함께 지니고 있다. 즉, 일이란 나와 남을 동시에 돕는 행위라고 할 수 있다.[2]

2) 삶과 일과 교육의 관계

인간의 삶의 목적은 행복의 추구에 있고, 행복은 일을 통해서 성취될 수 있다는 것을 알았다. 그런데 일을 할 수 있는 능력은 교육을 통해서 개발된다. 따라서 삶과 일과 교육은 불가분의 관계에 있다.

삶과 일과 교육의 관계를 글로 쓰면 짧은 문장으로 표현될 수 있지만 내용은 한없이 깊고 복잡하다. 사람마다 삶의 목적이나 삶을 통해서 추구하려는 행복의 조건이 다를 수 있기

---

2 이무근 (2005). 직업교육학 원론. 교육과학사. pp.17-62.

때문이다. 직업의 종류가 다양하고, 직업마다 갖는 특성이 있으며 요구하는 능력이 서로 다르기 때문이기도 하다.

개인의 적성, 흥미, 능력, 성격, 가치관, 신체적 특성, 가정환경 등 자아 정체성과 자아존중감에 따라 직업 선택 기준과 가능성도 다를 수 있다. 뿐만 아니라 과학 기술의 급격한 변화와 코로나19와 같은 돌발적인 사태 등으로 직업 생성 소멸 주기가 빠르게 바뀌고 있다. 노동시장 구조 및 고용 형태의 변화로 진로 설계도 과거에 비해 매우 복잡하다.

그래서 평생 동안 일하면서 배우고 배우면서 일하는 평생학습이 생활화 되지 않으면 급변하는 미래 사회에 적응하며 살아가기가 어려운 것이 현재이고 미래는 더욱 그렇다. 이에 대처하기 위해 교육기본법 제21조에서는 「(직업교육) 국가와 지방자치단체는 모든 국민이 학교교육과 사회교육을 통하여 직업에 관한 소양과 능력을 개발하기 위한 교육을 받을 수 있도록 필요한 시책을 수립 실행하여야 한다」라고 규정하고 있다.

03 진로와 직업

1) 진로, 진로 개발, 진로 계획의 의미[3]

(1) 진로

앞에서 일work이란 인간이 일상생활을 하는 과정에 자신이나 다른 사람에게 가치 있는 물건재화이나 서비스용역를 만들어생산 내기 위한 의도적 활동이라고 정의하였다. 그리고 커리어career란 인간이 일생을 통해서 수행한 일을 총칭한 말이다. 커리어는 전후 문맥에 따라 '진로', '생애' 또는 '경력'이라는 말로 사용되기도 하고 어떤 경우는 '커리어'라고도 쓴다.

3 이무근 · 이찬 (2018). 꿈꾸는 진로여행. 교육과학사. pp. 25-31.

국어사전에서 '진로'란 '앞으로 나아가는 길' 또는 '나아갈 길'이라고 풀이하고 있다. '생애'란 '한 개인이 살아온 삶', 또는 '인생 전체'를 의미한다. '경력'이란 '여러 가지 일을 겪어 지내옴', 또는 '겪어 지내온 여러 가지 일'을 뜻한다.

(2) 진로 개발

진로경력, 생애 개발career development이란 일생life-span을 통해 삶life과 일work과 학습learning을 관리managing하는 과정process이라고 정의한다. 진로개발은 경우에 따라 경력개발 또는 생애개발이라고도 사용하고 있는데 인적자원개발human resource development에서는 이를 주로 경력개발이라고 사용하기도 한다. 진로개발은 진로 인식career awareness, 진로 탐색career exploration, 진로 계획 및 준비career plan & preparation, 진로 유지 및 개선career maintenance and improvement 단계로 구분된다.

진로생애 교육career education은 진로 개발 단계에 따라 다음과 같이 크게 넷 또는 다섯 단계로 구분한다.

① 진로 인식 단계

이 단계는 일상생활에 필요한 기초 능력 함양과 일의 세계를 인지하는 단계로서, 주로 초등학교 과정에서 이루어진다.

② 진로 탐색 단계

이 단계에서는 교양인으로서 필요한 능력 함양과, 자신의 적성, 흥미, 성격, 가치관, 능력, 신체적 특성 등에 적합한 일직업을 좀 더 구체적인 경험을 통해 탐색해 보는 단계로, 주로 중·고등학교 과정에서 이루어지는 교육이다.

③ 진로 계획 및 준비 단계

이 단계는 탐색한 직업 중에서 자신에게 가장 적합한 직업을 선택하고 그 직업에 종사할 수 있는 역량을 개발하며, 취업에 필요한 다각적인 계획과 준비를 하는 과정이다. 특성화

마이스터 고등학교, 전문대학, 대학, 대학원, 각종 직업 교육/훈련 기관에서의 교육이 이 단계에 속한다. 이 진로 계획 및 준비 단계를 진로 계획 단계와 진로 준비 단계로 구분하는 경우도 있다. 이 단계가 직업교육의 핵심이라고도 할 수 있다.

④ **진로 유지 및 개선 단계**

이 단계는 취업 후 직업에 종사하면서 직무 능력을 향상시키고, 전직 및 퇴직 준비도 하고, 노년기의 계속적인 활동과 여가 생활을 위해 정규교육을 마친 후의 교육이다. 즉, 직장생활, 가정생활, 사회생활을 하면서도 평생학습을 하는 성인기와 노년기의 교육이다.

인간은 이상과 같은 진로 개발 단계를 거치면서 필요한 능력을 개발한다.

진로 개발 단계별·영역별 진로 교육의 목표 체계를 제시하면 <표 1-1>과 같다.

진로 개발 단계의 관점에서 보면, 대학 생활은 진로 준비 단계에 해당된다. 대학생은 자아 정체성을 확립하고, 자신의 적성, 흥미, 능력, 가치관, 신체적 특성 등과 같은 자기 특성과 재능을 찾아, 이에 적합한 직업을 탐색한다. 그리고 취업하는데 필요한 역량을 체계적인 교과과정 이수를 통해 개발한다. 이어서, 지원서, 이력서, 자기 소개서 등의 작성, 면접과 이미지 메이킹 등의 취업 준비 등을 한다. 따라서 대학 시절은 인생의 방향을 결정지어 주는 매우 중요한 시기라고 할 수 있다. 특히 진로 준비 단계를 성공적으로 이끌어 가기 위해서는 내 적성에 맞고, 평생 동안 후회 없이 내가 하고 싶은 일직업을 탐색하는 일, 그런 일을 하는데 필요한 역량을 개발하는 일, 그러기 위해서 교양교과와 전문 교과를 체계적으로 이수하는 것, 여러 가지 취업 준비를 하는 일, 그리고 이런 과제를 대학 생활을 하는 동안 성취할 수 있도록 진로 계획을 치밀하게 수립하여 이를 성공적으로 수행하는 것이 무엇보다 중요하다.

표 1-1 진로 개발 단계별 진로 · 교육 목표 체계

구분		초등학생	중학생	고등학생	대학생	성인/장년
진로개발 단계		진로 인식	진로 탐색	진로 계획	진로 준비	진로 유지 및 개선
단계별 진로교육 목표		직업 또는 일과 관련하여 자신의 모습을 인식한다.	자신과 직업세계에 관한 다양한 정보를 탐색한다.	자신의 특성에 부합하는 진로를 결정하고 자신의 진로목표 및 앞으로의 계획을 수립한다.	자신이 의사결정 한 직업 또는 진로의 획득 및 입직(入職)을 위한 준비행동을 전개한다.	직업을 획득한 이후의 진로를 유지·개선하거나 직업적응 및 직업전환을 수행한다.
자신의 이해	자기이해 및 긍정적인 자아개념 형성	자신이 소중한 존재임을 인식한다.	자신을 알고자 노력하며 긍정적인 자아개념을 형성한다.	긍정적인 대인관계에서 요구되는 능력을 향상시킨다.	자기이해를 심화하고, 자신을 긍정적으로 수용한다.	지속적으로 자신을 성찰하고 긍정적으로 수용한다.
	다른 사람과의 긍정적인 상호작용	긍정적인 대인관계의 중요성을 인식한다.	긍정적인 대인관계에서 요구되는 능력을 습득한다.	자신을 객관적으로 이해하고 긍정적인 자아개념을 형성한다.	다양한 상황에서 다른 사람과 긍정적으로 상호작용한다.	긍정적인 인간관계를 통하여 사회적 관계망을 확대·발전시킨다.
직업세계의 이해 및 탐색	일과 직업의 이해	일의 중요성을 인식한다.	일의 중요성을 인식하고 사회·경제적 환경과 자신과의 관계를 이해한다.	사회·경제적인 환경 변화가 일과 직업에 끼치는 영향을 이해한다.	사회·경제적인 환경 변화가 개인과 삶과 직업에 끼치는 영향을 이해하고 예측한다.	급격하게 변화하는 사회환경의 변화가 개인의 진로개발에 끼치는 영향을 이해하고 대응한다.
	긍정적인 직업가치와 태도 형성	일과 직업을 긍정적으로 대하는 태도를 형성한다.	직업을 대하는 긍정적이며 적극적인 태도를 가진다.	직업생활에서 요구하는 긍정적이며 적극적인 태도와 습관을 함양한다.	긍정적인 조직 문화의 형성과 생산적 사회구성원으로서 요구되는 태도와 습관을 기른다.	직업인으로서의 사회적 책무성을 가지고 직업 생활을 영위한다.
	진로정보의 탐색·해석·평가·활용	자신의 주위에 다양한 직업이 있음을 인식하고 탐색한다.	일과 직업에 대한 다양한 측면을 탐색하여 잠정적인 진로결정에 활용한다.	일과 직업세계의 다양한 측면을 탐색·해석·평가·활용한다.	자신의 진로준비에 필요한 정보를 탐색·해석·평가·활용한다.	직업생활을 위해 필요한 진로정보를 생성하고 관리한다.
진로계획 및 관리	평생학습의 중요성 인식 및 참여	학습의 중요성을 인식하고 기본적 학습 습관과 태도를 습득한다.	학습의 중요성을 인식하고 자기주도적 학습 습관과 태도를 가진다.	학습의 중요성을 인식하고 학습능력을 향상시킨다.	평생학습의 중요성을 이해하고 다양한 학습의 장에 적극적으로 참여한다.	평생학습에 적극 참여하고, 학습결과를 진로개발에 활용한다.
	진로 의사결정	진로의사결정의 중요함을 인식하고 미래에 대한 꿈을 가진다.	잠정적인 의사결정을 위하여 다양한 진로대안을 모색한다.	합리적인 진로의사결정을 기초로 하여 구체적인 진로대안을 수립한다.	진로목표를 구체화하고 이를 달성하기 위한 실천 전략을 계획한다.	직업선택·유지·전환의 목표에 적합한 세부계획과 대응전략을 수립한다.
	진로계획 및 설계	꿈을 이루기 위해 진로를 계획하고, 이를 위해 노력하는 습관과 태도를 지닌다.	잠정적인 진로계획의 목표를 달성하기 위하여 실천·평가한다.	자신이 수립한 진로계획의 목표를 달성하기 위하여 세부과업을 설정하고 실천한다.	진로계획의 실천과정 및 결과를 지속적으로 모니터링한다.	진로계획의 실천을 지속적으로 모니터링하여 자신의 진로를 활성화시킨다.
	효과적인 구직·직업유지·전환	직업인이 되기 위하여 요구되는 자질이 무엇인지 인식한다.	취업에 필요한 지식·기술·태도를 습득한다.	취업에 필요한 지식·기술·태도를 함양한다.	구직 및 직업유지·전환을 위해 요청되는 역량을 강화한다.	직업선택·창업·유지·전환에 요구되는 역량을 심화·발전시킨다.

자료: 최동선 (2006). 생애단계별 진로교육의 목표와 내용. 임원, 김안국 (편). 진로지도와 노동시장의 이행. 서울: 한국직업능력개발원. 연구총서5, RS 6. pp. 43-44.

(3) 진로 계획

건축물을 짓기 위해서는 설계도가 필요하다. 인생에 있어서도 행복하고 성공적인 삶을 누리기 위해서는 자신의 적성, 소질, 흥미, 환경 등을 고려한 삶의 목적을 설정하고 실천 가능한 인생의 청사진을 그린 진로 계획이 설정되어야 한다. 여기서 진로 계획career plan이란 진로 발달 단계에 따라 목적과 목표를 설정하고 이를 달성하기 위해 체계적인 실행 계획을 수립하는 과정을 의미한다. 따라서 인간의 생애는 진로 개발 단계별로 얼마나 체계적이고 합리적으로 진로를 계획하여 목표를 달성하였느냐에 따라 행복과 성공의 정도가 달라질 수 있다. 그렇기 때문에 진로 개발 단계별/단계에 따른 진로 계획을 잘 수립하여 추진하는 것이 중요하다.

진로 계획을 수립할 때에는 유념해야 할 세 가지 사항이 있다. 첫째, 각자의 소질과 개성을 존중하고 내가 일생을 통해서 하고 싶은 일이어야 한다. 하고 싶은 일도 과학기술이 너무 빠르게 변화하고 있기 때문에 기계로봇, 인공지능, 드론, 3D 프린팅 등와의 경쟁에서 살아남을 수 있는 것이어야 한다. 둘째, 외면적 가치보다는 내면적 가치에 우위를 두어 삶의 과정에서 외면적 가치에 의해 내면적 가치가 밀려나는 일이 없어야 한다. 셋째, 삶을 설계함에 있어 공정한 사회가 요구하는 규범을 지키는 범위 안에서 설계하여야 한다.

과거에는 사회가 지금과 같이 빠르게 변화하지 않았기 때문에, 진로 계획을 한 번 세우면 큰 수정 없이 생애 경로career path를 순조롭게 이어갈 수 있었다. 그러나 지금은 사회의 모든 부분이 변화하는 것은 물론, 특히 변화하는 속도가 점점 빨라지고 있다. 그래서 커리어career에 대한 관점views도 <표 1-2>에서 보는 것과 같이 전통적인 관점과 새 시대의 관점 간에는 상당한 차이가 있다. 따라서 진로 계획, 진로 준비, 진로 유지 및 개선 과정도 커리어에 대한 시대 변화에 따라 지속적으로 수정·보완하여야만 한다.

표 1-2 진로(career)에 대한 전통적 관점과 현대적 관점 비교

관점	전통적 관점	현대적 관점
환경	안정	다이내믹
진로 선택	하나, 진로개발 초기에 결정	반복, 진로개발 단계별로 주기적 변화
진로 책임	조직	개인
진로 범위	한 조직	몇 개의 조직
진로 관계	장기	단기
피고용인 기대	직업안정	고용가능성에 투자
진로 개발	승진	횡적 이동
성공기 의미	계급체계에서 계속 승진	내적 만족
생애 경로	일직선, 정지상태, 경직	다방향, 다이내믹, 유연함

자료: Park, Y. H. (2011, 11). Discussion: Career Guidance and Development in the Era of Globalization. Global HR Forum 2011. 교육과학기술부. 서울: 한국직업능력개발원.

지금까지는 진로에 대한 계획이나 준비도 대학의 진로 관련 기구, 학과 교수, 진로지도 및 상담 관련 공공기관이나 전문가에게 주로 의존하는 경향이 있었다. 그러나 미래 사회 변화, 과학기술 변화, 노동시장과 고용 구조의 변화, 코로나 19 사태 등으로 인한 평생직장의 소멸로 근로자의 직장과 일직업에 대한 가치관 변화, 생활양식의 변화, 세계화에 따른 활동 무대의 국제화 등으로 각자의 진로가 다이내믹하게 전개되고 있다. 그래서 진로에 대한 선택, 계획, 준비 등도 수동적 자세에서 좀 더 적극적인 자기 주도적 진로self-directed career로 전환되고 있다.

특히 생애 경로career path에서 커리어 모델career model이 전통적인 일직선linear 방향인 경우에는 지향해야 할 목적지가 하나 밖에 없다. 그렇기 때문에 접근 방법도 하나로 체계화되고, 승진도 한 방향으로 제한되었으며, 커리어의 활동 범위가 국내로 한정되어 있었다. 반면에 현대적 관점에서 생애경로가 다 방향multi-direction일 경우에는 지향해야 할 목적지가 여러 개 있다. 이에 따라 생애 경로도 여러 방향으로 개척할 수 있으며, 여러 방향이다 보니 자신의 커리어를 새롭게 찾아낼 수 있고, 나의 진로도 국내에 국한하지 않고 지구촌으로 확대할 수 있다. 그리하여 현재 대학에 재학 중인 학생들은 일생 동안 적어도 2~3개의 다른 직종에서 7~8회 직장을 옮기면서 직업생활을 하게 될 것이다.

이와 같이 대학생의 진로가 지구촌으로도 진출할 수 있는 기회가 확대됨에 따라, 대학생은 앞으로 자신의 진로를 계획할 때 활동의 무대를 국내에 국한하지 말고 국제무대에서도

활동하려는 글로벌 마인드를 가지고 해외 진출 계획을 구상해 봄이 바람직하다. 국제무대로의 진출을 위해서는 국제 전문가로서 필요한 전문 지식과 외국어 능력, 국가별 문화와 직업 환경의 차이 이해, 국제인 품격 등에 관한 역량을 개발하여야 한다.

2) 직업의 뜻, 특성 및 기능

(1) 직업의 뜻

'직업'이라는 말은 '직'과 '업'의 합성어로 되어 있다. 여기서 '직'은 다시 두 가지의 뜻으로 구분해 볼 수 있다. 하나는 관을 중심으로 행하는 직무라는 관직적 뜻이 있고, 다른 하나는 직분을 맡아 행한다는 개인의 사회적 역할의 뜻이 있다. '업'이라는 말은 생계를 유지하기 위하여 전념하는 일이라는 뜻과 자기능력의 발휘를 위하여 어느 한 가지 일에 전념한다는 뜻이 있다. 합성어로서의 직업이라는 용어는 사회적 책무로써 개인이 맡아야 하는 직무성과 생계유지나 과업을 위하여 수행하는 노동행위의 이중적 의미를 내포한다고 볼 수 있다. 이와 같이 직업에 대한 뜻이 넓게 적용되기 때문에 이를 해석하는 사람의 입장에 따라, 직업에 대한 사회적 신임의 정도에 따라 각각 다르게 해석하게 된다.

직업이라는 용어에 대하여 외국의 예를 보면 우리나라보다 훨씬 구체적인 것 같다. 예를 들면, 영국에서는 직업의 뜻으로 'occupation'이라는 말을 쓰는데 이는 단순한 뜻을 가지고 있다. 프랑스에서는 직업하면 'profession'이라는 말을 쓴다. 어떤 일감이라기 보다는 그 일이 가지고 있는 사회적 지위에 중점을 둔다. 독일에서는 'beruf'라는 표현을 쓴다. 이 말은 하느님으로부터 소명을 받아 행

하는 일, 다시 말하면 도덕적인 뜻이 함축된 소명의식적 업으로서의 의미가 크다. 그렇다고 생계적인 뜻이 없는 것은 아니다. 단순한 영리적 사업이란 뜻으로 'geschaft'라는 말도 있다. 독일의 'beruf'에 가까운 말로 영어로는 'vocation'이라는 단어가 쓰인다. 따라서 이 단어는 'beruf'가 나타내는 소명의식적 직업calling의 뜻이 강하다. 이렇게 볼 때 직업이라는 용어는 여러 가지 대칭되는 개념이 있음을 알 수 있다. 'occupation'이 삶을 위해 일정 장소를 택하여 노동행위를 한다는 직장의 뜻이 강하다면 'vocation'은 도덕의식이 함축된 천직적 뜻이 있다. 'profession'이 전문기술과 이를 이룩하기 위한 특별한 훈련 그리고 특출한 재능을 기반으로 한다면, 'business'는 금전을 획득하기 위한 사업적이고 영리행위적인 뜻이 내포된다. 마치 독일의 'beruf'와 'geschaft'의 구분과 상통한다고 하겠다.

따라서 '직업'이라는 용어의 '직'은 'beruf', 'vocation', 'profession'의 뜻이 강하고 '업'은 'geschaft', 'occupation', 'business'의 뜻이 강하다고 할 수 있다.[4]

또한 직업은 그 일의 수행을 위해서 인간이 수행하여야 할 노력, 즉 'arbeit' 또는 'work'의 뜻을 중심으로 정의되기도 한다.

한국직업사전에서는 직업이란 개인이 계속적으로 수행하는 경제 및 사회 활동의 종류를 말한다. 여기서 일의 계속성이란 일시적인 것이 아니고 매일 · 매주 · 매월 주기적으로 행하고 있는 경우, 계절적으로 행하고 있는 경우, 또는 명확한 주기를 갖지 않더라도 계속하고 있으며 현재 하는 일에 대하여 의사와 능력을 가지고 행하는 것이어야 한다. 이러한 의미에서 다음과 같은 활동은 직업으로 보지 않는다.[5]

(a) 이자 · 주식배당 · 임대료전세금 · 월세금 · 소작료 · 권리금 등과 같은 재산수입을 얻는 경우
(b) 연금법이나 사회보장에 의한 수입을 얻는 경우
(c) 경마 등 배당금 수입을 얻는 경우
(d) 보험금 수취 · 차용 또는 자기 소유의 토지나 주권을 매각하여 수입을 얻는 경우
(e) 자기 집에서 가사에 종사하는 경우
(f) 정규 주간교육기관에 재학하고 있는 경우
(g) 법률 위반행위나 법률에 의한 강제노동을 하는 경우

4 정우현 · 구병림 · 이무근 (1989). 「직업 · 기술교육론」. 서울: 교육과학사. pp.18-19.
5 노동부 국립직업안정소 (1986). 「한국직업사전」. p.1.

(2) 직업의 특성[6]

직업은 다음과 같은 다섯 가지 요소가 내포되어 있다.

① **생계유지**

인간은 가장 기본적인 욕구인 의식주를 해결하기 위하여 직업에 종사한다. 즉, 직업을 갖게 됨으로써 그 대가로 수입을 얻을 수 있고, 그로 인해 생계를 유지할 수 있다.

② **사회적 역할의 분담**

"인간은 사회적 동물이다."라는 말에서 알 수 있듯이 인간은 직업을 통하여 어느 조직에 소속됨으로써 일정한 사회적 역할을 분담한다. 이와 같이 분담된 역할을 충실히 수행할 때 사회가 유지되고 발전될 수 있다.

③ **자아실현**

인간은 직업을 통해서 타고난 자신의 '소질'과 '끼'를 마음껏 발휘할 수 있으며 자아실현도 가능하다.

④ **지속적인 활동**

직업이란 일시적인 것이 아니라, 주기적으로 행하고 있거나 명확한 주기를 갖지 않더라도 계속하고 있는 활동을 말한다.

⑤ **노동 행위 수반**

직업은 반드시 노동 행위를 수반한다. 여기에서 노동이란 정신적인 노동일 수도 있고 육체적인 노동일 수도 있다. 이런 의미에서 정신적이거나 육체적 노동이 수반되지 않는 이익배당, 투기 등은 직업이라고 할 수 없다.

---

6 이무근 · 이찬 (2018). 꿈꾸는 진로여행. 교육과학사. p. 32.

(3) 직업의 기능[7]

직업의 기능은 개인과 사회의 두 가지 관점에서 살펴 볼 수 있다.

① 개인적 관점

• **직업은 생계유지와 경제적인 활동을 영위하는 데 중요한 수단이 됨**

개인은 직업에 종사한 대가로 수입을 얻을 수 있고, 그것으로 자신뿐만 아니라 가족의 생계를 유지하고 경제 활동을 영위할 수 있다.

• **직업은 소속감과 심리적 안정감을 줌**

직업은 개인이 조직에 소속됨으로써 조직 내에 분담되어 있는 역할을 수행하고 구성원 간의 공감대를 형성함으로써 심리적 안정감을 가질 수 있도록 도와준다. 일반적으로 한 개인이 직업 생활을 그만두게 될 경우에 느끼게 되는 심리적 불안정감은 바로 이 때문이다.

• **직업은 개인의 가치를 실현시켜 줌**

개인은 명예, 권력, 부 등 다양한 가치를 추구하며 살아가는데, 이러한 가치를 실현시켜 주는 수단이 바로 직업이다. 그러므로 인생에 있어서의 성공 여부는 직업 생활을 성공적으로 수행하느냐 못하느냐에 따라 크게 영향을 받는다.

• **직업은 개성 발휘 및 자아실현을 가능하게 함**

인간은 동물과 달리 자신의 존재가치를 깨닫고 긍지를 느끼며 자신의 존재를 인정받으려는 자아실현의 욕구를 가지고 있다. 이러한 욕구는 직업을 통해서 실현될 수 있다. 즉, 각 개인이 타고난 적성과 소질에 맞는 직업을 선택하고 수행함으로써 자아실현이 가능해진다.

• **직업은 개인이 사회적으로 접촉할 수 있는 대상과 범위를 규정해 줌**

직업인은 직장에서 많은 시간을 보내기 때문에 주로 업무와 관련이 있는 사람과 접촉하게 된다. 그러므로 개인이 접촉하는 대상은 대부분 직업에 기초를 두고 있다고 할 수 있다.

• **직업은 개인의 의식 속에 내면화 됨**

모든 조직에는 조직 특유의 문화가 존재한다. 이러한 조직 문화는 개인이 직장 동료와 생활하는 데 영향을 준다. 즉, 직업은 개인적 특성에도 영향을 주므로 동일한 직업을 가진 사람들에게 공통적인 특성을 가질 수 있도록 한다.

---

7 이무근 · 이찬 (2018). 꿈꾸는 진로여행. 교육과학사. pp. 33-35.

• 직업은 개인의 사회적 지위를 결정해 줌

직업은 경제적 보상, 사회적 위신과 존경, 지위 획득의 용이성 등과 같은 직업의 내적 특성에 의해서 그 위계화가 이루어진다. 따라서 개인은 사회를 구성하고 있는 수많은 직업 중에서 어떤 직업에 종사하고 그 직업에서 어떤 직책을 담당하고 있으며, 어떤 업무를 수행하느냐에 따라 자신의 사회적 지위가 결정된다.

• 직업은 개인이 일생 동안 하는 일을 결정해 줌

인간은 평생에 걸쳐 직업을 탐색, 선택, 준비, 유지 및 개선하는 과정을 거친다. 일반적으로 고등학교 때까지는 어떤 직업이 있고 나에게 적합한 직업은 무엇인가에 대해 고민하고, 대학 생활에서는 선택한 직업에서 필요한 능력과 자질을 파악하고 개발하며, 취업 후의 직업 생활에서는 자신의 능력을 지속적으로 유지, 향상시키는 노력이 필요하다. 결국 직업은 개인이 일생 동안 해야 할 일을 선택하고 준비하며, 유지시키는 데 큰 영향을 준다.

• 직업은 개인의 생활 근거지를 결정해 줌

최근 교통·통신의 발달과 코로나19로 인해 재택근무 형태의 직업이 증가하고 있지만 대부분의 사람들은 자신이 종사하고 있는 직장 부근에서 생활을 하고 있다. 결국 직장의 위치는 개인이 직업을 선택하고 결정하는 데 어느 정도 영향을 준다.

② **사회적 관점**

• 직업은 현대 사회의 조직적인 분업 관계 속에서 사회적 역할 분담을 담당하게 함

사회는 각종 직업에 종사하는 개인과 각종 단체로 구성되어 있다. 이런 사회에서 직업에 종사한다는 것은 조직적이고 유기적인 분업 관계 속에서 분담되어 있는 기능 중의 하나를 담당하여 수행함을 의미한다.

• 직업은 사회의 유지 및 발전에 도움을 줌

직업의 개념에는 사회에 봉사하고 유용有用해야 한다는 의미도 포함되고 있다. 따라서 개인이 경제 활동을 하더라도 고리대업高利貸業, 밀수 등 반사회적인 활동을 하는 일은 직업이라고 할 수 없다.

3) 진로와 직업을 위한 교육[8]

앞에서 삶의 궁극적 목적은 행복의 추구에 있고, 행복은 일을 통해서 성취되며, 일할 수

8 이무근 · 이찬 (2018). 꿈꾸는 진로여행. 교육과학사. pp. 35-39.

있는 능력은 교육을 통해서 개발된다고 하였다. 그렇기 때문에 우리는 교육에 대해서도 올바르게 이해할 필요가 있다.

(1) 교육의 뜻

① 인간 행동의 계획적 변화

교육에 대한 대표적인 정의 중의 하나는, 교육이란 민주 시민으로서 갖추어야 할 인격을 함양하고, 타고난 저마다의 소질과 능력을 계발하여 일의 세계에 종사할 수 있는 자주적 생활 능력을 키우기 위한 '인간 행동의 계획적인 변화'라는 것이다.

교육은 인간 행동의 변화를 전제로 하여 성립한다. 인간은 수정의 순간부터 변화가 시작되어 새로운 생명으로 탄생하게 된다. 출생 이후 그가 지니고 있는 잠재적 능력을 계발하여 인생을 살아가는 과정 중, 어떠한 상황에서도 능동적으로 적응할 수 있는 힘을 가질 수 있도록 변화시키는 것이 비로 교육이다.

여기에서 변화라는 말은 인간 행동을 육성, 조성, 신장, 함양, 계발, 교정, 발달, 증대, 개선한다는 등의 포괄적인 개념을 뜻한다. 즉, 알고 있지 못했던 것을 알게 되고, 어색한 몸놀림이 숙달되고, 약한 사람이 강해지는 것 등의 모든 것이 변화임에는 틀림이 없다.

그러나 인간 행동이 변화한다고 해서 모두 바람직한 것은 아니다. 변화한 행동 특성은 나를 위해서나 남을 위해서 모두에게 바람직한 가치, 즉 그 시대의 규범에 맞는 세계관, 인간관, 사회관을 가진 교육 이념이어야 한다. 그러므로 계획적이라는 말이 변화를 수식하게 된다.

계획적 또는 의도적이라는 말은 어떤 인간으로 기를 것이며, 어떻게 기를 것이라는 목적과 방법을 제시하는 것으로, 준비된 교육 목적과 교육 과정에 의해서 교육이 이루어지기 때문에 계획적이라고 할 수 있다.

② 일을 증진시킬 수 있는 능력 개발

교육의 두 번째 정의는 일을 증진시킬 수 있는 능력의 계발이다.

교육이란,

- 누가: 교사 또는 학습자 자신이
- 무엇을: 지식, 기술, 태도 등을
- 누구에게: 요람에서 무덤에 이르기 직전의 남녀노소, 모든 경제 · 사회 · 학력 집단에게
- 어디에서: 국 · 공립 기관이나 사립 기관에서
- 언제: 취학 전부터 시작하여 청소년기, 성인기, 노년기에 이르는 평생 동안
- 어떻게: 학교 교육과 사회 교육을 통해서
- 왜: 일을 증진할 수 있도록

하는 과정이다.

위의 두 번째 정의에서 보면, 교육의 궁극적인 목적은 '일work' 할 수 있는 능력을 개발하는 데 있다고 할 수 있다. 사실, 모든 사람은 나이나 성 또는 직위에 따라 일의 내용은 다르지만, 아침에 일어나서 잠자리에 들기 전까지 대부분의 시간을 일을 하면서 보낸다. 그리고 일을 통해서 자아실현을 하게 된다. 따라서 교육은 모든 사람이 일생 동안 일을 잘 수행할 수 있는 능력을 계발하는 데 목적이 있는데 이런 교육을 진로생애 교육career education이라 한다.

진로생애 교육 중 자기의 적성, 흥미, 능력, 신체적 특성, 가치관 등에 맞는 일의 세계를 탐색하고, 필요한 직업 능력을 계발하며, 취업 후 맡은 직무를 개선, 유지할 수 있는 능력을 계발하는 교육을 직업 교육vocational education 또는 occupational education이라고 한다.

(2) 행복한 삶을 위한 교육

인간은 일을 증진, 발전, 개선시키는 능력을 계발하기 위해 평생 동안 일반교육과 직업교육, 그리고 학교교육과 사회교육을 통하여 학습하고 있는데, 이들의 관계를 살펴보면 <그림 1－1>과 같다.

<그림 1－1>에서 보면, 교육을 통해서 길러야 할 행동 특성은 개인이 일상생활을 하는 데 민주시민으로서 지녀야 할 교양과 직업인으로서 지녀야 할 직무능력이라고 할 수 있다. 전자는 일반교육을 통해서 기를 수 있고, 후자는 직업교육을 통해서 계발할 수 있다. 또, 두 부분의 행동 특성은 학교교육과 사회교육을 통해서 평생 동안 이루어지고 있다. 학교교육

과 사회교육에서 어떤 행동 특성을 더 강조할 것인가에 따라 다소의 차이는 있지만, 두 교육에서 의도하는 교육 목적 간에는 밀접한 관계가 있다.

이러한 교육 체제는 진로 교육과 평생 교육의 관점에서도 살펴볼 수 있다. 진로 교육은 앞의 <표 1-1> 진로 개발 단계별 진로·교육 목표 체계에 제시한 것과 같이 진로 인식, 진로 탐색, 진로 준비, 진로 유지 및 개선의 단계로 이루어진다. 진로 인식 및 진로 탐색 단계는 초·중등교육에 해당하는데 이 기간에는 주로 일의 세계를 인식하고, 자신의 적성, 소질, 능력 등에 맞는 일의 세계를 구체적인 경험을 통하여 탐색하게 하며, 사회생활이나 직업 생활을 하는 데 필요한 기초 능력의 계발에 중점을 두고 있다.

진로 준비 단계는 특성화 고등학교, 전문대학, 대학, 사회 교육 등이 이에 해당된다. 이 단계가 바로 직업 준비를 위해 직업교육훈련을 이수하는 과정이다. 진로 유지 및 개선 단계는 학교를 졸업하고 직장 생활을 하는 동안에 현재의 직무 능력을 향상시키고, 전직 또는 자신의 진로 변경을 위해 끊임없이 배우면서 일하고, 일하면서 배우는 평생 학습의 일환으로 크게 보면, 성인 교육 과정이다.

진로생애 교육과 평생 교육은 같은 뜻으로 해석하기도 하는데, 진로생애 교육은 일work을 근간으로 한 교육으로서, 1970년대 초부터 미국을 중심으로 전개된 교육이다. 평생 교육은

그림 1-1 일반 교육과 직업 교육, 학교 교육과 사회 교육의 관계

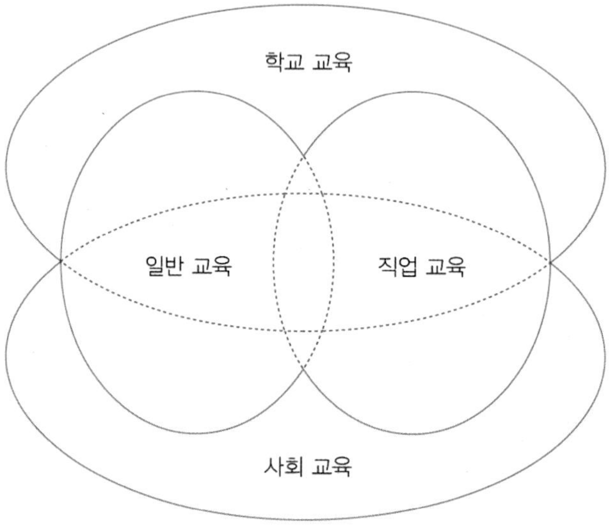

삶life에 근거한 교육을 강조하고, 1960년대 말부터 유네스코가 주축이 되어 유럽을 중심으로 전개되기 시작했다.

결론적으로, 삶과 일과 교육의 관계를 생각해 보면, 행복한 삶을 영위하기 위해서는 어떤 형태로든지 일을 해야 한다. 일이 전부 직업을 의미하는 것은 아니지만, 일을 한다는 자체가 직업에 종사하여 자아실현과 생활에 필요한 소득을 얻게 됨으로써 삶을 영위할 수 있게 한다. 그리고 교육은 이러한 삶을 영위할 수 있는 능력 개발을 뒷받침해 준다. 따라서 삶과 일과 교육은 서로 간에 불가분의 관계라고 할 수 있다.

CHAPTER 02

직업교육훈련의 개념

01 직업교육훈련의 정의

1) 직업교육의 정의

직업교육의 정의는 국가, 정부 부처별 직업교육 관련법, 국제기구, 학문 영역, 학자, 그리고 시대 변천에 따라 다양하고 관련 용어도 많다. 따라서 직업교육의 정의와 범위를 하나로 획일화하여 정리하기가 쉽지 않다. 그동안 우리나라에서 직업교육과 관련하여 사용되어 온 용어만도 실과교육, 실업교육, 실업기술교육, 산업교육, 직업교육, 지업훈련, 직업교육훈련, 진로 · 직업교육, 직업 · 기술교육, 산업인력개발, 인적자원개발, 기술교육, 진로 · 기술교육, 과학기술교육, 진로교육 등이 있다.

이들 용어가 시대 흐름에 따라 변화되어 온 과정을 개략적으로 정리해보면 1950년~1970년대의 실과교육 → 실업교육 → 산업교육, 1980년대의 직업기술교육, 1990년대의 직업교육 → 직업훈련 → 직업교육훈련, 2000년대의 인적자원개발 → 진로 · 직업교육 → 산업인력개발 등의 순서이다.

직업교육을 광의로 정의할 경우에는 어떤 직업에 취업하기 위하여 준비하거나 현재의 직무를 유지 개선하기 위한 형식formal 또는 비형식nonformal 교육을 의미한다. 교사, 의사, 변호사, 사회사업가, 컴퓨터 프로그래머, 낙농경영자, 용접기능사, 엔지니어, 은행원, 영양사 등을 양성하는 교육이 모두 직업교육에 해당된다.

이 책에서는 직업교육을 법률적인 관점과 학술적 관점에서 정의하려고 했다. 법률적인 관점에서 직업교육의 정의는 교육기본법 제21조에서 찾아볼 수 있다. 교육기본법 제21조 「(직업교육) 국가와 지방자치단체는 모든 국민이 학교교육과 사회교육을 통하여 직업에 관한 소양과 능력을 개발하기 위한 교육을 받을 수 있도록 필요한 시책을 수립 실행하여야 한다」1997년 제정라고 규정하고 있다.

여기서 '직업교육'이란 「모든 국민이 학교 교육과 사회교육을 통하여 직업에 필요한 소양과 능력을 개발하게 하는 것」이라고 정의할 수 있다.

이를 조작적으로 정의해보면 '직업교육의 대상'은 모든 국민이다. 따라서 요람에서 무덤에 이르기 전까지의 남녀노소 모두가 직업교육의 대상이다. '교육기관'은 학교와 사회교육기관이다. 그러므로 직업교육은 교육과 훈련을 통한 평생학습 차원에서 이루어져야 한다. '교육목적'은 직업에 필요한 소양과 능력을 개발하는 것이다.

'학습 내용'은 직업에 필요한 소양과 전문적인 능력에 관한 것이다. '직업에 필요한 소양'을 키우기 위해서는 초·중등학교를 통하여 개인이 일상생활에서 만족을 찾을 수 있고 시민으로서의 책임을 수행하는 데 필요한 농업, 산업기술, 경영, 가정, 정보 기술, 환경 등에 관한 일반적인 지식·기술·태도 등을 개발하는 실과practical arts·기술technology·가정home economic 교육이 있다. 진로를 인식하고 탐색하여 선택하고 설계할 수 있도록 지도하는 진로지도career guidance 과정도 있다. 그리고 모든 직업인에게 공통적으로 필요한 직업기초능력을 키울 수 있는 초·중등학교의 보통교과를 통한 교양교육으로서의 직업교육이 있다. '직업에 필요한 능력', 즉 각 직업별로 필요한 특수 직업능력을 계발하기 위해서 특성화고와 마이스터고산업체 및 맞춤형고등학교, 전문대학, 대학, 다양한 사회교육기관 등에서 전공과별로 전문적인 지식과 기술을 교육한다.

또한 직업을 가졌더라도 생애개발 단계에 따라 직무 능력을 향상시키거나 전직 또는 정년퇴임 후의 노후생활 준비를 위한 경력 개발 등을 위해 평생 동안 직업교육에 참여할 수 있는 기회가 다각적으로 제공되고 있다. 그래서 모든 사람이 일생 동안 배우면서 일하고, 일하면서 배우는 평생학습이 생활화 되는 직업교육이 제공되어야 한다. '국가와 지방자치단체는 이러한 교육을 받을 수 있도록 필요한 시책을 수립 실행하여야 한다.'가 '직업교육정책'을 의미한다.

학술적 입장에서 필자는 직업교육을 다음과 같이 정의하고 있다. '직업교육'이란 「개인이 일의 세계를 탐색하여 자기의 적성과 소질, 흥미, 능력, 성격, 가치관, 신체적 특성 등에 적합한 일을 선택하고, 그 일을 수행하는데 필요한 지식, 기술, 태도, 일에 대한 습관 등을

개발하거나, 이미 현직에 종사하고 있는 근로자가 자신의 일을 유지·개선할 수 있도록 학교교육, 사회교육, 그리고 일의 현장을 통해 능력을 개발하는 교육」이다.[1]

위의 정의에서 '개인'이란 직업교육이 국가와 산업사회가 필요로 하는 인력을 양성한다는 점에서 대단히 중요하지만, 직업교육은 이런 인력개발에 앞서 개인의 적성·흥미·능력에 알맞은 일의 세계를 탐색·선정·유지·개선토록 하여 개인의 행복과 자아실현을 추구함에 있으며 그것이 국가 및 조직의 인력개발계획과 일치되도록 하는 것이 바람직하다는 것을 뜻한다.

'일'이란 직업교육이 단순히 생계유지의 수단으로 직업준비를 하는 직업교육뿐만 아니라 일의 대가에 경제적 보수가 따르지 않더라도 인간의 기본적 요구를 충족시키는 부름 받은 '일calling'까지도 포함한다. 이 경우 직업교육을 'vocational education'이라고 칭할 수 있다.

'vocational education'과 'occupational education'은 같은 개념으로 쓰이는 것이 보통인데 구태여 구별을 짓는다면 'vocational education'에서는 일의 대가에 돈을 받든 받지 아니하든 간에 인간의 요구를 충족시키는 일에 관한 능력을 개발하는 교육이고, 'occupational education'은 일의 대가로 경제적 보수를 받음으로써 생업을 영위할 수 있는 능력을 개발하는 교육이라고 할 수 있다.

'준비하고 있거나 이미 종사하고 있는 일'이

1 이무근 (2006). 직업교육학 원론(제3판). 교육과학사. pp. 35-36.

란 취업을 위한 직업교육과 이미 직업에 종사하고 있는 근로자들의 능력 향상을 위한 계속교육으로서의 직업교육을 모두 포함한다는 뜻이다.

'학교…일의 현장' 등을 명시한 것은 직업교육의 장은 학교 내외가 모두 가능하다는 것을 의미한다. '일의 세계를 탐색…일에 대한 습관' 등은 직업교육이 단순히 기능skills만을 개발하는 것이 아니라 보다 포괄적인 행동 특성을 기르는 데 있다는 것을 의미한다. 제일 마지막에 표현한 '교육'이란 교양교육과 직업교육은 별개로 분리된 것이 아니라 상호간에 밀접한 관계를 맺고 있다는 것을 의미하고, 직업교육도 평생교육 차원에서 학교교육뿐만 아니라 사회교육을 통해서도 평생학습이 이루어져야 한다는 것을 의미한다.

2) 직업훈련의 정의

직업훈련에 관한 정의는 핵심 내용은 같지만 ILO와 같은 국제기구 또는 국가에 따라 표현상에 약간의 차이가 있다. ILO의 1962년 '직업훈련의 권고'에서 '「직업훈련은 경제활동의 모든 분야의 고용최초인가 아닌가 불문, 또는 승진을 위한 준비 또는 재훈련을 목적으로 하는 모든 훈련이 목적에 필요한 일반적 · 직업적 및 기술적 교육을 포함한다에 대하여 적용한다」'라고 기술하고 있다. 독일의 직업교육훈련법에서는 「직업훈련이란 직업인 양성 훈련, 직업 계속훈련, 직업 전환훈련을 총칭한다」. 일본의 직업능력개발촉진법에서는 「직업훈련이란 직업에 필요한 근로자구직자 포함의 능력을 개발하고 향상시키는 것」이라고 정의하고 있다.

우리나라의 경우 「직업훈련기본법」 제2조에 의하면 '직업훈련'이란 '근로자에게 직업에 필요한 직무수행 능력을 습득 · 향상하기 위하여 실시하는 훈련'을 의미한다. 여기서 근로자라 함은 사업주에 고용된 자와 취업할 의사를 가진 자를 말한다.[2] 훈련대상은 사업주에게 고용된 자와 취업 의사를 가진 자이고 훈련내용은 직업에 필요한 직무 수행 능력을 습득 · 향상시킬 수 있는 것이다. 그런데 「고용보험법」의 제정과 「직업훈련기본법」이 「근로자직업훈련촉진법」으로 개정되면서 지금은 '직업훈련'이란 용어 대신에 '직업능력개발' 또는 '직업능력개발훈련'이란 용어로 대체하여 사용하고 있어 일반인에게는 용어 사용에 다소 혼돈이 있다.[3]

---

2 직업훈련기본법 제2조, 이 법이 개정된 근로자직업능력개발법 제2조. 2015.1.20.

3 정택수 (2008). 직업능력개발제도 변천사. 한국직업능력개발원. pp. 5-8.

3) 직업교육훈련의 정의

「직업교육훈련촉진법」 제2조에 의하면, '직업교육훈련'이라 함은 「산업교육진흥 및 산학협력촉진에 관한 법률」 및 「근로자직업능력개발」과 그 밖의 다른 법령에 따라 학생과 근로자 등에게 취업 또는 직무 수행에 필요한 지식·기술 및 태도를 습득·향상시키기 위하여 실시하는 직업교육 및 훈련」을 의미한다.[4] 교육 및 훈련의 대상은 학생과 이미 직업에 종사하고 있는 근로자이다. 교육내용은 취업 또는 직무 수행에 필요한 지식·기술·태도이다. 교육기관은 직업교육 및 훈련기관을 의미한다.

최근 OECD, UNESCO 및 ILO 등의 국제기구에서는 직업교육과 직업훈련을 동일한 뜻으로 또는 직업교육훈련으로 붙여서 함께 사용하는 경향이 있다. 1999년 교육부가 주최하고 한국직업능력개발원이 주관한 유네스코 제2차 세계직업기술교육회의 결과 권고안 6.7항에 그동안 UNESCO가 주로 사용한 '기술직업교육Technical Vocational Education: TVE'이란 용어를 ILO와의 긴밀한 협조 하에 '기술직업교육훈련Technical Vocational Education and Training: TVET'이라는 공동의 개념으로 발전시킬 것을 권고한 후 직업교육훈련이라는 용어를 광범위하게 사용하고 있다.[5]

하지만 교육과 훈련은 <표 2-1>과 같이 구분하기도 한다. 즉, 데일Dale은 교육education과 훈련training의 강조점 차이를 다음과 같이 설명하고 있다.

표 2-1 교육과 훈련의 강조점 차이

훈련에서의 강조점		교육에서의 강조점
모방적인 반응	→	창의적이고 상상적이며 반성(reflective)적인 반응
단기적이고 제한된 목표	→	장기적이고 융통성 있는 넓은 목표
방법의 고정	→	다양한 수단과 융통성
기억·반복	→	사고력이 필요한 학습과 적용
시험이 따르지 않는 무조건 준거	→	사고를 필요로 하는 준거(conformity)
아이디어와 감정의 제한된 참여	→	아이디어와 감정의 무한한 참여
규정(prescription)에 의한 학습	→	사고에 의한 학습
종속적인 학습자	→	어떻게 학습하여야 하는가를 알고 있는 독립적인 학습자

자료: Edger Dale(1969). *Audiovisual methods in teaching(3rd ed).* The Dryden Press. pp. 24-26.

4 직업교육훈련촉진법 제2조. 2015.1.20.

5 유네스코 · 한국직업능력개발원 (1999). 유네스코 제2차 세계직업기술교육회의 결과.1999.4.26.~30. 서울. 한국직업능력개발원 연구자료 99-8. p. 100.

요약해 보면 훈련은 반복된 경험을 통하여 특정한 일에 숙련되게 하는 학습이고, 교육은 훈련의 개념이 지니고 있는 것 외에, 학습의 전이가치가 높은 고등정신기능을 개발하는 것까지를 포함한다.

직업의 관점에서 직업교육vocational education과 직업훈련vocational training의 차이는 사회적 유용도social utility를 근거로 설명할 수 있다. 직업훈련에서는 개인이 직업에 맞도록 양성된다. 하지만 직업교육에서는 개인의 복지에 주된 관심을 두고 교육의 목적도 개인이 자기 생애를 개발하도록 도와주는 데 있다.[6]

그러나 직무능력 향상을 위한 기업 내 교육을 비롯하여 직장에서의 현직교육에서는 교육과 훈련을 같은 뜻으로 쓰는 경우가 대부분이다. 특히 기업 내 교육이나 훈련은 인적자원개발Human Resource Development, HRD과 같은 뜻으로 쓰일 수 있다. 이 때 HRD란 고용주가 그 조직의 목적과 달성을 촉진시키기 위하여 피고용인에게 제공하는 모든 학습 경험[7]이라고 정의된다.

이와 비슷한 관점으로 국가공무원인재개발원 연구개발센터에서는 교육, 훈련, 인재개발을 정의하면서 상호간의 관계를 다음과 같이 설명하고 있다. 교육은 개인의 잠재력을 종합적으로 개발하는 것이고, 훈련은 업무를 수행하는 데 필요한 지식과 기술을 신장하는 것이며, 인재개발은 지식 · 기술 · 태도 등 개인이 지니는 능력과 품성을 양성 · 배분 · 활용함을

---

6 John F. Thompson (1973). *Foundations of vocational education: Social and philosophical concepts*. Prentice-Hall. pp.112-113.

7 Jerry W. Gilley & Steven A. Eggland, Ann Maycunich (2002). *Principles of human resource development*. Perseus Publishing. pp.1-24.

의미한다.[8] 인재개발에서 T&DTraining & Development로 표현할 때의 Training은 현재 맡은 직무 수행에 필요한 역량 함양을 위함이며, Development는 향후 맡게 될 직무에서 요구될 역량을 미리 배양하기 위함이다.[9]

직업의 관점에서 직업교육vocational education과 직업훈련vocational training은 약간의 특징과 강조점에 차이가 있다. 첫째, 이미 앞에서 서술한 바와 같이 사회적 유용도social utility의 관점에서 보면, 직업훈련에서는 개인이 직업에 맞도록 양성되지만, 직업교육에서는 개인의 복지에 주된 관심을 두고, 교육의 목적도 개인이 자기 진로를 개발하도록 도와주는 데 있다.

둘째, 산업발달 단계에서 보면 개발도상국일수록 특수 직무 수행에 필요한 능력 개발에 역점을 둔 직업훈련이 요구되고, 과학기술이 선진화된 국가일수록 직업군occupational cluster 업무수행에 필요한 광범위하고 기초적인 능력 개발에 역점을 둔 직업교육이 강조되고 있다.

셋째, 산업체의 요구에 따라서도 다르다. 일반적으로 중소기업에서는 직업훈련적 성격이 강한 특수 직종에 숙련된 기능인을 선호하는 경향이 있다. 반면에 대기업은 직업교육적 성격이 강한 기초적이고 직업군에 필요한 능력의 소유자를 선호한다.

넷째, 직업교육과 직업훈련은 각 나라의 학교에서 직업으로의 전환 시스템의 연계School-to-work transition system가 어느 정도 잘 구축되어 있느냐에 따라 다르다. 독일과 같이 학교에서 직업으로의 전환시스템이 잘 구축된 나라에서는 직업훈련이 강하고, 미국과 같이 느슨한 체제에서는 직업교육이 강조되고 있는 경향이다.

다섯째, 교육대상과 수준이 어느 수준이냐에 따라 직업교육이 적합할 수도 있고 반대로 직업훈련이 더 적합할 수도 있다.

이상과 같은 특성을 지닌 직업교육과 직업훈련제도를 한국의 실정을 고려하여 비교 제시하면 <표 2-2>와 같다.

그러나 직업교육과 직업훈련은 무리하게 구분하는 것보다는 직업교육훈련으로 사용하여 어느 경우에나 적용될 수 있는 것이 바람직하다. 그래서 유네스코나 국제노동기구, 그리고 직무능력 향상을 위한 기업교육을 비롯하여 직장에서의 현직교육에서는 대부분의 경우, 교육과 훈련을 같은 뜻으로 사용하면서 직업교육훈련이란 용어를 활용한다.

---

8 국가공무원인재개발원 연구개발센터 (2017). 공무원 인재개발의 미래발전방향. p. 45.
9 Raymond A. Noe (2016). Employee Training & Development (7th ed). McGraw-Hill Education.

표 2-2 직업교육과 직업훈련 제도의 비교

구분	직업교육	직업훈련
목적	시민으로서의 인격도야, 직업인의 기초 소양 함양	근로자에게 기능 습득 향상
대상	적령기 학생	고용 근로자 및 취업 희망자
교과	공과 단위로 광범위	직종 및 직업군 단위로 전문화
기간	학년 단위로 3년	양성과정: 3개월~3개년 향상, 재훈련: 1주일 이상
장소	학교	훈련소 및 사업 내 생산 현장
지도	정규 교사	이론 교사: 정규 교사 상당 수준 실기 교사: 현장 유경험자
내용	요령 습득	요령 습득 및 반복작업으로 숙련

자료: 서상선 (2002). 한국직업훈련제도의 발자취-제도화 과정에 얽힌 뒷이야기들을 중심으로-. 대한상공회의소. p. 59.

4) 직업교육훈련 관련 용어의 정의

(1) 산업교육

「산업교육진흥 및 산학연협력촉진에 관한 법률」 제2조에 의하면 '산업교육'이란 「산업교육기관이 학생에게 산업에 종사하거나 창업하는 데 필요한 지식과 기술을 습득시키고 기업가정신을 함양시키기 위하여 하는 교육」을 말한다. 여기서 '산업교육기관'이란 산업교육을 하는 다음 각 목의 학교를 말한다.

① 산업수요에 연계된 교육 또는 특정 분야 인재양성을 목적으로 하는 학교로서 대통령령으로 정하는 고등학교, 고등기술학교

② 직업 또는 진로와 직업교육 과정을 운영하는 특수학교

③ 대학「고등교육법」 제2조 각 호에 따른 학교, 그밖에 다른 법률에 따라 설립된 고등교육기관 중 대통령령으로 정하는 기관을 말한다.[10] 이 경우 산업교육에서 교육대상은 학생이고 교육기관은 고등교육법에 명시된 대학, 산업대학, 전문대학, 기술대학, 원격대학, 각종학교 등이 해당된다. 교육내용은 산업에 종사하거나 창업하는데 필요한 지식과 기술, 그리고 기업가 정신 함양을 의미한다.

10 산업교육진흥 및 산학연협력촉진에 관한 법률 제2조. 2015.03.27.

그런데 사회교육의 일환인 기업교육기업 인적자원개발: 기업 HRD에서는 기업 내 교육 활동을 통틀어 '산업훈련'이라 사용하여 왔는데 1980년대 말부터 '산업교육'이라고 칭하였다. 이때 기업 내 교육을 중심으로 한국산업교육본부, 한국산업교육학회 등이 설립되었고 인재육성·교육훈련전문지로 '산업교육Human Resource Development' 저널이 월간지로 발간되기 시작하였다.[11] 지금은 산업교육 대신 '기업교육' 또는 '기업 인적자원개발' 또는 '인적자원개발'이라고 널리 사용되고 있다.

이 때 기업교육이란 '기업의 생산성 향상과 임직원의 자기계발을 도모하기 위하여, 기업이 의도적·계획적으로 실시하는 현장직무훈련on-the-job training: OJT, 집합훈련off-the-job training: Off-JT, 자기 계발self-development: SD을 포함하는 기업의 연수 및 교육훈련 활동'으로 정의하고 있다. 기업교육의 특징은 목적 측면에서 기업의 생산성을 향상시키는 것과 임직원이 자기계발을 도모하는 데 있다. 방법적인 특징은 직무에 관한 현장훈련인 OJT, 집합적으로 이루어지는 Off-JT, 개인이 자발적으로 하는 자기계발SD 등의 방법으로 이루어진다.[12]

그런데 「직업훈련기본법」 제2조 제5항에 의하면 「사업주가 실시하는 직업훈련 모두를 사업내 직업훈련」이라고 정의하였다. 따라서 기업 현장에서 실제로 사용하고 있는 기업 인적자원개발human resource development: HRD과 기업교육, 「직업훈련기본법」에서 정의한 사업내 훈련in-house training, 「산업교육진흥 및 산학연협력촉진에 관한 법률」 제2조에 규정된 '산업교육' 등의 용어 간에는 다소의 혼돈이 있고 미묘한 차이가 있기도 하다.

따라서 직업교육훈련분야에 종사하더라도 학교교육에서의 직업교육인지, 기업교육인지, 직업능력개발훈련분야에 종사하는지에 따라 '산업교육'의 개념에 약간의 차이가 있음을 인지하게 된다.

(2) 인적자원개발

인적자원개발의 개념은 시대 변화, 학문영역, 학자, 국가나 기관에 따라 너무 다양하기 때문에 하나로 통일된 정의를 내리기가 어렵다.[13] 그래서 필자는 인적자원개발을 우선 광의와 협의의 의미로 구분하여 정의하였다.

광의의 의미에서 인적개발은 「인적자원개발기본법」 제2조에 정의된 것을 그대로 인용하

---

11 엄준화 (2012). 한국기업 HRD 형성과정의 탐구(1948~1991). 한국기술교육대학교 박사학위 논문. pp.161-162.

12 이찬 외 5인 (2017). 인적자원개발론. 양서원. p. 26.

13 권대봉 (2003). 인적자원개발의 개념 변천과 이론에 대한 종합적 고찰. 원미사. pp.12-24.

였다. '인적자원개발human resource development: HRD'이란 「국가·지방자치단체·교육기관·연구기관·기업 등이 인적자원을 양성·배분·활용하고, 이와 관련되는 사회적 규범과 네트워크를 형성하기 위하여 행하는 제반 활동」을 말한다.

여기서 '인적자원'이라 함은 국민 개개인·사회 및 국가의 발전에 필요한 지식·기술·태도 등 인간이 지니는 능력과 품성을 말한다.[14] 교육대상은 국민이다. 추진 주체는 국가·지방자치단체·교육기관·연구기관·기업 등이다. 목적은 국민 개개인·사회 및 국가의 발전에 필요한 지식·기술·태도 등 인간이 지니는 능력과 품성을 양성·배분·활용하고, 이와 관련되는 사회적 규범과 네트워크를 형성하기 위하여서이다.

따라서 인적자원개발은 인적자원을 양성하는 것뿐만 아니라 양성된 인력을 배분하고 활용하는 활동까지를 포함하는 교육부뿐만 아니라 고용노동부를 비롯한 범부처적인 활동임을 시사한다. 우리나라의 경우 국가가 중심이 되어 인적자원개발이 이루어질 경우 국가인적자원개발National Human Resource Development: NHRD, 지방자치단체를 비롯한 지역이 중심이 되었을 경우 지역인적자원개발Regional Human Resource Development: RHRD 이란 용어를 사용하고 있다.

협의의 의미에서 '인적자원개발'이란 「어떤 조직이나 기관의 책임자가 개인, 집단, 조직의 효율 향상을 목적으로 그 조직이나 기관의 구성원에게 제공하는 개인개발individual development, ID, 경력개발career development: CD, 조직개발organizational development: OD을 포함하는 의도적, 계획적 학습활동」이라 정의한다.

여기서 개인개발ID이란 개인이 현재 또는 앞으로의 직무수행에 필요한 지식과 기술 습득을 위한 교육훈련을 의미한다. 경력개발CD이란 한 개인이 일생을 살아가면서 일과 관련되어 겪게 되는 경험으로 개인 차원에서는 자아실현, 조직 차원에서는 성과향상이라는 두 가지 목표를 달성하기 위한 교육훈련을 의미한다. 조직개발OD이란 단위조직 간, 단위조직 내

---

14 인적자원개발기본법. 제2조. 2014.01.07.

의 건전한 관계를 갖도록 돕고, 조직의 변화를 주도함은 물론 관리할 수 있도록 돕는 교육훈련을 의미한다.

인적자원개발은 조직이나 기업체에서 종업원을 대상으로 이루어져온 훈련 및 개발training and development이 개념적 시초이기 때문에, 학교기관보다는 주로 기업이나 조직에서 널리 활용되는 개념이다.[15] 이때 '개발'은 '훈련'과 달리 미래 지향적인 의미를 지닌다. 즉, 훈련training은 현재의 자신의 직무기술을 향상시키기 위한 활동이고, 교육education은 현재 자신의 직무와 관련되어 있으나 미래에 수행하게 되는 직무에 대해서 능력과 기술 및 지식을 향상시키는 활동이다. 개발development은 직무와 직접적인 관련은 없지만 미래에 활용될 수 있을 것으로 기대되는 자신의 능력, 기술, 지식을 향상시키는 미래지향적 활동이다.[16] 그런데 필자는 인간의 행동변화의 관점에서 보면 교육학에서 '교육의 개념'에는 '개발의 개념'이 포함되어 있다고 생각하고 있다. 차라리 이들 용어 간의 차이점을 찾으려면 교육과 훈련이 인력양성에 초점을 두고 있다면, 인적자원개발은 인력양성뿐만 아니라 인력의 배분과 활용까지를 포함하는 광범위한 영역을 다루고 있다고 보는 관점이 더 합리적이다.

이상과 같은 인적자원개발의 광의와 협의의 개념 간의 차이를 살펴보면, 협의의 개념은 주로 조직이나 기업 교육으로 제한되는 반면, 광의의 개념은 대상이 조직이나 기업뿐만 아니라 국민, 가정, 사회, 국가로 확대된 개념이다. 또한 협의의 개념에서의 인적자원개발의 목적은 조직의 생산성 향상을 최우선으로 하고 있지만, 광의의 개념에서의 인적자원개발은 직업 준비교육, 직업능력 개발을 위한 계속교육, 더 나아가 평생학습을 통하여 국민들이 행복한 삶을 추구하는 데 그 목적을 두고 있다.[17]

인적자원human resource은 인력manpower, workforce, 노동력labor과도 비슷한 개념으로 사용되기도 하는데 이들의 특징을 비교하면 <표 2-3>과 같다.

또한 인적자원human resource은 인적자본human capital과 같은 의미로 사용하기도 한다. 인적자본은 토지, 노동, 물적 자본 등 전통적인 생산요소 외에 노동의 질특히 노동력의 교육과 훈련 수준에 대한 관심의 증대로 새롭게 개념화된, 인간을 자본의 한 형태로 보는 경제학 관점이다. 인적자원은 인간을 조직의 성과생산성, 효율성나 경제성장 또는 국가발전에 필요한 하나의 자원으로 보는 경영학 관점이다. 그러나 인적자본이나 인적자원 개념에 포함된 인간요인

---

15 이용환 · 정철영 · 나승일 · 김진모 · 이찬 (2009). 산업인력개발론. 교육과학사. p. 27.

16 권대봉 (2003). 인적자원개발의 개념 변천과 이론에 대한 종합적 고찰. 원미사. p. 26.

17 이무근. '인적자원개발의 다학문적 접근', 조은상 (2001). 「인적자원개발: 다학문적 접근」. 한국직업능력개발원 연구자료 01-17. pp. 25-72.

표 2-3 인적자원, 인력, 노동력의 특징 비교

개념 / 기준	인적자원(human resource)	인력(manpower, workforce)	노동력(labor)
범위	넓음	중간	좁음
기대 차원	국가적	사회 · 경제적	경제적
개발 대상	전체 인구	가용인구(경제인구)	노동인구(경제활동 인구)
개발 요소	능력 · 지식 · 기술 · 태도 · 동기 · 감정 등	능력 · 지식 · 기술	에너지 · 기술
주요 기능	총체적 기능	주로 질적 · 전략적이며 적극적 의미의 인적자원	양적이고 소극적인 인적자원
개발 목표	자원의 내재적 가치	자원의 노동적 · 기능적 가치	자원의 생산 요소적 가치

자료: 박기영(1990). 한국의 인력정책 체계와 과정에 관한 연구. 전남대학교 박사학위 논문. p. 25.

human being은 같으며, 모두 개인의 삶, 조직의 성과, 사회복지, 경제성장, 국가경쟁력 등과 관련시켜 논의되고 있기 때문에 같은 의미로 사용할 수 있다. 또한 인력이란 말도 인적자원이나 인적자본이란 용어와 병행하여 사용되고 있어 유사개념으로 볼 수 있다.[18]

(3) 산업인력개발

산업인력개발의 정의 역시 학자, 국가, 학술 단체에 따라 다양하기 때문에 하나로 통일해서 개념을 정립하기 어렵다. 산업인력개발은 '산업', '인력', '개발' 세 단어의 합성어다. '산업'이란 '가치 있는 재화 또는 서비스를 생산 · 판매 · 제공하는 경제활동에 관한 모든 일'이라 정의한다. '인력manpower, workforce, human resource'이란 '경제적 가치를 생산하는 생산 요소인 지식 혹은 기술skill을 축적하는 사람'을 의미한다. '개발development'이란 '지식, 기술, 태도 등을 발달하게 함'으로 정의되어 진다. 이 세 단어의 합성어인 '산업인력개발workforce development'은 「가치 있는 재화 또는 서비스를 생산 · 판매 · 제공하는 농림어업, 광공업 및 기타 서비스업 등의 산업 활동에 종사할 것을 전제로 하는 사람의 지식, 기술, 태도 등을 발달하게 함」으로 정의할 수 있다. 이렇게 정의하면 산업인력개발이 노동시장 진입 이전 단계인 직업관련 교육 훈련에 제한되는 협의의 정의가 된다.

산업인력개발workforce development이란 용어는 직업교육, 인적자원개발, 성인교육 등과 같이 기존의 교육education과 훈련training이 핵심적인 특성임에도 불구하고 1990년대부터 새로

18 김윤태 (2002). 한국 인적자원개발 정책의 분석 및 평가:1962~2002. 한국직업능력개발원 기본연구 02-38. pp.14-43.

운 용어로 등장하게 되었다. 그 계기는 workforce development산업인력개발가 다른 유사 개념과 달리 광범위하고, 포괄적이며, 체제와 밀접한 관련을 맺는 이른바 '거시적인 특성을' 가지기 때문이다. 청소년 및 성인 대상의 교육·훈련분야에서 점차 국가적 시스템 수준과의 연계를 강조하고, 보다 거시적인 관점에서 접근하기 위해 workforce development산업인력개발란 용어를 자주 활용하고 있다.

이런 현상이 나타나게 된 배경에는 세계화, 과학기술의 급속한 변화, 인구 구조 변화, 정치 및 경제학적 변화 등의 요인이 공공부문의 교육 훈련의 새로운 변혁을 요구하고 있고, 일을 위한 학습learning for work에 대한 체계적인 국가 차원의 조직적 반응을 요구하게 되었기 때문이다.

이렇게 해서 태동된 workforce인력에 대한 정의는 학자에 따라 다양한데 그간의 정의들을 종합해 보면 다음과 같다. 산업인력개발workforce development이란 「가치 있는 재화 또는 서비스를 생산·판매·제공하는 농림어업, 광공업, 서비스업 및 기타의 산업에 종사할 것을 전제로 하는 사람에게 해당 산업으로의 성공적인 진입, 유지, 적응 및 개선에 필요한 지식, 기술 및 태도를 개발 가능하도록 기회를 부여하여, 이를 통해 개인, 조직 및 국가의 발전을 도모하고자 하는 교육기관·기업·연구기관·지방자치단체·국가 등의 제반 활동」[19]을 의미한다.

(4) 기술교육

'기술교육'은 교양교육으로서의 기술교육technology education과 직업교육으로서의 기술교육technical education으로 구분하여 정의될 수 있다. 교양교육으로서의 기술교육은 「기술학이라는 지식체계에 근원한 보통교육으로서 체험활동 또는 실천적 학습활동learning by doing을 통하여 기술과 산업에 관한 이해, 기능, 태도 등을 기르는 교육」이다.

직업교육으로서의 기술교육은 좁은 의미로는 「고등학교와 전문대학 수준에서의 중견 직업인 또는 테크니션middle level worker 또는 technician을 양성하는 교육」을 의미한다. 넓은 의

19 이용환 · 정철영 · 나승일 · 김진모 · 이찬 (2009). 산업인력개발론. 교육과학사. pp. 14-22.

미에서 기술교육은 「고급관리직higher management position에 종사할 공학자engineer와 기술자technologist를 양성하기 위하여 대학university에서 실시하는 교육」도 포괄하는 의미이다.[20]

(5) 진로교육

진로교육career education이란 앞에서 「개인이 자신의 적성·흥미·능력, 성격, 가치관, 신체적 특성에 적합한 일을 자각·탐색·선택·준비·유지·개선할 수 있도록 취학전 교육부터 시작하여 평생 동안 학교와 지역사회의 공동적인 노력에 의하여 학습하는 경험의 총체」[21]라고 정의하였다.

그런데 우리나라의 경우 「진로교육법」 제2조에 의하면 「진로교육이란 국가 및 지방자치단체 등이 학생에게 자신의 소질과 적성을 바탕으로 직업 세계를 이해하고 자신의 진로를 탐색·설계할 수 있도록 학교와 지역사회의 협력을 통하여 진로에 관한 수업, 진로심리검사, 진로상담, 진로정보 제공, 진로체험, 취업지원 등을 제공하는 활동을 말한다」라고 정의하였다. 이는 진로교육career education보다는 진로지도career guidance의 개념에 가까운 정의라고 할 수 있다.

진로교육은 진로 개발career development 단계에 따라 진로 인식, 진로 탐색, 진로 준비, 진로 유지 및 개선의 단계로 이루어진다고 제1장에서 이미 소개하였다. 진로 인식 및 진로 탐색 단계는 초·중등교육에 해당되고, 주로 일의 세계를 인식하고 자신의 적성·소질, 흥미·능력, 성격, 가치관, 신체적 특성에 적합한 일의 세계를 구체적인 경험을 통하여 탐색하게 하며, 직업기초능력 개발에 중점을 둔다.

진로 준비 단계는 특성화 고등학교와 마이스터 고등학교와 같은 특수목적고등학교, 전문대학, 대학, 평생 직업교육사회교육기관 등에서의 교육이 이에 해당되는데 이 단계가 바로

20 이무근 (2006). 직업교육학 원론. 교육과학사. pp. 38-42.
21 이무근. 상게서. pp. 44-48.

직업 능력을 개발하는 과정이고 일반적으로 직업교육vocational education 또는 occupational education 이라고 부른다.

진로 유지 및 개선 단계는 현재의 직무능력을 개선하기 위한 개인 개발ID, 전직 또는 자신의 진로 변경을 위해 활동하고 학습하는 경력 개발CD, 더 나아가 조직의 효과성을 증진시키기 위한 조직 개발OD 등 협의의 의미에서 인적자원개발HRD을 실시하는 과정이며 크게 보면 성인교육 과정이다.

즉, 진로 유지 및 개선 단계에서는 직업에 종사한 후에도 직무능력을 향상하고, 전직 및 생애개발을 위해 끊임없는 학습을 통하여 평생 동안 자기 능력을 개발하여야 한다. 이렇게 일할 수 있는 능력 개발은 일생 동안 이루어지기 때문에 직업교육은 평생학습의 관점에서 다루어져야 한다.

특히 4차 산업혁명시대를 맞이하면서 기초능력이 강조되고, 직업의 생성 소멸 주기가 빨라지면서 일의 현장에서의 학습을 통한 지속적인 능력개발이 과거보다 훨씬 더 강조되고 있다. 뿐만 아니라 평균 수명이 길어지면서 경력개발에 대한 중요성이 점점 더 증대되고 있어 이에 대한 적극적인 대책이 요구되고 있다. 이에 따라 학교교육과 사회교육, 보통교육과 직업교육, 교육과 훈련의 연계 내지 통합이 점점 강화되면서 평생학습을 위한 직업교육 체제가 강조되고 있다.[22]

이상과 같이 진로교육의 성격과 내용을 진로개발 단계에 따라 분석해 보면 진로 인식단계인 초등학교, 진로 탐색 단계인 중학교와 일반 고등학교에서는 진로지도가 강조된다. 진로 준비 단계인 특성화고등학교와 마이스터고등학교, 전문대학, 대학 등에서는 직업교육 vocational education이 강조된다. 진로 유지 및 개선 단계에서는 사회교육을 통한 직업훈련 vocational training과 진로지도가 강조된다. 따라서 진로교육은 진로지도, 직업교육과 직업훈련을 포괄하는 평생교육적 차원에서의 직업교육훈련 개념이고, 진로지도career guidance는 진로교육career education의 일부이다.

일할 수 있는 능력 계발은 <표 2-4>를 통해서 보면 진로교육 또는 평생학습 체제를 통하여 이루어지고 있다는 것을 알 수 있다.

22 이찬 외 4인 (2017). 인적자원개발론: HRD 이론과 실제. 양서원. pp. 231-255.

표 2-4 진로교육의 모형

<table>
<tr><th colspan="4">◀ 진로 교육(career education) ▶</th></tr>
<tr><th>진로 인식
(career awareness)</th><th>진로 탐색
(career exploration)</th><th>진로 준비
(career preparation)</th><th>진로 유지 및 개선
(career maintenance
&
improvement)</th></tr>
<tr><td>초등교육</td><td>중등일반교육</td><td rowspan="2">중등 직업교육
고등 직업교육
사회교육</td><td rowspan="2">인적자원개발
(HRD: ID, OD, CD)
훈련 및 개발
training and development</td></tr>
<tr><td colspan="2">기초능력함양
(key competency based learning)</td></tr>
<tr><td colspan="2">보통교육
◀— general education —▶</td><td>직업교육훈련
◀— vocational education and training —▶</td><td>성인교육
◀— adult education —▶</td></tr>
<tr><td colspan="4">평생 학습 (lifelong learning)</td></tr>
</table>

자료: 이무근 (2006). 직업교육학 원론. 교육과학사. pp. 47-48.

이상과 같이 진로교육의 개념은 대단히 넓다. 특히 진로교육이란 용어가 1970년대 미국에서 처음 사용할 때 직업교육vocational educations은 특수 직종specific occupation에 필요한 직무능력을 개발하는 데 목적이 있었다면 진로교육career education은 특수 직종보다는 직업군occupational cluster에 필요한 보다 기초적인 능력과 스킬skill, 그리고 전이능력을 키우는 데 역점을 둔 차별화된 개념으로 사용되어 왔다. 그러면서 직업교육보다는 직업기술교육vocational-technical education이란 용어의 사용이 확대되었다.

그 후 1990년대에 들어 미국에서는 직업－기술교육vocational-technical education이란 용어보다는 진로·기술교육career & technical education이란 용어를 더 널리 사용하고 있다. 가끔은 전문－기술교육professional-technical education, 진로, 기술, 산업인력교육career, technical, workforce education 등의 용어를 사용하기도 한다.[23]

특히 미국의 경우 중등secondary 및 중등후postsecondary 교육기관에서의 진로·기술교육은 「Carl D. Perkins Strengthening Career and Technical Education for the 21st Century Act.」 법에 의해 행·재정적으로 다각적인 지원을 받고 있다. 그리고 이 법을 제정함에 있어 'career and technical education'과 'career guidance'를 포함한 55개의 용어가 정의되고 있다.[24] 이는 법 제정이나 학문에서 용어의 정확한 이해와 사용이 얼마나 중요한가를 시사해주고 있다.

---

23 Encyclopedia of Education (2003). (Second edition). Macmillan References. USA. pp. 2642-2643.

24 「Carl D. Perkins Career and Technical Education Act of 2006」(2019. 7.1) as Amended by the Strengthening Career and Technical Education for the 21st Century Act.. Sec.3. Definitions. pp. 3-13.

(6) 진로지도

앞에서 진로교육을 정의하면서 진로교육career education은 엄밀한 의미에서 진로지도career guidance, 직업교육vocational education & occupational education, 직업훈련vocational training을 포괄하는 개념이라고 하였다. 따라서 진로지도career guidance는 진로교육의 일부라고 할 수 있다. 그런데 현재 우리나라에서 사용하고 있는 진로교육이란 용어는 엄밀한 의미에서 외국에서 사용되고 있는 진로지도career guidance와 거의 같은 개념으로 사용되고 있다. 따라서 여기서는 진로지도의 관점에서 서술하면서 용어는 진로교육을 사용하는 격이 되었다.

진로지도는 1960년대까지만 하여도 직업지도vocational guidance란 용어로 사용하였다. 그 후 1970년대 초에 미국의 중등 직업교육의 문제가 부각되면서 진로교육career education이란 용어가 대두되었다. 그러면서 한때는 직업지도vocational guidance와 진로지도career guidance가 혼용되었다. 그러자 용어 사용에 혼동이 나타나 미국직업교육협회American Vocational Association: AVA와 전국직업지도협회National Vocational Guidance Association: NVGA가 공동으로 진로개발career development에 관한 포지션 페이퍼position paper를 1973년에 발표하면서 진로지도career guidance의 개념이 어느 정도 정립되었다.

그 당시 AVA－NVGA가 진로지도career guidance를 어떻게 정의하였는가를 살펴보고자 한다. 우선 커리어career란 단어도 관점에 따라서 여러 가지로 정의될 수 있다. 극단적인 한 예로서 커리어는 직업occupation을 뜻한다고 정의하는 경우가 있다. 또 다른 한 예로는 커리어란 일생을 통하여 행하게 되는 모든 활동을 포함한 보편적인 생활패턴general life pattern이라고 정의하기도 한다. 또 사회학자나 심리학자들은 위의 양극단적인 표현을 피하여, 커리어란 인생을 살아가는 과정에 갖게 되는 직업, 직무, 직위의 연속the sequence of occupations, jobs, positions held during the course of life이라고 정의하였다. 우리나라의 경우에도 커리어career는 앞뒤 문맥에 따라 진로, 생애, 경력 등으로 사용되고 있다.

AVA와 NVGA의 포지션 페이퍼에서는 커리어career란 「개인에 의하여 수행되는 일을 통하여 계획된 삶을 이루게 하는 시간적으로 연속되는 일career means a time-extended working out of purposeful life pattern through work undertaken by the individual」이라고 정의하였다. 따라서 커리어란 일에 핵심을 둔 정의라고도 할 수 있다. 이와 같은 진로지도career guidance에 대한 포지션 페이퍼가 발표된 후 커리어 가이던스란 용어가 학계와 교육계에서 통일되어 사용되고 있다. 그 후 1984년에 직업지도협회NVGA가 전국진로개발협회National Career Development Association로 명칭이 바뀌었다. 이를 계기로 진로지도를 진로발달 단계별로 인생의 전 과정을 통해 이루어지는 것으로 정의하기 시작했다.

위의 내용들을 종합해보면 진로지도career guidance란 자신의 진로를 계획하고, 그 진로에 대한 준비를 하며, 적절한 시기에 직업을 합리적으로 선택하고, 선택한 직업에 잘 적응하며, 더욱 발전할 수 있도록 인생의 전 과정을 도와주는 과정이라고 정의할 수 있다.[25, 26]

(7) 실과교육

실과교육practical arts education이란 개인이 일상생활을 하는 과정에 시민으로서의 책임을 다하는데 필요한 일work에 대한 기본적인 지식과 기능, 태도 등을 일반 농업general agriculture, 산업기술industrial arts, 상업 경영business, 가정home economics, 기술technology, 컴퓨터, 환경environment 등의 주제를 통하여 개발하는 교양교육의 일부이다. 즉, 실과 교육은 앞에서 제시한 다양한 주제를 대상으로 다루기, 만들기, 가꾸기 및 기르기, 건사하기 등의 학습 활동을 통하여 가정생활과 실생활에 필요한 지식과 기초 기능을 습득하는 데 있다. 특히 실과교육은 프로젝트법Project method, 문제해결법problem solving method, 실천학습learning by doing 등의 교수-학습 방법을 통하여 체험 학습 기회를 최대한 제공한다는 것이 큰 특징이다.

실과교육은 현 시점에서 보면 교양 직업교육의 대표적인 교과이고, 가정과 실생활에 필요한 기초기능을 습득하게 할 뿐만 아니라 다양한 체험 학습을 통하여 일의 세계를 인지, 탐색하게 하여 자신의 적성과 소질에 맞는 일의 세계를 탐색해볼 수 있는 진로 탐색 기회를 제공하기도 한다.

실과 교육은 교육의 역사와 맥을 같이 하고 있지만, 시간이 흐를수록 타 교과에 비해 소홀히 다루어지는 경향이 있다. 그 이유 중의 하나가 실과 교육에 대한 철학이 약하다는 점이다. 예를 들면, 실과교육은 초등학교 4학년부터 이수하다가 3학년부터 이수하는 것으로 변경되었다가 지금은 5학년부터 이수하기 시작한다. 그렇다면 실과교육의 학문적 기저는

25 Position Paper on Career Development. AVA-NVGA Commission Career Guidance and Vocational Education. 1973. 이무근 (1982). 실업-기술교육론. pp. 259 - 261에서 재인용.

26 손승남 · 이수진 · 임배 (2018). 4차 산업혁명 시대의 진로 선택. 박영스토리. pp. 62-63.

어디이고 그것을 가르치는 학년은 몇 학년이 적절한 것인지? 실과교육에 대한 철학적 기초가 확립되고 이를 구현하기 위한 미래지향적 교수 학습 방법이 개발되어야 한다.[27, 28]

02 직업교육훈련의 목적

직업교육훈련의 목적은 개인, 사회, 국가적인 관점에서 살펴 볼 수 있다.

1) 개인 차원

개인적인 면에서 직업교육은 직업에 관한 기초 능력을 길러 일상생활에서 의식주 생활과 지식 · 정보사회에 기초가 되는 기본적인 지식과 기술 및 태도를 기른다. 직업교육은 진로교육을 통하여 개인의 소질과 적성에 맞는 진로를 선택하고 직무 수행에 필요한 능력을 개발함으로써 각자가 원하는 직업에 종사하게 한다. 또한 직업교육훈련은 각자가 선택한 직업에 종사함으로써 일의 대가로 경제적 보수가 수반되어 생계유지의 수단이 되고, 소속감과 자아존중감을 가지게 하며, 인간의 최대 욕구인 자아실현도 성취하게 하는 기능도 가진다.

2) 사회 차원

사회적인 면에서 직업교육훈련은 우수한 역량을 지닌 직업인을 양성하여 능력중심 사회를 구현하게 한다. 능력중심사회란 「학력이나 학벌 등의 특정한 요소로 국한하지 않고 다양한 요소들을 종합적으로 활용하여 개인의 능력을 인정함과 동시에 모든 구성원에게 공정하게 능력을 개발할 수 있는 기회를 제공함으로써 능력중심의 고용과 인

27 한국직업능력개발원 (1998). 한국직업교육훈련 100년사. pp.1023-1024.
28 이무근 (1982). 실업기술교육론. 배영사. pp.17-19.

사 관행 등이 이루어져 개인이 가진 능력을 차별 없이 발휘할 수 있는 사회」를 의미한다.[29]

3) 국가 차원

국가적인 면에서 직업교육훈련은 국가와 산업사회가 요구하는 인적자원을 개발함으로써 국가 경쟁력을 높여 국가사회발전에 절대적으로 기여한다.

<표 2-5>, <표 2-6>, <표 2-7>에서 제시하는 바와 같이 부존자원도 부족한 한국이 지난 반세기 동안에 경이적인 경제발전을 할 수 있었던 것도 가장 큰 원동력은 교육과 훈련을 통한 인적자원개발이라고 할 수 있다.[30, 31, 32]

<표 2-5>에서 1960~1974년을 분석기간으로 한 김영봉 등1984의 연구에 의하면 국민총생산은 연평균 9.07% 증가하였고, 교육에 의한 노동의 질은 연평균 1.18%의 향상을 보였는데 테니슨의 분석방법에 준하여 교육에 의한 노동의 질적 개선이 경제성장에 기여한 정도를 계측해서 7.8%로 추정하였다.

<표 2-6>에서 보면 1970년대 중반부터 2000년 초까지 노동과 자본의 경제성장율 기여도는 해가 거듭될수록 감소하였다. 반면에 교육을 통한 인적자원개발의 영향을 크게 받는 지식과 기술 혁신이 중요시되는 총요소생산성의 경제성장에의 기여도는 점점 높아졌다.

<표 2-7>에서도 2000년대 중반부터 미래의 잠재경제성장률에 미치는 투입요소를 보면 노동과 자본은 급속히 감소되었다. 반면에 총요소생산성은 잠재경제성장률을 높이는데 계속 기여하고 있다. 특히 미래는 노동과 자본보다는 지식과 기술의 혁신을 바탕으로 하는 총요소생산성의 기여도가 더 높을 것으로 전망하고 있다. 따라서 교육을 통한 인적자원개발의 중요성은 아무리 강조하여도 지나치지 않을 것이다.

그래서 「교육기본법」 제21조 「(직업교육) 국가와 지방자치단체는 모든 국민이 학교교육과 사회교육을 통하여 직업에 관한 소양과 능력을 개발하기 위한 교육을 받을 수 있도록 필요한 시책을 수립 실행하여야 한다.」법률 제5437호, 1997.12.13. 제정라고 규정하면서 직업교육의 중요성을 강조하고 있다.

---

29 박동열 · 이무근 · 마상진 (2016). 광복 70년의 직업교육 정책 변동과 전망. 한국직업능력개발원. p. 282.

30 김영봉 · 김신복 · 김기영 · McGinn. N.F. Snodgrass. D.R. (1984). 한국의 교육과 경제발전(1945~75). 한국개발연구원. p. 134.

31 과학기술정책연구원 (2007). 연구개발투자의 경제성장 기여도 국제 비교.

32 기획재정부 총괄보고 (2013). 국가 중장기 발전 전략을 위한 종합연구(1). KAIST 미래전략대학원 (2014). 대한민국 국가미래전략 2015. 이콘출판(주). p. 35에서 재인용.

표 2-5 투입요소의 증가율과 경제 성장에 대한 기여

	1960~74	1960~66	1966~70	1970~74
	투입과 산출의 연 증가율			
GNP 자본 노동 교육	9.07 7.19 3.55 1.18	7.25 7.19 3.55 1.18	10.78 10.43 6.26 0.82	10.14 9.27 3.06 0.73
	투입요소의 성장률에 대한 기여도			
자본 노동 교육 기타	2.88 2.13 0.71 3.35	1.50 1.27 1.03 3.45	4.17 3.76 0.49 2.36	3.71 1.84 0.44 4.15
	투입요소의 성장률에 대한 기여도 (GNP 성장률=100으로 가정)			
자본 노동 교육 기타	31.8 23.5 7.8 36.9	100으로 가정 20.7 17.5 14.2 47.6	38.7 34.9 4.5 21.9	36.6 18.1 4.3 40.9

자료: 1) 김영봉 · 김신복 · 김기영 · McGinn. N.F. Snodgrass. D.R. (1984). 한국의 교육과 경제 발전 (1945~75). 한국개발연구원. p. 134.
2) 김신복 외 8인 (2017). 교육정책이 역사적 변동과 전망. 서울대학교출판문화원. pp. 54-55.

표 2-6 우리나라의 투입요소별 경제성장 기여도 추이

구분	1971 ~ 1980	1981 ~ 1990	1991 ~ 2000	2001 ~ 2006
실질성장률	6.99(100%)	8.37(100%)	5.90(100%)	4.52(100%)
노동	2.47(35.3%)	1.95(23.3%)	1.10(18.6%)	1.05(23.2%)
자본	3.29(47.1%)	3.08(36.8%)	2.75(47.0%)	1.43(31.7%)
총요소생산성	1.23(17.6%)	3.34(39.9%)	2.05(34.8%)	2.04(45.1%)

자료: 과학기술정책연구원 (2007). 연구개발투자의 경제성장 기여도 국제 비교. p. 47.

표 2-7 성장 회계에 따른 잠재성장률 기여도 추이 (단위: %)

	성장률	노동	자본	총요소생산성
1991~2000	6.3	1.0	3.5	1.8
2001~2010	4.1	0.8	1.9	1.4
2011~2020	3.8	0.6	1.5	1.7
2021~2030	2.9	0.0	1.3	1.6
2031~2040	1.9	−0.3	0.8	1.4

자료: 기획재정부. 총괄보고서 (2013). 국가 중장기 발전 전략을 위한 종합연구(1). KAIST 미래전략대학원 (2014). 대한민국 국가미래전략 2015. 이콘출판(주). p.35에서 재인용.

03 직업교육훈련의 개념 체계

직업교육훈련의 개념 체계는 앞의 <표 2-4>의 진로 교육 모형과 뒤의 요약부분에서 제시한 <그림 2-1>의 직업교육훈련 개념 체계에서 진로개발 단계에 따라 구분해 볼 수 있다.

첫 번째 단계는 일의 세계를 인지하고 자신의 적성과 소질 및 능력을 비롯한 제반 특성에 적합한 일의 세계를 탐색하며, 필요한 직업기초능력을 함양하는 초등학교, 중학교, 일반고등학교 등에서의 교양 직업교육이다.

두 번째 단계는 직업에 필요한 지식과 기술, 태도를 학습하는 특성화고등학교, 마이스터고등학교산업체 맞춤형 고등학교, 전문대학, 대학 등에서의 직업교육이다.

세 번째 단계는 근로자가 생애개발 단계에 따라 직무능력을 향상하고 전직에 필요한 역량을 개발하며, 정년퇴임 후 노년기를 대비하여 필요한 역량을 개발하는 준학교체제의 교육기관, 직업능력개발시설, 기업내 교육, 국가공무원인재개발원, 학원 등의 평생교육사회교육을 통한 직업교육 단계이다.

04 직업교육훈련의 특성

직업교육훈련의 정의, 목적, 개념체계와 범위를 종합해보면 직업교육훈련은 다음과 같은 특성이 있다.

첫째, 직업교육훈련의 주된 목적은 직업을 준비하고 있는 사람과 현직에 종사하고 있는 근로자의 직업능력을 개발하고 능력사회 구현과 국가인적자원 개발에 있다.

둘째, 직업교육훈련의 대상은 모든 국민으로서 특히 취업 준비를 하는 학생과 이미 직업에 종사하고 있는 근로자이다. 즉, 직업준비 교육과 현직에 종사하고 있는 근로자들의 직업 능력개발을 위한 성인교육이 모두 포함된다. 특히 과학기술의 급속한 발달로 직업의 생성 소멸 주기가 단축되어 모든 직업인은 끊임없는 학습이 이어져야 하고, 평균 수명이 길어지면서 노년기에도 일하면서 배우고 배우면서 일하는 진로교육의 관점에서 평생학습이 이루어져야 한다. 따라서 직업교육훈련은 평생학습이 가능한 체제 아래서 전개되어야 한다.

셋째, 직업교육훈련의 장은 학교, 평생교육사회교육기관, 일의 현장이 모두 포함된다. 따라서 '직업교육'이란 용어를 사용하는 경우에도 직업교육과 직업훈련이 포함된, 즉 직업교육훈련의 의미로서의 직업교육 개념이어야 더 합리적이다. 「직업교육훈련촉진법」의 제정 목적도 직업교육과 직업훈련 간의 칸막이와 불통을 해소하여 직업교육과 직업훈련을 통합하려는 의도였다. 그리고 이를 위해 두 개념의 용어를 합쳐 '직업교육훈련'으로 사용하였다.[33]

넷째, 직업준비 교육도 크게 세 단계로 구분할 수 있다. 첫 번째 단계는 교양교육으로서의 직업교육이다. 인간이 일상생활을 하는데 필요한 농·공·상·가정·기술·정보, 환경 등에 관한 기본적인 지식과 기술 및 태도를 기르고, 일의 세계를 인지하고 진로를 탐색하는 진로지도, 그리고 모든 직업에서 공통적으로 필요로 하는 직업기초능력을 개발하기 위한 초·중·일반고에서의 교양 직업교육이다. 이는 「교육기본법」 제21조 '직업교육'에서 명시하고 있는 소양 교육에 해당된다.

직업준비 교육으로서의 두 번째 단계는 직업 준비를 위한 직업교육이다. 즉, 특정 직업군을 중심으로 전문적으로 직업교육을 실시하는 특성화고등학교와 산업수요 맞춤형 고등학교마이스터고, 전문대학, 산업대학, 기술대학, 사내대학, 전공대학, 그리고 일반대학을 포함한 고등교육기관에서의 교육이다. 과거의 전통적이고 협의의 의미에서 직업교육은 대개 학사학위 미만의 전문대학 수준의 학력을 요구하는 직업 준비 교육까지를 강조하였다.

그러나 현재는 학사학위를 요구하는 직업에 준비하는 교육까지도 직업교육의 범주로 다루고 있다. 예를 들면, 산업대학, 기술대학, 사내대학, 박근혜 정부가 선취업 후진학 활성화

---

33 안병영 · 하영섭 (2015). 5 · 31 교육 개혁 그리고 20년. 다산 출판사. p. 210.

를 위해 추진한 '평생교육 단과대학'과 산업체 요구에 부응하는 교육을 위한 PRIMEProgram for Industrial Need Match Education 운영 대학, 고용노동부가 주관하고 있는 '4년제 대학 일학습병행제Industry Professional Practice, IPP' 운영 등도 직업교육과 직접적으로 연계되어 있다.

특히 우리나라는 2017년 기준 고등학교 졸업생의 68.9%가 대학에 진학하고 있어 고등교육이 엘리트 단계와 대중화 단계를 거쳐 보편화 단계에 진입된 지가 20여 년이 지났다. 청년실업이 9.8%에 달하는 심각한 상황에서는 더욱 그렇다. 국제기구에서 널리 사용되고 있는 '기술 · 직업교육technical-vocational education'이란 용어에서도 앞의 '기술교육'은 일반적으로 대학에서의 기술교육까지를 포함하는 의미로 통용되고 있다.

일반 대학에서도 사실은 대학 졸업생에게 요구되는 역량이 전문직 수준으로 높다는 것이고 전문인 양성이란 용어를 사용하는 것뿐이지 대학 졸업 후 64.3%가 취업을 하였고 7.3%가 대학원에 진학하였다.[34] 따라서 대부분의 학생은 졸업과 동시에 직업에 종사하기를 희망하기 때문에 과거에 비해 직업교육에 많은 관심을 가지고 있다. 대표적인 예가 「산업교육진흥 및 산학연협력촉진에 관한 법률」에서 산업교육 기관에 대학고등교육법 제2조 각 호에 따른 학교, 그밖에 다른 법률에 따라 설립된 고등교육기관 중 대통령으로 정하는 기관을 명시함으로써 1차 · 2차 · 3차 산업, 그리고 이들 산업 간의 융복합 산업과 관련된 일반 대학들이 직업교육의 관점에서 강조되고 있다. 대학 평가를 할 때 취업률이 높게 반영되고 있는 것도 대학에서의 직업교육이 더 강화되고 있음을 시사하고 있다.

특히 「교육기본법」 제21조직업교육에서 교육의 대상은 모든 국민이고 교육이 이루어지는 기관은 학교교육과 사회교육 기관으로 명시하고 있어 대학생과 대학 교육도 직업교육의 개념에서 예외가 될 수 없다.

직업준비 교육으로서의 세 번째 단계는 평생 직업교육훈련이다. 과학기술의 급속한 발달로 4차 산업혁명시대를 맞이하고 코로나19의 영향으로 기존의 직업이 없어지고 새로운 직

34 한국직업능력개발원 (2018). 2018 한국의 인적자원 개발 지표. p. 53.

업이 등장하는 속도가 빨라지고 있다. 따라서 현 직무를 유지하고 개선하며 새로운 직업으로의 전환에 필요한 능력 개발을 위해서는 배우면서 일하고 일하면서 배우는 평생학습이 생활화되어야 한다.

다섯째, 직업교육훈련의 주관 부처는 국가와 지방자치단체를 비롯하여 교육훈련기관, 연구기관, 기업 등이 포함된다. 따라서 직업교육훈련정책은 교육부에만 국한된 것이 아니라 교육부와 고용노동부를 비롯한 여러 중앙부처와 지방자치단체, 상공회의소를 비롯한 기업과도 밀접한 관계를 유지하면서 이루어져야 한다.

이상과 같은 직업교육훈련의 정의와 특성을 근거로 하여 여기서는 직업교육훈련의 범위를 가급적 (1) 교양 직업교육으로 초·중·고에서의 실과, 기술·가정교육, 진로교육, 그리고 직업기초능력 개발 교육소양교육, (2) 직업인 양성을 목적으로 하는 중등 직업교육과, (3) 고등 직업교육, 그리고 (4) 근로자의 직무능력 개발과 직업전환 준비를 위한 사회교육, 즉 평생 직업교육훈련으로 범위를 구분했다.

05 직업교육훈련정책 고찰의 관점

직업교육훈련정책이란 「중앙정부와 지방자치 단체가 직업교육훈련 목표를 달성하기 위하여 선택한 미래 지향적 행동지침」[35]이라고 정의할 수 있다.

이 책을 집필함에 있어 지난 광복 75년간의 직업교육훈련정책 변동의 관점은 다음과 같이 직업교육훈련 영역별, 직업훈련시기별, 직업교육훈련에 영향을 미친 요인별로 구분하여 고찰한 다음 이를 바탕으로 미래 직업교육훈련을 위한 시사점을 제시하려고 했다.

35 장기원 (2001). 직업교육정책의 평가 연구. 서울대학교 교육학 박사 학위논문. p. 8 원용.

1) 직업교육훈련의 영역 구분

직업교육훈련 영역은 직업교육훈련이 이루어지는 단계에 따라 (1) 교양교육으로서 초·중·고에서의 실과·기술·가정교육, 진로교육, 그리고 직업기초능력 개발에 관한 직업교육, (2) 직업인 양성을 목적으로 하는 중등 직업교육 정책과, (3) 고등 직업교육 정책, 그리고 (4) 근로자의 직업능력 개발을 위한 평생 직업교육훈련정책으로 구분했다.

직업교육훈련정책 고찰은 직업교육훈련정책 수립 배경과 주요 정책을 개괄한 후 가급적 (1) 학생, (2) 교원 (3) 교육과정 개발 및 운영, (4) 시설 및 환경, (5) 재정 (6) 지원활동직업교육훈련 관련 법률 및 지원조직 등으로 구분하여 특별한 정책이 있었을 경우 고찰했다.

직업인 양성을 목적으로 하는 중등 직업교육과 고등 직업교육 정책은 경우에 따라 농업교육, 공업교육, 상업교육, 수·해양교육, 간호보건 교육, 가사 실업교육 등으로 구분하여 고찰했다.

직업교육훈련정책 고찰은 정책이 이루어지는 순서에 따라 기획 및 결정, 집행, 성과의 관점에서 고찰하려고 했다.

2) 직업교육훈련의 시대 구분

대한민국 역대 정부별 시기를 구분하면 <표 2-8>과 같다.

표 2-8 대한민국의 역대 정부

제1공화국	과도기	제2공화국	헌정공백기	제3공화국	제4공화국	과도기	
제1·2·3차 이승만 정부 (1948~1960년)	제1차 과도 권한대행 체제 곽상훈 권한대행 체제 제2차 과도 권한대행 체제 (1960년)	(윤보선 정부) 장면 내각 (1960~1961년)	국가재건최고회의(혁명 권한대행 체제) (1961~1963년)	제1·2·3차 박정희 정부 (1963~1972년)	제4·5차 박정희 정부 (최규하 권한대행 체제) (1972~1979년)	최규하 정부 (국가보위 비상대책 위원회) (1979~1980년)	제1차 전두환 정부 (1980~1981년)
제5공화국	과도기	제6공화국					
제2차 전두환 정부 (1981~1988년)	노태우 정부 (1988~1993년)	김영삼 정부 (1993~1998년)	김대중 정부 (1998~2003년)	노무현 정부 (고건 권한대행 체제) (2003~2008년)	이명박 정부 (2008~2013년)	박근혜 정부 (황교안 권한대행 체제) (2013~2017년)	문재인 정부 (2017년~)

그런데 여기서는 과도 정부의 정책고찰은 생략하였다.

직업교육훈련의 시대 구분은 (1) 광복 후부터 1960년까지의 이승만 정부직업교육 도입기, (2) 산업화 시기직업교육 성장기, (3) 민주화 시기직업교육 전환기, (4) 지식 · 정보화 · 세계화 시기직업교육 재구조화 등 4단계로 나누었다. 그런데 2016년부터는 (5) 지식 · 정보화 · 세계화 후반기를 제4차 산업혁명의 도래기로 구분하여 직업교육 정책을 기획하려는 경향도 있다.

광복 후부터 이승만 정부 시기는 미군정시기와 대한민국 정부수립 이후로 구분하였다. 산업화 시기는 노동집약적 수출주도형 산업발전 시기박정희 정부의 1961~1979와 기술집약적 산업발전 시기전두환 정부의 1980~1988로 구분하였다. 민주화 시기는 노태우 정부1988~1993와 김영삼 문민의 정부1993~1998의 시기로 구분하였다. 지식 · 정보화 · 세계화 시기는 1990년대 말부터 2000년대의 김대중 국민의 정부1998~2003, 노무현 참여정부2003~2008, 이명박 MB 정부2008~2013, 그리고 박근혜 정부2013~2017로 구분했다.

3) 직업교육훈련정책에 영향을 미친 요인

직업교육훈련정책 변동을 이해하기 위해서는 각 시대별 · 정권별로 정치, 경제, 사회 문화적 배경을 이해하는 것이 중요하다고 판단했다. 그래서 대표적으로 제4장 중등 직업교육을 다루면서 각 정권별 정치 · 경제 · 사회문화적 배경을 간단히 서술했다.

직업교육훈련정책 변동에는 어떤 조직이 영향을 미쳤는기도 고찰했다. 공식조직으로는 행정부와 입법부를, 참여집단과 조직으로는 공식 조직 내의 각종 심의회나 위원회, 교직단체를 비롯한 각종 이익단체, 사회단체, 연구단체, 사회기관 등이 어떻게 영향을 미쳤는가를 고찰하려고 했다. 이 때 영향을 미친 요인은 무엇이며 당면했던 문제나 애로사항은 어떻게 해결하였나를 고찰했다. 그리하여 이들이 미래 직업교육 정책에 주는 시사점은 무엇인가를 모색하려 했다.

4) 미래 직업교육훈련을 위한 시사

시대별 · 정권별 직업교육훈련정책의 변동과정을 기획, 집행, 결과의 관점에서 고찰하여 미래의 직업교육훈련정책에 주는 시사점이 무엇인가를 제안하였다.

이상의 내용을 서술함에 있어 용어는 가급적 직업교육훈련으로 표기하였지만 용어의 정확한 의미가 전달되어야 할 필요성이 있거나, 각 시대에서 사용했던 용어 사용이 더 적합할 경우에는 당시 사용한 용어를 그대로 사용했다.

이상과 같은 직업교육훈련정책의 관점을 요약하면 다음과 같고, 구체적인 것은 제9장의 <표 9-1>과 <표 9-2>를 참고하기 바란다.

(1) 시대 구분: 해방후~1960, 산업화시기1961~1988, 민주화시기1988~1998, 세계화 · 정보화 시기1998~2013, 4차 산업혁명2013~ 현재

(2) 정권 구분: 미군정~이승만1945~1960, 박정희1961~1979, 전두환1980~1988, 노태우1988~1993, 김영삼1993~1998, 김대중1998~2003, 노무현2003~2008, 이명박2008~2013, 박근혜2013~2017

(3) 정권별 시대적 배경: 정치, 경제, 사회 문화적 배경

(4) 직업교육의 발전 단계: 직업교육 도입기, 직업교육 확충 및 양적 성장기, 직업교육 질적 성장기, 직업교육 전환기, 평생 직업교육체제 구축기, 직업교육 재구조화기

(5) 정권별 직업교육 정책 관점
- 직업교육 정책 영역 (1): 교양 직업교육 정책, 중등 직업교육 정책, 고등 직업교육 정책대학, 전문대학, 평생 직업교육훈련정책
- 직업교육훈련정책 관점 (2): 학생, 교원, 교육과정 개발 및 운영, 시설 및 환경, 재정, 지원활동직업교육훈련 관련 법률 및 지원조직 등
- 정책 영역별 고찰 관점 (3): 정권별 대표적 직업교육훈련정책, 성과, 문제점, 시사점

06 요약 및 논의

1) 요약

「직업교육훈련촉진법」 제2조에 의하면, '직업교육훈련'이라 함은 「산업교육진흥 및 산학연협력촉진에 관한 법률」 및 「근로자직업능력개발」과 그 밖의 다른 법령에 따라 학생과 근로자 등에게 취업 또는 직무 수행에 필요한 지식 · 기술 및 태도를 습득 · 향상시키기 위하여 실시하는 직업교육 및 훈련」을 의미한다. 직업교육훈련과 관련된 용어로는 직업교육, 직업

훈련, 산업교육, 인적자원개발HRD, 산업인력개발, 기술교육, 진로교육, 진로지도, 실과교육 등이 있다. 이들 용어에 대한 정의는 국가, 정부 부처별 직업교육훈련 관련법, 국제기구, 학문영역, 학자, 시대 변천에 따라 다양하다. 따라서 이들 용어를 어느 하나로 획일화하여 정의하기가 어려운 상황이다.

직업교육훈련의 목적과 특성은 다음과 같다. 첫째, 직업교육훈련의 목적을 개인의 관점에서 보면 각자의 소질과 적성에 맞는 진로를 선택하고 직무 수행에 필요한 능력을 개발함으로써 자신이 원하는 직업에 종사할 수 있게 한다. 그리하여 일의 대가로 경제적 보수가 수반되어 생계유지의 수단이 되고, 소속감과 자아 존중감을 가지게 하며, 인간의 최대 욕구인 자아실현도 성취하게 하는 데 있다. 사회적인 면에서 직업교육훈련은 우수한 역량을 지닌 직업인을 양성하여 능력중심 사회를 구현하게 한다. 국가적인 관점에서 보면 직업교육훈련은 국가와 산업사회가 요구하는 인적자원을 개발함으로써 국가 경쟁력을 높여 국가사회발전에 절대적으로 기여한다.

둘째, 직업교육훈련의 대상은 모든 국민으로서 특히 취업 준비를 하는 학생과 이미 직업에 종사하고 있는 근로자이다.

셋째, 직업교육훈련의 장은 학교, 평생교육사회교육기관, 일의 현장이 모두 포함된다. 따라서 '직업교육'이란 용어를 사용하는 경우에도 직업교육과 직업훈련이 포함된다.

넷째, 직업교육훈련은 크게 세 단계로 구분할 수 있다. 첫 번째 단계는 교양 직업교육이다. 인간이 일상생활을 하는데 필요한 농·공·상·가정·기술·정보·환경 등에 관한 기본적인 지식과 기술 및 태도를 기르고, 일의 세계를 인지하고 진로를 탐색하는 진로지도, 그리고 모든 직업에서 공통적으로 필요로 하는 직업기초능력을 개발하기 위한 초·중·일반고에서의 교양 직업교육이다. 이는 「교육기본법」 제21조 '직업교육'에서 명시하고 있는 소양 교육에 해당된다.

두 번째 단계는 직업 준비를 위한 직업교육훈련이다. 즉, 특정 직업군을 중심으로 전문적으로 직업교육을 실시하는 특성화고등학교와 산업수요 맞춤형 고등학교마이스터고, 전문대학, 산업대학, 기술대학, 사내대학, 전공대학, 그리고 대학을 포함한 고등교육기관에서의 교육이다.

세 번째 단계는 현직에 종사하고 있는 근로자들의 직무능력 개발과 전직 및 퇴직 후의 직업생활을 위한 직업교육훈련이다. 직업능력개발훈련, 국가공무원인재개발원, 기업 HRD, 학원 등이 여기에 해당된다.

직업교육훈련정책은 직업교육훈련의 영역, 시대 변천, 영향을 미친 요인, 시사점 등으로 구분하여 고찰할 수 있다.

이상과 같은 직업교육훈련의 정의, 목적, 특성, 정책 고찰 관점 등을 종합하여 도식화하면 <그림 2-1>과 같다.

그림 2-1 직업교육훈련 개념 체계

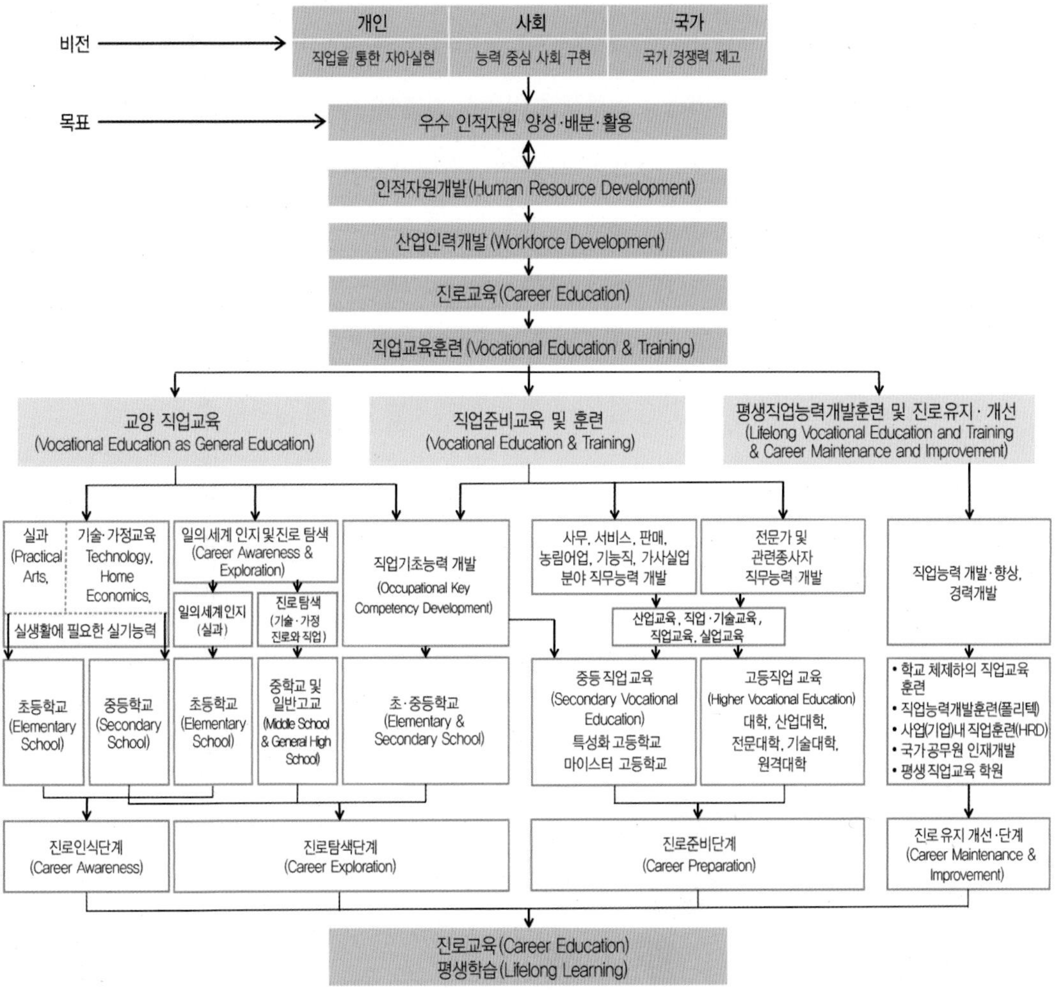

자료: 이무근. '직업교육 정책의 역사적 변동과 전망'. 김신복 외(2017). 교육정책의 역사적 변동과 전망. 서울대학교출판문화원. p. 279.

2) 논의

(1) 직업교육훈련을 비롯하여 이와 관련된 용어들을 명료하게 정의하고 개념을 체계화하는 방안은 무엇일까?

지금 우리나라에서 사용되고 있는 직업교육훈련 관련 용어가 상당히 많은 편이다. 이들 용어에 대한 정의가 법률적으로나 학술적인 면에서 대부분의 사람이 공감할 수 있는 수준으로 정의된 것이 많지 않아 혼란스럽다. 전문 용어 사용에 있어 정확한 상호 통신이 가능한 전문용어의 정의와 개념 체계화 방안은 무엇일까?

(2) 직업교육훈련 단계에 따라 교육목적을 명확히 차별화하여 특성화 할 수는 없을까?

교양 직업교육기관, 직업준비교육기관, 직업능력개발훈련기관의 교육목적은 차별화되고 특성화되어야 한다. 그런데 직업교육훈련기관별로 특성이 모호하여 단계별 역할이 잘 이루어지지 않은 경우가 있다. 그렇다면 직업교육훈련 단계별 교육목적을 어떻게 차별화하고 특성화하여 설정할 수 있을까?

(3) 직업교육훈련기관들 간의 종적 및 횡적 연계 체제는 어떻게 강화할 수 있을까?

직업교육훈련 단계는 크게 교양 직업교육, 직업 준비교육, 직업능력개발훈련 등으로 구분할 수 있다. 이들 단계는 단계별 내에서의 횡적 연계와 단계 간의 종적 연계 체제가 긴밀하게 연계되어야 하는데 그 강화 방안은 무엇일까?

(4) 역대 정부별 직업교육훈련정책 평가는 왜 계획적이고 지속적으로 이루어지지 않고 있을까?

과거 없는 현재가 없고 현재 없는 미래도 없다. 그런데 공공기관에서 역대 정부별로 직업교육훈련정책을 평가한 사례가 별로 없고 자료도 미흡하다. 이를 개선하는 방안은 무엇일까?

CHAPTER 03

교양 직업교육

01 교양 직업교육의 목적과 범위

1) 교양 직업교육 목적

교양 직업교육vocational education as general education이란 직업교육이나 전문교육이 실시되기 이전 단계에서 직업교육의 관점에서 누구나 공통적으로 함양해야 할 소양과 사회인으로서 갖추어야 할 기초적인 지식, 기술, 태도 등을 함양하는 교육보통교육을 의미한다.

교양 직업교육의 주된 목적은 다음과 같이 세 가지로 설정해 볼 수 있다.

첫째, 실생활에 필요한 의식주와 일에 대한 기초적인 경험을 통하여 일과 직업에 대한 건전한 가치관을 형성하고, 실생활에 필요한 실기능력을 함양하여 가정생활과 일을 조화롭게 영위할 수 있게 한다.

둘째, 산업 기술에 대한 개념과 특성을 이해하고 일상생활과 관련되는 문제를 창의적으로 해결함으로써 산업 기술에 대한 바람직한 자세와 미래 사회에 적응하는 능력과 태도를 기른다. 그리고 이런 과정을 통하여 진로를 인지·탐색하게 하여 적성과 소질에 맞으며, 하고 싶은 일을 선택하여 현명한 진로 선택을 할 수 있는 능력을 기른다.

셋째, 모든 산업 혹은 직업에서 기업체의 특성, 성별, 직급 등에 관계없이 직업인이 직무를 성공적으로 수행하기 위해 공통적으로 필요한 직업기초능력을 개발하게 한다.

2) 교양 직업교육의 범위

앞에서 제시한 세 가지 교양 직업교육 목적 중 첫 번째 목적의 역량을 개발하기 위해 초등학교에서는 실과, 중등학교에서는 기술·가정 교과를 편성 운영하고 있다. 두 번째 목표를 달성하기 위해서는 중학교와 고등학교에 진로·직업 교과를 선택 교과로 편성 운영하고 있다. 또한 중학교에서는 진로 탐색을 위해 자유학기제를 운영하고 있다. 세 번째 목적인 직업기초능력은 초·중등학교의 도구교과를 비롯한 대부분의 교과와 대학의 교양교육을 통해 개발하고 있다.

이 세 가지 교양 직업교육 목적을 달성하기 위해 광복 후 지금까지 추진된 교육과정의 편성·운영을 살펴보면 다음과 같다.

광복 후 초등학교에서는 실과, 중·고등학교에서는 기술과 가정 교과를 필수로 개설하고 농업, 공업, 상업, 수산업, 가사 등을 선택 교과로 오랜 기간 편성·운영하여 왔다. 그리고 이들 교과들은 정권이 바뀌거나 시대 변화에 따라 크게는 이수학년이 길어지기도 하고 때로는 오히려 단축되는 경우도 있었다. 교과가 통합되는 경우도 있었고 남녀가 공동으로 이수하는 경우와 분리하여 이수하는 경우도 있었다. 적게는 단원의 신설, 삭제, 수정 보완 등을 반복하면서 개선하려고 노력하였다.

지금은 중학교에 자유학기제가 개설되어 다양한 진로탐색 경험을 할 수 있는 기회가 제공되고 있다. 그러나 그 이전에는 초등학교 실과, 중학교 기술·가정 교과, 그리고 이와 관련된 농업, 공업, 상업, 가사, 수해양 등의 선택교과를 통해서 진로를 인지하고 탐색할 수 있는 구체적인 학습기회가 제공되어 왔다. 진로를 인지·탐색하게 하여 현명한 진로 선택을 할 수

그림 3-1 교양 직업교육의 목적과 범위

일의 가치관 확립 일과 가정의 조화	• 일과 직업에 대한 건전한 가치관을 형성 • 가정생활과 일을 조화롭게 영위할 수 있는 능력 함양
미래사회적응 진로 인지, 탐색	• 산업 기술에 대한 바람직한 자세와 미래 사회에 적응하는 능력과 태도 함양 • 진로를 인지 · 탐색하게 하여 현명한 진로 선택
직업기초능력	• 모든 산업 혹은 직업에서 기업체의 특성, 성별, 직급 등에 관계없이 직무를 성공적으로 수행하기 위해 필요한 직업기초능력을 계발

있도록 진로지도가 더 강화되기 시작한 것은 1980년대 초부터라고 할 수 있다.

1980년대부터 초등학교 실과에 '일과 직업의 이해' 영역을 신설하여 진로교육을 강조함으로써 진로교육의 측면에서 '실과'가 주도적인 역할을 할 수 있는 계기를 마련하였다. 그 후 1990년대 중반 이후 7차 교육과정개정기부터는 중 · 고등학교에 '진로 · 직업 교과'를 선택 교과로 개설 · 운영하고 있다.

직업기초능력은 김영삼 정부에서 관심을 갖기 시작한 이후 점진적으로 추진되어오다가 박근혜 정부에서 강화되었다. 직업기초능력의 상당 부분은 초 · 중등학교의 교과활동과 특별활동, 특성화고등학교의 보통교과, 그리고 전문대학 및 대학의 교양교과를 통해서 계발되고 있다. 그러나 직업기초능력과 초 · 중등학교 교과 그리고 전문대학과 대학에서의 교양교과가 밀접하게 연계되어 있지는 못한 상황이다.

이상과 같은 교양 직업교육에 관한 세 개의 영역을 좀 더 구체적으로 살펴보면 다음 단원 2, 3, 4와 같다.

02 일상생활에 필요한 기초 지식과 실기 능력 함양[1, 2, 3]

우리나라 교육과정은 1954년 교육과정 시간배당 기준령을 공포하고 1955년 초등학교 교육과정을 공포하면서 공식적으로 제1차 교육과정을 제정하게 되었다. 그 후 시대 변화와 정권이 바뀌면서 그 동안 10회에 걸쳐 교육과정이 개정되었다. 박정희 정부 때 2차1963.2.15.와 3차1973.2.14., 전두환 정부 때 4차1981.12.31.와 5차1987.6.30., 노태우 정부 때 6차1992.9.30., 김영삼 정부 때 7차1997.12.30., 그리고 노무현 정부 때 '2007 개정 교육과정', 이명박 정부 때 '2009 개정 교육과정', '2011 개정 교육과정', 박근혜 정부 때 '2015 개정 교육과정'이 있었다.

1950년대에서 1980년대 초까지는 교육과정 개정 주기가 7~10년이었는데 1980년대 중반 이후부터는 개정 주기가 5년 내외로 단축되었다. 7차 교육과정 개정 후부터 특히 2003년 노무현 정부에 들어서면서 수시 개정 체제가 이루어짐에 따라 필요에 따라 개정하는 방향으로 추진되고 있다. 수시 개정 체제에 따라 이루어진 첫 번째 국가 교육과정이 '2007 개정 교육과정'이다. 국가 교육과정이 수시로 개정되기 때문에 제O차 교육과정이라는 표기법이 더 이상 적절하지 않다는 판단에 따라 교육부는 'OOOO 개정 교육과정'으로 결정하였다. 이후에 개정된 국가 교육과정이 '2009 개정 교육과정', '2011 개정 교육과정', 그리고 '2015 개정 교육과정'이다.

위와 같이 최근 들어 교육과정이 너무 자주 개정됨에 따라 교육 현장에는 큰 혼란이 오고 있다. '2007 개정 교육과정'이 고시된 뒤 곧바로 이명박 정부가 들어서면서 또다시 새로운 국가교육과정을 개정하는 작업이 시작되었다. 아직 2007 개정 교육과정이 학교 현장에 적용되지도 않은 상태였기 때문에 이명박 정부는 총론을 먼저 개정하여 '2009 개정 교육과정'으로 고시하여 곧바로

1 한국직업능력개발원 (1998). 직업교육훈련 100년사. pp. 1017-1075.
2 전국교대실과교육연구회 (2015). 실과교육. 양서원. pp. 48-70.
3 박형서 외 공저 (2014). 초등실과교육학. 부산대학교출판부. pp. 53-57.

적용하였다. 그런 연후에 교과 교육과정을 개정하여 '2011 개정 교육과정'으로 고시하였다. 그리고 2013년에 출범한 박근혜 정부도 국가 교육과정 개정 작업을 시작하여 총론과 교과 교육과정을 '2015 개정 교육과정'으로 고시하였다. 2007년부터 2015년까지 지난 8년 동안에 교육과정이 4차례나 개정되었으니 빈번한 교육과정 개정이 일선 학교 교육에 혼돈을 초래한 것은 자명한 사실이 되고 있다.[4]

뿐만 아니라 교육과정 개정이 교육과정 유형 변화에 너무 민감하게 대응한 것 같다. 1차와 2차 교육과정기이승만, 박정희 정부에는 생활중심 및 경험중심 교육과정이 적용되었다. 3차 교육과정 주기박정희 정부 때에는 학문중심 교육과정이 적용되었다. 4차 교육과정 주기전두환 정부에는 인간 중심 교육과정이 적용되었다. 그 후 제5차와 제6차노태우, 김영삼 정부 때에는 교육과정의 질이 강조되었다. 제7차 교육과정 주기김대중 정부에서는 초등학교 1학년부터 고등학교 1학년까지 10학년 동안은 국민공통교육을 강조하여 편성 · 운영하였다. 그 후 이명박 정부에서는 구성주의 교육과정이 강조되어 왔다.

박근혜 정부에서는 무엇을 아느냐 보다는 무엇을 할 수 있느냐의 능력을 중시하는 역량 중심 교육과정curriculum for competency based education이 강조되고 있다. 이를 구현하기 위하여 중등 및 고등 직업교육에서는 국가직무능력표준National Competency Standards: NCS 기반 교육과정을 개발하여 운영하고 있다.

그 동안 교육과정 변천에 따른 특성을 비교해 보면 <표 3-1>과 같다.

현 시점에서 볼 때 실과, 기술 · 가정 및 관련 교과의 교육은 기본적으로 실생활에 필요한 역량을 문제해결법problem solving method과 프로젝트법project method 등을 통한 체험학습 또는 실천학습learning by doing이 이루어질 수 있는 교수-학습으로 전개되고 있다. 이런 학습이 상급학년에 올라갈수록 심화 확대되면서 계열화가 강화되고 진로를 인식하고 탐색할 수 있는 학습경험이 이루어지면 바람직하다. 이런 관점에서 볼 때 교육과정을 개정할 때마다 그 당시 유행한 교육과정 이론의 유형을 따라야만 했는가에 대한 의문이 제기된다.

---

4 김재춘 (2016). 유 · 초 · 중등 교육정책. 교육정책의 역사적 변동과 전망. 서울대학교 행정대학원 국가리더십포럼. 2016, 6.18, pp. 8-16.

표 3-1 교육과정 변천 과정 대비표

순서 및 연도	주기	개혁의 배경			주요 개편 내용 및 특징	
		정치·사회 구조적 측면	교육과정 이론 측면	기존 교육과정의 불합리적 측면	추구하는 인간상	주요 개편 내용
1차 교육과정	1954 ~ 1963	6·25전쟁, 휴전 및 국가 사회 복구 요청	진보주의, 새교육 운동, 교과중심 교육과정	난이도 높은 교육 내용 제거	해당 없음	교육법 정신 구현, 전인교육과정의 융통성, 반공교육, 도의교육, 실업교육, 지역성 고려, 재료단원 장려, 최초로 교육과정 시간배당 공포, 교수요목
2차 교육과정	1963 ~ 1973	5·16 군사정변과 제3공화국 출범, 경제개발 5개년 계획 추진	합리적 교육과정, 경험중심교육과정	단편적 지식위주의 교육 지양, 학제와 산업계의 수요공급에 부조화 초래	• 사명감 자각 • 구체적·역동적	기초학력 강조, 생활경험중심 교과활동, 반공·도덕, 특별활동으로 구성, 자주성·생산성·유용성·합리성·지역성 강조, 고등학교 단위제 채택, 계열성 강조, 인문/실업 고등학교로 구분, 지역성 강조, 단위제 채택, 실과중심
3차 교육과정	1973 ~ 1981	유신체제 단행, 새마을 운동으로 경제발전 가속화, 민중교육 운동	학문중심 교육과정, 직무중심교육과정	기본 개념의 소홀, 탐구학습 부족	• 국민적 자질 함양 • 인간교육 강화 • 지식·기술 교육의 쇄신	국민교육헌장이념 구현, 지식의 구조화, 탐구학습 강조, 도덕교과 신설, 중견직업인 양성
4차 교육과정	1981 ~ 1987	제5공화국 출범, 민중교육운동	교육과정의 적합성, 직업군 중심(전문기초교육) 교육과정	내용 정선 및 수준의 적정화	• 자주적 • 창의적 • 심미적 • 도덕적 • 능력추구	국민정신교육 강화, 전인교육 충실, 진로교육 개념 도입, 전인적 발달 강조, 국민학교 1·2학년에 통합지도 시도, 개별과정에서 연구·개발 모형 적용, 보통교과교육 강조, 인문/실업 통합(단일화)
5차 교육과정	1987 ~ 1994	교육자치제 출범, 전국교직원노동조합 결성	교육과정의 질, 수요자 중심 교육과정	교육과정 결정의 중앙집중성, 구조의 획일성, 내용의 부적합성, 목표달성의 비효율성	• 주체적 • 창조적 • 도덕적	국민학교 1·2학년에서 국어와 산수과목 분리, 중학교 기술·가정 통합교과 신설, 고등학교 일반계 직업과정에 정보산업 신설, 생활중심·학문중심의 성격

순서 및 연도	주기	개혁의 배경			주요 개편 내용 및 특징	
		정치·사회 구조적 측면	교육과정 이론 측면	기존 교육과정의 불합리적 측면	추구하는 인간상	주요 개편 내용
6차 교육 과정	1995 ~ 1996	문민정부 출범, IMF 외환위기, 지방자치제 재개	교육과정의 질, 수요자 중심 교육과정	교육과정 성격을 제시하지 않았음, 편성운영의 기본 지침 구체화 미흡	• 건강인 • 자주적 • 창의적 • 도덕적	점진적으로 지방분권형 교육과정으로 교체(교육과정 운영의 자율화), 선택교과제 도입, 교육과정 구조의 합리적 조정, 과학·기술 교육 및 환경교육 강화, 연간 수업시수 축소, 수준별로 과정 설정
7차 교육 과정	1997~ 2007 2007 개정	남북정상회담, 6·15남북 공동선언, 대안교육	학생중심교육과정, 수요자 중심 교육과정, 교육과정의 일관성	급변하는 체제 및 환경변화를 교육내용 전반에 적용 부족	• 개성추구 • 창의능력 • 진로개척 • 민주시민 의식 함양 • 공동체 발전에 공헌	국민공통기본교육과정 및 선택중심 교육과정의 편성, 각 학생의 수준에 따른 교육과정 도입, 학습량, 수준 범위 조정 및 적정화, 정보능력강화 교육, 전문직업인 양성
2009 개정 ~ 2011 개정	2009~ 2011	한미 FTA 발효, 녹색성장을 통한 친환경 정책 강화 지식기반사회를 맞아 인적자원개발의 필요성 대두	수요자 중심 교육과정, 직업교육의 재구조화 능력중심 교육 구현	도덕·윤리를 강조한 인성교육 미흡, 단편적인 지식 이해 전달 교육, 지나친 암기 위주 교육	• 개성의 발달과 진로의 개척 • 창의성 발휘 • 세계화와 다원적 가치 이해 • 품격 있는 삶 영위	보통교과와 전문교과로 구분, 필수 이수단위 감소, 필수 이수단위 제외는 학교 자율 편성 • 교과군 도입 • 연간 수업시수를 학년군별, 교과군별로 묶어서 제시 • 진로 집중과정 도입 • 국민공통기본교육을 9학년까지 적용 • 대학수능시험문제를 EBS 방송교재에서 70% 이상 출제 • 전문계 고교를 특성화고와 마이스터고로 전환 • 특성화고 교과서를 국정에서 검인정으로 전환 • 진로교육체제 강화

순서 및 연도	주기	개혁의 배경			주요 개편 내용 및 특징	
		정치·사회 구조적 측면	교육과정 이론 측면	기존 교육과정의 불합리적 측면	추구하는 인간상	주요 개편 내용
2015 개정		• 정보화와 과학기술 융합시대의 창조 경제 구현 • 글로벌 경제의 급변과 충돌로 경제 불황, 박근혜 첫 여성 대통령 취임 • 4차 산업혁명 도래 • 세월호 사건, 위안부 문제, 대통령 탄핵 소추와 헌법재판소의 파면 판결			• 자주적인 사람 • 창의적인 사람 • 교양 있는 사람 • 더불어 사는 사람	• 창의 융합형 인재상 제시 • 인문·사회·과학기술에 관한 기초 소양 교육 강화 • 예술·체육 교육 활성화를 위한 인성교육 강화 • 소프트웨어(SW) 교육 강화 • 안전교육 강화 • 중학교 자유학기 편성·운영 근거 마련 • 범 교과 학습주제 개선 • 특성화고에 NCS 기반 교육과정 개발 운영 • 일학습 병행제를 통한 평생학습체제 구축 • 진로교육 강화

1) 초등학교 실과 교육[5]

교양 직업교육을 초등학교 단계에서 실시한 대표적인 교과영역은 '실과를 통한 실과 교육practical arts education'이라고 할 수 있다. 그 동안 실과 교과의 교육목표와 교육내용의 변천 과정을 요약하면 다음과 같다.

5 한국직업능력개발원 (1998). 한국직업교육훈련 100년사. pp.1019-1075.

(1) 실과 교과의 교육 목표

초등학교 실과 교육목표는 제1~3차까지는 경제개발 5개년계획과 1968년에 제정된 국민교육헌장의 이념 구현, 그리고 새마을 운동 정신 실현을 바탕으로 한 의·식·주와 직업에 대한 이해, 기능, 태도 등을 강조하였다. 제4~6차까지는 실생활과 관련된 일의 경험과 소질계발에 주안점을 두었다. 제7차 이후부터는 현재와 미래 생활을 주도할 수 있는 역량과 태도를 기르고자 하였다.

(2) 교육내용

① 제1차 교육과정기(1954~1962, 이승만 정부)

제1차 교육과정기1954~1962, 이승만 정부는 종래의 직업, 요리, 재봉, 공작 등의 내용을 정리하여 실과로 통합하였다. 영역은 미화작업, 재배, 사육, 공작, 기계 기구 다루기, 조리, 재봉뜨게, 세탁 염색, 위생 보건, 문서 정리 등 10개로 구성하고 내용을 일감, 기능, 이해로 구분해서 제시하였다. 실과는 4, 5, 6학년에서 영역별로 나선형으로 조직된 내용을 이수하되 기능부분은 남녀를 구분하여 이수하고 6학년 교과서는 남녀를 구분하여 편찬하였다. 이 시기의 실과 교육과정은 가정생활 내용을 중심으로 학생들의 생활과 경험을 중시하는 실천교육과정의 성격이 강한 진보주의 교육관으로서 당시의 생활중심 및 경험중심 교육과정 사조가 반영된 것이라고 볼 수 있다,

② 제2차 교육과정기(1963~1973, 박정희 정부)

제2차 교육과정기1963~1973, 박정희 정부는 종전의 시간 배당 기준표와 별도로 제정하였던 교육과정을 하나로 묶었다. 내용은 자율성, 생산성, 유용성을 강조하는 생활중심교육이 이루어졌다. 교육내용은 재배, 사육, 일, 기구제작, 관리교육, 가정생활, 생활 향상 등 7개 영역으로 구분하여 남녀 구분 없이 이수하고 특히 재배·사육 영

역이 강화되었다. 가정생활 내용은 전 영역에 분산되었고 의식주에 관한 내용은 생활향상에 묶여서 1차 때보다 약화되었다. 또한 조직에 있어서 합리성을, 그리고 운영에 있어 지역성을 강화하였다. 특히 이 시기는 모든 교과에서 생산성의 향상을 강조하였기 때문에 실과 교육이 더 강조되었다.

③ 제3차 교육과정기(1974 ~1981, 박정희 정부)

제3차 교육과정기1974~1981, 박정희 정부는 국민교육헌장1968.12의 이념을 기본 방향으로 하여 국민정신교육을 강화하고 학문중심 교육과정을 배경으로 한 기본 개념의 이해와 지식의 구조적 학습과 탐구 능력을 중시하였다. 특히 1969년부터 실시한 중학교 무시험 진학과 학교가 지역사회 새마을 운동의 중심이 되면서 실과 교육은 더 내실을 기할 수 있게 되었다. 내용은 9개 영역으로 구성하고 가정생활과 공작 영역을 강화하였다. 단순 노작에 그치지 않고 창의와 능률, 실질을 고려하여 성실하게 협동하는 태도 육성에 중점을 두었다. 또한 이 시기에 모든 내용을 남녀 구분 없이 이수할 수 있도록 편성하였다.

④ 제4차 교육과정기(1982~1988, 전두환 정부)

제4차 교육과정기1982~1988, 전두환 정부는 1980년 7월 30일 발표된 '교육정상화 및 과열과외의 해소방안' 정책에 따라 학습의 양과 수준을 적정화하기 위한 교육과정 개정이 이루어졌다. 이 개정에서 실과는 실사구시적인 성격을 더 분명히 하고, 자립을 위한 실천적 행동, 행동의 생활화, 근로 존중의 정신, 근검절약의 실천 등을 제시함으로써 인간존중과 인본주의적인 방향에서 교육적 역할을 할 수 있게 하였다. 내용 영역의 조직을 크게 바꾸어 생활계획과 관리, 생활기능, 소비와 절약, 일과 직업의 이해 등으로 통합 구성하여 실용적인 것을 중시하고 기본 기능 습득을 강조하였다. 가정영역을 강화하고 재배 사육 영역을 축소 정선하였다.

3차까지 상업분야를 대표하여 '경영계산' 단원을 편성·운영하여 왔는데, 4차부터는 가정 분야의 '소비와 절약' 단원의 소단원의 일부로 편성됨으로써 실과분야에서 상업분야의 위치가 급격하게 위축되기 시작하였다. 제4차 교육과정기는 계발적 경험을 확대하였다. 특히 '일과 직업의 이해' 영역을 신설하여 진로교육을 강조함으로써 진로교육의 측면에서 '실과'가 주된 역할을 맡게 되는 계기를 마련하였다.

⑤ 제5차 교육과정기(1989~1995, 노태우 정부)

제5차 교육과정기1989~1995, 노태우 정부는 당시 시대적 배경을 고려하여 교육과정의 적정화, 내실화, 지역화, 운영의 탄력화에 개정의 기본 방침을 두고 지속성, 점진성, 효율성을 개정의 전략으로 삼았다. 실과 교과내용은 4차와 비슷한데 '생활 기능' 영역에 '컴퓨터와 생활'이 추가되어 컴퓨터 교육이 도입되었다. 또한 5차 교육과정에서는 기초적 생활 기능 정착, 근로 존중, 근검절약 실천에 역점을 두었다. 보조 교과서로 '실습 길잡이'가 편찬되고 지역 학교의 여건을 고려한 내용 선정이 이루어진 것도 특징이다.

⑥ 제6차 교육과정기(1996~2000, 김영삼 정부)

제6차 교육과정기1996~2000, 김영삼 정부의 교육과정 개정은 21세기를 대비한 교육 개혁의 차원에서 추진되었다. 민주화, 고도 산업화, 정보 사회화, 국제화, 통일 대비 등 급격한 시대적, 사회적 변화에 대응하고 교육 현실의 문제를 개선하여 기초 보통교육의 질적 향상을 이룬다는 목표를 가졌다. 이에 교육과정 결정의 분권화, 구조의 다양화, 내용의 적정화, 운영의 효율화에 개정의 중점을 두었다.

실과 교과의 내용 영역은 일의 기본적 기능을 나타내는 용어로 다루기, 만들기, 가꾸기 및 기르기, 건사하기 등의 하기 중심learning by doing의 명칭으로 4개 영역을 구성하였다. 내용은 신변에 가깝고 유용하며 쉽고 기본적인 노작의 체험을 하도록 하는 데 한정하고, 조작활등을 강조하는 실천 중심의 내용 체계를 구축하였다.

3학년부터 이수하도록 이수 학년을 확대한 반면에, 이수 시간은 매 학년 1시간으로 축소되어 결과적으로 이수시간이 줄어들었다. 5학년에는 컴퓨터에 대한 내용이 추가되었다. 이렇게 실과 교과 내용과 이수 학년 및 이수 시간이 변경되는 과정에 초등학교 실과에서 상업 분야는 6차 교육과정기부터 사실상 폐지된 상태가 되었다.

⑦ 제7차 교육과정기(2000~2007, 김대중, 노무현 정부)

제7차 교육과정기2000~2007, 김대중, 노무현 정부는 10학년까지 10개의 국민공통교과라는 총론의 원칙에 따라 초등의 실과도 중등의 기술·가정과 하나의 교과체제로 연결되도록 하고, 5, 6학년에서만 주당 2시간씩 운영하도록 하였다.

결과적으로 실과가 3, 4학년 편제에서 빠지게 됨에 따라 총론은 10년의 국민공통교육기간이라는 또 다른 원칙에 스스로 모순이 되었다. 5~6학년 실과와 7~10학년의 기술·가정 교과는 하나의 교과로서 그에 따라 교과의 성격, 목표, 지도 내용 등에서 6년간 연계성, 계열성, 통합성을 유지하여 편성하도록 하였다. 5~6학년에서는 기초 수준, 7~10학년은 그 상위 수준으로 하고, 11~12학년은 일반 선택과목과 심화 선택과목을 두어 수준의 차이를 고려하도록 하였다.

실과기술·가정 개정의 중점은 기초적 생활지식 및 기술의 습득과 적응력 제고, 일의 가치에 기초를 둔 진로교육의 충실, 정보화 사회에 대비한 컴퓨터 교육의 강화, 실천적 환경교육의 강화, 자원의 합리적 활용과 소비자 교육의 충실과 교육과정 운영의 다양화와 효율성 강조 등 여섯 가지였다.

내용 구성은 6차와는 완전히 다르게 가족과 일의 이해나와 가정생활, 일과 직업의 세계, 생활 기술아동의 영양과 식사, 간단한 생활용품 만들기, 전기 기구 다루기와 전자 키트 만들기, 꽃과 채소 가꾸기, 컴퓨터 다루기, 간단한 음식 만들기, 재봉틀 다루기, 목제품 만들기, 동물 기르기, 컴퓨터 활용하기, 생활자원과 환경의 관리용돈 관리하기, 생활환경 정돈하기, 자원 활용하기, 집안 환경 가꾸기 등 3개 영역으로 구성되었다. 6차에서의 다루기, 가꾸기 및 기르기, 만들기 영역은 생활 기술 영역에 포함되고 진로 및 환경 교육이 강화되었다.

⑧ 2007 개정 교육과정(2007~2011, 노무현, 이명박 정부)

2007 개정 교육과정2007~2011, 노무현, 이명박 정부에서는 진로 및 환경 교육을 강화하였다. 내용을 가정생활과 기술의 세계로 크게 2개로 분류하고 이를 학년별, 영역별로 7개의 중영역과 2개씩의 소영역을 두어 양적 균형을 이루었다. 가정생활 영역에서 5학년에서는 나의 성장과 가족, 나의 영양과 식사, 옷 입기와 관리하기, 쾌적한 주거환경 단원을, 6학년에서는 간단한 음식 만들기, 간단한 생활 용품 만들기, 생활자원과 소비 단원을 다루게 하였다. 기술의 세계 영역에서 5학년에서는 생활 속의 목제품, 식물과 함께 하는 생활, 정보기기와 사이버 공간 단원을, 6학년에서는 생활 속의 전기·전자, 동물과 함께 하는 생활, 인터넷과 정보, 일과 진로 단원을 이수하도록 하였다. 이들 단원의 학습내용은 중등학교에서의 내용과 계열화를 고려해 학습 수준의 양과 난이도를 조정하였다는 점에서 큰 의미가 있다.

⑨ 2009 개정 교육과정(2011 개정 실과 교육과정, 이명박, 박근혜 정부)

2009 개정 교육과정2011 개정 실과 교육과정, 이명박, 박근혜 정부에서 실과 교육과정 개정은 이전과는 다르다. 2009년에 개정 교육과정 총론이 공고되었고, 2011년에 개정 실과 교육과정이 공고되었으며, 2015년부터 적용되게 되었다. 2011년 개정 실과 교육과정이 공고되기까지는 학년군 실과 교육과정의 특징과 문제, 집중 이수제 운영과 실과 교육의 동질성 문제, 실과 교과의 핵심 역량이 무엇이냐에 관한 문제, 타 교과의 중복문제, 학습량의 적정화와 교육내용의 적합성 문제, 국가 사회적 요구를 어떻게 반영할 것인가의 문제, 중등과의 연계를 표현하는 방식을 어떻게 할 것인가 등의 문제들이 제기되었다.

이에 대한 심층적인 연구와 논의가 전개된 후 2011 개정 실과 교육과정이 개정되었는데 주요 개정 내용과 특징은 다음과 같다.

• 성격

실과 교과의 대상, 범위, 목적, 본질, 국가·사회적 요구, 핵심역량 등을 구체화하였다. 목적, 본질로는 실천교과, 생활교과, 교양교과라는 것을 명시하였다. 국가 사회적 요구로는 STEAMScience, Technology, Engineering, Arts, Mathematics, 건강한 소비와 녹색생활 교육, 진로탐색, 저출산 고령사회 대비 교육을 반영하였다. 핵심역량으로는 자기관리능력, 창의력, 문제해결능력, 진로개발능력 등으로 설정하였다.

• 목표

실과 교과 목표는 크게 두 개로 설정되어 있다. 하나는 나와 가족을 이해하고 가정생활에 필요한 기초생활능력을 함양하여 가정생활에서 직면하는 문제를 해결하며 건강한 개인 및 가족구성원으로서 자신의 삶을 주도해 나갈 수 있는 역량과 태도를 기른다. 다른 하나는 생활 속에서 기술과 관련되는 문제를 탐구하여 창의적으로 해결함으로써 일상생활에서 기술을 유용하게 활용할 수 있는 능력을 기르며, 또한 미래의 직업과 일의 세계에 대한 건전한 가치관을 형성하고 진로를 탐색하여 미래사회에 적응하는 역량과 태도를 기른다.

• 내용

내용체계는 학년군으로 제시되고 있으며, 가정생활 영역에는 나와 가정생활, 나의 균형 잡힌 식생활, 나의 자립적인 의생활, 쾌적한 주거와 생활자원관리, 건강한 식생활의 실천, 창의적 의생활 실천 등이 중영역으로 구성되어 있다. 기술 영역은 생활과 기술, 생활 속의 동식물, 생활과 정보, 생활과 전기·전자, 나의 진로 등이 중영역으로 구성되어 있다.

• 교수·학습 및 평가

교수·학습법으로 문제해결법, 프로젝트법, 실습 중심 교수·학습법을 중점적으로 활용하도록 하고 있다. 평가는 평가 계획, 평가 목표와 내용, 평가 방법을 세분화하여 그 구조를 체계화함으로써 평가를 내실화할 수 있게 되었다.[6]

6 전국교대실과교육연구회 (2015). 실과교육. 양서원. pp. 67-68.

2) 중 · 고등학교 기술 · 가정교육

중 · 고등학교에서의 기술 · 가정교육은 교육과정이 개정될 때마다 과목 편성이 바뀌었다. 제1차 교육과정기1954-1963의 중학교 교육과정에서는 실업 · 가정 교과를 필수교과와 선택교과에 모두 편성 · 운영하였다.

제2차 교육과정기1963-1973의 중 · 고등학교 교육과정에서도 실업 · 가정 교과를 필수교과로 편성 · 운영하였다.

제3차 교육과정기1973-1981의 중 · 고등학교 교육과정에서는 기술남, 가정여을 2년간 필수 과목으로 이수하게 하고, 3학년 때 농업, 공업, 상업, 수산업, 가사 중 택일 이수하도록 하였다.

제4차 교육과정기1981-1987의 중등학교 교육과정에서는 생활기술남, 가정여을 1 · 2학년에 필수 교과로 이수하도록 하고, 3학년 때 농업, 공업, 상업, 수산업, 가사 중 1~2과목을 택하여 이수하도록 하였다.

제5차 교육과정기1987-1992의 중등학교 교육과정에서는 기술남, 가정여, 기술 · 가정 등 3개 과목을 필수로 하고, 그 중 택일하여 1 · 2학년 때 이수하도록 하였다. 3학년 때에는 농업, 공업, 상업, 수산업, 가사 등의 교과에서 택일 하도록 하였다.

제6차 교육과정기1992.6.30.의 중학교 교육과정 편제에서는 종전의 실업 · 가정 교과를 통합 개편하여 '기술 · 산업'과 '가정' 2개 교과로 구분하고 이를 3개년에 걸쳐 이수하게 하였다. 반면에 3학년 때 선택교과로 이수하던 농업, 공업, 상업, 수산업 등은 단원 수준으로 편성하여 이수하게 하였다. 이 과정에서 중학교 3학년에서 선택 교과로 편성 · 운영되던 '상업'은 내용이 크게 축소되어 교양교육으로서의 상업교육의 위상이 급격히 위축되기 시작하였다. 고등학교에서는 '실업 · 가정'과 '기술' 2개 교과로 구분하였다.[7, 8]

제7차 교육과정기1997-2007의 7~10학년의 기술 · 가정은 6차 교육과정의 기술 · 산업 교과와 가정 교과를 통합한 것으로, 초등학교의 실과를 바탕으로 중학교 1학년부터 고등학교 1학년까지의 남녀 학생 모두에게 이수시켰다.

기술 · 가정 교과의 성격은 실생활에 적용을 중시하는 실천 교과로서 체험 학습을 통하여 개념과 원리를 구체적으로 이해시키고, 의사 결정 능력, 문제 해결 능력, 창의력 등을 기르

---

7 한국직업능력개발원 (1998). 직업교육훈련 100년사. pp.1015-1264.
8 김재식 (1999). 상업교육 분야의 변화에 대한 평가와 절차 방안. 경영교육 논총 제19집. pp.153-167.

는 데 도움을 주며, 일의 경험을 통하여 자신의 적성을 계발하고 진로를 탐색하며 일에 대한 건전한 태도를 가지게 하였다. 따라서 기술 · 가정 교과는 21세기를 살아갈 능력을 가진 인간을 기르는 데 필요한 직접적이고 실천적인 경험을 제공해 주는 중요한 교과이다.

7~10학년까지의 중 · 고등학교 기술 · 가정 교과의 목표는 개인과 가정, 산업 생활의 이해와 적응에 필요한 지식과 기능을 습득하여 가정생활을 충실하게 하고, 정보화, 세계화 등 미래 사회의 변화에 대처할 수 있는 다음과 같은 능력과 태도를 가지게 함에 있다.

(1) 일상생활과 관련되는 일을 경험하여, 생활에 필요한 기초적 능력을 습득한다.

(2) 기술과 가정생활에 관련되는 다양한 실천적 경험을 통하여 자신의 적성을 계발하고 진로를 탐색하며, 일과 직업에 대한 건전한 태도를 가진다.

(3) 일을 창의적으로 계획하고 실천하여 자신의 미래 생활을 합리적으로 설계할 수 있으며, 그에 필요한 준비를 할 수 있다.

그 후 2007 개정교육과정과 2011 개정교육과정을 거쳐 2015년 개정교육과정의 기술 · 가정 교육과정의 성격과 목표는 다음과 같다.

중학교 기술 · 가정실과은 실천교과의 성격을 가진 보통교과로서, 초등학교 5~6학년 군에는 '실과', 중학교 1~3학년 군에는 '기술 · 가정'이 편제되어 운영된다. 가정 · 기술실과 교과는 '가정생활', '기술의 세계'로 교육 분야를 구분하여 개인과 가족이 전 생애에서 직면하게 될 생활의 경험과 문제를 실제적이고 통합적인 내용으로 구성하고, 노작활동을 비롯한 다양한 실천적 경험을 바탕으로 학습자들이 문제해결능력을 길러 일과 직업에 대한 건전한 가치관을 형성하여 진로를 탐색할 수 있는 역량을 길러주는 데 중점을 두고 있다.

고등학교 기술 · 가정과는 고등학교 1~3학년군에 해당하는 실천적 성격을 가진 일반 선택과목으로서 학습자들이 현재와 미래의 삶에서 경험하게 될 '가정생활'과 기술의 세계에 대한 다양한 정보를 통해 필요한 지식을 융합하고, 이를 실생활의 문제 해결에 활용할 수 있는 생활의 역량과 태도를 기르게 하는 데 중점을 두고 있다.[9]

이상과 같이 광복 75년 동안 중등학교 기술 · 가정 교과는 계속해서 교육과정을 개편하면서 시대 변화에 대비한 역량 개발을 위해 노력해오고 있다.

---

9 한국교육과정평가원 (2016). 국가교육과정정보센터-제7차 교육과정기~2015 개정시기의 중 · 고학교 기술 · 가정 과목의 성격과 교육목표.

03 진로교육

1) 진로교육의 발전 배경

사람들은 나이나 성별, 또는 성장 발달 과정에 따라 일의 내용이나 양과 질은 다르지만 평생 동안 일을 하면서 생을 마무리하게 된다.

대부분의 사람은 20세 전후에 직업을 갖기 시작해서 60세 전후까지 계속한다. 지금은 한국인의 평균 수명이 80세를 넘어서면서 60세 후에도 다양한 활동을 하고 생활하는 노년층의 인구가 늘어나고 있다.

20세 전후에 직업을 갖기 전까지는 자신의 적성, 흥미, 능력, 성격, 가치관, 신체적 특성 등에 맞는 직업은 어떤 것이며, 이에 필요한 능력을 계발하기 위해서는 어떤 교육을 어떻게 받아야만 하는가를 잘 알고, 이에 맞는 진학의 방향을 결정하여야 한다. 또 일단 위와 같은 과정을 거쳐 직업을 선택하여 일을 하게 되면 직무를 계속 유지 개선하거나 변화하는 산업사회에 적응해 나갈 수 있는 능력 계발을 위해 계속적인 교육이 이루어져야 한다. 위와 같은 일을 도와주는 것이 진로지도career guidance이다. 즉, 진로지도란 학생들이 자신의 진로를 계획하고, 그 진로에 대한 준비를 하며, 적절한 시기에 직업을 잘 선택하고, 선택한 직업에 잘 적응하며, 더욱 발전할 수 있도록 도와주는 과정이다. 이런 진로지도를 초등학교 실과, 중·고등학교의 기술·가정, 진로·직업교과, 그리고 중학교 자유학기제 등을 통하여 학습한다.

진로교육career education이란 '개인이 자기의 적성, 흥미, 능력에 알맞은 일을 자각·탐색·선택·준비·유지 및 개선할 수 있도록 취학전 교육부터 시작하여 평생 동안 학교와 지역사회의 공동적인 노력에 의하여 학습하는 경험의 총체'라고 정의되고 있다. 따라서 진로교육은 초·중등학교에서의 진로지도뿐만 아니라, 특성화고등학교

와 마이스터고등학교, 전문대학, 대학 등에서의 직업준비 교육occupational education과 사회교육을 통한 직무능력 향상 교육기업의 human resource development까지가 포함되어 있다. 그렇기 때문에 진로지도는 진로 교육의 일부분이라고 할 수 있다.[10, 11]

그런데 우리나라에서는 진로지도를 진로교육이란 의미로 이미 사용하고 있어 진로교육을 원래의 의미뿐만 아니라 진로지도의 관점에서도 서술하였다.

진로교육은 앞의 제1장 <표 1-1> 진로개발 단계별 진로교육 목표체계, 제2장의 <표 2-4> 진로교육의 모형, <그림 2-1> 직업교육훈련 개념 체계, 그리고 제2장의 5) '진로교육', 6) '진로지도' 용어 정의를 하면서 진로 개발 단계에 대해서는 구체적으로 서술하였기에 여기서는 생략한다.

진로교육이 이론적으로 체계를 갖추고 교육현장에 더 적극적으로 실현되기 시작한 것은 1980년대 초부터라고 할 수 있다. 1980년 12월 5일 서울대학교 농산업교육과에 직업교육 전공 박사과정이 설치되면서 진로 · 직업교육 관련 교과목이 개설되어 진로 · 직업교육전공 학자와 전문가를 양성하기 시작하였다. 2018년 기준 서울대학교 농산업교육과에서 진로 · 직업교육을 전공하고 석 · 박사 학위를 취득한 사람은 석사 340명, 박사 174명이다.[12]

아울러 한국교육개발원이 1980년대 초부터 유니세프Unicef의 지원을 받아 교육현장에 적합한 진로교육 연구와 자료를 개발하여 보급하면서 진로교육이 일선학교에서 더욱 주목을 받게 되었다. 동시에 1982년에는 한국직업교학회가 창립되면서 직업교육의 한 영역으로 진로교육에 관한 학술 활동도 활발하게 전개되기 시작하였다.

그 후 제4차 교육과정기1982-1988에는 초등학교 실과와 중 · 고등학교 기술 · 가정 교과에 '일과 직업세계의 이해' 단원을 신설하였다. 이어서 노태우 정부의 대통령 교육정책자문회의1991년 2월는 진로교육 체제 구축의 필요성을 강조하였고 1993년에는 한국진로교육학회가 창립됨으로써 진로교육이 더욱 활성화되었다.

이런 과정을 거쳐 발전한 진로교육이 역대 정권별로 어떻게 발전되어 왔는지를 교육과정의 관점에서 고찰해보면 다음과 같다.

---

10 이무근 (2001). '국가인적자원 개발과 진로교육'. 진로교육연구. 제13호. pp. 8-14.

11 이무근 (2006). (제3판) 직업교육학 원론. 교육과학사. pp. 44-48.

12 서울대학교 농산업교육과 (2013). 서울대학교 농산업교육과 50년사(1963~2013). pp. 89-92, p. 212 및 2019 서울대학교 농산업교육과 현황. 내부자료.

2) 역대 정부별 진로교육 핵심 추진 사항

(1) 광복 후~박정희 정부의 진로교육

광복 후 박정희 정부 때인 1~3차 교육과정 개정기1954~1981에는 초등학교 실과와 중등학교 기술·가정 교과가 진로교육의 상당 부분을 담당하여 왔다.

(2) 전두환 정부의 진로교육

전두환 정부 때인 제4차 교육과정기1982~1988에는 '일과 직업 세계의 이해' 단원을 초등학교 '실과'와 중·고등학교 '기술·가정'교과에 신설하여 진로교육을 강화하였다.

(3) 노태우 정부의 진로교육

노태우 정부 때인 1990년부터는 각 시·도과학 연구원에 진로교육연구부를 설치하여 각급 학교의 진로교육을 활성화하기 위해 노력하였다. 각급 학교에 '진로정보실'을 설치하고 중등학교의 상담실을 '진로상담실'로, 교도교사 주임은 '진로상담 주임'으로 개칭하여 진로교육의 내실화를 추구하였다.[13]

(4) 김영삼 정부의 진로교육

김영삼 정부 때인 제6차 교육과정 개정기1995~1996에는 '진로와 직업' 과목을 실업·가정과의 하위 선택과목의 하나로 개설 운영하면서 진로 지도가 과거에 비해 강화되었다. 진로교육 지원 체제를 강화하기 위해 1997년 제정된 「직업교육훈련촉진법」 제15조 진로지도 및 진로 정보 제공 제1항에는 '직업교육훈련기관과 그 설치 운영자는 직업교육훈련생이 개인의 소질과 능력에 맞는 직업교육훈련을 받을 수 있도록 진로지도와 진로정보 제공에 적극 노력하여야 한다'라고 규정하고 있다.

제2항에는 '직업교육훈련기관 설치 운영자가 제1항의 규정에 의한 진로지도와 진로정보 제공을 할 수 있도록 정부 및 지방자치단체는 한국직업능력개발원 및 직업훈련협의를 통하여 적극 지원하여야 한다'는 내용이 규정되어 있다.

1997년에 설립된 한국직업능력개발원에 진로교육팀을 설치하여 진로교육에 관한 연구와 자료를 개발·지원하고, 1999년에는 '진로정보센터'를 설치·운영함으로써 국가 차원의

13 교육부 (1998). 교육 50년사. pp. 566-567.

진로교육의 연구개발을 수행하는 기구로 기능을 수행하고 있다.

(5) 김대중 정부의 진로교육

김대중 정부 때인 제7차 교육과정 개정기2000~2007에는 '진로 · 직업'을 실업 · 가정과의 하위 선택과목에서 교양 선택 과목으로 편성함으로써 교육과정상 교과의 위상이 높아지고 많은 학생이 더 이수하게 되었다. 또한 제7차 교육과정기에는 정보화 시대를 맞아 기술교과에도 포함하고 있지만 「컴퓨터」를 선택교과로 개설하였다.

(6) 이명박 정부의 진로교육

이명박 정부 때인 2009년 개정교육과정에서는 고등학교에서 뿐만 아니라 중학교에서도 '진로 · 직업'을 교양 선택 교과로 가르칠 수 있도록 편제되었다. 2010년에는 제1차 진로교육계획을 수립하여 추진하였다. 또한, 진로교육을 강화하기 위해 교육과학기술부의 평생직업교육정책국 내에 진로교육정책과를 설치2011.3하여 운영하였고, 각 시도 교육청에는 진로교육진흥센터를 설치 운영하였다. 동시에 진로교사 자격제도를 도입하여 전문성을 지닌 교사가 진로지도를 담당하게 하였다. 각급 학교에는 진로 진학상담 부장을 임명하는 제도가 도입되는 등 진로지도가 활성화 되었다.

(7) 박근혜 정부의 진로교육

박근혜 정부는 진로교육을 강화하기 위하여 중학교 자유학기제를 도입2013하여 시범운영하고, 이어서 「진로교육법」을 제정2015. 6. 22하여 초 · 중등학교에서 진로교육을 체계적으로 시행할 수 있는 법적 근거를 마련하였다. 또한 2015학년도부터 「진로교육법」에 의해 초 · 중등학교는 각급 학교마다 진로상담교사를 1명 이상 배치하고 있다. 2016학년도부터는 대통령 공약사업이었던 중학교에 자유학기제를 도입하여 다양한 체험학습 기회를 제공함으로써 진로 탐색기회를 확대하고 있다. 더 나아가 교육부는 진로교육을 대학까지 확대하고 체계화하기 위해 제2차 진로계획 5개년 계획2016~2020을 수립2016.4.4.하였다. 2017년에는 국가진로교육의 전반적인 연구개발을 총괄하는 '국가진로교육센터'를 한국직업능력개발원에 지정 설치2017.2.5.하고 진로정보망 · 진로 체험망 운영 등의 진로교육 인프라를 구축하였다.

3) 진로교육 현황과 지향해야 할 과제

(1) 진로교육 현황

이상과 같은 여건에서 진로교육이 추진되고 있는 상황을 제시하면 다음과 같다.

2017년도 학교 진로교육 환경을 보면 초등학교 90.0%, 중학교 99.0%, 고등학교 97.8%가 진로교육에 관한 연간 계획을 수립하고 있다. 진로교육에 대해 별도의 예산 편성을 하고 있는 학교의 비율은 초등학교 88.0%, 중학교 98.0%, 고등학교 94.3% 수준이다. 진로교육 전담 조직 비율은 초등학교 88.0%, 중학교 96.3%, 고등학교 95.8%로 높은 편이다.

진로교육이 이루어지는 독립공간의 설치 비율은 초등학교 7.3%, 중학교 61.0%, 고등학교 50.0%로 낮은 편이다.

학교 진로활동별 참여 현황을 보면 2017년 기준 초등학교는 수업 중 진로탐색하기 80.3%, 진로심리검사 76.7%, 진로체험 74%, 진로 상담 58.7%의 순위다. 중학생의 경우는 「진로와 직업」 91.4%, 진로 체험 87.0%, 진로심리검사 85.3%, 수업 중 진로탐색하기 79.3%, 진로상담 63.3%, 진로동아리 44.3%의 순위다. 고등학교 학생의 경우는 「진로와 직업」 수업 84.6%, 진로심리검사 83.0%, 진로체험 73.5%, 수업 중 진로 탐색하기 69.6%, 진로동아리 46.9% 등으로 다양한 활동에 참여하고 있다.

「진로와 직업」 교과 운영 형태는 어떤 형태로든 교과와 연관해서 수업하고 있는 학교가 중학교는 89.8%, 고등학교의 경우는 62.%였다. 그 중 「진로와 직업」 교과를 선택과목으로 채택하여 운영하고 있는 학교는 중학교의 경우 310개교77.5%이고 고등학교의 경우는 178개교44.5%이다.

학생 진로 희망에 대해서는 2017년 초등학교 88.5%, 중학교 69.9%, 고등학교 79.4%가 진로 희망을 가지고 있다고 답하였다.

학생들의 진로개발역량은 자기이해와 사회성, 직업이해, 진로탐색, 진로설계와 준비도 등에서 5점 만점에 모두 3.6 이상으로 높은 편이었다. 학교급별 진로개발역량 평균은 초등학생 4.21, 중학생 3.91, 고

등학생 3.72였다.[14]

정부 차원의 지원 부서로는 한국직업능력개발원에 진로정보센터와 국가진로교육센터가 설치되어 있다. 고용노동부 산하 한국고용정보원과 한국산업인력공단에서는 진로상담과 다양한 진로교육정보를 개발하여 제공하고 있다. 한국대학교육협의회와 한국전문대학교육협의회에서도 진로교육 프로그램을 개발 운영하고 있다.

(2) 지향해야 할 과제[15]

진로교육을 강화하고 다양한 정책을 수립하여 추진하려는 의욕은 바람직하다고 할 수 있다. 그런데 다음과 같이 몇 가지 고려할 점도 있다.

첫째, 진로교육은 진로 개발 단계에 따라 평생학습체제 아래 체계적으로 이루어져야 한다. 즉, 진로교육은 진로 인식단계인 초등학교 때에는 일의 세계를 인지하고, 진로탐색단계인 중학교와 일반고등학교 때에는 자신의 자아 정체감과 존중감을 확립하고 자신의 적성과 소질 및 능력에 맞는 일의 세계를 구체적인 경험을 통하여 탐색하게 하여야 한다.

진로준비 단계인 특성화고와 마이스터고, 전문대학, 대학 등에서는 자신이 선택한 분야의 직업에 종사하는 데 필요한 전문적인 지식과 기술을 습득하여 취업을 준비하게 한다.

진로 유지 및 개선단계인 성인이 되어 직장을 갖게 되면 생애주기에 따라 직무능력 향상, 전직 및 퇴직을 대비한 계속적인 능력개발을 할 수 있도록 한다. 뿐만 아니라 실직자, 직업전환자, 경력단절 여성, 노인, 다문회 가정, 장애인 등을 배려한 진로지도도 반드시 고려되어야 한다.

이렇게 진로교육은 생애주기별로 전 국민을 대상으로 체계적으로 다양한 프로그램을 개발 운영하면서 평생학습체제와 함께 추진되어야 한다. 특히 평균 수명이 길어지면서 진로 유지 및 개선단계에서 경력개발CD이 더욱 확대되고 강화되어야 한다.

둘째, 진로 교육은 기존의 초등학교 실

---

14 한국직업능력개발원 (2018). 한국의 인적자원 개발지표. pp. 97-109.

15 정윤경 (2019). 진로지원 시스템 현황과 과제. 직업과 인력개발. 제22권 2호. 통권 101호. pp. 68-89. 한국직업능력개발원.

과와 중·고등학교 기술·가정, 그리고 '진로·직업' 과목을 비롯한 진로교육 관련 교과의 내실화에 최우선을 두어야 한다. 현재 추진 중인 자유학기제도 중·고등학교 교육과정에 편성되어 있는 '진로·직업' 과목과 '기술·가정 교과' 교육을 내실화하고 연계하여 운영할 경우 학습 성과를 높일 수 있다고 생각한다. 또한 모든 교과가 진로 탐색과 연계되어 수업이 전개되도록 함이 바람직하다. 이를 위해서는 '진로와 직업' 과목을 교원양성 교육과정에서 교직 교과로 편성 운영하는 것을 제안한다.

셋째, 진로 지도가 이루어지는 과정에 특히 자유학기제 운영은 공급자 위주가 아니라 수요자 중심으로 계획되고 운영되어야 할 것이다. 산학협력 차원에서 파트너십partnership, 즉 학교, 학습자, 산업체 간의 공동목표 설정, 공동 투자, 상호 편익 추구의 정신으로 이루어져야 한다. 우리나라는 이미 1970년대 초 개정된 산업교육진흥법에 의해 실업계 고등학교, 전문대학, 대학의 모든 실업계 학과 학생들에게 일정 기간 전공 관련 산업현장에서의 현장실습을 의무화 하였다. 그러나 정부와 학교는 거의 일반적이고 공급자 위주의 계획으로 현장실습 프로그램을 추진하였다가 여러 가지 문제가 제기되어 2년 만에 전면 중단한 시행착오를 반복하지 말아야 할 것이다. 따라서 진로지도는 평생진로개발 인프라가 잘 구축되어야만 한다.

넷째, 정부가 진로교육 지원을 위해 한국직업능력개발원에 설치한 '국가 진로교육센터'를 통하여 국가 차원의 진로교육 정책과 지방자치단체 정책 간의 종적 연계는 물론, 정부 차원에서 진로교육 사업을 추진하고 있는 교육부, 고용노동부, 여성가족부, 보건복지부 등 부처 간의 역할 분담과 횡적 연계 강화 방안 등이 수립되어 추진되어야 할 것이다.

또한 진로교육 사업을 추진하고 있는 한국직업능력개발원, 한국교육개발원, 한국노동연구원, 한국고용정보원, 한국청소년정책연구원, 한국여성정책연구원 간의 역할 분담과 횡적 연계 강화체제도 구축되어야 할 것이다.

진로지도 관련법, 즉 진로교육법, 청소년 관련법, 고용정책기본법, 직업안정법 등이 진로지도의 관점에서 역할 분담과 연계 체제도 재구축되어야 할 것이다.[16]

다섯째, 진로교육은 학교 내적 요인보다 학교 외적 요인에 크게 좌우되므로 정부 관계부처와 모든 국민은 학교 외적 문제 해결에 큰 관심을 가져야 한다. 대표적인 문제가 학력별, 대기업과 중소기업, 정규직과 비정규직, 성별에 따른 임금 격차가 너무 크다는 것이다.

---

16 송병국 (2017). '4차 산업혁명 시대를 대비한 진로교육정책의 방향'. THE HRD REVIEW. 제20권 제5호(통권 94호). 한국직업능력개발원. pp. 1-6.

뿐만 아니라, 국민들의 직업에 대한 귀천의식 없는 건전한 가치관 확립이 시급하다. 이런 문제가 개선되지 않으면 진로교육에는 한계가 있다.

04 직업기초능력 개발

직업기초능력이란 모든 산업 혹은 직업에서 기업체의 특성, 성별, 직급 등에 관계없이 직업인이 직무를 성공적으로 수행하기 위하여 필요한 능력[17]을 뜻한다.

직업능력＝직업기초능력＋직무수행능력산업공통 직업능력 + 필수 직업능력 + 선택 직업능력의 등식에서 직업기초능력은 <표 3－2>와 <표 3－3>에서 제시하는 것과 같은 능력을 의미한다.

표 3-2 직업기초능력 영역 및 하위 능력

영역	하위 능력
1. 의사소통 능력	1-1. 문서이해능력, 1-2. 문서작성능력, 1-3. 경청능력, 1-4. 언어구사능력, 1-5. 기초외국어능력
2. 자원관리 능력	2-1. 시간자원관리능력, 2-2. 예산관리능력, 2-3. 물적자원관리능력, 2-4. 인적자원관리능력
3. 문제해결 능력	3-1. 사고력, 3-2. 문제처리능력
4. 정보 능력	4-1. 컴퓨터활용능력, 4-2. 정보처리능력
5. 조직이해 능력	5-1. 국제감각능력, 5-2. 조직체제이해능력, 5-3. 경영이해능력, 5-4. 업무이해능력
6. 수리 능력	6-1. 기초연산능력, 6-2. 기초통계능력, 6-3. 도표분석능력, 6-4. 도표작성능력
7. 자기개발 능력	7-1. 자아인식능력, 7-2. 자기관리능력, 7-3. 경력개발능력
8. 대인관계 능력	8-1. 팀워크능력, 8-2. 리더십능력, 8-3. 갈등관리능력, 8-4. 협상능력, 8-5. 고객서비스능력
9. 기술 능력	9-1. 기술이해능력, 9-2. 기술선택능력, 9-3. 기술적용능력
10. 직업윤리	10-1. 근로윤리, 10-2. 공동체윤리

17 교육부 · 한국연구재단 (2015). NCS(국가직무능력표준)기반 교육과정 가이드라인. p. 23.

표 3-3 직업기초능력의 세부 분야별 정의

직업기초능력 영역 하위 능력	정의
① 의사소통 능력	업무를 수행함에 있어 글과 말을 읽고 들음으로써 다른 사람이 뜻한 바를 파악하고, 자기가 뜻한 바를 글과 말을 통해 정확하게 쓰거나 말하는 능력
문서이해 능력	업무를 수행함에 있어 다른 사람이 작성한 글을 읽고 그 내용을 이해하는 능력
문서작성 능력	업무를 수행함에 있어 자기가 뜻한 바를 글로 나타내는 능력
경청 능력	업무를 수행함에 있어 다른 사람의 말을 듣고 그 내용을 이해하는 능력
의사표현 능력	업무를 수행함에 있어 자기가 뜻한 바를 말로 나타내는 능력
기초외국어 능력	업무를 수행함에 있어 외국어로 의사소통할 수 있는 능력
② 수리능력	업무를 수행함에 있어 사칙연산, 통계, 확률의 의미를 정확하게 이해하고, 이를 업무에 적용하는 능력
기초연산 능력	업무를 수행함에 있어 기초적인 사칙연산과 계산을 하는 능력
기초통계 능력	업무를 수행함에 있어 필요한 기초 수준의 백분율, 평균, 확률과 같은 통계 능력
도표분석 능력	업무를 수행함에 있어 도표(그림, 표, 그래프 등)가 갖는 의미를 해석하는 능력
도표작성 능력	업무를 수행함에 있어 필요한 도표(그림, 표, 그래프 등)를 작성하는 능력
③ 문제해결 능력	업무를 수행함에 있어 문제 상황이 발생하였을 경우, 창조적이고 논리적인 사고를 통하여 이를 올바르게 인식하고 적절히 해결하는 능력
사고력	업무와 관련된 문제를 인식하고 해결함에 있어 창조적, 논리적, 비판적으로 생각하는 능력
문제처리 능력	업무와 관련된 문제의 특성을 파악하고, 대안을 제시, 적용하고 그 결과를 평가하여 피드백 하는 능력
④ 자기개발 능력	업무를 추진하는데 스스로를 관리하고 개발하는 능력
자아인식 능력	자신의 흥미, 적성, 특성 등을 이해하고, 이를 바탕으로 자신에게 필요한 것을 이해하는 능력
자기관리 능력	업무에 필요한 자질을 지닐 수 있도록 스스로 관리하는 능력
경력개발 능력	끊임없는 자기 개발을 위해서 동기를 갖고 학습하는 능력
⑤ 자원관리 능력	업무를 수행하는데 시간, 자본, 재료 및 시설, 인적자원 등의 자원 가운데 무엇이 얼마나 필요한지를 확인하고, 이용 가능한 자원을 최대한 수집하여 실제 업무에 어떻게 활용할 것인지를 계획하고, 계획대로 업무수행에 이를 할당하는 능력
시간자원관리 능력	업무수행에 필요한 시간자원이 얼마나 필요한지를 확인하고, 이용 가능한 시간자원을 최대한 수집하여 실제 업무에 어떻게 활용할 것인지를 계획하고 할당하는 능력
예산자원관리 능력	업무수행에 필요한 자본자원이 얼마나 필요한지를 확인하고, 이용 가능한 자본자원을 최대한 수집하여 실제 업무에 어떻게 활용할 것인지를 계획하고 할당하는 능력
물적자원관리 능력	업무수행에 필요한 재료 및 시설자원이 얼마나 필요한지를 확인하고, 이용 가능한 재료 및 시설자원을 최대한 수집하여 실제 업무에 어떻게 활용할 것인지를 계획하고 할당하는 능력

인적자원관리 능력	업무수행에 필요한 인적자원이 얼마나 필요한지를 확인하고, 이용 가능한 인적자원을 최대한 수집하여 실제 업무에 어떻게 활용할 것인지를 계획하고, 할당하는 능력
⑥ 대인관계 능력	업무를 수행함에 있어 접촉하게 되는 사람들과 문제를 일으키지 않고 원만하게 지내는 능력
팀워크 능력	다양한 배경을 가진 사람들과 함께 업무를 수행하는 능력
리더십 능력	업무를 수행함에 있어 다른 사람을 이끄는 능력
갈등관리 능력	업무를 수행함에 있어 관련된 사람들 사이에 갈등이 발생하였을 경우 이를 원만히 조절하는 능력
협상 능력	업무를 수행함에 있어 다른 사람과 협상하는 능력
고객서비스 능력	고객의 요구를 만족시키는 자세로 업무를 수행하는 능력
⑦ 정보 능력	업무와 관련된 정보를 수집하고, 이를 분석하여 의미 있는 정보를 찾아내며, 의미 있는 정보를 업무수행에 적절하도록 조직하고, 조직된 정보를 관리하며, 업무 수행에 이러한 정보를 활용하고, 이러한 제 과정에 컴퓨터를 사용하는 능력
컴퓨터활용 능력	업무와 관련된 정보를 수집, 분석, 조직, 관리, 활용하기 위해 컴퓨터를 사용하는 능력
정보처리 능력	업무와 관련된 정보를 수집하고, 이를 분석하여 의미 있는 정보를 찾아내며, 의미 있는 정보를 업무수행에 적절하도록 조직하고, 조직된 정보를 관리하며, 업무 수행에 이러한 정보를 활용하는 능력
⑧ 기술 능력	업무를 수행함에 있어 도구, 장치 등을 포함하여 필요한 기술에는 어떠한 것들이 있는지 이해하고, 실제로 업무를 수행함에 있어 적절한 기술을 선택하여 적용하는 능력
기술이해 능력	업무 수행에 필요한 기술적 원리를 올바르게 이해하는 능력
기술선택 능력	도구, 장치를 포함하여 업무 수행에 필요한 기술을 선택하는 능력
기술적용 능력	업무 수행에 필요한 기술을 업무 수행시 적용하는 능력
⑨ 조직이해 능력	업무를 원활하게 수행하기 위해 국제적인 추세를 포함하여 조직의 체제와 경영에 대해 이해하는 능력
국제 감각	주어진 업무에 관한 국제적인 추세를 이해하는 능력
조직체제 이해 능력	업무 수행과 관련하여 조직의 체제를 올바르게 이해하는 능력
경영이해 능력	사업이나 조직의 경영에 대해 이해하는 능력
업무이해 능력	조직의 업무를 이해하는 능력
⑩ 직업윤리	업무를 수행함에 있어 원만한 직업생활을 위해 필요한 태도, 매너, 올바른 직업관
근로윤리	업무에 대한 존중을 바탕으로 근면하고 성실하며 정직하게 업무에 임하는 자세
공동체 윤리	인간 존중을 바탕으로 봉사하며, 책임 있고, 규칙을 준수하며 예의 바른 태도로 업무에 임하는 자세

자료: 교육부 · 한국연구재단 (2015). NCS(국가직무능력표준)기반 교육과정 가이드라인. pp. 24-26.

이들 표에서 제시하고 있는 직업기초능력은 초·중· 고등학교는 물론이고 특히 특성화고등학교 및 마이스터 고등학교, 전문대학, 대학 등의 보통교과 교육과정에서 반드시 개발할 수 있도록 편성 운영하여야 할 것이다. 일부는 전문교과에서도 학습해야 할 영역도 있다. 그러나 대부분은 초·중·고등학교의 보통교과와 전문대학 및 대학의 교양교과에서 이수해야 할 내용이다.

그런데 그동안 우리나라 교육과정 편성과 운영이 초·중·고등학교의 보통교과와 특성화고/마이스터고 등에서 요구하는 직업기초능력과는 무관한 상태에서 별개로 편성 운영되었기 때문에 교양 직업교육에서 학습하여야 할 직업기초능력 개발이 어떤 관계 속에서 이루어졌는지를 구명하기 어렵다.

직업기초능력의 중요성이 부각되기 시작한 것은 1990년대 말이며[18] 그 후 박근혜 정부에서 국가직무능력표준NCS 기반 교육과정 개발이 활발히 전개되면서 직업기초능력 개발에 강조를 두고 있다.

05 요약 및 논의

1) 요약

교양 직업교육의 주된 목적은 세 가지로 구분해 볼 수 있다. 첫째, 실생활에 필요한 의식주와 일에 대한 기초적인 경험을 통하여 일과 직업에 대한 건전한 가치관을 형성하게 하고, 가정생활과 일을 조화롭게 영위할 수 있는 능력을 기른다.

둘째, 산업사회 변화와 산업기술에 대한 개념과 특성을 이해하고, 일상생활과 관련되는 문제를 창의적으로 해결함으로써, 산업 기술에 대한 바람직한 자세와 미래 사회에 적응하는 능력과 태도를 기른다. 그리고 이런 과정을 통하여 진로를 인지·탐색하게 하여 현명한 진로 선택을 할 수 있게 한다.

셋째, 모든 산업 혹은 직업에서 기업체의 특성, 성별, 직급 등에 관계없이 직무를 성공적으로 수행하기 위해 필요한 직업기초능력을 계발한다.

이러한 역량을 계발하기 위하여 초등학교에서는 실과, 중·고등학교에서는 기술·가정

18 이무근 외 7인 (1997). 직업능력인증제 도입을 위한 정책연구. 교육부. pp. 123-160.

교과를 필수로 개설하고 있다. 특히 진로를 인지·탐색하게 하여 현명한 진로 선택을 할 수 있도록 중·고등학교에서는 '진로·직업 교과'를 선택 교과로 개설하고 있다. 직업기초능력의 상당 부분은 초·중등학교의 교과활동과 특별활동, 특성화고등학교의 보통교과, 그리고 전문대학 및 대학의 교양교과를 통해서 계발한다.

이상과 같은 교육목적과 교과 특성을 지닌 교양 직업교육의 광복 75년 동안의 정책 변동을 요약하면 다음과 같다.

초등학교 실과교과는 광복 후부터 지금까지 지속적으로 개설되고 있다. 그러나 실과 목표, 단원, 이수 단위 수, 이수 학년 등은 계속 변경되고 있다. 예를 들면, 실과는 4·5·6학년에서 2시간씩 이수하다가 3, 4, 5, 6학년에서 1시간씩 이수하는 것으로 변경되었다가 지금은 5·6학년에서 2시간씩 이수하고 있다.

중등학교의 기술과 가정 교과도 교육과정 개정 시기 때마다 교과목표, 교과 내용, 이수 대상, 이수 학년 등에 관하여 부분 또는 대폭적인 개편이 있기도 하였다. 예를 들면, 기술과 가정 교과를 남녀 학생 모두가 이수하게 하는 경우도 있었고 기술남, 가정여으로 분리하여 이수하게 하는 경우도 있었다. 제7차 교육과정기에는 5학년부터 고등학교 1학년까지 실과와 기술·가정을 계열화하여 가르치기도 하였다. 또한 지식·정보화 시대를 대비하여 기술 교과에도 포함하고 있지만 '컴퓨터'를 선택교과로 개설하였다.

진로교육은 해방 후부터 지금까지 초등학교의 실과, 중·고등학교의 기술·가정 교과를 중심으로 이루어져 왔다. 그러다가 '실과'와 '기술·가정교과'에 '일과 직업 세계의 이해' 단원을 제4차 교육과정기1982-1988에 신설하여 진로교육을 강화하였다. 노태우 정부 때인 1990년부터는 각 시·도과학 연구원에 진로교육연구부를 설치하여 각급 학교의 진로교육을 활성화하기 위해 노력하였다. 각 급 학교에 '진로정보실'을 설치하고 중등학교의 상담실을 '진로상담실'로, 교도교사 주임은 '진로상담 주임'으로 개칭하여 진로교육의 내실화를 추구하였다.[19] 제7차 교육과정개정기2000-2007에는 '진로·직업'을 하나의 교과로 개설하여 중·고등학교에서 이수할 수 있도록 하였다. 그 후에도 역대 정권별로 진로교육은 계속 강조되어오고 있다. 박근혜 정부에서는 「진로교육법」을 제정하여 초·중등학교 진로교육을 지원하고 있을 뿐만 아니라 전문대학과 대학에서의 진로 교육도 강화하고 있다.

직업기초능력의 상당 부분은 초·중·고등학교의 보통교과활동과 전문대학과 대학의 교양교과에서 이수해야 할 내용이다. 그런데 그동안 우리나라 초·중·고등학교의 교육과정

19 교육부 (1998). 교육 50년사. pp. 566-567.

편성과 운영이 직업기초능력과는 어떤 관계에서 이루어졌는지 확실하지 않다. 그렇기 때문에 직업기초능력 개발이 교양 직업교육에서 얼마나 이루어졌는지를 알 수 없는 상태다.

직업기초능력의 중요성이 부각되기 시작한 것은 1990년대 말이며 그 후 박근혜 정부에서 국가직무능력표준NCS 기반 교육과정 개발이 활발히 전개되면서 직업기초능력 개발에 강조를 두고 있다.

앞에서 서술한 제3장 교양 직업교육의 내용을 요약하면 <표 3-4>와 같다.

표 3-4 교양 직업교육의 개념, 정책 변동, 향후 과제

교양 직업교육의 정의	교양 직업교육(vocational education as general education)이란 직업교육이 본격적으로 실시되기 이전 단계에서 직업인으로서 누구나 공통적으로 함양해야 할 소양과 사회인으로서 갖추어야 할 기초적인 지식, 기술, 태도 등을 함양하는 교육(보통교육)
교양 직업교육의 목적	1. 의식주와 일에 대한 경험을 통하여 일과 직업에 대한 건전한 가치관 형성 2. 실생활에 필요한 실기능력을 함양하여 가정생활과 일을 조화롭게 영위 3. 일상생활과 관련되는 문제를 창의적으로 해결 4. 산업 기술에 대한 바람직한 자세와 미래 사회에 적응하는 능력과 태도 함양 5. 진로를 인지 · 탐색하고 적성과 소질에 맞는 일을 선택하여 진로를 현명하게 선택 6. 모든 직업인에게 공통적으로 필요한 직업기초능력 개발
교양 직업교육의 핵심 교과	1. 초등학교 실과, 중등학교기술 · 가정 교과(목표 1, 2) 2. 중 · 고등학교 진로 · 직업 교과와 중학교 자유학기제(목표 3, 4, 5) 3. 초 · 중등학교의 도구교과와 대학의 교양교과(목표 6)
교양 직업교육정책의 주된 변화	1. 초등학교 실과 4, 5, 6학년 2시간 → 3, 4, 5, 6학년 1시간 → 5, 6학년 2시간 이수 2. 중등학교 기술 · 가정 남녀 공통 이수→ 남(기술), 가정(여) 3. 제7차 교육과정기(2000−2007) 실과, 기술 · 가정 교과를 5학년부터 10학년까지 하나의 교과로 계열화 4. 제4차 교육과정기(1982~1988) 실과, 기술 · 가정 교과에 '일과 직업 세계' 단원 신설 5. 제7차 교육과정기(2000−2007) 중 · 고등학교에 '진로와 직업' 교과 신설 6. 2015년 진로교육법 제정 7. 박근혜 정부에서의 NCS 기반 교육과정 개발을 통한 직업기초능력 개발 강화
향후 교양 직업교육정책 개선을 위한 논의 주제	1. 실과 교육의 학문적 구조 구명과 체계화 2. 초등학교 실과, 중등학교 기술 · 가정, 진로와 직업, 자유학기제, 모든 교과와의 연계 교육 강화 방안 모색 3. 직업기초능력 영역과 초 · 중등학교 보통교과와의 연계 구축 방안 강구

2) 논의

이상과 같은 교양 직업교육 정책 변동에 관하여 몇 가지 논의 및 시사점을 제시하면 다음과 같다.

(1) 실과교과의 학문적 모체는 어떻게 정립될 수 있을까?

교양 직업교육 목적의 하나는 실생활에 필요한 의식주와 일에 대한 기초적인 경험을 통하여 일과 직업에 대한 건전한 가치관을 형성하게 하고, 가정생활과 일을 조화롭게 영위할 수 있는 능력을 개발함에 있다.

이를 위해 초등학교에서는 '실과', 중등학교에서는 '기술'과 '가정' 교과를 이수한다.

실과 교과의 본질은 실천교과, 생활교과, 교양교과라고 한다. 그렇다면, 실과 교과는 왜 4학년부터 이수하였다가 3학년으로 옮긴 후 지금은 5학년부터 이수하고 있을까? 실과도 3, 4학년에 시간을 편제하여 1, 2학년의 통합교과와 연계할 필요가 있는 것 아닌가? 뿐만 아니라 1학년에서 4학년까지는 실과와 기술·가정교과와 관련된 내용이 없는 것인가? 아니면 다른 교과에 통합되어 있는 것일까?

그 동안 중등학교에서는 '기술·가정'이란 하나의 교과로 남녀 학생 모두에게 공통으로 이수하게 하고, 때로는 남학생에게는 '기술', 여학생에게는 '가정' 교과를 분리 이수하게 하였다. 현재는 남녀 학생 모두에게 기술·가정을 공통으로 이수하고 있다.

그런데 중학교 3학년의 기술·가정 교과의 농업관련 단원이 1, 2학년에는 편성되어 있지 않아 초등학교 6학년 실과의 농업관련 단원과의 연계 면에서 계열성도 없다.[20]

따라서 초등학교 실과와 중등학교 기술·가정 교과의 학문의 구조화와 계열화 체계 정립이 요망되고 있다.

(2) 진로교육 강화를 위한 실과, 기술 · 가정, 진로와 직업, 자유학기제, 모든 교과와의 연계 강화 방안은 무엇일까?

진로를 인지·탐색하여 현명한 진로 선택을 할 수 있도록 중·고등학교에서는 '진로·직업 교과'를 제7차 교육과정개정기2000-2007부터 선택 교과로 편성하고 있다. 진로교육 프로그램의 다양화도 중요하지만 초등학교 실과와 중·고등학교 기술·가정 교과, 그리고 중등

20 농림수산식품부, 농업인재개발원 (2011). 2010 농업교육 백서. 한국농림수산정보센터부설농업인재개발원. p. 62.

그림 3-2 진로교육 정책 변동

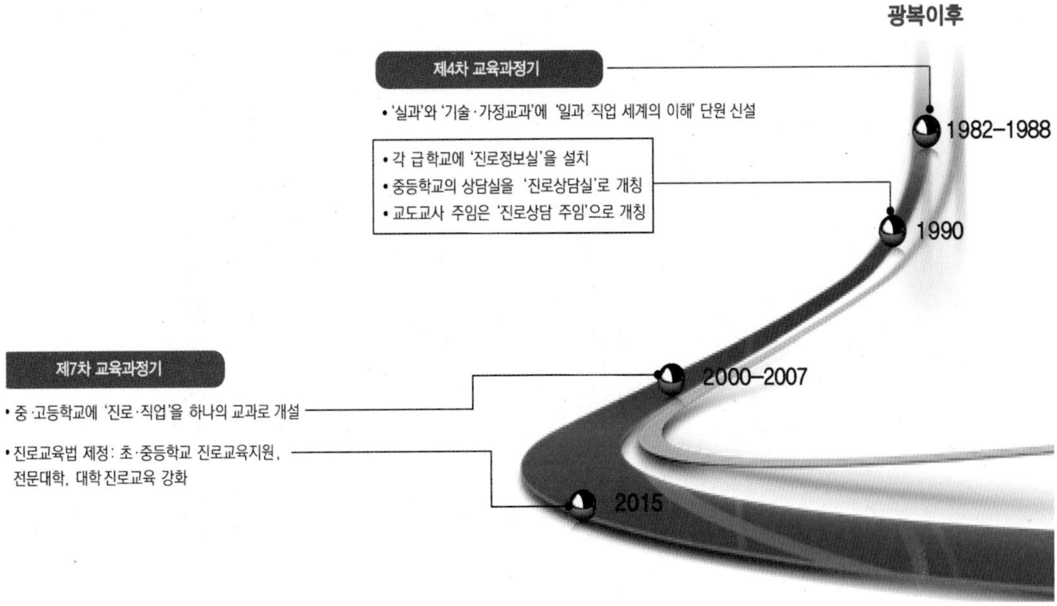

학교에서 '진로와 직업' 교과를 통한 체계적이고 내실화된 교육이 이루어지도록 하는 것이 필요하다. 이를 위해 진로교육과 관련된 교육과정의 계열성과 통합성의 연계 강화 방안이 우선 모색되어야 할 것이다.

현재 추진되고 있는 자유학기제도 '기술 · 가정'과 '진로와 직업' 등의 교과를 바탕으로 연계된 교육이 전개될 경우 진로교육의 효과가 증대될 것이다. 이를 위해 앞에서 열거한 교과들 간의 통합성이 강화되어야 할 것이다.

더 나아가 진로교육이 모든 교과와도 연계되어 통합교육이 이루어진다면 금상첨화일 것이다. 이를 실현하고 내실화하기 위해서는 '진로와 직업'을 교원양성과정에 교직교과로 편성 · 운영하여야 할 것이다.

(3) 직업기초능력 개발 강화를 위한 보통교육과의 연계 강화 방안은 무엇일까?

직업기초능력은 1990년대 말부터 초 · 중등학교의 교과활동과 특성화 고등학교의 보통교과, 전문대학 및 대학의 교양교과를 통해서 계발되고 있다. 그런데 직업기초능력 개발과 초중고 교육과정과는 연계가 미흡하다. 직업기초능력 개발을 위한 교육 내용의 계속성, 계열성, 통합성이 고려된 교육과정 편성 · 운영 정책이 요구된다.

PART
02

중등 직업교육

CHAPTER 04

중등 직업교육

01 광복(1945) 이전의 직업교육

중등 직업교육은 광복1945년 이전에도 학교 교육의 제도적인 틀 속에서 조직적으로 농업, 공업, 상업 등의 실업에 관한 교육이 이루어졌다. 광복 전의 직업교육은 직업교육의 태동기1899~1910라고 할 수 있는 근대적 직업교육이 실시되던 시기1899~1910와 일제강점기하1910~1945의 직업교육으로 크게 두 시기로 구분할 수 있다.

1) 조선 말기의 직업교육 체제와 정책 변동

근대적 직업교육은 광무개혁기1896~1904에 시작되었다. 이 기간 중에 상공업 진흥책과 함께 실업교육도 적극적으로 추진되었는데 실업교육에 대한 개혁은 1899년 6월 상공학교 관제가 공포됨으로써 시작되었다. 그러나 뿌리 깊은 사·농·공·상 사상과 국가체제의 미비로 실제로 상공학교의 학생모집과 학교운영이 이루어지지 않았다. 때문에 상공학교1899를 정식 학교로 볼 수 있느냐 하는 문제가 있기도 하다. 하지만, 관제의 공포와 교장과 교관의 인사발령 및 학교의 위치가 설정되었던 점을 고려한다면 대한제국의 자주적 노력을 중요시하여 직업교육의 태동이라는 역사적 의미를 부여할 수 있을 것이다.

상공학교의 관제가 계기가 되어 농상공학교1904뿐만 아니라, 광무학교1900, 전무학당1900, 우무학당1900, 철도학교1900, 낙영학교1899 등이 설립·운영되었던 점을 고려하여 1899년부터 1910년까지를 직업교육의 태동기1899-1910라 할 수 있다.

기록에 의하면 1882년에 기공학생技工學生을 중국에 보내어 공장실습을 시켰고, 1883년 중국인 4명을 초청하여 공업기능을 가르쳤다.[1] 그 후 1886년 육영공원育英公院에서 교과목의 하나로 서구식 농업과목을 처음으로 도입하여 간접적으로 실과교육을 실시한 바 있다. 또 1897년에는 전무학당電務學堂을 세워 통신교육을 실시하였고, 1899년에는 상공학교商工學校가 설립되었다. 이 상공학교는 1904년 농상공학교農商工學校로 개편되었다가 1906년 농림학교가 분리되었다.

융희隆熙 3년1909에 실업학교령과 실업학교 시행규칙을 공포하였는데 같은 해 7월 10일에 학부훈령으로 실업교육방침을 제시하였다.

실업학교령에 의하면 실업학교實業學校는 농업·상업 및 공업학교로 나누고, 수업연한은 3년으로 하되, 지방의 실정에 따라 1년 이내로 단축할 수 있도록 하였고, 학부훈령에서는 1년을 연장하여 4개년으로 할 수 있다고 하였다.

위의 학부훈령에서 실업학교의 목적은 "각종 실업에 종사하려는 자에 대하여 적절한 교육을 베푸는 데 있으므로 보통 교육을 위하여 베푸는 것과는 그 취지가 다르다. 그러므로 실업교육을 실시함에 있어서는 그 본질에 따라 지방산업의 현상과 장래의 추향趨向에 비추어 적당히 경영하여야 할 것을 요한다"라고 하였다.

그리고 실업학교령에서는 농업·상업 및 공업학교로 나눈다고 하였으나 학부훈령에서는 "…단순히 농업·공업·상업의 일종을 고르든지 혹은 2종, 3종을 합하여 1교로 하든지 또 잠업·임업을 가하거나…토지상황에 따라 참작할 여유를 준 것임에…"라고 하여 법률의 취지에 어긋나지 않는 범위에서 분야별 선정에 대한 융통성과 신축성을 부여하고 있었다.

그 외에 융희隆熙 4년1910에는 지방 실정과 직업의 종류에 따라 편리한 시간과 계절을 이용하여 교수할 수 있는 수업연한을 2개년 이내로 하는 실업보습학교實業補習學校를 설립 운영하였다.

이상과 같이 조선말기의 직업교육은 우리나라가 새로운 제도를 도입하는 시기였으므로 제도는 갖추었다 하여도 실천은 계획대로 되지 못하였다. 더욱이 새로 도입된 제도는 시대의 변천에 따라 자주 바뀌게 되어 일관성을 가지지 못하였다.

그러나 과거 문文에 치우치고 실업實業을 천시하여 공리공론空理空論으로 시종한 유학사상儒學思想에서 벗어나 실학實學을 권장하여 국가를 부강하게 하려고 했던 정부의 의도는 충

1 김종철 외 (1969). 기능의 교육. 배영사. p. 221.

분히 엿볼 수 있다. 우리나라 근대적 직업교육의 출발점을 이룩해 놓았다는 점에서 큰 의의가 있다고 할 수 있다.[2]

2) 일본 강점기하의 직업교육

1910년 한일합병이 된 후부터 제2차 세계대전이 끝나고 8.15 광복을 맞이할 때까지 일본 강점기하의 직업교육의 변천 과정은 3기로 분류할 수 있다.[3]

(1) 조선교육령시대의 직업교육(1911~1922)

제1기 때의 실업학교에는 간이실업학교·농업학교·상업학교·공업학교의 4종이 있었다. 교육목표는 농업·공업·상업 등의 실업에 종사할 사람들에게 간단 용이하고 적절한 지식·기능을 학습시키는 데 있었다.

간이실업학교는 구실업보습학교를 변경한 것이었는데, 보통학교·실업학교에 부설하도록 권장하였다. 입학자격·수업연한·교육과정의 제한은 없고 누구든지 실업을 배우기를 원하는 사람이면 입학하여 적절한 직업교육을 받을 수 있게 하였다. 수업시기도 야간·일요일·여름·겨울 동안의 휴일을 이용하든가 혹은 계절을 택하여 할 수 있게 하였다.

농업·상업·공업학교의 수업연한은 2~3년이었으며, 보통학교 4년을 졸업한 사람이 입학할 수 있었다. 각 학교의 교과목으로는 수신·실업에 관한 과목과 실습·일본어·국어·한문·수학·이과 등 6개 과목을 필수로 하고 기타는 지역 사정, 실제적 필요에 의하여 적절히 선정할 수 있는 융통성을 두었다. 그러나 실업학교는 어디까지나 실습을 위주로 한 교육에 중점을 두고 이론에 치우치지 않는 실제적인 교육을 하여 산업발달에 이바지할 수 있도록 하는 데 주안점을 두었다.

(2) 개정교육령시대의 직업교육(1922~1938)

일본 강점기하의 직업교육 변천 중 제2기라고 볼 수 있는 1922~1938년까지의 직업교육 상황을 살펴보면 다음과 같다.

1922년에는 조선교육령을 크게 개정하여 각급 학교의 수업 연한을 1~2년씩 높였다. 이

---

2 한국직업능력개발원 (1998). 직업교육훈련 100년사. pp. 33-41, 311-314, 508-516.
3 이무근 (1983a). 「실업기술교육론」. 배영사. pp. 41-42.

것은 1919년에 봉기하였던 3·1 운동에서 일본의 무단정책武斷政治을 규탄하게 되자 일본정부가 정책의 방향을 문화정책文化政策으로 바꾼 데 기인한다.

실업학교의 입학자격은 보통학교 6년 졸업생으로 하고 수업 연한을 종래의 2~3년에서 3~5년까지 연장하였다.

실업학교의 종류도 종래보다 늘렸다. 즉, 농업·공업·상업학교, 상선학교商船學校, 수산학교, 직업학교 및 실업보습학교를 설립하도록 하였으나, 직업학교와 실업보습학교만은 보통학교 4학년을 수료한 자가 입학할 수 있게 하였고 수학연한은 2년 정도였다.

실업학교는 종전과 같이 기술을 체득케 하는 실습을 위주로 학습하도록 하였으나 인격의 도야, 상식의 함양 등에도 특별히 유의하도록 하여 보통학과를 소홀히 다루지 않도록 하였다.

한편 고학년에 있어서는 일정 기간을 정하여 실습만을 이수할 수 있도록 하고 공장, 기타 설비를 학교교육에 대용하고 실업계와의 연관을 긴밀하게 하여 학교교육과 현장의 실제를 일치시키는 조처를 취하도록 하였던 것은 오늘날 현장실습, 또는 공장실습이라든가 혹은 산학협력 시책과 일맥상통하는 조처로서 직업교육의 필연적인 산학협력 측면을 보여주고 있다.

3·1 운동이 일어난 후 무단정치武斷政治에서 문화정책文化政策을 추진하는 방향으로 나갔으나, 이어서 밀려 온 세계 공황에 부딪히게 되어 국민생활이 어렵게 되자 여러 가지 구호를 내걸고 실업교육 확장에 힘쓰게 되었다. 자력갱생自力更生에 의한 농·산촌진흥운동農·山村振興運動을 전개하기 위한 농촌진흥교육이 그 예이다. 농촌·산촌·어촌에 부합되는 직업교육을 보통학교에서 충실하게 실시하여 농·산촌부흥에 이바지하도록 하였다.

(3) 제3, 4차 개정 교육령시대의 직업교육(1938~1945)[4]

일본 강점기하의 직업교육 변천 중 제3기라고 볼 수 있는 이 시기는 1938~1945년까지이다. 이때는 일본이 중일中日전쟁·태평양전쟁에 돌입한 때여서 모든 교육체제와 내용이 일본 황국신민화교육日本皇國臣民化教育으로 바뀌었다. 특히 직업교육은 전쟁 수행을 돕는 형태에서 실시되었다.

직업교육은 전쟁 수행을 위한 인력양성과 해당 산업분야의 생산증강을 위해 현장실습을 강화하였다. 이것은 같은 시기에 제2차 세계대전 당시 군수산업 인력 양성을 위한 미국의

4 안홍선 (2017). 식민지 중등교육체제 형성과 실업교육. 교육과학사. pp. 71-79.

산업내현장훈련Training Within Industry: TWI이 발달하게 된 것과 동일한 맥락이다.

실업학교 수에 있어서도 지금까지 증가시키지 않던 공업학교를 많이 증가시켰고 상업학교 수도 늘렸으나 상업학교는 추후 축소되어 농고 · 공고로 개편되었다. 한편 농업학교 수도 많이 증가하였다. 이것은 제3차 미곡증산계획米穀增産計劃을 성공적으로 이끌기 위하여 농업교육을 강화한 결과이다. 그리하여 농업학교의 수는 계속 증가하여 종전시終戰時에는 54개교나 되었고 농업보습학교農業補習學校 수는 94개교로 증가하였다.

그 당시의 실업교육은 보통교육 과목을 대폭 줄이고 실과과목에 치중하였을 뿐만 아니라, 실기를 익힌다는 명목 아래 생산보국生産報國하는 교육활동으로 전락되어 학생들의 정상적인 교실수업은 줄어들고 실습장 · 생산장에서 노력 봉사하는 활동이 많았다.

02 광복 후 이승만 정부의 직업교육(1945~1960): 직업교육 도입기[5]

1) 광복 후 이승만 정부 시대의 정치, 경제, 사회 문화적 배경

광복 후 미군정기를 거쳐 1948년 대한민국 정부가 수립되고 이승만 박사가 초대 대통령으로 취임하였다. 그러나 남북 분단에서 초래된 자원의 불균형, 1950년 6 · 25 전쟁으로 인한 인적 · 물적 피해, 1953년 휴전에 따른 전후 복구 추진 문제 등으로 어려움을 겪으면서 외국 원조에 힘입어 경제를 유지해왔다.

1인당 국민소득은 겨우 70~80달러에 불과하였고 빈곤과 무질서가 판을 치고 있었다. 좁은 국토에 생산 능력은 낮은데 인구는 기하급수적으로 증가하여 빈곤이 심화되었다. 농촌에서는 매년 봄마다 '보릿고개'라는 봄철 식량난에 허덕였다.

이런 와중에 이승만 대통령의 장기 집권과 부정 선거로 인해 1960년 4 · 19혁명이 일어나면서 이승만 대통령이 하야하고 1960년 민주당 장면 정부가 수립되었다. 그러나 각계각층의 성급하고 강력한 요구를 감당하기에는 무력하여 사회 · 정치적으로 불안했다. 결과적으로 1961년 5 · 16 군사 정변이 일어나 군인이 중심이 된 국가재건최고회의를 수립하여 군부가 정권을 장악하게 되었다.

위와 같이 어렵고 복잡한 사회 여건 속에서도 국민들은 그동안 교육 기회를 갖지 못했던

---

5 조성희 (1991). 한국실업교육정책의 평가연구. 홍익대학교 박사학위논문. pp. 64-67.

배움에 대한 열망이 분출되고 있었다. 정부는 국민의 이런 욕구를 충족시키기 위해 교육의 양적 확대 정책, 특히 실업교육 정책 강화를 위해 노력하였다.

광복 후 이승만 정부까지의 위와 같은 시대적 배경 상황에서 실시된 중등 직업교육 정책을 개관하면 다음 '2)'항부터 '10)'항과 같다.

2) 실업교육을 중시하는 정책 태동

8 · 15 광복 후 미군정하에서의 직업교육 정책은 교육발전의 장기적 구상과 계획을 다루었던 조선교육심의회의 제6과분과위원회인 직업교육분과에서 다루었다.

일제하에 억압되었던 한국인의 교육열이 상급학교 진학으로 분출된 것과는 달리 조선교육심의회 등 정부의 차원에서는 실업학교 중심으로 중등교육을 확대하고자 하였다. 1946년 2월 조선교육심의회 논의에서 초등학교 졸업생의 60%를 실업계 중학교로 진학시켜야 한다는 안을 심의 · 의결했다. 이 안은 1946년 초등학교 졸업생 약 32만 명 중 3분의 1 정도가 중학교에 진학할 예정인데 이 중 60%인 6만 3천여 명을 실업중학교로 진학케 할 계획이라는 것이다

실업계가 더 큰 비중을 차지해야 한다는 방향은 중 · 고등학교나 대학교에도 일관되게 적용했다. 중학교에서는 실업계가 60%, 고등학교와 대학에서는 실업계가 70%의 비중을 차지해야 한다고 보았다.

실업계 중심의 중등교육 확대는 5년간 점진적으로 실시하되 우선 중학교 교실 460개를 증설하고 실업학교는 700여 개 교실을 증설하는 계획을 세웠다.

그러나 중등교육을 실업계 중심으로 확대하려는 방안은 제대로 실행되지 못했다. 해방 직후인 1947년에 중등 교육 기관에 재학 중인 학생 수를 보면 실업계 보다 일반계 학생들이 많았다. 초급 · 고급 중학교로 나누어 보면 초급 중학교의 경우 실업계 학교 및 학생 수가 일반계보다 많았다. 고급 중학교의 경우는 실업계 학교보다 일반계 학교 및 학생 수가 더 많았다. 1947년도 중등교육 학교 수 및 학생 수는 <표 4－1>과 같았다.

표 4-1 1947년 중등교육 학교 수 및 학생 수 (단위: 학교 수, 명)

계열 \ 수준		초급 중학교		고급 중학교	
		학교 수	학생 수	학교 수	학생 수
실업계	농업계	64	12,294	53	23,475
	수산계	2	158	4	1,390
	공업계	6	1,407	19	15,004
	상업계	19	3,712	24	15,114
	소계	91	17,571	100	54,983
일반계		81	15,411	118	70,056
합계		172	32,982	218	126,089

자료: 정태수 편 (1992). 미군정 한국교육사 자료집 (상). 홍지원. p. 1062.

고급 중학교에서 일반계로 진학하는 학생이 실업계보다 많은 경향은 이후에도 바뀌지 않았을 뿐 아니라 차이가 더 커졌다. 1950년대 고등학교 학생 수를 계열별로 보면 이러한 경향을 확인할 수 있다. 남한 정부 수립 후 실업계 중등학교 진학이 어느 정도 확대되었는지 확인할 수는 없지만 적어도 1950년대 들어서는 인문계의 비율이 실업계보다 더 커지고 있음을 알 수 있다. 이것을 나타낸 그래프가 <그림 4-1>이다.

그림 4-1 1950년대 인문 · 실업고 학생 수 변화

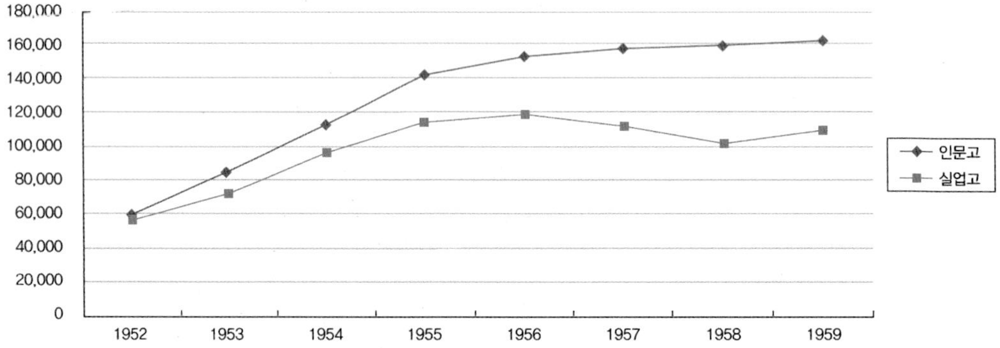

자료: 오성철 편저 (2015). 대한민국교육 70년. 대한민국역사박물관. p. 53.

그 후 1948년 대한민국 정부가 수립되고 1949년 제정된 교육법에서 학제에 관한 여섯 가지 원칙을 설정하였다. 그 중 하나로 "중등교육은 단선형으로 운영하되, 고등학교 단계에 대학 진학을 위한 일반 계열과 직업준비 교육을 위한 실업계열 설치"를 제시했다. 또한 당시의 문

교부 직제 5국 1실 가운데 과학교육국을 두고 수산교육과, 상공교육과, 농업교육과, 과학진흥과 등을 설치하였다. 이런 사실을 감안해 볼 때 당시 직업교육이 중요시되었음을 알 수 있다.[6]

3) 실업교육 정책으로 1인 1기 교육 강조

역대 문교부 장관들은 국민경제 발전에 기여하는 실업교육 진흥을 강조하였다. 특히 2대 문교부 장관이었던 백낙준 박사는 학생 각자가 적어도 하나의 기술을 연마하게 하는 1인 1기 교육을 강조하였다.

또한 근검노작하고 무실역행하는 국민적 기풍을 일으키고 전시하 및 전후의 재건을 위한 생산교육에 역점을 두었다. 이를 구현하기 위해 실업과목을 중학교는 10% 이상, 고등학교는 15% 이상 이수하게 하였다.

4) 실업계 고등학교 확충 및 종합고등학교 체제 신설

(1) 실업계 고등학교 확충

당시 생산교육을 강조하기 위하여 인문고 대 실업고 비율을 3:7로 조정하여 실업교육을 확충하려고 노력하였다. 그 결과 1952년과 1958년을 비교하면 실업계 고등학교의 수가 크게 증가하였다. 학교 수는 73%160교→277교, 학급 수는 78%1,599학급→2,851학급, 학생 수는 80%56,929명→102,559명 증가하였다. 특히 같은 기간 동안에 농업계 고등학교는 30개교에서 127개교로 4.23배, 공업계 고등학교는 28개교에서 49개교로 1.75배 증가하였다.

(2) 종합고등학교 체제 신설

1950년대 중반에는 실업교육을 확충하고 지역사회의 교육요구를 충족하기 위한 방안의 하나로 종합고등학교 체제를 도입하였다. 종합고등학교는 보통과와 실업과를 동일학교 내에 동시 설치 · 운영하여 학생들의 다양한 요구를 충족시키기 위함이었다.

문교부는 1957년에 평택종합고등학교를 설립하여, 우리나라 최초로 종합고등학교 체제를 운영하기 시작했다. 평택종합고등학교는 대학 진학과정 외에 농업 · 공업 · 상업 과정을

---

6 오성철 편저 (2015). 대한민국교육 70년. 대한민국역사박물관. pp. 52-53.

운영하여 학생들로 하여금 자신이 원하는 교육과정을 이수할 수 있도록 하였다.

그 후 문교부는 종합고등학교를 전국적으로 확대하여 1963년 5개교, 1968년에는 60개교 공립 33개교, 사립 27개교가 종합고등학교로 신설 또는 개편되었다.

그러나 종합고등학교 체제는 본래의 설립 목적과 달리 편의에 따라 운영하거나 기존 인문교육에 대한 숭상 및 실업계 교육에 대한 경시 풍조로 인한 학내에서의 학생 간 갈등이 야기되는 등 그 취지를 잘못 인식한 경우가 많아 큰 성과를 거두지는 못하였다.[7, 8]

5) 실업교육 지원행정 기구의 설치

문교부 직제에 과학교육국을 설치하고 그 산하에 과학진흥과, 농업교육과, 상공교육과, 수산교육과를 두어 실업교육에 관한 업무를 분담함으로써 실업교육을 발전시켜 국가재건을 이루려는 의지를 엿볼 수 있다.

6) 실업교원 수급 대책 수립 및 재교육 강화[9]

일제강점기 하의 고등교육 재학생은 대부분 일본인이었고 한국인은 희소했다. 때문에 해방이 되어 실업계 고등학교는 급증하고 있는데 중등학교 교사로 임용할 한국인 대학 졸업생은 극소수였다. 문교부는 중등학교에서 실업교육을 담당할 교원 양성을 위해 대학에 1년 과정의 임시중등교원양성소를 1947년부터 1956년까지 설치 운영했다.

그 후 실업교사의 질을 높이기 위해 1958년 임시중등교원 양성소를 폐지하고 1955년부터 시작된 교직과정을 통해 중등교원을 양성하는 체제로 전환했다.

그렇게 해도 부족한 실업교원을 충원하지 못하게 되자 실업계대학 졸업자에게 일정한 전형을 통하여 교사로 임용하거나 특정한 실업계열 학과에 대해서는 무시험검정에 의해 임용하기도 하였다. 무시험검정에 의한 실업교원 자격증 취득은 1963년 이전 졸업생까지만 해당되었다. 그 후 1963~1964년의 과도기를 거쳐 1965년 11월 30일 이후에는 이 제도가 폐지되었다. 따라서 실업교원 양성과나 교직과목을 이수하지 않은 실업계 대학 출신자의

---

7 장창성 (2012). 우리나라 중등단계 직업교육의 역사적 발전과 제도적 특징. 성균관대학교 석사학위논문. p. 31.
8 한국직업능력개발원 (1998). 직업교육훈련 100년사. p. 69, pp.156-159.
9 한국직업능력개발원 (1998). 직업교육훈련 100년사. pp. 160-166, 194-207.

교사자격 취득은 불가능하였다. 우수 실업교원을 양성하기 위해 1963학년도부터 실업교원 양성학과가 사범대학과 전공 계열 대학에 신설 · 운영되기 시작했기 때문이다.

특히 문교부는 1950년대 당시 1인 1기 교육을 강조하였는데 이런 문교정책에 부응하기 위하여 실업계 고등학교 교사를 대상으로 1인 1기 교사 재교육 강습을 강화하였다.

7) 교육과정 시간 배당 기준령 제정 공포

교육과정 제정협동위원회는 1954년 4월 20일 문교부령 제35호로 「초등학교, 중학교, 고등학교, 사범학교 교육과정 시간 배당 기준령」을 제정 · 공포하였다. 이로부터 1963년 2월 제2차 교육과정기가 공포되기까지를 제1차 교육과정기라고 한다.

제1차 교육과정 가운데 고등학교 교육과정의 대표적인 특성 중의 하나는 단선형 학제의 기본 취지를 최대한 살리기 위해서 인문계와 실업계를 구분하지 않고 단일 교육과정을 제시하였다는 점이다. 다른 하나의 특징은 중학교와 고등학교에 필수 교과와 선택 교과를 두어 학생의 적성 및 취미에 따라 교과목을 선택할 수 있는 융통성을 부여하였다는 점이다.

그런데 실업계 학교의 교육과정 기준이 없어 교육과정 운영이 제각각이었다. 이를 개선하기 위해 「실업고등학교 교육과정 시간배당 기준령」1958.6.5. 문교부령 제76호을 제정 · 공포하였다. 이 기준령에 의해 실업계 고등학교에서는 30% 이상을 전문교과로 편성하게 했다.[10]

8) 실업기술교육 5개년 계획 수립

문교부는 실업기술교육 담당 행정직 강화, 실업기술계 교육기관의 시설 확충, 실업교원 자질 향상 도모, 국민들의 실업교육에 대한 건전한 인식 고취 등, 실업교육진흥을 위한 실업기술교육 5개년 계획을 1957년에 수립하여 1958년부터 시행하기로 했다. 그러나 이 계획은 현실 여건을 무시하고 의욕만 앞세워 교육투자 예산 부족으로 실효를 거두지 못했다.

9) 실업교육진흥법안의 의결

중앙교육위원회는 실업교육진흥법안을 의결하고 실업교육진흥을 위한 강한 의욕을 보

10 사단법인 대한상업교육학회 · 전국상업고등학교장회 (1999). 상업교육 100년사(1899~1999). pp. 229-230.

였다. 이 법은 문교부에 실업교육심의회 설치, 각 시·도에 실업교육지도 담당 공무원 배치, 중요 산업기관에 실업기술 연수원 부설, 시설비와 실험 실습비의 반액을 국고에서 부담, 실업기술교육 담당 국공립 교원에게 실업·기술수당봉급의 3할지급, 국·공립의 생산품 매각 대금 수입은 당해 학교에서 사용 가능, 국·공립의 실업계 학생 수업료 감축동급 타계 학교의 반액 이하, 사립학교 학생에게 실과용 도서 무상지급 등을 골자로 하고 있다. 그러나 이 법안은 여건의 미비로 입법화에 실패했다.

10) 주산능력 검정고시 규정 제정 공포

상업고등학교 학생들의 실기 능력 향상을 위해 「주산능력 검정고시 규정」을 제정하여 공포하고1955.5.9. 문교부령 제 49호 이를 시행하였다. 1955년부터 1957년까지 1~7급 합격자는 3,372명에 달했다.

03 박정희 정부의 직업교육(1961~1979): 직업교육 기반 구축 및 양적 성장기 (산업화 시기 전기)

1) 박정희 정부 시대의 정치, 경제, 사회문화적 배경

1961년 5·16 군사 정변으로 정권을 장악한 군부는 군정을 실시하다가 1963년 박정희가 대통령으로 당선되면서 제3공화국을 탄생시켰다. 박정희 정부는 조국근대화와 경제 제일주의를 구호로 내걸고 강력한 국가주도의 경제개발 5개년 계획을 중심으로 경제성장 정책을 추진하였다. 또한 새마을 운동을 비롯한 잘 살아보려는 국민의 강한 의지를 실현하기 위해 정부가 강력한 리더십을 발휘하여 계획 경제를 통한 경제 성장을 추진하였다.

당시 경제개발계획을 달성하는 데 필요한 과학기술진흥계획과 인력개발계획이 그 보완책으로 수립되었다. 이 때 1·2차 경제개발계획이 모두 성공적으로 달성됨으로써 경제발전에 탄력이 붙게 되었다. 하지만 경제개발계획과 인력개발계획은 정부 주도로 이루어졌기 때문에 정책의 민주성은 미흡했다.

1970년대에 접어들면서 1972년 남북공동성명이 발표된 것을 계기로 정부는 남북대화를 뒷받침할 수 있는 '국민총화'와 '능률의 극대화'를 내걸고 박정희 대통령의 영구집권과 권력 강화를 위한 유신체제를 구축해나갔다. 유신헌법이 제정되고 박대통령이 재선되자 유신체제에 대한 국민의 반발과 저항이 심했다. 이로 인해 1970년대는 정치적 · 사회적 혼란과 불안이 계속되었다. 특히 1979년 박정희 대통령의 서거로 사회는 더 불안해졌다.

이런 혼란 속에서도 1970년대에 수출주도형 성장정책을 지속하면서 특히 중화학공업의 육성을 통해 산업구조를 고도화하고 자립 경제 구조를 실현해 나갔다. 제3 · 4차 경제개발 계획과 이를 뒷받침하기 위한 인력개발 5개년 계획도 과거보다는 민간 주도형으로 수립 · 추진했다. 그러나 세계적으로 불어 닥친 오일 쇼크와 경제 불황으로 1970년대 말과 1980년대 초에는 경제가 크게 침체되었다.

위와 같은 정치 · 경제 · 사회적 배경 아래 박정희 정부의 중등 직업교육 정책을 살펴보면 다음 '2)'항부터 '13)'항과 같다.

2) 중등 직업교육 정책 및 특성

박정희 정부는 1962년부터 경제개발 5개년 계획을 수차에 걸쳐 추진하였다. 또한 새마을 운동을 중심으로 잘 살아보려는 국민의 강한 의지를 실현하기 위해 정부가 강력한 리더십을 발휘하면서 경제 성장을 추진하였다. 1950년대의 농업 및 수공업 시대를 거쳐 1960년대의 제1 · 2차 경제개발 5개년 계획 추진 시기에는 노동집약적인 경공업시대로 시멘트, 정유, 비료 공업 등 국가 기간산업을 중점적으로 육성하였고, 가발, 신발, 섬유 등의 경공업 수출 품목도 육성하였다. 1970년대의 제3 · 4차 경제개발 5개년 계획 때에는 철강, 화학, 비철금속, 기계, 조선, 자동차, 전자공업 등 중화학공업이 발달하였다.

산업이 발달되면서 <표 4-2>와 <표 4-3>에 제시된 것과 같이 기술 인력의 수요가 급증하여 직업기술교육의 중요성이 부각되었다.

<표 4-2>와 <표 4-3>에서 유념해야 할 한 가지 사항은 기술공technician은 일반적으로 전문대학 졸업자이거나 공업고등학교를 졸업하고 2~3년의 전공 관련 산업현장 경력자를 의미하는데 당시 공고 졸업생을 기술공으로 간주하였다는 점이다. 이런 현상은 1980년대 초까지 이어졌다. 실제로 1976년의 전기기기 제조업의 기술공의 학력 분포는 고졸자가 66.9%이고 전문대 졸업자는 2.9%에 불과했다. 1982년의 경우에도 기술공 중 고졸자는 94.2%였고 전문대 졸업자는 1.7%에 불과하였다. 이는 실업고등전문학교, 전문학교, 초급대

표 4-2 연도별 기술계 인적자원 소요 인원(1962~1966) (단위: 명, %)

구분		1961기준년도	1962	1963	1964	1965	1966
계	인원	299,414	349,436	418,164	495,632	549,768	601,763
	증가율(%)	100	117	140	166	184	201
기술자	인원	8,616	10,994	12,814	15,032	17,055	19,411
	증가율(%)	100	128	149	174	198	225
기술공	인원	11,128	55,509	66,219	78,266	87,739	97,059
	증가율(%)	100	499	595	703	788	872
기능공	인원	279,670	282,933	339,131	402,334	444,974	485,293
	증가율(%)	100	101	121	144	159	174

자료: 대한민국정부(1962), 제1차 기술진흥 5개년 계획: 1962~1966, p. 26. 김윤태(2002). 한국의 인적자원개발 정책에 대한 분석 및 평가: 1962~2002. 한국직업능력개발원 기본연구 02-38. p. 56에서 재인용.

표 4-3 연도별 과학기술인적자원 소요인원(1967~1971) (단위: 천 명, %)

구분	계	1967	1968	1969	1970	1971
계	315.1	61.1	62.2	64.3	63.8	62.7
	(400.1)	(68.0)	(73.4)	(85.7)	(86.5)	(86.5)
과학기술자 및 전문직	93.0	18.0	17.9	19.6	19.3	18.2
	(144.1)	(27.0)	(29.3)	(29.8)	(29.0)	(29.0)
기술공	57.1	9.5	10.4	11.3	12.4	13.5
	(32.7)	(5.2)	(5.9)	(6.3)	(7.6)	(7.7)
기능공	165.0	34.6	33.9	33.4	32.1	31.0
	(233.3)	(35.8)	(38.2)	(49.6)	(49.9)	(49.8)

※ ( )내는 현 교육기관의 공급능력임

자료: 대한민국(1966). 제2차 기술진흥 5개년 계획: 1967~1971. p. 26, 경제기획원(1967). 과학기술연감1966. p. 38. 김윤태(2002). 한국의 인적자원개발 정책에 대한 분석 및 평가: 1962~2002. 한국직업능력개발원 기본연구 02-38. p. 62에서 재인용.

학 등의 단기고등교육기관이 1979년 전문대학으로 단일화되어 명실공히 기술공을 양성하기 시작하기 이전에는 전문대학 졸업생 수가 부족하였기 때문이라고 할 수 있다.[11, 12]

그래서 기술공 양성을 위한 고교 실업교육이 강화되었다. 산업인력 양성을 위해 학교 증설에 있어 일반계와 실업계를 3:7로 하는 실업교육 강화 정책이 오랫동안 지속되었다. 1968

11 정택수 (2008). 직업능력개발제도 변천사. 한국직업능력개발원. pp.11-12.

12 김윤태 (2002). 한국인적자원개발 정책의 분석 및 평가: 1962~2002. 한국직업능력개발원 기본연구 02-38. pp. 60-62.

년에는 실업계 학교 수가 인문계를 능가하기도 했다. 그러나 1974년 고교 평준화 시책으로 일반계 고교가 급속히 증설되면서 일반계 고교가 더 많아지게 되었다.

문교부는 다각적인 직업교육 정책을 수립·추진하면서 직업교육 기반을 구축하는 등의 상당한 성과를 거두었다.

1960~1970년대의 대표적인 중등 직업교육 정책으로는 실업계고등학교 교육과정 제정·공포, 사범계열 실업교원 양성과 설치, 실업교육 예산의 경제개발 특별회계 편입 운영, 실험·실습 경비의 국가 보조 의무화, 산업교육진흥법 제정, 이를 통한 산학 간 자매결연의 확대를 비롯한 산학협동 활성화와 현장실습 강화, 교육과정 정상 운영과 학생들의 실기 능력 신장을 위한 실기경진대회 개최, 과학기술교육진흥 5개년 계획 수립, 산업별로 필요한 기능인력 양성을 위해 공업고등학교 유형의 다양화와 시범농고의 지정 육성, 대기업체의 공고 설립 권장, 동일계 대학진학 특혜, 병역 특혜, 졸업 후 영농정착금 지원 및 영농후계자 해외 파견, 실업계 고교 및 학생 증원, 교육 시설·설비 확보를 위한 차관사업 추진, 국가기술자격제도의 창설, 산업체 부설 중·고등학교 및 특별학급 설치 등이 있다.

그러나 우수 학생과 실과교원의 유인제도 미흡, 교육재정 확보의 미흡, 실업고등학교 계열 간 불균형 정책, 실업교원 양성의 일관성 부족, 그리고 직업교육 정책 결정에 교육적 요인 경시 등은 미흡한 것으로 지적되고 있다.[13]

이상과 같은 중등 직업교육 정책 중 몇 가지 주요 직업교육 정책에 대해 좀 더 구체적으로 살펴보면 다음과 같다.

3) 실업교육 진흥책(1963)

박정희 정부가 들어선 이후 앞에서 제시한 제1·2차 경제개발 5개년 계획에 필요한 산업기술 인력을 양성하기 위해 1963년 다음과 같은 여섯 가지 방안이 포함된 실업교육 진흥책을 발표하고 추진하였다.

첫째, 제1차 경제개발 5개년 계획 수행에 필요한 기능공의 단기 양성을 위해 실업학교를 증설하고 일반 생산 기업체에 실업기술연수원을 부설하여 운영한다.

둘째, 실과계 교원의 자질향상을 위하여 농업, 공업, 수산업계 교사에 대하여 재교육을 실시한다.

---

13 이무근 (2006). 직업교육학 원론(제3판). 교육과학사. pp. 88-91.

셋째, 문교부 내에 실업교육심의회를 설치·운영하고 공립 공업고등학교 및 수산고등학교 학생들에게 실습비를 보조하고 실과시간을 연장하며 실과교사를 증원 배치한다.

넷째, 중앙기술공 양성기관으로서 전국 4개소의 실업학교를 5년제 실업고등학교 등, 전문학교로 개편한다.

다섯째, 제1차 경제개발 5개년 계획을 성공적으로 추진하고 필요한 기술 인력의 지속적 확보를 위하여 최고회의에서 산업교육진흥법을 통과시킨다.

여섯 번째, 실업고등학교 교육과정을 공포하여, 실업계고등학교의 교육목표와 방침을 뚜렷이 제시한다.[14]

4) 제2차 교육과정 제정, 실업고등학교 교육과정 별도 제정 공포, 특수 직종 직무 능력 개발 강조

(1) 제2차 교육과정의 제정 공포

제1차 교육과정은 우리 손으로 마련한 첫 번째 교육과정이라는 점에서 역사적 의미가 있다. 그러나 교육과정 구성의 경험이 부족하고 적절한 절차와 과정을 거치지 못해 여러 가지 문제점을 내포한 채 시행되었다.

제2차 교육과정은 장기간의 연구과정을 거치면서 이런 눈제를 개선하고 일련의 체제를 갖춘 교육과정으로 1963년 2월 15일 문교부령 제119호로 공포되었다. 명칭 또한 제1차의 '교과과정'을 '교육과정'으로 바꾸어 교육과정이 교과 활동뿐만 아니라 학교 교육의 전 활동과 관련된 계획이라는 뜻을 분명히 하였다.

교육과정 시간 배당 기준은 교과별로 주당 이수 시간으로 표시하고, 특별 활동은 총 이수시간 수의 백분율로 표시해 학교별로 운영의 자율성을 갖도록 하였다.

제2차 교육과정은 그 중심 개념이 생활중심 교육과정 또는 경험중심 교육과정이라는 것도 하나의 특성이라고 할 수 있다. 이 때 교육과정이란 '학교의 지도하에 학생들이 갖는 경험의 총체'라고도 본다.[15]

---

14 한국직업능력개발원 (1998). 직업교육훈련 100년사. p. 386.

15 사단법인 대한상업교육학회 · 전국상업고등학교장회 (1999). 상업교육 100년사(1899~1999). pp. 233-243.

(2) 실업고등학교 교육과정 제정 공포

문교부는 1963년 인문계 고교와 별도로 운영할 수 있는 실업계 고등학교의 교육과정을 제정 · 공포1963.2.15. 문교부령 제112호하여 직업기술 교육과정의 체계화를 이루었다. 특히 실업계 고등학교의 고유한 교육 목표와 방침을 학교급별로 다음과 같이 뚜렷하게 제시하였다.

① 농업계 고등학교 교육목표

농업계 고등학교의 교육목표는 장차 농업에 종사할 수 있는 과학적인 기술과 실제적인 능력을 길러, 숙련된 중견 농업경영자로서 종합적 개발과 국가 발전에 기여할 수 있도록 한다. 구체적인 목표를 제시하면 다음과 같다.

- 농업은 우리나라 산업경제의 발전과 국민생활의 기초가 된다는 것을 인식시키고, 향토의 개발과 발전이 곧 국가부강의 근원이라는 것을 이해시킨다.
- 향토사회의 환경과 농업과의 관계를 밝히고, 과학적 농업경영에 관한 지식과 기술을 익힌다.
- 실험, 실습을 통하여 창조적 능력과 근면, 협동하는 정신을 기르고, 농업기술 및 농촌생활의 개선 향상에 기여하게 한다.

② 공업계 고등학교 교육목표

공업계 고등학교 교육목표는 장차 공업부문에 종사할 실제적 기술능력을 길러 주어 유능한 중견 기능 기술인으로서 공업계를 통하여 국가 발전에 기여할 수 있도록 다음 각 항을 목표로 한다.

- 공업의 각 부문에서 기초지식과 실기실습을 바탕으로 하여 기능기술인이 될 능력을 기른다.
- 실습 실험과 병행하여 기능기술인으로 필요한 지식을 습득시키고, 공업 · 기술을 발전시키려는 태도를 기른다.
- 공업과 국가산업 경제와의 관계를 이해시키고, 공업인으로서 바른 자각을 갖게 하여 부강한 민주국가 발전에 전력하는 태도를 기른다.

③ 상업계 고등학교 교육 목표

- 상업, 경영관리 및 사무에 종사하는 중견 기술자에게 필요한 지식과 기술을 습득시킨다.

- 경제생활에 있어서의 경영관리의 중요성을 인식하게 하고, 실업인으로서의 신념과 자각을 갖게 한다.
- 일반 경제생활을 합리적으로 영위하는 능력과 태도를 기른다.

④ 수산계 고등학교 교육 목표

- 수산물의 생산, 가공, 증식 및 수산 경영에 종사하는 중견 기술자에게 필요한 지식과 기능을 습득시킨다.
- 해양과 수산 자원에 대한 과학적 이해를 높여, 이를 보호 · 육성하여 고도로 이용할 수 있는 능력과 태도를 기른다.
- 수산업이 국민 생활에 미치는 중요성을 이해시키고, 이에 종사자로서의 자각을 깊게 하며, 그 개선과 발전을 도모하는 태도를 기른다.[16]

⑤ 해양 고등학교의 교육 목표

- 선박의 운용과 운전 및 항해에 관련된 각 분야에 종사할 중견 기술자에게 필요한 지식과 기능을 습득시킨다.
- 해양과 기상, 선박에 관한 과학적 지식과 기능을 습득시켜, 안전하고도 경제적인 항해를 할 수 있는 능력과 태도를 기른다.
- 해운의 중요성을 인식시키며, 이에 종사지로시의 신념과 자각을 가지게 하여 해양 개척에 이바지하도록 한다.

⑥ 가정계 고등학교 교육목표

가정계 고등학교의 가정과는 가정생활에 필요한 지식, 기능을 습득시키며, 정서면을 도야하여 가정, 사회, 국가가 요구하는 주부를 양성함과 동시에, 사회에 진출하여 산업 경제면에 참여할 수 있는 능력을 양성하는 데 있다. 즉,

- 가정생활에 필요한 지식, 기능을 습득하여 일상생활을 향상 창조할 수 있는 힘을 기른다.
- 선택 교과목을 학습함으로써 사회 진출의 의욕과 기술을 갖게 한다.
- 민주적인 가정과 사회 국가와의 유기적 관계를 이해시키며, 환경에 조화 협조 공헌하게 한다.

---

16 한국직업능력개발원 (1998). 직업교육훈련 100년사. p. 180, p. 396, p. 554, p. 702.

- 작업을 통하여 근로, 인내, 협조, 책임, 봉사 등 미덕을 양성하게 하며, 일을 즐겁고 안전하고 신속하게 하는 가운데 아름다운 성과를 내게 하여 심미적 태도도 아울러 기르게 한다.[17]

교과 시간 배정도 개선하였다. 과거 전문교과 배당이 30%이었던 것을 농업계, 상업계, 가정계는 50% 이상, 공업계는 55% 이상, 수상계는 60% 이상으로 늘렸다. 전문교과 과목 내에서도 교과학습에 40%, 실습에 60%를 배정하는 등 실업교육과정 운영의 기본 틀을 마련하여 운영하도록 하였다.

당시 총 이수 단위는 204~222단위이고, 보통교과는 필수 52단위, 선택 교과는 농업계, 상업계, 가정계는 38~48단위, 수산계는 30~75단위였다. 전문교과 이수 단위는 농업계, 상업계, 가정계는 102~120단위, 공업계 112~122단위, 수산계 115~137단위였다.

초·중·고등학교에 걸쳐 실업교과가 일관성이 있도록 하였다. 지식의 나열을 피하고 당면한 문제 해결에 필요한 실용성 있는 학습 경험을 얻도록 하였다. 지역사회의 과제를 중심으로 하여 학교교육을 편성할 수 있도록 지역성을 강조하는 등, 경험중심 교육과정을 강화하였다.

그 후에도 교육과정을 계속 개정1966, 1969, 1971, 1976, 1977년하면서 산업구조 근대화와 수출지향적 경제 개발에 필요한 기술 인력 양성에 부합되도록 추진하였다.

(3) 특수 직종 직무 능력 개발 강조

1970년대 들어 경제개발 5개년 계획이 계속 성공적으로 추진되면서 산업계는 실업계고교 학생들이 졸업과 동시에 산업현장에서 직무를 바로 수행할 수 있는 인력을 양성해 줄 것을 요구하였다. 이런 요구를 충족시키기 위해 실업계 고등학교는 교육과정에서 보통교과 10~30%, 전문교과 70~90%로 전문교과의 비중을 높여 편성하는 소위 특수 직무 능력specific occupational competence 개발을 강조하는 직업교육과정 개발법Narrow Based Curriculum Approach: NBCA을 적용하여 1971년 8월 제3차 교육과정령을 제정·공포하고 1972년부터 시행하였다.

개정된 실업계 고등학교의 교육목표는 보통교육과 함께 실업에 관한 기초적 전문교육을 실시하며, 민주 시민으로서의 자질을 기르고, 실업에 대한 기능, 기술을 연마하게 하여 각종 산업에 관한 기술자 또는 기능자를 양성함에 있었다.

---

17 한국교육과정평가원 국가교육과정정보센터. 2차시기 교육과정 고등학교(1963.02) 실업고등학교 교육목표.

1971년 제정 · 공포된 제3차 교육과정을 1963년 2월에 제정 · 공포된 실업계 고등학교 교과 편제 및 단위 배당 기준과 비교하면 다음과 같은 특징이 있었다.

첫째, 보통교과 최저 이수 단위수가 전체 이수 단위수의 50%에서 33%로 감소하였다.

둘째, 보통교과의 선택 폭이 38~50단위였는데 10~14단위로 감소했다.

셋째, 학교 교육과 산업현장의 직무능력과의 연계 강화를 위해 「산업교육진흥법」을 개정하여 일정 기간의 현장실습을 의무화하였다.

넷째, 학교의 실정과 학생의 욕구를 감안하여 학과 내에 '전공과정'을 편성할 수 있게 하였다.

다섯째, 교육과정을 국민교육헌장이념이 실현되도록 하였다.

여섯째, 보통 교과 중 국어, 영어, 수학 교과는 일반계 고등학교 학생용과 실업계 고등학교 학생용 교재를 별도로 발간 · 사용하였다.[18]

5) 실업계 고등학교 및 입학정원 확대

앞에서 이미 서술한 대로 1960~70년대에는 기술 및 기능 인력의 수요가 급증하여 <표 4-4>에서 보는 것과 같이 공고와 상고를 비롯한 실업계 고등학교 학생 수도 크게 늘었다. 일반고 대 실업계 고등학교 수의 비율은 1963년 55.2:44.8, 1969년 48.4:51.6, 1979년 55.8:44.2로 실업계 고등학교 수가 감소하는 추세를 보였다. 일반고 대 실업계 고교 학생 수 구성비는 1963년 58.7:41.3, 1969년 55.5:44.5, 1979년 56.7:43.3으로 실업계 고교 학생 수가 변하였다.[19]

실업계 고등학교에 우수 학생을 유치하기 위해 실업계 학교 학생의 수업료를 인문계 학생들보다 10~20% 감액하고, 실고생 대여 장학금을 신설하여 수혜 범위와 지급액을 점차 넓히기도 했다.[20]

---

18 이무근 · 원상봉 (2001). 직업교육과정과 평가. 교육과학사. pp. 36-44, pp. 20-26.

19 조성회. 전게서. 부록. pp. 4-6, pp. 9-12.

20 조성회. 상게서. pp.145-147. pp. 155-156.

표 4-4 계열별 고등학교 학교 및 학생 수 변동 상황 (단위: 학교 수, 명, %)

구분 / 연도	일반계[1]		실업계								학생비율(%) (일반: 실업)
	학교수 (A)	학생수 (B)	농고		공고		상고		계[2]		
			A	B	A	B	A	B	A	B	
1962	338	199,352	115	35,281	48	33,812	91	44,508	–	124,341	61.6:38.4
1963	364	213,931	113	41,042	39	36,848	96	52,984	296	150,382	58.7:41.3
1964	386	236,951	118	45,059	43	38,293	98	61,739	306	162,666	59.3:40.7
1965	389	254,095	114	42,853	42	36,980	100	67,614	312	172,436	59.6:40.4
1966	408	259,922	121	41,859	46	40,333	106	70,434	327	174,898	59.8:40.2
1967	413	259,084	128	39,951	49	42,584	112	71,823	368	182,862	58.6:41.4
1968	415	273,612	129	38,409	54	49,411	137	80,782	425	207,882	56.8:43.2
1969	417	294,292	133	41,720	55	55,850	142	89,510	444	235,809	55.5:44.5
1970	408	315,367	123	41,178	59	68,367	154	100,636	481	275,015	53.4:46.6
1971	398	337,125	115	39,788	59	71,798	157	114,181	500	310,055	52.1:47.9
1972	403	369,508	108	40,068	61	82,223	168	128,703	539	360,275	50.6:49.4
1973	452	428,212	66	35,236	64	88,311	169	143,420	563	428,212	49.0:51.0
1974	613	530,177	68	38,748	70	106,082	191	171,265	476	451,032	54.0:46.0
1975	673	648,149	69	42,011	72	123,571	182	190,208	479	474,868	57.7:42.3
1976	714	746,246	62	42,405	73	138,145	184	208,141	484	507,430	59.5:40.5
1977	716	795,107	62	47,428	77	149,317	189	232,723	499	555,493	58.9:41.1
1978	717	839,603	61	48,968	90	175,630	202	256,263	536	614,773	57.7:42.3
1979	724	887,531	59	50,340	96	183,374	213	285,456	574	677,824	56.7:43.3

자료: 문교통계연보, 각 연도.
주: 1) 과학고, 예술고, 종고의 인문계 등 포함.
2) 수산 · 해양, 실고, 종고의 실업계열 등 포함.
* 1980년도 계열별 학교수 통계는 신빙성이 미흡함.

또한 우수한 학생을 확보하기 위해 그동안 실업계 고등학교에 적용하던 학력제한 선발제도를 폐지하고 1980년대에 들어서는 교육법을 개정1981.2.13.하여 학교장의 책임 하에 무시험전형으로 학생들의 적성을 고려한 선발이 이루어지도록 하였다. 그럼에도 불구하고 <표 4-5>에서 보는 바와 같이 1960년대 초부터 1970년 말까지 20년 동안에 네 번만 정원을 100% 확보하고 나머지는 매년 정원 미달상태였다. 졸업률도 20년 동안에 반은 90% 이상이었고 반은 80~90% 수준이었다. 취업률은 50~60%이었고 진학률은 10% 내외이다. 교원 1인당 학생 수는 30명 내외이고 해가 거듭될수록 교원 1인당 학생 수는 증가했다. 졸업생 수도 20년 동안 계속 증가했다.

표 4-5 실업계 고등학교 정원 확보율, 중도 탈락률, 졸업률, 취업률, 전공분야 취업률, 진학률, 실업계 고교 교원 구성비, 1인당 학생 수, 졸업생수 증가율 (단위: %)

연도	정원 확보율 (%)	중도 탈락률	졸업률	취업률	전공분야 취업률	진학률	실업계 고교교원 구성비	1인당 학생수	졸업생수 증가율
1962	–					15.2	42.9	26.2	100
1963	–			23.9		16.4	45.0	27.6	112.7
1964	92.9			21.3		20.9	44.7	27.9	112.8
1965	–			–		–	44.0	27.7	–
1966	–	12.1	87.9	37.5		14.1	46.0	26.0	196.2
1967	–	6.9	93.1	44.2	85.1	14.1	47.9	25.1	205.5
1968	–	10.5	89.5	38.6	76.4	12.2	49.2	25.3	207.3
1969	92.7	9.1	90.9	47.9	83.4	9.6	49.3	26.3	210.8
1970	96.1	7.8	92.2	50.2	84.8	9.6	50.4	27.5	232.3
1971	96.7	7.4	92.6	49.5	84.6	10.3	52.1	26.7	296.3
1972	100.5	5.9	94.1	42.5	84.5	11.5	52.9	27.8	317.0
1973	99.9	2.7	97.3	43.2	83.7	12.2	53.5	28.7	384.3
1974	100.1	4.5	95.5	48.8	82.4	10.6	44.4	32.2	434.4
1975	98.6	10.7	89.7	50.3	84.6	8.8	42.9	31.0	466.2
1976	98.9	17.4	82.6	52.8	86.5	8.1	42.4	30.7	506.8
1977	100.1	6.8	93.2	56.6	88.3	8.3	42.4	31.3	555.4
1978	99.5	6.0	94.0	59.3	89.7	9.4	43.4	31.9	607.5
1979	100.8	4.8	95.2	61.0	87.1	9.8	44.5	32.0	672.4

자료: 조성희. 전게서. 부록. pp. 13-28.

6) 실업교원 양성 및 재교육 강화[21]

(1) 사범대학 및 실업계열 대학에 실업교원 양성과 신설

1960년대 초까지만 하여도 실업계고등학교에서 전문교과를 담당할 교원을 전문적으로 양성하는 교원양성 기관이 없었다. 단지 실업계대학에 실업교원을 양성할 수 있는 중등교원 양성소와 교직과정을 설치 운영하였다.

21 한국직업능력개발원 (1998). 직업교육훈련 100년사. p. 197, pp. 409-411, pp. 447-448, p. 612, p. 630. pp. 704-708, pp. 1115-1116, pp. 1265-1285.

그러나 이 제도만으로는 실업교원의 수요를 충족할 수 없어 교직과목을 이수하지 않고 실업계열 대학 전공학과를 졸업하여 학사학위만 취득하여도 무시험검정으로 중등교사자격증을 취득할 수 있었다. 그런데도 늘어나고 있는 실업계 고등학교의 전문교과를 담당할 교원 확보가 어려웠다.

이런 문제를 해결하는 한편, 우수 실업교원 양성을 위해 문교부는 1963년도부터 농업교육과, 공업교육과, 상업교육과, 수산교육과, 가정교육과 등을 사범대학 또는 전공 관련 대학에 신설하기 시작했다.

당시 농업교육과는 1963년 서울대학교 농과대학, 1966년 건국대학교, 삼육대학교, 원광대학교, 1969년 경북대학교, 1972년 경희대학교, 1973년 동아대학교, 1975년 충남대학교와 전남대학교, 1979년 경상대학교에 설치되었다. 공업교육과는 1963년 서울대학교 공과대학, 1965년 한양대학교, 1967년 수도공과대학현 홍익대학교 공과대학과 광운전자공과대학, 1967년 영남대학교, 1970년 경북대학교, 전남대학교, 충남대학교, 1973년 부산대학교, 1974년 전북대학교, 충북대학교, 인하대학교 사범대학, 동국대학교, 숭전대학교 등에 설치되었다.[22, 23]

그런데 공업교육과 졸업생은 특히 서울대 공업교육과 졸업생들은 졸업 후 대우가 좋은 일반 기업으로 취업하고 공업교사로 진출하는 비율이 너무 낮아 공업교사의 수요를 충족할 수 없었다. 문교부는 이 문제 해결의 한 방안으로 1978년 서울대학교 공업교육과를 폐지하고, 1977년 충남대학교 공과대학을 공업교육대학으로 특성화 하여 공업교육학부와 일반공학부로 병행·운영하게 하였다. 1985년에는 공업교육대학을 공과대학으로 개편하여 공업교육학부와 공학부를 설치하였다.

그러나 이런 변화과정에 교원적체 문제가 심각하게 대두되어 공업교원 양성 입학정원이 1980년에 8개 학과 900명이었던 것이 1988년에는 8개 학과 90명으로 입학정원이 10% 수준까지 축소되기도 했다.[24] 당시 공업계 고등학교 학생과 교원 수 변동 상황을 <표 4-6>에서 보면 교원 수급이 얼마나 급변했고 이에 따른 공업교원 수급 조절에 상당한 문제와 문제 해결에 어려움이 있었을 것이라는 점을 쉽게 짐작할 수 있다.

---

22 한국직업능력개발원 (1998). 직업교육훈련 100년사. p. 197, pp. 409-411.
23 송해균 · 백대현 · 이무근 · 이용환 · 김재기 (1987). 농업교육학. 서울대학교 출판부. p. 95.
24 한국직업능력개발원 (1998). 직업교육훈련 100년사. pp. 447-448.

표 4-6 공업계 고등학교 교사 및 학생 수 변화와 교사:학생 비(1962~1979) (단위: 명, %)

구분	1962	1963	1964	1965	1966	1967	1968	1969	1970	1971	1972	1973	1974	1975	1976	1977	1978	1979
학생 수	33,812	36,848	35,699	36,980	40,333	42,584	49,441	55,850	68,367	71,798	82,223	88,311	106,082	123,571	138,145	149,317	175,630	183,374
교사 수	1,214	1,365	1,200	1,305	1,510	1,620	1,950	2,115	2,426	2,684	3,036	3,309	3,858	4,296	4,666	5,056	5,633	6,239
교사: 학생	1:27.9	1:27.0	1:29.7	1:28.3	1:26.7	1:26.3	1:25.3	1:26.4	1:28.2	1:26.8	1:27.1	1:26.7	1:27.5	1:28.8	1:29.6	1:29.5	1:31.2	1:29.4

자료: 1) 한국직업능력개발원(1998). 직업교육훈련 100년사. p. 404.
2) 김용익. (1997). 공업고등학교 공업교사의 직무능력과 관련 요인. 서울대학교 석사학위 논문. p. 43, p. 64 재인용.

산업발달 단계에 따라 1950년대와 1960년대에는 농업계고등학교 학생 수가 급격히 증가하였고, 1960년대와 1970년대에는 공업계고등학교 학생 수가 급증하였다. 이어서 1970년대부터는 상업계고등학교 학생 수가 급증하기 시작하였다. 이에 따라 1970년대부터는 상업계고등학교 학생 수의 증가와 경영계 학과 출신의 상업교사 지망 기피현상으로 상업교원 수급이 심각한 문제로 대두되었다.

문교부는 이 문제 해결을 위해 상업교원 양성을 위한 상업교육과 설치인가를 1978학년도부터 적극 추진하였다. 1978학년에 계명대학교, 숭전대학교 대전분교현 한남대학교, 원광대학교, 인하대학교에 상업교육과가 설치되었다. 1979학년도에는 경북대학교, 공주사범대학교, 부산대학교, 전남대학교, 목원대학교, 부산여자대학교, 전주영생대학교현 전주대학교, 청주사범대학교현 서원대학교, 효성여대현 대구가톨릭대학교, 1980학년도에는 제주대학교, 1981학년도에는 영남대학교, 상명여자사범대학현 상명대학교, 1982학년도에는 목포대학, 한국사회사업대학현 대구대학교에 설치되어 총 16개 대학에 상업교육과를 설치 · 운영하였다.

특히 일시에 많은 수의 상업교원 수요를 충족하기 위해 상업교원 양성을 위한 교직과정도 많이 설치하여 운영하기도 하였다. 또한 그 당시 상업고등학교에서는 상업교원 못지않게 실기교사가 많이 필요로 하여 실기교사 양성도 활성화되었다.[25, 26, 27]

---

25 김재식 (1991). 상업교사 양성교육의 문제점과 개선 방안. 직업교육연구. Vol.10, No.2, pp. 64-81.
26 정상천 (1985). 대학 상업교육과 교육과정 개발에 관한 연구. 직업교육연구. Vol.4, No.1. pp. 29-48.
27 한국직업능력개발원 (1998). 직업교육훈련 100년사. p. 612, p. 630.

수산교육과는 1963년 부산대학교 수산대학에 수산교육과가 설치되었다.[28]

이상의 실업교원 양성과 중 국립대학에 설치된 과의 졸업생은 배정된 시도교육청 산하의 학교에서 교사로 대학 수학 연한에 해당하는 기간을 의무적으로 근무하여야만 했다.

(2) 기술교원 양성을 위한 자격 연수

1969년에는 보통교과의 하나로 중고등학교 교육과정에 기술교과가 신설 · 편성되었다 1969.9.4.. 그런데 실제 수업이 시작1970.3되기까지는 6개월 정도 밖에 남지 않았다. 이 짧은 기간 동안에 새 교과서를 편찬 · 배부하고 이 교과를 담당할 교원도 양성 · 배치하여야만 했다.

이를 위해 문교부는 그 해 6월에 당시 경기공업전문학교, 대전공업전문학교, 부산공업전문학교, 전북대학교 공과대학 등에 급히 임시중등교원양성소를 설치하였다. 여름방학과 겨울방학을 이용하여 각각 8주씩 총 16주 동안 각 시도교육위원회에서 차출된 농업교사와 상업교사를 비롯하여 체육, 교련, 가정 담당교사를 대상으로 '기술' 담당교사가 되도록 2개년에 걸쳐 연수를 실시하였다. 그 후 1981년 충남대학교에 기술교육과가 설치될 때까지 연수를 받은 교사들이 전국의 기술교과를 담당했다.[29]

(3) 우수 교원과 교육행정가 양성을 위한 교육대학원 신설

당시 실업교육분야뿐만 아니라 모든 대학의 학부과정에서 전공학과를 이수한 졸업생에게 대학원 석사과정에서는 교직교과와 전공교과교육을 이수하게 하여 우수교원과 교육행정가를 양성하고 현직연수 기회 확대의 일환으로 교육대학원이 1963년 4월 우리나라 최초로 서울대학교에 설립되었다. 12개 전공분야 중의 하나로 실업교육과공업교육전공, 농업교육전공, 상업교육전공, 가정교육전공가 설치되어 우수 실업교원을 양성하기 시작하였다. 사범대학 내에 학과나 전공이 없는 농업, 공업, 상업, 가정, 음악, 미술 전공은 각 전공 해당 대학에 위촉하여 전공교육을 실시하였다. 그러다가 서울대학교 교육대학원은 서울대학교 종합화계획에 따라 1975년에 해체되었다.[30]

그 후 전국 대부분의 사범대학에 교육대학원이 설립되어 교원의 전문적 자질 향상을 위한 현직 연수 기능과 함께 교원 양성 기능을 담당하고 있다. 그러나 1980년에 26개이던 교

---

28 한국직업능력개발원 (1998). 직업교육훈련 100년사. pp. 705-707.

29 한국직업능력개발원 (1998). 직업교육훈련 100년사. pp. 1115-1116.

30 서울대학교 (1997). 서울대학교 50년사(상)(1946~1996). p.161.

육대학원이 현재 130여 개에 이르고 소위 '덤핑 경쟁'을 하고 있는 것으로 비판을 받기도 했다. 특히 전반적인 학생 인구 감소와 실업계 고등학교 수의 감소로 실업교원 양성 학과의 수가 감소됨에 따라 임용을 기약할 수 없는 예비교사를 배출하게 됨으로써 교원 적체의 문제가 사회적 이슈로 부각되고 있다.[31]

그 외 박정희 정부는 교원의 질 향상을 위해 교원자격 유효기간을 폐지1962하고, 교사자격증을 1급 정교사, 2급 정교사, 준교사, 교도교사, 실기교사, 사서교사, 양호교사 등으로 분류1963하여 체계화하며, 교원근무성적 평가1964, 교원자격증 수여 연령제한 철폐1969년, 교육대학 졸업생에게 중등학교 정교사 자격 수여1968, 초등학교 교원에게 전형 검정을 통해 중등학교 준교사 자격 취득 기회1975 제공 등의 다양한 과제를 추진하였다.[32]

(4) 실업교사 질 향상을 위한 재교육 연수 강화

우리나라가 그 동안 우수 기술 인력을 양성할 수 있었던 것은 정부 수립 후 1950년대부터 어려운 여건 속에서도 훌륭한 실업교사 양성뿐만 아니라 현직교사 교육을 체계적으로 추진해오고 있기 때문이다. 특히 서울대학교 농산업교육과, 충남대학교 공업교육학부, 공주대학교 상업교육과, 부산대학교 수산교육과와 연관된 중등교원연수원의 실업교육 전공 관련 교사들의 각종 자격연수와 일반연수를 통한 실업교사의 역량 개발에 대한 기여는 높이 평가할 만하다.

대표적인 예로 서울대학교 농업생명과학대학부설 중등교육연수원에서는 1963년 자격연수1급 정교사, 부전공 연수, 통합표시과목 연수를 시작으로 하여 직무일반연수, 특별연수직업교육 CEO 과정, 창의적 혁신리더과정, 연수 관련 사업교장 연찬회, 직업교육 포럼, 직업교육혁신 주체 워크숍, 진로교육 자격 연수 등을 2020년까지 한 해도 쉬지 않고 다양한 과정을 개설하여 직업교육 관련 교원연수를 실시하고 있다. 2018년 기준 1급 정교사 연수 5,153명, 부전공 연수 569명, 통합표시과목 연수 128명, 직무일반연수 19,263명, 직업교육 CEO 과정 1,063명, 창의적 혁신리더과정 1,712명, 그 외 관리자 대상 연수 389명, 총계 연인원 28,277명의 교원이 연수에 참여하였다.[33]

이상과 같이 우수 실업교사 양성을 위해 나름대로 노력은 하였으나 교육계로의 유인체제가 미흡하여 이직률이 높았다. 이를 해결하기 위한 방안으로 실과교사 특별수당 지급 규

---

31 서정화. '교직원 정책변동'. 김신복 외 (2017). 교육정책의 역사적 변동과 전망. 서울대학교출판문화원. pp. 411-412.

32 한국직업능력개발원 (1998). 직업교육훈련 100년사. pp. 1265-1285.

33 서울대학교 농산업교육과 50년사 집필위원회 (2013). 서울대학교 농산업교육과 50년사(1963-2013). 서울대학교 농산업교육과. pp. 203-211 및 2019 서울대학교 농업생명과학대학 교육연수원 내부자료.

정을 제정하여1968.7.9. 1968년부터 실과수당을 지급하기도 하였다.

7) 과학기술교육 진흥 5개년 계획(1967-1971) 수립(1967)

이 계획은 산업별 기술인력 공급의 불균형을 시정하기 위한 계열별 정원조정, 농공병진 정책을 뒷받침하기 위해서 산업단지 내의 농업계 학교에 공업계 학과 설치, 실과 교사의 자질 향상과 처우개선, 산업발달에 맞는 교육과정 개선과 실과 교과서 편찬, 시청각 교육원 육성, 실험·실습시설 기준령 제정과 산학협동을 통한 시설투자, 실험·실습 시설비의 국가 보조금 증액과 사립 실업계학교 보조, 그리고 대여 장학금 지급액 증액과 수혜범위 확대 등을 주요 내용으로 하고 있다. 그러나 재정 확보에 대한 대책이 없어 실효를 거둘 수 없었다. 당시 이 계획서에는 기술계 인적자원 구성 비율인 기술사:기술공:기능사를 1:5:25에 근거하여 인력 수급 계획을 수립하였다.

8) 고등학교 직업교육 체제 및 유형의 다양화

1960~1970년대 산업사회가 요구하는 기술·기능 인력을 양성하기 위하여 중등 직업교육 체제는 매우 다양했다. 고등학교 직업교육 체제 및 유형으로는 실업계고등학교, 인문고에서의 직업과정, 각종학교, 중학교와 고등학교 미진학자를 위해 직업교육을 실시하는 기술학교 및 고등기술학교, 중·고등학교 미진학자 및 중퇴자의 직업교육을 위해 실업계고등학교에 부설되어 있는 청소년 직업학교, 고등학교 졸업자 중 미취업자를 대상으로 1년간 직업교육을 실시하는 실업계고등학교에 부설된 실업기술원 양성소, 근로청소년의 학력 향상을 위해 설립한 특별학교 및 산업체 부설 중·고등학교 등이 있었다.

고등학교 직업교육 체제의 주축을 이루었던 실업계 고등학교에는 농업고등학교, 공업고등학교, 상업고등학교, 종합고등학교, 실업고등학교, 수산·해양고등학교, 예술고등학교 등의 유형이 있었다. 여기서 '실업계 고등학교'란 전체교과의 30% 이상을 실업과목으로 편성·운영하는 학교를 칭한다. 고등학교에서 인문과정과 실업과정을 모두 설치 운영하는 학교는 '종합고등학교'의 명칭을, 서로 다른 2계열 이상에서 실업과정을 설치 운영하는 학교는 '실업고등학교'의 명칭을 사용할 수 있었다.[34]

---

34 이무근 (1982). 실업-기술교육론. 배영사. pp. 56-59.

특히 1970년대에는 중화학공업의 발전과 중동 건설 현장에서 일할 기술 및 기능 인력이 절대적으로 부족하였다. 뿐만 아니라 기업은 고등학교 졸업과 동시에 산업현장에서 즉시 일할 수 있는 인력 양성을 요구하고 있었다. 그래서 정부는 공업고등학교를 기계공고, 시범공고, 특성화공고, 일반공고로 구분하여 집중 육성하였다.

기계공고는 방위산업 및 기계공업 육성에 필요한 정밀가공사를 양성하였다. 시범공고는 해외진출 기능사처럼 부정기적 특수 인력 수요를 충족시켰다. 특성화 공고는 전기, 화공, 건설, 제철, 철도 등 특정 산업분야에 종사할 숙련 기능사를 양성하였다. 일반 공고는 일반 산업분야에 종사할 기능사 양성을 담당하였다.

이 당시 특성화공고는 산업현장에서 일할 수 있는 전문지식과 기술을 습득시키기 위해 보통교과와 전문교과의 비를 30:70으로 편성 운영할 수 있게 하였다. 전문교과에서 이론과 실습의 비율도 30:70으로 실습을 중요시하였다. 그러나 일반공고는 40:60으로 편성 운영하는 등 교육과정 운영에 유연성을 두면서 산업사회가 요구하는 다양한 기능 인력을 양성하였다. 학교와 산업체 간에 자매결연 등을 통한 산업협력도 활성화되어 교육내실화에도 크게 도움이 되었다.[35] 이 때 정부는 기업이 공업고등학교를 설립하여 기술인력을 양성해줄 것을 권장하기도 하였다.

당시 공업교육이 강조되고 내실 있게 운영할 수 있었던 것은 박정희 대통령의 실업교육에 대한 관심과 오원철 대통령 경제 제2수석비서관 겸 중화학공업추진단장의 리더십이 크게 영향을 미친 것으로 인식되고 있다.

농업교육 정책으로는 1962년 이래 중단되었던 전국 농업고등학교 운영 종합심사를 부활하고, 1966년부터 농업계고등학교 실기경진대회를 개최하여 실기능력 향상을 도모하였다. 1968년에는 농공병진 정책과 농업의 기계화 시책에 부응하여 농공고등학교를 설치하였다. 1970년대에는 중화학공업 육성정책과 더불어 정부는 농업근대화와 농어민 소득 증대 사업을 효율적으로 실천할 수 있는 유능한 농업기술인을 양성하기 위한 농업교육정책을 추진하였다. 대표적인 정책이 문교부와 농림부가 협력하여 각 도별로 1~2개교씩 13개의 시범농고를 지정하여 자립 영농인을 양성하는 기획이었다.

상업교육 정책은 실업계 고교이면서도 인문계 고교와 같이 취급되어 문교 실업정책의 무관심 속에 묻혀 있었다. 그러나 민간단체가 중심이 되어 주산사무능력평가시험을 실시하였다. 금융단과 각 대학교에서는 주산경기대회를 개최하여 주산사무능력과 국민의 관심을

35 한국직업능력개발원 (1998). 직업교육훈련 100년사. pp. 391-398.

높이기도 하였다. 1971년에는 상업고등학교 교육과정을 개정하고 전자계산 일반을 필수과목으로 하고 프로그래밍, 포트란 프로그래밍, 어셈블리어 프로그래밍, 전자계산 실무 등을 선택과목으로 신설하였다.

비단 중등 직업교육 정책에만 국한된 것은 아니지만 이 당시 직업교육 정책의 기획 및 결정 과정을 보면, 직업교육 정책 목표 설정이 교육 수요자인 학생의 입장보다 국가발전이나 경제 발전에 우선을 두고 국가와 산업사회가 요구하는 인력개발에 초점을 맞춰 결정했다.

그러다 보니 학생의 적성, 소질과 능력 등을 고려한 취업과 진학 준비, 앞으로의 진로 설계, 민주시민으로서의 기본 소양과 직업기초능력 함양 등을 위한 교육은 상대적으로 소홀했다. 그래서 교육과정도 산업사회가 필요로 하는 직업능력 개발에 치중하게 되었다. 그래서 당시 공고 교육이 산업체가 요구하는 기능인력 개발에 초점을 맞추다 보니, 소양과 전공기초능력이 갖추어진 직업교육보다 특정 기능 습득에 치우친 직업훈련에 가깝다는 비판을 받기도 하였다.

9) 산업교육 시설 · 설비 확보를 위한 차관사업 추진

1950~1960년대 중반까지의 실업계 고등학교 실험 · 실습 시설과 설비는 유엔민사처CAC, 유엔한국재건단UNKRA, 미군대한원조단AFAK, 국제개발처AID, 미국국제협력처ICA, 한미재단AFK, 미국 원조물자발송협회CARE, 한미장학위원회Fulbright Scholarship Commission, 아시아재단Asia Foundation 등과 같은 기관을 통하여 해외 원조를 받아 확충하였다.

1967년부터 무상원조가 단절되면서 문교부는 실업계 고등학교나 전문대학, 그리고 과학기술분야의 대학에 필요한 실험 · 실습 시설 및 기자재를 확보할 수 있는 재정 지원을 거의 할 수 없는 실정이었다. 그래서 정부는 산업교육을 실시하고 있는 실업계 고등학교와 전문대학, 이공계 및 의치학계 대학의 시설 설비 및 기자재를 일부는 대일청구권자금으로, 그리고 대부분은 교육차관 사업 등을 통해 확보하는 정책을 수립하고 적극 추진하였다.

1969년 6월 제1차 교육차관이 협정된 이래 1999년까지 9차에 걸쳐 교육차관 사업을 추진하여 총 8억 6,407만 달러가 도입됨에 따라 산업교육의 내실화를 기할 수 있었다. 특히 <표 4−7>과 <표 4−8>에서 보는 바와 같이 교육차관에 의한 시설 설비와 기자재 확보는 우리나라 실업계 고등학교, 전문대학, 이공학계 및 의치학계의 대학, 교육대학 및 사범대학, 방송대학, 그리고 특수학교 등의 교육 개선에 절대적으로 기여했다.

교육차관 사업을 담당한 차관사업부는 담당 공무원의 인사이동 등의 교체로 인하여 업무의 단락을 피하고 전문성을 유지하기 위하여 차관담당 국제기구와의 협의에 의해 한국 정부가 설치 운영하였다. 이와 관련하여 교육부는 외자사업 관련 담당 부서를 필요에 따라 1개과 또는 1국 2~3과로 확대 또는 축소하면서 유연성 있게 운영하였다. 또한 행정의 능률화를 위해 국가공무원 외에 차관 사업부 직원을 외부로부터 전문인을 채용하여 업무의 능률화를 이룬 것은 높이 평가할 만하다.[36, 37]

표 4-7 실업계 고교 계열별 차관 지원 내용(1990) (단위: 천 달러)

계열 \ 설립 유형	국공립	사립
자연	6,333	1,781
공업	42,541	16,389
농업	3,259	
상업	454	
수해양	6,896	
특수교육	1,298	3,252
계	60,781	21,422

자료: 정봉근. '교육차관사업의 추진' 정태수 · 조규향 편저 (.1991). 일봉 정태수 박사 회갑기념 논총 (1). 한국교육정책개발사 (1975~1984). 에지각. pp. 170-171.

뿐만 아니라 1970년대 중화학공업을 중심으로 한 산업화가 요구하는 기능인력 수요를 실업계고등학교를 비롯한 학교 교육을 통해서는 모두 충족할 수 없었다. 정부는 부족한 기능 인력을 양성하기 위해 노동부 산하 직업훈련시설을 국제협력과 차관사업을 통해 설립하고 확대할 것을 추진하였다. 즉, 여러 국제협력기구UNDP, ILO, UNICEF 등와 선진 공업국인 독일, 일본, 벨기에 등의 협력으로 중앙직업훈련원, 한독부산직업훈련원, 대전직업훈련원, 한백창원직업훈련원, 그리고 각 시도에 농촌직업훈련원을 설립하게 되었다. 그리고 미국 요직 인사의 방한이 계기가 되어 정수직업훈련원을 설립하게 되었다.[38]

36 정봉근. '교육차관사업의 추진' 정태수 · 조규향 편저 (1991). 일봉 정태수 박사 회갑기념 논총 (1). 한국교육정책개발사 (1975~1984). 예지각. pp. 151-174.

37 오성철 외 6인 (2015). 대한민국 교육 70년. 대한민국 역사박물관. pp. 252-255.

38 서상선 (2002). 한국직업훈련제도의 발자취. 대한상공회의소. pp. 117-138.

표 4-8 차관별 차관액, 사업기관 및 투자대상 기관 (단위: 천 달러)

차관	차관 액	사업기간	투자 대상 기관	비고
1차 IDA('69.6.4)	14,800	'69~'76	실업계 고교(27), 실업 전문학교(5), 농대 농업교육(1), 사대 과학교육(3)	
2차 IDA/IBRD('73.6.13)	20,000/ 23,000	'73~'79	실업계 고교(33), 전문학교(6), 간호전(4), 사대(1), 교대(10), 수해양대(1), 공대(9), 자연대(9)	
3차 IBRD('80.2.21)	11.400	'75~'80	실업계 고교(4), 전문대(4), 수전(1)	
5차 IBRD('80.2.21)	99,855	'80~'85	공업전문대(23), 공대(37)	
6차 IBRD('84.6.15)	78.000	'84~'88	수고(5), 수전(3)	
1차 OECF('80.1.18)	100억 엔	'80~'84	공대(1), 사립의대 및 부속병원(24)	
2차 OECF('81.2.27)	60억 엔	'81~'85	사립 자연계 대(25)	
3차 OECF('85.12.20)	152억 엔	'86~'89	의 · 치대(25) 및 대학원(23), 의 · 치대병원(6), 지방거점대학(4), 연구소(1)	
EXIM('79.11.19)	98,684	'79~'83	공고(95), 공업전문대(1), 국립의대 및 부속 병원(20), 기타(1)	
1차 ADB('78.12.22)	4,542	'79~'84	수고(5), 수전(3)	
ECGD('82.7.16)	1.635만 파운드	'82~'85	국립약대(6), 국립농대(10), 국립수해양대(3)	
4차 OECF('87.8.18)	120.9억 엔	'88~'91	공학계(29), 약학계(12), 농학계(16), 특수학교(100), 대학부속병원(14)	
2차 ADB('87.10.2)	53,000	'87~'90	대학(4), 전문대(2), 수산고(1), 실습선 7교 8척	
5차 OECF('88.6.22)	59.2억 엔	'88~'92	대학(12), 방송통신대, KEDI, 전문대(19), 개방대(3)	
7차 OECF('90.10.31)	21.6억 엔	'90~'92	대학원(36), 연구소(19), 사범대학(11)	
7차 IBRD('90.8.10)	45,000	'91~'95	대학(4), 전문대(2), 수산고(1)	

자료: 정봉근. 전게서. pp. 163-171.

차관사업에 의한 직업훈련시설 확보로는 1973년 6월 아시아개발은행ADB과 춘천, 성남, 인천, 대구, 광주 등 5개소에 공공직업훈련 시설을 설치하기로 차관 협정을 체결하고 1976년에 완공하였다. 이어서 1976년부터 1980년까지 3차 IBRD 사업으로 청주, 전주, 진주, 순천, 구미, 포항, 울산 등 7개 훈련원이 신설되었다. 4차 IBRD 차관으로는 원주, 부산, 홍성, 김천, 이리, 목포, 영주, 충주 등 8개소에 공공시설이 설치되었다. 더 구체적인 내용은 「제7

장 평생 직업교육훈련」, '단원 3. 직업능력개발훈련', '<표 7-3> 차관사업에 의한 직업훈련 시설 확보'에서 찾아 볼 수 있다.

10) 재정 지원의 확대

실업계 고등학교는 인문고와 달리 막대한 재정이 소요된다. 내부와 외각의 시설 설비 확보 및 관리 유지비용, 실험 실습비, 인건비, 관리비 등이 많이 들어 학교 자체적으로 해결하기가 어렵다. 특히 공업계 고등학교는 막대한 투자가 있어야 설립이 가능하며, 운영비도 1급 지역의 같은 규모인 인문고의 약 5배일반 공고 내지 8배기계공고에 이르며 시설관련 경비나 인건비는 더 큰 차이가 있다

문교부는 이런 점을 감안하여 해마다 실업교육 예산을 증액하려고 노력하였는데 문교예산 중 실업교육비가 차지하는 비율은 <표 4-9>와 같다. 1965년 0.8%, 1970년 2.9%, 1975년 3.8%, 1979년 4.1%로 계속 증가하였다. 그러나 1980년대 전두환 정부가 들어서고 중등 직업교육 정책이 약화되면서 1980년 3.2%, 1985년 3.5%, 1988년 3.5%로 1970년대 후반에 비해 1980년대 접어들어 문교부 지출금 중 실업교육비 지출률이 더 감소하였다.[39]

표 4-9 문교부 지출금과 실업교육비 증가율[1)] (단위: %)

구분 / 연도	문교지출금(A)[1)]	실업교육비(B)[1)]	실업교육비 백분율(%)[2)]
1962			
1963			
1964			
1965	–	–	0.8
1966	59.0	278.1	1.9
1967	27.2	47.8	2.2
1968	41.3	58.3	2.5
1969	33.2	57.7	3.0
1970	31.5	29.0	2.9
1971	27.1	1.1	2.3
1972	20.6	−11.4	1.7

39 조성희. 전게서. p. 36, pp. 76-77, p.102.

1973	1.5	72.7	2.9
1974	27.9	28.1	3.8
1975	44.7	87.3	3.8
1976	55.0	40.3	3.4*
1977	36.2	86.3	4.6
1978	31.4	43.3	5.1
1979	36.6	10.2	4.1
1980	30.8	2.6	3.2
1981	30.2	63.0	4.0
1982	30.5	15.4	3.6
1983	12.7	−1.8	3.1
1984	5.4	16.6	3.4
1985	10.1	11.1	3.5
1986	11.0	14.1	3.6
1987	13.2	12.6	3.5
1988	18.2	12.9	3.4
1989	–	–	–

자료: 김영화 외, 한국경제 및 노동시장 구조 변화에 대한 학교교육 체제의 대응 - 한국 산업화 과정을 중심으로 - 연구보고, RR. 90-15(한국교육개발원, 1990), pp. 75, 78, 87.

주: 1) 금액 / 전년도 금액 x 100-100(위 자료를 이용하여 작성하였음)

2) 실업교육비/문교지출금계 x 100(위 자료에서 전재하였음)

* 금액은 당해연도 경상금액임.

11) 국가기술자격제도의 창설

1973년에 제정된 국가기술자격법1973.12.31. 법률 제2672호은 산업계에 종사할 각종 기술자 및 기능자 중 그 기술과 기능이 일정한 수준에 도달한 자에게 국가가 통일적으로 그 자격을 인정해 주는 제도였다. 이 제도의 설립 목표는 다음과 같았다.

(1) 기술 및 기능 수준의 평가제도 확립으로 기술인의 자격을 함양시켜 사회적 공신력을 높인다.

(2) 기술 자격 취득자에 대한 우대조치의 확대로 기술인의 지위 향상과 그 활용의 극대화를 도모한다.

(3) 기술자격제도를 매개로 하여 기술교육을 산업계의 요구에 부응하도록 개선 발전시킨다.

(4) 산발적이고 그 기준이 다기다양한 기존의 여러 가지 자격제도를 합리적인 기준에 따라 정리 체계화하여 그 관리와 운영을 효율화함으로써 국가의 고도산업화정책을 효율적으로 지원한다.

특히 이 제도는 실업계 학교에서 산업기술을 습득하는 학생들에게 사기를 진작시키고 기술 수준의 향상에 기여할 것으로 기대되었다.[40]

12) 산업교육진흥법 제정 · 공포를 통한 산학협동교육 강화

1960년대 이후, 경제 발전 과정에서 노동생산성의 향상 요인인 지식과 기술이 교육의 소산이며, 교육 받은 인력과 과학기술혁신이 경제발전의 필수요인이라는 점이 부각되었다. 이를 계기로 교육과 경제발전을 긴밀히 연결시키려는 노력이 나타났다.

경제발전을 위한 교육체계 구축 노력은 먼저 산학협력체제 구축으로 방향을 설정하였다. 1963년에 제정된 산업교육진흥법, 1966년의 산업기술원양성소 운영규정의 공포, 1967년 산학기술진흥법 공포 등은 우리나라에서 산업과 교육의 밀접한 유대에 대해 새로운 인식을 불러일으키는 계기가 되었다.

1963년 9월 19일 법률 제 1,403호로 「산업교육진흥법」을 제정 · 공포하였다. 이 법은 산업교육의 진흥을 추구함을 목적으로 하고, 이를 위한 국가, 지방자치단체, 그리고 학교의 지원 사항을 규정하였다. 1965년 6월 8일 공포된 시행령에서는 전문교과 운영의 충실, 실험 · 실습 시설의 확충 및 정비, 교사 연수 및 재교육 실시, 실습 및 취업 지도를 위한 지역사회와의 유대 강화, 소규모의 자영을 할 수 있는 직업인의 육성, 졸업생에 대한 체계적인 추수 지도 등에 관한 내용이 구체적으로 제시되었다. 이 산업교육진흥법은 실업교육진흥을 위한 법적 기초를 공고히 하면서 실업교육진흥정책의 기반을 조성하는 데 있어서 획기적인 조치였다.

1968년에는 '산학협동으로 기술혁신과 경제발전을 이룩토록 하라'는 박정희 대통령의 지시가 있었다. 같은 해에 문교부와 전국경제인연합회의 공동주최로 산학협력추진간담회도 개최되었다. 특히 1969년에서 1970년에 성안된 장기종합계획안에서 산학협동의 추진을 문교시책의 과제로 제기하기에 이르렀다.[41]

---

40 김종철 (1989). 한국교육정책연구. 교육과학사. pp. 252-253.
41 이돈희 외 지음 (2015). 한국의 교육 70년. 한국학중앙연구원 출판부. pp. 69-72.

새마을운동이 추진되던 1970년대 이후에는 각급 학교에서 산학협동체제 강화를 위한 일련의 시책이 제도화되었다.

그 대표적인 예로 문교부는 1973년 2월 22일 산업교육진흥법을 개정하여 산업교육을 실시하는 학교의 학생은 재학 중 일정 기간 의무적으로 현장실습을 이수하게 했다. 문교부 장관은 산업체를 주관하는 중앙행정기관의 장에게 현장 실습을 위한 산업체의 지정을 요청할 수 있었다. 그 요청을 받은 중앙행정기관장은 산업체를 지정 공고한 후, 문교부 장관에게 통보해야 했다. 이 법의 시행령은 산업체의 협조 사항을 구체적으로 명시하고 분야별로 실습 이수 시간을 고정하였다.

문교부는 산학협동 시책을 적극적으로 추진하기 위해 1973 12월 8일 문교부의 직제를 개정하여 '산학협동과'를 신설하였다. 담당 업무는 산학협동 관련 업무, 중화학공업 교육 계획, 중앙산업교육심의회 운영 등이었다. 산학협동과의 신설은 산학협동에 관한 정부의 의지를 보여주는 기회가 되었을 뿐만 아니라, 산학협동의 실제에 있어서도 많은 성과를 거두는 데 기여했다. 그럼에도 불구하고 산업교육을 실시하고 있는 실업계고등학교, 전문대학, 대학의 현장 실습 의무화 제도는 여러 가지 여건 미비로 1975년 폐지되었다.

그 후에도 산학협동 교육은 다각적으로 추진되어 왔다. 1980년대에 노동부 산하 산업인력공단의 직업전문학교와 산업체 간의 0.6+0.6, 1+1, 1.6+1.6체제 프로그램 운영, 1990년대 교육부의 공고 2·1체제 도입 운영 등이 그 예다. 그런데 이들 제도 역시 몇 년을 지속하지 못하고 모두 중단되었다.

2000년대 들어서도 2003년 「산업교육진흥 및 산학연협력촉진에 관한 법률」을 개정 2003.5.27.하여 산학협력단, 산학협력전담교수, 학교기업, 협동연구소 등 산학협력과 관련된 제도의 법적 근거를 마련하는 등 정권별로 산학협력정책을 수립하여 추진하였다.[42]

04 전두환 정부의 직업교육(1980~1988): 직업교육 질적 성장기(산업화시대 후기)

1) 전두환 정부 시대의 정치, 경제, 사회문화적 배경

1970년대 말 신군부의 쿠데타로 1980년대 초는 다시 군부에 의한 통치가 시작되었다. 5·

42 임창빈 (2009). 산학협력정책의 성과평가 서울대학교 박사학위논문. p. 2.

18 광주 민주화운동이 일어나 신군부가 이를 무력으로 진압하는 과정에서 많은 사상자가 발생하였다. 이 사건은 재야 학생운동을 더욱 강화시키는 동인이 되었다. 경찰 고문에 의한 박종철 군의 사망, 시위도중 최루탄을 맞은 이한열 군의 사망 등으로 시위가 전국으로 확산되었다. 정부는 시국수습방안으로 6 · 29 선언을 발표했다.

제2차 석유파동 직후 한국경제가 최악의 경기 침체를 겪으면서 취업난도 심각하였다. 정치 · 사회적 불안도 심하여 1980년대 전반기는 경제안정을 최우선 과제로 삼았다. 성장과정에서 파생된 여러 가지 사회문제를 해결하기 위해 적극적인 사회개발을 추진하기도 했다.

1980년대는 기술 및 두뇌 의존형 산업으로 전환하는 산업고도화 추구와 함께 이에 필요한 인적자원의 확보가 요청되었다. 이에 따라 인력개발은 고등교육을 중심으로 한 과학기술인력양성 정책이 강화되었다. 이에 반해 중등 직업교육정책은 상대적으로 약화되었다. 이로 인해 정부의 중등 직업교육 재정 지원이 1970년대의 박정희 정부1979년 4.1% 때보다 1980년대 전두환 정부1983년 3.1%에 들어서 감소했다. 이와 같은 상황에서 전두환 정부의 중등 직업교육 정책은 다음 '2)'항부터 '13)'항과 같았다.

2) 전인교육을 위한 제4차 교육과정 개정과 실업계 교과서의 1종도서(국정)화

(1) 전인교육을 위한 제4차 교육과정 개정

1980년 '교육의 정상화 방침'에 따라 교육과정을 전면 개정하여1981.12.31. 문교부 고시 제442호 1984학년도부터 시행하였다.

실업계 고등학교의 교육목표는 전인교육에 두되, 계열별 목표를 제시하여 일반 교육과 산업 예비 인력으로서의 전문교육을 함께 추구하게 하였다.

제4차 고등학교 교육과정 개정의 특징은 다음과 같다.

첫째, 실업계 고등학교 교육과정 개발에 관한 연구가 문교부에서 한국교육개발원으로 의뢰 실시되었다.

둘째, 교육과정 개발에 있어 직업군occupational cluster 중심 능력개발에 강조를 둔 광역중핵 교육과정의 접근법Broad Based Curiculum Approach: BBCA이 반영되었다. 그 결과 보통교과 이수단위가 68~102단위33~50%에서 82~122단위44~60%로 크게 개선되었다.

셋째, 보통교과 중에는 I, II가 있는데 I은 일반계 고등학교와 실업계 고등학교 구분 없이 공통적으로 이수해야 할 필수 과목이다. 이에 따라 제3차 교육과정령에 따라 실업계 고등학교 학생을 위해 별도로 편찬 사용하던 국어, 영어, 수학 교재 사용이 중단되었다. 대신에 국어 I, 영어 I, 수학 I 을 일반계 고등학교 학생들과 동일하게 이수하게 되었다.

넷째, 전공교과도 기초과목을 강조하고 전공교과의 세분화를 가급적 제한하였다.

다섯째, 전공교과에 전공코스제와 비슷한 '전공실습' 또는 '경영실습 프로그램'을 운영하였다는 점도 획기적이다.

여섯째, 계열별로 전공과 간의 전공 선택 교과의 이수는 제한을 두지 않고 완전히 개방하였다.[43]

(2) 실업계 교과서의 1종도서(국정)화

1982년에 교과용 도서에 관한 규정을 개정하여 실업계 교과서는 모두 1종도서국정로 정하여 국고로 개발 제작하여 공급하였다. 이를 계기로 교과서의 질을 높이고 교과서 값을 인하하여 학생들의 부담을 적게 하였다.

3) 고교 직업교육에서의 기초 역량 강화

1980년대에는 산업이 고도화되면서 실업계 전문대학과 이공계 대학을 중심으로 한 고급 기술인력 양성이 강화되었다. 반면에 실업계 고등학교 교육은 일정한 직업군occupational cluster에 쉽게 적응할 수 있는 기초 능력과 기본 기능 개발에 중점을 두었다. 산업기술의 발달 속도가 빨라지고 산업체의 기술이 고도화됨에 따라 산업현장에 필요한 특정한 기능은 취업 후에 산업체의 자체 교육훈련을 통해서 숙달시킨다는 인력 양성 분담을 하였기 때문이다.

그리하여 외형적으로는 중등 직업교육체제가 사회적·산업적 요구를 반영하여 조정 및 개편하는 시기가 되었다. 그러나 내면적으로는 인력 양성이 고등학교 단계에서 고등교육 단계로 전환하는 계기가 되었다. 이로 인해 실업계 고등학교의 교육 정책은 사실상 방임 상태에 놓였다. 그 결과 앞의 <표 4-9>와 같이 급격한 교육재정 축소 문제 등이 제기되기도 했다.

4) 공고 및 농고 교육 내실화를 위한 공동실습소 설치

1982년부터 학생의 현장기능 적응능력 함양, 교원의 전문기술 지도 능력 향상, 산업체의

43 이무근 · 원상봉 (2001). 직업교육과정과 평가. 교육과학사. pp. 44-46.

신속한 기술정보를 도입하여 효율성 있는 지도 방안을 연구하고 보급하기 위해 지역별로 공동실습소를 설치 · 운영하였다. 공동실습소는 노태우 · 김영삼 정부에서도 계속 설치 · 확대하여 <표 4-10>과 같이 1996년까지 공업계 고등학교 공동실습소 28개, 농업계고등학교 공동실습소 9개, 총계 37개의 공동실습소를 설치 · 운영하였다.[44]

표 4-10 공동실습소 설치 상황

지역	학교명(설치 연도)	지역	학교명(설치 연도)
서울	경기기공('82), 서울공고('91)	충북	청주기공('93), 충북공고('94), 청주농고('91)
부산	부산공고('88), 부산전자('92)	충남	연무기공('94)
대구	대구공고('85), 경북기공('94)	전북	이리공고('89), 삼례공고('94), 전주공고('97), 김제농고('90)
인천	인천기공('89)	전남	담양공고('91), 목포공고('94), 순천공고('94)
광주	광주기공('86)	경북	경주공고('94), 경산공고('96), 안동농고('90)
대전	충남기공('87)	경남	창원기공('90), 진주기공('94), 울산공고('94), 경남자영농고('91)
경기	이천실고('93), 여주자영농고('92)	제주	한림공고('94), 제주농고('92)
강원	춘천기공('92), 태백기공('94), 강릉농공('95), 춘천농고('92)		

자료: 이종성 외 (1998). 교육체제 개편에 따른 고등학교 직업교육 방향 설정에 관한 연구. 한국직업능력개발원. 기본연구 97-1. p. 287 <표 VII-25>와 <표 VII-26>을 재편집하여 작성하였음.

5) 무시험 추천 입학 전형

그 동안 실업계 고등학교 학생 선발 정책은 학력제한 선발이었으나 교육법을 개정하여 1982.2.13. 1982년도부터 학교장 책임아래 전기의 무시험 추천 제도로 전환하였다.

6) 자립 영농인 육성을 위한 지원 체제 강화

전두환 정부는 농업고등학교에서 핵심적인 영농후계자를 양성하기 위해 1980년도부터 각 도마다 1~2개씩 총계 10개의 농업고등학교에 자영농과를 설치하였다. 이들 학교에 대하여는 다양한 학생 유인 정책을 시행하여 집중적인 투자를 하였다.

44 이종성 외 (1998). 교육체제 개편에 따른 고등학교 직업교육 방향 설정에 관한 연구. 한국직업능력개발원. 기본연구 97-1. p. 287.

1983년에는 학교단위로 자영농 양성교육을 실현하기 위하여 여주농업고등학교를 여주자영농업고등학교로 전환하여 운영하기도 하였다. 자영농과는 농림수산부의 영농후계자 육성방안에 따라 농어민후계자 육성기금 설치1980, 농어촌 종합대책1986 및 농어가 부채 경감대책1987 등의 정책과 보조를 맞추었다.

그러나 자영농과를 중심으로 한 영농인 양성의 성과가 미흡하자 1983년부터 정부는 자립 영농인 육성을 위해 농장 농산물 환원제도의 집중적인 재정 투입으로 자립체제 농고 육성책을 시행하였다.[45, 46]

7) 실업교원 수급 조절 및 실업교육과 학생 선발 방법 다양화

1980년대 전두환 정부가 들어서면서 직업교육의 축이 중등교육에서 고등교육으로 상향 전환되어 고등학교 직업교육이 위축되기 시작하였다. 그 첫 번째로 농업계고등학교의 학교 및 학생 수가 감소하였다. 이로 인해 농업교사 과잉 문제가 대두되었다. 문교부는 이 문제를 해결하기 위해 농업관련 교사자격증 소지자에게 부전공 연수를 실시하였다. 그 대표적인 예가 중 · 고등학교 기술교과 담당 교사 양성을 위한 실업계열 교사자격증 소지자 중 기술교사 자격증 취득을 위한 부전공과정 개설 운영이라고 할 수 있다. 김영삼 정부에서도 다시 3년간 계획1993.12.15.으로 농업교사 자격증 갱신을 위한 부전공 자격 연수를 실시하였다.[47]

1963년부터 1970년대를 거쳐 1980년대 초까지 실업교사 양성을 위한 농업교육과, 공업교육과, 상업교육과, 수산교육과 등이 전국의 사범대학 또는 전공계열 대학에 설립되었다. 그러나 1980년대에 전두환 정부가 들어서면서 앞에서 이미 지적한 것과 같이 직업교육의 축이 중등교육에서 고등교육으로 상향 전환되면서 <표 4-11>에서 보는 것과 같이 실업계 고등학교 학생 수가 급감하기 시작하였다.

이에 따라 실업교원 양성의 공급과잉 현상이 계속되어 대학에서 실업교사를 양성하던 학과들이 지속적으로 폐지되었다. 지금은 서울대학교 농산업교육과, 순천대학교 농업교육과, 충남대학교 공업교육관련학과, 공주대학교 상업교육과 등이 명맥을 유지하고 있는 실정이다.

---

45 한국직업능력개발원 (1998). 한국직업교육훈련 100년사. pp. 245-251.

46 조성희. 전게서. pp.119-120.

47 한국직업능력개발원 (1998). 한국직업교육훈련100년사. p.1283.

표 4-11 1980년대 실업계고등학교 학교 및 학생 수 변동 상황 (단위: 학교, 수, 명, %)

구분 / 연도	일반계[1]		실업계								학생비율(%) (일반: 실업)
	학교수 (A)	학생수 (B)	농고		공고		상고		계[2]		
			A	B	A	B	A	B	A	B	
1980	748	932,605	75	53,678	197	200,367	432	323,316	605	764,187	55.0:45.0
1981	781	1,006,313	56	55,105	100	220,304	232	347,645	621	816,726	55.2:44.8
1982	810	1,068,849	58	56,028	100	199,899	234	368,145	626	853,372	55.6:44.4
1983	855	1,132,249	60	55,952	101	201,975	235	380,596	639	880,797	56.2:43.8
1984	905	1,200,448	61	55,121	101	200,794	237	382,786	644	891,953	57.4:42.6
1985	967	1,266,840	61	51,842	102	198,354	227	380,267	635	885,962	58.8:41.2
1986	996	1,345,414	61	49,271	101	202,730	224	412,975	631	916,983	59.5:40.5
1987	1,030	1,397,359	62	48,034	101	194,960	208	372,162	594	840,265	62.4:37.6
1988	1,063	1,457,617	62	46,568	102	197,731	205	376,346	590	842,965	63.4:36.6
1989	1,084	1,490,846	59	44,356	104	197,080	204	377,218	588	835,216	64.1:35.9

자료: 문교통계연보, 각 연도.
주: 1) 과학고, 예술고, 종고의 인문계 등 포함.
2) 수산 · 해양, 실고, 종고의 실업계열 등 포함.
* 1980년도 계열별 학교수 통계는 신빙성이 미흡함.

그동안 이들 실업교육과가 실시한 입학전형 특성 중의 하나는 일정 범위 내에서 동일계 고등학교 출신들이 입학할 수 있는 다양한 진형제도를 계속 유지해왔다는 점이다. 그런데 서울대학교 공업교육과에 이어 농업교육과 졸업생도 교직 보다 타 직장으로의 진출이 많아 농업교사 수급에 차질이 생겼다.

이 문제를 해결하기 위하여 1979~1981학년도에는 정원의 100%를 도교육위원회 교육감의 추천을 받은 농고생 중에서 선발하고, 졸업 후에는 출신 고교의 도교육청 산하의 학교에서 농업교사로 근무하게 하였다. 그러나 1982년에는 동일계 졸업생의 특혜가 11%로, 1983년에는 8%로 감소되었다. 동시에 1980년 7 · 30 교육개혁 조치의 일환으로 시행한 졸업정원제 운영에서 나타난 부작용 등으로 1984년 동일계 출신 학생 선발 제도는 폐지되었다.

당시 서울대학교 농업교육과 졸업생의 교사 취업률은 <표 4-12>와 같다.

표 4-12 서울대학교 농업교육과 졸업생의 교사 취업률 (단위: %)

졸업년도	1980	1981	1982	1983	1984	1985	1986	1987	1988	1989
교사취업율(%)	17.4	26.9	33.3	35.7	21.4	37.5	81.5	61.5	63.3	66.7

자료: 조성희. 전게서. p. 111.

8) 서울대학교 대학원 농업교육과에 박사과정 신설

질 높은 직업교육을 실시하기 위해서는 우선 전공교과를 잘 가르칠 우수한 실업교원을 양성해야만 했다. 또한 이들 실업교원을 장학지도 할 수 있는 실업교육 장학관, 직업교육 행정가, 직업교사를 양성할 수 있는 훌륭한 교수 양성 등, 직업교육을 전문적으로 연구할 수 있는 학자도 필요하였다. 그러나 1980년까지 우리나라에는 직업교육을 연구하고 정책을 수립 · 집행할 수 있는 직업교육 전문가, 행정가, 직업교사교육을 담당할 교수를 양성할 수 있는 대학원 박사과정이 없었다.

다행히 1980년 12월 5일 서울대학교 대학원 농업교육과에 박사과정을 설치하고 1981학년도부터 박사과정을 개설하였다. 이 박사과정 프로그램을 통해 농업교육뿐만 아니라 공업교육, 상업교육, 가정교육, 보건교육, 진로교육, 인적자원개발HRD, 산학협력, 전문대학교육 등 직업교육 전 분야에 걸친 전문가, 행정가, 학자를 양성하게 됨으로써 직업교육 발전에 큰 전환점이 되었다.[48] 2018년 기준 석사 340명, 박사 174명을 배출하였다.

9) 컴퓨터 교육 강화

1980년대 세계 주요 국가들의 교육개혁의 공통점은 학교 컴퓨터 교육의 강화였다. 우리나라도 정보처리 및 경영관리 기능을 배양하기 위하여 컴퓨터교육을 강화하였다. 이의 일환으로 1984년 상업고등학교에 정보처리과를 신설하였다. 1987년에는 컴퓨터 문맹탈피를 목표로 학교 컴퓨터 교육 강화 방안을 수립하여 추진하였다. 1988년에는 교육과정을 개정하여 상업고등학교의 4개 학과에는 전문필수 과목으로 '전자계산 일반'을 편제하였다. 선택과목에도 컴퓨터 관련 과목을 3개 개설하여 컴퓨터 교육을 모든 상업고등학교에 확산시켰다.

48 서울대학교 농산업교육과 50년 편집위원회. 전게서. pp. 50-51.

10) 자영 어민 후계자 양성을 위한 지원체제 강화

1980년대부터 시작된 농업계 고등학교 육성화 시책에 의한 농업고등학교 내 자영농과 지정에 따른 자립학교체제 구축을 위한 정부의 지원이 1985년으로 거의 완료되었다.

이어서 실업계 고등학교 육성 방안과 농어촌 종합대책 추진과제의 일환으로 수산고등학교 육성계획을 수립하였다. 동기는 어업 인구의 감소와 청·장년층의 수산고등학교 지원율 저조, 높은 중도 탈락률, 졸업생의 어촌 정착율 저조, 경영단위 및 실험·실습실의 미비, 적격학생 유인체제 미흡 등에 대한 대책 수립이 시급하였기 때문이다.

이에 문교부에서는 자영수산과를 설치하여 자영어민 후계자를 육성하고, 자립체제 기반을 조성하여 어촌지역사회 개발 중심학교로 육성하기 위해 자영수산과 4개교동해안 1, 서해안 1, 남해안 2를 설치 운영하였다.[49]

11) 재정 지원의 감소

1980년대에 들어와 직업교육의 중심이 실업계 고등학교에서 전문대학과 이공대학으로 옮겨지면서 재정지원도 감소하였다. 그리하여 앞의 <표 4-9>에서 보는 바와 같이 1970년대의 교육부 지출의 4.1%를 유지하던 실업계 고등학교 재정지원이 1980년대에는 3.6%로 감소하였다.[50]

05 노태우 정부의 직업교육(1988~1993): 직업교육 전환기(1)

1) 노태우 정부 시대의 정치, 경제, 사회 문화적 배경

1987년 6·29 선언이 있은 후 민주화 운동이 활발히 전개되었다. 특히 1988년 2월 노태우 정부가 들어서면서부터는 정부 정책에 정치민주화와 경제 민주화 주장이 고조되었다. 이런 와중에 산업현장에서는 노사 분쟁이 극치에 이를 정도로 심하여 기업의 경쟁력이 약화되었다.

49 한국직업능력개발원 (1998). 한국직업교육훈련 100년사. pp. 733-735.
50 조성희. 전게서. pp. 117-118.

노태우 대통령이 취임하기 직전인 1986~1988년 3년간은 저유가, 저금리, 저달러의 3저 호황으로 인해 매년 경제성장률이 10% 이상이었다. 이로 인해 1987년 임금 인상률이 17%에 이르러 1986년의 6.6% 보다 3배 가까이 증가하였다. 고학력화와 더불어 소위 더럽고 위험하고 힘든 직업을 기피하는 3Ddirty, dangerous, difficulty 기피현상도 이때부터 나타나기 시작했다.

경기 호황에 따른 통화량 증가와 88올림픽 특수 등이 겹쳐 아파트 값이 폭등하였다. 이 문제 해결을 위해 정부는 주택 200만호 건설 계획을 발표했다. 이를 계기로 건설업이 비약적으로 성장하여 1990년대에는 경제 성장률이 9%를 상회하는 해도 있었다.

건설업의 호황은 결과적으로 국내의 제한된 인력을 건설업으로 유입하는 현상을 가져왔다. 이로 인해 국내 모든 산업이 전반적으로 인력 부족 사태와 임금 인상 현상을 초래했다. 이는 1974년 말 건설업의 중동진출로 인한 인력부족 사태와 상당히 유사했다.[51]

위와 같은 시대적 배경 속에서 노태우 정부의 중등 직업교육 정책은 다음 '2)'항부터 '5)'항과 같았다.

2) 제5차 및 제6차 교육과정 개정을 통한 교육과정 편성 · 운영 재량권 확대

1988년에는 산업발전에 따른 새로운 교육관을 수용하고 교과와 교과 내용을 조정하여 미래 사회에 대비할 수 있도록 제5차 교육과정이 개정되었다. 그런데 5차 교육과정 때에 계열별 전공과별로 부분적인 개정은 있었지만 전체적으로 큰 변화는 없었다.

1992년 10월 30일에는 교육부 고시 제1992－19로 제6차 고등학교 교육과정이 개정되어 1996학년도부터 편성 · 운영되었다.

1992년에 시행된 제6차 고등학교 교육과정의 특성은 다음과 같다.

첫째, 실업계 고등학교의 학교급별 교육목표와 전공과별 교육목표가 명시되어 있지 않다.

둘째, 교육과정의 편성과 운영에 각 시 · 도 교육청과 학교에 재량권을 부여하였다. 단위 배당 기준에 있어 보통교과의 경우 공통필수과목은 교육부가 정하고, 과정별 필수과목은 각 시 · 도 교육청이 결정하며, 과정별 선택과목은 각 학교가 결정하도록 하였다.

셋째, 전문교과의 과목수를 가급적 통합하여 축소하고, 계열별 전문교과의 필수과목을 축소하여 각 학교에서 전공교과의 선택의 폭을 확대하였다.[52]

51 정택수 (2008). 직업능력개발제도 변천사. 한국직업능력개발원. p. 90.

3) 실업계 고교 학생 정원 증원 정책

노태우 대통령은 연두기자회견1990.1.10.에서 5대 당면 정책과제의 하나로 교육개혁을 제시하였다. 그 교육개혁의 일환으로 당시 일반계 고교와 실업계 고교의 학생비율이 65:35인 것을 1995년까지 50:50으로 조정하는 고등학교 교육체제 개혁을 위한 직업교육 확충사업을 추진하였다.[53]

이 정책은 고등학교 졸업생의 과반수가 탈락하는 대학 진학의 병목 현상을 해소하고 산업체에서 필요로 하는 고졸 기능 인력을 확충할 수 있는 종합대책으로 평가되어 왔다.

그러나 실업계 고교 확충에 따른 재정 지원 확대 정책은 거의 없는 상태에서 실업계 고교 신설 및 확충, 학생 정원 증원, 이에 따른 교원 수급 문제 등이 제기되었다. 다른 한편으로는 공고 개편 희망 고교의 부족, 공고 대상이었던 일반고 학부모, 동창회, 지역주민의 반발 등의 문제가 제기되기도 했다. 그런 와중에 실업계 고등학교 교육은 양적으로는 계속 확대되었으나 질적인 면에서 여러 가지 어려움에 봉착하게 되었다.

결과적으로 일반계 고등학교와 실업계 고등학교 학생 비는 1995년 57.8:42.2까지 조정되었다. 그러나 부실한 실업계 고등학교의 확대 및 학생 수의 증가는 장기적인 실업계 고등학교 교육 발전에도 부정적인 영향을 미쳤다.[54]

표 4-13 일반고 대 실업계 고교 학교 수와 학생 수 변동 상황

구분/연도	일반계[1]			실업계[2]			학생비율(%) (일반:실업)
	학교수 (A)	학생수(B)		학교수 (A)	학생수(B)		
		계	여자		계	여자	
1962	338	199352	76094	283	124341	11202	61.6:38.4
1963	364	213931	88822	296	150382	24387	58.7:41.3
1964	386	236951	98842	306	162666	32800	59.3:40.7
1965	389	254095	107705	312	172436	34878	59.6:40.4
1966	408	259922	109490	327	174898	37919	59.8:40.2
1967	413	259084	112054	368	182862	41713	58.6:41.4
1968	415	273612	119134	425	207882	50773	56.8:43.2
1969	417	294292	130571	444	235809	61999	55.5:44.5

52 이무근 · 원상봉 (2001). 직업교육과정과 평가. 교육과학사. pp. 46-47.
53 한국직업능력개발원 (1998). 한국직업교육훈련 100년사. p. 257.
54 교육부 (1998). 교육 50년사. pp. 566-572.

1970	408	315367	141819	481	275015	77119	53.4:46.6
1971	398	337125	151243	500	310055	93428	52.1:47.9
1972	403	369508	163227	539	360275	113758	50.6:49.4
1973	452	428212	174232	563	428212	148319	49.0:51.0
1974	613	530177	220154	476	451032	154922	54.0:46.0
1975	673	648149	270518	479	474868	157936	57.7:42.3
1976	714	746246	308151	484	507430	172546	59.5:40.5
1977	716	795107	329667	499	555493	200172	58.9:41.1
1978	717	839603	351018	536	614773	231981	57.7:42.3
1979	724	887531	376732	574	677824	272630	56.7:43.3
1980	748	932605	400316	605	764187	322078	55.0:45.0
1981	781	1006313	434192	621	816726	352154	55.2:44.8
1982	810	1068849	459601	626	853372	378646	55.6:44.4
1983	855	1132249	491352	639	880797	406527	56.2:43.8
1984	905	1200448	526197	644	891953	423881	57.4:42.6
1985	967	1266840	555193	635	885962	437038	58.8:41.2
1986	996	1345414	596625	631	916983	476695	59.5:40.5
1987	1,030	1397359	603076	594	840265	421943	62.4:37.6
1988	1,063	1457617	629927	590	842965	431254	63.4:36.6
1989	1,084	1490846	648117	588	835216	434986	64.1:35.9
1990	1096	1473155	645092	587	810651	428087	64.5:35.5
1991	1085	1406891	618627	617	804021	427714	63.6:36.4
1992	1058	1313081	579936	677	812492	432469	61.8:38.2
1993	1039	1237182	549358	718	832028	441371	59.8:40.2
1994	1046	1209330	540616	738	851495	448764	58.7:41.3
1995	1068	1246427	557899	762	911453	480697	57.8:42.2
1996	1085	1303874	591818	771	939433	489689	58.1:41.9
1997	1121	1376688	634039	771	960037	494059	58.9:41.1
1998	1149	1399394	653324	772	927486	469795	60.1:39.9
1999	1181	1399389	662814	762	851751	418809	62.2:37.8
2000	1193	1324482	627279	764	746986	366049	63.9:36.1
2001	1210	1259975	597139	759	651198	317767	65.9:34.1
2002	1254	1220146	579624	741	575363	276420	68.0:32.0
2003	1297	1224452	583385	734	542077	257313	69.3:30.7
2004	1351	1232010	587291	729	514550	240691	70.5:29.5
2005	1382	1259792	599806	713	503104	233067	71.5:28.5
2006	1437	1281508	608603	707	494349	227053	72.2:27.8
2007	1457	1347363	640729	702	494011	226944	73.2:26.8
2008	1493	1419486	677614	697	487492	222105	74.4:25.6
2009	1534	1484966	706607	691	480826	218178	75.5:24.5
2010	1561	1496227	707996	692	466129	210723	76.2:23.8

	일반고			자율고			특수목적고			특성화고		
	학교수	학생수		학교수	학생수		학교수	학생수		학교수	학생수	
		계	여자		계	여자		계	여자		계	여자
2011	1554	1425882	690453	109	113962	38671	120	63727	33679	499	340227	147455
2012	1529	1381130	673361	147	143692	51989	128	64468	34417	499	330797	144386
2013	1525	1356070	668341	165	149760	54086	138	67099	34977	494	320374	143309
2014	1520	1314073	651989	164	144922	52457	143	66928	35185	499	313449	139212
2015	1537	1278008	636169	161	140708	51589	148	67529	34953	498	302021	133335

주: 1) 과학고, 예술고, 종고의 인문계 등 포함.
2) 수산 · 해양, 실고, 종고의 실업계열 등 포함.
자료: 문교통계연보, 각 연도.

- 1980년도 계열별 학교수 통계는 신빙성이 미흡함.
  2011년부터 2가지 유형(일반계고, 전문계고)에서 4가지 유형(일반고, 특수목적고, 특성화고, 자율고)으로 분류됨(초 · 중등교육법 시행령 제 76조의 2, 2010.6.29.).

- 전체 학생 수에 산업체 부설학교, 산업체 특별학급, 외국인학교, 국제학교, 평생교육시설학교는 포함되지 않음.
- 학생 수는 재적 학생 수임.

4) 진로 · 직업교육 체제 구축

노태우 정부의 대통령교육정책자문회의1991년 2월는 진로교육 체제 구축의 필요성을 강조하고 직업인식 진로지도초등학교→직업탐색 진로지도중학교→취업준비 진로지도고등학교체계의 틀을 제시하였다. 그리고 직업기술교육 개혁을 위해서는 직무분석에 기초한 교육과정의 편성 · 운영, 실업계 교원의 현장 위주 연수, 산학협동의 강화 등을 강조하였다.

한편 직업기술교육 체제 개혁을 위해서는 직무분석에 의한 교육과정의 편성 · 운영, 지역별 공동실습소의 설치 · 확대, 실업계 교원의 현장위주 연수 강화, 일반계 고교의 직업교육 기회 확대 방안을 제시하였다. 계속교육 체제 확립을 위해서는 산업체 요구에 부응하는 다양한 교육프로그램의 운영, 산학협동에 의한 현장 실습 프로그램 강화 방안을 제시하였다.

5) 중등 직업교육 정책 행정권을 지방자치단체로 이양

노태우 정부는 중등 직업교육 정책 행정권을 지방자치단체로 이양하였다. 이에 따라 직업교육 지원 체제도 교육부에서 지방자치단체로 이관하였다.[55]

55 박동열 · 이무근 · 마상진 (2016). 광복 70년 직업교육 정책 변동과 전망. 한국직업능력개발원. 기본 연구 2016-23. p. 61.

06 김영삼 문민의 정부 직업교육(1993~1998): 직업교육전환기(2)(민주화 시대 후기)

1) 김영삼 문민의 정부 시대의 정치, 경제, 사회 문화적 배경

1993년 김영삼 정부가 들어서면서 오랜 군사정권 시대가 종식되었다. 김영삼 정부는 '문민정부'라 자칭하며 사회 각 방면에 걸쳐 개혁을 강력히 추진하고, 거센 사정 작업을 펴나갔다. 군부 개혁, 금융실명제 도입, UR 협정, OECD 가입 등이 그 예다. 5 · 16 이후 중단되었던 민선 지방자치시대가 35년 만인 1995년에 부활했다.

하지만 15대 총선에서 여당 의원이 과반수에 미달했고 한보철강의 부도사태 및 비리 등으로 정부는 정치 · 경제적으로 어려운 상황이었다. 설상가상으로 대형사고가 잇달아 일어나 사회가 불안했다.

1990년대 중반 우리나라 경제는 1995년 수출규모가 최초로 1,000억 달러를 초과하였고, 1인당 GNP가 1만 달러를 돌파하였다. GDP 성장률도 8.9%로 높았고 실업률도 2.0%로 낮았다. 1996년에는 OECD의 29번째 회원국으로 가입하는 등 세계화 시대에 진입하는 시대를 맞기도 했다.

그러나 국제경쟁력 강화를 위한 노력을 소홀히 하여 국제수지 적자가 사상 최고인 200억 달러를 초과하고, 외채가 1,000억 달러를 돌파했으며, 주식이 급락하였다. 이에 대한 대책도 소홀하여 1997년 11월 IMF 외환위기를 겪게 되었다.

모든 정책에 '신'자를 붙여 신경제 정책, 신산업정책 등을 전개하였다. 1992년부터 시행되는 제7차 경제사회발전 5개년 계획도 폐기하고 신경제 5개년 계획을 다시 수립하였다.

이 과정에 직업교육과 직업훈련을 함께 개편하는 신직업교육체제로의 개편을 추진하게 되었는데 그 내용은 다음 '2)'항부터 '10)'항과 같다.

2) 김영삼 정부의 중등 직업교육 정책 배경

김영삼 정부는 우리나라 직업교육훈련제도가 산업구조의 발전과 변화, 노동 시장의 구조 변화 및 개인의 직업능력개발 욕구를 적절히 수용하지 못하여 산업현장과 유리된 상태에 있다는 데 문제의식을 갖고 있었다.

이 문제를 해결하기 위해서는 평생 직업교육체제가 구축되어야 함을 목표로 하였다. 그래서 직업교육을 국민이면 누구나 받을 수 있는 교육, 평생에 걸친 교육으로 정착시키며, 개인이 타고난 소질과 적성, 그리고 잠재력을 최대한 발현케 하려고 하였다. 산업사회가 요구하는 현장성 높은 양질의 인력을 양성·공급할 수 있도록 시도하였다.

모든 대학 비진학 청소년들에게 고등학교 수준의 직업교육 기회를 보장하고, 희망하는 모든 고등학교 졸업자에게 전문대학 수준의 직업교육 기회를 보장하며, 희망하는 성인 취업자들에게 자신의 직업 능력을 향상시킬 수 있는 직업교육훈련 기회를 보장하는 것을 2000년까지 달성하여야 할 실천적 목표로 설정하였다.

이를 구현하기 위하여 1996년 2월 9일 다음과 같은 7개 직업교육 과제와 43개 목표를 설정하여 추진하였다.

(1) 고등학교 단계 직업교육의 다양화특성화고, 통합고, 공고 2·1 체제, 진로지도 강화 9개 목표

(2) 전문대학, 개방대학, 기능대학의 직업교육 활성화7개 목표

(3) 신대학기술대학, 사내대학의 도입3개 목표

(4) 전문직업분야의 학위제도전문학사, 산업학사 도입1개 목표

(5) 평생 직업교육 기반사이버대학의 구축10개 목표

(6) 자격제도의 개편4개 목표

(7) 직업교육훈련 관련 행·재정 지원체제직업교육 3법 제정 및 조직 강화 구축9개 목표

이상과 같은 과제 중 고교 직업교육 정책과제와 관련된 주요 내용은 다음 '3)'항부터 '8)'항까지와 같다.

3) 국민공통기본 교육과정 운영 및 일반계 고교와 실업계 고교 교육과정의 통합 운영

김영삼 정부는 1997년에 고시되고 2000년부터 시행된 제7차 교육과정을 편성·운영하였는데 특성을 요약하면 다음과 같다.

제7차 교육과정의 기본방향은 21세기의 세계화·지식·정보화 시대를 주도할 자율적이고 창의적인 한국인 육성에 있다.

교육과정 개정의 특성은 초등학교 1학년부터 고등학교 1학년까지 10년간 국민공통기본 교육과정의 편성, 교육과정의 편제에 교과군 개념의 도입, 재량시간의 신설 및 확대, 교과별 학습량의 최적화와 수준의 조정, 고교 2·3학년생의 학생 선택 중심의 교육과정 도입, 질

관리 중심의 교육과정 평가 체제 확립, 지식 정보화 시대에 대비한 창의성과 정보능력 배양 등이다.

특히 일반계 고교생과 실업계 고교생은 계열이 다른 학교의 교육과정을 이수할 수 있는 기회가 부족하였다. 한편 일반계 고등학생 중 취업직업 준비 없이 대학에 진학하지 않고 배출되는 무기능 졸업생이 연 15만 명이나 되었다. 이런 문제를 해결하기 위해 일반계·실업계의 교육과정을 통합·운영함으로써, 공통필수 과정을 최소화하고, 2~3학년에서는 계열 구분 없이 다양한 교과목을 선택 수강할 수 있게 하며, 지역실정과 학교 형편에 따라 다양한 선택과정을 개설·운영하게 하였다.

실업계 고등학교 교육과정 개정의 주된 특성은 세 가지로 구분해 볼 수 있다.

첫째, 실업계 고등학교의 성격을 기초 직업교육기관으로 규정하고 고등 직업교육 기관과의 연계성을 유지하도록 한다.

둘째, 기초적인 지식과 기술을 습득하여 산업사회 변화에 적응할 수 있도록 기존 교과목을 통·폐합하고 새로운 교과목을 신설한다.

셋째, 교육과정 편성·운영에 있어 학교와 지역사회와의 자율성 확대를 위해 교과목 이수 단위제한을 철폐하고, 특성화 교육을 위한 전문교과 이수 범위를 10% 범위 내에서 증배 운영할 수 있게 한다는 점이다.[56]

4) 실업계 고교 교육의 현장 적응성 제고

실업계 고교 교육이 교육과정의 이론 위주 편성, 교원의 현장 경험 및 실기 지도 능력 부족 등으로 현장성이 부족하였다. 한편, 산업계의 직업교육에 대한 인식 부족으로 실업계 고교 교육의 개선 필요성이 부각되었다. 이런 문제를 해결하기 위해 일정한 자질을 갖춘 우수 산업계 인사가 실업계 전문교과를 담당할 수 있도록 산학겸임교사·명예교사 및 강사 등을 둘 수 있게 하였다.

56 이무근 · 원상봉 (2001). 직업교육과정과 평가. 교육과학사. pp. 46-47.

공고 2·1체제 운영 내실화를 위해 직무분석을 기초로 산업체 인사가 참여하여 이론과 실기를 통합한 모듈module식 교재개발, 현장실습 안전교육 실시, 그리고 공고 2·1체제 종합 평가 등을 실시하였다.

현장 실습 여건 개선을 위해서는 현장실습생에게 산재보험 적용이 가능하도록 1997년 8월 「산업재해보상보험법」을 개정하여 1998년 1월 1일부터 적용 가능하도록 하였다. 또한 현장실습의 법적 지위를 보장하고 내실 있는 현장실습을 위해서 현장실습계약체결의 준거가 되는 「표준협약서」를 개발 고시하였다.1998.1

5) 특성화 고등학교 확대 및 공고 2·1 체제 등을 통한 고교 직업교육의 다양화

(1) 특성화 고등학교 설치 확대

그 동안 대부분의 실업계 고교가 별다른 특징 없이 전공분야를 백화점식으로 개설하여 운영함으로써 직업교육의 부실화를 초래하고 있었다. 뿐만 아니라 산업구조의 변화 및 기술발전에 탄력적으로 대응할 수 있는 직업교육 공급체제 구축이 필요하였다. 이를 위해 학생이 자신의 적성과 능력에 따라 조기에 진로를 결정하여 전문가로 성장할 수 있는 길을 열어주기 위해 정보고등학교, 디자인고등학교, 전자통신고등학교, 대중음악고등학교 등과 같이 다양한 전문분야의 특성화 고교 체제를 구축하고 지원할 수 있는 법적 근거를 「초·중등교육법 시행령」에 규정하였다대통령령 제15,664호, 1998. 2. 24.

(2) 공고 2·1 체제 등을 통한 고교 직업교육의 다양화

'신경제 5개년 계획1993~1997'을 수립·추진하면서 필요한 우수 기능 인력을 양성하기 위해 당시 경제기획원, 교육부, 노동부, 산자부, 한국교육개발원의 관계관들이 1990년대 초에 독일의 이원화직업훈련체제인 듀얼 시스템dual system을 현장 시찰하였다. 이어서 듀얼 시스템에 대한 연구·검토를 한 후 '공고 2·1 체제'를 도입하여 시범운영1994~1998하기 시작했다. 공고 재학생에게 2년간은 학교 교육을, 그리고 1년간은 산업체 현장에서 훈련을 받도록 함으로써 현장 적응력을 제고시킴을 주목적으로 하였다.[57]

그러나 이 제도는 실효를 거두지 못하고 2000년대 중반에 사실상 중단되었다. 그 이유는

57 박동열 · 이무근 · 마상진 (2016). 광복 70년 직업교육 정책 변동과 전망. 한국직업능력개발원. p. 63.

다음과 같다.

첫째, 공고 '2 · 1 체제'가 우리나라 교육환경과 산업체의 교육 여건에 맞는지 여부에 대한 충분한 타당성 검토와 준비가 부족했다.

둘째, 이미 노동부가 1983년부터 독일의 듀얼 시스템dual system을 도입하여 10년간 직업전문학교에서 다양하게 운영하다가 실패하여 1993년에 폐지한 원인 분석과 대책에 대한 발전적인 시사점 모색 노력이 없었다.

셋째, 정부, 학교, 산업체 간의 공동목표 설정, 공동 투자, 상호 편익이라는 산학협력의 기본 원리인 파트너십partnership의 정신을 소홀히 한 채 정부가 정책을 일방적으로 수립하고 조급하게 추진하였다.

넷째, 대기업은 기능 인력의 확보와 양성의 필요를 크게 느끼지 못한 채 직업교육훈련의 의무제도에 형식적으로 응하고 있어, 교육적 효율성에 대한 배려가 부족하고 비용의 낭비를 초래하였다.

다섯째, 공업고등학교 학생들의 기초 교육 부족으로 현장실습 능력이 산업체 측의 기대 수준에 미치지 못하여 실습의 내실화를 기하기 어려웠다.

여섯째, 산업체 중 70% 이상이 공동실습을 위한 교육여건을 제대로 갖추고 있지 않아 현장교육을 위한 여건 미비 상태이므로, 현장실습을 위한 산업체의 선정이 어려운 경우가 많았다.[58]

비단 '공고 2 · 1 체제'뿐만 아니라 그동안 정부, 학교, 공공직업훈련원 등은 산학협력을 통한 인력개발을 활성화하고 내실화하기 위해 나름대로 노력을 해왔다. 그러나 노력한 것에 비해 성과는 상대적으로 미흡한 실정이다.

그 이유를 몇 가지 제시하면 다음과 같다. 첫째, 관 주도의 산학협력체제 운영이기 때문이다. 1970년대 초 당시 개정된 산업교육진흥법에 의해 산업교육을 실시하고 있는 농업, 공업, 수 · 해양 분야의 고등학교, 전문대학, 대학들은 일정 기간 의무적으로 현장 실습을 이수하여야만 했다. 그런데 막상 현장실습을 하려고 하니 일시에 그 많은 실업계 고등학교, 전문대학, 대학의 학생이 현장 실습을 할 수 있는 전공 관련 산업체가 부족했다. 뿐만 아니라 산업체는 현장실습 교육을 실시할 수 있는 준비가 거의 되어 있지 않았다. 결국 현장실습 의무화제도를 2년 만에 폐지하였다. 실패의 원인은 교육여건을 갖춘 실습장소가 충분한지

58 이종성 외 (1998). 교육체제 개편에 따른 고등학교 직업교육 방향 설정에 관한 연구. 한국직업능력개발원. 기본연구 97-1. pp. 179-180.

에 대한 사전 조사가 제대로 이루어지지 않은 것이다. 그 때 중앙산학협동심의회가 있었지만 산업체와의 충분한 사전 협의와 요구도 반영되지 않았다. 의욕만 가지고 관 주도로 일방적으로 법이 개정되었고 산업체와의 구체적인 협의 없이 정부와 학교 측의 일방적인 계획에 의해 추진되었기 때문이다.

둘째, 10여 년간 듀얼 시스템에 의해 설치 운영했던 직업훈련 프로그램들의 실패요인 분석과 차후 대책에 대한 준비가 미흡하였다. 1980년대 전두환 정부와 노태우 정부는 당시 노동부 산하 산업인력공단의 직업전문학교를 독일의 듀얼 시스템dual system을 모방하여 매년 1개교씩 1983년부터 직업전문학교와 기업체 간에 1+1 체제를 시범운영하다가 1989년에 인천직업훈련원만 남기고 4개의 직업훈련원의 산학협동과정을 폐지하였다.

1991년에는 새로운 산학협동훈련체제의 유형으로 일반과정, 전문훈련과정, 고등훈련과정을 도입하였다. 훈련기간이 1년인 일반과정은 기능사 2급 양성과정으로 6개월간 집체훈련을 실시한 후 사업체에서 6개월간 현장훈련을 실시하게 하였다.

훈련기간이 2년인 전문훈련과정은 기능사 1급 양성과정으로 1년간의 집체훈련 후 현장훈련을 1년간 실시하도록 하였다.

훈련기간이 3년인 고등훈련과정은 기능사 1급 양성과정으로 1년 6개월간 집체훈련을 실시한 후 나머지 1년 6개월 동안은 현장 훈련을 실시하도록 하였다.

그리고 인문고등학교 직업반 학생에게는 1년차는 학교에서 교양교육을 이수하고, 2년차는 직업훈련원에서 전공이론과 기본 기초 실습을 이수하며, 3년차에는 산업체에서 응용실습을 하게 하였다.

인문고 졸업생 과정은 1년차는 직업훈련원에서 전공 이론과 기본 실습을 이수하고, 2년차는 산업체에서 응용실습을 하는 등 듀얼 시스템 체제를 모방한 다양한 산학협력 프로그램을 운영하였다.

그러나 여러 가지 문제로 인하여 1994년 산학협력에 의한 모든 직업훈련 프로그램을 폐지하고 과거와 같이 집체훈련에 의한 인력양성체제로 환원하였다.[59, 60, 61] 그런데 듀얼 시스템에 의한 직업훈련 프로그램의 실패 원인 분석과 향후 대책 강구가 없었다.

셋째, 독일과 한국의 직업교육훈련 체제와 거버넌스 구조는 기본적인 차이가 있다. 독일의 직업교육훈련 체제는 복선형체제이고, 기본적으로 고용주·노동조합·정부의 협업을 바탕으로 이루어지고 있다. 직업교육훈련체제는 정부의 교육부가 주관하고 있지만, 상공회의소와 수공업협회를 비롯한 경제계는 물론 노동조합의 대표자가 의사결정과정과 실행단위에 공식적으로 참가하고 있다.

또한 <표 4-14>에서 보는 바와 같이 파트너십 정신에 의해 노사정 대표를 비롯한 이해관계자와 직업교육훈련 시행자인 훈련교사가 직업훈련 관련 입법 과정, 직업교육훈련정책 입안과 개정은 물론, 정책 건의, 직업훈련 계획수립, 훈련기준과 평가 기준의 조정 등의 관리와 운영과정의 중요 의사 결정 과정에 균등하게 참여하고 있다.

표 4-14 독일 직업훈련기관의 거버넌스 구조

<table>
<tr><th>기구</th><th>조직</th><th>구성원</th><th>비고</th></tr>
<tr><td rowspan="4">BIBB</td><td>중앙위원회</td><td>노동자대표 16, 사용자대표 16,
연방정부대표 16, 주정부대표 16</td><td rowspan="4">직업훈련의 계획수립, 법규제재안 및 직종간 훈련기준 조정, 새로운 훈련직종개설에 관한 사항</td></tr>
<tr><td>상임위원회</td><td>노동자대표 2, 사용자대표 2,
연방정부대표 2, 주정부대표 2</td></tr>
<tr><td>주대표위원회</td><td>노동자대표 3, 사용자대표 3,
연방정부대표 3, 주정부대표 1</td></tr>
<tr><td>전문위원회</td><td>전문인사(특히 교사)가 노동자대표와 사용자대표 동수로 구성된 중앙위원회보로부터 추천받아 임명</td></tr>
<tr><td rowspan="2">상공회의소와 수공업협회</td><td>직업훈련위원회</td><td>노동자대표 6, 사용자대표 6, 교사 6</td><td rowspan="2">훈련감독, 훈련기준 결정, 검정의 내용 및 기준 결정, 검정 시행에 관한 사항</td></tr>
<tr><td>검정위원회</td><td>노동자대표와 사용자대표 동수, 교사</td></tr>
</table>

자료: 이상호 (2019). 독일의 일자리 혁명. 사회평론아카데미. pp. 156-163.

---

59 한국산업인력공단 (2002). 한국산업인력공단 20년사. pp. 86-88.
60 정택수 (2008). 직업능력개발제도 변천사. 한국직업능력개발원. pp. 193-195.
61 서상선 (2002). 한국 직업훈련제도의 발자취. 대한상공회의소. pp. 248-254.

표 4-15 독일과 한국의 산학협동 제도 비교

구분	독일	한국
학생 선발 및 교육형태	• 기업 지향적 – 학생이 자신의 적성과 소질에 맞는 일을 할 수 있는 기업에 지원, 선발	• 학교 지향적 – 학생이 학교에 지원, 선발 • 문제점 – 기업 현장훈련 위탁 단계에서의 갈등 야기 – 현장훈련 성과제고에 부정적 영향을 끼침
교육의 진행	• 기업과 학교를 오가며 교육을 받기 때문에 기능의 균형 있는 성취가 가능	• 이론 중심의 학교교육 이수 후 기능을 숙지하도록 하고 있어, 이론과 실기의 연계 문제 발생 • 기업체 훈련기관이 고등학교 3년차에 편성되어 있어 조기졸업이라는 인식을 가지게 되며, 학생지도에도 어려움 야기
기업 내 현장훈련	• 현장 훈련기관 중 생산 현장 적응 능력을 기업 내 훈련시설을 통하여 부여받게 됨	• 생산에 기여할 수 있는 기능이 축적되지 못한 상태에서 현장에 투입되기 때문에 생산활동에 참여하여 기능의 숙달을 얻기보다는 생산 현장 기능인들의 조역을 벗어날 수 없음
실습훈련 담당교사	• 기업 내의 훈련원에 실습훈련 전담교사가 배치되어 훈련 • 자격: 기능장 또는 기술공 자격증 소지자(전문대졸 수준의 학력 보유)들로서 5년 이상의 현장 경력+교육학 이수(160시간)+상공회의소나 수공업협회가 주관하는 시험에 합격	• 대부분 기능사 1급 또는 기능사 2급 자격증 소지자(학력 불문)+3~5년의 경력+교육학 수강자(40시간)

자료: 김덕호 (1996). 독일출장보고서. 한국산업인력공단.
이종성 외 (1998). 교육체제 개편에 따른 고등학교 직업교육 방향 설정에 관한 연구. 한국직업능력개발원. 기본연구 97-1. p. 156에서 재인용.

그리고 <표 4-15>에서 보는 바와 같이 일·학습 병행제 학습장소와 기업을 학생이 지원하고 이를 상공회의소수공업협동조합와 기업이 선정하면 3년에 걸쳐 학교와 기업 현장을 오가며 이론과 실기를 배우게 된다. 그 후 졸업과 동시에 학습했던 기업에 3분의 2 이상이 취업하게 된다.

독일의 도제훈련 실태를 보면 도제훈련 직종 수는 2018년 기준 총 326개이고, 도제훈련 참여를 위한 신규체결 건수는 523,300

건이며, 이 중 중도에 계약을 해지하는 비율은 25.8%였다. 도제훈련에 참여하고 있는 학생 수는 1,323,894명이고, 훈련기간 동안 평균 876유로의 훈련 수당을 받으며, 도제훈련 수료 후 68%가 채용되었다. 도제훈련 참여 기업 수는 전체 기업의 19.8%인 426,375개이다. 기업 규모별 도제생 비율을 보면, 1~9인 기업 18%, 10~49인 기업 26%, 50~249인 기업 27.2%, 250인 이상 기업 28.8%로 250인 미만 중소기업이 71. 2%이다.[62]

그런데 우리나라 직업교육훈련은 단선형 체제이고 산학협력을 비롯한 직업훈련은 관 주도로 이루어지고 있다. 파트너십 정신이 부족하고, 현장실습은 대개 학교에서 이론을 학습하고 졸업 직전 1개 학기 정도 산업현장에서 실습하는 것이 주종을 이루고 있다. 때문에 산업체의 현장요구에 부응하는 학생들의 역량을 개발하지 못했다. 그리고 학생들이 실습 후 실습했던 기업체에 졸업 후 취업이 보장된다는 규정도 없다.

그 외에도 1990년대 중반부터 2000년대 중반 당시 듀얼 시스템dual system이 성공하기 어려웠던 점은 공고의 전공과와 훈련원의 훈련 직종과의 불일치, 기업의 훈련에 대한 참여 의욕과 책임감 결여, 청소년 근로에 대한 법규 미비로 생산 작업에 투입 불가, 안전사고 책임 한계, 청소년 근로복지 미비, 원거리 배치 시 숙식 및 훈련원과의 연계 문제 등이 있었다.

이런 혼란 속에 산학협력이 추진되다 보니 그동안 산학협력을 통한 직업교육훈련이 사회적 이슈로 대두되기도 하고 교사들의 부정적인 태도가 나타기도 했다.[63, 64, 65, 66]

그 후에도 정권이 바뀔 때마다 실업계고교 현장실습 정책이 오락가락 하고 있다. 2006년 노무현 정부는 현장실습 과정에 안전사고가 빈번하게 발생하고 학생들의 실습이 노동력 착취 등의 사회적 이슈로 제기되자 실업계고교 현장 실습 정상화 방안을 발표하면서 현장실습을 사실상 폐지했다. 3학년 2학기 수업을 3분의 2 이상 이수하고 졸업 뒤 취업이 보장되어야만 현장실습을 나갈 수 있도록 엄격히 제안하였기 때문이다.

2년 뒤 이명박 정부는 학교자율화 추진 계획을 발표하면서 이 제한을 풀어줬다. 2013년 박근혜 정부 때는 특성화고 현장실습 내실화 방안을 도입해 3학년 1학기에도 현장실습을 나갈 수 있도록 현장실습을 장려했다.[67]

---

62 이동임 (2019). 'Industry 4.0에 대응한 독일 직업교육훈련제도의 최근 변화'. The HRD Review. 2019 September. 제22권 3호. 통권 102호. p. 33.

63 서상선 (2002). 한국직업훈련제도의 발자취-제도화 과정에 얽힌 뒷이야기들을 중심으로. 대한 상공회의소. pp. 248-254.

64 정택수 (2008). 직업능력개발제도 변천사. 한국직업능력개발원. 2008. pp. 95-102.

65 한국산업인력공단 (2002). 한국산업인력공단 20년사. pp. 86-88.

66 이용순 (2001). 2 · 1 체제를 적용한 공고 졸업생의 산업체 현장 적응력 효과 분석. 충남대학교 박사학위 논문.

67 한국경제 (2018). 직업고 현장실습 오락가락. 3월 15일(목) A8면.

따라서 앞으로는 외국의 산학협력교육제도 모방에 급급하지 말고 시간이 걸리더라도 한국의 교육환경과 기업 문화 풍토에 맞는 한국형 산학협력교육 체제를 단계적으로 구축해나가야 한다.

6) 실업계 고교 시설 · 설비의 현대화

실업계고교에 대한 지원이 미약하여 실험 · 실습시설 및 기자재가 부족하고 노후화하여 현장 적응성 높은 직업교육이 이루어지지 못하고 있었다.

이들 문제를 해결하기 위하여 학교 및 지역특성을 살리는 시설 · 설비 기준을 정비하였다. 또한 실업계 고교 시설 · 설비 현대화를 위하여 1997년부터 2002년까지 실험실습 기자재를 확충하였다. 첨단 고가 기자재를 지역별로 공고에 설치하여 공동 활용함으로써 투자의 효율성을 높였다. 최신 국내외 학습자료를 이용할 수 있도록 1999년까지 790개과학고 포함 실업계 고교에 멀티미디어실 1실을 설치하도록 지원하였다. 또한 1997년부터 2001년까지 17,570 학급에 첨단 교육 학습기기를 설치토록 하였으며 직업교육 S/W도 개발하여 보급하였다.

7) 재정지원 강화

직업기술분야에 적성이 있는 우수 학생의 공고 진학을 유도하기 위해 1996년부터 2000년까지 단계적으로 장학금의 지급을 확대하여 2000년에는 전체 공고생의 50%인 104,5000명이 장학금을 받을 수 있도록 하였다.[68, 69]

8) 생애에 걸친 진로지도 및 진로 정보 제공

초 · 중 · 고등학교에서 상급학교 진학위주의 진로지도에 치중하여 학생들이 자신의 진로를 합리적으로 탐색 · 결정할 수 있는 체계적인 진로교육이 활성화되지 못한 실정이었다. 이에 따라 개인의 소질과 적성을 조기에 발굴 · 지도하고 미래 정보화 사회의 도래에 대비한 다양한 진로정보를 체계적으로 제공함으로써 생애설계 능력을 극대화 할 수 있는 진로지도의 필요성이 대두되었다.

---

68 교육부 (1998). 교육개혁요람. p.199.
69 박동열 · 이무근 · 마상진 (2016). 광복 70년의 직업교육 정책 변동과 전망, 한국직업능력개발원 기본연구 2016-23. p. 65.

이를 해결하기 위해 각급 학교에서 진로상담을 정례화하고 진로상담기록부 작성, 진로 적성검사 실시 등을 통하여 진로지도를 체계화하였다. 아울러 「전문상담교사제도 법규」 제정초중등교육법 제21조 제2항 및 진로지도 일반연수 및 자격연수 확대·강화를 통해 진로지도 교사의 능력을 제고하였다.

초등학교에서는 4학년부터 진로상담기록부를 작성하여 적성을 파악하고 진로 탐색을 시작하고 진로상담의 정례화 및 적성검사를 실시하게 하였다.

중학교는 진로상담실 설치 및 진로상담주임 배치, 진로정보실 별도 설치·운영 권장, 적성검사 결과 및 진로상담기록부 누가 기록을 활용하여 고등학교 진학 시 계열선택 적합성을 제고하도록 하였다.

고등학교는 진로상담실 설치 및 진로상담주임 배치, 매년 1회 진로적성검사 실시, '진로·직업' 교과 및 특별활동을 통한 진로교육 실시, 학부모를 포함한 진로상담 정례화, 그리고 각급 학교별로 '진로의 날'을 설정하여 운영하도록 하였다.[70]

9) 자격제도의 개선

자격제도의 개편 목적은 네 가지였다. 첫째, 교육과 노동시장의 연계 기능을 강화하고, 직업교육의 방향과 수준을 선도하며, 인력확보의 경쟁력을 제고한다.

둘째, 자격제도의 탄력성을 확보하고, 자격제도의 다양화에 대비한 정부의 관리능력의 한계를 감안하여 자격제도의 운영 주체를 정부와 민간으로 이원화한다. 이를 통

70 교육부 (1998). 교육개혁 요람. pp. 179-220.

해 국가자격과 민간자격이 상호 보완하면서 자격의 질 관리체제를 확립할 수 있도록 민간 참여를 활성화한다.

셋째, 현행 국가기술자격의 종별은 통합하고 자격등급은 기능사, 산업기사, 기사, 기술사로 단순화 한다.

넷째, 직업교육이 현장 적합성을 확보하기 위하여 직업교육과정과 자격과정의 연계성을 강화한다.

이상과 같은 국가기술자격제도의 개편은 시행시기가 늦어지기는 했지만, 교육개혁이 의도한 방향으로 이루어졌다. 특히 「민간자격 국가공인제도」를 비롯한 민간자격의 활성화가 이루어졌다는 점에 큰 의의가 있다.[71]

10) 직업교육 3법(직업교육훈련촉진법, 자격기본법, 한국직업능력개발원법)의 제정 공포

앞에서 제시한 직업교육정책 과제들이 성공적으로 추진될 수 있도록 「직업교육훈련촉진법」 법률 5,316호, 1997.3.27. 공포, 동 시행령 대통령령 제 15,452호, 1997.8.9. 공포, 「자격기본법」 법률 제5,314호, 1997.3.27.공포, 동 시행령 대통령령 제15,453호, 1997.8.9. 공포, 「한국직업능력개발원법」 법률 제5,315호, 1997.3.27. 공포, 동시행령 대통령령 제 15,545호, 1997.8.9. 공포 등을 제정·공포하였다.

이들 3법을 제정하는 과정에 교육부와 노동부 간에 의견차도 있었다. 그러나 대의적 관점에서 보면 직업교육 3법의 제정은 큰 의의가 있다. 「직업교육훈련촉진법」을 통하여 직업교육과 직업훈련을 통합하여 평생교육체제 속에서 인력 양성을 하려고 시도하였다. 「자격기본법」 제정을 통해서 국가기술자격뿐만 아니라 민간자격제도를 활성화 시켰다. 「한국직업능력개발원법」에 의해 한국직업능력개발원을 설립하여 국가 차원의 직업교육훈련에 관한 정책연구를 종합적으로 수행하고 국제 경쟁력 있는 세계적인 직업교육훈련연구기관으로 발전하게 하고 있는 점이 큰 의의라고 할 수 있다.[72]

김영삼 정부가 직업교육 3법 직업교육훈련촉진법, 자격기본법, 한국직업능력개발원법의 제정을 비롯한 직업교육 개혁을 어느 정도 일관성 있게 실현할 수 있었던 것은 대통령의 신임 하에 직업교육 개혁분야의 과제를 마무리 할 때까지 임기가 지속되는 당시 안병영 교육부장관의 직업교육정책에 대한 뚜렷한 소신과 리더십, 청와대 박세일 수석, 그리고 교육개혁위원회 이명

71 안병영 · 하영섭 (2015). 5 · 31교육개혁 그리고 20년. 다산 출판사. pp. 211-212.
72 정택수 (2008). 직업능력개발제도 변천사. 한국직업능력개발원. pp. 103-108.

현 상임위원 간의 유기적인 협력 체제가 잘 이루어진 결과라고 평가하기도 한다.[73]

반면에, 직업교육 정책이 의도한대로 달성하지 못한 원인을 살펴보면 다음과 같다.

첫째, 직업교육의 개혁과정에서 부처교육부와 노동부 간의 이기주의를 극복하지 못하였다. 둘째, 교육개혁을 추진한 시점이 너무 늦었고 개혁의 추진기간이 너무 짧았다. 셋째, 교육개혁의 추진범위가 너무 넓었다. 넷째, 직업교육이 처한 현실적인 여건에 대한 검토가 미흡하였다. 다섯째, 정책대상 집단의 적극적인 참여가 이루어지지 못하였다.

07 김대중 국민의 정부 직업교육(1998~2003): 직업교육의 재구조화(다양화와 고도화): 정보화 · 세계화 시기(1)

1) 김대중 국민의 정부 시대의 정치, 경제, 사회 문화적 배경

1998년 2월에 출범한 '국민의 정부'는 민주주의와 시장경제의 병행발전을 통치철학으로 제시했다. 정부는 외환위기 극복과 구조 조정을 위한 개혁을 추진하여 성과를 거두었지만, 대량실업과 기업의 연쇄부도 등으로 여러 가지 사회문제가 일어났다. 정부는 IMF 2년간의 성과를 회고하고 민주주의, 시장경제, 생산적 복지를 국정의 세 가지 중심축으로 하여 개혁과제를 지속적으로 추진했다.

외환위기를 일단 넘긴 정부는 '햇볕정책'을 시행하여 남북관계는 부드럽게 진전되고, 남북정상 회담이 개최되었으며, 민간 교류가 활발해졌다. 그러나 '햇볕정책'에 대해 찬반 논란이 많았다. 정치적으로 여야 간 정쟁이 치열하고 국회가 파행적으로 운영되어 정치에 대한 국민의 불신은 팽배했다. 새 정부 출범 이후 시민단체의 역할이 증대된 것은 특기할 만한 일이다.[74]

김대중 정부의 직업교육 정책의 특징은 국가인적자원개발 기본계획과 고등교육 기회를 확대하기 위해 사내대학을 양성화하고, 정보통신매체를 이용한 원격교육을 가능하게 한 점이라고 할 수 있다.

특히 김대중 정부의 중등 직업교육 정책의 특징은 실업계 고등학교를 특성화고등학교로

73 장기원 (2001). 직업교육정책의 평가 연구. 서울대학교 박사학위 논문. pp. 14-19, p. 96, pp. 201-205.
74 김윤태 (2002). 한국 인적자원개발 정책의 분석 및 평가: 1962~2002. 한국직업능력개발원. 기본연구 02-338. p. 201.

확대하고, 특성화 고등학교와 전문대학 간에 2+2 연계 체제 강화 등인데 구체적인 내용은 다음 '2)'항부터 '4)'항과 같다.

2) 국가인적자원개발 기본계획 수립 추진

우리나라는 1995년에 국민소득 1만 달러 달성, OECD 가입 등으로 선진국 진입을 시도하였었다. 그러나 IMF라는 국가위기 사태에 직면함으로써 노동·자본투입의 증가를 통한 경제성장이라는 전통적 성장 전략에는 한계가 있다는 것을 인식하게 되었다. 이에 정부는 선진국으로의 진입과 지식정보화로의 이행을 위해서는 우수 인적자원개발이 절대적으로 필요하다는 것을 인식하였다.

김대중 대통령은 신년사2000.1.3에서 "교육부 장관을 부총리로 승격시켜 교육·훈련·문화·관광·과학·정보 등 인력개발 정책을 종합적으로 관장하겠다"고 발표하였다. 그 후 2000년 11월 29일 정부조직법이 개정되어 교육부가 교육인적자원부로 개편되었다. 이에 따라 교육부가 그동안 인적 자원의 양성과 공급에 주된 관심을 가졌던 것은 교육인적자원부로 개편되면서 인적자원의 활용과 관리에도 정책적 관심을 가져야만 했다.

교육인적자원부는 2001년 대통령 업무보고에서 국가자원의 개발과 활용을 선진국 수준으로 높여 세계적 인적자원 강국으로 도약하기 위해 여러 부처에서 개별적으로 추진 중인 인적자원개발 정책을 국가 차원에서 체계적으로 기획·조정하고 평가하는 시스템을 도입하여 중장기 인적자원개발 기본계획을 수립할 것이라고 발표하였다.

2년 가까이 여러 단계를 거처 최종적으로 대통령에게 보고2001.12.17.하여 확정된 국가인적자원개발 기본 계획은 '사람과 지식', 즉 인적자원을 21세기 국가발전의 핵심역량으로 규정하였다. 이 국가인적자원개발 기본 계획은 인적자원개발과 관련된 국가 차원의 최초 계획이었다. 이 계획에 포함된 국가인적자원개발 정책의 비전과 목표, 4개 영역과 16개 추진과제는 <그림 4-2>와 같았다.

<그림 4-2>에 제시된 것과 같은 국가인적자원개발 기본 계획의 과제들은 2005년까지 지속적으로 추진할 중장기 과제로써, 이의 효과적인 추진을 위해서 과제별로 주관부처와 관련부처를 지정하여 주관부처별로 추진일정 및 소요재원을 포함한 시행계획을 마련하도록 하였다.

국가인적자원개발 기본계획은 인적자원정책의 목표, 정책과제 및 추진전략 제시에 중점

그림 4-2 국가인적자원개발정책('02-'05)의 기본구조

1. 정책비전과 목표

경쟁력 있는 국민, 서로 신뢰하는 사회
– 인적자원 분야 국가 경쟁력 10위권 진입 –

국민 개개인의 역량 강화	사회적 신뢰구축과 결속의 강화	새로운 성장동력 창출

2. 정책영역과 과제

전 국민 기본 역량 강화	성장을 위한 지식과 인력개발	국가 인적자원 활용 및 관리 선진화	국가 인적자원 인프라 구축
· 국민기초교육보장 · 진취적 · 창의적 청소년 문화육성 · 평생학습 활성화 · 취약계층 능력개발지원 · 사회적 신뢰 구축과 시민의식 제고	· 우수인재육성 · 국가전략분야 인력양성 · 산학연 협력 강화 · 서비스산업분야 인적자원개발 · 문화예술 전문인력양성	· 공직부문 인적자원 전문성 제고 · 민간부문 인적자원 활용 개선 · 여성인적자원 활용도 제고	· 인적자원 정보 인프라 구축 · 지식유통체제 혁신 · 인적자원정책 역량강화

자료: 대한민국정부(2001). 국가인적자원개발 기본계획. p. 27.

을 둔 종합적 · 전략적 계획이고 5년 단위로 수립되는 중 · 장기 계획이었다. 따라서 국가인적자원개발 기본계획의 실효성 담보를 위해서는 정책 추진 주체, 내용, 방법, 일정 등을 포함하는 구체적인 실행 계획의 수립이 필요했다.

그런데 이를 수립 · 실행하기 위한 법적인 근거가 마련되어 있지 않았다. 이런 문제를 해결하기 위해 교육인적자원부는 「인적자원개발기본법」2002.8을 제정하고, 이어서 동법 시행령2003. 2을 제정하여 2003년 2월 27일부터 효력이 발효되었다.

3) 실업계고를 특성화고로의 전환, 특성화고와 전문대학 간의 2+2 연계 체제 강화, 실업계고 졸업생의 대학 진학 기회 확대

「인적자원개발기본법」이 제정되고 시행령이 발효되면서 김대중 정부는 고교 직업교육 체제를 특성화 고등학교 체제로 전환하였다.

또한 특성화고등학교와 전문대학 간에 2+2 연계 체제 교육과정운영을 강화하여 우수 중견기술인을 양성하고 특성화고등학교 졸업생들의 대학 진학 기회를 확대하도록 하였다.

실업계고등학교 졸업생의 대학 진학 기회를 확대하기 위해서 전문대학 정원의 일정 범위 내에서 실업계 고등학교 학생으로서 동일계 출신을 선발할 수 있게 하였다.

아울러 평생 고등 직업교육 확대를 위해 기업 내에 사내대학을 설립할 수 있는 법적 근거를 마련하였다.

4) 교원 정년 단축, 전교조 합법화, 교원양성기관 평가[75]

실업계 고등학교 교원에게만 국한된 것은 아니지만 김대중 정부는 1999년 IMF 위기 극복의 일환으로 고통분담 차원에서 교원의 정년 단축을 65세→62세로 무리하게 추진하였다. 결과적으로 60세 이상 교원 및 교육전문직 3만 1,500명이 쫓겨나듯 교직을 떠나게 되었다. 이로 인해 행정 공백과 신규 교사 확보에도 막대한 지장이 초래되었다

교원을 대표하는 단체로는 한국교원단체연합회한국교총가 1947년 11월 조직된 후 현재까지 활동해오고 있다. 그런데 한국교총의 활동에 불만을 품은 교원들이 1989년 전국교직원노동조합전교조을 조직하고 1997년 7월 국민의 정부가 교원노조를 허용함으로써 복수 교직원 단체가 활동하고 있다. 이에 따라 한국교총과 전교조 간에 사안에 따라 의견 대립이 빈번하게 발생하고 있다.

또한 김대중 정부는 교원의 질 향상을 위해 1998년부터 교원양성기관 평가를 5년 주기로 실시해오고 있다.

08 노무현 참여정부의 직업교육(2003~2008): 정보화 · 세계화 시기(2)

1) 노무현 참여정부 시대의 정치, 경제, 사회 문화적 배경

노무현 정부는 대선에서 역경을 겪으면서 극적으로 역전승하였지만 여소야대의 정권으

75 김신복 외 (2017). 교육 정책의 역사적 변동과 전망, 서울대학교출판문화원, p. 412, p. 419, p. 438.

로 불안한 출발을 하였다.

노무현 정부의 시대적 과제는 '개방의 조건하에서 성장과 복지를 어떻게 할 것인가'에 있었다. 그래서 노무현 정부는 국민이 참여의 주체, 권리의 주체, 개혁의 주체가 되는 정부라고 강조하면서 3대 국정지표로 '국민과 함께 하는 민주주의', '더불어 사는 균형발전 사회', '평화와 번영의 동북아 시대'를 제시하였다.

노무현 대통령은 여당 총재직 포기와 여당 국회의원 후보에 대한 공천 행사 포기 등을 통한 당정 분리와, 책임 총리제 및 장관 등에 의한 국정 분권을 통하여 대통령의 막강한 권한을 축소하려고 하였다. 또한 권위주의적 행사에서 탈권위적인 권한 행사로 탈바꿈하려고도 시도하였다. 김영삼 정부가 탈군부화로 대변되는 '문민의 정부'이고, 김대중 정부가 평화적 정권교체를 통해 탄생한 '국민의 정부'라면, 노무현 정부는 국민의 자발적이고 능동적인 참여의 힘으로 탄생하였다고 하여 '참여정부'라고 칭하였다.

그런데 노무현 정부는 대내적으로는 국민통합, 화해와 포용의 이슈, 대외적으로 정부 주도의 자의적인 한미 FTA 추진 등으로 탄핵 정국을 거치는 등, 어려움을 겪기도 하였다. 그러다가 총선에서 과반수 여당이 되면서 다수당으로 새롭게 출발하는 계기가 되었다.

이런 상황 속에서 노무현 정부의 중등 직업교육 정책을 살펴보면 다음 '2)'항부터 '8)'항과 같다.

2) 직업교육 체제 혁신

참여정부인 노무현 대통령의 교육자문기구인 교육혁신위원회는 2005년 직업교육 체제 혁신 방안을 발표하였다. 직업교육 체제 혁신 방안의 도입 배경은 직업교육은 성적이 낮은 학생이나 가정형편이 어려운 학생이 받는 교육, 즉 이류교육이라는 낙인효과 때문에 학생과 학부모들의 기피현상이 심해지고, 양성되는 인력마저도 기업에서 요구하는 직업 능력이 부족하여 재교육에 막대한 추가 비용이 소요된다는 산업체의 불신 초래가 있다는 점에서 기인되었다.

직업교육 체제 혁신의 정책 비전은 '일－학습－삶이 하나가 되는 교육'으로 설정하였다. 이를 구현하기 위한 정책 목표로는 첫째, 모두를 위한 직업교육, 둘째, 직능 지향의 열린 직업교육체제, 셋째, 학교에서 일터로, 일터에서 학교로의 원활한 이행으로 설정하였다.

궁극적으로는 직업교육 체제를 혁신함으로써 직업교육기관의 운영 체제를 개선하고 지원을 확대하려 하였다. 그리고 이를 통하여 직업교육 기관에 대한 기피현상을 해소하고, 소질과 적성에 따른 진로지도를 실시하려 하였다. 그리하여 실업계 고교 학생들에게 직업인으로서의 비전을 제시하려고 하였다.[76]

3) 실업계 고교에서 전문계 고교로의 명칭 변경과 특성화 고등학교 설치 확대

중등 직업교육 정책과 관련하여 노무현 정부가 특별히 관심을 가졌던 것은 특성화 고등학교 설치 확대 및 내실화 강화라고 할 수 있다. 직업교육이 성공하기 위해서는 직업교육기관에 정부부처, 지자체, 직종별 직능단체 등 산업수요와 밀접한 연관이 있는 기관들이 스스로 직접 참여하는 시스템을 구축하는 것이 필요하다고 생각하였다.

예를 들면, 충남 당진군청, 합덕산업고, 그리고 동일 지역에 있는 신성대학 간에 인력양성을 위한 협약을 체결한 것 등을 들 수 있다. 그 당시 당진 군청이 주도적인 역할을 하였는데 당진 지역사회의 산업인력을 양성하는 모범적인 사례가 되었다. 이것이 계기가 되어 합덕산업고는 현재 합덕제철고로 개명해서 마이스터고로 운영되고 있다.

한편 고교 직업교육에서 '실업계고'라는 이미지가 좋지 않은 명칭이라는 것을 인식하였다. 이를 불식시키기 위해 2006년 '실업계고'를 '전문계고'로 변경하고 '실업교육'이란 용어 사용을 폐기하였다. 이어서 '전문계고'를 '특성화고'로 변경하여 고교 직업교육의 정체성을 공고히 구축하려고 노력하였다.

산업체/직능단체와의 협약에 의한 사례로는 한국마사회와 한국경마축산고의 협약을 들

76 박동열 · 이무근 · 마상진 (2016). 광복 70년 직업교육 정책 변동과 전망. 한국직업능력개발원. pp.198-202, p. 222.

수 있다. 한국경마축산고는 전국 최고의 마필관련 특성화고로서 많은 우수 사례를 생성해 내고 있으며 현재는 마이스터고로 선정되어 운영되고 있다.

또한 정부 부처별로 국가차원의 기간산업 및 첨단산업과 연계하여 직접 특성화고와 협약하여 지원하는 사업도 활발히 추진되었다. 2016년 기준 11개 부처청에 250여 개 특성화고를 다양한 방법으로 지원하고 있으며 지원 총 예산이 760억에 이르고 있다.[77]

4) 국민공통 교육과 선택 중심 교육과정 도입(2007 개정시기 교육과정)[78]

노무현 정부가 추진한 2007 개정시기 교육과정이 추구하는 인간상, 교육목표, 구성 방침은 다음과 같았다.

(1) 추구하는 인간상

우리나라의 교육은 홍익인간의 이념 아래 모든 국민으로 하여금 인격을 도야하고, 자주적 생활 능력과 민주 시민으로서 필요한 자질을 갖추게 하여 인간다운 삶을 영위하게 하고, 민주 국가의 발전과 인류 공영의 이상을 실현하는 데 이바지하게 함을 목적으로 하고 있다.

이러한 교육 이념을 바탕으로, 이 교육과정이 추구하는 인간상은 다음과 같다.

① 전인적 성장의 기반 위에 개성을 추구하는 사람

② 기초 능력을 토대로 창의적인 능력을 발휘하는 사람

③ 폭넓은 교양을 바탕으로 진로를 개척하는 사람

---

77 박동열 외. 상게서. pp. 222-224.

78 한국교육과정평가원 국가교육과정 정보센터 (2008.9). 2007 개정시기 고등학교 총론.

④ 우리 문화에 대한 이해의 토대 위에 새로운 가치를 창조하는 사람
⑤ 민주 시민 의식을 기초로 공동체의 발전에 공헌하는 사람

(2) 고등학교 교육 목표

고등학교의 교육은 중학교 교육의 성과를 바탕으로, 학생의 적성과 소질에 맞는 진로 개척 능력과 세계 시민으로서의 자질을 함양하는 데 중점을 둔다.

① 심신이 건강한 조화로운 인격을 형성하고, 성숙한 자아의식을 가진다.
② 학문과 생활에 필요한 논리적, 비판적, 창의적 사고력과 태도를 익힌다.
③ 다양한 분야의 지식과 기능을 익혀, 적성과 소질에 맞게 진로를 개척하는 능력을 기른다.
④ 우리의 전통과 문화를 세계 속에서 발전시키려는 태도를 가진다.
⑤ 국가 공동체의 형성과 발전을 위해 노력하며, 세계 시민으로서의 의식과 태도를 가진다.

(3) 교육과정의 구성 방침

이 교육과정에 명시된 추구하는 인간상과 교육 목표를 성취하기 위한 교육과정의 구성 방침은 다음과 같다.

① 사회적 변화의 흐름을 주도할 수 있는 기본 능력을 길러 줄 수 있도록 교육과정을 구성한다.
② 국민 공통 기본 교육과정과 선택 중심 교육과정 체제를 도입한다.
③ 교육 내용의 양과 수준을 적정화하고, 심도 있는 학습이 이루어지도록 한다.
④ 학생의 능력, 적성, 진로를 고려하여 교육 내용과 방법을 다양화한다.
⑤ 교육과정 편성과 운영에 있어서 현장의 자율성을 확대한다.
⑥ 교육과정 평가 체제를 확립하여 교육에 대한 질 관리를 강화한다.

(4) 편제와 시간(단위)배당기준

① 교육과정은 국민 공통 기본 교육과정과 고등학교 선택 중심 교육과정으로 구성한다.
② 국민 공통 기본 교육과정은 교과, 재량 활동, 특별 활동으로 편성한다.
③ 고등학교 선택 중심 교육과정은 교과와 특별 활동으로 편성한다.

- 교과는 보통 교과와 전문 교과로 한다.
  ⓐ 보통 교과는 국어, 도덕, 사회, 수학, 과학, 기술·가정, 체육, 음악, 미술, 외국어와 한문, 교양 선택 과목으로 한다.
  ⓑ 전문 교과는 농생명 산업, 공업, 상업 정보, 수산·해운, 가사·실업, 과학, 체육, 예술, 외국어, 국제에 관한 교과로 한다.
  ⓒ 특별 활동은 자치 활동, 적응 활동, 계발 활동, 봉사 활동, 행사 활동으로 한다.

시간단위 배당 기준은 국민공통 기본 교육과정 70단위, 특별활동 8단위, 전문교과단위 80단위 이상을 이수하여야 한다.

이상과 같은 2007 개정시기 교육과정의 특징을 보면 국민공통기본교육과정과 선택중심 교육과정을 강화한 점이다. 다른 하나는 고등학교 교육목표는 진술되어 있지만 일반 고등학교와 전문계 고등학교의 교육목표가 구분되어 있지 않아 전문계 고등학교의 입장에서 보면 지향해야 할 방향이 모호하다.

5) 직업교육 혁신 리더 과정 설치 운영

특성화 고등학교를 발전시키기 위해서는 특성화고를 이끌어갈 우수한 리더십을 가진 관리자가 필요했다. 이를 위해 특성화고등학교 관리자를 대상으로 한 직업교육 CEO과정직업교육 혁신 리더과정을 2005년 처음 서울대학교 농업생명과학대학 교육연수원에 설치하여 2020년 현재도 지속적으로 운영하고 있다. 당시에는 교육부의 특별교부금으로 진행되었던 이 연수 과정이 현재는 수익자 부담으로 바뀌어 진행되고 있다. 그렇게 해도 가장 선호도가 높고 유익한 연수과정으로 평가받고 있으며 직업교육 분야의 많은 리더를 양성해내고 있다.[79]

79 박동열 외. 전게서. p. 225.

6) 실업계고교 졸업자의 지방공무원 특별 임용 활성화

현재 기획재정부와 인사혁신처의 적극적인 협조로 국가직 및 지방직 9급 공무원 채용시 정원의 20%를 고졸자로 채용하도록 권장하고 있다. 이것도 노무현 정부가 직업교육 체제 혁신방안에서 제안했던 실업계고교 졸업자의 지방공무원 특별 임용활성화 대책의 연장선상으로 이해할 수 있다.

7) 수능시험에 '직업탐구 영역' 신설

2001년 교육부는 '실업교육 육성방안'을 통하여 대학에서 동일계 입학전형을 부활하고, 대학수학능력시험에 실업계열을 신설할 것을 발표하였다. 그 후 각계각층의 다각적인 의견을 수렴하여 2005학년도 대학수학능력시험부터 '직업탐구' 영역을 신설하여 운영하고 있다.

'직업탐구' 신설을 통하여 실업계 고교 졸업생의 대학 진학 기회는 확대되었다. 그러나 실업계 고교 졸업생의 취업률 저조, 학령인구 감소로 대학 수학 능력이 부족한 학생들의 대학 진학 등의 문제가 제기되기도 하였다.[80]

8) 중등 직업교육 재정 지원 체제를 중앙에서 시도교육청으로 이관

국고 편성 필요가 없는 모든 예산은 지방자치단체에 직접 지원하도록 지시함으로써 2005년부터는 학교와 시·도교육청을 지원했던 모든 국고 예산을 그대로 시·도교육청으로 이관시켰다.

그러나 아쉽게도 국가가 갖고 있던 직업교육 예산은 지방 이양과 함께 대부분의 경우 축소되었다. 결과적으로 이는 중등 직업교육의 침체로 이어지게 되었다. 그래서 선진국에서는 직업교육과 관련된 예산은 지방정부로 이양하지 않고 연방정부 또는 국가가 직접 관리하고 있다. 법적으로 중등 직업교육 재정 지원 보조금을 규정한 나라도 있다.

80 박동열 외. 전게서. pp. 228-235.

09 이명박 MB 정부의 직업교육(2008~2013): 정보화 · 세계화 시기(3)

1) 이명박 MB 정부 시대의 정치, 경제, 사회문화적 배경

이명박 정부가 출범한 2008년은 사회 · 경제적으로 어려운 시기였다. 상반기에는 국제 유가 상승에 따른 소비와 투자의 부진, 하반기에는 미국 발 금융위기로 촉발된 세계 경제의 동반 불황으로 수출이 부진해져 고용 위기가 점점 더 심화되었다.

정치적으로는 10년 만의 정권교체가 이루어져 소위 진보세력으로서는 보수정권의 출범에 대해 인정하기를 원치 않았다. 이에 편승한 야권 정치세력은 진보 · 시민 · 사회단체 및 노동자와 연대하여 정권 출범 초기부터 강력한 저항을 보였다. 1기 내각 구성과정에 인사 파동, 특히 미국과의 쇠고기 협상을 계기로 대정부 투쟁이 절정에 달하여 이명박 정부는 출범 초기부터 심각한 타격을 받았다. 이명박 정부는 녹색성장을 통한 친환경정책을 적극적으로 추진하려고 하였고 지식기반사회를 맞아 우수 인적자원개발에 관심을 가졌다.

이상과 같은 MB 정부의 시대적 배경에서의 중등 직업교육 정책은 다음 '2)'항부터 '5)'항과 같았다.

2) 2009 개정시기 교육과정 편성 · 운영

이명박 정부가 시행한 2009 개정시기 교육과정의 성격은 다음과 같았다.

(1) 국가 수준의 공통성과 지역, 학교, 개인 수준의 다양성을 동시에 추구하는 교육과정이다.

(2) 학습자의 자율성과 창의성을 신장하기 위한 학생 중심의 교육과정이다.

(3) 교육청과 학교, 교원 · 학생 · 학부모가 함께 실현해 가는 교육과정이다.

(4) 학교 교육 체제를 교육과정 중심으로 개선하기 위한 교육과정이다.

(5) 교육의 과정과 결과의 질적 수준을 유지, 관리하기 위한 교육과정이다.

또한 2009 개정시기 고등학교 교육과정에 명시된 추구하는 인간상은 다음과 같았다.

우리나라의 교육은 홍익인간의 이념 아래 모든 국민으로 하여금 인격을 도야하고, 자주적 생활 능력과 민주 시민으로서 필요한 자질을 갖추게 하여 인간다운 삶을 영위하게 하고, 민주 국가의 발전과 인류 공영의 이상을 실현하는 데 이바지하게 함을 목적으로 하고 있다.

이러한 교육 이념을 바탕으로, 이 교육과정이 추구하는 인간상은 다음과 같다.

(1) 전인적 성장의 기반 위에 개성의 발달과 진로를 개척하는 사람
(2) 기초 능력의 바탕 위에 새로운 발상과 도전으로 창의성을 발휘하는 사람
(3) 문화적 소양과 다원적 가치에 대한 이해를 바탕으로 품격 있는 삶을 영위하는 사람
(4) 세계와 소통하는 시민으로서 배려와 나눔의 정신으로 공동체 발전에 참여하는 사람

이런 인간상을 구현하기 위한 고등학교의 교육목표는 다음과 같았다.

고등학교 교육은 중학교 교육의 성과를 바탕으로, 학생의 적성과 소질에 맞는 진로 개척 능력과 세계 시민으로서의 자질을 함양하는 데 중점을 둔다.

(1) 성숙한 자아의식을 토대로 다양한 분야의 지식과 기능을 익혀 진로를 개척하며 평생 학습의 기본 역량과 태도를 갖춘다.
(2) 학습과 생활에서 새로운 이해와 가치를 창출할 수 있는 비판적, 창의적 사고력과 태도를 익힌다.
(3) 우리의 문화를 향유하고 다양한 문화와 가치를 수용할 수 있는 자질과 태도를 갖춘다.
(4) 국가 공동체의 발전을 위해 노력하며, 세계 시민으로서의 자질과 태도를 기른다.

위와 같은 교육목표를 달성하기 위해 전문교육을 주로 하는 고등학교 교육과정의 편성과 운영은 다음과 같았다

(1) 교과군의 이수 단위 180단위 중 보통 교과 필수 이수 단위는 72단위 이상으로 편성하며, 전문 교과의 과목은 80단위 이상 편성한다.
(2) 전문 교과의 각 과목에 대한 이수 단위는 시 · 도 교육감이 정하되, 외국어와 국제에 관한 교과의 각 과목별 이수 단위는 5단위를 기본으로 하되, 3단위 범위 내에서 증감 편성할 수 있다.
(3) 전문 교과의 기초가 되는 과목을 선택하여 이수할 경우, 이를 해당 보통 교과의 이수로 간주할 수 있다.
(4) 내용이 유사하거나 관련되는 보통 교과의 과목과 전문 교과의 과목은 교체하여 편성 · 운영할 수 있다.
(5) 농생명산업, 공업, 상업정보, 수산 · 해운, 가사 · 실업 계열의 고등학교는 다음과 같이 편성 · 운영할 수 있다.

① 전문 교과는 필요한 경우 다른 계열의 전문 과목을 선택하여 편성 · 운영할 수 있다.

② 학과별 필수 과목은 필요한 경우 학교장이 정할 수 있으며, 2개 이상의 계열을 운영하는 경우, 해당 학과가 속한 계열의 필수 과목을 이수한다.

③ 교육과정 내용과 관련이 있는 현장 실습을 운영하여야 한다. 이 경우 다양한 형태로 운영할 수 있으며, 이와 관련된 구체적인 사항은 시 · 도 교육청이 정한 지침에 따른다.[81]

3) 전문계 고교를 마이스터 고교와 특성화고로 개편

MB 정부의 고교 직업교육 정책은 <그림 4-3>에서 볼 수 있는 것과 같이 학생의 진로 경로에 따른 노동시장 진입규모의 심각성에서 문제를 인식하고 이를 해결하기 위한 정책 방향을 찾았다. 2009년의 학교 단계별 진로 현황이 유지된다고 가정했을 때, 중학교 졸업생 100명 중 22명이 전문계 고교에 진학하고 그 중 11명은 졸업 후 전문대학에 진학하며 7명

그림 4-3 학생의 진로 경로에 따른 노동시장 진입규모 상황

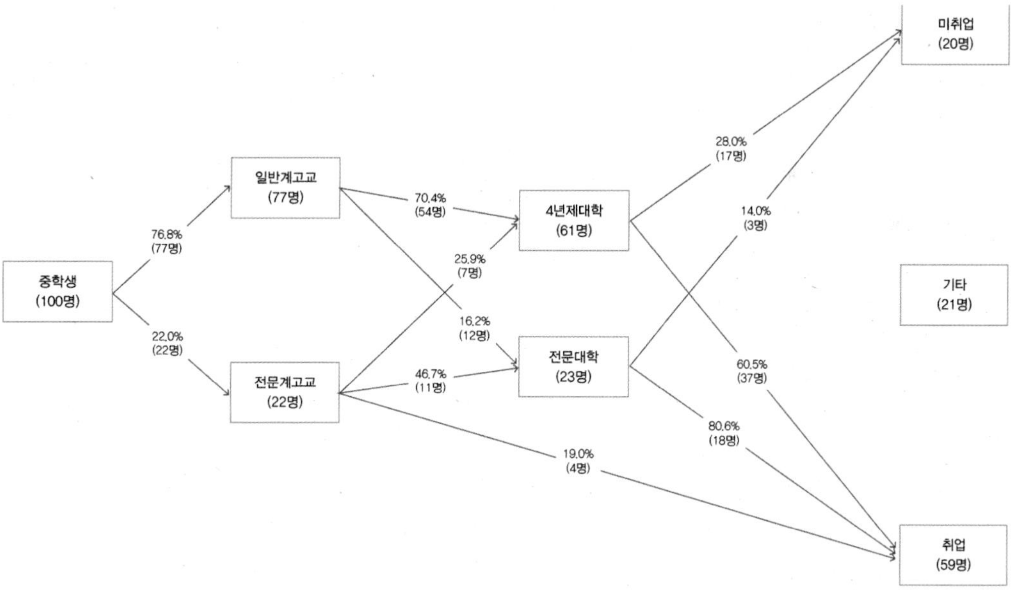

자료: 이주호 외 (2012). 인재대국 2012-대한민국의 교육과학기술정책- . 한국경제신문 한경BP. pp. 112-139.

81 한국교육과정평가원 국가교육과정정보센터. (2009.12). 2009 개정시기 총론. 전문교육을 주로 하는 고등학교 교육과정 편성 운영.

은 4년제 대학에 진학하여 전문계 고교 졸업 후 취업자는 4명에 불과하다. 중학교 졸업생 100명 중 20%는 고등교육을 마쳤어도 미취업 상태임을 알 수 있다.

이상과 같은 문제를 해결하기 위해 이명박 대통령은 2007년 대선 후보자 시절부터 마이스터고 육성 의지를 밝혔고 대통령 당선과 동시에 마이스터고 육성을 본격적으로 추진하였을 뿐만 아니라 매년 마이스터고를 1~2개씩 방문하였다.

마이스터고등학교산업수요 맞춤형 고등학교란 유망 분야의 특화된 산업수요와 연계하여 안정적 취업을 통해 경력개발이 가능한 영마이스터young meister를 양성하는 전문학교를 의미한다.

영마이스터를 양성하기 위해서 <그림 4-4>에서 보는 것과 같이 마이스터고등학교 학생들은 전문기술, 외국어 교육, 인턴십, 해외연수 등을 통한 전문적인 지식과 기술을 배우고 수업료 면제와 기숙사 생활 등의 혜택을 받으면서 졸업을 하면 우선취업을 하게 된다. 취업 후에도 계속 대학에 진학하기를 희망하는 학생에게는 재직자 특별전형, 계약학과, 사내대학 등을 통하여 대학에서 배움의 기회를 제공받는다. 군복무와 관련해서도 취업 후 4년간 입영 연기가 가능하고 전공과 관련된 특기병 근무가 가능하다. 군복무를 마치면 직장에 복귀하여 근무하게 되고 계속 경력을 쌓아 궁극적으로 한국형 마이스터인 최고 기술자, 기술 전수자, 창업 · 경영자가 되는 것이다.

마이스터고등학교는 산업수요 맞춤형 교육과정 운영으로 학교와 기업이 함께 만드는 실무형 수업, 협약 기업을 오고 가며 배우는 현장실습, 재직자 특별전형 등을 활용한 일과 학습의 병행 등으로 학생, 학교, 기업이 모두 만족하는 고교 직업교육체제로 발전하고 있었다. 특히 산업수요 맞춤형 교육과정을 운영하는 과정에서 산학협력교육 시스템을 구축하여 왔는데 그 결과로 대학에서도 운영이 힘들었던 '기업맞춤형 반'을 운영하였다.

교육과학기술부는 2008년 도입된 마이스터고의 성공 사례를 다른 특성화고로 전파하고 전체 특성화고를 취업중심 학교로 개편하기 위해 2010년 5월 '고등학교 직업교육 선진화 방안'을 발표하였다. 마이스터고의 내실화와 특성화고의 정예화 · 전문화가 주요 특성인데 구체적인 내용은 다음과 같다.

그림 4-4 마이스터고 학생 성장경로(한국형 마이스노 육성 기본계획. 교육과학기술부, 2008)

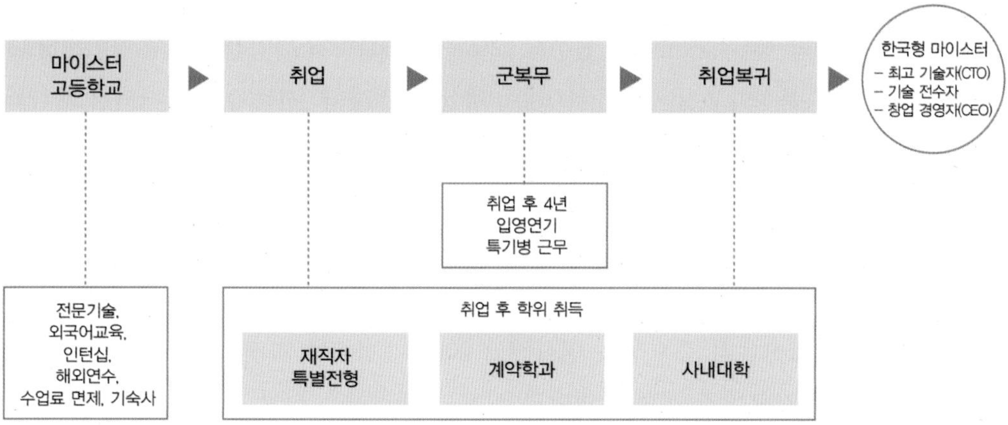

자료: 이주호 외 (2012). 인재대국 2012-대한민국의 교육과학기술정책 - . 한국경제신문 한경BP. p. 119 .

고등학교 직업교육 선진화 방안에 의하면 2010년 기준 마이스터고21개교, 특수목적고40개교, 특성화고168개교, 일반전문계고275개교, 종합고187개교, 총계 691개 전문계 고교를 2015년까지 취업선도 모델 마이스터고50개교와 산학협력형 특성화고350개교, 총계 400개 고교로 내실화 · 정예화 · 전문화하며, 나머지 291개교는 일반계 고교로 전환하는 계획이었다.

이런 체제를 구축하여 성공할 수 있도록 산업계 수요가 반영된 교육과정 운영을 강화하고 선취업 후진학 체제가 구축될 수 있도록 재직자 전형, 장학 사업, 학자금 지원 등을 추진하였다. 취업 후 학위취득 기회를 제공하며, 체제 개편에 따라 요구되는 재정과 평가관리 체제를 마련특성화고 개편 · 육성 490억 원, 특성화고 취업기능강화 연간 200억 원, 교사 부전공 · 복수전공 연간 40억 원하였다.

이상과 같은 지원을 받으며 추진된 마이스터고등학교와 특성화 고등학교들은 해가 거듭될수록 좋은 성과를 거두었다. 특성화고에서 취업을 희망하는 학생 중 취업비율은 2011년 63.6%에서 2012년 4월 89.7%로 증가하였다. 2012년 특성화고를 졸업한 취업자 중 75.7%가 정규직으로 채용되는 등 '취업의 질' 역시 높아지고 있었다.[82]

이명박 정부에서 계획했던 마이스터고 50개교, 특성화고 350개교가 박근혜 정부에서의 추진 상황을 보면 마이스터고등학교는 2011년 21개교에서 2015년 40개교, 2017년 46개교로 증가하였다. 그러나 특성화고등학교는 그 후 「초중등교육법」이 개정됨에 따라 186개의

82 이주호 외 (2012). 인재대국 2012-대한민국의 교육과학기술정책-. 한국경제신문. pp.124-130.

종합고등학교가 일반고로 분류되어 나머지 473개의 전문계 고교가 원래 계획하였던 350개의 특성화 고등학교와 관계없이 2015년 모두 특성화 고등학교로 편성되었다.

이에 따라 이명박 정부에서 691개 전문계 고교를 2015년까지 취업선도 모델 마이스터고50개교와 산학협력형 특성화고350개교 계 400개로 내실화·정예화·전문화하며, 나머지 291개교를 일반계 고교로 전환하려고 추진하던 계획은 박근혜 정부에 들어 사실상 중단되었다.

4) 진로교육체제 강화

MB 정부는 진로교육의 중요성을 인식하고 2009 개정 교육과정의 목표에서 인간상에 '전인적인 성장의 기반위에 개성의 발달과 진로를 개척하는 사람'을 명문화하였다. 교육내용은 초등학교에서는 '다양한 일의 세계 이해', 중학교에서는 '적극적인 진로탐색', 고등학교에서는 '진로계획'을 명시함으로써 진로교육의 중요성을 부각하였다. 특히 2009 개정 시기 교육과정은 '창의적 체험활동'에 진로활동을 신설하고, '진로와 직업' 과목을 선택교과로 채택하는 등의 진로교육을 강화하는 내용이 포함되었다. 또한 2014년까지 모든 중·고등학교에 진로진학상담교사를 배치한다는 진로교육 프로젝트를 2010년에 발표하고 추진하였다.

5) 특성화고등학교 교과서를 국정에서 검인정으로 정책 전환

특성화고등학교 교과서는 2007 교육과정 때까지는 국정도서와 검정도서로 개발되었다. 그런데 이명박 정부에서 2010년 교과서 제도의 선진화 방안을 발표하였다. 이에 따라 특성화고등학교는 2011년부터 국정도서 145종특목고 및 전문계고과 검정도서 39종고교과학, 음, 미, 체 등, 총 184종의 도서가 인정도서로 전환되게 되었다.

인정도서는 국정도서와 검정도서로 발행되지 않는 과목의 교과서를 개인이 출판하여 16개 시·도 교육감의 인정을 받아 학교에서 사용하는 것이다. 따라서 인정도서에는 2010년 교과서 제도의 선진화 방안에서 교사들이 자체로 제작한 학습 자료나 시중에 나와 있는 일반 서적도 인정 절차를 거쳐 교과서로 사용할 수 있다고 하였다. 또한 학생들의 다양한 요구가 교과서에 반영되어 학생들의 지식, 흥미, 창의력을 키우는 맞춤 수업이 될 수 있다고 하였다.

그러나 인정도서 개발은 다음과 같은 문제점이 나타났다.

(1) 교과서 개발에 대한 전문 지식이 없는 전국 16개 시·도 장학사가 교과서 행정업무 담당,

(2) 교과서 집필 경험이 전혀 없는 사람도 집필진에 포함되어 있는 경우가 있어 교육과정과 연관성이 부족한 내용을 서술하는 사례 발생,

(3) 편수 자료를 무시하고 집필하여 교과서의 통일성 부족, 사진·삽화 등에서 도면의 선 굵기나 기호가 규정에 맞지 않거나 색채가 맞지 않아 혼란을 초래하는 경우,

(4) 전문성이 부족한 심사위원들의 심사 결과로 인해 심사 결과 수정 지시 사항이 개선이 아니고 개악이 되는 경우,

(5) 많은 교과서를 짧은 기간 내에 동시에 개발함에 따라 출판사의 인력난과 사진·삽화 제작비의 인상,

(6) 교과서 개발 시 내용이나 통계 자료를 인터넷에서 다운 받아 부정확한 내용을 사용하는 사례 발생,

(7) 그 동안 인정 도서 개발 업무를 2010년 서울특별시 교육청이 시작하여 매년 다른 시도 교육청으로 이관되어 추진됨에 따른 교과서 개발 행정의 일관성 결여 및 비효율성 등의 문제가 제기되었다.[83]

10 박근혜 정부의 직업교육(2013~2017): 제4차 산업혁명과 NCS 기반 시기

1) 박근혜 정부 시대의 정치, 경제, 사회 문화적 배경

박근혜 정부가 들어설 무렵 세계적으로는 각 나라가 기술적·사회적·환경적 행정환경의 변화에 직면해 있었다. 정보화와 과학기술의 융합, 글로벌 경제의 급변과 충돌, 기상 이변 등의 복합적 변화는 새로운 정책적 해결을 요구하였다. 이에 대응하기 위해 박근혜 정부는 과학 기술을 바탕으로 한 창조 경제와 이를 구현할 사람, 즉 우수 인적 자원을 확보하고 개발하는 것이 경쟁력이 있다고 판단하였다. 이를 위해 다각적인 창조경제 정책을 수립하고 추진하는 데 필요한 인력 개발에 역점을 두었다.

박근혜 정부는 같은 여당인 이명박 정부의 뒤를 이었기 때문에 순조로울 것으로 여겼다.

83 박동열 · 이무근 · 마상진 (2016). 광복 70년 직업교육 정책 변동과 전망. 한국직업능력개발원. pp. 279-285.

그러나 박근혜 정부가 새롭게 탄생은 했지만 대통령의 국민과의 소통 부재와 인사에 대한 고집, 이와 관련된 야당의 강력한 저지로 국무총리를 비롯한 정부 각료 인선 문제가 사회적 이슈로 대두되기도 하였다.

특히 박근혜 대통령은 세월호 사건, 위안부 문제 해결을 위한 한일협상 결과에 대한 후유증, 정권 말기 최순실 사건으로 인한 촛불 시위와 언론계의 반발 등으로 탄핵 소추와 헌법재판소의 파면 판결로 임기를 채우지 못하고 하야했다.

이런 상황에서 박근혜 정부의 중등 직업교육 정책은 다음 '2)'항부터 '5)'항과 같았다.

2) 2015 개정시기 교육과정의 편성과 운영[84]

박근혜 정부에서 추진한 2015 개정 교육과정의 특성을 특성화 고등학교와 마이스터고등학교와의 관점에서 2009 개정 교육과정과 비교해 보면 다음과 같다.

첫째, 교육과정 구성의 방향에서 고등학교 교육목적과 추구하는 인간상, 고등학교 교육목표는 같은데 '기르고자 하는 핵심 역량'을 다음과 같이 신설하여 제시하였다.

(1) 자아정체성과 자신감을 가지고 자신의 삶과 진로에 필요한 기초 능력과 자질을 갖추어 자기 주도적으로 살아갈 수 있는 자기관리 역량

(2) 문제를 합리적으로 해결하기 위하여 다양한 영역의 지식과 정보를 처리하고 활용할 수 있는 지식정보처리 역량

(3) 폭넓은 기초 지식을 바탕으로 다양한 전문 분야의 지식, 기술, 경험을 융합적으로 활용하여 새로운 것을 창출하는 창의적 사고 역량

(4) 인간에 대한 공감적 이해와 문화적 감수성을 바탕으로 삶의 의미와 가치를 발견하고 향유하는 심미적 감성 역량

(5) 다양한 상황에서 자신의 생각과 감정을 효과적으로 표현하고 다른 사람의 의견을 경청하며 존중하는 의사소통 역량

(6) 지역 · 국가 · 세계 공동체의 구성원에게 요구되는 가치와 태도를 가지고 공동체 발전에 적극적으로 참여하는 공동체 역량

84 한국교육과정평가원 국가교육과정정보센터 (2016.12.13.). 2009 VS 2015 초 · 중등학교 교육과정 총론 신 · 구 대조표. pp.1-22.

둘째, 교육과정 구성 중점 7개항을 신설하여 제시하였는데 여섯 번째 항에 다음과 같이 명시하였다.

특성화 고등학교와 산업수요 맞춤형 고등학교에서는 국가직무능력표준을 활용하여 산업사회가 필요로 하는 기초 역량과 직무 능력을 함양한다. 이에 따라 특성화 고등학교와 마이스터 고등학교는 국가직무 표준기반 교육과정을 개발 · 운영하고 있다.

셋째, 학교 급별 교육과정 편성 · 운영의 기준에서 고등학교 교과는 보통 교과와 전문 교과로 구분하며, 보통 교과에는 공통 과목과 선택 과목으로 구분한다. 공통 과목은 모든 학생이 이수하도록 한다. 선택 과목은 일반선택과목과 진로선택과목으로 구분한다.

전문 교과는 전문 교과 I 과 전문 교과 II 로 구분한다. 전문 교과 I 은 과학, 체육, 예술, 외국어, 국제 계열에 관한 과목으로 한다. 전문 교과 II는 국가직무능력 표준에 따라 경영 · 금융, 보건 · 복지 등 17개 과목으로 분류하고 이들 과목은 전문 공통과목, 기초과목, 실무과목으로 구분한다.

넷째, 교육과정 평가, 국가 수준의 학업 성취도 평가 실시 등을 폐지한다.

다섯째, 편재와 단위 배당 기준에 있어 특성화고등학교와 산업수요 맞춤형 고등학교는 전문교과 I 과목과 전문교과 II 과목의 이수 단위 수는 시 · 도교육감이 정한다. 전문공통과목, 기초과목, 실무과목은 모든 교과군에서 선택할 수 있다.

여섯째, 교육과정 편성 · 운영 기준에서 총 이수 단위는 204단위이며, 그 중 교과군 180단위 이상특성화 및 마이스터 고등학교일 경우 보통교과 66단위 이상, 전문교과 II 86단위 이상, 창의적 활동 24단위480시간로 나누어 편성하여야 한다.

일곱째, 실무 과목은 국가직무능력표준의 성취기준에 적합하게 교수 · 학습이 이루어지도록 한다.

여덟째, 보통 교과의 진로 선택 과목 중 실용 국어, 실용 수학, 실용 영어는 해당 교과군의 공통 과목 이수 전에 편성 · 운영할 수 있다.

아홉째, 학교가 필요에 따라 이 교육과정에 명시되지 않은 새로운 실무 과목을 개설하여 운영할 경우 국가직무능력표준에 기반해야 하며, 시 · 도교육청이 정하는 지침에 따라 사전에 필요한 절차를 거쳐야 한다.

3) 능력중심 사회 구현을 위한 국가직무능력표준(NCS)기반 교육과정 개발 운영

박근혜 정부는 '전문인재 양성을 위한 직업교육 강화'를 국정과제 72로 설정하였다. 이를 달성하기 위해 2015 개정시기 교육과정령에 따라 국가직무능력표준National Competency Standards: NCS 기반 교육과정을 개발하고, 학습교재모듈도 개발하였다. 또한 산학일체형 도제학교 시범운영, 전문대학 특성화 지원, 선취업 후진학 시스템 구축 및 재직자 특별전형 학과 운영 등의 사업을 추진하였다.

박근혜 정부는 '학벌이 아닌 능력중심 사회'를 만들기 위한 여건조성을 국정과제75로 설정하였다. 이를 구현하기 위해 직업교육훈련에 국가직무능력표준NCS 구축, 산학일체형 도제학교 운영, 과정평가형 자격제도 운영, 국가기간전략산업직종훈련, 직업능력개발심사평가, 일·학습병행 훈련 등도 실시하였다.

국가직무능력 표준NCS은 1996년 '5·31 교육개혁 방안'에서 교육훈련과 노동시장의 연계

표 4-16 국가직무능력표준(NCS)을 국정 과제로 선정하기까지의 부처 간 협의 추진 사항

연도	부처 간 협의 사항
1996.02	'5.31 교육개혁 방안에서 교육과 노동시장 연계기능을 강화하기 위해 자격제도 개편 추진(직업교육과 자격의 연계 강화)
2001.12	국가직무능력표준 및 국가자격체제 도입에 관한 부처 합의(국무조정실) 고용노동부(2002~), 교육과학기술부(2003~) 시범 개발 추진
2004.08	국무조정실 조정 결과를 토대로 자격기본법 개정안 국회 제출
2007.04	자격기본법 개정, 국가직무능력표준 개발의 법적 근거 마련
2008.12	2009~2011 자격관리·운영기본계획 수립(부처 공동)
2009.08	국가직무능력표준 개발 매뉴얼 일원화 TFT 운영 부처(교육과학기술부, 노동부, 지식경제부, 국토해양부) 및 전문가 참여, 표준의 주요 구성 항목의 양식 합의
2010.05	국가직무능력표준 사업 효율화를 위한 조정을 통해 표준의 개발, 적용, 확대 기반 마련(국가정책조정회의) • 정부 주관 NCS 개발 담당: 고용 노동부 • NCS 개발사업의 기본 계획 수립 및 자격정책심의회 안건 상정: 교육부 및 고용노동부 공동 – 국가직무능력표준 연구: 한국직업능력개발원 – 정부발주 표준 개발 사업: 한국산업인력공단 • 중·장기 NCS 개발 계획(2010~2014) 수립: 교육부 및 고용노동부 공동
2011.12	2012~2016 자격관리·운영 기본 계획 수립(부처 공동)
2012.06	중장기 '국가직무능력표준 개발 및 활용 계획' 수립(관계부처 합동) • 한국산업인력공단에 「NCS 지원센터」를 구축 운영: NCS 개발(직업훈련 분야) • 한국직업능력개발원에 「NCS 교육과정 개발·운영지원센터」 설치 운영: NCS 학습 모듈 개발(학교교육분야)

자료: 정향진 (2013). '국가직무능력표준(NCS) 도입에 따른 실행 과제 및 추진 전략'. THE HRD REVIEW. 직업과 인력개발. 2013. MAY. 한국직업능력개발원. pp. 8-24 .

기능 강화를 위한 자격제도 개편이 추진되면서 시작되었다. 2001년 국가직무능력표준과 국가자격체제 도입에 관한 부처 합의가 국무조정실을 중심으로 이루어진 이후 10여 년간 관련 부처와 학계, 연구기관을 중심으로 국가직무능력표준 연구와 실행사업이 추진되었다.

박근혜 정부가 2013년 NCS를 국정과제로 채택하기 전에 10여 년에 걸쳐 관련 부처와의 추진 사항을 요약하면 <표 4-16>과 같다.

10여 년에 걸친 부처 간의 협의와 연구를 통해 합의된 결과를 토대로 박근혜 정부가 추진한 「국가직무능력표준」이란 '산업현장에서 직무를 수행하기 위하여 요구되는 지식 · 기술 · 소양 등의 내용을 국가가 산업부문별 · 수준별로 체계화한 것자격기본법 제2조 제2호으로 산업현장의 직무를 성공적으로 수행하기 위해 필요한 능력지식 · 기술 · 태도을 국가적 차원에서 표준화 한 것'을 의미한다.

국가직무능력표준의 특징은 한 사람의 근로자가 해당 직업 내에서 소관 업무를 성공적으로 수행하기 위하여 요구되는 실제적인 수행 능력을 의미한다. 해당 직무를 수행하기 위한 모든 종류의 수행능력을 포괄하여 제시하며, 모듈module형태로 구성되고, 산업계 단체가 주도적으로 참여하여 개발하는 데 있다.

따라서 NCS 기반 교육과정은 전통적으로 이루어져 왔던 교과중심 교육과 학교가 중심이 된 교육 공급자 위주의 교육에서 탈피하여 학습자의 적성과 수준에 맞고 산업체가 요구하는 능력을 개발하는 맞춤형 수요자 중심 교육을 목적으로 한다. 요약하면 NCS 기반 교육과정은 학습자가 '무엇을 아느냐' 보다는 '무엇을 할 수 있느냐'에 역점을 둔 능력중심 교육을 추구함에 있다.[85]

현재 국가직무능력표준NCS기반 교육과정을 개발하여 마이스터고와 특성화고를 비롯한 대부분의 전문대학과 폴리텍대학 교육에 적용하고 있다. 대학에서도 전문인 양성을 목적으로 하고 있는 교육중심 학과에서는 NCS 기반 교육과정을 개발 운영할 것을 권장하고 있다. 국가직무능력표준은 교육에만 적용되는 것이 아니라 공공기관이나 기업이 직원을 채용할 때에도 채용 기준에 적극 반영하도록 권장하고 있다.

그러나 지식과 기술이 급변하고 있어 직업 생성 소멸주기도 빠른 속도로 단축되고 있다. 이에 따라 모든 직업교육 프로그램에 NCS 기반 교육과정을 적용하는 데에는 무리가 있다. NCS 기반 교육과정의 기본 취지는 충분히 살리되 학교급별 또는 전공 분야, 산업별 특성에 따라 유연성 있게 운영할 수 있는 배려가 필요하다. 또한 NCS 기반 교육과정 개발에 참여

85 교육부. 한국연구재단 (2015). NCS(국가직무능력표준)기반 교육과정 가이드라인. pp. 7-29.

하는 산업계 단체의 역량수준 향상도 함께 고려되어야 한다.

4) 일 · 학습병행제를 통한 평생학습 체제 구현

일 · 학습병행제는 직업교육에서 일과 교육 · 훈련이 더 체계적으로 연계되게 한다는 취지에서 독일과 스위스의 직업훈련체제Dual Training System를 참조해서 2014년에 시작된 정책이다.

이 제도는 기업이 취업을 원하는 청년 등을 학습근로자로 채용하고, 국가직무능력표준NCS 기반의 교육훈련과정을 실시하여 그 역량을 국가또는 산업계가 평가하고 자격을 인정한다는 점에서 NCS 활용으로도 불린다.

이 제도는 주로 신규입직자재직자 신분를 대상으로 운영되기 때문에 재학생 비중이 적다. 그러나 2018년 이후에는 모든 특성화고와 일부 전문대학에 NCS 기반 교육과정을 적용하고 동시에 일과 학습이 병행되도록 직업교육체계를 전환한다는 중장기적인 교육정책의 맥락 속에서 설계되어 추진 중이다.

일 · 학습병행제는 학습근로자의 신분에 따라 재학생형과 재직자형구직자, 채용예정자 및 입사 1년 이내의 재직근로자으로 구분된다. 교육훈련 기간은 1~2년 또는 3~4년형으로 다양하다.

일 · 학습병행제는 학교급별에 따라 고등학교 단계의 산학일체형 도제학교, 고교와 전문대학이 통합하여 운영하고 있는 유니테크Uni-Tech, 그리고 대학단계에서 이루어지고 있는 IPPIndustry Professional Practice형 일학습병행제기업연계형 장기현장실습제가 있다.

정부는 고용보험기금과 정부일반회계 등의 재원에서 교육훈련과정 개발과 시설장비, 훈련교원 및 전담인력에 대한 일부 인건비수당, 훈련비용직접비 및 훈련생 보조금 등을 사업단학교와 협약기업, 학생으로 구성 또는 기업에게 지원한다.

일 · 학습병행제의 정책적 추진체계는 정부교육부와 고용노동부 그리고 산업통상자원부가 직접 또는 소속집행기관한국산업인력공단, 산업기술진흥원을 통해 산업계산업별 인적자원개발위원회, Industrial Sector Council, ISC로 하여금 주도적으로 NCS 기반의 교육훈련과정을 개발하도록 하고, 직업교육훈련기관이 교육과정으로 활용하거나 기업이 현장 훈련에 적용할 수 있고 지원할 수 있도록 설계되어 있다. 관련된 각 주체들 간에 긴밀한 협력이 이루어지도록 촉진하는 것이 정부의 주요 역할이다.

2017년 기준 일 · 학습병행제는 10,456개 사업체가 제조업을 중심으로 기계, 전기전자,

정보통신 분야66.9% 차지에서 학습근로자 49,639명에게 실시하고 있다. 학습근로자는 재직자약 75%가 재학생약 25% 보다 많으며, 학력은 고졸이 50.5%특성화고 졸 34.6%로 대졸27.6%보다 많다.

고용조건은 대다수가 정규직93.8%이며, 기업들은 평균 월 161만 원을 지급하고 있다.[86] 이들 내용을 요약하면 <표 4-17>과 <표 4-18>과 같다.

표 4-17 일·학습병행제: 재학단계

명칭	산학일체형 도제학교	유니테크(Uni-Tech)	IPP형 일학습병행제(기업연계형 장기 현장실습제)
단계	고교	고교-전문대 통합	대학
성격	학교는 이론교육, 기업은 현장실무교육, 1주일 중 2~3일은 현장교육	특성화고와 전문대가 기업과 연계하여 통합교육과정을 설계, 학생은 학교와 기업을 오가며 학습과 일(현장훈련) 수행	기업이 원하는 대학생을 근로자로 채용하여 학교와 기업에서 훈련을 제공하고 국가가 평가하여 자격(학위)을 인정
사업단 요건	특성화고와 채용약정 기업, NCS 기반 훈련과정 운영	협약기업 2개, 학생 수 30명 이상	협약기업 5개, 학생 수 30명 이상
정부 지원	• 사업단: 운영비, 시설장비비 • 기업: 현장교육비, 도제교육훈련과정, 전담인력 연수비 • 학교: 교육과정운영비, 교재개발비, 교원연수비, 전담인력 인건비	• 사업단: 운영비, 시설장비비 • 기업: OJT 훈련실비, 기업현장교사 및 HRD 담당자 수당 • 학습근로자: 훈련지원금(임금)	• 사업단: 운영비, 교과과정 개발비, 센터구축비, 교육과정 운영비 • 최대 연간 10억 원 지원 • 기업: 훈련과정 개발지원, 현장 및 현장의 훈련비, 기업현장교사 및 HRD 담당자 수당, 전담인력 양성비
진행 상황	2015년 사업단 모집, 운영 메뉴얼 개발, 사업단 60개(학교 187개, 학습근로자 6,609명, 기업 1,967개)	2015년 사업단 모집(전문대 16개, 학생 783명, 협약기업 117개)	2016년 사업단 수 13개, 2017년 19개
사업 기간 훈련 기간	2016~2020 (2년)	2015~2019 (2년 + 1.5년)	2017.03~2022.02 (3학년: 4~10개월, 4학년: 1년)
사업 추진체	특성화고 산학일체형 도제지원센터	Uni-Tech 허브사업단, 산업인력공단, 폴리텍대학, 전문대학	Uni-Tech 허브사업단, 산업인력공단, 폴리텍대학, 전문대학
홈페이지	www.hifive.go.kr	www.ipphub.or.kr	www.ipphub.or.kr

자료: 김미란 (2017). 일학습병행제 운영 현황과 향후 정책 방향. 직업과 인력개발. 제20권, 제6호. 통권 85호. p. 9.

86 김미란 (2017). 일학습병행제 운영 현황과 향후 정책방향. 직업과 인력개발. 제20권, 제6호. 통권 85호. pp. 8-15.

표 4-18 일 · 학습병행제: 재직단계

유형 구분	훈련 실시 방식에 따라 단독 기업형과 공동 훈련 센터형 훈련인정 방식에 따라 자격형, 대학 연계형
개념	NCS에 기반한 기업현장훈련 이수자(학습근로자)에게 내 · 외부 평가를 거쳐 (국가) 자격을 부여하는 것
참여 방법	기업이 교육훈련 기준에 따라 일학습병행 훈련과정을 설계(개발)하고, 신규 채용한 근로자(1년 이내)와 훈련근로 계약을 체결하고 운영
참여자/ 기업에 대한 지원 내용	• 훈련과정 개발 및 현장훈련 인프라 구축: 기업당 최대 800만원 • 기업현장교사 및 HRD 담당자 양성: 연간 100만원 • 학습도구지원 및 컨설팅: 기업당 160~420만원 • 기업현장교사 활동 수당: 연간 400~1.600만원 • HRD 담당자 행정 수당: 기업별 연간 300만원 • 현장훈련비용: 직종별 단가×훈련인원×시간, 단 훈련 인정 방식과 기업규모별로 차등 • 현장 외 훈련비용: 직종별 단가×조정계수×훈련인원×시간, 단, 훈련인정 방식, 훈련실시 방식, 기업 규모, 기업자체와 외부 위탁에 따라 차등 • 학습근로자의 훈련(임금지원: 1인당 매월 최대 40만원 한도로 사업주에 지급) • 학습근로자 숙식(제공시)지원: 1인당 숙식비 월 276.000원
진행 현황	• 참여사업체 10,456개, 학습근로자: 기업 8,098개, 학습근로자 49,639명(누적 종료 포함) • 주요 산업: 기계, 전기전자, 정보통신, 화학, 문화 콘텐츠, 기타 실시 사업체 중 프로그램을 인증받은 비율 66.4%
사업 기간	1년, 2~4년
사업진행	한국산업인력공단, www.bizhrd.net.

자료: 김미란 (2017). 일학습병행제 운영 현황과 향후 정책방향. 직업과 인력개발. 제20권, 제6호. 통권 85호. p. 10.

5) 진로 교육 체제 강화

박근혜 정부는 진로교육을 강화하기 위해 「진로교육법」을 제정2015.6.22.하여 초 · 중등학교에서 진로교육을 체계적으로 시행할 수 있는 법적 근거를 마련하였다. 또한 각급 학교마다 진로상담교사를 배치하고 있다. 2016학년도부터는 대통령 공약사업이었던 중학교에 자유학기제를 도입하여 다양한 체험학습 기회를 제공함으로써 진로 탐색기회를 확대하고 있다. 더 나아가 교육부는 진로교육을 대학까지 확대하고 체계화하기 위해 진로교육 5개년 기본 계획2016~2020을 발표2016.4.4.하면서 앞으로도 진로교육을 강화할 의지를 확실히 표명하고 있다.

11 요약 및 논의

1) 요약

광복 후 중등 직업교육 정책 변동은 크게 2단계로 구분해 볼 수 있다. 1단계는 국가발전을 위해 산업사회가 요구하는 산업인력을 양성하는 데 강조점을 두었던 직업교육이다. 광복 후 이승만, 박정희, 전두환, 노태우 정부에서의 직업교육 정책이 여기에 해당된다.

2단계는 세계화·정보화 시대를 맞아 급변하는 과학기술 변화 속에서 새로운 직업에 적응할 수 있는 직업기초능력을 함양하고, 평생 직업교육 기반 구축 위에 적성과 소질에 맞는 직업을 선택하여, 직무 능력을 개발하게 한 학습자 중심의 직업교육이다. 김영삼, 김대중, 노무현, 이명박, 박근혜 정부의 직업교육 정책이 여기에 해당된다.

1단계든 2단계든 역대 대통령들은 대통령직 수행 당시의 시대적 요구와 여건을 고려하여 직업교육 정책을 기획하고 집행하여 계획된 성과를 거두려고 노력하였다. 역대 대통령별 중등 직업교육정책의 대표적인 특성을 요약하면 <그림 4-5>와 같다.

광복 후 1960년까지의 이승만 정부의 직업교육정책은 직업교육 도입기라고 할 수 있다. 주된 중등 직업교육정책은 1인 1기 교육 강조, 실업계 고등학교 확충, 실업교육 지원 행정 기구의 설치, 실업교원 재교육 강화, 교육과정 시간 배당 기준령 제정 공포, 실업기술 교육 5개년 계획 수립, 실업교육진흥법안의 의결, 주산능력 검정고시 규정제정 공포 등이었다.

산업화시기1961~1979이면서 직업교육의 양적 성장기라고 할 수 있는 박정희 정부의 주요 직업교육정책은 실업계 고등학교 교육과정 제정 공포, 실업계 고등학교 입학정원 확대, 사범계열 실업교원 양성과 설치 및 실업교원 우대책 강구, 실업계 고등학교 유형 다양화, 산업교육 시설·설비 확보를 위한 차관사업 추진, 재정 지원 확대 정책 추진, 국가 기술자격제도의 창설, 「산업교육진흥법」 제정·공포를 통한 산학협동교육 강화 등이다.

직업교육의 질적 성장기라고 할 수 있는 전두환 정부1980~1988의 고교 직업교육 정책 특성은 전인교육과 전공기초 능력 개발을 위한 제4차 교육과정 개정, 제3차 교육과정에 비해 보통교과 이수단위를 33~50%에서 44~60%로 확대, 일반고와 실업계 고교에서 보통교과 I을 공통 이수하고, 제3차 교육과정에서 실업계 고등학교에만 사용하던 실용국어, 실용수학, 실용영어 교재 사용 중단, 대신에 국어 I, 수학 I, 영어 I 교과목 공동 이수, 무시험 추첨 입학 정책, 도교육위원회 추천에 의한 서울대 농업교육과 입학생 선발, 자립 영농인 육성을

그림 4-5 대통령별 중등 직업교육정책의 대표적인 특징

도입기 | 이승만 정부 (1948~1960)
- 1인 1기 교육 강조
- 실업계 고등학교 확충
- 실업교육 지원 행정기구의 설치
- 교육과정 시간 배당 기준령 제정 공포
- 실업기술 교육 5개년 계획 수립
- 실업교육진흥법안의 의결
- 주산능력 검정고시 규정제정 공포

양적성장기 | 박정희 정부 (1961~1979)
- 실업계 고등학교 교육과정 제정 공포
- 실업계 고등학교 입학정원 확대
- 사범계열 실업교원 양성과 설치
- 실업교원 우대책 강구
- 실업계 고등학교 유형 다양화
- 산업교육 시설 · 설비 확보를 위한 차관 사업 추진
- 재정 지원 확대 정책 추진
- 국가 기술자격제도의 창설
- 「산업교육진흥법」 제정 · 공포를 통한 산학협동교육 강화

질적성장기 | 전두환 정부 (1980~1988)
- 제4차 교육과정 개정
- 보통교과 이수단위를 33~50%에서 44~60%로 확대
- 일반고와 실업계 고교에서 보통교과 I 을 공통 이수
- 실용국어, 실용수학, 실용영어 교재 사용 중단
- 서울대 농업교육과 입학생 전원을 도교육감 추천 농고 졸업생으로 선발
- 자립 영농인 육성을 위한 지원 체제 강화

질적성장기 | 노태우 정부 (1988~1993)
- 학교급별, 전공과별 교육목표 설정
- 교육과정 편성과 운영에 시 · 도교육청과 학교에 재량권 부여
- 일반고 대 실업계 고교 학생 구성비를 65:35에서 1995년까지 50:50으로 전환하는 정증원 정책 추진
- 질적 개선을 수반하지 못한 실업계 고교 및 학생의 양적 확대 정책, 직무분석에 의한 교육과정 편성과 운영 강화
- 진로 · 직업교육체제 구축
- 중등직업교육 정책 행정권을 지방자치단체로 이양

전환기 | 김영삼 정부 (1993~1998)
- 1~10학년까지 국민공통교육 교과 이수
- 일반 고등학교와 실업계 고등학교 교육과정의 통합 운영
- 실업계 고등학교 교육 성격을 기초직 교육기관으로 규정
- 특성화 고등학교 확대공고 2 · 1 체제 등을 통한 고교 직업교육 체제의 다양화
- 실업계 고교 시설 · 설비의 현대화재정 지원 강화
- 진로발달 단계에 따른 진로지도 및 진로 정보 제공
- 자격제도의 개선
- 「교육기본법」 제21조(직업교육) 규정 및 직업교육 3법(「직업교육훈련촉진법」, 「자격기본법」, 「한국직업능력개발원법」)의 제정

전환기 | 김대중 정부 (1998~2003)
- 「인적자원개발기본법 및 시행령」 제정 고교 직업교육체제를 특성화고등학교로의 전환
- 고교 직업교육과 전문대학과의 2+2 연계 체제 강화

전환기 | 노무현 정부 (2003~2008)
- 실업계 고교를 전문계 고교로 명칭 변경
- 특성화고로 개칭하여 특성화 고등학교 설치 확대 및 내실화와 산학협력 강화
- 2005학년부터 대학수학능력 시험에 '직업탐구영역'을 신설
- 「2007개정시기교육과정」개정
- 국민공통기본 교육과정과 선택중심 교육과정을 강화
- 실업계 고등학교 졸업자의 지방공무원 특별임용 활성화 정책: 정원의 20%를 고졸자로 채용
- 중등직업교육 재정지원 체계를 중앙에서 시도교육청으로 이관

재구조화 다양화 고도화 | 이명박정부 (2008~2013)
- 691개 전문계 고교를 350개 특성화고와 50개 마이스터 고교로 개편 및 정예화
- 나머지 291개 고교는 일반고로 전환하려는 정책을 추진
- 2009개정시기교육과정의 목표에 '진로 개척하는 사람' 명문화를 통한 진로교육체제 강화도 추진

전환기 | 박근혜정부 (2013~2017)
- 국가직무능력표준(NCS) 기반 교육 과정 개발 운영
- 고교 교육목표에 '핵심 역량' 신설 전문교과는 전문교과 I과 II로 구분
- 전문교과 II는 국가직무능력 표준에 따라 구분
- 공통과목, 기초과목, 실무과목으로 구분
- 일 · 학습 병행제를 통한 평생 학습체제 구축, 진로교육 체제 강화

위한 지원체제 강화 등이다. 그러나 전두환 정부에서 직업교육의 중심축이 중등교육에서 고등교육으로 전환되어 실업계 고등학교 및 학생 수가 급속하게 감소되었다. 이에 따라 중등 직업교육의 입지가 약화되고 정부의 중등 직업교육에 대한 관심이 줄어들면서 과거 정부에 비해 재정 지원도 감소되었다.

민주화 시기인 노태우 정부1988~1993의 직업교육 정책은 학교급별, 전공과별 교육목표 설정, 교육과정 편성과 운영에 시·도교육청과 학교에 재량권 부여, 일반고 대 실업계 고교 학생 구성비를 65:35에서 1995년까지 50:50으로 전환하는 정원 증원 정책 추진, 질적 개선을 수반하지 못한 실업계 고교 및 학생의 양적 확대 정책, 직무분석에 의한 교육과정 편성과 운영 강화, 진로·직업교육체제 구축, 중등 직업교육 정책 행정권을 지방자치단체로 이양 등이다.

직업교육 전환기라고 할 수 있는 김영삼 정부1993~1998의 직업교육 정책 특성은 제7차 교육과정 개정을 통한 1~10학년까지 국민공통교육교과 이수, 일반 고등학교와 실업계 고등학교 교육과정의 통합 운영, 실업계 고등학교 교육 성격을 기초직업교육기관으로 규정, 특성화 고등학교 확대, 공고 2·1 체제 등을 통한 고교 직업교육체제의 다양화, 실업계 고교 시설·설비의 현대화, 재정지원 강화, 진로발달 단계에 따른 진로지도 및 진로 정보 제공, 자격제도의 개선, 「교육기본법」 제21조직업교육 규정 및 직업교육 3법「직업교육훈련촉진법」, 「자격기본법」, 「한국직업능력개발원법」의 제정 등이다.

정보화·세계화 시기인 김대중 국민의 정부1998~2003의 직업교육 정책 특성은 「인적자원개발기본법 및 시행령」 제정, 고교 직업교육체제를 특성화 고등학교로 전환, 고교 직업교육과 전문대학과의 2+2 연계 체제 강화 등이다.

노무현 정부2003~2008의 직업교육 정책은 2006년 실업계 고교를 전문계 고교로 명칭을 변경하고, 이어서 특성화고로 개칭하여 특성화 고등학교 설치 확대 및 내실화와 산학협력 강화 정책이다. 2005학년부터 대학수학능력시험에 '직업탐구영역'을 신설하였다. 「2007개정시기교육과정 개정」을 통하여 국민공통기본 교육과정과 선택중심 교육과정을 강화하였다. 전문계 고등학교 교육목표에 별도의 진술 없이 고등학교 교육목표로만 진술하였다. 실업계 고등학교 졸업자의 지방공무원 특별임용 활성화 정책으로 정원의 20%를 고졸자로 채용하게 하였다. 중등 직업교육 재정지원 체계를 중앙에서 시도교육청으로 이관하였다.

직업교육의 재구조화·다양화·고도화라고 할 수 있는 이명박 정부2008~2013의 직업교육 정책 특성은 691개 전문계 고교를 350개 특성화고와 50개 마이스터 고교로 개편하여 정예화하고 나머지 291개 고교는 일반고로 전환하려는 정책을 추진하였다. 산학협력을 강화하였다.

2009개정시기교육과정의 목표에 '진로 개척하는 사람' 명문화를 통한 진로교육체제 강화도 추진하였다. 그러나 고등학교 교육목표는 일반고와 특성화고 구분 없이 하나로 진술하였다. 특성화고등학교 교과서를 국정에서 검인정으로 정책 전환으로 혼란을 초래하기도 하였다.

박근혜 정부2013~2017의 직업교육 정책 특성은 「2015개정시기 교육과정령」에 의해 능력중심 사회 구현을 위한 국가직무능력표준NCS 기반 교육과정 개발 운영, 고교 교육목표에 '핵심 역량' 신설, 전문교과는 전문교과 I과 II로 구분, 전문교과 II는 국가직무능력 표준에 따라 구분하고 공통과목, 기초과목, 실무과목으로 구분, 일·학습 병행제를 통한 평생학습체제 구축, 진로교육 체제 강화 등의 추진이다.

역대 정권의 직업교육 정책 기획 및 결정 과정을 보면 산업인력 양성이 중심이었던 1단계에 해당되는 산업화시대는 거의 국가 차원에서 직업교육정책이 결정되었다. 그러나 2단계 직업교육이 실시된 정보화·세계화 시대에서는 직업교육 정책이 대통령자문 교육정책위원회, 각종 직업교육관련학회 및 협회, 교육부 및 시도교육청의 직업교육정책 자문회의, 직업교육전문가, 학자, 산업계 대표 등 민간 참여를 통한 정책자문의 영향도 있었다.

그림 4-6 광복 후 중등 직업교육정책 변동 단계

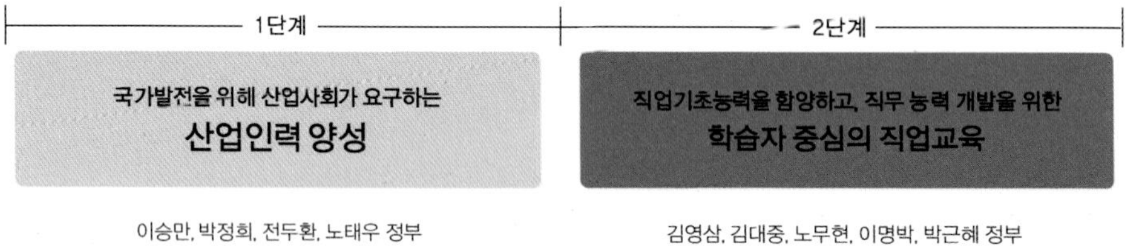

2) 논의

지난 75년간의 중등 직업교육 정책을 고찰해 본 결과 다음과 같은 이슈가 제기되고 있다.

(1) 미래 변화에 대응한 평생 직업교육 체제 하의 중등 직업교육기관의 역할과 기능은 어떻게 변화되어야 할까?

1960~70년대 박정희 정권의 산업화시대는 실업계 고등학교 학생들이 졸업과 동시에 산

업현장에서 직무를 곧바로 수행할 수 있는 역량 개발을 요구하였다.

1980년대 전두환 정부는 고도의 산업화시대를 맞아 전인교육과 전공 기초능력을 강조하면서 직업교육의 중심축을 중등교육에서 고등교육 단계로 전환시키는 정책을 추진하였다.

1990년대 김영삼 정부 때에는 고등교육이 보편화 단계에 접어들면서 실업계 고등학교 교육 성격을 기초직업 교육기관으로 규정하고 다양한 형태의 특성화고등학교 설립을 권장하였다.

2000년대 김대중·노무현 정권의 지식기반사회에서는 특성화고를 활성화하고 실업계 고교와 전문대학 간의 2+2 연계체제를 강화하였다.

과학기술이 급속하게 발전하고 있던 이명박 정부와 박근혜 정부에서는 특성화고등학교와 마이스터 고등학교를 통한 산업현장 직무와 밀접한 관련이 있는 국가직무능력표준NCS기반 능력중심 교육을 강조하였다.

그렇다면 미래 변화에 대비한 중등 직업교육기관의 역할과 기능은 무엇이며 어디에 강조점을 두어야 할까?

(2) 중등 직업교육 목적은 무엇이며 어떻게 설정 · 진술해야 할까?

지난 75년 동안에 10여 차례에 걸친 교육과정 개정이 있었다. 그런데 고등학교 교육목적의 설정과 진술 방법에 일관성이 없었다. 일반계 고등학교 교육목적과 실업계 고등학교 교육목적으로 분리하여 진술한 경우도 있었고, 일반계 고등학교와 실업계 고등학교를 합해서 하나로 진술한 경우도 있었다. 후자인 경우에는 사실상 실업계 고등학교의 교육목적과 교육과정의 특성이 잘 반영되지 않은 경우도 있었다. 미래 중등 직업교육의 역할과 기능을 고려해볼 때 중등 직업 교육 목적은 무엇이며 어떻게 진술하는 것이 바람직할까?

(3) 중등 직업교육 목적 달성을 위한 이상적이고 실현가능한 중등 직업교육기관의 체제와 유형은 어떤 것일까?

지난 75년 동안 고교에서의 직업교육 유형과 명칭은 너무나 다양했다. 유형별 장단점은 무엇이고 앞으로 권장되는 고교 직업교육 유형은 어떤 것일까?

(4) 중등 직업교육을 위한 교육과정은 어떻게 개발 · 편성 · 운영되어야 할까?

직업교육과정 개발 방법에는 직무분석법, 직업군 분석법, 기능분석법, 통합형 교육과정 등이 있고 각 방법별로 특성과 장·단점이 있다. 그리고 교육목적에 명시된 직업인이 어떤 능력 개발을 요구하며, 그 교육과정이 대기업 근로자 양성에 적용할 것인지 중소기업 근로자 양성에 적용할 것인지, 개발도상국인지 아니면 선진국인지에 따라 광역중핵교육과정 Brodad Based Curriculum Approach: BBCA과 협역특수직무Narrow Based Curriculum Approach: NBCA 접근방법 등이 있다.[87]

우리나라는 그동안 앞에 열거한 여러 유형의 직업교육과정 개발 유형을 적용해왔다. 현재는 국가직무능력표준National Competency Standards: NCS 기반 교육과정을 적용하고 있는데 NBCA에 가깝다. 그런데 NCS 기반 교육과정 개발에 대해서는 장·단점도 있고 찬반양론도 있다. 앞으로 우리나라 고교 직업교육과정 개발에 적절한 방법은 어떤 것일까? 그리고 그 이유는 무엇일까?

(5) 중등 직업교육에서 보통교과와 전문교과와의 이상적인 구성비는?

고등학교의 직업교육에서 보통교육의 중요성은 아무리 강조하여도 지나치지 않을 것이다. 필자도 고등학교 직업교육과정 개발 유형의 하나로 통합형 교육과정을 제시하면서 이를 한 그루의 과수에 비유했다. 뿌리 부분은 보통교육이고 지상부의 여러 형태의 줄기는 전문교육에 해당되며, 열매는 개발된 역량으로 비유하면서 뿌리 부분에 해당하는 보통교육의 중요성을 강조하였다.

그런데 고등학교 직업교육을 위한 교육과정에서 보통교과와 전문교과의 구성비를 어느 정도로 하는 것이 합리적인가에 대해서 어느 한 쪽만 강조하는 것은 논리에 맞지 않는다. 앞의 BBCA 교육과정 접근법을 적용할 경우에는 보통교과 30~50%, 전문교과 50~70%로 구성한다. 반면에 NBCA 접근일 경우에는 보통교과 10~30%, 전문교과 70~90%로 편성한다. 실제로 1970년대의 박정희 정부의 3차 교육과정 시기에는 산업사회가 요구하는 기술인력 개발을 위해 실업계 고등학교 교육과정에 NBCA 접근법이 적용되었다. 그 후 1980년대의 전두환 정부의 제4차 교육과정 이후부터는 BBCA 접근법이 적용되고 있다. 왜냐하면 직업교육을 위한 교육과정을 개발하고자 할 경우 고려해야 할 여러 가지 요인이 있기 때문이다.[88]

---

87 이무근 · 원상봉 (2001). 직업교육과정과 평가. 교육과학사. pp. 20-25.
88 이무근 · 원상봉. 상게서. pp.112-124.

(6) 수십 년간 누적되어 오고 있는 학생들의 출발점 행동 문제를 어떻게 해결할 것인가?

고등학교와 대학에서 직업교육과정을 이수하고 있는 학생들의 일부는 출발점 행동entering behavior이 너무 낮아 정상적인 수업이 어렵다는 것이 수십 년 전부터 제기되고 있는 문제이다. 그런데 이 문제가 고등학교에서 발생된 것이 아니라 초등학교와 중학교 과정을 거치면서 누적된 학습 결손으로 학업 성취도가 낮아졌기 때문이다. 그런데 이들 학생들의 상당수가 직업계 고등학교에 입학하고 있다. 이들의 기초학력 신장을 위한 교정수업이 보완되고 체계적으로 실현되지 않는 한 여기서 논의되는 직업교육의 질 향상과 내실화를 위한 다각적인 발전 방안들도 탁상공론이 될 수 있다.

(7) 일반계 고등학교와 직업계 고등학교 간의 적정 학생 구성비는?

해방 후 최근까지 일반계 고등학교와 직업계 고등학교의 학생구성비%를 보면 1962년 61.6:38.4, 1970년 53.4:46.6, 1980년 55.0:45.0, 1990년 64.5:35.5, 2000년 63.9:36.1, 2010년 76.2:23.8, 2019년 80.0:20.0이다. 현재 직업 고등학교 학생 정원을 20%에서 30%까지 확대하겠다는 계획도 논의되고 있는 것 같다.

일본은 지난 1980년대 이후 직업계 고등학교 학생 구성비가 전체 고등학교 학생 구성비의 25% 내외를 계속 유지하고 있다.

우리나라는 직업계 고등학교 학생 정원 정책이 불확실하여 그 여파가 미치는 영향이 너무 크다. 이를 어떻게 안정적인 정원 정책으로 전환할 것인가도 다각적으로 검토되어야 할 것이다. 이런 문제를 해결하기 위해서는 중등 직업교육기관의 역할과 기능 정립, 그리고 뚜렷한 교육목적의 설정이 선행되어야 할 것이다.

(8) 우리나라 교육환경과 기업의 문화 풍토에 적합한 한국형 산학협력 체제를 어떻게 하면 정착시킬 수 있을까?

1963년 「산업교육진흥법」이 제정된 이래 관련 정부 부처나 학교는 나름대로 산학협력을 위해 노력해오고 있다. 그러나 한국의 교육환경과 기업의 실정에 적합한 한국형 산학협력 체제를 구축하지 못하고 있다. 외국의 산학협력체제의 모방이 아니라 한국형 산학협력체제를 구축하고 그 토대 위에 외국의 사례도 접목될 수 있는 방안이 강구되어야 할 것이다.

(9) 고등학교 직업교육에 필요한 재원의 안정적 확보 방안은 무엇일까?

중등 직업교육을 위한 재정 지원 방안이 중앙에서 시도교육청으로 이관되면서 중등 직업교육을 위한 재정 지원이 감소되는 경향이 있고 불안하다. 재정지원을 법적으로 안전하게 지원받을 수 있는 재정지원 교부권 방안이 강구되어야 할 것이다.

미국에서 2019년 7월 1일부터 시행되고 있는 「Carl D. Perkins The Strengthening Career and Technical Education for the 21st Century Act」이 하나의 예가 될 수 있다.

(10) 직업계 고등학교 졸업생의 노동시장으로의 전환 체제(school-to-work system)를 어떻게 하면 안정적으로 구축할 수 있을까?

독일은 듀얼 시스템Dual System을 통해 학교에서 노동시장으로의 전환 체제가 확고하게 구축되어 있기 때문에 졸업과 동시에 취업 보장률이 높다. 우리나라는 그런 제도가 법적으로 보장되어 있지 않아 학교를 졸업 후 취업을 하려고 할 때 어려움을 겪고 있다.

(11) 직업계 고등학교 졸업생의 산업현장에서의 직무능력 평가 결과는?

지난 75년간 정권별 또는 교육과정 개정 시기별에 따라 직업계 고등학교 학생들은 서로 다른 직업교육과정을 이수하였다. 고등학교 교육과정 이수 형태에 따라 졸업생들의 산업현장에서의 직무 수행 능력은 어떤 특성과 차이가 있었을까? 이런 정보를 위한 종단적 평가와 연구는 어디서 이루어지고 있는지? 그 결과는 직업교육 정책에 어떻게 반영되고 있는지?

(12) 포스트 코로나19 변화에 대비한 중등직업교육훈련정책의 방향은?

직업 고교에서는 현장실습을 포함해서 실험 · 실습이 많다. 이를 온라인 수업으로 전개하려면 실험 · 실습 주제별 모듈화, 필요한 재료의 패키지화, 부피가 크거나 고가인 기자재, 생물을 다루는 경우, 장애 학생이거나 다문화 가정 학생일 경우 등으로 인해 한계가 있다.

한편, 직업 고교에서 실험 · 실습을 온라인으로 할 수 있는 ICT 시스템과 지원체제, 콘텐츠 개발, 교사의 역량 등이 잘 갖추어진 상황도 아니다. 따라서 코로나19사태로 야기되는 중등직업교육의 문제점을 종합적으로 파악하여 대책 수립이 강구되어야 할 것이다.

PART
03

고등 직업교육

CHAPTER 05

대학교육

01 대학의 역할 변화 과정과 대학에서의 직업교육

1) 대학의 역할 변화 과정

우리가 지금 이해하고 있는 대학university에 대한 개념은 12세기 이태리 볼로냐 대학Universita' deglistudi di Bologna, 1158년 설립, 파리 소르본느 대학Universite Paris-Sorbonne, 1231년 설립, 영국 옥스퍼드 대학Oxford University, 1167년 설립과 같은 중세 유럽의 대학에서 그 유래를 찾아볼 수 있다. 이들 대학들이 처음 설립될 당시에는 각 나라의 국어가 아닌 라틴어로 된 성서를 공부하는 성직자 중심의 교육기관이었다.

그 후 유럽 여러 나라에서는 신학과 교양교육 중심에서 법률가와 의사 등 전문 직업인 양성을 주목적으로 하는 교육중심 대학으로 확대되었다.

그러다가 1810년 독일에 철학, 즉 학문의 연구중심 대학인 베를린 대학이 탄생되면서 대학의 주된 역할을 연구에 기반을 둔 교육research driven teaching에 두기 시작하였다. 이 때 학문탐구에 기반한 교육을 핵심기능으로 하는 일반대학university과 달리, 공학기술의 발전을 위해 설립된 대학technical university과 사회 각 분야의 전문 인력 및 기술 인력 양성을 위해 다양한 형태의 단과대학college들이 설립 운영되었다. 이러한 독일의 고등교육 시스템은 유럽 내뿐만 아니라 다른 국가에도 보급되기 시작했다. 그 후 공과대학과 전문 인력을 양성하는 단과대학들은 별도의 기반으로 설립하기 보다는 일반대학에 통합하여 종합대학 형태로 발족시키는 사례가 많았다. 미국과 일본의 공과대학과 예술대학이 일반대학의 단과대학 형태로 설치되었던 것이 그 예다. 이런 연유로 유럽에서는 기술대학technical university과 폴리텍대학 polytechnic이 주로 산학협력을 담당하고 있고 반면에 미국, 일본, 한국에서는 일반대학이 그 기능을 수행하고 있다.

독일의 대학교육 제도의 영향을 어느 정도 받은 미국은 독립전쟁 이후 모릴법Morill Act을 제정하여 연방정부의 적극적인 지원 하에 주립대학들이 설립되었다. 이들 주립대학들은 주정부와 지역주민들과 삼위일체가 되어 지역의 발전과 주민들의 생활향상을 도모할 수 있는 현실적이며 실질적인 학문을 개발 · 연구하고 교육하는 풍토를 만들어 내기 시작했다. 그리하여 지역사회와 협력하고 봉사하는 것을 대학의 새로운 역할로 정립하게 되었다. 이 때 대표적인 대학으로는 1848년에 설립된 위스콘신 주립대학과 켈리포니아 주립대학, 텍사스 주립대학 등이 있다. 이런 사례는 산학협력과 지역사회 봉사가 대학의 중요한 역할의 하나로 강조되기 시작하는 계기가 되었다.

이상과 같이 대학의 사명은 시대와 국가에 따라 대학의 발전과정, 설립 시대, 설립 목적 및 설립 유형 등에 따라 다르지만 일반적으로 교육 → 연구 → 지역사회와의 협력 및 봉사로 변화 · 확대되어 왔다. 그래서 현재 대부분의 대학은 강조점과 우선순위에는 차이가 있지만 교육 · 연구 · 봉사 이 세 가지를 대학의 역할로 설정하고 있다.

그림 5-1 대학의 역할 정립 단계

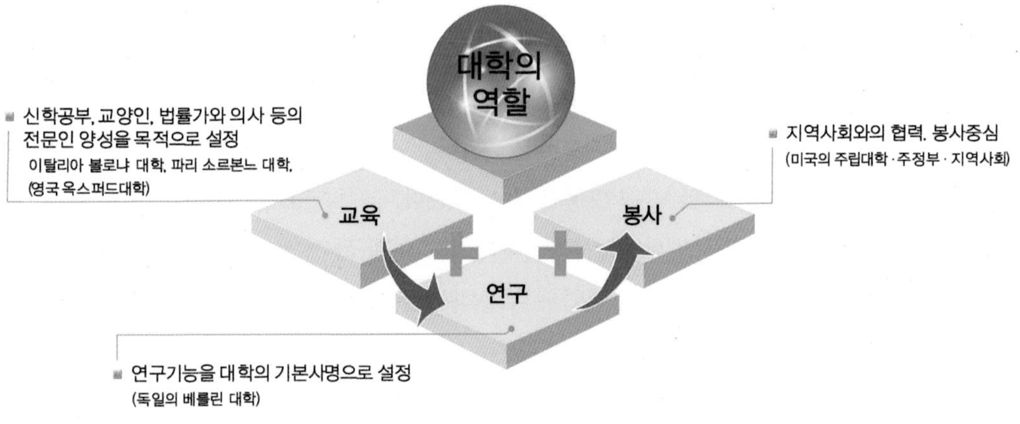

2) 직업교육 관점에서 본 대학의 역할

앞에서 제시한 대학의 세 가지 역할은 직업교육의 관점에서 볼 때도 대단히 중요하다.

단지 역할에서 강조점에 차이가 있을 뿐이다. 즉, 대학의 가장 중요한 역할의 하나는 훌륭한 전문인 및 관련직 종사자를 양성하는 교육이라고 할 수 있다.

연구도 기초연구basic research는 연구중심대학에서 한다면 직업교육 중심 대학에서는 응용연구applied research와 지역사회와 산업현장에서 부딪치고 있는 현장의 문제점을 해결하는데 역점을 둔 응용 및 개발development 연구에 역점을 두어야 한다.

지역사회와의 협력 및 봉사 기능은 직업교육 중심대학들이 가장 역점을 두어야 할 영역의 하나라고 할 수 있다. 산업사회가 필요로 하는 인력 양성을 위해 상호 협력해야 하고 학생들은 산업현장에서 실습을 하고 산업체 근로자와 기업은 대학으로부터의 자문과 직무능력 개발을 위한 교육 기회를 가질 수 있다. 더 나아가 대학은 지역사회의 평생 직업교육훈련을 위한 센터적 역할을 수행할 수 있어야 한다.

이를 교육의 관점에서 좀 더 구체적으로 살펴보면 다음과 같다.

교육의 관점에서 보면 대학은 훌륭한 인격과 전문적인 능력을 갖춘 고급인력을 양성하여 공급하는 주체이다. 따라서 고급 인력의 균형 잡힌 수급을 위해 대학이 어떤 인력을 얼마나 잘 양성하여 공급할 것인가는 대단히 중요하다. 그동안 대학은 고등교육기관으로서 학문적 전통을 기반으로 고등교육의 유형에 부합하는 특성 있는 목적과 목표를 가지고 고유한 논리와 방법으로 교육 및 연구 활동을 수행해왔다.

그러나 산업화 이후 특히 20세기에 들어 대학의 역할과 목적에 대해서 보다 다양한 관점이 제기되었다. 사회 변화 특히 산업변화에 부응하기 위해 대학들 중에는 엘리트 중심의 대학 교육에서 새로운 산업에 종사할 수 있는 전문적 · 직업적 · 기술적 능력을 지닌 전문 직업인을 양성하는 보다 대중적이고 보편적인 교육으로 확장되기도 하였다. 그리하여 학문주의와 함께 실용주의, 일반 교육과 함께 직업교육이 고등교육의 주체로 자리 잡게 되었다.

특히 마틴 트로우의 고등교육제도의 단계 이행에 따른 변화[1]에 의하면 우리나라의 고등

1 김종철 (1989). 한국교육정책연구. 교육과학사. pp. 158-161.

교육은 오랫동안 고등교육기관 취학률이 15% 미만인 엘리트 단계1970년 8.4%, 1975년 9.3%에 머물러 있었다. 그러다가 1980년대 이후 고등교육기관 취학률이 15%를 상회하는1980년 15.9% 대중화 단계15~50%에 진입하였다. 그 후 1990년대 중반에 고등교육기관 취학률이 50%를 상회하면서1995년 55.1% 보편화 단계50% 이상에 접어들었다. 2017년 기

준 고등학교 졸업자의 68.9%가 대학에 진학하였고 대학 졸업자의 64.3%가 취업을 하였다. 그리고 대학 졸업생의 7.3%가 대학원에 진학하였다. 따라서 우리나라 대학은 엘리트를 대상으로 한 학문 중심 교육 못지않게 대학에 재학 중인 대부분의 학생들이 졸업 후 전문인 및 관련직 종사자로 취업할 수 있는 전문 직업교육이 강화되어야 하는 실정이다.

그래서 우리나라 「교육기본법 제21조직업교육」에 「국가와 지방자치단체는 모든 국민이 학교교육과 사회교육을 통하여 직업에 관한 소양과 능력을 개발하기 위한 교육을 받을 수 있도록 필요한 시책을 수립 실행하여야 한다」1997년 제정라고 규정하고 있다. 따라서 대학도 직업에 관한 소양과 능력을 개발하기 위한 교육을 실행해야만 한다.

그런데 「고등교육법 제2조학교의 종류」에 규정된 대학의 종류에는 대학, 산업대학, 전문대학, 기술대학, 교육대학, 원격대학, 각종학교 등 다양한 유형의 대학이 있다. 이들 유형을 직업교육의 관점에서 보면 (1) 학문중심이고 전문인 양성을 목적으로 하는 대학, (2) 전문인 및 관련직 종사자 양성을 목적으로 하는 전문대학, 그리고 (3) 평생교육의 관점에서 고등교육에서 계속 직업교육을 이수할 수 있게 하는 원격대학, 산업대학, 기술대학, 각종학교 등 크게 세 유형으로 구분해 볼 수 있다. 따라서 여기서는 고등교육에서의 직업교육을 대학제5장, 전문대학제6장, 그리고 평생 직업교육 대학제8장 '준학교 체제하의 대학에서의 평생 직업교육'으로 구분하여 논하였다.

이와 같은 관점에서 볼 때 우리나라 대학교육은 전문직업인 및 관련직 종사자 양성을 위해 역대 정권별로 시대 변화에 따라 고등 직업교육정책을 어떻게 기획 · 집행하여 취업과 연계하였는가를 고찰해 볼 필요가 있다.

02 광복 후 이승만 정부의 대학교육(1945~1960): 근대교육 태동

1) 고등교육 체제의 구축

일제 강점기 때 우리나라 고등교육 정책은 독일의 영향을 받은 일본의 고등교육 체제에 영향을 받았다. 광복 이후에는 미국의 정치적·교육적 이념의 영향을 받아 접근 기회나 내용, 기본 내용 및 체제 면에서 개방성을 띠게 되었다.

이 당시 조선교육심의회 고등교육분과위원회는 일제하에서 대학과 전문학교로 이원화되어 있었던 고등교육 체제를 미국식 모형으로 전면 개편할 것을 구상하였다. 12년의 보통교육을 마치고 4년제 대학에 진학하게 하고, 의과대학은 예과 2년을 합하여 6년제로 하며, 의과대학을 제외한 일반대학에서는 1년 이상의 대학원 과정을 설치하게 하였다.

우리나라 고등교육 제도는 미군정 하에서 실질적인 틀이 확립되었고, 1949년 12월 31일 「교육법」 제정을 통해서 대한민국의 교육제도로서 그 틀이 재확인되었다. 동 교육법의 테두리 안에서 정립된 고등교육제도는 1951년 3월 6－3－3－4제 기간학제의 정립 하에 다음과 같이 조직하였다.

- 대학: 12년간의 보통교육을 마치고 고등학교에서 접속되며 4년 내지 6년의치과대학이다.
- 사범대학: 중등교원 양성을 목적으로 하며 고등학교에 접속되는 4년제 고등교육기관으로서 수업연한은 2년 또는 4년이다.
- 초급대학: 고등학교에서 접속되는 2년제 단기 고등교육기관이었으며, 중학교에서 이어지는 4년제 초급대학의 폐지 이후 단기 고등교육기관의 주축이 되었다.
- 각종학교: 교원, 시설 등이 중등교육기관이나 고등교육기관의 기준에 도달되지 못하면서 이들 학교 교육에 준하는 교육을 실시하는 기관을 각종학교라고 불렀다.[2]

1949년 12월 31일 법률 86호로 제정된 「교육법」 제 198조 대학 교육의 목적은 다음과 같이 서술하고 있다.

> "대학은 국가와 인류사회 발전에 필요한 학술의 심오한 이론과 그 광범 정치한 응용방법을 교수 연구하며 지도적 인격을 도야하는 것을 목적으로 한다."[3]

---

2 교육부 (1998). 교육 50년사. p. 460.
3 교육부 (1998). 교육 50년사. pp. 479-480.

위의 대학 교육 목적에 명시된 내용을 분석해 보면 대학의 사명은 두 가지로 구분해 볼 수 있다. 하나는 학술의 심오한 이론과 그 응용방법을 교수·연구하는 것이다. 다른 하나는 지도자적 인격을 도야하는 것으로 풀이할 수 있다. 따라서 이때 대학의 사명에는 지역사회와의 산학협력을 비롯한 사회봉사의 이념은 포함되어 있지 않았음을 알 수 있다.

이 당시 4년제 신제대학의 졸업학점은 180학점전공 80학점, 교양 40학점, 자유선택 60학점이었다. 이 기준은 1954년에 160학점전공 82학점, 교양 49학점, 자유 선택 29학점으로 인하 조정될 때까지 지속되었다. 그 후 실험대학이 운영되기 시작한 1973년부터는 140학점전공 69학점, 교양 46학점, 자유 선택 25학점으로 개정되어 1988년까지 국가의 일정한 지침에 따라 운영되었다. 그 이후는 대학 자율에 따라 교육과정을 융통성 있게 운영하고 있다.[4]

1950년대 당시 과학교육을 강조하였고 대학의 증설을 이과계와 사범계에 국한하여 증설하였다. 이런 점을 고려해 볼 때 고등교육 정책이 국가와 사회가 필요로 하는 전문 인력을 양성하려고 노력하였다는 점을 확인할 수 있다.[5]

2) 고등교육기관의 양적 확대와 전시연합대학 운영

광복과 더불어 국내 고등교육에 대한 사회적 수요가 급증하였다. 특히 광복 직후 농지개혁에 대한 논의가 고조되고 1949년 농지개혁법이 실제로 시행되었다. 이에 따라 지주들은 헐값에 토지를 매수당하기 보다는 학교 설립을 위해 토지를 내놓고 대학설립에 관심을 갖게 되었다. 이와 같은 연유로 광복 후 미 군정기에만 23개 대학이 신설되었다. 그 후에도 이승만 정부 기간 동안 고등교육 기관이 양적으로 크게 확대되어 사학이 신장하게 되었다.

그리하여 대학은 1950년 한국전쟁이 발발하기 직전까지 종합대학교 4개교, 단과대학 30개교, 각종학교 8개교 등 모두 42개교였고, 재적 학생 수는 29,218명이었다. 광복 후 5년 미

---

4 강명숙 (2018). 한국 고등교육 체제의 특징. 대학과 정책. 제2권 제1호. pp. 115-116. 대학정책학회.
5 교육부 (1998). 교육 50년사. pp. 458-459.

만의 기간에 고등교육 기관수는 2배 이상, 학생 수는 거의 4배로 늘어났다.

그러나 1950년 6.25 전쟁이 발발함으로써 서울을 비롯한 수도권에서는 대학 교육이 불가능하게 되었다. 이 문제를 해결하기 위한 방안으로 당시 백낙준 문교부 장관과 유진오 대학교수단 단장은 이산된 교수와 학생들을 모아 피난지에서 대학교육을 받을 수 있도록 전시연합대학을 설립하였다. 1951년 5월 임시수도이던 부산에서 시작되어 광주, 전주, 대전 등지에 설립하여 운영하였다. 4개 전시연합대학의 학생 수는 부산 4,268명, 대전 377명, 전북 1,283명, 광주 527명, 도합 6,455명이었고 교수 수는 444명이었다. 이 때 참가대학의 교수는 의무적으로 강의하도록 하고 취득한 학점은 각 대학에서 인정하도록 하며, 경비는 공동으로 분담하도록 하였다. 이 연합대학은 약 1년간 계속되다가 전세가 안정되고 각 대학이 독자적으로 수업을 개시할 수 있게 됨에 따라 1952년 5월말에 폐지되었다.

그런데 전시연합대학의 창설은 대학의 지방분산 계기가 되어 전시연합대학 소재지에는 문화의 중심지로서의 대학을 세우려는 노력이 전개되었다. 그리하여 1952년에 경북대학교, 전북대학교, 전남대학교, 1953년에는 부산대학교, 충남대학교, 충북대학교, 1955년에는 제주대학이 설립되었다.

전시하와 휴전 직후1952~1954에도 고등교육은 사회수요의 증대, 문교부의 개방적 고등교육 정책, 징병유예제도의 적용, 대학 진학의 금전적 수익 등의 요인에 의해 계속 확대되었다. 이때 16개교의 사립대학이 새로 설립되거나 승격 인가되었다.[6]

3) 대학설치기준령 설치를 통한 대학의 양적 확대 통제와 질적 개선

1955년 이후에는 그동안 양적으로 확장된 고등교육의 질을 통제하기 위해 「대학설치기준령」1955년 8월 4일 대통령령 제1,063호을 제정 운영하였다. 대학들은 설립인가를 받기 위하여 지적시설의 전부와 건물시설의 3분의 1 이상을 건립하고, 개교비 및 시설비 재원과 초연도에 필요한 교원을 확보하여야 했다. 이를 계기로 1950년대 후반에는 대학의 신설이 현저하게 줄었고 대학이 연도별 확충조치를 이행하지 않을 시 학교 폐쇄, 학과 통합, 정원 감축 등의 조치가 단행되기도 했다.

---

6 교육부 (1998). 교육 50년사. p. 463.

4) 교원 양성을 위한 교직과 설치

1953년에 휴전 이후 교원의 자질 향상을 위해 설치 운영하던 초·중등 교원양성소를 1958년에 모두 폐지하였다. 대신에 1955년부터 중등교원을 양성하기 위해 일반대학에 교직과를 설치운영하기 시작했다.

5) 서울대학교에 행정대학원과 보건대학원 설치

1959년에는 서울대학교에 행정대학원과 보건대학원이 설치되었다. 이는 우리나라 대학원 제도를 일반대학과 특수대학원으로 이원화 하는 효시가 되었다. 일반대학원은 학술연구에 치중하는 반면, 특수대학원은 주로 응용과학과 전문기술의 영역에서 고급 전문인을 양성하는데 역점을 둠으로써 이원적인 고등교육체제 정립에 중요한 역할을 했다.[7]

03 박정희 정부의 대학교육(1961~1979): 고등교육 양적 팽창과 정비기

1) 대학 정비

1960년대 초 대학 인구의 급격한 팽창, 국민 소득 수준에 비추어 대학에 대한 과대한 투자, 고등실업자 양성에 의한 사회·정치적 혼란, 국가사회의 인력 수요의 재조정, 학원 정화, 대학의 질적 향상 등을 이유로 박정희 군사정부의 대학 정비 정책이 단행되었다.

1961년 9월 1일 법률 제708호로 「교육에관한임시특례법」을 공포하고 각급 학교 입시제도의 국가관리, 대학정비, 학사 고시제, 교수실적 검사제 등을 추진하였다. 이들 정책을 추진함에 있어 「학교정비기준령」1961년 12월 9일 제정, 각령 제283호과 「사립학교법」1963년 6월 26일 제정, 법률 제1362호, 「대학학생정원령」1965년 12월 22일 제정, 대통령령 제2331호이 큰 힘이 되었다.[8] 그 중 1961년에 시작된 대학정비 방안은 부정 및 분규 대학의 정비, 대학의 지역적 분산, 인문계의 감축 및 실업계의 증강을 기본 원칙으로 하였다.

---

7 교육부 (1998). 교육 50년사. p. 465.

8 장아름 (2015). 대학 구조개혁 정책의 변동과정 분석-역사적 신제도주의의 제도변화 관점 적용을 중심으로. 교육정치학연구 제22집 제4호. p. 122.

특히 인력수급 계획에 의하여 국가 수요를 고려한 인재의 계획적 양성을 전제로 전국 대학생 총수를 70,000명으로 책정한 점을 보면 대학 교육이 이 당시에도 국가와 산업사회가 필요로 하는 전문인력 양성에 큰 비중을 두고 있었음을 알 수 있다.[9] 이와 같이 대학 교육의 실제적인 목적이 국가발전을 수행할 인력 공급에 있었기 때문에 교육법에 명시된 대학 교육 이념과 현실 반영과는 차이가 있기도 했다.

2) 고등교육 개혁을 위한 실험 대학 운영

1970년대 들어서면서 대학들이 획일적인 개혁을 탈피하여 탄력성 있고 개별 대학의 자율화가 신장될 수 있도록 고등교육을 새로운 차원에서 개혁하기 위해 실험대학을 운영하고 대학의 특성화 정책을 추진하였다.

1979년 5월까지 84개의 4년제 대학 중 39개교, 그리고 25개 종합대학 중 24개교가 실험대학에 참여하였다.

실험대학의 개혁 내용은 다음과 같았다.

첫째, 1955년 이래 제도화된 졸업학점은 160학점이었는데 실험대학에 한하여 140학점으로 인하하여 교육내용의 세분화 방지, 중복된 내용의 통합 조정, 교육방법의 개선 등으로 교육과정 내실화를 기한다.

둘째, 대학의 자율적 결정에 따라 종래의 학과별 정원제를 지양하고 대학별 학부제 또는 계열별로 학생을 모집할 수 있도록 한다.

셋째, 학생들의 자율적 선택에 따라 부전공 또는 복수전공을 할 수 있도록 제도화 및 능력에 따라 학점을 취득할 수 있도록 한다.

넷째, 시설활용 극대화를 위한 계절학기제의 도입, 학점에 따른 수업료 징수의 제도화 및 능력에 따라 학점을 취득할 수 있도록 한다.[10]

3) 대학 특성화 추진

실험대학의 발족과 그 운영을 통한 대학개혁의 추진에 있어 핵심이 된 한 가지는 대학

---

9 교육부 (1998). 교육 50년사. pp. 466-470.

10 교육부 (1998). 교육 50년사. pp .471-472.

특성화 추진이었다. 대학의 특성화 정책은 교육재정의 효율적 운영, 대학 간의 역할 분담, 지방대학의 육성, 산학협동의 촉진 등 여러 가지 정책의도를 가지고 1974년부터 시행하였다.

18개 대학에서 51개 학과공업계 25개 학과, 농학계 19개 학과, 수산계 3개 학과, 해양계 2개 학과, 항공계 2개 학과가 지정되었고 실험실습비로 1억 5천만 원이 투입되었다. 또 특성화학과에 대해서는 실험·실습비 지원뿐만 아니라 교수 연구비의 중점 지원이나 학생에 대한 장학금 지급, 외환이나 차관의 우선 지원 배정 등 광범위한 지원시책이 도입되었다.[11] 그 당시 경북대학교의 전자계열학과, 부산대학교의 기계계열학과, 충남대학교의 공업교육대학 등의 특성화는 대표적인 모델로 평가받았다.

이상과 같은 실험대학을 통한 대학 개혁을 추진하면서 각 대학은 진리탐구의 학문적 태도를 지닌 인간 형성과 유능한 전문직업인의 양성을 통하여 사회에 봉사한다는 두 가지 이념을 조화롭게 구현할 수 있는 교육과정이 되도록 하였다.

4) 한국방송통신대학: 원격(사이버)대학 설립

박정희 정부는 1972년 경제적, 지리적, 연령의 이유로 대학교육을 받지 못하는 사람들에게 고등교육기회를 제공하기 위해 한국방송통신대학교를 설립하였다. 한국방송통신대학교는 서울대학교 부설 교육기관으로 초급 2년제 학위를 부여하는 기관으로 설립된 이후, 1981년 5년제 학사학위 과정으로 개편되었고, 1991년 다시 4년제 학사과정으로 개편되었다. 2011년 기준, 재학생수 21만 명으로 우리나라 4년제 대학 중 가장 많은 학생이 재학하고 있으며, 설립 이래로 총 50만 명의 졸업생을 배출하였다. 학비는 학기당 35만 원 정도로 저렴하였다.

한국방송통신대학교에는 2017. 4. 1. 기준 4개 단과대학22개 학과, 프라임칼리지1개 전공, 대

11 교육부 (1998). 교육 50년사. p. 472.

학원18개 전공, 경영대학원8개 전공, 8개 본부, 13개 지역대학, 31개 시 · 군학습관, 2개 연구 시설 등으로 구성되어 있다. 특히 100% 인터넷으로 학습이 이루어지는 사이버대학원은 원격대학원으로 운영되고 있다. 학생은 편제 정원 241,800명, 입학정원 57,700명, 편입정원 7,500명에 재학생수가 113,780명이고 휴학생 수가 55,546명이다. 교직원은 교원정원 425명 중 현원이 407명명예교수, 석좌교수, 전임대우 강의교수, 객원교수, 산학협력중점교수, 연구원, 수업조교, 177명, 조교 90명 포함이다. 직원은 499명 정원에 현원 501명이다.[12]

교수－학습 방법은 원격교육 방법을 중심으로 하면서 전국의 지역대학 및 학습관을 통한 출석수업도 실시하고 있다. 2005년부터는 인터넷과 멀티미디어를 이용한 강의 개발을 확대해오고 있다. 언제 어디서나 교과목 콘텐츠에 접속할 수 있도록 휴대전화를 통한 강의 서비스인 U－KNOU유노우도 운영하고 있다. 수업평가가 엄격해서 신입생인 경우 47.9%, 편입생인 경우에는 45.9%가 첫 학기에 중도 탈락을 한다.[13]

한국방송통신대학교의 2017년도 대학 자체평가요약보고서에 의하면 주기적으로 대학경영, 교육계획 · 교육과정 및 성과, 대학 구성원, 교육연구여건 및 지원체제 등을 영역별로 자체 평가하여 현황 파악, 성과와 문제점 진단, 개선 방향 등을 공개하고 있다. 이를 통하여 누구나 제3자의 입장에서 한국방송통신대학의 현황과 발전하는 모습을 이해할 수 있다.[14]

한국방송통신대학교 외에도 김대중 정부는 2001년 정보통신기술의 급속한 발달, 국가 주도의 정보통신 활용 촉진 전략, 그리고 평생교육의 확대 요구 등에 맞물려서 4년제 및 2년제 사이버대학을 설립하였다. 2010년 기준 19개4년제 17개교, 2년제 2개교 대학에 240개 전공학과사회계열 133개, 예체능계열 44개, 인문계열 28개, 공학계열 18개, 교육계열 13개, 의학계열 4개가 설치되어 있다. 사이버대학 총 입학 정원은 2002년 기준 17,000여 명에서 2010년 30,000명 정도로 증가하였다. 등록률은 80% 정도이고 등록생은 고졸자 수는 감소하고 전문대 졸업생의 편입이 지속적으로 증가하고 있다.[15]

12 한국방송통신대학교 홈페이지. 대학현황 소개.
13 임청일 (2011). (제2판) 원격교육과 사이버교육활용의 이해. 교육과학사. pp. 64-74.
14 한국방송통신대학교 (2018). 2017년도 대학자체평가 요약 보고서. 한국방송통신대학 기획평가과. pp. 1-14.
15 상게서. pp. 66-68.

04 전두환 정부의 대학교육(1980~1988): 고등교육의 확충 · 개혁기

1) 7 · 30 「교육정상화 및 과열과외 해소방안」에 의한 고등교육 개혁

1960~1970년대의 고등교육에는 여러 가지 문제가 제기되기도 하였다. 군부통치하의 정부 주도적인 대학정책으로 대학교육의 획일성과 타율성 조장, 대학의 양적 팽창 과정에서 상당수 사립대학의 질적 수월성 미흡과 재정 수요 확보를 위한 정원외 학생모집으로 인한 사회적 물의 발생, 학부모의 지나친 교육열로 인한 대학 지원자 급증, 지나친 학력별 임금격차와 일류대학 입학을 위한 과열 과외의 성행과 재수생 누적, 대학에 대한 강도 높은 관리·감독과 입학 정원 통제 정책으로 인한 경제성장을 받침해줄 충분한 대졸 인력 공급 부족 등이 사회적 이슈로 부각되었다.

이런 문제를 해결하기 위해 정부는 1980년 7월 30일 「교육정상화 및 과열과외 해소방안」을 발표했다. 고등개혁과 관련된 7·30 교육 개혁의 주된 내용은 대학별 본고사를 폐지하고 예비고사 성적만으로 신입생을 선발하되 내신성적 반영, 졸업정원제 실시대학 130% 선발, 전문대학 115% 선발, 대학의 시설과 인력을 최대한 활용할 수 있는 전일제 수업 운영, 대학 입학정원을 연차적으로 대폭 증원1981년에만 10만 5천명 증원하는 것 등이었다. 또한 한국방송통신대학에 1982학년도부터 학사과정을 신설하여 모집하고, 2년 과정의 학과 및 정원 확충을 통한 학사 운영을 강화하였다. 교육대학의 수업 연한을 1981년부터 1984년까지 연차적으로 2년에서 4년으로 연장하였다.

그러나 교수 확보와 시설 확충이 전혀 되어 있지 않은 상태에서 갑작스러운 대학 입학정원의 증가로 인한 대학 교육의 질적 저하, 졸업정원제의 비교육적 측면, 내신제 시행으로 인한 부작용 등의 비판을 받았다.[16]

특히 대학 정원의 급격한 증가는 노동시장에 대졸자 공급 과잉 현상을 초래하였다. 그런데 대학 졸업자의 공급 과잉에도 불구하고 대학 교육의 질적 저하로 첨단기술 인력은 여전히 부족한 상태였다. 그 결과 1990년 초반까지 정부는 이공계를 제외한 다른 학과의 신·증설을 억제하는 정책을 추진하기도 했다.[17]

---

16 교육부 (1998). 교육 50년사. pp. 474-475.

17 신정철. '고등교육정책의 역사적 변동과 전망'. 김신복 외 (2017). 교육정책의 역사적 변동과 전망. 서울대학교출판문화원. pp. 175-178.

2) 개방(산업)대학 설립

전두환 정부는 1980년 7 · 30 교육개혁 조치를 단행하였다. 이로 인해 입학정원제가 졸업정원제로 바뀌면서 대학은 130%전문대학은 115%를 선발하여 졸업 전에 30%전문대학은 15%를 탈락시켜야만 했다. 여기서 탈락한 학생들과 산업체 근로자들은 계속 고등교육을 받을 기회가 폐쇄되었다. 전문대학 졸업생도 대학 편입 기회가 원천적으로 봉쇄되었다.

1980년 7 · 30 교육개혁 조치로 인하여 대학을 중도에 탈락한 자에 대하여 고등교육에서의 계속교육 기회를 제공하고, 헌법에 명시된 평생교육 이념 하에 특히 산업체 근로자들에게 필요에 따라 편리한 장소와 시간에 고등교육에서의 계속교육 기회를 제공하며, 그리고 전문대학 졸업생에 대한 대학 편입 기회를 제공하기 위해 신설된 고등교육제도가 1982년 경기공업개방대학을 실험대학으로 처음 설치 운영하기 시작하였던 개방산업대학이다.[18] 이 교육체제는 영국을 비롯한 영연방국의 폴리텍대학polytechnics, 일본의 기술과학대학Technology & Science University, 대만의 기술대학Institute of technology 등의 고등교육체제를 참고하였기에 이들

그림 5-2 개방학제의 기본개념

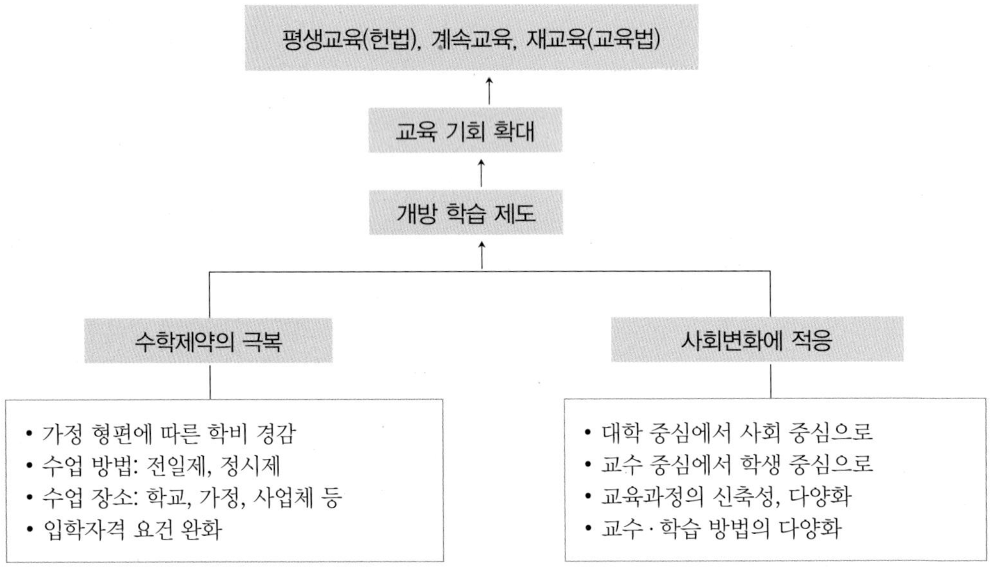

자료: 문교부 사회직업교육국(1981). 산업대학 설치에 따른 실험대학 운영계획서. p. 3.

18 백형찬 (1996). 한국 개방대학 교육정책 평가를 위한 기초 연구. 세종대학교 박사학위 논문. pp. 34-48.

과 유사한 성격을 지니고 있다.

개방산업대학의 교육목적은 산업사회에서 필요로 하는 학습 또는 전문적인 지식·기술의 연구와 연마를 위한 교육을 계속 받고자 하는 자에게 고등교육의 기회를 제공하여 산업인력을 양성함을 목적으로 한다고등교육법 제 37조.

당시 개방산업대학체제가 설립되게 된 기본 이념은 <그림 5-2>와 같다.

개방산업대학은 일부는 신설된 경우도 있지만 대부분은 제6장의 <표 6-22>에 기술된 것과 같이 우수한 국립전문대학이 개방산업대학으로 개편·승격되었다. 개방산업대학의 체제는 특별과정, 전문대학과정, 학사과정, 3·4학년 편입 학사과정으로 시작하였는데 현재는 학사과정과 편입학 과정만 운영하고 있다. 입학 자격은 처음에는 실업계 고교 졸업자, 일반계 고등학교 졸업생 중 산업체 근무 경력이 1년 이상인 자로 제한하였는데 후에 산업체 근무 경력 1년 조건은 해제되었다. 1988년에는 교명에서 '개방'을 삭제하고 '산업', '공업', '경상' 대학으로 개칭하였다. 1989학년도부터는 대학원 과정이 설치되는 등 시간이 경과할수록 개방대학 설립 당시의 취지와 체제는 사라지고 일반대학의 체제와 비슷하게 운영하고 있다.

개방산업대학은 개방 학습 체제를 원칙으로 하고, 산업체 근로자들의 고등교육기회 제공에 주된 목적이 있었기 때문에 전일제full time 보다는 정시제part time에 역점을 두었다. 그러나 이 특성이 고려되지 못하고 주간과 야간으로 구분되어 운영되었다. 체제상으로는 학점제 등록에 의하여 정시제 학생으로도 공부할 수 있으나 95%의 학생이 매학기 17~20학점을 수강하고 있어 주·야간 모두 전일제 학생으로 구성·운영됨으로써 산업대학의 특성에 맞는 체제라고 할 수 없는 실정이다.[19]

개방산업대학은 본연의 설립 목적에 부합되는 교육을 실시하지 못함에 따라 산업사회가 필요로 하는 전문기술인력 수요를 충족시키지 못하고 있다. 이에 따라 전문대학을 비롯하여 기업체가 주축이 되어 사내대학과 기술대학을 설립하고, 고용노동부가 기능대학을 폴리텍대학으로 개편하여 운영하며, 고등기술학교가 전공대학과 같은 체제를 신설·운영하고 있기도 하다.

김영삼 정부는 1997년 12월 13일자로 제정 공포되고 1998년 3월 1일자로 시행된 「고등교육법」에 의하여 교명을 개방대학에서 산업대학으로 개칭하였다. 산업대학으로 개칭된 후에도 학과당 교원 정원, 대학의 장과 교명 명칭, 재정지원 차등화 등의 문제로 일반대학과

19 이무근 외 (1992). '산학협동을 통한 산업대학 육성방안'. p. 128.

는 차별화된 불이익이 직 · 간접으로 제기되었다. 이로 인해 20여 개였던 산업대학이 2000년대 들어 교육부의 대학구조개혁 정책에 부응하면서 <표 5-1>에서 보는 바와 같이 일반 대학으로 개편 · 통합되었다. 현재는 산업대학으로 청운대학교와 호원대학교 2개 대학만 존속하고 있어 명맥만 유지하고 있는 실정이다.

반면에 전문대학, 사내대학, 기술대학, 폴리텍대학기능대학, 전공대학 등이 산업대학과 유사한 역할을 수행하면서 「고등교육법 제2조」에 규정된 대학 종류 간의 특성과 교육목적도 모호해지고 있다.

산업대학이 성공적으로 운영되지 못한 데에는 몇 가지 이유가 있다. 전두환 정부의 졸업정원제가 폐지되면서 산업대학의 설립 취지가 약화되었고 특성과 정체성이 모호해졌다. 원래 산업대학은 영국의 폴리텍 대학polytechnics, 일본의 기술과학대학Technology & Science University, 대만의 기술대학Institute of Technology 체제에서 기본 아이디어를 얻었다. 그런데 후에 정책연구를 한 다른 팀의 연구원이 영국의 폴리텍대학Polytechnics을 연구 조사하는 대신에 우리나라의 방송통신대학에 해당되는 영국의 개방대학Open University을 조사하여 보고함으로써 정책 결정자에게 Open University개방대학와 Polytechnics폴리텍대학 간에 혼선을 가져오게 하였다.[20]

원래 산업대학은 설립 취지와 특성에 부합하고 이에 적합한 입학자원이 풍부한 대단위 산업단지와 대도시 중심으로 설립하도록 계획하였었다. 그런데 대통령 선거와 국회의원 선거가 있을 때마다 산업대학으로서의 설립조건이 부적합한 지역임에도 불구하고 산업대학 설립을 선거 공약으로 제시하고 설립되는 사례도 있었다.

뿐만 아니라 산업대학 구성원들은 산업대학의 특성이 고려된 대학으로의 발전 노력보다는 일반대학으로 전환하려는 의지가 강했다. 교육부의 산업대학에 대한 정책과 지원이 일반 대학에 비해 직 · 간접으로 차별화됨으로써 산업대학들이 불이익을 받기도 하였다.

이런 이유로 산업대학들이 제대로 역할을 수행하지 못하고 어려움을 겪다가 2000년대 초 교육부의 학령인구 감소에 따른 대학구조개혁 정책과 맞물려 결국은 대부분 일반대학인 ○○과학기술대학교로 개편하였거나 다른 대학과 통합하였다.[21, 22, 23, 24]

개방산업대학이 설립된 후 현재까지의 변동 상황을 보면 <표 5-1>과 같다.

---

20 백형찬 (1991). 직업교육의 관점에서 본 산업대학의 발전 방향에 관한 연구. 세종대학교 석사학위논문. p. 55.
21 이무근 · 구병림 (1980.12). 전문대학 교육제도 개선을 위한 해외 조사 연구 보고서. p. 80.
22 이무근 · 권이종 · 김왕곤 (1985). 개방대학 교육개선을 위한 정책 방안 모색에 관한 연구, pp. 5-151.
23 이무근 · 강무섭 · 김수일 · 김신복 (1988.2). 개방대학 제도 평가 및 향후 발전 방향. pp. 5-92.
24 이무근 · 김문웅 · 남기홍 · 양재면 · 이현청 (1994). 개방대학 개혁 방안에 관한 연구. pp. 11-28.

표 5-1 개방(산업)대학 설립 후 변동 사항

지역	개방(산업)대학 설립 당시 대학명	개교 년도	설립 전 대학명	설립 후 변동 상황	현재 대학명
서울	경기공업 개방대학	1982	경기공업전문대학	2011년 일반대학으로 개편	서울과학기술 대학교
강원	삼척산업대학	1991	삼척공업전문대학	2006년 강원대학교와 통합	강원대학교 삼척캠퍼스
경기	안성산업대학	1993	안성농업전문대학	2012년 일반대학으로 개편	한경대학교
	남서울산업대학교	1994	신설	2012년 일반대학으로 개편	남서울대학교
	한국산업기술대학	1998	신설	2012년 일반대학으로 개편	한국산업기술 대학교
충북	충주산업대학	1993	충주공업전문대학	2006년 충북과학대학과 통합. 2010년 일반대학으로 개편, 2012년 철도대학과 통합	한국교통대학교
충남	대전공업개방대학	1984	대전공업전문대학	2009년 일반대학으로 개편	한밭대학교
	중경산업대학	1995	신설	2009년 일반대학으로 개편	우송대학교
	충남산업대학교	1995	신설	※ 산업대학으로 유지	청운대학교
전북	군산개방대학	1985	서해공업전문대학	※ 산업대학으로 유지	호원대학교
전남	광주개방대학	1984	광주경산전문대학	2004년 일반대학으로 개편	광주대학교
	초당산업대학교	1994	신설	2012년 일반대학으로 개편	초당대학교
	한려산업대학교	1995	신설	2011년 일반대학으로 개편	한려대학교
경북	경북개방대학	1985	경북공업전문대학	1997년 일반대학으로 개편	경일대학교
	상주산업대학	1991	상주농업전문대학	2008년 경북대학교와 통합	경북대확교 상주 캠퍼스
	한국산업대학교	1997	신설	2012년 일반대학으로 개편	경운대학교
부산 경남	부산공업개방대학	1984	부산공업전문대학	1996년 부산공업대학과 부산수산대학과의 통합	부경대학교
	동명정보산업대학	1996	신설	2006년 일반대학으로 개편	동명대학교
	밀양산업대학	1993	밀양농잠전문대학	2006년 부산대학교와 통합	부산대학교 밀양캠퍼스
	진주산업대학	1993	진주농림전문대학	2011년 일반대학으로 개편	경남과학기술 대학교
	영산국제산업대학교	2002	신설	2006년 일반대학으로 개편	영산대학교
제주	동원산업대학교	1997	신설	1998년 일반대학으로 개편하고, 탐라대학으로 교명 변경, 2011년 탐라대학과 제주산업대학 통·폐합	제주 국제대학교

자료: 각 대학 홈페이지 연혁 및 한국직업능력개발원 (1998). 직업교육훈련 100년사.

3) 교육개혁심의회에 의한 고등교육 개혁 정책

전두환 정부는 대통령 직속기구로 교육개혁심의회1985.3~1987.12를 설치 운영하였다. 고등교육과 관련된 개혁 내용으로는 대학별 독자적인 입학전형 실시, 대학 도서관의 확충 및 현대화, 교원양성교육의 특성화와 전문화, 대학교수 정년보장제 실시 및 교수재임용제 폐지조교수 이하는 계약제 실시, 대학원의 기초과학 연구체제의 확충, 대학교육의 수월성을 추구하기 위한 대학의 기능 분화 및 특성화, 대학원 중심대학의 선별 육성, 대학평가인정제 실시, 대학교수 정년보장제 도입, 대학 입시제도 개선, 학생 납입금 자율화 등이 있었다.

이들 개혁 방안 중 정책에 직접 반영된 것은 사도장학금 설치, 대학평가인정제 실시, 대학교수 정년보장제 도입, 대학입시제도 개선, 학생 납입금 자율화 등이었다.[25]

05 노태우 정부의 대학교육(1988~1993)

노태우 정부의 고등교육 관련 주된 내용은 대학의 특성화를 비롯한 대학교육의 개선과 고등교육기관 적정 배치, 사립대학 총장 임용·승인·취소권 폐지 및 국공립대학 총·학장 후보자 선출권 일임, 독학에 의한 학위인정 방안, 국공립 교육대학 및 사범대학 졸업자 우선 임용제 철폐를 비롯한 초·중등 교원 종합대책 등이다.

1) 대학의 특성화와 국제화 지향

노태우 정부에서는 개별대학들이 독자적인 목적과 기능을 명료화하고, 이들이 대학의 성격, 설치학과, 교육과정, 그리고 대학운영 전반에 반영되도록 하는 것을 지향하도록 하였다.

특히 모든 대학이 교육, 연구, 사회봉사 기능을 수행하되 대학의 특성에 따라 교육 기능에 중점을 두는 대학, 연구 혹은 사회봉사에 각각 중점을 두는 대학으로 기능을 분화하도록 하였다.

그러나 우리나라 대학들은 역할 기능 분화가 제대로 되어 있지 않아 대학별 특성화가 별

---

25 교육부 (1998). 교육 50년사. pp. 475-476.

로 없다. 이로 인해 연구 중심 대학인지 교육중심 대학인지 구분하기 어려운 대학들이 상당수 있다. 이에 따라 특성화된 전문 백화점은 별로 없고 획일화된 종합백화점식 대학만 많은 편이어서 국내외적으로 경쟁력이 약한 실정이다.

1990년대에 이르러서는 교육의 국제화 · 세계화 추세에 따라 고등교육의 방향도 이에 준하여 변화하였다. 먼저 대학 간 국 · 내외적인 교류를 활성화하고 경쟁력을 도입하여 대학의 질적 수준을 높이려 하였다. 교육과정에 있어서도 세계화 시대에 부응하는 프로그램 마련을 위해 노력하였다.[26]

2) 사립대학 총장 임용 · 승인 · 취소권 폐지 및 국공립대학 총 · 학장 후보자 선출권 일임

당시 노태우 대통령 후보는 전두환 대통령의 비민주성을 비판하면서 국민들의 민주화 요구를 대폭 수용한 소위 6 · 29선언을 발표하였다. 여기서 언급된 대학의 자율화와 교육 자치에 근거하여 사립대학 총장 임용 · 승인 · 취소권 폐지는 1990년 4월 7일 「사립학교법」 개정을 통해 이루어졌다. 또한 국공립대학 총 · 학장 후보자 선출권 일임은 1991년 3월 8일 「교육공무원법 개정」을 통하여 이루어졌다.

특히 노태우 정부는 대학교육정책을 수립함에 있어 교육부의 중앙교육심의회와 대통령 직속기구인 교육정책자문회의1989.2~1993.2가 제시한 교육개혁안을 지속적으로 추진하였다.

3) 독학학위제 도입

1989년에 발족한 노태우 정부의 교육정책자문회의에서는 일반 국민들의 고등교육에 대한 수요를 해결하기 위해 무한정 대학을 설립할 수 없다고 판단하였다. 그 대안으로 독학학위제의 도입을 추진하였다.

독학학위제는 독학자들에게 4과정에 걸친 독학학위 취득시험을 통하여 학사학위 취득 기회를 부여함으로써 평생교육의 이념 구현, 개인의 자아실현 및 국가사회의 발전에 기여하기 위해 도입된 제도이다.

학사학위 취득과정은 4과정에 걸친 평가에 합격을 하여야 한다. 1과정은 교양과정 인정시험 5과목, 2과정은 전공기초과정 인정시험 6과목, 3과정은 전공심화과정 인정시험 6과

---

26 상게서. pp. 481-482.

목, 4과정은 학위취득 종합시험 6과목 등이다. 이들 시험에 합격을 하면 학위를 취득할 수 있는 제도이다.

독학학위제는 1990년 10월 중앙교육평가원을 통해 처음 실시된 이후 주관기관이 한국방송통신대학으로 이관되었다가 현재는 국가평생교육진흥원이 주관하고 있다.

독학학위제 지원자 수는 1990년부터 2017년까지 528,283명이었고 학위 종류와 전공분야는 <표 5-2>와 같다. 그동안1990~2017 독학학위제에 의한 전공분야별 학위취득자 수는 <표 5-3>과 같다.

표 5-2 독학학위제 학위 종별 및 전공 분야 (단위: 명)

학위 종별	전공
문학사	국어국문학, 영어영문학, 심리학, 중어중문학(신규응시 폐지)
법학사	법학
행정학사	행정학
경영학사	경영학
이학사	컴퓨터과학, 수학(신규응시 폐지)
공학사	정보통신학(3, 4단계만 지원 가능)
가정학사	가정학
간호학사	간호학(4단계만 지원 가능)
교육학사	유아교육학(3, 4단계만 지원 가능)
농학사	농학(신규 응시 폐지)

자료: 1) 김용현, 김종표 (2015) 평생교육론. 양서원. pp. 414-415.
2) 교육부 (2018.2.22.) 보도자료. '2018 학점은행제 · 독학학위제 학위 수여식 개최', pp. 1-8.

표 5-3 독학학위제에 의한 전공분야별 학위취득자 수 (단위: 명)

전공	국어국문학	영어영문학	심리학	경영학	법학	행정학	유아교육학	가정학	컴퓨터과학	간호학	중어중문학	수학	농학	정보통신학	합계
학위 수여자	2,522	3,326	61	1,156	1,133	746	2,618	1,483	2,550	3,926	24	26	41	9	19,621

자료: 1) 김용현, 김종표 (2015) 평생교육론. 양서원. p. 417.
2) 교육부 (2018.2.22.) 보도자료. '2018 학점은행제 · 독학학위제 학위 수여식 개최', pp. 1-8.

노태우 정부의 교육정책자문회의는 독자적인 정책과제도 있었지만 일부는 전두환 정부의 말기에 교육개혁심의회가 제안한 개혁안을 실효성 있게 재구안하여 제시함으로써 정책의 실행 가능성을 높여 주었다는 점에서 그 의의를 가진다.

4) 국공립 교육대학 및 사범대학 졸업자 우선 임용제 철폐

1991년 이전에는 「국 · 공립교원의 신규 임용법」에 따라 국 · 공립교육대학교와 사범대학 졸업자들을 우선 임용해왔다. 즉, 국 · 공립교원양성기관의 졸업자는 별도의 선발시험 없이 무시험으로 임용되고 부족할 때만 사립교원 양성기관 졸업자와 교직과정 이수자 등을 경쟁시험을 통해 선발 · 임용하는 방식을 채택해왔다. 그런데 이 제도가 위헌이라는 판결이 1990년 10월에 있었다. 그 후 교육부는 경과조치를 두고 1995년부터 국공립교원양성기관의 졸업자도 모두 시도교육위원회가 주관하는 교원 임용고시에 응하여 합격할 경우 임용절차를 받도록 추진하였다.[27]

06 김영삼 문민의 정부 대학교육(1993~1998): 대학 교육의 간접 통제기

김영삼 정부의 대통령자문기관인 교육개혁위원회는 고등교육 개혁과 관련하여 31개 과제를 제시하였다. 그 중 현재 수행 · 추진되고 있는 내용은 다음과 같다.

첫째, 교육 수요자 중심의 대학 운영 확대를 위해 시간제 등록제의 법적 기반을 마련하였고 학생들의 진로 선택 기회 확대를 위해 전과 및 편 · 입학 제도를 확대하였다.

둘째, 교육부가 제시한 계열별 증원 규모 내에서 개별 대학이 학과 신 · 증설 등 정원을 자율 조정하는 포괄승인제의 대학 정원 자율화 제도를 1996년에 도입하였다. 이어서 1997학년도부터는 일정한 교육여건을 갖춘 대학은 증원 규모까지 자율적으로 결정할 수 있도록 교육여건 연동제를 시행하였다. 이를 통해 대학의 정원이 1996학년도에 1만 5,965명, 1997학년도에 1만 6,465명, 1998학년도에 2만 2,935명이 증원되었다.[28]

셋째, 대학의 다양화와 특성화 확대를 위하여 「대학설립준칙주의」를 도입하고, 고급 전문 인력을 양성하는 단설전문대학원의 설립 인가를 도입하였으며, 대학별 발전 방향에 대한 평가 및 그에 따른 지원을 가시화하였다.

넷째, 대학별 자구 노력 지원체제 도입을 통하여 선의의 경쟁을 함으로써 대학의 질을

27 서정화. '교직원 정책 변동'. 김신복 외 (2017). 교육정책의 역사적 변동과 전망. 서울대학교출판문화원. pp. 417-418.
28 신정철. '고등교육정책의 역사적 변동과 전망'. 김신복 외 (2017). 교육정책의 역사적 변동과 전망. 서울대학교출판문화원. pp. 178-181.

높였다. 이를 위해 전국 대학을 평가하여 40개 대학교육 개혁 추진 우수대학에 300억 원을 차등 지원하였다.

다섯째, 대학 교육·연구의 첨단화와 세계화를 위한 재정지원을 하였다.

여섯째, 직업관련 계속 교육기회 확대를 위해 개방대학의 특별 전형제도를 확대 실시하고 산업체 근무자의 입학요건을 완화하는 방향으로 입학전형 제도를 개선하였다.[29]

일곱째, 학교에서뿐만 아니라 학교 밖에서 이루어지는 다양한 형태의 학습과 자격을 학점으로 인정하고, 학점이 누적되어 일정 기준을 충족하면 학위를 수여하는 「학점은행제」를 도입하였다.

이상과 같은 김영삼 정부의 고등교육 정책 중 대학정원 자율화 정책과 대학설립준칙주의, 그리고 학점은행제, 기술대학과 사내대학에 관해 간단히 서술하고자 한다.

1) 대학 정원 자율화 정책

(1) 대학 정원 자율화 정책 추진 과정

정원 자율화 조치가 시행되기 이전의 대학 정원 조정은 전적으로 정부에 의해 이루어졌다. 이런 규제와 통제 위주의 경직된 정원 관리 방식으로는 급변하는 환경변화에 대응하는 데에는 한계가 있었다.

이런 문제 해결을 위해 전두환 대통령의 교육정책자문기구였던 교육개혁심의회는 1986년 7월 대학의 정원 관리를 평가결과에 따른 자율 확정 방식으로 전환하는 것을 의결한 바 있다. 이어서 문교부가 1987년 9월 25일 대학자율화 세부 실천 지침을 발표하면서 1989년 이후 대학 정원을 단계적으로 자율화하겠다고 밝힌바 있다.

그러나 정원 자율화 정책은 김영삼 문민의 정부에서 교육부가 1994년 12월 8일 대학정원 자율화 추진계획을 발표하면서 본격적으로 추진되었다. 이 때 교육부는 정원 자율화를 포괄승인제, 교육여건 연동제, 완전정원 자율화 추진 계획 등의 3단계에 걸쳐 점진적으로 추진하겠다고 밝혔다. 대학정원 자율화 정책 단계별 추진 내용은 <표 5-4>와 같다.

---

29 교육부 (1998). 교육 50년사. pp. 477-478 .

표 5-4 대학정원 자율화 단계별 · 정책 단계별 추진 내용

구분		포괄승인제(1단계)	교육여건 연동제(2단계)	완전자율화(3단계)
시행시기	'94년도	'95년도	'96년도	'98년도
대상학년도	'95학년도	'96학년도	'97학년도	'99학년도
대학별 정원규모	교육부	교육부	교육여건 충족 대학	개별대학
계열별 정원규모 결정	교육부	교육부	교육여건 충족 대학	개별대학
자율 조정 범위	대학(이공계)	정원 규모 내 자율 조정(학과 신설) 등	교육여건 충족 대학은 대학개편을 포함하는 증원 규모 자율 결정	조정범위 · 규모 대학 자율
자율화 대상 제외 대학	–	의학, 사범계열, 수도권대학, 국립대학	의학, 사범계열, 국공립대학은 원칙적으로 동결, 수도권대학은 수도권정비계획법에 의거 통제	의학, 사범계열, 수도권 대학은 수도권정비계획법에 의거 통제
정원조정 신청	신청	폐지	폐지	폐지
정원조정 고시	교육부	교육부	폐지	폐지

자료: 박남기 · 임수진 (2015). 5 · 31 대학교육의 영향과 과제: 대학설립 준칙주의와 정원 자율화 정책을 중심으로. 교육정치학연구 제22집 제4호. p. 8.

1996학년도부터 시행한 포괄승인제란 정부가 대학으로부터 매년 3월까지 정원 조정 신청서를 받던 것을 폐지하고, 교육부가 계열별 증원 규모를 정하여 대학에 통보하는 방식이다. 이에 따라 대학은 총 정원 범위 내에서 학과 신 · 증설, 학과 통합 등 정원을 자율 결정할 수 있게 됐다. 단, 수도권 소재 대학이공계 제외, 국립대 및 인력수급과 직결되는 사범계 및 의료 인력 관련 학과는 정부가 종전처럼 정원을 조정하는 것으로 했다

1997학년도부터 시행한 교육여건 연동제란 일정한 교육여건을 갖춘 대학은 증원 규모까지 자율적으로 결정할 수 있도록 한 것이다. 1997학년도 교원 · 교사 확보율이 70% 이상이면 대학정원 자율화 대학으로 선정됐다.

1998학년도는 정원 자율책정 기준인 교원 · 교사 확보율이 50%로 낮아졌다. 또한 수도권 대학이라도 야간은 기준만 통과하면 정원을 자율적으로 정할 수 있도록 하였다. 한편, 1997년 이후 준칙주의에 근거하여 설립된 대학들은 대학설립 · 운영 규정상의 설립 기준을 충족할 경우 정원을 자율화 했다.

정원 자율화 정책은 김대중 국민의 정부와 노무현 참여 정부에서도 계속 추진되었다. 김대중 정부에서 정원 자율화 정책의 특이한 점은 1999학년도부터 교원 및 교사 확보율 산정

기준을 편제 정원에서 학생 수 기준으로 변경하였다. 또한 1999학년도부터 주야간 전환을 허용하게 하였다.

그래서 2000학년도부터 주야간 정원이 총량으로 규제되기 시작함에 따라 총 정원 범위 내에서 주·야간 정원의 상호 전환을 허용토록 했다. 2000학년도 정원 정책 기준 중 대학은 교원 교사 확보율이 각 55% 이상으로 변경되었다. 전문대학은 교원 확보율 60% 이상, 교사 확보율 55% 이상, 입학 정원 3,000명 이상인 과대 규모 전문대학은 정원을 동결하였다. 수도권 소재 사립대학은 주야간 정원을 합한 총량규제로 정하였다.

2003년도에는 정원 정책 기준이 크게 강화되어 교원·교사 확보율이 재학생 기준으로 80% 이상이어야 하며, 수익용 기본재산과 교지 확보율도 정원책정 기준에 포함시켰다.

2004학년도부터는 대학과 전문대학 모두 교육부와 사전 조정 없이 정원 자율정책 기준 범위 안에서 자율적으로 정원을 결정하게 되었다. 그러나 정원 책정 기준은 더욱 강화되어 대학과 전문대학 모두 교원 교사 확보율 90% 이상, 수익용 기본재산·교지 확보율 각각 55% 이상전문대학 각각 40% 이상이어야 했다.

2006학년도부터는 전문대학도 야간학과의 주간 학과로의 개편을 교육 여건교사 확보율을 2005년 3월 1일 기준 이상으로 유지하는 범위 내에서 대학 자율에 맡기기로 했다.[30]

(2) 대학 정원 자율화 정책에 의한 대학 입학정원의 변동 상황

정원 자율화 정책에 의해 지난 10년 동안 대학 입화 정원의 번동 상황을 보면 <표 5-5>에서 <표 5-8>과 같다.

<표 5-5>에 의하면 1996년 대학정원이 포괄정원제를 시작으로 정원 자율화 제도로 전환된 후 10년 사이에 대학 입학정원은 급격히 신장하여 13만 명이 늘어났다. 1995년 49만 8천 명을 뽑던 신입생을 2005년에는 62만 6천여 명을 선발할 수 있게 되었다. 이 중 4년제 대학은 7만 6천 671명, 전문대학은 5만 620명이 증가하였다. 4년제 대학의 경우 일반대학 입학정원이 7만 357명91.8%이 증원되어 대부분을 차지하였다.

연도별로는 1996년 3만 1천명을 시작으로 1997년 3만 3천 235명이 늘어났으며, 1998년 5만 5천 555명이 증가하여 최근 10년간 가장 큰 폭의 증원이 이루어졌다. 그 후 1999년에도 2만 3천 660명, 2002년에 1만 13명의 큰 폭의 증원이 있었다.

---

30 최재성 (2005). 정원자율화 10년, 현황과 문제- 2005년 국정감사 정책 자료집 2. 한국대학연구소 pp. 5-21.

표 5-5 대학 정원 자율화제에 의한 10년간의 입학정원 증감 상황 (단위: 명)

연도별	대학				전문대학	계	증감
	일반	교대	산업	소계			
1995	253,180	4,980	24,620	282,780	215,470	498,250	
1996	266,015	4,980	24,760	295,755	234,275	530,030	31,780
1997	282,660	4,285	27,470	314,415	248,850	563,265	33,235
1998	305,595	4,285	30,310	340,190	278,630	618,820	55,555
1999	311,240	4,285	32,705	348,230	294,250	642,480	23,660
2000	314,410	4,735	32,955	352,100	294,175	646,275	3,795
2001	316,780	4,735	33,220	354,735	292,035	646,770	495
2002	324,309	4,855	34,445	363,609	293,174	656,783	10,013
2003	327,040	5,015	35,193	367,248	285,922	653,170	−3,613
2004	327,740	5,615	31,678	365,033	277,223	642,256	−10,914
2005	323,537	6,015	29,899	359,451	266,090	625,541	−16,715
05-95	70,357	1,035	5,279	76,671	50,620	127,291	

자료: 최재성 (2005). 정원자율화 10년, 현황과 문제 - 2005년 국정감사 정책 자료집 2. 한국대학연구소 pp. 22-23.

대학별 정원이 증원된 대학들의 변동 상황을 보면 <표 5−6>과 같다.

표 5-6 대학별 정원이 증원된 대학들의 정원 변동 상황 (단위: 대학 수, %)

연도	1996	1997	1998	1999	2000	2001	2002	2003	2004	2005
전체 대학수	152	168	174	176	180	181	183	190	191	193
정원 증원 대학수	89	122	129	79	30	24	61	33	9	7
비율(%)	58.6	72.6	74.1	44.9	16.7	13.3	33.3	17.4	4.7	3.6

자료: 최재성 (2005). 정원자율화 10년, 현황과 문제- 2005년 국정감사 정책 자료집 2. 한국대학연구소 p. 23의 <표-2> 재구성하였음.

<표 5−6>에서 보면 1996년부터 1999년까지 4년 동안에 년도에 따라 많게는 전체 대학의 74.1%, 적게는 44.9%가 대학 정원을 늘렸다.

이들 대학정원의 증원 현황을 권역별로 보면 수도권의 4년제 대학은 1995년 10만 6천 690명에서 2005년 11만 8천 690명으로 1만 2천 2백 명을 증원하였다. 전문대학은 같은 기간 동안 7만 810명에서 9만 8천 172명으로 2만 7천 362명 증원하였다. 그래서 수도권은 합

계 1995년 17만 7천 500명에서 21만 7천 62명으로 3만 9천 562명이 증가하였다. 같은 기간에 비수도권은 8천 7백 729명만 증가하여 수도권 중심으로 대학 정원이 증원되어 수도권 대학 비대화와 지방대학 공동화 현상이 나타났다.[31]

1995학년도 대비 2005학년도 입학정원이 100명 이상 증가한 수도권 대학은 <표 5-7>과 같다.

표 5-7 1995학년도 대비 2005학년도 입학정원 100명 이상 증가한 수도권 대학 (단위: 명)

세종대(1,090), 대진대(810), 수원대(700), 가톨릭대(부천, 632), 한성대 (630), 성결대 (570), 서울여대(530), 국민대(478), 협성대(420), 경기대(수원, 310), 광운대(305), 평택대(270), 경희대(수원, 280), 용인대(260), 성공회대(250), 서울시립대(245), 경원대(240), 서울신학대(240), 상명대(서울, 230), 숙명여대(220), 한국항공대(220), 한신대(220), 안양대(207), 숭실대(205), 중앙대(서울, 181), 삼육대(161), 중앙대(안성, 155), 인천대(130), 동덕여대(127), 한국체육대(110), 건국대(서울, 110), 한영신학대(100), 단국대(서울, 100), 100명 미만 13개교

자료: 최재성 (2005). 정원자율화 10년, 현황과 문제-2005년 국정감사 정책 자료집 2. 한국대학연구소. p. 29.

수도권 대학의 계속된 증원으로 지난 10년간 입학정원이 100명 이상 늘어난 대학은 37개교이고 100명 미만인 대학이 13개교로 수도권 대학 78개교 중 65% 이상의 대학에서 증원이 이루어진 셈이다.

대학 정원 자율화제가 시행되는 과정에 야간대학의 주관 전환도 결과적으로 수도권 대학의 경우 편법적인 정원 확대의 수단이 되었다.

야간대학은 산업체에서 근무하는 인력에게 고등교육의 기회를 제공한다는 취지로 대학·산업대학·전문대학 등에 하나의 단과대학 또는 학과·학부로 설치되었다. 산업체 근로자들의 수업 편의를 위해 근무 시간 이후에 수업을 배치하여 야간대학이라 불리며 한때 2부 대학이라 불리기도 했다.

그러나 야간대학의 설립 취지와는 달리 대다수 대학에서는 산업체 근로자보다 일반 전형으로 선발하는 인원이 더 많은 형편이다. 이에 따라 야간대학은 대학들에게는 정원 확대 수단으로, 학생들에게는 또 다른 입시창구로 활용돼 왔다.

이러한 대학들의 이해와 정부의 산업교육 지원이란 측면이 맞아 떨어져 야간의 정원은 <표 5-8>에서 보는 바와 같이 꾸준히 증가해왔다.

31 최재성 (2005). 정원자율화 10년, 현황과 문제- 2005년 국정감사 정책 자료집 2. 한국대학연구소. pp. 27-30.

표 5-8 정원 자율화제에 따른 주간 및 야간 입학정원 변동 상황 (단위: 대학수, 명, %)

연도	주간				야간			
	학교수	입학정원(a)	전년대비 증감	비율(a/c), c=a+b	학교수	입학정원(b)	전년대비 증감	비율(b/c) c=a+b
1995	131	223,405		88.2	81	29,775		11.8
1996	134	232,510	9,105	87.4	85	33,505	3,730	12.6
1997	150	243,540	11,030	86.2	92	39,120	5,615	13.8
1998	156	255,580	12,040	83.6	102	50,015	10,895	16.4
1999	158	273,415	17,835	87.8	102	37,825	−12,190	12.2
2000	161	282,107	8,692	89.7	97	32,303	−5,522	10.3
2001	162	286,836	4,729	90.5	99	29,944	−2,359	9.5
2002	163	296,306	9,470	91.4	91	28,003	−1,941	8.6
2003	169	307,738	4,432	92.0	93	26,302	−1,701	8.0
2004	172	307,348	6,610	93.8	87	20,392	−5,910	6.2
2005	173	307,068	− 280	94.9	82	16,469	−3,923	5.1

자료: 최재성 (2005). 정원자율화 10년, 현황과 문제- 2005년 국정감사 정책 자료집 2. 한국대학연구소. pp. 36-42.

<표 5−8>에서 보면 1995년 기준 131개 일반대학 중에서 야간 학과나 학부가 설치돼 있는 대학은 81개 대학(61.8%)에 이르고 전체 입학 정원의 11.8%인 2만 9천 77명을 선발하고 있다.

1996년부터 실시된 정원 자율화는 야간 정원 확대에 영향을 미쳐 1996년 3천 730명, 1997년 5천 615명이 증원됐다. 특히, 1998년에는 수도권 대학의 야간 정원도 자율화됨에 따라 야간 정원이 크게 확대되었다. 1998년 한 해에만 1만 895명이 증가하여 야간 입학 정원은 5만 15명에 이르게 되었다.

그러나 1999년부터 총 정원 범위 내에서 야간에서 주간으로의 전환이 허용되자 야간 정원은 급속도록 감소하기 시작했다. 2000년부터 수도권정비계획법 개정으로 수도권 소재 사립대학의 정원이 주·야간 정원을 합한 총량 규제로 전환됨에 따라, 정부는 1999년부터 총 정원 범위 내에서 야간에서 주간으로의 전환을 허용한다고 밝혔다

이에 따라 1999년 1만 2천 190명이 줄어든 것을 시작으로 매년 감원이 이루어져 1998년 5만 15명에 이르던 야간 정원은 2005년 1만 6천 469명으로 줄어들었다. 2005년 기준 야간 정원이 전체 정원에서 차지한 비중은 5.1%에 불과하다. 축소된 야간 정원은 대체로 주간 학과로 전환되었다.

이런 주·야간 전환은 정부에 의해 증원이 억제되어 온 수도권 대학의 경우, 편법적인 정원 확대의 수단이 되었다고 볼 수 있다.

2) 대학설립준칙주의 도입

(1) 대학설립준칙주의 도입 배경과 기준

김영삼 정부는 대학설립준칙주의에 의해 소규모 특성화 대학과 전문대학원 대학 설립을 목적으로 하는 대학설립준칙주의를 도입하였다.

대학설립준칙주의 도입 배경을 살펴보면 다음과 같다. 1993년 '고등교육기관 신설 타당성 조사 연구'에 의하면 종전의 대학설치기준령에 의한 대규모 종합대학교나 전문대학의 설립은 더 이상 설립이 필요 없을 정도로 전국 곳곳에 고등교육기관들이 설치되어 있었다. 그래서 그 이후 수년간은 특정지역에 대해서 대학설립신청을 제한하는 대학설립예고제를 도입하기도 했다. 뿐만 아니라 그 당시 2000년대 초가 되면 대학 진학 희망자와 학생 정원의 역전 현상이 예견되었다. 그렇기 때문에 앞으로는 백화점식 대규모 종합대학보다는 다양한 소규모 특성화 대학의 설립이 바람직하다는 것을 유추할 수 있었다.[32]

대학설립준칙주의는 구제도의 비현실적 인가 기준과 그 적용 과정상의 사회적 물의를 고려하여 그 개선책으로 강구된 것이다. 신제도는 소규모 특성화 대학을 지향하여 대학은 총 정원 400명, 단설대학원은 100명을 최소기준으로 하고 있다. 그 이하라도 무방하며 설치학과 수도 하한선을 두지 않도록 되어 있다. 그 결과 다양한 규모의 소규모 대학 설립을 촉진하였다.

소위 준칙주의에 의한 대학 설립 제도가 도입됨으로써 종전 대학설치기준령의 인가주의 하에서는 대학 설립 자체가 불가능하였던 입학 정원 50명 미만의 소인수 소규모 대학들이 설립될 수 있는 계기가 마련되었다. 한편 신제도 하에서는 대규모 종합 대학의 신설은 기준 충족에 엄청난 투입을 요하기 때문에 실현이 쉽지 않게 되었다. 이로써 헌법이 보장하는 대학 설립의 자유를 존중하고 사회·경제적으로나 국가 정책적으로 반드시 필요한 특성화된 대학의 설립은 가능하도록 길을 열어놓으면서 양적 팽창을 현실적으로 제어하는 방책이 도입된 것이다.[33]

---

32 김신복 · 박성호 · 이무근 · 이정식 (1993). 고등교육기관 신설 타당성 연구. 교육부 정책연구.

표 5-9 대학설치기준령과 준칙주의에 의한 대학설립 인가 기준 비교

구분		대학설치 기준령	준칙주의에 의한 대학설립기준
1. 설립규모	총정원	대 학 5,000명 개방대학 3,200명(주야간) 전문대학 1,280명	교사기준: 학생정원 400명을 기준(대학원대학 100명) 교원기준: 학생정원 200명을 기준(대학원대학 100명)
	설치 학과	대 학 25과 개방대학 10과 전문대학 8과	최소설치학과 제한 없음
2. 시설 · 설비 확보기준	교지	대 학 336,765㎡(101,871평) 개방대학 63,435㎡(19,189평) 전문대학 85,000㎡(25,712평)	학생정원 400명 이하: 교사건축면적 이상 400명 초과~1,000명 미만: 교사기준면적 이상 1,000명 이상: 교사기준면적의 2배 이상 ※ 1. "학생정원"은 편제완성년도를 기준 2. "건축면적"은 건축법시행령 제119조제1항 제2호의 건축면적(바닥면적)임
	교사	대 학 112,255㎡(33,957평) 개방대학 30,207㎡(9,137평) 전문대학 19,700㎡(5,959평)	학생 1인당 교사 기준 인문 · 사회: 12㎡; 자연과학 : 17㎡ 공학: 20㎡; 예 · 체능: 19㎡ 의학: 20㎡ ※ 전문대학은 교사 기준면적의 10분의 7에 해당
3. 재정규모		(교지별도 확보) 대 학 1,202억원 개방대학 377억원 전문대학 203억원	교지 · 교사를 대학설립심사 전까지 100% 확보하고 기준을 충족하여야 함
4. 수익용 기본재산		학교운영경비의 10배	대학의 학교회계 운영수익 총액에 해당하는 가액의 수익용 기본재산을 확보하여야 하되, 재산총액의 3.5% 이상의 연간 소득이 있는 재산이어야 함
5. 교원		대학설치기준령 제3조 적용 학과단위로 교원정원 책정	교원1인당 학생수 인문 · 사회: 25; 자연과학 : 20 공학: 20; 예 · 체능: 20 의학: 8 ※ 대학원대학의 경우는 대학원생수를 2배로, 대학과 대학원이 함께 설치된 경우에는 대학원생수를 1.5배로 가중하여 교원수를 산출
6. 실험실습설비 및 기자재		대학실험실습설비기준령에 따라 확보하고 소요자금 명시	대학실험실습설비기준령을 폐지하고, 교육기본시설, 지원시설, 연구시설, 부속시설을 각 대학의 특성에 맞게 대학 헌장에 명시하도록 함

자료: 1) 대학설립준칙제정위원회(1995). 대학설립준칙안 제정 및 설립 제도 개선 방안 연구. pp. 19-24.
2) 교육법전편찬회편(2004). 교육법전: 대학설립 · 운영규정 및 동시행규칙. 교학사. pp. 1228 -1233.

33 이무근 (2004). '준칙주의에 의한 대학 설립의 실상'. 대학교육. Vol. 132. pp. 51-59.

노태우 정부에 의해 실시해 오던 대학설치기준과 김영삼 정부에서 1997년부터 시행한 대학설립준칙주의에 의한 대학설립 신청 기준간의 차이점을 비교하면 <표 5-9>와 같다. 표에서 보는 바와 같이 1995년 이전까지의 대학설치기준령에 의하면 대학은 최소한의 기준으로 총 정원 5,000명, 재정규모 1,202억 원교지금액 제외; 개방대학은 총 정원 3,200명, 재정규모 377억교지 제외; 전문대학의 경우에는 총 정원 1,280명, 재정규모 203억 원교지 제외이 요구되는 막대한 물적·인적자원을 필요로 하는 백화점식 종합대학교의 성격을 띤 대학을 설립하여야만 했다.

(2) 대학설립준칙주의 추진 결과

1997년 「대학설립준칙주의」 도입'96.7.26.공포에 의해 2004년까지 설립된 대학 현황을 보면 <표 5-10>, <표 5-11>, <표 5-12>, <표 5-13>과 같다.

표 5-10 준칙주의에 의해 설립된 대학들의 입학정원 추이 분석 총괄(대학+전문대학)

(단위: 대학 수, 명, %)

구분		1996년도		2004년도			'96년 대비	
		학교수	정원	학교수	정원	%	증가인원	증가율
신설	국·공립	–	–	7	3,670	0.6	3,670	0.7
	'96이전 추진실적	–	–	5	6,647	1.1	6,647	1.3
	개편	(21)	(14,610)	21	11,577	1.9	11,577	2.3
	순수 신설(준칙주의)	–		22	8,735	1.5	8,735	1.8
	계(A)	(21)	(14,610)	55	30,629	5.1	30,629	6.1
기존대학(B)		286	500,029	274	574,334	94.9	74,044	14.8
합계(A+B)		286	500,029	329	604,963	100.0	104,673	20.9

자료: 이무근 (2004). 준칙주의에 의한 대학 설립의 실상. 대학교육. Vol. 132. 2004.11.12. p. 55.

<표 5-10>에서 1996. 7.26 공포된 대학설립준칙주의 도입에 의해 설립된 2004년까지의 대학 현황을 보면 대학 37개, 전문대학 18개 총계 55개의 대학과 26개의 대학원대학이 설립되었다. 55개 신설된 대학 중 순수 신설은 22개교대학 16, 전문대학 6이다. 21개교는 각종학교, 산업대학, 전문대학 등이 4년제 대학 또는 전문대학으로 개편4년제 각종학교 → 대학 11개, 전문대학 → 대학 6개, 2년제 각종학교 → 전문대학 2개된 것이다. 또 국립대학이 7개교가 신설되었고 나머지 5개교는 1996년 이전에 추진되던 대학들이 최종 인가된 대학들이다.

<표 5-10>에서 보면 1997년 이래 신제도 시행 8년간 이미 설립·운영되고 있던 기존

대학들의 입학 정원은 1996년 말 500,029명에서 2004년 기준 574,334명으로 74,044명이 늘어나 무려 14.8%가 증가되었다. 반면에 대학설립준칙주의에 의해 순수 대학 신설로 증가된 인원은 8,735명으로 전체 증가 인원의 1.8%에 불과하다.[34] 왜냐하면 준칙주의에 의해 신설되는 대학의 입학정원은 소규모이기 때문에 대학 수는 증가하였지만 학생 수는 많이 증가될 수가 없었다.

표 5-11 준칙주의에 의해 설립된 대학의 정원 추이

(단위: 학교 수, 명, %)

구분		1996년도		2004년도			'96 대비	
		학교수	정원	학교수	정원	%	증가인원	증가율
신설	'96이전 추진실적	–	–	1	1,100	0.3	1,100	0.4
	순수 신설(준칙주의)	–	–	16	3,883	1.2	3,883	1.4
	개편 신설	(20)	(13,810)	20	10,787	3.3	10,787	4.1
	계(A)	(20)	(13,810)	37	15,770	4.8	15,770	5.9
기존 대학(B)		134	500,029	134	311,740	95.2	45,955	17.3
합계(A+B)		134	500,029	171	327,740	100.0	61,725	23.2

자료: 이무근 (2004). 준칙주의에 의한 대학 설립의 실상. 대학교육. Vol. 132. 2004.11.12. p. 55.

또한 <표 5-11>에서 보면 그간 4년제 대학은 37개가 늘어난 것으로 되어 있으나, 그 중 순수하게 신설된 것은 16개교로 그로 인한 입학 정원의 증원은 3,883명으로 전체 정원의 1.2%에 불과하다. 그리고 이들 신설 대학들은 대부분 소규모 특성화 대학이다.

그리고 20개교는 산업대학, 전문대학과 각종학교들이 4년제 대학으로 개편된 것으로 동 대학들의 정원은 1996년에 13,810명이었던 것이 2004년에는 10,787명으로 오히려 3,023명이 감소하였다. 이는 개편 대학들이 준칙주의의 기본 요건을 충족시키기 위해 학생 정원을 감축하였기 때문이다. 1개교는 1996년 이전에 이미 대학 설립을 추진하여 1997년도에 개교한 대학이다.

<표 5-12>에서 보면 전문대학은 18개가 신설된 것으로 되어 있으나 순수하게 신설된 대학은 6개교에 불과하다. 신설 전문대학 중 국·공립은 7개교 3,670명이 증원되었다. 사립은 11개교 11,189명이 증원된 것으로 되어 있으나 이중 대학설립준칙주의 이전부터 전문대학 설립을 추진해오던 전문대학이 4개인데 이들 전문대학의 증원분 5,547명을 제외하면 순수 신설 6개교, 개편 신설 1개교 합계 7개교 5,642명전체 정원의 2.0%이 준칙주의에 의해 증원된 셈이다.

34 이무근 (2004). 준칙주의에 의한 대학 설립의 실상. 대학교육. Vol. 132 2004.11.12. pp. 51-59.

표 5-12 준칙주의에 의해 설립된 전문대학의 정원 추이 (단위: 학교 수, 명, %)

구분		1996년도		2004년도			'96년 대비	
		학교수	정원	학교수	정원	%	증가인원	증가율
신설	국·공립	–	–	7	3,670	1.3	3,670	1.5
	'96이전 추진실적	–	–	4	5,547	2.0	5,547	2.4
	개편신설	(1)	(800)	1	790	0.3	790	0.3
	순수신설(준칙주의)	–	–	6	4,852	1.8	4,852	2.2
	계(A)	(1)	(800)	18	14,858	5.4	14,858	6.3
기존대학(B)		152	234,275	140	262,364	94.6	28,088	12.0
합계(A+B)		152	234,275	158	277,223	100.0	42,848	18.3

자료: 이무근 (2004). 준칙주의에 의한 대학 설립의 실상. 대학교육. Vol. 132. 2004.11.12. p. 55.

표 5-13 준칙주의에 의한 대학원 대학 설립 현황(1996~2004) (단위: 수)

대학원수	위치	입학정원	대학원 종류	전공분야
28	서울 15, 경기 9, 대전 1, 인천 1, 충남 1, 전북 1	석사 1,648 박사 90	전문대학원 24 특수대학원 4	신학 17, 국제 3, 정보통신 3, 디자인 1, 외국어 2, 스포츠 1, 기타 1

자료: 이무근 (2004). 준칙주의에 의한 대학 설립의 실상. 대학교육. Vol. 132. 2004.11.12. p. 56.

1997년에 개정된 「대학설립운영·규정」에 의하여 신설된 대학원대학 현황을 보면 <표 5-13>과 같다. 28개 대학원대학이 서울·경기도를 중심으로 신설되었다. 설립 당시 입학 정원은 석사 1,402명, 박사 90명이었다. 대학원의 종류로는 전문대학원 24개, 특수대학원 4개였다. 전공분야는 신학 17, 국제 3, 정보통신 3, 산업디자인 1, 외국어 2, 스포츠 1, 기타 1이었다.

3) 대학정원자율화제와 대학설립준칙주의가 대학 정원 증원에 미친 영향

현재도 가끔 논란이 되고 있는 전국적으로 1990년대 대학의 정원 증원이 '대학 설립준칙주의 제정'에 의해 더 증원되었다고 주장하는 입장과 '대학 정원 자율화 정책'에 의해 이루어졌다고 주장하는 서로 다른 견해를 가진 학자와 언론기관, 정치가들이 있다.

필자는 <표 5-5>, <표 5-6>, <표 5-7>, <표 5-8>을 통하여 대학 정원은 '대학 정원 자율화제'에 의해 1995년부터 2005년까지 10년 동안 급속하게 증원되었다는 것을 수치로 제시했다. 반면에 <표 5-10>, <표 5-11>, <표 5-12>, <표 5-13>을 통해 '준칙주의'에 의해 설립된 신설대학들은 소규모 특성화대학들이기 때문에 학교 수는 증가하였으나 대학입학정원 증원에는 '대학정원자율화제'에 비해 미미했다는 것을 제시하였다.

다른 한 연구에서도 개별 대학이 학과 신·증설 등 정원을 자율 조정하는 포괄승인제와 교육여건 연동제에 의한 대학 정원 규모 자율화 제도가 도입되면서 1996학년도에 1만 5,965명, 1997학년도에 1만 6,465명, 1998학년도에 2만 2,935명의 입학 정원이 증원되었다고 하였다.[35] 결과적으로 '1996~1998학년도까지의 3년 동안에 입학 정원이 55,365명이나 증원되었다.[36]'고 보고하였다.

이상과 같은 사실을 고려해 볼 때 가끔 논란이 되고 있는 1990년대 중반 이후 대학 정원이 늘어난 것은 '대학설립준칙주의' 때문이 아니라 1996년부터 시행한 '포괄승인제'와 1997년도부터 시행한 일정한 교육여건을 갖춘 대학은 정원규모를 자율적으로 결정하도록 한 '대학정원 연동제 정책'의 도입으로 기존의 대학들이 입학 정원을 증원하였기 때문이다.

이와 더불어 야간학과의 정원을 주간학과로의 정원으로 전환하는 것을 허용한 것도 대학 정원 증원에 상당한 영향을 미쳤다.

4) 학점은행제 도입

김영삼 문민의 정부는 「학점인정 등에 관한 법률」1997.1.12. 법률 제5275호에 의거하여 학교에서 뿐만 아니라 학교 밖에서 이어지는 다양한 형태의 학습과 자격을 학점으로 인정하고, 학점이 누적되어 일정 기준을 충족하면 학위취득을 가능하게 함으로써 궁극적으로는 열린 교육사회, 평생학습사회를 구현하기 위한 학점은행제를 도입하였다.

학점은행제는 대학 및 대학교의 정규과정 및 평생교육원, 시간제 등록제, 원격대학, 전문대학의 심화과정 및 특별과정, 독학학위제, 문하생 학력인정제, 국가기술자격 및 기타 국가자격제도 등 고등교육 단계의 많은 제도 및 기관들과 연계되어 있고, 각 제도 이용자들의 학습 결과를 인정하고 있다. 학점은행제평가인정 교육훈련기관 현황은 <표 5-14>와 같다.

---

35 신정철. '고등교육정책의 역사적 변동과 전망'. 김신복 외 (2017). 교육정책의 역사적 변동과 전망. 서울대학교출판문화원. pp. 180-181.

36 신정철. 상게서. pp. 180-181.

표 5-14 학점은행제평가인정 교육훈련기관 현황 (단위: 개, %)

기관 유형		기관 수	비율
대학 등	대학부설 평생교육원	141	24.9
	전문대학부설 평생교육원	82	14.5
	전공심화 및 특별과정	13	2.3
	소계	236	41.6
직업훈련 시설	공공직업훈련원	2	0.4
	인정직업훈련원	100	17.6
	소계	102	18.0
학원	기술계 학원	20	3.5
	사회계 학원	11	1.9
	예능계 학원	8	1.4
	소계	39	6.9
특수학교 및 고등기술학교		5	0.9
정부·지자체 등 교육시설		15	2.6
군 교육훈련시설		29	5.1
평생교육시설소		132	23.3
중요 무형문화재기관		9	1.6
총계		567	100.0

자료: 교육부 · 국가평생교육진흥원 (2013). 2013 평생교육백서. p. 79.

학점으로 인정된 과정을 이수하거나 자격을 취득하는 경우 국가평생교육진흥원 학점은행에 학점을 등록하여야 한다. 학위 취득은 일정 학점 이상을 취득할 경우, 교육부 장관 또는 대학 총장 명의의 학사전문학사 학위를 수여한다. 학사 학위 취득을 위해서는 전공 60학점, 교양 30학점, 총 140학점을 취득하여야 한다. 전문학사 학위 취득을 위해서는 2년제일 경우 교양 15학점, 전공 45학점 총 80학점, 3년제인 경우 교양 21학점, 전공 54학점, 총 120학점을 취득하여야 한다.

학점은행제에 의한 그동안1997~2018.02의 학위 취득 현황은 <표 5－15>와 같다.

표 5-15 학점은행제에 의한 학위 취득 현황(1997~2018.02) (단위: 명)

교육부 장관에 의한 학위 취득자	학사	전문학사	계
	311,943	339,113	651,056
대학의 장에 의한 학위 취득자	학사	전문학사	
	46,582	5,404	51,986
계	358,525	344,517	703,042

자료: 교육부 (2018.2.22.) 보도자료. '2018 학점은행제 · 독학학위제 학위취득자 주요 통계. pp. 5-6.

4) 기술대학 신설

기술대학과 사내대학은 1997년 김영삼 문민정부의 교육개혁위원회의 제2차 교육개혁 방안에서 '신대학 및 신대학원대학 설립 · 운영을 지원'한다는 것을 제안한 데서 시작되었다. 이를 추진하는 과정에 신대학이 기술대학으로 명칭이 변경되었다.

설립 목적은 근로자의 계속교육과 평생교육 노력을 제도적으로 지원하여 기업체 현장에서의 교육훈련 성과를 학력과 학위로 인정해 주기 위한 취지였다.

기술대학은 산업체 내에 설립하여 운영하는 교육기관으로 '산업체 근로자가 산업현장에서 전문적인 지식 · 기술의 연구 · 연마를 위한 교육을 계속하여 받을 수 있도록 함으로써 이론과 실무능력을 고루 갖춘 전문 인력을 양성하는 것을 목적'고등교육법 제5조으로 하고 있다.

대학이 기본적으로 학교에서 직장으로의 전환을 위한 직업교육school-to-work transition에 초점을 두고 있다면 기술대학은 직장에서의 직업교육schooling at work에 초점을 두고 있다. 이는 기업체 내부에서 직업교육을 위한 노력을 자극 · 촉진한다는 점에서 중요한 의미를 지닌다.[37]

그런데 위와 같은 기술대학이 설립되기 전인 1990년대 초에 한국은 급속한 산업화 과정에서 교육체계의 대응력 부족으로 기술인력 수요의 양과 질의 측면에 괴리현상이 있었다. 다른 한편으로는 산업이 구조적인 조정 국면에 접어들면서 극심한 인력난에 시달리고 있었다. 이런 문제를 해결하기 위해 상공부는 산업체의 요청에 의하여 산업체가 필요로 하는 기술 인력을 산업체가 주축이 되어 스스로 양성하게 하는 「산업기술교육법안」을 제안하였다.

이에 대해 교육부로부터의 이의 제기와 전문대학으로부터의 강력한 반대 의견으로 상당기간 논쟁이 계속되었다. 수년간의 논의 끝에 교육부와 상공부는 설립목적과 취지가 유사

37 한국전문대학교육협의회 (2010). 전문대학교육 30년사. pp. 106-109.

한 「개방대학설치운영 규정」을 1995년 3월 개정하여 산업기술대학 설립의 제도적 기반을 마련하게 함에 합의하였다. 이를 근거로 하여 3년간의 시범 연구 과정을 거쳐 1998년에 설립 · 개교된 대학이 '한국산업기술대학교'인데 2012년 일반대학으로 개편하였다.[38]

김영삼 문민의 정부의 5 · 31 개혁조치에서 신대학 설립 계획도 이 제도 구상의 연장선에서 이루어진 평생 고등 직업교육 정책이라고 할 수 있다. 그 당시 전문대학 측의 강력한 반대로 많은 기술대학의 설립은 이루어지지 않았지만 대학들이 산업사회가 요구하는 전문기술 인력을 제대로 양성하지 못하면 언제든지 이런 현상이 나타나지 않으리라는 보장이 없다.[39, 40]

5) 사내대학 신설

사내대학은 김영삼 문민의 정부에서 제시한 평생 직업교육 정책의 기본 취지를 살리면서 당시 시간적 · 경제적 여유가 없어 대학에 가지 못한 근로자들의 고등교육 욕구에 대처함에 있었다. 아울러 기업주에게는 학교법인 설립 없이 소속 근로자들에게 전문 직무교육과 특화교육을 시킬 수 있도록 김대중 정부가 「평생교육법」에 의해 새로이 도입된 제도이다.

사내대학은 일정 요건을 갖추어 교육부장관의 인가를 받은 경우 전문대학 또는 대학 졸업자와 동등한 학력 · 학위가 인정되는 새로운 형태의 고등교육기관이다. 아울러 사내대학에서 일정 기준 이상의 학점을 취득하거나 학력 · 하위를 인정받은 경우에는 정규대학으로의 편입 및 대학원 진학이 가능하다. 특히 사내대학은 학습비용과 학교운영비 전액을 고용주가 부담토록 하고 있으므로 평생교육법에 의해 새로 도입된 학습 휴가제를 가장 손쉽게 운영할 수 있는 기관으로 대두되고 있다.

사내대학은 2014년 기준 8개교학사과정 4개교, 전문학사과정 4개교가 운영되고 있는데 구체적인 내용은 <표 5－16 >과 같다.[41]

---

38 지식경제부 · 한국산업기술대학교 (2012). '한국산업기술대학교 설립배경'. 2011 경제발전경험모듈화 사업: 산업기술대학을 통한 기술 인력 양성. pp. 30-39.

39 한국전문대학교육협의회 (1993). '전문대학의 갈 길과 기술대학 제도의 허상', 전문대학 교육 제10호. 1993.8 pp. 24-79, pp. 7-10.

40 교육부 (1998). 교육개혁 요람. pp. 208-209.

41 김용현 · 김종표 (2015). 평생교육론. 평생학습과 열린 학습사회. 양서원. pp. 418-422.

표 5-16 전국 사내대학 설립 · 운영 현황

학교명	설립년도	개설과정	개설학과	정원(명)
삼성전자공과대	2005	학사과정	반도체	40
삼성중공업공과대	2007	전문학사과정	조선해양	40
SPC 식품과학대	2011	학사과정	베이커리	25
LH토지주택대	2013	학사과정	건설경영기술	40
KDB금융대	2013	학사과정	금융학	120
대우조선해양공과대	2013	전문학사과정	조선해양공학	100
현대중공업공과대	2013	전문학사과정	조선해양공학	60
포스코기술대	2014	전문학사과정	철강융합	100

자료: 차갑부 (2014). (2판). 평생교육론. -모든 이를 위한 평생학습. 교육과학사. pp. 200-203.

07 김대중 국민의 정부 대학교육(1998~2003)

김영삼 정부의 대학 정원 자율화 정책에 의해 입학 정원이 급격히 증가되어 대학교육의 질을 저하시키고 있다는 우려들이 제기되었다. 김대중 국민의 정부는 이를 통제하기 위해 2000년 이후부터 교육부의 「대학 학생정원 조정지침」의 교원 확보율 및 교사 확보율 기준을 상향 조정하였다. 또한 2003년부터는 교지확보율 및 수익용 기본재산 확보 기준을 추가하였다.

1) 대학원 교육 개혁

우리나라 대학원 교육은 1947년 서울대학교 대학원을 효시로 시작되었지만 1990년대에 들어서서 활성화되기 시작하였다. 즉, 1990년대 들어 대학의 특성화 혹은 대학의 기능 분화가 활발히 논의되면서 대학원중심대학, 연구중심대학이나 단설전문대학원대학 등이 등장하였다. 특히 김대중 대통령의 자문기구인 교육개혁위원회는 대학원 교육개혁 방안으로 단설대학원 설치, 신대학원 설립 · 운영 · 지원, 전문직업분야 석 · 박사제도 도입 및 직업교육전문대학원 확충, 의학, 법학 등 전문대학원 제도의 도입, 대학원 수준에서의 교원 양성 정책 등을 수립 추진하였다.

「대학원 규정」1997.3.15., 대통령령 제15,304호에 의하면 대학원의 종류에는 학문의 기초이론과 고도의 학술연구를 주된 교육목적으로 하는 일반대학원, 전문분야의 인력의 양성에 필요한 실천적 이론의 적용과 연구개발을 주된 교육목적으로 하는 전문대학원, 그리고 직업인 또는 일반 성인을 위한 계속교육을 주된 목적으로 하는 특수대학원 등이 있다.

대학에는 일반대학원, 전문대학원, 특수대학원을 둘 수 있고, 교육대학 및 개방대학에는 특수대학원을 둘 수 있으며, 대학원 대학에는 전문대학원만을 또는 특수대학원을 둘 수 있다.

일반대학원에는 석사 및 박사학위를 수여하기 위한 과정을 둘 수 있고, 전문대학원과 특수대학원은 석사학위를 수여하기 위한 과정을 둘 수 있다. 다만 전문대학원은 학칙이 정하는 바에 따라 박사학위를 수여하기 위한 과정을 둘 수 있었다.[42]

1997년 기준 우리나라의 대학원 수는 592개인데 일반대학원은 116개19.6%, 전문대학은 476개81.4%이며, 그 중 사립대학이 47179.6%개로 큰 비중을 차지하고 있다. 석사학위 과정 학과 수는 5,500개, 박사학위 과정 학과 수는 1,846개였다. 그리고 476개의 전문대학원은 모두 석사과정만 개설 운영하고 있다. 이와 같은 수는 1965년에 비해 1997년에는 대학원 수가 약 16배, 학생 수는 39.4배 증가하였다. 그 중 석사과정 학생 수의 증가율은 35.6배, 박사과정의 증가율은 95.3배였다.

김대중 정부는 1999년 세계수준의 대학원중심대학 육성과 지역중심 대학 육성사업을 골자로 하는 「두뇌한국 21Brain Korea 21: BK 21」 사업을 추진하기도 하였다. BK 21사업은 세계적 수준의 대학원 육성과 우수한 연구인력 양성을 위해 석·박사과정생 및 신진연구인력박사후 연구원 및 계약교수을 집중적으로 지원한다는 명분 아래 1999년부터 2012년까지 약 3조 5,000억 원의 자금을 투입하여 세계수준의 우수대학원을 양성하는 것을 목표로 시작하였다. BK 21사업이 대학원 경쟁력이 강한 수도권 사립대학에 유리하다는 지적이 제기되었다.

이상과 같이 산업구조의 고도화에 따른 고급인력수요와 대학 교육의 사회적 수요가 급증하고 대학원 활성화 정책이 계속 추진됨에 따라 대학원이 급격히 팽창하였다. 이에 따라 대학원의 교육목적도 초기에는 교수요원의 확보가 주였는데 전문적인 고급인력의 양성과 대학교육 이후 단계의 재교육을 중요한 대학원 기능으로 추가하여야만 하였다.

이렇게 대학원이 급격히 팽창하다보니 대학원의 이념과 체제는 물론 교육내용과 질 관리, 그리고 교육여건의 조성에 이르기까지 많은 문제점이 노출되기도 하고 학부교육의 부실을 초래하기도 하였다.[43]

---

42 교육부 (1998). 교육 50년사. pp. 500-503.
43 교육부 (1998). 교육 50년사. pp. 513-515 .

2) 사이버 대학 설립 운영

김대중 국민의 정부는 2001년 정보통신기술의 급속한 발전, 국가 주도의 정보통신 활용 촉진 전략, 그리고 평생교육의 확대 요구 등에 맞물려서 4년제 및 2년제 사이버대학을 설립하였다. 2010년 기준 19개4년제 17개교, 2년제 2개교 대학에 240개 전공학과사회계열 133개, 예체능계열 44개, 인문계열 28개, 공학계열 18개, 교육계열 13개, 의학계열 4개가 설치되어 있다. 사이버대학 총 입학정원은 2002년 17,000여 명에서 2010년 30,000명 정도로 증가하였다. 등록률은 80% 정도이고 등록생은 고졸자 수는 감소하고 전문대 졸업생의 편입이 지속적으로 증가하고 있었다.[44]

과학기술의 급속한 발달과 평균 수명의 연장 등으로 평생학습의 필요성이 증대됨에 따라 사이버 대학의 중요성도 점점 더 부각되고 있다. 그러나 사이버대학이 발전하기 위해서는 해결해야 할 다음과 같은 과제들이 있었다.

교육부의 사이버대학에 대한 관심과 지원 정책 강화, 고등교육법에서 규정한 원격대학의 역할과 성격에 대해 관련 법규나 다른 영역에서도 이에 상응하도록 법률 개정, K-MOOC에 원격대학의 참여 방안 모색, 시간제 등록 및 학점은행제 학생 등록 제한 조정 개선 문제, 25분 수업 획일화 문제 개선, 교육부를 비롯한 관계 부처로부터의 적극적인 행·재정지원 확보책 강구, 콘텐츠 질 개선 방안 강구, 한국장학재단으로부터의 사이버대학생을 위한 재정지원 방안 모색 등이 해결되어야 할 당면한 과제들이다.[45]

08 노무현 참여정부의 대학교육(2003~2008)

2003년 출범한 노무현 참여정부의 대표적인 대학교육 정책은 지역균형정책이 강화되면서 지방대학의 발전을 위한 재정지원 사업인 지방대학역량강화New University for Regional Innovation: NURI사업을 추진하고 2004~2008년까지 5년간 1조 4,200억 원을 투입한 정책이다. 그 후 대학특성화 사업Creative College of Korea: CK과 전문대학 특성화사업SCK이 추진되었고, 대

44 임청일 (2011). (제2판) 원격교육과 사이버교육활용의 이해. 교육과학사. pp. 66-68.
45 한국대학신문 (2018). [UCN President Summit 2018] "4차 산업혁명 시대 선도 위해 사이버대 지원해야" 2018년 6월 8일.

학과 전문대학을 대상으로 한 산학협력 중심대학 육성사업LINC 등이 추가되었다. 또한 BK 21 마무리 사업, Post-BK 및 기초학문육성 계획 추진, 그리고 대학자율화·구조개혁위원회를 구성하여 자율화 계획을 마련한 대학구조개혁 사업도 추진하였다.[46]

1) 국가균형발전위원회의 발족과 산학협력체제 강화

2003년 노무현 대통령의 참여정부가 출범하면서 국가균형발전이 최고 국정과제의 하나로 설정되었다. 이에 따라 대통령 직속기관으로 국가균형발전위원회를 설치하였다. 동 위원회는 자립형 지방화를 촉진하기 위한 국가수준의 기획·조정기구로서 정부 각 부처의 상호조정 및 협력을 통해 지역별 특성화 발전을 지원하는 역할을 담당하도록 하였다.

국가균형발전위원회에서는 자립형 지방화를 통하여 전국이 개성 있게 골고루 잘사는 사회 건설이라는 비전과 전략을 추진하기 위한 주요 추진과제로 '자립형 지방화를 위한 지역혁신체계 구축', '지역 전략산업의 육성과 산업집적의 활성화', '관련 법 제정 및 제도 개선' 등 세 가지를 설정하였다.

자립형 지방화를 위한 지역혁신체계란 지방정부, 지방대학, 기업, NGO, 지방언론, 연구소 등 지역 내의 다양한 혁신주체들이 지역의 연구개발, 기술혁신, 벤처창업, 신산업창출, 기존 산업의 개선, 행정제도 개혁, 문화 활동 등 다양한 분야에서 역동적으로 상호 협력함으로써 혁신을 창출하고 지역발전을 도모하는 국가 차원의 새로운 시도를 일컫는다.

지방대학, 지방자치단체, 기업 등이 긴밀한 산·학·연 협력체제 구축을 통해서 지역 내 기술혁신 능력을 제고하고 인재양성 능력을 함양함으로써 기존 산업의 개선과 신산업을 창출하여 지역발전을 이룩하며, 궁극적으로는 자립형 지방화를 달성할 수 있다고 보았다. 이러한 흐름 하에서 국가균형발전위원회, 교육인적자원부, 산업자원부, 과학기술부, 정보통신부, 문화관광부, 중소기업청 등이 공동으로 '참여정부의 신산학협력 비전 및 추진전략: 기술혁신과 고용창출을 위한 대학과 기업의 협력'을 수립2003.9하게 되었다.

'신산학협력 비전 및 추진 전략'에서는 산학협력의 영역으로 수요자 중심의 인력양성, 혁신적 기술개발, 기술이전 및 기술지도, 첨단기술 사업화를 위한 창업지원 등 4대 분야를 설정하였다. 또한 이를 효과적으로 추진하기 위해 '산학협력 중심hub 대학 육성', '산학협력을 위한 대학평가제도 개선', '대학의 기업설립 및 출자 허용', '국가 산학협력 DB 구축·활용',

---

46 김신복 외 (2017). 교육정책의 역사적 변동과 전망. 서울대학교 출판문화원. pp. 639-641.

'산학협력을 위한 민관협력체계 구축' 등 5대 핵심정책과제가 선정되었다. 이를 구체적으로 살펴보면 <표 5-17>과 같다.

표 5-17 신산학협력 5대 핵심 정책과제

구분	세부 정책과제
산학협력 중심대학 육성	• 전국의 광역시·도를 단위로 1~3개 대학을 산학협력 중심대학으로 선정 • 교수 및 학생평가, 교과목 개편, 교수 임용, 행정지원 등 대학 시스템을 산학협력 중심으로 개편하도록 유도
산학협력을 위한 대학 평가제도 개선	• 교수 및 학생의 산학협력 참여 인센티브 강화 • 교육 및 연구에서도 산학협력 비중 확대 • 산학협력기관에 대한 교수 파견·겸직 허용 및 성과평가의 우대
대학의 기업설립 및 출자 허용	• 특정기업이 원하는 인력을 양성하는 계약학과제 도입·운영
국가 산학협력 DB 구축·활용	• 통합 산학협력 DB 구축·활용 • 기술 TV 채널 확보
산학협력을 위한 민간협력체계 구축	• 전국, 지역 단위의 산학협력 민관협의기구 설치

자료: 국가균형발전위원회 등 (2003). 참여정부 신산학협력 비전 및 추진전략. 제23회 국정과제회의 보고자료.
임창빈 (2009). 산학협력정책의 성과 평가. 서울대학교 박사학위 논문. pp. 70-116 재인용.

'신산학협력 비전 및 추진전략'에서 교육인적자원부 등 과제참여 부처별로 산학협력을 위한 정책과제를 발표하였다. 이 때 교육인적자원부는 산학협력 활성화 대책의 기본방향으로 '인력수급계획과 연계된 인적자원 양성 및 인적자원의 질적 수준 제고', '기업과 대학이 서로 이익이 되도록 관련 제도 및 인프라 구축', '대학의 특성, 교육 여건 및 지역발전 계획과 연계한 특성화된 대학별 산학렵력 추진' 등으로 설정하였다. 그리고 이를 추진하기 위한 과제로 '산학일체형 대학 구조로의 개편지원', '산학밀착형 학사운영체제 구축', '산학협력 촉진을 위한 제도 개선', '산학협력단 중심의 통합 관리 시스템 구축' 등이 제시되었다.

이와 같이 '국가인적자원개발 기본 계획'2001.12, '산학연 협력 활성화 종합 대책'2002.2, '참여정부 신산학협력 비전 및 추진전략'2003.9 등에 의해 2001년 이후 정부의 산학협력정책의 기본 방향과 주요 추진사항이 결정되었다. 이 중 교육인적자원부가 담당부서로 지정된 정책들을 제시하면 <표 5-18>과 같다.

표에서 보면 교육인적자원부가 추진한 산학협력의 기본적이고 핵심적인 계획은 국가인적자원개발 기본계획에 있었다는 것을 알 수 있다.

표 5-18 교육인적자원부 주관 산학협력정책 종합

정책과제		국가인적 자원개발 기본계획	산학연협력 활성화 종합대책	참여정부 신산학협력 비전 및 추진전략
산학 협력 제도 도입	산학협력단 설치·운영	○	○	○
	산학협력 전담 교수제 도입 운영	○	○	○
	학교기업(School Enterprise) 및 창업보육센터 설립 활성화	○	○	○
	협력연구소 제도 도입	○	○	
	대학기반 산학연 협력사업 활성화를 위한 법적·제도적 기반 마련	○	○	○
산학간 인력교류 활성화	교수채용 시 산업체 경력자 우선채용 제도 개선	○		
	교수업적 및 연구비 지원 평가 시 산학협력실적 비중 제고	○	○	○
	교수의 산업현장 파견, 연구년제, 고용휴직 등 활성화	○	○	○
	산학연 파견 협동연구 프로그램의 확대·운영		○	○
	현장적합성 있는 대학 강좌개설 및 학위 프로그램 운영 활성화	○	○	○
정부의 역할 강화	산학협력정책의 조정을 위한 범부처적 정책 협의체 설치·운영	○	○	
	현장적합성 있는 대학 교육과정 개발 지원			○
	우수사례의 확산·보급		○	
	산학협력 백서 발간·보급	○	○	
	대학의 산학협력을 유형화하여 정책과 재정지원을 연계(BK 21, 학술연구조성사업, 지방대학 혁신역량 강화 사업, 대학 특성화 사업, 산학협력 중심대학 사업, 전문대학 특성화 사업 등)			○

자료: 임창빈. 전게서. p. 76.

교육인적자원부는 국가인적자원개발의 기본 계획과 산학연 협력 활성화 종합대책에서 제시된 산학협력단, 학교기업, 협동연구소 등에 대한 법적·제도적 근거를 마련하기 위해 기존의 「산업교육진흥법」을 「산업교육진흥 및 산학협력촉진에 관한 법률」로 개정·공포 2003.5.27.하고 시행2003.9.1.하게 하였다. 개정된 「산업교육진흥 및 산학협력촉진에 관한 법률」 주요 내용은 <표 5-19>와 같다.

표 5-19 산업교육진흥 및 산학협력촉진에 관한 법률 주요 내용

정책과제		법률 내용
제도화	산학협력단 설치 · 운영	(제25조) 산학협력단의 설립 · 운영 (제26조) 정관 (제27조) 산학협력단의 업무 (제28조) 산학협력단의 단장 (제29조) 산학협력단의 조직 (제30조) 사업연도 (제31조) 수입 (제32조) 지출 (제33조) 회계원칙 등 (제 35조) 지적재산권의 취득 · 관리
	산학협력전담교수제 도입 운영	(제34조) 연구원 등의 채용 등
	학교기업(School Enterprise) 및 창업보육센터 설립 활성화	(제36조) 학교기업
	협동연구소 제도 도입	(제37조) 협력연구소
	대학기반 산학연 협력사업 활성화를 위한 법적 · 제도적 기반 마련	(제1조) 목적 (제2조) 정의 (제4조) 국가 및 지방자치단체의 임무 (제24조) 산학협력계약 (제39조) 산학협력촉진을 위한 지원 등 (제40조) 학자금육자계약의 지원
산학연간 인력교류 활성화	교수 채용 시 산업/연구현장 경력자 우선채용 제도 개선	미반영
	교수업적 평가, 연구비 지원이 산학협력 실적 비중 제고	(제12조의 2) 산학협력 실적 등의 평가 · 반영
	교수의 산업현장 파견, 연구년제, 고용휴직 등 활성화	미반영
	산학연 파견 협동 연구프로그램의 확대 · 운영	미반영
	현장적합성 있는 대학 강좌개설 및 학위 프로그램 운영 활성화	(제8조) 계약에 의한 직업훈련과정 등의 설치 · 운영

자료: 임창빈. 상게서. p. 82.

이렇게 김대중 국민의 정부와 노무현 참여정부가 추진한 산학협력 정책의 산출, 결과와 영향을 요약하면 다음과 같다.

첫째, 산학협력단 도입 비율은 매우 높았으며, 산학협력단 직원 및 산학협력단 회계가 확충된 것으로 나타나 산학협력단 설치 · 운영을 통한 산학협력 활성화라는 정책목표는 달성되었다. 그러나 산학협력전담교수, 학교기업, 협력연구소 등 새롭게 도입된 산학협제도

의 도입 비율은 낮았다.

둘째, 교수업적 평가 시 산학협력실적을 반영하도록 교수업적 평가제를 개선한 대학비율이 다른 제도보다 높은 것으로 나타나 정책추진 효과가 높았다. 그러나 산업체 경력자 우선 채용제, 산학연계 인적교류 제도, 산학연 파견 협동 프로그램, 계약에 의한 직업훈련과정 및 계약학과 등 산학 간 인적교류 활성화 제도의 도입 비율은 낮았다.

셋째, 산학협력정책의 결과는 대체적으로 성과가 높았다. 특히 산학협력협정, 산학협력연구, 국내 특허 출원 및 등록, 기술이전 건수 등이 급속하게 증가하였다.

넷째, 대부분의 산학협력단장은 교육인적자원부의 산학협력정책추진으로 대학에서 산학협력에 대한 이해와 관심이 증대되었고 대학에 많은 변화가 있었다고 인식하고 있었다. 산학협력정책의 영향평가를 종합적으로 보면 산학협력정책의 적절성은 높다고 평가한 반면 효과성과 만족도는 낮았다.

다섯째, 산학협력정책의 산출, 결과, 영향 간의 상호작용에 대해 논의한 결과 산학협력단, 교수업적평가제, 정부의 재정지원, 대학 경영진 및 교직원의 인식 등이 산학협력정책의 결과에 영향을 주는 요인으로 작용하였다.

이상과 같은 산학협력단의 설치 · 운영, 교수 업적평가의 개선 등으로 대학에서 산학협력이 활성화될 수 있는 인프라가 구축되었다. 이와 함께 교육인적자원부가 산학협력정책과 연계된 재정지원 사업을 추진함으로써 산학협력에 대한 대학 경영진 및 교직원의 인식이 긍정적으로 전환되어 산학협력단 업무의 다양화, 교수업적평가제 개선, 발명보상제 등 지적재산권 관리 규정의 제정 등이 용이하게 되었다. 이런 사실을 근거로 산학협력 정책 결과의 성과가 높아질 수 있었다.[47]

2) 대학 구조 개혁 추진[48, 49]

2003년에 출범한 노무현 정부2003~2008는 2004년 12월에 '대학 구조 개혁 방안'을 발표하고, 대학 간 통합 및 대학 신설 요건의 강화, 정원감축과 연계한 대학 구조 개혁 지원 사업 추진 등을 골자로 하는 강도 높은 대학 구조 개혁 방안을 제시하였다. 그리고 이들 정책을

47 임창빈 (2009). 산학협력정책의 성과평가. 서울대학교 박사학위 논문. pp. 225-232.
48 교육인적자원부 (2004). 경쟁력 강화를 위한 대학 구조 개혁 방안. 2004.12. 내부자료.
49 교육인적자원부 대학구조개혁추진본부 (2005). 2005년도 대학 구조 개혁 지원 사업계획. 2005.5. 내부자료.

임기 기간 동안 지속적으로 추진하였다.

대학 구조 개혁의 목적은 그간의 고등교육이 양적 성장에 치우쳐 교육여건이 부실화됨에 따라 과감한 구조 개혁을 통한 질적 도약의 계기를 마련하고, 고등교육 투자의 효율성을 높이며, 특성화된 대학으로 전환하여 사회수요에 부응하는 인력양성 체제를 구축하고, 세계 수준의 경쟁력을 갖춘 대학으로의 발전을 지원하기 위해서였다.

세부 추진 방안은 다음과 같았다.

첫째, 국립대학을 대학－대학간, 대학－전문대학간 통합, 대학－산업대학간 통합, 대학－교육 대학 간 통합 등을 통하여 국립대학을 구조 조정한다.

둘째, 사립대학도 대학－대학간, 전문대학－전문대학 간 통합, 동일 권역, 동일 법인의 대학－전문대학 간 통합, 동일 권역, 동일 법인의 산업대학－전문대학간 통합 후 일반대학으로 개편하게 한다.

셋째, 대학원 평가시스템을 구축하여 자율적인 구조개혁을 촉진하고, 대학원 규모의 적정화를 도모하여 대학원 구조개혁을 추진하며, 대학정보공시제 도입, 가칭 대학구조개혁특별법 제정, 가칭 고등교육평가원 설립 추진, 대학재정의 내실화를 위한 지속적인 노력을 통하여 구조개혁 촉진을 위한 제도 보완 및 재정지원 방안을 마련한다.

추진결과 국립대학 중에는 부산대학교밀양대학교, 경북대학교상주대학교, 강원대학교삼척대학교, 전남대학교여수대학교, 충주대학교청주과학대학, 공주대학교천안공대, 강릉원주대학교강릉대학교와 원주대학이 통합 등에서 대학의 통·폐합이 이루어졌다.

자율적인 사립대학 통·폐합 결과는 대학과 전문대학이 통·폐합한 사례로는 가천의대학교가천길대, 고려대학교고려대병설보건대, 삼육대학교삼육의명대 등이 있다. 산업대학이 전문대학과 통합 후 일반대학으로 전환한 경우는 동명대학교동명정보대, 영산대학교성심외국어대학 등이 있다.[50]

구조개혁 선도 대학 중 다년도 지원 대학은 경희대학교, 고려대학교, 성균관대학교, 연세대학교, 이화여자대학교, 인하대하교, 한양대학교 등이 선정되었다. 당시 2005년 499억 원 지원, 2008년까지 1,249억 원 지원 예정이었다. 단년도 지원 대학으로는 충남대학교, 안동대학교, 서울산업대학교, 경상대학교, 충북대학교, 진주산업대학교가 선정되었다. 당시 2005년 264억 원, 2008년까지 764억 원 지원 예정이었다.

---

50 교육인적자원부 대학혁신추진단 (2006). 2006년도 대학구조개혁 지원사업계획. 2006.5 내부자료. pp.1-2.

3) 지방대학혁신역량강화(NURI) 사업 추진

노무현의 참여정부는 지방대학의 특성화와 경쟁력 강화를 위한 정책 실현을 위해 지방대학혁신역량강화사업New University for Regional Innovation: NURI을 실시하였다.

NURI 사업은 지역발전 중심체로의 지방대학 육성이라는 정책목표 아래 추진된 주요한 고등교육 재정지원 사업이었다. NURI 사업은 지역발전에 효과가 큰 사업단을 우선 선정 · 지원하여 대학별로 지역전략산업 발전 등에 필요한 특성화 분야에 교육역량을 집중하여 지역발전의 중심이 되도록 하였다.

이 사업을 통해 지방 소재 109개 학교 131사업단, 19만 여명을 지원하였으며 지원 규모는 5년간 1조 2,357억원지역인적자원 관련 예산 400억원 포함이었다.

NURI 사업은 성격상 지역산업의 발전을 위한 목적이 강했고, 여기에 수반되는 기술을 대학이 개발하고 지원하는 것이었기 때문에 지역산업과 직접적 연관이 없는 인문사회과학을 발전시키는 데에는 한계가 있었다.

4) 대학 특성화 사업 추진

참여정부는 대학들이 종합백화점식이 아니고 지역별 · 대학별로 비교 우위의 특성화된 전문분야와 프로그램이 있는 특성화 대학Creative Korea: CK을 선정 지원하는 사업을 추진하였다.

특성화 사업을 통해 각 대학이 자율적으로 특성화를 유도하도록 비교우위의 특성화 분야로의 역량 집중은 대학자율로 추진하도록 하였다. 대학구조 혁신 및 개방형 학사운영 시스템으로의 전환도 유도하였다. 그리고 교수 · 연구 인력의 고도화가 이루어지도록 추진하였다.

참여정부는 대학 특성화 개념을 특성화 분야 설정, 특성화 추진 과정, 특성화 분야 성과의 3개 단계별 영역으로 구분하고 각 단계별로 평가 영역, 평가 지표를 제시하였다. 이들 대학 특성화 지표는 참여 정부가 대학 간 통합, 학과 간 통합, 학과교환 및 정원 감축 등의 대학구조개혁사업을 추진하는데 중요한 도구로 사용될 수 있었다.[51]

51 서영인 (2017). 교육개혁 전망과 과제(ii): 고등교육 영역. 한국교육개발원 연구보고 RR 2017-02-01. pp. 46-56.

5) 1단계 브레인 코리아 21 사업(BK 21)

BK 21 사업은 1999년 김대중 국민의 정부에서 시작되어 2019년까지 예정된 3단계 장기 사업이었다. 1단계 BK 21 사업은 1999년 9월에 시작하여 2006년 2월에 종료되었고 총 1조 3,421억 원의 예산을 지원하여 고등교육의 연구력 제고를 위한 대규모 정책사업이었다.

1단계 BK 21 사업은 세계적인 수준의 '대학원 집중 육성'과 '지역대학 특성화'를 통해 고등인력 양성체제를 구축하는 것을 목표로 하여, 학사과정 정원감축, 대학원 문호개방, 연구비 중앙관리제, 교수업적평가제 강화 등의 대학교육개혁과 연계하여 추진되었다. 또한 선택과 집중의 원칙을 적용하여 대다수 대학이 지원하는 방식을 벗어나 경쟁을 통한 수월성 있는 대학을 선정하였다.

1단계 BK 21 사업은 대체로 교수와 대학원생의 연구력과 국제공동연구, 복수학위제도의 안착, 국제심포지엄의 정례화와 같은 대학원의 국제화에 기여하였다. 또한 사업 출범 당시 척박했던 연구풍토를 교수 연구경쟁 풍토로 조성하는데 기여하여 BK 21 참여교수의 1인당 SCI급 논문수가 1999년 3.19편에서 2003년 5.91편으로 증가하는 성과를 가져오기도 하였다.

09 이명박 MB 정부의 대학교육(2008~2013)

1) 우수 인력 양성을 위한 교육 역량강화 사업 추진

2008년 기준으로 그 동안 학부 수준의 교육활동을 지원하기 위한 정부의 재정 지원 사업은 '지방대학 혁신역량강화'New University for Regional Innovation: NURI 사업과 수도권 특성화 사업, 그리고 산학협력 중심대학 육성 사업 등을 합해 총 4천억 정도로 고등교육 전체 예산 4.3조 원의 10%에도 미치지 못하였다.

이에 이명박 정부는 교육여건을 개선하고 학부 수준의 교육역량을 강화하기 위해 '우수 인력 양성대학 교육역량강화 사업'을 도입하였다. 2008년 500억 규모로 시작된 이 사업은 2009년부터 NURI 사업과 수도권 특성화 사업 등이 통합되면서 2,637억 원 규모의 '대학 교육역량강화 사업'으로 확대 · 개편되었다.

대학 교육역량강화사업은 이전의 정부 재정지원 사업들과 다음과 같은 네 가지 측면에서 차이가 있었다.

첫째, 대학의 교육역량 및 성과를 측정할 수 있는 정량지표들로 구성된 공식formula을 사용하여 재정지원 대상을 선정하고, 별도의 재정배분 공식에 따라 대학별 재정지원 규모가 결정된다.

둘째, 재정을 총액으로 지원block grant함으로써 대학이 스스로의 발전전략에 따라 재정을 자율적 · 전략적으로 집행할 수 있게 하였다.

셋째, 매년 새로운 재정지원 대상과 지원 금액이 결정되는 '1년단위 계속사업'의 특성을 지녀 대학 간 경쟁을 촉진하려고 하였다.

넷째, 교육역량 강화사업은 지원 대상 대학을 지역, 규모, 대학 특성 등에 따라 8개 유형으로 구분하고, 각각의 유형에 속하는 대학들을 별도로 평가하여 지원 대상 대학과 지원 규모를 결정함으로써 대학 특성별 균형 발전을 지원하였다.[52]

2) 정부 재정지원 사업과 대학 구조개혁과의 연계

이명박 정부는 대학 구조조정을 위한 평가를 실시하고 그 결과를 정부 재정지원 사업 참여 제한이나 대학별 학자금 대출한도 제한 등 정부 재정지원과 연계 · 추진하였다.

교육과학기술부와 한국장학재단은 2010년 9월 전국 4년제 대학 및 진문대학을 대상으로 취업률과 재학생 충원률, 전임교원 확보율 등 교육여건 및 성과지표를 평가하고, 상대적으로 평가 결과가 낮은 30개교를 학자금 대출 제한 대학으로 선정하였다. 그리고 그 중 교육여건 및 재정여건이 열악하여 개선이 필요한 대학 6개교를 특별히 '최소대출' 제한 대학으로 선정 · 발표하였다.

그 결과 2011학년도 1학기에 이들 학교에 진학하는 소득 7분위 이하 신입생들의 일반학자금 대출 한도는 각각 등록금의 70%와 30%까지로 제한되었다.[53]

2011년 9월에는 대학에 대한 평가 결과의 활용 범위를 학자금 대출 제한에서 모든 '정부 재정지원사업 제한'으로 확대하였다. 학자금 대출 제한 대학 선정 시 사용했던 지표들로 전체 대학을 평가하고, 하위 15%에 해당하는 43개 대학을 정부 재정지원 제한 대학으로 선정

52 신정철 '고등교육정책의 역사적 변동과 전망'. 김신복 외(2017). 교육정책의 역사적 변동과 전망. 서울대학교출판문화원. pp. 205-210.

53 서영인 외 (2017). 교육개혁 전망과 과제(II). 고등교육 영역. 한국교육개발원 연구보고 2017-02-01. pp. 57-63.

하였다. 이 중 17개교는 학자금 대출 제한 대학으로 중복 선정하였다. 그리고 이들 17개 대학 중 4개교는 별도의 실태조사를 거쳐 2011년 12월에 경영부실 대학으로 선정되었다. 경영부실 대학들은 정부 재정 지원 사업 참여가 제한될 뿐만 아니라, 보건 및 의료분야 정원 증원 배제와 2013학년도 학자금 대출 제한대학 포함 등의 불이익을 받았다. 또한 이들 대학에 대해서는 집중적인 컨설팅을 거쳐 학과 통·폐합, 교육여건 개선 등 강도 높은 구조조정을 추진해야만 했다.[54]

이처럼 2009년 이후 정부가 전체 대학의 교육여건과 성과를 평가하고 그 결과를 정부 재정지원 사업 참여 제한과 학자금 대출 한도 제한, 경영부실 대학 지정 등에 순차적으로 활용함으로써 평가와 재정지원, 대학구조개혁이 밀접하게 연계·운영되고 있다고 할 수 있다.

3) 산학협력 선도대학 육성 사업(LINC)

산학협력 선도대학 육성Leaders in INdustry-university Cooperation: LINC사업은 2011년 교육과학기술부가 지역대학과 지역산업의 동반성장을 위하여 산학협력 재정지원 사업을 개편하고 산학협력 인력양성사업을 통합·개편하여 향후 선학협력선도대학을 50개 육성한다는 목표하에 시작되었다. 이 사업은 기존의 산학협력 지원정책 사업을 2011년에 사업지표 개선, 산학협력 캠퍼스 확충 등의 과정을 거쳐 LINC 사업으로 확대 통합한 것이다. LINC 사업은 <표 5-20>과 같은 개편 과정을 거쳐 추진되었다.

표 5-20 LINK 사업 통합·개편 과정

2010년	2011년	2012~2013년		
광역인재양성사업 (1,020억원, 20개교)	사업지표개선 (1,000억원, 20개교)	산학협력 선도대학 육성사업 (LINC)	I 유형	• 20개교 1,000억원 • 광역권 선도산업 대응(학부)
산중사업 (360억원, 17개교)	사업지표개선 (310억원, 17개교)		II 유형	• 30개교 900억원 • 지역전략 산업 중심(학부)
지역거점연구단 (145억원, 7개교)	사업지표개선 (145억원, 7개교)		III 유형	• 30개 센터 400억원 • 지역산업 선도 R&D(대학원)
	산단캠퍼스 (30억원, 3개교)		IV 유형	• 15개 캠퍼스 300억원 • 지역 중소기업 지원(학부·대학원)

자료: 서영인 외 (2017). 교육개혁 전망과 과제(II). 고등교육 영역. 한국교육개발원 연구보고 2017-02-01. pp. 61-62.

54 신정철 (2017). 제3장 고등교육정책의 역사적 변동과 전망. 서울대학교 행정대학원 리더십센터. 고등교육정책의 역사적 변동과 전망. 서울대학교 출판부. pp. 32-33.

LINC 사업은 2016년까지 5년간에 걸쳐 1단계1~2차년도, 2단계3~5차년도로 사업이 진행되었다. 1단계 사업 시행 후에는 단계 평가를 통해 사업성과가 부진한 대학은 탈락시키고 신규 대학을 선정 · 진입시켜 대학 간 경쟁으로 다양한 산학협력 선도모델을 창출하고 도모하려 하였다. 학부와 대학원생을 대상으로 한 기술혁신형과 학부 중심 산업현장 맞춤기술을 양성하는 현장밀착형으로 사업 유형이 구분되어 실시되었다.

2016년 2단계 LINC 사업에서는 총 2,240억 원을 지원하여 대학당 평균 39억 수준의 지원을 받은 셈이다. 사업이 종료된 후 사업진행 대학들은 성과포럼을 개최하여 산학협력 활성화 우수사례를 공유 · 확산하였다.

LINC 사업의 지역경제에 미친 파급효과로는 대학원생의 학생 창업 증가, 고용인원 상승, 연 매출액 증가, 대학의 기업지원을 통한 성과 향상 등이었다. 결과적으로 이 사업을 통해 고등교육이 지역기업과 협력하여 산업 수요에 맞는 인재를 양성 · 배출하고 기업과의 산학협력을 통해 청년일자리 문제를 해결하는 등 사회적 기여 방안을 모색하게 되었다. 특히 2012년부터 시행되어 대학의 체질을 산업계 친화형으로 바꾸고 기업의 요구에 맞는 현장 적응력이 높은 인재를 양성하는 데 기여했다는 점에서도 큰 의미를 부여할 수 있다.

4) 국가장학금 제도 도입

대학 등록금이 높다는 것은 어제 오늘의 문제가 아니다. 우리나라 사립대 평균 등록금은 768만 6000원으로 등록금 비용이 미국, 호주, 일본 다음으로 세계에서 네 번째로 높다. 국공립대 평균 등록금은 미국, 칠레, 일본, 캐나다, 호주에 이어 여섯 번째로 높다. 국공립대 비율은 대한민국 18%, 미국 70%, 프랑스 86%, 독일 95%, 이탈리아 93%이다. 대한민국은 사립대학 비율이 높다보니 대학 등 고등교육에 들어가는 비용의 민간 부담률이 66%로 OECD 회원 국가 중 2위이다.[55]

우리나라 대학 등록금이 높다는 사실은 1970년대부터 2008년까지 지난 40년간 등록금 인상률이 대단히 높았다는 데서 찾아볼 수 있다. 문교부는 1970년 2월 3일 전기 사립대 등록금을 신입생은 40~50%, 재학생은 20~25% 인상하였다. 1974년 1월 23일에는 등록금을 20% 인상하는 것을 발표하였다. 이 당시 물가 상승률은 11.7%였다. 그 후 전두환 정권 때는 연평균 9.39% 상승하였다. 그 후 노태우 정권 때 사립대학 등록금 자율화 조치가 이루어

55 한국경제 (2018). 반값 등록금 10년. 2018.2.20. A1, A5.

졌다. 이를 계기로 등록금이 급등하기 시작하였다. 연도별로 보면 1990년 12.7%, 1991년 15.1%, 1992년 14.4%, 1993년 16.8%, 1994년 13.6%, 1995년 13.8%, 1996년 14.7% 등 7년 연속 10% 이상 인상되어 짧은 기간 동안 가장 많이 올랐다.

김대중 정부 이후로는 인상률이 <표 5-21>과 같이 한 자릿수로 줄어들긴 했으나, 물가상승률을 웃도는 수준으로 꾸준히 인상됐다. 2001년부터 2011년까지 10년간 국립대의 누적 등록금 인상률은 70%로 이 기간 누적 물가상승률 37.2%를 훨씬 웃돌았다. 이명박 정부가 들어서는 국제금융위기가 오면서 대학들이 자발적인 등록금 동결로 연 3% 미만의 등록금 인상을 보여주고 있다.

표 5-21 연도별 대학 등록금 인상률 (단위: %)

연도	2000	2001	2002	2003	2004	2005	2006	2007	2008	2009	2010	2011
국립대	6.7	4.9	7.4	7.4	9.4	7.3	10.0	9.7	8.6	0.6	4.6	0.4
사립대	9.6	5.9	6.9	6.7	5.9	5.1	6.7	6.5	6.7	0.5	1.6	2.3

자료: hpps://ko.wikipedia.org. 대한민국 반값 등록금 논란. p. 8.

위와 같이 대학 등록금이 지난 40년 가까이 물가 상승 이상으로 계속 인상되다 보니 학생과 학부모로부터의 불만이 해가 거듭될수록 높아졌다. 정부와 국회도 대책을 논의하였지만 국민들의 불만을 해소시키지는 못했다. 그러다가 2000년대를 전후해서 국회의 여야 모두가 당시 고졸자의 80% 내외가 대학에 진학함에 따라 고등교육이 보편화단계에 접어들었음을 계기로 고등교육을 복지 차원에서 접근하면서 반값등록금에 관심을 가지게 되었다.

반값등록금이 본격적으로 논의되기 시작한 것은 15대 국회후반기인 1998년부터 13년째 국회상임위를 '교육과학기술위원회'에 소속했던 황우여 한나라당 원내대표의 반값등록금에 대한 집념, 이명박 대통령의 반값등록금 선거공약, 황우여 의원의 박근혜 정부에서의 사회부총리겸 교육부장관으로의 임명 등을 통해서다. 이 때 많은 논란이 있었지만 결과적으로는 반값등록금과 관련하여 「국가장학금제도」를 신설하고 대학 구조개혁사업과 연계하여 등록금 인상 억제 정책을 추진하였다.

현재 교육부와 한국장학재단이 중심이 되어 반값등록금 취지와 관련하여 학생들의 등록금 부담을 줄여주기 위해 추진하고 있는 사업으로는 한국장학재단 소득연계 국가장학금, 국가교육근로 장학금, 국가우수 장학금, 중소기업취업연계 장학금, 기부 장학금 등이 있다.

한국장학재단 소득연계 국가장학금에는 I 유형, II 유형, 다자녀 가구, 지방인재 등이 있다. 유형별 지원 자격은 I 유형일 경우는 국내 대학에 재학중인 소득 8분위구간 이하 대학생 중 성적기준 충족자, II유형의 경우는 국가장학금 II유형 참여 대학의 재학생, 다자녀가구일 경우에는 국내 대학의 소득 8분위구간 이하, 미혼인 만 22세 이하 셋째 아이 이상 1-3학년으로서 성적 기준 충족자, 지방인재는 2015년 또는 2016년 선발된 자 중 계속 지원 요건 충족자 등이다.

지급 금액은 학기당 1, 2, 3구간 260만원, 4구간 195만원, 5, 6구간 184만원, 7구간 60만원, 8구간 33만 7500원이고 학기별 최대 260만원, 최소 33만 7500이다.[56] 그 동안 연도별 국가장학금 지원 금액은 <표 5-22>와 같다.

표 5-22 연도별 국가장학금 지원 금액 (단위: 원)

구분	2012	2013	2014	2015	2016	2017
I 유형	7500억	2조 750억	2조 8350억	2조 9000억	2조 9000억	2조 8917억
II 유형	1조	7000억	5000억	5000억	5000억	4800억
다자녀가구			1225억	2000억	2545억	2629억
합계	1조 7500억	2조 7750억	3조 4575억	3조 6000억	3조 6545억	3조 6346억

자료: 국가장학금 시행계획(해당연도. 대학 등록금과 재정 바로 보기<하>. 국가장학 2유형 존폐론. 한국대학신문. 2018.4. 24에서 재인용.

이상과 같이 정부는 등록금 인상을 억제하고 반값등록금제를 실현시키기 위해 국가장학금제도를 도입하여 운영함으로써 특히 I. II 유형 학생들은 등록금 혜택을 많이 받고 있다. 그러나 대학 연계 지원형 II 유형은 절차가 매우 복잡하여 대학마다 어려움을 겪고 있다. 특히 국가 장학금 지원 제도와 교육부의 대학구조개혁 평가와 연계된 재정지원 사업들이 등록금 인상과 연계되어 있어 각 대학들은 재정지원 사업 신청에 불이익을 당하지 않기 위해 교비 장학금 지급비율을 높이면서 등록금을 인상하지 못하고 있는 실정이다.

또한 국립대학의 경우 반값등록금이라는 이름하에 등장한 국가장학금의 취지에 맞게 2014년에 이미 등록금 대비 장학금 비율이 50% 초과 달성2014년 54.6%, 2015년 62.4% 하였다. 그럼에도 장학금을 계속 확충하다 보니 국립대학뿐만 아니라 사립대학들도 미래 변화에 대처하기 위해 각 대학 나름대로 발전 계획을 수립해 놓고 있지만 이에 필요한 재원 확보에 어려움을 겪고 있다.

따라서 반값 등록금과 국가장학금 운영을 개선하기 위해서는 대학별 성취도를 고려한

56 한국장학재단 소득 연계 국가장학금.

차별적 장학금 지침 운영, 국가장학금 II 유형 지출액을 교육의 질 확보를 위해 활용할 수 있도록 정책 변화, 국가장학금과 교내 장학금의 역할 분담으로 장학 재원 효율성 제고, 장학금과 학자금 대여의 균형 유지로 장학 재원의 효율성 제고, 공교육에 대한 정부의 책무성 재인식을 통한 근본적 대책 마련 등이 제안되고 있다.[57]

5) 세계수준의 연구중심대학 육성사업

이명박 정부는 해외학자 유치·활용을 통해 신성장 동력을 창출할 수 있는 기술개발 및 학문의 융복합 분야 연구와 인력 양성을 집중 지원하기 위해 지난 정부에서 추진했던 '두뇌 한국 21'Brian Korea 21: BK 21 사업의 명칭을 바꿔 '세계 수준의 연구중심대학World Class University: WCU 육성사업'으로 발표하여 추진하였다.[58]

사업의 주된 목적은 미래 국가 발전 핵심 분야의 연구 추진 및 학문후속세대의 양성에 있었다. 특히 기초과학의 새로운 전공분야, 지식기반 서비스 및 신산업창출기반 분야를 집중 육성하려고 했다. 또한 연구 역량이 높은 해외학자 확보를 통해 대학의 교육·연구 풍토를 혁신하고 세계 수준의 연구 중심 대학을 육성하려고 하였다.

위와 같은 사업 목적을 달성하기 위해 사업과제로는 전공·학과 개설 지원과제, 개별학자 초빙 지원과제, 세계적 석학 초빙 지원과제 등 세 가지로 나눠 추진되었다.

10 박근혜 정부의 대학교육(2013~2017)

1) 대학 구조 개혁 평가

박근혜 정부도 대학구조 개혁의 필요성을 인식하고 이전 정부에서 추진해오던 정부 재정지원 제한 정책들을 더욱 확대 추진하였다. 2013년 전체 대학을 평가하여 하위 15% 범위 내에서 정부 재정지원 제한 대학을 선정하였다. 그 중에서 학자금 대출 제한 대학으로, 그리고 다시 경영부실 대학을 선정하여 해당 대학 신입생들에게 국가 장학금 지원을 제한하

57 박유식 외 5인 (2017). 반값등록금과 국가장학금의 쟁점과 과제. 대학과 정책 제1호. pp.161-171. 대학정책학회.
58 교육과학기술부 (2008.6.28). 2008년도 '세계수준의 연구중심대학 육성 사업' 공고. 교육과학기술부 공고 제2008-81호.

고, 해당 대학에 대하여는 국가 및 지자체의 제정지원을 제한하며, 관련 사업 신청 및 추진에 불이익을 주었다.

2015년부터는 급격한 대입 정원 감소 대응을 위한 대학 입학 정원 감축에 초점을 맞춘 '대학구조개혁 평가'라는 새로운 평가 체제를 도입하였다. 대학 구조개혁 평가는 10년간 3단계에 걸쳐 총 16만 명의 입학정원을 줄이기 위한 전국 규모의 평가이다. 이는 저출산으로 인한 학령인구 급감에 대비한 대책이다.

교육부는 정량 및 정성 지표들을 사용하여 개별 대학의 교육여건과 학사관리, 학생지원, 교육성과, 중장기 발전계획, 교육과정, 특성화 노력을 종합적으로 평가하였다.

평가 결과에 따라 대학을 등급화하고 각 등급에 따라 정원감축 비율과 정부 재정지원 제한 범위를 차등적으로 적용하였다. 그 결과 평가에 참여한 298개 대학일반대, 산업대, 전문대 중 D등급에 해당되는 53개교는 신규 정부 재정지원 사업 참여가 제한되었다. 신·편입생들에 대한 국가장학금 II 유형 지원도 중단되거나 일반 학자금 대출이 등록금의 50%로 제한되었다. 이들보다 점수가 낮은 E 등급 대학 13개교는 정부 재정지원 사업 참여가 전면 제한되었다. 신·편입생에 대한 국가 장학금 I II 유형 지원 및 일반·든든 학자금 대출도 모두 제한되었다.

1주기2014~2016 평가로 4만 4천 명을 감축한 데 이어 2주기2017~2019 평가에서는 5만 명, 3주기2020~2022 평가를 통해 7만 명을 감축할 계획이라고 발표2017년 3월 9일하였다.

교육부는 2018년 8월 전문대학을 포함한 전국 대학의 64%를 정원 조정이 필요 없는 우수대학자율개선 대학으로, 나머지 36%를 정원 감축이 필요한 하위대학으로 구분하여 발표하였다.

하위대학은 X, Y, Z 세 개 등급으로 나뉜다. X등급은 정원 감축의 의무만 있고 재정지원 사업에는 참여할 수 있다. Y, Z등급은 정원 감축은 물론 재정지원 사업 참여와 국가장학금 지원도 제한된다. Z등급 중 1주기 평가에서도 최하위 등급을 받은 대학은 정상화가 불가능한 경우 통폐합 또는 폐교를 추진한다. 그러나 대학 간 통폐합을 하거나 정원이 1000명 이하인 대학은 정원 감축대상에서 제외한다. 야간 과정의 정원을 줄이거나 해외 캠퍼스로 정원을 옮길 경우에도 정원 감축으로 인정받을 수 있다.[59]

---

59 한국경제 (2017). '하위 50% 대학만 정원 5만 명 줄인다'. 2017.2.9. 4면.

2) 대학 교육 역량 강화를 위한 재정지원 사업

박근혜 정부는 그간 대학 재정지원 사업을 통해 양적 개선에 기여를 하였으나, 교육과정 개편 및 대학 내 지원의 선택과 집중을 통한 체질 개선 등 질적 개선을 위한 노력이 필요하다고 판단하였다. 이에 따라 다음과 같은 대학 특성화 사업, 학부교육선도대학 육성 사업, 여성공학인재 양성 사업, CAMPUS ASIA 확대 추진사업 등을 추진하였다.[60]

(1) 대학 특성화 사업(CK)

대학 특성화 사업Creative Korea: CK은 2014년부터 2018년까지 5년 동안 지역사회 수요에 기반한 대학의 강점 분야를 특성화하여 대학이 경쟁력을 강화하고 지역사회와 동반성장하도록 지원하는 사업이었다. 2014년에 시작하여 현재 지방대학 78개 대학에 261개 사업단, 수도권 대학 28개 대학에 77개 사업단이 참여하고 있다. 매년 연차 평가를 하고 있으며 사업 2년 실시 후 중간 평가를 통해 하위 평가그룹 대학을 탈락시키고 새로 지원하는 대학과 재평가를 하여 진입 여부를 결정하였다.

(2) 학부교육 선도대학 육성사업(ACE)

학부교육 선도대학 육성사업Advanced College Education: ACE은 '잘 가르치는 대학'을 육성하는 것을 목표로 대학의 건학이념, 비전 및 인재상 등을 구현하는 선도적 학부교육 우수 모델을 창출하고 확산하려는 데 목적을 두고 2010년도부터 추진되고 있는 사업이다. 2013년 교육역량강화 사업이 종료되면서 그 후 2014년도부터 '학부교육 선도대학 육성ACE+'사업을 별도 사업으로 분리하여 추진하고 있는 사업이다. 2010년 11개교, 2011년 22개교, 2012년 25개, 2013년 25개교, 2014년 27개교, 2015년 32개교가 지원 받았다.

(3) 여성공학 인재 양성 사업(WE-UP)

여성공학 인재 양성 사업Women in Engineering - Undergraduate Leading Program: WE-UP은 여성공학 인력에 대한 산업계의 수요가 증대하는 반면, 여성의 공학 분야로의 진출은 현저히 낮은 실정이어서 공과대학 교육과정 개선 등을 통한 우수 여성 공학 인재 육성을 위한 사업이다. 2016년에 시작하여 2018년까지 3개년에 걸쳐 지원되는데 2016년 기준 10개교 내외의 대학

60 교육부 대학정책실 (2016). 2016 고등교육 주요 정책. 내부자료. 2016.4.22. pp. 21-34.

에 사업비 50억 원을 대학에 차등 지원할 계획이었다.

(4) CAMPUS ASIA 확대 추진 및 글로벌 현장실습 프로그램 운영

CAMPUS ASIA 확대 추진은 한국, 일본, 중국 대학생 교류 및 대학 간 공동·복수학위 활성화를 통한 상호이해 증진 및 아시아 대학 간 글로벌 교류 활성화 기반을 마련하고, 한 ASEAN은 상호 필수적인 경제협력 파트너로 긴밀한 경제 협력 관계 구축을 위해 서로의 문화와 언어에 친숙한 인력 양성의 필요성에 입각하여 추진된 사업이다.

한편 국내 대학생에게 다양한 해외 산업현장 실무경험 등을 제공하여 경력 및 진로 설계를 돕고, 이를 통해 글로벌 감각을 갖춘 핵심 인재를 양성하는 프로그램이다. 이 프로그램은 2009년부터 추진되어 2015년까지 8,704명의 학생이 참여하였다.

3) 산학협력 및 취업·창업 활성화 사업[61]

역대 정권에서 정도 차이는 다소 있지만 학교급별을 막론하고 특성화고등학교와 마이스터고, 전문대학, 대학 등에서 산학협력을 다각적으로 추진해왔다. 박근혜 정부에서도 산학협력 선도대학 육성LINC 사업, 취·창업교육지원 활성화 및 창조경제 혁신센터와 연계협력 사업, 글로벌 현장학습 프로그램 등을 추진하였다.

(1) 산학협력 선도대학 육성 사업(LINC)

산학협력 선도대학 육성Leaders in INdustry College Cooperation: LINC 사업은 이전 정부에서 추진한 산학협력 중심대학 육성사업과 맥을 같이 하는 사업으로 2012년도부터 2016년까지 5년에 걸쳐 추진된 사업이다. 이 사업은 산학협력을 통해 산업체 수요에 부응하는 대학교육 체제로 전환하고, 일자리 미스매치 해소 및 지역발전을 위해 추진되고 있는 사업이다.

주된 사업내용은 산업 요구 맞춤형 교육을 위해 현장실습, 캡스톤 디자인, 창업교육 등 산학연계 교육과정을 확대 운영하고, 기업 지원을 위해서는 기업의 애로기술 해결, 방학·연구년을 활용한 교수의 산업체 지원 및 중소기업과의 산학공동기술개발 등을 추진하고 있다. 이들 사업을 지원하기 위해 2016년 87개교대학 57개교, 전문대학 30개교에 2,435억 원대학 2,240억, 전문대학 195억을 지원하였다.

61 교육부 대학정책실 (2016). 2016 고등교육 주요 정책. 내부자료. 2016.4.22. pp. 37-52.

(2) 취 · 창업교육지원 활성화 및 창조경제혁신센터와 연계협력

이 사업은 대학-혁신 센터 간 대학 창의적 자산에 기반한 창업사업화 및 사회 맞춤형 인력 양성 분야의 협력을 통한 일자리 창출을 위해 추진하는 사업이다. 창업을 위해서는 교원창업, 학생창업, 창업교육 프로그램 운영 활성화 등을 적극 추진한다. 취업을 촉진하기 위해서는 사회맞춤형 교육과정 개설 · 운영, 기업 리쇼어링 촉진, 현장실습 정보 제공과 취업지원 등을 적극 추진한다. 특허 등 대학의 창의적 자산에 관심이 있는 수요 기업을 혁신센터가 발굴하여 기술이전을 촉진시킨다.

(3) 산학협력 5개년 계획

박근혜 정부는 사회관계장관회의2016.2.26.와 국무회의2016.4.12.를 거처 산학협력 5개년 기본 계획2016~2020을 확정 발표하였다. 주요 추진 내용은 강소기업 지원 강화, 대학원생 창업 촉진, 신산업 육성 지원, 산학협력 생태계 고도화 등이다.

강소기업 지원 강화를 위해서는 산업분야별로 특화된 기업지원, 가족회사 협약을 통한 기술이전 활성화, 사회맞춤형 학과 육성 및 산학연계 교육 내실화 등을 통해 기업경쟁력 및 활력을 제고한다.

대학원생 창업 촉진을 위해서는 성공 가능성이 높은 석 · 박사급 기술 창업 지원, 대학 창업펀드 조성, 협동조합 형태 창업모델 확산, 문화 · 예술 콘텐츠 대학지주회사 설립을 촉진한다.

신산업 육성지원을 위해서는 대학 내 유휴시설에 기업 유치, 연구 장비 고도화 및 집적, 중장기 기술개발 지원을 통해 대학을 미래신산업 개척기지화 한다.

산학협력 생태계 고도화를 위해서는 창조경제혁신센터와 협업, 교원 채용시 산업체경력 100% 인정, 글로벌 현장실습 제도 · 인프라 개선사업을 추진한다는 계획을 수립하였다.

4) 평생교육 단과대학 설립 운영

4차 산업혁명시대의 도래로 고졸 취업자의 후진학자가 늘어나고 있다. 또한 저출산 · 고령화의 심화 등으로 단기직업전환교육, 재취업교육 등에 대한 교육 수요도 지속적으로 증가되고 있다. 박근혜 정부는 이들 평생학습자들이 언제 어디서나 대학에서 공부할 수 있도록 지원하는 '성인 전담 평생교육 단과대학 지원 사업' 기본 계획을 2015년 12월 30일에 발표하였다.

기본 계획에 의하면 후진학 대상이 기존 재직자특별전형 대상자에서 30세 이상 평생학습자로 확대된다. 학업 · 학비 부담도 대폭 완화된다. 제한해 왔던 학기별 이수학점도 열어두고, 다학기제를 운영하거나 야간 · 주말 과정 수업도 개설된다. 원격 · 블렌디드 러닝 등 학사관리 및 수업방식도 평생학습자 맞춤형으로 운영하도록 권장할 예정이다. 학교 밖 시설에서도 학위과정 수업과 평생교육과정을 운영할 수 있도록 해 평생학습자의 시간적 · 거리적 부담을 줄여간다는 복안이다.

이 밖에도 등록금을 학점별로 납부할 수 있도록 하고, 학비 부담도 완화토록 하였다. 또한 학점인정과정 수업을 교원의 강의시수로 인정해 평생교육과정에 전임교원의 참여를 유도하고, 각종 대학평가 지표로 사용되는 충원률과 취업률의 산정방식을 변경, 후진학 체제로 전환하는 대학이 불이익을 받지 않도록 할 계획이다.

교육부는 2016년 9개 대학에 43개 학과를 선정하여 입학 정원을 최고 200명으로 하고 대학당 평균 30억 내외로 255억 원을 1년간 지원하였다. 2017년에는 5개 권역 15개 대학의 52개 학과를 선정하여 23,132백만 원을 지원하였다. 이 때 운영 모델은 단과대학, 학부, 학과, 컨소시엄 등 대학이 자율적으로 운영하되, 학위과정은 필수 운영하게 하였다.

2018년에는 성인 친화적 학사제도 개편, 지역 평생교육대학 육성, 대학의 자율성 지속 확대에 역점을 둔 권역별로 대학을 선정하여 평생교육 우수 모델을 육성할 계획이다. 권역은 충청권, 호남 · 제주권, 강원 · 대경권, 동남권 등 4개로 나누고 권역별로 2개교 내외, 대학 및 성인학습자가 많은 수도권 지역은 4개교 내외를 선정하여 합계 12개 내외를 선정하여 11,330백만 원대학지원금 10,800백만 원, 사업비530백만 원를 지원할 계획이었다.

이런 사업을 능률적으로 수행하기 위해 교육부는 사업 기본계획의 수립 및 사업비 교부 등 사업관리 · 운영을 총괄하고 사업 관리 · 운영은 국가평생교육진흥원에 위탁하였다. 국가평생교육진흥원은 사업관리위원회를 구성하여 사업관리 · 운영에 관한 자문, 지원 대학 선정 및 지원금 확정, 성과평가 및 사업관리 점검 등 중요사항을 심의한다. 또한 평생교육, 고등교육 분야별 전문가, 컨설팅 전문가 등으로 구성된 컨설팅단을 조직하여 대학별 사업계획 검토 및 애로사항 자문 기능을 수행해오고 있다.

이렇게 교육부는 해가 거듭될수록 대학의 평생교육체제 지원사업을 지속적으로 확대 강화하고 있어 매우 고무적인 현상이다.[62, 63]

62 국가평생교육진흥원 (2016). 2016 2월호. NILE 뉴스 레터. '평생교육 단과대학'.

그러나 한국원격대학협의회는 평생교육 단과대학 설립은 그간 사이버대학, 전문대학, 학점 은행제 등이 나눠 맡아온 평생교육체제를 붕괴시킬 수 있다고 지적하고 있다.

그 주된 이유는 첫째, 평생교육학습자가 빠르게 감소하고 있는데 평생교육기관은 2010년 3천 591곳에서 2014년 4천 342곳까지 늘어났다. 같은 기간 동안 298곳이던 사업장 부설 평생교육기관이 392곳까지 확대됐고, 시민단체와 언론기관이 부설한 평생교육기관도 386곳에서 556곳으로, 203곳에서 1천 38곳까지 폭발적으로 증가했다.

둘째, 그동안 사이버대학이 구축해온 온라인 고등교육의 영역을 4년제 대학이 침범할 수 있다. 특히 사이버대학은 오프라인 강의를 20%로 제한받고 있어 블렌디드 러닝blended learning이 경직되게 운영되고 있는 데 반하여, 평생교육 단과대학에서는 온라인 · 오프라인 수업에 제한이 없어 사이버대학과 대학의 교수-학습 방법에 차별화된 규제를 받고 있어 논리적으로 모순이다.

셋째, 새로 설립되는 평생교육 단과대학은 교육부로부터 재정지원을 받지만 사이버대학은 2015년 예산심의과정에서 고등교육기관이 아니라면서 예산이 삭감돼 한 푼도 재정적 지원을 받지 못하게 되어 재정이 빈약하다. 입학정원은 5천 600명에서 3만 2천 425명으로 확대되었다. 재학생 수도 6천 220명에서 9만 6천 118명까지 늘어났다. 이와 같이 사이버대학은 대규모 고등교육 종류의 하나인데 재정적 지원을 받지 못하는 것은 모순이라는 것이다.[64, 65]

11 요약 및 논의

1) 요약

현재와 같은 대학의 역할 정립은 세 단계의 과정을 거치면서 이루어졌다. 첫 번째 단계는 이태리 볼로냐 대학, 파리 소르본느 대학, 영국 옥스퍼드 대학과 같은 중세 유럽의 대학에서 신학 공부, 교양인, 법률가와 의사 등의 전문인 양성을 목적으로 하는 교육 중심대학의 대두이다.

63 교육부 (2018). 2018년 대학의 평생교육체제 자원 사업 기본계획(안). 평생미래교육국 평생학습정책과. 2018.1.

64 교수신문. 2016. 1월 4일(월), 2월 29일(월).

65 윤병국 (2016). '평생교육 단과대학 정책, 본질은 무엇인가?'. 한국대학신문. 2016.08.11.

두 번째 단계는 18세기 독일의 베를린대학이 연구 기능을 대학의 기본 사명으로 설정함으로서 연구가 대학의 중요한 역할의 하나로 자리매김하기 시작하였다.

세 번째 단계는 18세기 중반에 미국의 주립대학들이 주정부와 지역사회 주민들과 삼위일체가 되어 지역의 발전과 주민들의 생활향상을 도모할 수 있는 현실적이며 실질적인 학문을 개발·연구하고 교육하는 풍토를 만들어 내기 시작하면서부터이다. 이를 통해 지역사회와 협력하고 봉사하는 것을 대학의 새로운 역할로 정립하게 된 것이다.

이런 세 단계를 거치면서 대학의 역할은 대학의 설립 유형, 설립이념, 지역사회 특성 등에 따라 우선순위에 다소의 차이는 있지만 교육, 연구, 봉사로 일반화되었다.

우리나라 대학은 광복 이전에는 독일의 영향을 다소 받은 일본의 대학 체제에 영향을 받다가 광복 이후 초기에는 미국의 고등교육 체제의 영향을 받아 6-3-3-4 체제를 구축했다. 그러나 당시 대학의 역할 중 봉사 기능에 대해서는 확실하게 서술되지 않았다. 고등교육에는 4년제 대학뿐만 아니라 2년제 초급대학과 1년 과정의 대학원도 설립·운영함으로써 지금의 전문대학전문학사, 대학학사, 대학원석사, 박사체제가 확립된 셈이었다.

정부는 지난 반세기 동안 산업발달 단계에 따라 근로자들에게 필요한 계속교육 기회를 제공하기 위해서도 노력해왔다. 1970년대 박정희 정부는 한국방송통신대학, 1980년대 전두환 정부는 개방대학산업대학, 노태우 정부는 독학 학위제, 1990년대 김영삼 정부는 기술대학과 학점은행제, 2000년대 김대중 정부는 사내대학과 사이버대학, 박근혜 정부는 평생 직업교육대학과 평생교육 단과대학 등을 설립·운영하면서 성인들을 위한 대학에서의 계속교육 기회를 확대하여 왔다.

우리나라 대학의 변천과정을 교육의 관점에서 살펴보면 1945년 광복 후 1980년대까지는 국민들의 고등교육에 대한 열망과 급속한 산업발달에 따라 필요한 전문 인력을 양성하기 위해 대학생 수가 계속 증가하였다.

그러다가 1990년대 접어들어 출산율이 너무 낮아짐에 따라 대학 적령인구가 감소되어 2000년대에 접어들면서 대학 정원 감축이 절박한 실정에 놓이게 되었다. 그래서 정부는 대학구조개혁을 통하여 대학 정원 감축 정책을 다각적으로 추진해오고 있다.

고등교육체제도 산업 발달 단계에 따라 1960년대부터 1990년대까지 필요한 전문인력 수요를 충족시키기 위해 적기에 대학과 전문대학을 설립하거나 기존 대학에 학과 신설이나 정원 증원으로 필요 인력을 양성하였다.

그러나 장단기 인력 수급 계획과 경제 발전 계획이 계획대로 이루어지지 않는 경우도 있어 대학이 어려움을 겪는 경우도 있었다.

1970년대 말부터 1980년대 초반에 세계적으로 불어 닥친 오일 쇼크로 인한 경제 침체와 당시 불확실한 경제개발 5개년 계획에 대비한 대학 정원의 대폭 증원으로 인해 대학 교육의 부실과 졸업생의 취업난이 야기되었다.

1990년대 말에는 IMF 경제 위기로 인해 대학생 진로와 취업 문제가 심각한 문제로 대두되었었다. 2000년대 들어 장기간의 경제 침체로 인해 졸업생의 최대 실업률 발생 등이 그 예이다.

그 동안 우리나라 대학들은 산업사회가 필요로 하는 전문 인력을 양적으로 충족시켰을 뿐만 아니라 질적으로도 우수 인력 양성을 위해 주어진 여건 하에서는 나름대로 노력하였다고 생각된다.

1963년 「산업교육진흥법」 제정을 계기로 지금까지 정도의 차이는 있지만 끊임없이 산학협력 활성화를 위해 다각적으로 노력해오고 있다. 실용교육을 통한 전문 인력 양성을 주목적으로 하는 대학들은 과거의 교과중심 교육과정에서 탈피하여 DACUMDeveloping A curriculum 법이나 국가직무능력표준NCS 기반 능력중심 교육과정에 접근함으로써 대학교육과 산업체가 기대하는 인재 양성에 점점 더 밀접하게 접근하려고 노력하고 있다.

대학의 역할은 교육·연구·봉사라고 하는데 우리나라 대학들은 극히 일부 대학을 제외하면 교육중심 대학인지, 연구중심 대학인지 역할이 불분명하다. 미국은 2700여 개 4년제 대학 중 15% 정도만이 박사과정을 개설하고 있는 연구 중심 대학이다. 반면에 우리나라 대부분의 대학은 박사과정을 개설하고 있다. 교육 및 연구 여건도 제대로 갖추지 못한 상태에서 많은 대학들이 종합백화점식 교육과 연구를 추진하고 있다 보니 교육과 연구 모두에 내실을 기하지 못하고 있다. 결과적으로 국제 경쟁력이 떨어져 사회적으로 비판을 받는 경우도 있다.

다행히 1980년대 후반부터 정부는 대학의 설립 유형과 이념, 교육 여건, 지역사회 특성 등을 고려하여 대학 나름대로 특성화·전문화하여 선택과 집중을 통하여 질적 개선을 도모할 수 있게 정부 재정지원과 연계하여 다양한 정책을 추진하여 오고 있다.

교육중심대학으로 특성화하기 위한 수도권·지방대학 특성화CK 사업, 지방대학혁신역량강화NURI 사업, 학부교육선도대학육성ACE사업, 산학협력 선도대학 육성LINC 사업, 산업연계교육활성화 선도대학Program for Industrial needs-Matched Education: PRIME 사업 등과 같은 정부 지원 정책이 그 예이다. 연구 중심 특성화 대학으로 발전하기 위한 사업으로는 Brain KoreaBK 21

사업과 세계 수준의 연구중심WCU대학 등을 예로 들 수 있다.

지역사회와의 협력 사업은 1960년대부터 「산업교육진흥법」 제정 이후 지속적으로 다양하게 이루어지고 있다. 특히 노무현 정부 이후부터 산학협력을 통한 지역사회와의 협력사업이 활발히 전개되고 있다.

이상과 같이 해방 후 이승만 정부부터 박근혜 정부까지의 정권별, 시기별 핵심 고등교육정책의 특징을 신정철 등은 <표 5-23>과 같이 제시하고 있다.

표 5-23 정권별, 시기별 고등교육정책 특징 비교

구분	자유방임기 (1945~1960) 이승만 정부	통제기		간접통제기 (1995~현재) 김영삼, 김대중,노무현, 이명박, 박근혜 정부
		억제적 통제기 (1961~1979) 박정희 정부	팽창 속 통제기 (1980~1994) 전두환, 노태우 정부	
정부의 역할	대학설립·운영 관련 최소한의 규정 마련	설립된 대학에 대한 심층적 규제	양적 팽창 유도, 규제 기조 유지	대학 설립·운영 기준 등 완화
정부정책의 특징	정부 간섭 최소화	대학운영·학사 관련 세밀한 간섭	대학운영·학사 관련 세밀한 간섭	평가 및 재정지원지표 등을 통한 세밀한 간섭
대표적인 정책	사학의 설립·정원 등에 관한 정책	실험대학, 대학평가 정책	대학평가 본격적 실시	평가에 의한 재정지원 정책

자료: 신정철·김정호. '고등교육정책의 역사적 변동과 전망'. 김신복 외 8인(2017). 교육정책의 역사적 변동과 전망. 서울대학교출판문화원. pp. 161-162 주로 참조.

2) 논의

이상과 같이 대학을 교육중심의 관점에서 정책을 고찰해 볼 때 다음과 같은 논점이 제기되고 있다.

(1) 대학의 설립별·종류별 역할과 기능을 어떻게 차별화하고, 그에 부합하는 교육 목적을 설정·진술할 수 있을까?

우리나라 대학 189개교 중 154개교81.5%가 사립이고 국공립은 35개교18.5 %에 불과하다. 그런데 국공립과 사립 간에 학생들의 납입금과 정부의 재정지원 상의 차이를 제외하면 역할에 차이가 별로 없다. 국공립 대학도 35개교 중 국립 34개, 공립 1개교로 공립대학의 의미가 별로 없다. 따라서 설립 유형에 따른 대학의 역할 및 기능 정립이 필요하다.

현재 「고등교육법 제 2조」에 규정된 대학의 종류별 교육 목적과 특성이 명료하지 못하다. 이에 따라 대학 종류 구분에 따른 역할이나 교육과정에도 별로 차별이 없다. 특히 대학 내에서도 교육중심 대학과 연구중심 대학 간의 역할과 기준의 구분이 모호하다. 따라서 이들 구분의 기준을 명료화하여 교육중심 대학과 연구 중심대학으로의 특성화가 요구된다.

(2) 대학 종류별 역할 및 기능 구분에 따른 교육과정 편성과 운영의 차별화는 어떻게 이루어질 수 있을까?

최근 고등학교 졸업생의 70% 내외가 대학에 진학할 정도로 고등교육이 보편화단계에 진입된 지가 20년이 넘었다. 따라서 대학의 교육 목적이 전문직업인을 양성하는 직업교육적 특성이 강조된 교육중심 대학의 교육과정과, 앞으로 대학을 졸업하고 대학원에 진학하여 연구 분야에 종사할 학자를 양성하려는 연구중심 대학의 교육과정 간에는 공통점도 있지만 확실히 구분되는 교육과정을 편성 운영할 수 있을 것이다. 그런데 현재 상당수의 대학들이 교육중심 대학인지 연구중심 대학인지 구분이 명확하지 않을 정도로 대학의 역할과 기능을 모호하게 수행하고 있다. 이에 따라 교육중심 대학과 연구중심 대학 간의 교양교육과 전문교육을 위한 교육과정 편성과 운영의 차별화도 확실하지 않다.

이런 문제를 해결하기 위해 교수 업적 평가에서 연구중심 대학과 교육 중심대학에 따른 교수 연구 업적 평가의 비중을 차별화하고, 대학 교수들의 연구중심 대학과 교육중심 대학의 특성 이해와 이에 부합하는 역할과 역량을 강화하려는 대학 행정가의 의지와 대학 구성원들의 합의와 노력이 필요하다.

(3) 능력중심 교육을 위한 모듈 개발과 다양한 교수 학습 방법은 어떻게 개선할 것인가?

고등교육이 보편화 단계에 접어들면서 학습자의 요구는 물론 학습 능력 차도 크고 특성도 다양하다. 그 중에는 대학교육을 이수할 수 있는 기초 학습 능력이 부족한 학생도 상당수 있다. 그런데 학습 능력이 부족하여 중도 탈락하였거나 졸업이 지연되었다는 것이 대학의 이슈로 부각된 경우는 별로 없다.

대학 교육의 질 향상을 위해서는 교육이 내실화되어야 한다. 이를 위해서는 학생들의 출발점 행동entering behavior을 고려한 모듈화된 다양한 교수－학습 방법이 개발되어 자기 주도적 학습이 이루어져야 한다. 궁극적으로는 능력중심 교육이 이루어지도록 하여야 할 것이다.

(4) 한국형 산학협력 체제의 개발과 구축은 어떻게 하면 가능할까?

대학의 3대 역할 중의 하나가 대학, 지방자치단체, 지역사회가 삼위일체가 되어 산학협력을 통한 지역사회 발전을 위한 협력과 봉사이다. 이를 위해 역대 정부도 산학협력을 강조했다.

그러나 성공한 사례는 별로 없다. 좋은 성과를 거두지 못한 주된 원인은 두 가지이다. 첫째, 산학협력의 기본원리에 대한 이해 부족이었다. 산학협력은 학교와 산업체 간에 공동목표를 설정하고 공동 투자하여 상호 편익을 추구하는 파트너십partnership 정신에서부터 시작한다. 그런데 우리는 그동안 산학협력의 기본 원리를 이해하지 못하고 정부의 관주도로 산학협력 정책이 수립되어 추진되는 경우가 대부분이었다.

둘째, 산학협력은 각 나라마다 학교의 교육환경과 체제, 기업의 교육 훈련 및 연구를 위한 지원체제와 조직, 문화 풍토에 차이가 있어 상호 이해와 협조가 필요하다. 그런데 우리나라 산학협력은 그간 학교의 교육환경과 체제, 기업의 교육훈련 및 연구를 위한 조직과 문화 풍토의 면밀한 검토가 부족하였다. 그러면서 우리나라와 학교체제나 기업의 직업교육훈련 지원체제와 조직 및 문화풍토가 다르고, 교육에서 직업으로의 고용체제school-to-work transition system도 다른 독일의 산학협력 모델을 도입하여 적용함으로써 한국 실정에 맞지 않았다. 아무리 좋은 외국의 종자라도 우리나라 기후와 토양에 맞지 않으면 잘 자랄 수가 없는 것과 같다.

따라서 시간이 걸리더라도 한국의 교육환경과 체제, 기업의 직업교육훈련을 위한 지원체제, 조직 및 문화 등에 적합한 산학협력 체제를 구축하도록 상호 노력하여야 한다.

(5) 교육에서 노동시장으로의 이행을 위한 바람직한 체계 구축은?

교육에서 노동시장으로의 이행에 영향을 미치는 요인으로는 교육체계, 노동시장 형태, 교육-노동시장의 신호체계로 요약될 수 있다.

교육에서 노동시장으로의 이행 체계에서 교육체계는 독일과 같이 교육과 직업의 연계가 긴밀한 경우가 있는가 하면 미국과 같이 느슨한 경우가 있다.

노동시장 형태는 직종별occupational 노동시장이냐, 내부internal 노동시장이냐에 따라 교육과 직업의 연계가 달라진다. 직종별 노동시장이 발달된 독일과 같은 국가는 노동시장이 직종에 따라 편제되어 자격 및 진입 요건이 표준화되고 신규 진입자의 노동시장 통합이 빠르지만 상향 이동은 느리다. 반면에, 내부 노동 시장이 지배적인 미국과 같은 국가는 노동 시장이 기업을 중심으로 조직화되어 직종 간 경계가 다소 흐릿하고 노동시장 진입은 특수 스킬skill보다 학력에 의해 좌우되며 일단 입사하면 승진기회가 많이 주어진다.

교육과 노동시장의 제도적 연계 및 신호 체계에서 사용자와 학교가 공동으로 훈련을 공급하여 연계가 강하고 직접적인 유형독일, 오스트리아, 덴마크, 사용자가 표준화에 적극 나서지만 훈련을 공동으로 제공하지 않는 공선형collinear 연계네덜란드, 양자 사이에 직접적인 연계는 없지만 학생들이 학교에서 받는 시장 신뢰가 강하고 믿을 만하며 표준화된 유형영국, 프랑스, 북유럽, 학교가 배치 기능을 행사하는 유형일본, 양자 간에 직접적인 연계가 없고 교육의 시장 신호가 약한 독립형미국, 캐나다, 5가지 유형이 있다.

우리나라는 이상과 같은 교육에서 노동시장으로의 이행 체계가 어떤 상태이며 무엇이 문제이고 바람직한가에 대한 체제가 제대로 확립되어 있지 않고 각개 약진을 하고 있다. 그런 와중에 크게 문제시 되고 있는 것 중의 하나는 그동안 자격과 스킬 보다는 학력, 그 중에서도 출신대학을 중시하는 학벌 중시 풍토가 지속되어 왔다는 점이다.[66]

(6) 과거 대학 정책에 대한 체계적인 성과 분석과 대학 정책의 일관성 유지 방안은?

교육은 백년대계라는 말을 자주 사용한다. 그런데 우리나라 교육 정책은 그동안 정권이 바뀔 때마다 바뀌고 과거 정권의 정책은 체계적인 평가에 의한 성과분석도 없이 폐기되고 단절되는 경우도 있다.

때로는 과거 정책에 대한 정확한 분석이나 이해 부족으로 과거 정책에 대한 오해도 발생하고 있다. 예를 들면, 1990년대 이후 대학 정원이 대폭적으로 늘어나게 된 주된 원인은 <표 5-4>에서부터 <표 5-13>까지의 자료를 통해 분석해 보면 '대학정원 자율화' 정책 때문이었다. 대학설립 준칙주의는 대학 수를 늘리는 데는 영향을 미쳤지만 대학 정원을 증원하는 데에는 큰 영향을 미치지 못했다. 그러나 그 동안 매스컴이나 상당수 학자들은 이를 대학설립준칙주의 탓인 양 오해하고 있는 경우도 있다.

지난 반세기 동안 추진된 대학 정책에 대한 올바른 이해와 정권 교체에 관계없이 대학 정책이 일관성 있게 유지되는 방안이 절실히 요청되고 있다.

66 한국고용정보원 (2015). 대학 전공 계열별 인력 수급 전망(2014-2024)(1). pp. 47-50.

(7) 미래 변화에 대비한 대학 발전 계획 수립 · 추진 방안은?

우리나라 대학들은 인구 감소에 따른 대학 정원 조정 때문에 대학 생존 전략에 급급한 실정이다. 이에 따라 과학기술 변화, 자원, 기후, 환경변화, 세계화, 인구 · 사회 문화 변화, 노동시장 변화, 그리고 최근 들어 4차 산업혁명의 도래와 코로나19 등으로 인한 미래 변화에 대한 정부의 대학 정책, 각 대학별 장단기 발전 계획은 상대적으로 미흡한 실정이다.

특히 많은 대학들은 코로나19로 인해 대부분의 교과를 온라인 수업으로 전개하였다. 그런데 온라인 수업 결과에 대해서는 긍정적인 관점도 있고 개선되어야 할 문제점을 지적하는 경우도 있다. 그러나 코로나19 사태와 한 학기 동안의 온라인 수업 결과는 대학의 목적, 교수의 역할, 학과 편제 및 교육과정 편성 운영, 교수–학습체제, 등록금 책정 등에 대한 종합적인 검토와 근본적인 혁신을 요구하고 있다.

또한 평균 수명의 연장으로 100세 시대를 맞아 인생 2모작 내지 3모작에 따른 성인들의 직업 준비 교육이 필요하다. 따라서 대학들에게는 사회교육 강화를 위한 역할 및 기능 재정립과 다양한 성인교육 프로그램 개발 및 합리적인 운영 방안 강구도 절실히 요구되고 있다.

이를 구현하기 위해서 교육중심 대학들은 종합백화점식이 아니라 대학별로 특성화된 프로그램으로 국제경쟁력 있는 전문백화점식으로 특성화하고 발전할 수 있어야 할 것이다.

CHAPTER 06

전문대학 교육

전문대학을 중심으로 한 단기 고등 직업교육 체제는 1949년 12월 최초로 「교육법」이 제정·공포된 이후 잦은 학제 변경이 있었다. 초급대학1950~1977, 실업고등전문학교1963~1977, 전문학교1970~1978, 전문대학1979~, 기술대학1998~, 기능대학1998~ 등의 유형으로 다양화하면서 발전되어 오고 있다.

전문대학을 비롯한 단기고등 직업교육 체제와 정책 변동 과정을 산업화, 민주화, 세계화의 시대 변화와 역대 정권 변동별로 구분하여 고찰해 보면 다음과 같다.

01 광복 후 이승만 정부(1945~1960)의 단기 고등 직업교육

1) 초급대학 태동

1945년 광복 이후 미군정이 실시되는 동안 고등교육 수요가 급증하였다. 이를 충족시키기 위해 일제 강점기의 전문학교는 단과대학으로 승격하였다. 또 한편으로는 새로운 대학과 초급대학을 설립하였다. 그런 와중에 정치적 혼란과 경제적 빈곤으로 많은 과제를 남기고 1948년 대한민국 정부 수립을 맞게 되었다.

1951년에 개정한 새 교육법에 규정된 6.3.3.4 기간 학제에서 대학을 대학교, 대학, 초급대학의 세 가지로 규정하고 단과대학에는 초급대학을 병설할 수 있다고 규정하였다. 그런데 교육법에 초급대학의 교육목표가 별도로 명시되어 있지 않았다. 교육과정 운영에서도 대학만 학점제를 운영하고 초급대학에는 학점제의 운영을 배제하는 등 초급대학의 성격과 위치가 모호하였다. 따라서 이 당시 초급대학이 단기고등 직업교육 기관으로서의 역할을 제대로 수행하였다고는 할 수 없다. 1960년까지 초급대학 수는 12개였다.[1, 2]

02 박정희 정부의 전문대학 교육(1961~1979): 고등 직업교육 성장기(산업화 시대 전기)

1) 초급대학의 교육목적과 역할 정립

1962년 박정희 정부의 경제개발 5개년 계획이 추진되면서 중견기술인력의 수요가 증가될 것으로 전망되었다. 이때를 즈음해서 전국실과초급대학학장 25명, 문교부장관, 차관, 관계국과장, 유솜USOM관계관 등이 참석한 회의가 1963년 2월 8~9일 양일간에 걸쳐 문교부에서 개최되었다.

이 회의를 통하여 그 동안 애매모호하였던 실과초급대학이 역할과 교육목적을 설정하고 결의하였다. 이 회의에서 「실과초급대학의 교육목표는 산업부흥에 필요한 중견기술인을 양성하는 완성교육으로서 전문화된 실업기술을 철저히 습득시키는 데 있음을 확인하였다. 이에 따라 실과초급대학에서 양성하는 인력은 중견기술인을 양성하도록 교육하여야 한다.」라고 결의하였다. 이런 교육목표를 달성하기 위하여 교육과정은 전문과목의 수업시간수를 전체의 75% 이상으로 하고, 전공 실험실습은 50% 이상이 되도록 하는 것도 결정하였다. 그 외 동 회의에서는 실과초급대학 발전을 위한 다각적인 논의가 있었다.[3]

이에 따라 당시 26개 초급대학 중 15개 대학은 1960년대 중반 이후부터 단기고등 직업교육 기관으로서의 역할을 수행하였다. 초급대학이 1979년 전문대학으로 단일화될 때까지 초급대학 수는 10개, 학과 수는 61개, 재학생 수는 3,976명, 교원 수는 165명이었다.[4]

---

1 한국전문대학교육협의회 (1994). 전문대학교육 10년사. pp. 17-22.
2 김종철 (1989). 한국고등교육의 역사적 변천에 관한 연구. 한국대학교육협의회. pp. 312-313.
3 문교부 (1963). 전국실과초급대학장회의 연구협의회보고서. 내부자료. 1963.3.21. 문학기 1034-31. pp. 1-29.
4 한국전문대학교육협의회 (1994). 전문대학 교육 10년사. pp. 17-18.

2) 실업고등전문학교 설립

박정희 정부는 경제개발 5개년 계획을 성공적으로 추진하기 위해 산업사회가 필요로 하는 중견산업기술인을 양성하여야만 했다. 정부는 이를 위해 1963년에 우수한 실업계고등학교를 개편하여 중학교 졸업생을 입학자격으로 하는 5년제 실업고등전문학교 제도를 설립하였다. 이어서 1966학년도부터는 공립실업과초급대학을 실업고등전문학교로 개편하기 시작하였다.[5]

이 제도는 한국의 산업기술교육을 위한 전문적인 고등 직업교육기관으로서 오늘의 전문대학을 탄생시키게 하는 계기가 되었다는 점에서 큰 의미가 있다. 1971년에는 실업고등전문학교 수가 34개교, 학과 수 145개, 학생 정원 27,864명, 교원 수 1,436명, 입학생 수 7,734명, 졸업생 수 3,635명이 될 정도로 짧은 기간에 급속한 성장을 하여 산업사회가 필요로 하는 중견산업기술인을 양성하는 데 기여하였다.

그러나 실업고등전문학교 제도는 철저한 검토 없이 일본의 학제를 성급하게 모방하면서 여러 가지 문제가 제기되었다.

일본은 공업계에 한정하였는데 한국은 공업·농업·수산업 등 모든 실업계에 적용하여 학제와 산업계의 수요공급에 부조화를 초래하였다.

일본은 기계·전기·토목·건축 등 기간 공업산업 분야를 중심으로 국립이 주종을 이루었는데, 한국은 국립보다 사립이 압도적으로 많았고 국고지원도 미미하여 우수 중견산업기술인 양성에는 한계가 있었다.

일본은 지금도 60개 가까운 고등전문학교의 90% 이상이 워싱턴 어코드Washington Accord의 공업교육인증평가를 받았을 정도로 교육의 질이 보장된 우수 중견기술인technician을 배출하여 졸업생 취업이 입도선매될 정도로 산업사회로부터 좋은 평가를 받고 있다. 그런데 한국은 10년도 지속하지 못하였다.[6, 7]

---

5 문교부 (1965). 공립실업초급대학의 전문학교 개편 계획. 내부자료. 문교과 1041-237. 1965.5.21.
6 한국전문대학교육협의회 (1994). 전문대학 교육 10년사. pp. 21-22.
7 이무근 (2007). 미래사회 변화에 대응하는 학과 개편 방향. 신구대학. pp.146-152.

3) 전문학교 설립

5년제 실업고등전문학교는 수업 연한이 길어 중도 탈락생의 증가, 고등학생과 대학생을 동일 캠퍼스 내에서 지도하는 데서 야기되는 생활지도 문제, 시설 활용의 문제, 취업과 진학의 난관 등의 문제가 제기되었다.

특히 1969년 IDA 차관 사업 타당성평가단은 실업고등전문학교의 교육차관 사업 지원 협상 조건으로 5년제 고등전문학교를 3년제 실업고등학교와 2년제 전문학교로 분리 운영할 것을 제안하였다. 당시 민관식 문교부 장관은 이 제안을 수용하였다. 그래서 IDA 차관 사업을 신청한 실업고등전문학교는 2~3년제 전문학교 체제로 개편하였다. 이런 과정을 통하여 중견 산업기술인 양성을 목적으로 하는 전문학교 체제가 설립1970.1.1.되었다.

그 무렵 간호학교는 고등학교 졸업자를 입학자격으로 하는 3년제 간호학교와 중학교 졸업자를 입학자격으로 하는 2년제 간호학교가 있었으나 1971년 이후 3년제 간호전문학교로 개편 또는 승격하여 1976년에는 35개에 달하였다.

이런 와중에 1969년도부터 대학입학 예비고사제가 실시됨에 따라 대학에 지원하기 위해서는 대학예비고사에 합격해야만 했다.

그런데 전문학교는 고등학교 졸업장 또는 이에 상응하는 자격만 있으면 지원이 가능했었다. 때문에 전문학교는 대학입학 예비고사에 불합격한 학생들의 대학 진학의 문호가 되었다.

1976년 전문학교수가 61개에 달할 정도로 증가하였다. 그러나 전문학교 설립 목적과 정부 인력 수급계획 간의 불일치, 이질연령층으로 구성된 학생지도의 어려움, 산학협력체제 미흡, 전문학교 졸업자에 대한 제도적 지원체제 미흡 등으로 문제가 제기되기도 하였다.[8]

4) 초급대학, 실업고등전문학교, 전문학교를 전문대학으로 단일화

1976년에 우리나라의 단기 고등 교육기관은 초급대학 10개교교육대학 제외, 전문학교 61개교, 간호전문학교 36개교로써 총 106개교였다.

그런데 중견기술인을 양성하는 초급대학, 실업고등전문학교, 전문학교 간에 각종 문제가

---

8 주수웅 (1977). 전문학교 운영 실태와 그 개선 방안에 관한 연구. 연세대학교 교육대학원 석사학위 논문. pp. 63-64. pp. 105-107.

제기되었다. 전문학교 교육과 초급대학 교육의 동질성과 이질성의 혼돈으로 성격 모호, 단기 고등 교육 기관의 설치 현황 편중, 졸업자에 대한 진로정책의 미 수립, 교수의 부족과 자질 미흡, 교수들의 수업부담 과중, 이수단위 문제, 단위제와 학점제 문제, 일반교과와 전문교과의 구성 문제, 산업사회의 요구에 부응하지 못하는 교육과정 편성 문제, 산학협동의 형식적인 운영, 단기 고등 교육기관 인가체제의 미 확립 등이었다.

위와 같은 문제를 해결하고 중견기술인력 양성을 목적으로 하는 단기 고등 교육을 내실화하기 위해 '한국단기고등교육제도의 개선에 관한 연구'와 '전문학교교육제도 개선연구위원회의 연구가 수행되었다.[9] 문교부는 이들 연구 결과를 기초로 단기고등교육기관의 개선 방안에 관한 정책을 수립하여 법을 개정1977. 12. 31. 법률 3054호하고 초급대학, 실업고등전문학교, 전문학교를 전문대학으로 단일화하여 1979년 1월 1일부터 시행하게 하였다. 1979년 전문대학으로 단일화될 당시 단기 고등 교육기관의 학제 변천에 따른 학교 수, 학생 수 증감 추이는 <표 6-1>과 같고 교육개선 방안은 다음과 같았다.

첫째, 전문대학의 교육목적은 중견직업인 양성에 있고 성격은 단기고등교육기관으로서 종국교육, 중간교육, 계속교육의 세 가지 기능을 가지도록 하되 현재 실정으로는 4년제 대학으로의 진학 억제와 산업사회의 인력 수급에 부응하는 정책이 필요하므로 당분간 종국교육을 중점 기능으로 채택한다.

둘째, 단기 고등 교육의 비율은 1975학년도 기준 13.4%에서 40% 선에 이르기까지 조정하여 1981학년도까지 달성한다.

셋째, 단기 고등교육 기관의 유형은 전공영역에 따라 다양하게 유지하되 그 명칭을 단순화하여 OO대학 또는 OO초급대학으로 통일하고 그 앞에 전공분야의 명칭을 부여하도록 한다.

넷째, 수업 연한은 원칙적으로 2~3년으로 하고 기간별 연한의 결정은 전공분야의 성격에 따라 정하도록 한다.

다섯째, 입학 및 편입학 자격은 원칙적으로 대학 입학 예비고사 합격자에 한정하도록 한다. 단, 국가가 시행하는 기술자격소지자2급 기능사는 예외로 한다.

여섯째, 교육과정은 단위제를 학점제로 전환하고, 졸업 이수학점을 70학점으로 감축 조정하며, 현행 교육과정을 사회적 적합성을 고려하여 전면 개편한다.

---

9 유인종, 정우현, 유봉호, 김진연 (1976). 한국 단기고등교육제도의 개선에 관한 연구, 문교부 교육정책심의회 고등교육분과위원회. 고등교육연구 VIII.

표 6-1 단기 고등 직업교육기관의 학제 변천에 따른 학교 및 학생 수 증감 추이

연도＼학교	초급대학		실업고등전문학교		전문학교		전문대학		계	
	학교 수	학생 수	학교 수	학생 수	학교 수	학생 수	학교 수	학생 수	학교 수	학생 수
1948	1								1	
1955	9	1,742							9	1,712
1960	12	4,889							12	4,889
1961	9	6,277							9	6,267
1962	26	10,968							26	10,958
1963	36	14,423	8						44	14,423
1964	36	14,871	9	4,374					45	19,245
1965	29	15,356	14	7,623					43	23,159
1966	29	17,603	16	10,546					45	27,609
1967	23	14,734	19	14,089					42	28,823
1968	22	10,708	23	17,069					41	27,777
1969	20	8,101	26	20,741					43	28,842
1970	14	4,907	21	23,440					40	28,347
1971	13	4,009	21	24,909	13	2,955			47	31,873
1972	12	3,884	20	25,066	24	7,938			56	35,898
1973	12	4,245	8	24,669	42	15,513			74	44,427
1974	11	3,798	1	22,818	78	27,510			97	54,125
1975	10	3,787		17,839	87	40,661			98	62,287
1976	10	3,976			96	55,627			106	59,603
1977	10	3,876			102	78,335			112	82,211
1978	10	4,803			112	107,199			122	114,948
1979	–	2,689			–	64,174	127	75,205	127	142,624
1980	–	394			–	13,112	128	15,199	128	165,051

자료: 1) 한국 전문대학교육협의회(2010). 한국전문대학교육 30년사. p. 73.
2) 유인종 · 정우현 · 유봉호 · 김진연(1976). 한국 단기고등교육제도의 개선에 관한 연구. 문교부 교육정책심의회 고등교육분과 위원회 고등교육연구 VIII. p. 123.

일곱째, 교수의 중점 기능은 연구보다 교수teaching에 두며, 신임교수의 임용은 원칙적으로 석사학위 소지자 이상으로 하고, 교수의 책임시간도 적정성이 유지되도록 한다.

여덟째, 전문대학 설립 인가 체제는 현행 설치기준령의 재검토와 평가위원회의 설치를 통해 신설대학 및 신설 학과의 심의와 기존 단기고등교육기관의 주기적인 운영 평가를 실시한다. 학교 또는 학과의 인가 시에는 지역적 균형, 지역적 특수성, 근로자를 위한 야간 및

계절제의 확대, 그리고 전공분야의 편중 지양을 고려한다.

아홉째, 졸업자의 취업 대책을 적극 강구한다.

열째, 산학협동 체제를 강화하기 위하여 현행 교육과정을 개편하고, 산업체와의 협력체제 구축을 위한 제도 및 행정 대책을 적극 강구한다.[10]

이상과 같은 전문대학 교육 개선을 위한 정책 결정 사항들의 추진 결과를 요약하면 다음과 같다.

첫째, 전문대학의 교육목표는 「사회 각 분야에 관한 전문적인 지식과 이론을 교수 연구하여 국가사회의 발전에 필요한 중견직업인의 양성을 목적으로 한다」라고 교육법에 규정하였다.

둘째, 단기 고등 교육의 비율을 높이기 위하여 학생 수를 1979년 75,205명에서 1984년 242,114명으로 5년 동안에 3.2배 늘렸다.

셋째, 전문대학 명칭은 OO전문대학으로 하고 경우에 따라 앞에 전공분야 명칭을 사용하였다.

넷째, 전문대학의 수업연한은 2~3년으로 유연성 있게 운영하도록 하였다.

다섯째, 전문대학 입학 및 편입학 자격은 원칙으로 대학입학 예비고사 합격자로 하였다.

여섯째, 교육과정은 단위제에서 학점제로 전환하고, 졸업학점은 80학점 이상3년제 120학점 이상으로 하며, 직무분석에 의한 교육과정을 개발 운영하여 산업사회가 요구하는 역량을 개발하도록 하였다. 교양교육과 전문교과의 구성비는 20:80으로 하였다. 그 후 1982년 20~40:60~80, 1989년 20~30:70~80으로 개정하여 교육과정 운영에 유연성을 부여하였다.

일곱째, 교수의 역할은 연구 보다 교수teaching에 역점을 두고, 직무 분석에 의한 교육과정 개발, 전문대학 학생에 적합한 교수-학습 개발 및 교재 개발에 관한 연수와 산업현장 방문 연수 등을 매년 실시하였다.

여덟째, 전문대학 설립인가 체제는 현 체제를 강화하여 외부인사로 구성된 '전문대학 설립 타당성 심사위원회'를 구성하여 운영함으로써 설립인가의 공정성을 높였다.

아홉째, 졸업생 취업 강화를 위해 진로지도, 산학협력, 현장실습을 강화하였다.

열째, 산학협동 체제 강화를 위해 '전문대학 교육과 산업현장과의 연계성 강화 발전에 관한 연구'를 수행하였다. 연구 결과를 토대로 1981년 전문대학 통신과를 모델로 산학협동자문위원의 조직과 운영, 산학협동을 통한 교육과정 개발, 교수 연수 프로그램 등을 성공적으

---

10 박병용 · 정우현 (1991). '전문대학의 발족을 위한 기초연구'. 정태수, 조규향 편저. 일봉 정태수 박사 회갑 논총 (1). 한국교육정책개발사. pp. 681-764.

로 시범운영하였다. 이를 계기로 전국 전문대학의 모든 학과가 산학협동자문위원회를 조직·운영하여 산학협동이 활성화되도록 하였다.[11]

03 전두환 정부의 전문대학 교육(1980~1988): 고등 직업교육 성장기(산업화 시대 후기)

1) 전문대학 체제 개선

제4차 경제개발 5개년 계획1977~1981에 의하면 1980년대에 중견기술 인력의 수요가 증가되는 것으로 전망되었다. 유인종 외의 1976년 한국단기고등교육제도의 개선에 관한 연구에서도 단기대학 학생 수를 1975년 기준 고등교육 인구 13.4%에서 1981년까지 40%로 늘린다는 정책에 따라 전문대학 학생수가 1970년대 중반부터 1980년 초까지 급증하였다.

특히 전두환 정권이 들어서면서 1980년 7·30 교육개혁 조치의 일환으로 졸업정원제를 단행하였다. 이로 인해 전문대학은 정원의 115%대학은 130%를 선발하였기 때문에 입학생 수도 더 늘었다. 이로 인해 전문대학 학생수가 1979년 75,205명에서 1985년 242,114명으로 6년 동안에 3.2배나 증가하였다.[12]

그런데 1970년대 말 세계적으로 불어 닥친 오일 쇼크로 경제가 급격히 침체되면서 경제성장도 둔화되었다. 이로 인해 국내 기능·기술 인력의 수요와 해외 진출도 급감하였다. 설상가상으로 1979년 박정희 대통령의 서거로 정치·사회적으로도 불안한 상태였다.

전문대학은 입학정원 급증으로 특히 지방 전문대학에서의 학생 모집이 1981년 충원률 81.0%, 1982년 충원율 84.2%일 정도로 어려워졌다. 이로 인한 불미스러운 언론 보도와 방송, 중견직업인이 되기보다는 대학으로 편입1975년 8.0%, 1980년 12.7%을 선호하는 상당수의 전문대학생, 당시 전문대학의 입장에서는 불리한 대학입시제도, 전문대학 졸업생 취업률 하락1975년 45.2%, 1980년 24.6% 등의 문제가 제기되었다. 그래서 단기 고등 교육기관들은 전문대학으로 단일화하여 교육혁신 방안들을 본격적으로 추진하려는 무렵에 이런 심각한 문제에 봉착했다.[13]

---

11 김상호 · 이무근 · 김용범 (1981). 전문대학 교육과 산업현장과의 연계성 강화 발전에 관한 연구. 문교부 정책연구과제.
12 한국전문대학교육협의회 (2010). 한국전문대학교육 30년사.1979~2008. pp. 81-86.
13 한국전문대학교육협의회. 상게서. pp. 87-92.

전두환 정부가 출범한 지 얼마 되지도 않은 상황에서 위와 같은 전문대학의 문제가 사회적 이슈로 부각되자 청와대로부터 문교부에 전문대학 문제 해결 방안을 제시하라는 지시가 있었다. 이에 따라 문교부는 '전문대학 체질개선 방안에 관한 연구'를 위촉하고 그 연구 결과를 기초로 전문대학의 활성화와 정비 방안을 제시하였다.

전문대학 활성화의 기본 방향은 다음과 같았다.[14]

첫째, 전문대학을 직업교육기관으로서의 기능을 정착시킨다.

둘째, 산업체가 필요로 하는 중견직업인을 양성할 수 있도록 한다.

셋째, 청소년 및 성인근로자들의 계속교육기회가 제공되어야 한다.

직업교육기관으로서의 기능 내실화를 위해서는 우수학생 입학유치 확대, 우수교원의 학보, 실험·실습 시설의 확보 지원, 직업교육에 부응하는 직업교육과정의 개발 및 운영, 전문대학 교육 전담 연구소 설치, 전문대학 평가의 계속 및 내실화, 전문대학 설립 요건의 강화 등이었다.

산학협동을 강화하기 위하여 시범적 산학연계의 실시100개 학과 100개 기업, 대한상공회의소의 산학협동 핵심기관화, 현장실습의 내실화 등에 관한 구체적인 방안이 제시되었다.

전문대학 졸업생의 진로 지도 대책 강구를 위해서는 전문대학 졸업생의 취업 처우 개선, 전문대학 졸업생에 대한 병역 특혜 강구, 전문대학 졸업자의 계속교육 기회 확대에 관한 구체적인 방안이 제시되었다. 그리고 국가기술자격 취득기사 2급과 전문대학 교육의 연계 방안이 제시되었다.

전문대학 정비 방안에 대하여는 기본 원칙, 정비 방안, 그리고 정비 시 고려사항 등을 제시하였다. 이를 근거로 하여 대학 및 학과를 정비하고 학생 정원 조정이 지속적으로 이루어지도록 하였다. 그 중 몇 가지 정비 방안을 제시하면 다음과 같다.

첫째, 중견직업인 양성을 교육목적으로 하는 전문대학이 입학정원의 115%를 모집하여 15%를 탈락시키는 것은 직업교육의 취지에 맞지 않으므로 졸업정원제를 신축성 있게 운영한다.

둘째, 과별 학생수가 240명 이상인 경우와 최근 수년 동안 학생 모집 결과 입학 정원의

14 이무근 · 권이종 · 이정근 · 정필선 · 조창길 (1983). 전문대학의 체질개선 방안 연구. 교육부 정책연구.

50% 미만인 과는 학생 정원을 조정한다.

셋째, 동일 대학 내에 유사학과가 있을 경우, 동일 지역 내에 동일학과가 너무 많은 경우, 산업인력 공급 과잉으로 전망되는 과는 통·폐합 또는 축소 조정한다.

넷째, 동일 법인이 동일 지역 내에 2개의 전문대학을 설립·운영하는 경우 가급적 통합 운영하고, 4년제 대학과 동일 구내에 설치되어 있는 병설 전문대학은 가급적 4년제 대학에 통합하여 전문대학 수를 조정한다.

이상과 같은 정책 연구 제안을 기초로 전문대학 체질 개선에 관한 정책을 수립하여 추진한 결과 대표적인 성과는 다음과 같다.

첫째, 산업사회가 요구하는 중견 직업인 양성을 위해 필요로 하는 전공과를 과감하게 개발하고 설치를 확대했다. 그리하여 1979년 625개 학과 91종에서 1984년 942학과 131종으로 학과 수는 51%, 학과의 종류는 44% 증가하였다.[15, 16, 17]

둘째, 교육과정을 직무분석결과에 기반하여 개발하고 편성·운영하여 산업수요에 부응하는 역량 개발을 위해 노력하였다.

셋째, 교수 역량 개발을 위해 전공별, 지역별로 교수연수를 매년 실시하여 좋은 성과를 거두었다.

넷째, 교육차관 사업에 의한 시설·설비의 확충과 교수 역량 향상을 위한 해외 연수를 활성화하고, 모듈식 교재개발을 시도하였다.

다섯째, 특히 전문대학 교원연수를 강화하고 내실화를 위해 문교부의 산업교육국장, 전국전문대학을 대표한 전문대학장 1인과 교무처장 1인당시 동양공전 김상호 교무처장, 그리고 필자가 한 팀이 되어 1980년대 초부터 1980년대 말까지 매년 방학 때마다 전국을 순회하며 연수를 하였다.[18] 그 당시 전문대학 교수들도 연수에 적극적으로 참여하고 전문대학 발전에 대한 의욕도 고취되어 있어 전문대학이 괄목할 만한 발전을 하였다. 그래서 이 연수 프로그램은 그 당시 전문대학을 발전시키는 데 큰 도움이 되었다.

전문대학의 정비 방안을 추진한 결과 1984년부터 1987년까지 학교 수는 128개교에서 15개교가 줄어든 113개교가 되었다. 학과 수는 934개 학과에서 139개를 줄여 795개 학과로

---

15 이무근 (1985). 전문대학교육론. 배영사. pp. 19-20.

16 한국전문대학교육협의회 (2010). 한국전문대학교육 30년사.1979~2008. pp. 84-89.

17 박용주 · 이무근 · 김유배 · 정우현 · 최홍민 · 이정근 (1980). 전문대학 교육개선에 관한 연구-'80년대 이후의 직종분류와 전문대학의 과(전공과) 개발을 중심으로, 문교부 정책연구.

18 문교부 (1982). 1982년도 전문대학교수하계세미나 자료. 8.23.~31.

정비했다. 졸업정원은 104,570명에서 19.7%를 감원한 84,010명으로 대폭 조정하였다. 이와 관련된 구체적인 내용을 보면 다음과 같다.[19]

첫째, 1982년과 1983년에 학생을 모집하지 않은 군산실업전문대학 법률실업과 등 4개 대학 5개 학과를 폐과함으로써 입학정원 360명을 감축했다.

둘째, 1982년과 1983년에 모집인원이 입학 정원의 50%에 못 미쳤던 영주경상전문대학 무역과 등 18개 대학 48개 학과의 졸업정원을 50% 감원함으로써 2,801명을 감축했다.

셋째, 학과 당 졸업정원 240명 이상의 과대규모 학과였던 대림공업전문대학 기계과 등 4개 대학 6개 학과의 졸업정원을 240명으로 제한함으로써 280명을 감축했다.

넷째, 광주지역의 송원실업전문대학 행정학과정원 120명와 동신실업전문대학 행정학과정원 80명 및 서강실업전문대학 행정학과정원 80명, 대전지역의 혜전전문대학 세무회계과정원 40명와 충남경상전문대학 세무회계과정원 80명 및 중경공업전문대학 세무회계과정원 80명, 대전실업전문대학 세무회계학과정원 80명처럼 한 지역에 같은 과가 산업인력 수요를 훨씬 넘칠 정도로 많이 설치된 경우 입학정원 미달 원인으로 작용할 뿐 아니라 교육투자의 낭비를 초래하는 결과를 가져오는 만큼 전문대학끼리 조정해 학과를 통폐합하도록 권장했다.

다섯째, 전북대학교 의과대학부속 간호전문대학과 전남대학교 의과대학부속 간호전문대학 2개학과를 각각 전북대학교와 전남대학교의 의과대학 간호학과로 승격 개편하는 한편 경남간호전문대학을 폐교 조치함으로써 250명을 감축하였다.

여섯째, 서울 철도병원을 폐쇄함과 동시에 관련학과인 철도간호전문대학을 폐교 조치함으로써 30명을 감축하였다.

일곱째, 1984년에 부산공업전문대학을 부산개방대학으로, 대전공업전문대학을 대전개방대학으로, 광주경상전문대학을 광주개방대학으로 개편하는 등 1984~1987년에 6개 학교 66개 학과를 개방대학으로 승격 개편함으로써 8,320명을 감축하였다.

여덟째, 홍익공업전문대학, 인하공업전문대학, 상지대병설 전문대학, 조선대병설 공업전문대학, 인천전문대학과 같이 하나의 학교법인이 전문대학을 4년제 대학과 같은 교정에 설치한 경우에는 4년제 대학으로 승격 개편하고 전문대학을 폐교 조치하도록 권장함으로써 64개 학과 8,960명이 감축되었다.

19 홍기훈 (1995). 산업발전과 전문대학-전문대학 교육실태 보고서. 삼민사. pp. 31-35.

2) 학생 정원과 입학전형 정책

(1) 학생정원 정책

전문대학의 입학정원 정책은 산업사회가 중견직업인을 얼마나 필요로 하느냐에 크게 영향을 받았다. 한국개발원의 장기경제사회발전'77~'91년 답신보고서에 의하면 <표 6-2>에서 보는 바와 같이 1991년에는 기술공이 387,000명이나 부족할 정도로 산업사회에서 전문대학 졸업생이 많이 필요한 것으로 전망되었다.

표 6-2 장기인력수급 대비 기술공(중간기술인력) 과부족 전망 (단위: 천명)

구분 \ 년도		'77-'81	'82-'86	'87-'91	계
기술공(중간기술인력)	수요	164	213	299	676
	공급	89	100	100	289
	과부족	△75	△113	△199	△387

자료: 한국개발원: 장기경제사회발전 ('77-'91 년) 답신보고서.

기술공뿐만 아니라 전문대학 전체의 인력 수급 전망을 보면 <표 6-3>과 같다.

표 6-3 전문대학 전공계열별 인력의 수급전망 (단위: 천명)

전공계열		1976	'77-'81	'82-'86	'87-'91	'71-'91
전체	필요공급량 (A)	17.9	155.6	228.2	304.7	688.5
	현공급능력 (B)	7.8	93.0	194.7	255.6	546.0
	수급차 (A-B)	10.1	32.6	30.8	49.1	142.5
사회	A	–	10.4	25.3	37.8	73.5
	B	0.1	4.6	12.8	16.9	34.3
	A-B	△0.1	5.8	12.5	20.9	39.2
이·공	A	10.4	74.7	117.5	169.3	361.5
	B	2.3	45.3	115.3	155.5	316.1
	A-B	8.1	29.4	2.2	13.8	45.4
의·약	A	0.1	18.1	20.8	17.6	56.5
	B	1.7	13.4	20.8	24.9	59.1
	A-B	△1.6	4.7	–	△7.3	△2.6
사범	A	0.4	8.8	18.1	35.8	62.7
	B	1.0	6.3	13.8	17.3	37.4
	A-B	△0.6	2.5	4.3	18.5	25.3

기타	A	7.0	43.6	46.5	44.2	134.3
	B	2.7	23.4	34.7	41.0	99.1
	A-B	4.3	20.2	11.8	3.2	35.2

주: △는 공급과잉을 의미함
자료: 윤정일, 고등교육의 기회확대 및 질관리, 한국교육개발원 1979. p. 84.
김근학(1988). 한국의 단기고등교육기관의 발전과정에 대한 소고. 고려대학교 교육대학원 석사 학위 논문. p. 40에서 재인용.

<표 6-3>에서 보는 바와 같이 전문대학 졸업생들의 인력은 계속 공급 부족의 형상을 나타내고 있다. 따라서 산업발전에 따라 전문대학 졸업생들이 산업인력구조에서 차지하는 비중은 대단히 높다고 할 수 있다.

이상과 같은 사회 경제적 배경에 의하여 전문대학의 입학정원은 계속 증가하여 전문대학으로 단일화1979년 당시의 입학생 수는 78,455명이었는데 1991년에는 141,090명으로 지난 10여 년 동안에 1.8배 증가하였다. 결과적으로 같은 기간 동안에 전체 학생 수는 1979년에 142,624명에서 1991년에는 359,049명으로 2.5배 증가하였다. 한편 계열별 학과 수는 1979년 91개에서 1991년 208개의 분야로 늘어나 전문대학이 국민과 산업사회의 다양한 요구를 충족시키는 데 크게 기여하였다고 할 수 있다.[20]

표 6-4 전문대학 학교 수, 학과, 학생 수 변화

구분 / 연도	학교수	'79년 대비	설치 학과 수	'79년 대비	학생 수(전체)	'79년 대비
'79	127	100.0	880	100.0	142,624	100.0
'80	128	100.8	961	109.2	165,051	219.4
'81	132	103.9	1,081	122.8	199,705	250.9
'82	128	100.8	1,205	136.9	218,210	281.1
'83	130	102.4	1,266	143.9	218,213	287.5
'84	122	96.1	1,332	151.4	230,354	306.2
'85	120	94.5	1,076	122.3	242,117	321.9
'86	120	94.5	986	112.0	250,652	333.3
'87	119	93.7	994	113.0	259,898	345.6
'88	119	93.7	1,059	120.3	266,844	354.8
'89	117	92.1	1,161	131.9	291,041	387.0
'90	117	92.1	1,264	143.6	323,825	430.6
'91	118	92.9	1,365	155.1	359,049	477.4

자료: 한국교육개발원 (1991). 한국의 교육지표,
고석달 (1992). 한국 전문대학 교육정책의 평가연구, 홍익대학교 박사학위 논문 부록 p. 4에서 재인용.

20 고석달 (1992). 한국 전문대학 교육정책의 평가연구. 홍익대학교 박사학위논문. pp. 57-64. 부록 p. 4 .

표 6-5 전문대학 학교와 학생 수 변동 상황

구분 연도	학교 수	학생 수					
		합계	여	국립		사립	
				계	여	계	여
1979	127	142624	35261	25097	6064	117527	29200
1980	128	165051	42724	26881	5997	138170	36727
1981	132	199705	54543	29867	6537	169838	48006
1982	128	218210	64589	31819	7150	186391	57439
1983	130	218213	73574	27999	3957	190214	69617
1984	122	230354	81221	24978	3558	205376	77663
1985	120	242117	87123	22956	3368	219161	83755
1986	120	250652	92700	23221	3290	227431	89410
1987	119	259898	97301	23190	3499	236708	93802
1988	119	266844	100669	23710	3733	243134	96936
1989	117	291041	107708	24807	4085	266234	103429
1990	117	323825	119345	26959	4846	296866	114499
1991	118	359049	131414	26676	5338	332373	126076
1992	126	404996	146250	26034	5431	378962	140819
1993	128	456227	165567	21462	4648	434765	160919
1994	135	506806	186509	16909	4051	486430	181607
1995	145	569820	214310	13046	4134	548347	208251
1996	152	642697	251266	12917	4630	620393	244155
1997	155	724741	277658	13419	5269	699914	269126
1998	158	801681	301351	14098	5720	771970	291073
1999	161	859547	319687	14857	5782	824991	308068
2000	158	913273	339233	15302	6100	875942	326724
2001	158	952649	351080	13775	4516	915109	339756
2002	159	963129	353164	14225	4715	924284	341752
2003	158	925963	335108	14423	4691	886926	323791
2004	160	897589	329544	14721	4609	858842	318492
2005	158	853089	316326	13405	4137	816936	306215
2006	152	817994	310714	10911	3288	784441	301422
2007	148	795519	308453	7757	1900	765147	300285
2008	147	771854	305701	4229	829	745152	298530
2009	146	760929	301395	2731	406	735681	294661
2010	145	767087	304846	1709	343	745614	299174
2011	147	776738	310247	2774	492	757948	305770
2012	142	769888	307350	2671	476	753096	303340
2013	140	757721	303169	2536	465	741702	299296
2014	139	740801	296952	2259	468	725460	293266
2015	138	720466	290941	2257	529	706138	287392

1) 학위별 교원 구성비=(학위별 교원수/총교원수)×100

2) 교원에는 총(학)장과 전임교원만 포함됨. 단, 자료의 제한으로 1980~1985년에는 명예교수, 조교가 포함되었으며, 1990~1995년에는 조교가 포함됨.

출처: 한국교육개발원 (각 연도), 「교육통계연보」.

1990년대 들어서도 전문대학 학생 수는 대학정원자율화 정책과 대학설립준칙주의에 의해 해가 거듭될수록 급속히 증가하여 2002년에 재학생수가 963,129명으로 정점에 이르렀다. 그 후 급격한 출생률 저하로 대학 학령인구 감소가 전망됨에 따라 전문대학에 미칠 영향과 충격을 사전에 완화시키기 위해 전문대학 입학정원 감축의 노력이 계속되고 있다. 전문대학생 수는 2015년 720,466명으로 2002년 대비 242,663명25.20%이 감소하였다.

전문대학 재학생 수가 1979년 이후 20년 가까이 계속 빠르게 증가하게 된 이유를 종합해 보면 다음과 같다.

첫째, 산업이 발달되면서 앞에서 이미 몇 개의 표로 제시한 것과 같이 중견기술인력의 수요가 증가하고 확대되었다.

둘째, 1979년 이후 주요 국공립 전문대학은 <표 6－22>에서 보는 바와 같이 대부분 개방대학산업대학으로 개편되었거나 대학에 통·폐합되어 2017년 기준 전문대학의 95%가 사립이다. 결과적으로 국가와 산업사회가 필요로 하는 중견산업기술인력을 절대적으로 사학에 의존하고 있는 나라는 대한민국, 일본, 칠레, 네덜란드 등을 제외하면 거의 없다. 그러면서 그 동안 사립대학에 대한 국고지원은 미미하였다. 1990년의 경우 총 세입 중 국립 전문대학은 납입금이 21.0%, 국고지원이 76.7%였는데, 사립은 납입금이 83.3%, 국고지원은 0.6%에 불과하였다.[21] 그러다 보니 사립전문대학들은 재원 확보를 위한 수단으로 학생 수를 증원하려고 노력하였다.

셋째, 대학정원 자율화 정책이 추진되어 일정 조건을 갖춘 대학은 대학 정원 증원이 가능하게 되었다. 이에 따라 제5장의 <표 5－4>부터 <표 5－13>에서 보는 바와 같이 특히 수도권을 중심으로 많은 사립대학 및 전문대학들이 무리할 정도로 대학 정원을 증원시켰다. 이어서 대학설립준칙주의가 제정되어 과거에 비해 소규모 특성화 전문대학의 설립이 가능하게 되어 소규모 전문대학이 증가하면서 학생 수도 다소 증가하였다.

넷째, 1990년대 후반에도 국민의 고등교육 수요가 계속 증가되었다. 특히 실업계 고등학교 학생들의 대학 진학 문호가 확대됨에 따라 전문대학에 진학하는 학생 수도 늘어나게 되었다.

그런데 우리나라의 경우 대학과 전문대학의 이상적인 학생 구성비는 어느 정도인가에 대한 안이 제시된 것은 없다. 2017년 기준 전문대학의 학생 수는 전체 고등교육 인구의 42%를 차지하고 있다. 지금은 대학이나 전문대학 모두 학령인구 감소에 대비한 대학 구조 개혁에 급급한 실정이다.

---

21 고석달. 상게서. p. 63.

(2) 입학 전형 정책[22]

전문대학의 입학 전형제도는 정권에 관계없이 수시로 정책이 변경되었다. 따라서 여기서는 정권별 전문대학 입학전형 정책의 변동 고찰보다는 시대가 변화면서 전문대학 입학전형 정책이 어떻게 바뀌었나를 고찰하고자 하였다.

1970년대 초 박정희 정부의 전문학교 시절에는 대학입학예비고사와 무관하게 학교별로 국어, 영어, 수학, 국사, 국민윤리 5개 과목을 필수로 하고 물리, 화학 중 택일로 500점 만점으로 실시하였다.

박정희 정권의 말기인 1979년에 단기 고등 직업교육기관들이 전문대학으로 단일화 · 개편된 후로는 종전에 시행하여 오던 학교별 본고사를 폐지하고 대학 입학 예비고사 성적과 내신 성적만으로 전형하였다. 단, 기능사 2급 이상의 자격증소지자, 산업체 3년 이상의 근무자는 대학 예비고사를 면제시켜 주었다. 당시 대학 입학 예비고사 합격점이 지역마다 달라 서울의 경우는 합격선이 199점이었으나 지방의 경우 지역에 따라 57~83점 정도의 차이가 있어 서울지역 소재 전문대학은 정원 미달 사태가 나타나기도 했다.

그 후 전두환 정부에서는 1982학년도부터 본고사를 폐지하고 대학예비고사와 고등학교 내신성적으로 신입생을 선발하게 하고 대학입학학력고사를 거쳐야만 응시할 수 있게 되었다. 입학 시기도 1981학년까지는 전기와 후기로 구분 실시되었으나 1982학년도부터는 전체를 동시전형으로 실시하였다. 지원 방법은 선 시험 후 지원하는 제도였다.

전형방법은 70%까지를 일반전형으로, 30% 이상을 특별전형으로 계속 선발해오다가 1982학년도부터는 일반전형 50~80%, 특별전형 20~50%를 전형하도록 하였다.

배점은 1979학년도에는 예비고사와 내신 성적의 반영 비율이 자율적이었는데 1980학년도에는 예비고사 90% 이하, 내신 성적 10% 이상을 반영토록 하였다. 1981년도에는 예비고사 성적을 50% 이상, 고등학교 내신 성적을 20% 이상 반영토록 하였다. 1982년도에는 학력고사 50% 이상, 내신 성적 30% 이상 반영하도록 하였다.

1981학년도부터 실시해오던 졸업정원제는 1987학년도에 입학정원제로 환원되면서 졸업정원의 1.15배 선발하던 것을 입학정원으로 환원 선발하게 되었다.[23]

---

22 한국전문대학교육협의회 (2010). 한국전문대학교육 30년사. pp. 263-282.

23 김근학 (1988). 한국의 단기고등교육기관의 발전과정에 대한 소고. 고려대학교 교육대학원 석사학위 논문. p. 50.

노태우 정부에서는 졸업정원제가 1987년에 폐지되면서 1989학년도부터는 입학 전형 지원 방법이 선지원, 후 시험제도로 바뀌었다. 고시과목도 1988년 이전까지는 국어, 국사, 윤리, 영어, 수학, 사회. 과학, 실업 등으로 4년제 대학과 동일하였으나 1989학년도부터는 국어, 국사, 윤리, 영어, 수학 등이었다. 이 당시 대입학력고사가 크게 영향을 미쳤지만 대학에 따라 고교 내신 성적과 면접시험도 다양하게 반영되었다. 그리고 대학에 따라서는 동일계 고등학교 출신, 국가기술 자격법에 의한 기능사 2급 이상의 자격증 소지자에 대하여는 모집정원의 일정 비율 내에서 특별 전형으로 선발하였다.[24]

1990년대 김영삼 정부에 들어서도 전문대학 입학전형제도는 계속 바뀌었다. 1994년 당시 교육부에서 제시한 전문대학 입시 정책의 입시제도 개선 기본 방향은 다음과 같았다.[25]

첫째, 전문대학 특성에 알맞은 독자적 입시제도로 개선,

둘째, 고등교육기관으로서의 본질을 유지하고 직업교육체제를 갖춘 입시제도로 개선,

셋째, 고등학교 교육과의 연계성을 강화하는 입시제도로 개선,

넷째, 고등교육의 대중화 추세를 수용할 특별전형제도를 활성화하는 입시제도로의 개선,

다섯째, 대학의 자율성 확보를 위한 입시제도로의 개선

이상과 같은 기본 방향을 고려한 1994년 전문대학 입시 전형요소 및 전형자료는 <표 6-6>과 같다.

표 6-6 1994년 전문대학 입시 전형요소 및 전형 자료

전형요소	전형자료	적용	비고
고등학교 내신성적	교과성적 출석성적 기타 활동 성적	필수 사항 (40% 이상)	
대학수학능력고사 (200점)	언어 영역(60점) 수리탐구영역(100점) 외국어(영어) 영역(40점)	선택 사항	영역별 가중치 부가 가능 중앙교육평가원 출제관리 (연 2회)
전문대학별 고사성적	대학별 본고사 면접 적성검사 신체검사	선택 사항	실기고사 예체능 위주 실시 면접 → 논술고사 가능 적성검사 → 적성시험 가능

자료: 이인구, 이정수, 최계호 (1993). '94학년도 전문대학 새 입시제도 분석과 시행에 있어 보완돼야할 조건. 전문대학교육 제10호. 1993.8. pp. 86-95.

---

24 조원일 (1992). 전문대학 입시제도의 변천과정과 문제점. 전문대학교육. 제6호. 1992.4. pp. 24-27.

25 이인구 · 이정수 · 최계호 (1993). '94학년도 전문대학 새 입시제도 분석과 시행에 있어 보완돼야 할 조건. 전문대학교육 제10호. 1993.8. pp. 86-95.

2000년대에 들어서도 입학전형제도는 수시로 변경되고 있다. 김대중 정부의 2002년에는 복수 지망제가 실시되었다. 노무현 정부에 들어서는 수시모집과 정시모집으로 구분되어 실시되었다. 2004년부터 내신성적은 10등급에서 15등급으로 세분하고 등급 간 점수는 2점에서 2.5점으로 하고 내신 성적도 10% 올려 40%로 상향조정하였다.

그 후 이명박과 박근혜 정부를 거치면서 현재 대부분의 전문대학은 모집 시기에 따라 수시전형1차, 2차과 정시전형으로 구분하여 실시하고 있다. 수시 전형은 전형 부분에 따라 정원 내 특별전형과 정원 외 특별 전형으로 구분한다. 정원 내 특별전형은 일반고 전형, 특성화고 전형, 특기자 전형 등으로 구분한다. 전형방법은 대학이나 전공학과에 따라 학생부와 면접 등의 반영 비율을 달리하고 있다.

정시 정형도 전형 구분은 일반 전형과 정원 외 전형으로 이루어진다. 전형은 수능과 학생부를 중심으로 구분 · 실시되고, 전형 방법은 수능, 학생부, 면접 결과를 대학 또는 학과에 따라 달리 적용하고 있다.

이상과 같이 전문대학의 입학전형은 큰 프레임은 같지만 구체적인 사항은 대학별 또는 학과별로 다양한 전형 방안을 강구하여 시행중이다.[26]

3) 교육개혁심의회의 전문대학 육성 방안[27]

전두환 대통령은 대통령 교육 자문기구로 교육개혁심의회를 구성 · 운영하였다. 1985년부터 1987년까지 운영하면서 교육 전반에 걸쳐 다각적인 개혁방안을 제시하였다. 그 중 교육개혁심의회가 전문대학 육성방안과 관련하여 제시한 전문대학 육성의 기본 방향과 육성방안을 요약하면 다음과 같다.

(1) 전문대학 육성의 기본 방향

중견직업인 양성을 교육목적으로 하고 있는 전문대학은 산업사회의 인력구조가 고학력화하고 인력양성 · 공급 기능도 점점 분화됨에 따라 그 역할이 증대되고 있다.

또한 세계적으로는 고등교육의 다양성이 점점 더 강조되고 있어 전문대학의 기능도 다양화될 전망이다. 전문대학이 당면하고 있는 여러 문제들과 위와 같은 전문대학의 전망을

---

26 한국전문대학교육협의회 홈 페이지 입시정보.

27 교육개혁심의회 (1987). 전문대학 육성방안. 정책연구 III - 4. pp. i - x.

고려해 볼 때 전문대학 육성을 위한 기본 방향은 전문대학의 기능 및 체제에의 다양성 부여, 전문대학 교육의 질적 개선, 행정 및 재정 운영의 자율성 신장, 그리고 사회적 여건이 개선되는 방향으로 추진되어야 함을 제시하였다.

(2) 전문대학 육성 방안

전문대학 육성 기본 방향을 구현하기 위한 육성 방안으로 전문대학 기능 및 체제 정립, 교육과정 조정과 운영 내실화, 정원 정책의 융통성 부여. 산학협동의 활성화, 전문대학 교수개발faculty development의 강화, 행·재정 지원의 강화, 졸업생 진로 대책의 강화, 사회 여건의 강화 등을 제시하였다.

이상과 같은 교육개혁심의회의 전문대학 육성 방안은 전두환 정부의 임기 말이어서 개혁안들을 제대로 실행하지 못하고 다음 정부에 이관한 셈이 되었다.

04 노태우 정부의 전문대학 교육(1988~1993): 민주화 시대(전기)

1988년 노태우 정부가 들어서면서 전두환 정부의 교육개혁심의회가 제안한 전문대학 육성 기본 방향과 방안을 기초로 지속적인 전문대학 발전을 위해 노력했다. 특히 노태우 정부는 교육 내실화를 위해 전문대학에 대한 지도·감독 철저, 우수 학교에 대한 행·재정 지원 강화, 우수 교수 확보 및 현직 교수의 자질 향상, 교육과정의 운영 개선, 학생의 취업 및 추수 지도 강화, 산학협동위원회의 활성화, 학생 작품 전시회 개최, 시설·설비 확충 등을 실시하였다.[28]

1) 전문대학 기관 평가

여러 유형의 단기 고등 직업교육기관들이 1979년 전문대학으로 단일화된 후 이들 대학들이 전문대학의 교육 목적을 달성할 수 있는 일정 수준 이상의 교육여건을 갖추는 것이 시급한 과제였다. 이를 독려하고 교육 내실화를 위한 방안의 하나로 문교부는 전문대학에 대

28 신현석 (2000). '전문대학 개혁정책의 공과분석 연구'. 한국전문대학교육연구학회 2000년도 동계 학술대회 논문집, pp. 7-31.

한 기관평가를 실시하기 시작하였다. 평가는 1979년 이후 매년 실시되었는데 평가 대상 대학은 초기에는 전체가, 그 후는 여러 여건을 고려하여 계열과 대학 특성에 따라 선정되었다. 그 결과는 <표 6-7>과 같다.

표 6-7 1980년대 전문대학 평가 대상학교

연도	'78~79	'80	'81	'82	'83	'84	'85	'86	'87
전체 학교수	127	128	132	128	128	120	120	120	119
평가 학교수	127	68	103	108	81	68	47	31	8
평가 계열	전체	공업계 실업계	우수학교 제외	국공립 제외	공업계 실업계 보건계	공업계 실업계	실업계 보건계	공업계	농업계

자료: 문교부(1987). 1987년도 전문대학 평가결과 종합보고. 문교부 내부자료 p. 1.

평가 방법은 전문대학별 서면평가와 현지 확인 평가로 이루어졌다. 서면평가는 문교부가 제시한 기준에 의거 전문대학이 자체평가를 하여 서면보고서를 작성하여 제출하였다.

표 6-8 1987학년도 전문대학 평가표

평가 영역	평가 항목
직업교육의 정착	교육과정의 직무 연계, 교재의 직무연계, 교원의 실무적응 실태
교육과정 운영	교육과정의 직무반영 방법, 교육과정 운영의 신뢰성, 인접 학과 간 교육과정 연계 노력
교육활동 실태	교과목 선택의 여유, 학습 평가, 시청각 교재 활용, 학사 운영
교수 요원	전임교원 확보 상황, 조교 확보 상황, 전임교원 학위 소지 상황, 전임교원 연구실적(전년도), 전임교원 1인당 담당 과목 수, 전임교원 1인당 주당 시간수
학생지도 실태	교수 1인당 지도 분담 학생 수, 학생지도 계획 및 실적, 건전한 자치활동 분위기 조성
자율학습 분위기	장학금 및 학비감면 상황, 도서 열람석 확보율, 장서 확보율, 도서구입 집행 상황, 도서관 운영 및 환경
실험실습 교육	실험실습실 확보 상황(면적), 실험실습기자재 종별 확보 상황, 실험실습기자재 점수 확보 상황, 실험실습비 집행 현황, 실험실습 교육실태, 실험실습재료 관리 상태, 실험실습기자재 관리상황, 실험실습교육 실태, 실험실습 교육여건, 실습작품전 개최 실적
산학협동 및 취업지도	산학협동위원회 구성 상황, 산학협동위원회 회의 실적, 산학협동위원회 운영 실태, 산업체 인사와 공동연구 실적, 산업체 인사 학교교육 참여 및 특강 실적, 학생 현장 실습 상황, 현장 실습 실태, 졸업생 취업상황, 취업 촉진을 위한 제도 개선 또는 효과적인 노력을 경주한 실적
교육 시설	교육환경, 교지 확보 상황, 일반교사(건물)확보 상황, 교수 연구실 확보 상황, 복지시설 및 기타 시설 확보 상황
교육 재정	교비의 학생공납금 의존도, 법인의 수익용 기본재산 확보상황, 수익용 기본재산 수익금 전출 상황

자료: 문교부(1987). 1987학년도 전문대학 평가표(농업계). 문교부 내부 자료. pp. 1-20.

현지 확인 평가는 서면보고서에 의거한 평가위원의 영역별 현지 실사로 이루어졌다.

평가 영역은 전문대학의 계열에 따라 약간의 차이는 있었다. 농업전문대학의 경우는 <표 6-8>에서 보는 바와 같이 10개 영역 51개 항목으로 구성되어 있었다. 평가 항목별 평가를 위해서는 평가 착안 사항평가준거이 명시되어 있다. 평가 결과는 평가항목별로 '수, 우, 미, 양, 가'로 표기하였다.

이상과 같은 1980년대의 문교부에 의한 전문대학 평가는 1994년까지 실시하였다. 각 전문대학들이 어느 정도 교육 여건을 갖추게 되고, 1988년 사단법인 한국전문대학협의회의 설립 인가, 그리고 1995년 한국전문대학교육협의회법이 제정·공포됨에 따라, 1998년부터 전문대학에 대한 평가는 한국전문대학교육협의회가 주관하여 실시하고 있다. 이 때 전문대학의 평가는 기관 종합평가에서 학과계열 평가로 전환하였다. 이는 전문대학의 경우 학교의 규모가 작아서 평가를 통하여 주요한 학과군의 특성화를 유도하는 것이 필요다고 판단하였기 때문이다. 학과 평가는 5년 주기로 반복 평가하였으며, 자율적 참여를 통한 학사운영 진단에 초점을 두고 있다.[29]

2) 전문대학 설립인가 사무처리 규정 제정

문교부는 1989년부터 전문대학을 설립 인가 할 경우 전문대학 설립인가에 관한 제반 절차 및 요령에 관한 「학교설립인가사무처리규칙」문교부령 제 581호, 1989.12.20.을 규정하였다. 이에 따라 전문대학을 설립하고자 할 경우 문교부는 설립계획승인을 위한 조사연구 활동을 실시하였다. 1989년 이후부터 전문대학 설립타당성조사연구위원회를 구성하여 관계 전문가와 교수들로 심도 있는 평가를 하였다. 교육부는 이 위원회의 심의 결과를 토대로 최종 결정하여 신청인에게 그 승인여부를 통보하게 하여 설립심사의 공정성을 높였다.[30, 31]

그 당시 교육부는 1990년대 산업사회가 요구하는 제조업분야의 중간기술인력 확충을 위해 공업계 전문대학 설립에 중점을 두고 있었다. 따라서 전문대학 설립을 신청하는 대학은 설치 학과 중 공업계 정원이 전체 정원의 60% 이상이어야 했다.[32]

---

29 한국전문대학교육협의회 (2010). 1979~2008 한국전문대학교육 30년사. p.103, pp. 268-269.

30 이무근 · 유인종 · 최희선 · 김상호 · 강무섭 (1989). 전문대학 설립 타당성 및 학생 정원 규모에 관한 연구. 전문대학 설립 타당성 연구위원회.

31 이무근 외 5인 (1992). 전문대학 설립 타당성 조사 연구. 전문대학설립심사위원회. pp. 22-37.

32 교육부 (1992). 전문대학 설립계획 승인 신청서 서식: 신청서 작성시 유의사항, 교육부 내부자료.

노태우 정부에 의해 실시해 오던 대학설치기준은 김영삼 정부에서도 1996년까지 이어오다가 1997년부터 준칙주의에 의한 대학설립 신청 기준으로 변경되었다. 두 기준의 차이점은 앞의 제5장 <표 5-3>에 제시한 것과 같다.

3) 산업체 근로자에게 입학기회 확대

노태우 정부는 산업체 근로자에게 특별 전형 확대를 통하여 입학기회를 제공하도록 하였다. 대학입학 학력고사를 거친 산업체 근로자가 야간 강좌 개설과에 지원할 경우 타 전형에 우선하여 모집토록 특별전형을 실시하도록 하였다. 이 때 산업체는 상시 10인 이상 근로자를 고용하는 노동청에 등록된 학교에 근무하는 자, 농업계 고등학교 졸업 후 영농에 종사하는 자까지를 특별전형에 포함하여 실시하였다. 모집인원도 대학의 장이 자율로100%까지 가능하도록 하였다.

05 김영삼 문민의 정부 전문대학 교육(1993~1998): 민주화 시대(후기)

1) 5 · 31 교육개혁 방안(II)에 따른 전문대학 교육개혁 정책

1996년 신교육체제 수립을 위한 교육개혁 방안 II에 제시된 전문대학 교육 개혁 정책 실천 방안은 다음과 같았다.

첫째, 전문대학이 고등학교 교육과 연계하여 종소기업 등 산업현장에 필요한 중견 전문인력을 양성하고, 고등교육단계의 계속직업교육 기회를 제공하는 중추적인 직업교육기관이 되도록 육성한다. 이를 실현하기 위하여 ① 고등학교와 전문대학간2+2, 전문대학과 개방대학 또는 일반대학과2+2, 전문대학과 방송대학간 교육프로그램의 상호 연계 운영, ② 전문대학 졸업자에게 전문학사 학위수여, ③ 취업자와 일반인을 대상으로 하는 특별과정의 개설, ④ 산학협동과 산업체 위탁교육 활성화를 위한 관련규제 완화, ⑤ 수업연한 1년 이내의 심화과정 개설, ⑥ 신대학 설립 운영 컨소시엄에 참여할 수 있는 기회 부여 등이었다.

둘째, 급격한 산업구조 및 직종의 분화와 다양화에 탄력적으로 대응할 수 있도록 하나 또는 두 개 학과로 구성되는 소규모 특성화 전문대학을 설립할 수 있도록 한다. 애니메이션 전문대학, 복식전문대학, 광고전문대학, 자동차전문대학, 요리전문대학 등이 그 예다. 이를 실현하기 위하여 교육개혁위원회는 ① 특성화 전문대학 설치 기준 제시, ② 서울을 포함한 수도권에 대한 설립 허용, ③ 특성화 전문대학의 학과 설폐 및 학생정원 운영의 자율성 제고, ④ 현장 실무에 뛰어난 경력자의 교원 임용, ⑤ 교양교과 운영의 원격교육 활용 등을 제시하였다.

셋째, 고등학교 단계의 직업교육과정 이수자에게 고등 직업교육의 문호를 개방하기 위해 전문대학의 학생선발 방법을 개선한다. 이를 위해 국·공립전문대학의 경우 1997년도부터 정부가 지정하는 범위 내에서 대학이 자율적으로 학생선발을 할 수 있도록 했으며, 사립의 경우에는 완전히 대학의 자율에 맡기되 입학전형 방법을 평가하여 그 결과를 행·재정 지원과 연계하도록 하였다.

넷째, 고등교육단계 직업교육의 질을 향상시키기 위하여 전문대학 교원의 실무지도 능력을 높인다. 이를 위하여 교육개혁위원회는 교원의 산업체 근무 '연수학기제'를 도입하고, 교원신규 임용 시 산업체 현장경력자를 우대하도록 하는 방안을 제시하였다.

이상과 같은 신교육체제 수립을 위한 교육개혁 방안 II에 제시된 전문대학 교육의 개혁 방안을 추진한 결과는 다음과 같았다.

첫째, 교육 여건이 우수한 지방 전문대학에 대하여 총 정원 자율화 대상교로 선정

둘째, 1996년부터 주문식 교육제도를 도입하여 산학협동 활성화

셋째, 1997년부터 실업계 고교와 전문대학 간의 '교육과정 연계 운영 제도2+2시범 운영

넷째, 1997년부터 입학전형제도를 개선하여 실업계 고교 졸업자의 진학기회 확대, 특별전형 기준의 대상 완화, 농어촌 특별전형 비율 확대

다섯째, 교원이 산업현장에서 연수하는 연수학기제, 학생이 산업현장에서 실습하는 실습학기제 도입

여섯째, 1997년도부터 전문대학 졸업생에게는 전문학사 학위 수여를 할 수 있도록 「고등교육법」에 명시하고, 기능대학 다기능기술과정 이수자에게는 전문학사와 동등한 산업학사 학위를 수여할 수 있게 1997년 12월 24일 법률 제 5475호로 공포된 「기능대학법」 제13조에 규정하였다.[33, 34]

---

33 교육부 대학교육지원국 (1996), 신직업교육체제에서의 전문대학 육성방안. 내부자료. 1996.04.01. pp. 1-9.
34 교육부 (1998). '신직업교육체제의 구축'. 교육개혁요람. pp. 189-210.

2) 전공심화과정 설치 운영

1998학년도부터 전문대학 졸업생 등에게 전공분야의 재교육 기회를 제공하고 고도산업 사회의 급격한 기술변화에 대응하기 위해 전공심화과정을 설치 · 운영하였다.

설치 근거는 「고등교육법」 제49조전공심화과정와 시행령 제61조전공심화과정 설치 · 운영이다. 입학자격은 전문대학 졸업자 또는 동등 이상의 학력을 취득한 자 중, 졸업 후 또는 학력 취득 후 산업체 근무경력이 1년 이상인 자이며, 수업 연한은 1년으로 비학위 과정이었다. 각 과정별 수업연한은 학칙으로 정하도록 하였다.

이 같은 설치 기준으로 1998년 32개 대학에, 328개 과정, 1만 2,389명을 모집하기로 계획했으나 비학위과정이라는 한계를 극복하지 못하고 4개 대학에, 10개 과정, 64명 등록이라는 저조한 상황에서 출발하였다. 이 후 학점은행제에 의한 학위 인정이 포함되어 참여 대학과 학생 수가 다소 증가했으나 설립 취지에 비해 명목만 유지하는 정도였다.[35]

3) 전문대학 교육목적 개정

고등교육에서 직업교육을 위한 단기 고등 교육 체제는 몇 번 개편되었지만 교육목적은 중견 직업인 또는 기술인middle level worker, semi-professionals, para-professional, technician 양성에 있었다. 1951녀에 개정된 「교육법」에 초급대학 교육목적이 대학과 별도로 명문화되어 있지 않았다. 그러나 1963년 초급대학장 회의에서 '초급대학은 일종의 완성교육으로서 산업발전에 필요한 중견기술인 양성을 교육목적'으로 하는 것을 결의하였다.

실업고등전문학교의 교육목적은 '산업에 필요한 전문적인 지식과 기술을 습득시키고, 이를 연마하여 산업발전에 필요한 중견 산업 기술인 양성'에 있었다.

전문학교와 전문대학의 교육목적은 '사회 각 분야에 관한 전문적인 지식과 이론을 교수 · 연구하고 재능을 연마하여 국가사회의 발전에 필요한 중견직업인을 양성'함에 있다고 「교육법」에 규정되어 있었다.

그런데 1997년 전문대학의 교육목적이 '중견직업인middle level worker, semi-professionals, technicians 양성'에서 '전문직업인professionals 양성'으로 개정改定되었다.[36] 이는 전문대학이 양성해야 할

---

35 한국전문대학교육협의회 (2010). 한국전문대학교육 30년사. pp. 153-155.

36 이무근 (2015). 전문대학 교육과정의 역사와 미래 그리고 NCS 교육과정. 2015 한국전문대학 교무 · 입학처장협의회 상반기 연수회. 2015.4.23.~24. 대전 호텔인터시티 라벤더홀. pp. 39-42.

인재상과 나아갈 방향, 교육과정 편성과 운영, 교수 자격 및 채용 기준, 시설·설비 확충 등에 큰 변화가 있어야 함을 시사하고 있다.

뿐만 아니라 전문대학의 교육목적이 '중견 직업인 양성'에서 '전문직업인 양성'으로 개정된 것에 대해서 전문직업인의 정의, 전문직의 기준, 전문직의 분류 등의 관점에서 고찰해 볼 때 여러 가지 논쟁과 문제가 제기되고 있어 전문대학의 교육목적이 '중견직업인 양성'에서 '전문직업인 양성'으로 개정된 것이 타당성이 있고 실현 가능한지가 의문시 되고 있다. 37, 38, 39, 40, 41

4) 전문대학 교명 자율화

대학이 정체성을 확립하기 위해서는 대학의 분명한 역할 정립, 성취 가능한 교육목적의 설정, 이를 실현할 수 있는 교육과정 개발과 운영, 그리고 이런 이미지를 부각시킬 수 있는 대학명이 선명하게 명명되는 것이 중요하다.

김영삼 문민의 정부가 1996년 '신직업교육체제에서의 전문대학 육성 방안'을 수립·추진하는 과정에 전문대학 측으로부터 대학 명칭 자율 사용에 관한 건의가 있었다고 한다. 그러나 교육부는 교명을 자율화한다고 하여 학교발전에 실질적인 도움이 되지 못하며 오히려 국민에게 혼란만 주게 되고, 대학과의 차별화를 통하여 특성화된 전문대학으로 발전시키는 것이 교육개혁에 부합되므로 교명자율화 방침 철회로 인하여 정부정책에 대한 신뢰성에 다소 손상이 있어도 현행대로 '전문대학'이란 명칭을 사용토록 조치함이 바람직하다고 조치계획을 수립하였었다.[42]

그런데 그 후 결국은 1998년 3월. 전문대학 명칭에 '전문'사용 자율화, 2011년 '전문대학'에 '전문대학교' 명칭 사용이 가능하게 되었다.

---

37 한국전문대학교육협의회 (2008). 한국전문대학교육 30년사. p. 134.

38 정태용 · 김상필 · 김영환 · 박흥현 · 한인철 · 홍순강 (1995). 전문대학교육제도 발전방안 연구. 교육부. pp. 57-59, p.159.

39 강일규 · 윤경한 · 조희경 (2015). 고등 직업교육기관으로서의 전문대학 기능 확충방안. 한국직업능력개발원. 기본연구 2015-8. pp. 134-137.

40 정태화 · 윤형환 · 홍용기 (2014). 고등 직업교육기관의 통합 방안: 전문대학을 중심으로. 한국직업능력개발원 기본연구 2014-14. pp. 131-210.

41 정철영 외 2인 (2014). 능력사회 실현을 위한 전문대학의 역할과 과제. 한국전문대학교육협의회.

42 교육부 대학교육지원국 전문대학행정과(1996). '신직업교육체계에서의 전문대학 육성 방안. 내부 자료. 1996.4.1. pp. 7-8.

이에 따라 전문대학의 명칭이 대학별로 다양하게 변경되면서 전문대학의 정체성 확립에 혼돈이 오고 있다. 현재 대부분의 전문대학이 대학명에서 '전문'이란 단어를 삭제하였고 'OO 대학'이라고 개칭하였다. 최근에는 'OO 대학교university'라고 교명을 바꾼 전문대학이 상당수 있다. 극히 일부 전문대학에서는 유니버시티칼리지university college라고 칭한 경우도 있었다. 2015년 기준 137개 전문대학 중 110개교가 대학교, 24개교가 대학, 3개교가 전문대학이란 명칭을 사용하고 있다.[43]

「고등교육법」상에 대학의 종류와 교육목적은 다르게 규정되어 있는데 전문대학이 교명에 대학college 대신에 OO대학교university나 University college 등을 사용하는 데에는 상당한 무리가 있다. 이로 인해 외국에서는 OO 대학교university로 칭하고 있는 한국의 전문대학을 일반 대학으로 오해하는 사례도 볼 수 있었다.

물론 대학college과 대학교university는 나라에 따라 같은 뜻 또는 차별화해서 사용하는 경우가 있어 획일화된 차이점을 제시하기엔 무리가 있다. 그러나 college와 university는 뉘앙스상의 여러 가지 차이점이 있다.[44, 45, 46]

이와 같이 전문대학이 교육목적을 중견직업인 양성에서 전문직업인 양성으로 개정하고, 교명을 자율화하면서 대부분 '대학교'로 개칭하였다. 이에 따라 우리나라 전문대학들은 외국 전문대학들의 역할과도 차이가 있는 것 같은 느낌을 갖게 한다. 외국의 전문대학들이 수행하는 역할과 기능을 우리나라의 경우에는 외형상으로는 폴리텍대학이 수행하고 있는 것 같은 인상을 주기도 한다.

5) 국 · 공립 전문대학 설립

1990년대에 접어들어 농촌지역의 일부에서는 인구가 급속히 감소하기 시작했다. 이로 인해 고등학교에 진학할 입학 자원이 절대적으로 부족한 현상이 나타났다. 결과적으로 한 지역 내에 여러 유형의 중 · 고등학교가 설립되어 있는 경우, 학교의 통 · 폐합이 불가피한 곳이 전국 여러 곳에 나타났다.

---

43 최돈민 (2015). 외국의 직업교육제도: 고등교육 직업교육제도를 중심으로. 한국대학교육협의회. RM 2015-11-668. p. 8.

44 이무근 (2015). '내일의 전문대학이 나아갈 길'. 한국전문대학기획실 · 처장협의회 하계 세미나. 기조강연. 2015.12.17. pp. 18-26.

45 김기석 (2008). 한국고등교육연구. 교육과학사. pp. 251-253.

46 http://kostat.go.kr.

한편 우루과이라운드U.R 개방 관련 대책으로 농·어촌 지역 발전을 위해 농·어업계 등 지역실정에 맞는 산업인력 양성으로 지역산업을 육성할 필요성이 대두되었다. 동시에 지방 고교 졸업자의 직업교육 기회를 확대하고 계속교육 기회 체제를 구축하기 위해 국립전문대학을 설립해달라는 지방자치단체의 강한 요구도 있었다.

그 당시1994년 기준 동남아 주요국의 전문대학 현황을 보면 한국은 135개 전문대학 중 국립은 5.9%, 공립은 0.8%, 사립은 93.3%로 사립 전문대학의 수가 절대적으로 많았다. 반면에 일본1991년 기준은 655개 단기대학 중 국립 14.5%, 공립 9.0%, 사립은 76.5%이었다. 대만은 75개 중 국립 14.6%, 공립 2.7%, 사립 82.7%로 국·공립 전문대학이 우리나라보다 훨씬 많았다.

이상과 같은 점을 고려하여 김영삼 문민 정부는 대선 공약으로 1996~1998년까지 지방에 국립 전문대학을 강원 주문진, 충북 옥천·괴산·진천, 전남 담양, 경북 예천, 경남 남해·거창·울산 등 9개소에 설치할 것을 약속하였었다.

그러나 국가의 재정 형편상 국립 전문대학 신설은 불가능하므로 기존 고교를 공립전문대학으로 개편하여 설립주체가 지방자치단체의 장인 시·도지사가 되는 도립대학으로 설립하고, 이에 소요되는 일정 예산을 국가가 지원해주는 것으로 재정경제원과 교육부가 합의하였다.

이 합의에 따라 재정경제원과 교육부는 재정 지원은 해당 대학별로 기존 건물 개·보수 및 신축, 실습기자재 구입비 등 시설비로 매년 30억 원씩 4년간 120억 원을 지원하고, 운영비로 개교 후 5년간 연간 운영비 소요액의 30% 수준으로 매년 5~6억원씩 계 30억 원을 지원하기로 합의하여 추진하였다.

이상과 같은 계획에 따라 거창, 남해, 담양, 주문진, 옥천, 청양, 예천, 장흥 등에 공업중심이고 입학 정원 1000명 미만의 공립전문대학들을 <표 6-9>와 같이 설립·운영하고 있다.[47, 48]

47 교육부 전문대학 행정과 (1994). 공립전문대학 설립추진 협의 자료. 1994.12.23. pp.1-30 .

48 교육인적자원부 대학지원국 대학정책과 (1994). 1995-1996 공립전문대학 대학설립 계획 심의 자료철. - 94년도 공립전문대학 설립 지원 계획(안) 1994.10.1.
교육인적자원부 대학지원국 대학정책과 (1997). 공립전문대학 설립-시도립 전문대학 설립 추진 상황(1997).

표 6-9 국 · 공립 전문대학 설립 현황

도	설립 유형	학교명	대학 개교 년도	소재지	비고
강원	공립	강원도립대학교	1998.3	강원도 주문진읍	주문진 수산공고 개편 설립
경기	국립	한국복지대학교	2002.3	경기도 평택시	신설
충북	공립	충북도립대학	1998.3	충복 옥천읍	옥천공고 개편 설립
충남	공립	충남도립대학교	1998.3	충남 청양읍	신설
전북	공립	익산대학	1992.3	전북 익산	이리농고 개편, 2008년 전북대학교와 통합
전남	공립	전남도립대학교	1998.3 담양컴퍼스 개교 1999.3 장흥캠퍼스 개교	전남 담양읍 전남 장흥읍	담양 추성고 및 담양여중 개편 설립 신설
경북	공립	경북도립대학교	1997	경북 예천읍	예천 종고 개편 설립
경남	공립	경남도립거창대학 경남도립남해대학	1996 1996	경남 거창읍 경남 남해읍	거창종고 개편 설림 남해종고 개편 설립

자료: 2016년 각 대학 홈페이지의 대학 연혁 및 담당자와의 통화, 교육부 내부자료.

06 김대중 국민의 정부 전문대학 교육(1998~2003): 정보화 · 세계화 시기(1)

김대중 정부는 단기 고등 직업교육기관들이 1979년 전문대학으로 단일화된 후 그동안 이룩한 성과와 미흡했던 점을 분석하였다. 동시에 미래의 지식기반사회와 직업세계의 변화를 전망하였다. 그리고 이를 기초로 앞으로 전문대학이 나아가야 할 교육 발전의 기본방향과 발전 방안을 2001년 1월 1일 발표하였다. 교육부가 이런 전문대학의 기본 방향과 발전 방안을 수립함에 있어 한국전문대학교육협의회를 비롯한 대학 구성원들과도 충분한 협의를 가졌다는 것은 전문대학 정책을 수립하는 과정이 한 단계 더 발전되었다고 할 수 있다.

전문대학 교육 발전의 기본 방향으로는 전문대학 교육의 위상 정립, 실용적인 전문 직업기술 인력 양성, 전문대학 교육의 협력적 특성화 전략 추진, 사회보장형 평생 직업교육기관으로서의 역할 수행 등을 설정하였다.

전문대학 발전 방안으로는 전문직업기술교육의 질제고, 계속교육 체제 구축, 지역별, 설립별, 대학별 특성에 따른 균형적 육성, 정부 재정지원의 효율성 제고 등을 제시하였다. 이들 전문대학 교육 발전 방안을 좀 더 구체적으로 살펴보면 다음과 같다.[49]

49 교육부 전문대학 지원과 (2001). 전문대학 발전 방안. 내부자료. 2001.1. pp.1-37.

1) 전문직업기술교육의 질 제고

(1) 수업 연한의 탄력적 운영

고도 산업사회에 부응하는 전문직업인력 양성을 위해 대학별로 필요한 학과에 한해 3년 이내에서 수업연한을 탄력적으로 운영할 수 있게 한다.

(2) 전문대학 교수 사기 진작 및 연구 역량 강화

전문대학과 일반대학의 교수자격 기준 및 호봉제를 단일화 하고, 전문대학 교수에 대한 연구사업비 지원을 확대하며, 산업에 현장 및 국내외 연수 기회를 확대하고 정부의 산학협동 관련 위원회 참여를 확대한다.

(3) 주문식 교육의 내실화 및 확대 운영

수요자인 산업체가 필요로 하는 현장적응력 있는 기술 인력의 양성을 위해 경쟁을 통한 주문식 교육을 확대 실시하고, 양성교육과 향상교육의 적정 운영을 유도하며, 사업비의 투자 효율성을 증대한다.

(4) 입시제도의 개선

직업교육의 내실화를 위해 실고 연계, 주문식 교육, 동일계 모집 등 필요한 경우 세부전공별로 모집 단위를 정할 수 있도록 대학의 학생 선발 자율권을 보장할 수 있도록 한다. 또한 일반고 직업과정 이수자 및 산업체 근로자의 입학기회 확대 방안을 강구한다.

2) 계속교육체제 구축

(1) 전공심화과정 운영의 활성화

전공심화과정의 설치 · 운영상의 규제를 완화하여 전공심화과정의 수업연한을 1년에서 2년의 범위 내에서 운영할 수 있도록 하고, 산업체 근무경력 입학자격 제한 폐지, 신설학과 및 수업연한이 3년인 학과의 전공심화과정을 허용하도록 한다.

전문대학의 전공심화과정에 대한 평가인정 절차를 폐지하고, 전공심화과정을 학점은행제에 의한 표준교육과정으로 인정하도록 학점운영제 운영을 개선한다.

전공심화과정을 일본의 단기대학 또는 고등전문학교의 경우와 같이 전공과로 개편하여 전공심화과정의 학위과정화 운영을 검토한다.

(2) 타 교육기관과의 연계 교육 강화

산업대학에 전문대학과의 연계교육과정 개설을 유도하고, 전문대학들이 외국대학들과의 공동교육과정 운영을 허용한다.

(3) 취약계층을 위한 평생 직업교육 프로그램 확대

취약계층을 위한 다양한 단기 교육프로그램의 개설을 지원한다.

3) 지역별, 설립별, 대학별 특성에 따른 균형적 육성

(1) 전문대학 설립 및 정원정책의 합리적 추진

부실대학 증설 방지를 위해 대학설립준칙주의를 강화할 수 있도록 검토하고, 정원자율책정 기준을 강화한다. 수도권 및 대규모 전문대학의 정원 감축을 유도하며 전문대학 학사자율화 정책과 연계 정원 감축을 유도한다.

(2) 지방전문대학 육성

지방전문대학 육성을 위해 고등교육기관 신·증설의 억제 및 정원 감축을 유도하고, 지방전문대학의 구조조정 및 지역협력을 강화하며, 재정지원 방식의 조정을 통하여 지원을 확대한다.

(3) 국립 전문대학 육성

국립 전문대학별 종합 발전계획을 수립하도록 한 후 행·재정 면에서 적극 지원하여 선도 전문대학으로 육성하도록 한다.

(4) 사립전문대학의 건실화 방안

사립 전문대학의 재정 수익을 증대하고 대학의 자구적인 구조조정으로 경영혁신을 이루며 재무 · 회계 운영의 투명성 · 신뢰성 확보로 사립전문대학의 재정 건실화를 추진한다. 또한 임시이사가 선임된 법인과 이사 부재로 학교법인의 설립목적을 달성할 수 없는 법인의 관리 방안을 강구한다.

4) 정부 재정 지원의 효율성 제고

(1) 지원목적에 부합되는 예산 사업의 조정

세분화된 사업을 포괄하는 단위사업으로 조정하여 예산을 단순화하고 다양화 · 특성화 육성사업을 6개 사업에서 3개 사업으로 통합 · 조정하고 주문식 교육 지원사업은 별도 세항으로 분리한다.

(2) 재정지원 업무추진의 체계화와 평가 전담 기구 설치 · 운영 검토

재정 지원 업무를 단계별로 체계화하고 전문대학 재정지원 평가 전담기구를 설치 운영하는 것을 검토한다.

(3) 사업별 지원 방식 조정

우수 공업계 지원 사업, 고유 향토 산업 기반 거점 지원 사업, 특성화 프로그램 지원 사업 등의 사업별 지원방식을 조정하고 단일대학의 지원예산 상한제, 소도시지역 전문대 지원 확대 등 사업별 지원방식을 조정한다.

(4) 평가지표의 내실화 및 체계화

평가 지표의 타당성 확보, 대학의 자율성 · 다양성 보장, 대학의 발전과 성적에 피드백 할 수 있는 지표 개발, 평가지표는 공통지표와 사업목적 지표로 대별 등을 통하여 평가지표를 내실화하고 체계화 한다.

(5) 재정 지원 관리 · 운영의 효율화

평가주기, 재정지원 시기, 전문대학 편람 제작 배부, 철저한 사후관리 등을 통하여 재정 지원 관리 및 운영의 효율화를 증대시킨다.

이상의 발전 방안에 대하여 각 영역별로 2003년까지의 추진 계획을 수립하여 목표 달성을 위해 노력하였다.

07 김대중 · 노무현 정부의 전문대학 산학협력(1998~2008)

전문대학의 현장실습은 박정희 정부 때인 1963년에 제정된 「산업교육진흥법」과 1973년에 개정된 법에 따라 계속 실시되어 오고 있다. 특히 전두환 정부의 1980년대에는 산학협력에 의한 전공별 교육과정 개발 운영이 활성화되었다. 노태우 정부의 1980년대 말에는 전문대학 현장실습을 내실화하기 위해 현장실습 매뉴얼을 개발 운영했다.[50]

김영삼 문민의 정부의 1990년대에는 중소기업청이 주관한 산학협력사업인 산·학·연 컨소시엄에 많은 전문대학들이 참여하여 기술개발 이전, 애로기술 지원, 현장 실습 및 취업 활성화에 적극 활용 등 산학협력이 더 활발하게 전개되었다,

김대중 정부의 2000년대에 들어서는 산학협력을 전문계 고등학교와 전문대학뿐만 아니라 4년제 대학을 포함한 고등교육기관 전체로 확장하여 추진하고 있는 것이 특징이다.

이들을 제도적으로 뒷받침하기 위하여 노무현 정부의 교육부는 2003년 「산업교육진흥 및 산학협력촉진에 관한 법률」을 개정하여 대학에 산학협력단, 산학협력전담교수, 학교기업, 협동연구소 설치, 계약에 의한 학과·직업훈련과정 도입, 학교의 장에게 산학협력체결권 부여, 권역별·영역별 산학협력위원회 구성 및 재정지원 등 산학협력과 관련된 제도의 법적 근거를 마련하였다.[51]

이런 법률들을 근거로 전문대학은 산학협동을 다양하게 전개하여 왔다. 즉, 교육부의 재정 지원 사업으로 추진된 특성화 프로그램 사업, 우수 연구소 지원, 산학협력 육성지원, 전

---

50 이무근 외 5인 (1989). 전문대학 현장실습 지침서 개발 연구. 전문대학 현장실습 지침서개발연구위원회.

51 임창빈 (2009). 산학협력정책의 성과평가. 서울대학교 대학원 교육학 박사학위논문. pp. 1-3.

문대학 해외 인턴십, 전문대학 워크 스터디work-study 프로그램, 주문식 교육사업, 창업보육센터설립 및 운영 지원 사업, 향토기반 거점 전문대학 육성사업 등이 있었다.

김대중 국민의 정부 당시 교육부는 이들 사업에 1999~2003년까지 영역별로 재정 지원을 하였다. 대학들은 이를 통해 산학협력 활동에 박차를 기울이는 한편, 실무형 인재를 양성함으로써 직업교육의 내실화를 촉진시키기도 하였다.

정부의 재정지원 사업은 2004~2008년 까지 특성화 사업으로 통합되어 지속적으로 지원되었다. 영역별 특성화 사업, 주문식 교육지원, 산학협력 취업 약정제, 실험실습비 지원 등으로 190여 개 대학이 재정 지원을 받았다.

산학협력중심대학 육성 사업은 노무현 참여정부의 2004년부터 시행되었는데 제1단계 사업이 2004~2008년에 마무리되고, MB 정부의 2009~2013년까지 2단계 사업이 추진되었다. 1단계 사업에서는 주문식교육 설치 · 운영, 계약형 전공, 산업체 위탁과정, 교수 임용 및 평가제도 개선, 산학렵력 전담교수, 산학 인력 교류, 캡스톤 디자인capstone design, 공학교육 인증제, 산업계 출신 교수 임용 등의 사업이 포함되었다. 2단계 사업은 산학협력 중심 대학 및 전문대학 육성사업, 산학협력 연계망 구축사업 등을 통하여 교육과정 개편과 취업연계 전략에 집중하였다.[52]

이명박 대통령의 MB 정부에서는 전문대학 산학협력 선도 특성화LINC사업을 추진하였다. 박근혜 정부는 특성화고, 전문대학, 기업 간에 취업보장형 고교 · 전문대 통합교육 육성사업 Uni-Tech, 계약학과와 주문식 교육과정을 통한 맞춤형 교육과정 운영, 중학생들의 진로교육을 위한 자유학기제를 통한 산업현장 체험 프로그램 운영 등 산학협력을 통한 직업교육 정책이 계속 추진되고 있다.

교육부는 이런 정책을 제도적으로 뒷받침하기 위하여 현재 교육부에 평생 직업교육국 산하에 직업교육정책과, 인재직무능력정책과, 진로교육정책과, 대학지원관 산하에 전문대학정책과와 산학협력과를 설치하여 운영하고 있다.

52 한국전문대학교육협의회 (2010). 전문대학 교육 30년사.(1979~2008). pp. 175-180.

08 김영삼 · 김대중 · 노무현 · 이명박 · 박근혜 정부의 재정지원(1993~2017)

1) 정부 재정지원 사업 상황

정부의 전문대학 재정지원은 일반재정지원과 특수목적 재원으로 구분해볼 수 있다. 일반 재정지원은 주로 실험실습 기자재 확충과 실험실습비 확충을 통한 교육 여건 개선을 목적으로 하는 재정 지원이다.

특수 목적지원은 전문대학이 산업사회에서 요구하는 우수한 중견직업인을 양성 · 공급하기 위한 자구적인 노력을 평가하여 재정을 차등 지원하는 특수목적 재정지원이다. 예를 들면, 전문대학 구조조정, 공업계 전문대학 육성, 주문식 교육과정 특성화 프로그램 지원, 향토산업기반 거점 전문대학 육성, 우수 산업연구소, 실업계 고등학교연계 교육과정, 신직업교육문화 육성, 우수 산학협동 사업 지원 등이다.

문교부의 전문대학에 대한 재정지원은 1990년대 중반까지는 일반 재정지원 방법으로 일률적 균등배분 정책이 시행되었다. 특히 1990년대 이전에는 공업계열 육성을 위해 공업계열 학생 수 비례에 따라 실습기자재비 등을 지원하였다.

전문대학에 대한 재정지원 정책이 본격적으로 시작된 것은 김영삼 정부의 1990년대 중반 이후부터라고 할 수 있다. 1990년대 중반 이후 대학 간 경쟁을 기반으로 대학교육의 질을 개선하기 위해 평가와 재정지원을 연계하기 시작하면서 1997년 전문대학 특성화사업이 시작되었다. 이후 이명박 정부의 2009년부터 교육역량강화사업, 박근혜 정부의 2014년부터 특성화 전문대학 육성사업이 시행되면서 특수목적 재정 지원 사업이 지속적으로 이루어졌다.

전문대학에 대한 재정지원 규모는 특성화 사업이 시작되던 김영삼 정부의 1997년에 988억, 김대중 정부의 2,000년에 1,700억, 노무현 정부의 2008년 2,120억, 이명박 정부의 2011년부터 2,700억, 박근혜 정부의 2014년부터 2500~2900억WCC 포함 경우 규모로 확대되었다. 타 부처에서 지원하는 사업이 거의 없고, 일반대학과 비교할 때 대학당 지원규모나 학생 1인당 재정지원액이 매우 작지만, 등록금 수준이 낮고 외부 지원이 없어 등록금 의존도가 높은 전문대학 재정으로는 이러한 정부의 재정지원이 대학 교육의 질을 제고하는 데 매우 중요한 역할을 하고 있다.

2) 정부 재정지원 사업 정책 변화

(1) 김대중 정부의 특성화 사업 추진

김대중 정부인 2000년 이후, 일반지원 사업은 점차 축소되고 여러 가지 사업을 통합한 목적형 사업인 특성화 사업에 집중하게 되었다. 1997년부터 2008년까지 12년 동안 특성화 사업이 추진되었는데 평가에 근거한 시장형 재정지원 방식으로 이루어졌다. 이 추진 방법은 대학 간 경쟁을 촉진하여 한정된 재원을 합리적으로 배분함으로써 재정운영의 효율성 증대와 대학교육의 질을 제고하는 성과를 거두었다.

(2) 노무현 · 이명박 · 박근혜 정부의 산학협력중심대학 육성사업(LINC, LINC+)

대학 졸업 후 산업체로의 취업을 목적으로 하는 고등 직업교육의 특성상 산학협력 기반 교육의 필요성에 근거하여 '산학협력중심대학 육성사업LINC'이 노무현 정부와 이명박 정부에 걸쳐 2005년 9월부터 2009년 6월까지 총 4년간 지원 사업으로 추진되었다.

1주기 사업이 끝난 후 제2기 사업은 2009년 7월부터 2011년 12월까지 3년간 진행되었다. 이 사업은 '산학협력 선도 전문대학 육성사업LINC+'으로 명칭을 바꾸고 2012년부터 2016년까지 총 5년간 지원하며 매년 120억 원씩 지원하는 사업으로 추진되었다. 이러한 사업을 통하여 전문대학은 산학협력제도 개선 및 체제 구축을 통한 산학협력형 대학체제를 구축하고 산학연계 맞춤형 인력을 양성하는 데 성과를 거두었다.

(3) 이명박 정부의 교육역량강화사업

인재 양성이 국가발전의 원동력이 되는 지식정보화 사회에 부응하기 위해 교육의 중요성이 부각되었다. 이에 따라 그동안 강조되던 특성화사업 중심의 정책이 MB 정부인 2008년부터 전반적인 대학의 교육역량을 강화하고자 하는 정책으로 전환되었다. 그 일환으로 전문대학 재정지원 사업도 '전문대학 교육역량강화사업'으로 그 중심점이 옮겨 갔다.

또한, 그동안 정부 주도적인 정책에서 대학 스스로 발전 방향을 정하고, 이에 자원을 투자할 수 있는 재량권을 인정하여 대학의 자율성을 제고하는 총괄 재원배분 방향으로 정책이 전환되었다. 이를 통해 대학의 본질적 기능인 교육역량을 향상시키는 데 기여할 수 있었다.

그러나 대학의 특성이 다양함에도 불구하고 동일한 정량지표로 평가를 함으로써 대학의 동질화를 유도하였고, 대학의 특성화가 미흡해졌다는 문제가 제기되기도 하였다.

(4) 박근혜 정부의 특성화 전문대학 육성사업

앞에서 제기한 문제를 해결하고 대학 입학생의 급격한 감소라는 위기 요인에 대처하기 위하여 박근혜 정부는 국정과제71 '전문대학을 고등 직업교육 중심기관으로 집중 육성'하는 정책을 확정하였다. 이어서 2013년 7월 18일 국가 고용율 70% 달성과 능력중심사회 실현을 위한 전문대학 육성방안으로 특성화 전문대학 100개교 육성, 전문대학 수업연한·학위과정 다양화, 산업기술명장대학원 설치 및 육성, 평생 직업교육대학 육성, 세계로 프로젝트 추진 등 5개 핵심 과제를 추진하였다.[53]

그 중 '특성화전문대 100개교 육성' 과제와 '평생 직업교육대학 육성과제', 그리고 세계적 수준의 전문대학 육성사업WCC과제는 재원을 확보하여 2014년부터 2018년까지 5년간 매년 2500~2900억WCC 포함 경우씩 총계 1조 3천 7백억 원의 재정이 지원되는 특성화 전문대학 육성사업이 추진되었다. 2018년 7월 기준 81개 전문대학이 특성화 전문대학으로 선정되어 다음과 같은 성과를 거두었다. 즉 사회수요 지향적 학과 및 대학 체제 개편, 국가직무능력표준NCS 기반 교육과정 개발과 운영 등을 통한 산업 수요에 맞는 전문 직업인 및 관련 종사자를 양성하여 능력중심사회 구현, 취·창업 교육을 통한 국가고용률 제고, 비학위과정과 학위과정의 통합운영을 통해 성인중심 평생교육체제로 전환하는 실천적 평생 직업교육대학의 모델 제시, 글로벌 역량 강화를 통해 고등 직업교육과정의 글로벌 통용성 기반 구축으로 외국인 유학생 및 해외취입자 증가 등이다.[54]

이와 같이 전문대학 재정지원정책은 재정지원이라는 유도장치를 통해 국내외적 교육환경의 변화와 미래 전망에 맞추어 전문대학의 변화를 이끌어 오고 있다.

그러나 고등교육기관에 대한 정부 재정지원 중 전문대학에 대한 재정 지원은 <표 6-10>부터 <표 6-13>에서 제시한 4년제 대학과 전문대학의 일반 현황 비교와 <표 6-14>에서 <표 6-16>까지 제시한 4년제 대학과 전문대학 간의 재정지원 상황을 비교해 볼 때 학교 수와 학생 정원의 관점에서 대학에 비해 너무 적다. 따라서 전문대학에 대한 정부 재정지원의 획기적인 증액과 다각적인 재원 확보책 강구가 절실하다.

---

53 교육부 (2013.7.18). 국가 고용율 70% 달성과 능력중심사회 구현! 전문대학 육성방안. p. 46.
54 이길순 외 12인 (2019). 특성화 전문대학 육성사업 백서(제1권). 한국연구재단. pp. i-viii.

표 6-10 2013학년도 학교 수 및 입학정원 비교('13.5.20기준 자체집계) (단위: 명)

구분	일반대학	전문대학
학교 수	189(57.6%)	139(42.4%)
입학정원	343,652(63.3%)	199,559(36.7%)

※ 일반대학: 대학, 교대, 산업대를 포함한 4년제 대학

※ 전문대학은 고등교육기관에서 학교 수 42%, 입학정원 36.7% 차지

표 6-11 2013학년도 전문대학의 각 과정별 입학정원 분포('13.5.20기준 자체집계) (단위: 명)

구분	2년제	3년제	4년제	총원
학생 수	143,450	50,859	5,250	199,559
비율	71.9%	25.5%	2.6%	100%

표 6-12 2012학년도 졸업자수 비교('13.5.20기준 자체집계) (단위: 명)

구분	일반대학	전문대학
졸업자수	318,546(63.3%)	184,817(36.7%)

※ 2012학년도 졸업자: 2012년 8월 및 2013년 2월 졸업

※ 전문대학(1979년 이후) 졸업자 배출인원: 5,215,417명

표 6-13 취업률 비교(건보DB 기준)

연도	일반대학	전문대학
2011	55.2%	60.7%
2012	56.9%	60.9%

※2013년도: 2013년 6월 1일 기준 조사(2013년 8월 공시 예정)

표 6-14 전체대학 대비 일반대학 재정지원 현황 (단위: 백만원)

연도별	전체대학 지원액	일반대학(국·공·사립 전체)		사립 일반대학	
		지원액	전체대학 대비 지원비율(%)	지원액	전체대학 대비 지원비율(%)
2011	6,726,833	6,233,864	92.67	1,897,430	28.21
2010	5,618,357	4,317,424	76.84	1,438,009	25.59
2009	5,446,474	4,235,157	77.76	1,274,286	23.40
2008	4,517,366	3,589,923	79.47	1,019,775	22.57
2007	3,795,031	3,173,792	83.63	846,487	22.31

* 전체대학: 대학, 대학원대학, 전문대학, 사이버대학, 특수대학 등(해외대학, 평생교육원 및 학점은행제 제외)

표 6-15 전체대학 대비 전문대학 재정지원 현황 (단위: 백만원)

연도별	전체대학 지원액	전문대학(국·공·사립 전체)		사립 전문대학	
		지원액	전체대학 대비 지원비율(%)	지원액	전체대학 대비 지원비율(%)
2011	6,726,833	492,785	7.32	641,659	6.86
2010	5,618,357	393,765	7.01	361,159	6.43
2009	5,446,474	375,170	6.89	344,582	6.33
2008	4,517,366	291,934	6.46	257,783	5.71
2007	3,765,031	210,169	5.54	179,611	4.73

※ 2011년 사립전문대학 지원액(4,589억 원)
- 교육역량강화(2,600억 원), 장학금(1,484억 원), LINC(76억 원), 학교기업지원(53억 원), 글로벌 현장 학습프로그램(48억 원) 등

표 6-16 사립 일반대학 대비 사립 전문대학 지원 비율 (단위: 백만원)

연도별	사립 일반대학	사립 전문대학	비율(%)*
2011	1,897,430	461,659	19.6
2010	1,438,009	361,159	20.1
2009	1,274,286	344,582	21.3.
2008	1,019,775	257,783	20.2
2007	846,487	179,611	17.5

* 전체 사립대학 지원금 중 사립 전문대학 지원금이 차지하는 비율
자료: 교육부(2013.7.18.). 국가 고용률 70% 달성과 능력중심사회 구현! 전문대학 육성방안. p. 47.

09 노무현 참여정부의 전문대학 교육(2003~2008)

1) 대학 정보 공시제 도입 및 교원 확보율 강화

교육부는 2004년 입학자원의 급격한 감소에 따른 대학구조 개혁 방안을 발표하였다. 고등교육기관이 양적으로 증가했으나 질적으로 미흡하고, 무분별한 종합대학 지향으로 대학별 역할과 특성이 불분명하며, 기능이 중복되어 비효율적인 재정투자를 초래하고 있다고 지적하였다. 또한, 대학 미충원율 증가 등의 위기가 심화될 전망이고, 지역혁신을 위한 지방대학의 역할을 증대하며, 학생, 학부모, 지역사회, 기업 등의 대학 정보 공개 요구가 증대되고 있다고 보았다.

대학구조개혁안은 대학의 교육여건 및 대학평가 결과를 포함한 학교 운영 상태를 알릴 수 있는 '정보 공시제'를 도입하고, 교육 여건 개선 및 특성화를 촉진하는 데 있었다.

전문대학과 관련된 대표적인 사항으로는 대학정보 공시를 해야 하고, 전문대학 전임교원 확보율은 2009년까지 50% 확보해야 하며, 대학 간 다양한 통합을 하고 이때 전문대학이 4년제 대학으로 개편 시 입학정원의 60%를 감축해야 하는 것 등이었다.[55]

2) 전문대학과 4년제 대학 교원간의 호봉 단일화와 여비 규정 개정

노무현 정부의 대표적인 전문대학 정책의 하나는 전문대학 교원과 4년제 대학 교원 간에 호봉 단일화와 여비 규정 개정을 통하여 전문대학 교원복지 정책을 강구하였다는 점이다.

3) 직업교육 체제 개선과 직업교육 혁신

노무현 참여정부의 대통령 자문 교육혁신위원회는 2005년 '직업교육체제 혁신방안'을 발표하였다. '일·학습·삶'이 하나가 되는 '모두를 위한 직업교육', '직능 지향의 열린 직업교육체제', '학교에서 일터로, 일터에서 학교로의 원활한 이행'이라는 추진 방향을 제시하였다.

전문대학과 직접적인 관련 있는 정책으로는 직업교육 체제 개선과 직업교육 혁신 정책으로 구분해 볼 수 있다. 직업교육 체제 개선을 위해 전문대학을 수요자 중심체제로 전환하고 미비한 평생 직업교육체제의 구축으로 실업계 고교·전문대 학교급간, 교육·훈련기관 간의 연계 강화, '일터에서 학교로'work-to-school의 원활한 이행을 촉진하려 하였다.

직업교육 혁신 정책으로는 '실업계고·전문대·산업체 간의 협약학과 제도 도입', '전문대학의 지역사회 계속교육 센터'로서의 역할 강화, 정부 부처의 참여에 의한 전문대학의 특성화 등을 제안하였다. 그리고 전문대학 학생 근로장학제 도입, 전문대학 학생 해외인턴십 프로그램 운영 등이 제시되었다.[56]

---

55 한국전문대학교육협의회 (2010). 1979~2008 한국전문대학교육 30년사. pp. 125-127.
56 한국전문대학교육협의회. 상게서. pp. 127-128.

4) 학사학위 전공심화과정 설치 운영

노무현 참여정부 당시 사회는 산업구조 및 기업 환경의 급속한 변화로 인하여, 산업현장에서 보다 수준 높은 고등교육 단계 전문직업인의 양성이 요구되고 있었다. 한편 고등교육이 대중화 단계를 넘어 이미 보편화 단계의 교육으로 전환되었다.

교육부는 이에 대처하기 위해 전문대학 졸업자에게 계속교육 기회를 제공하여 실무와 연계된 전공심화 교육으로 실무능력을 갖춘 전문기술인력을 양성함과 동시에 학사학위 취득기회도 제공하는 학사학위 전공심화과정을 구상하였다. 이를 통해 학교와 산업체 간의 연계 강화 및 심화된 인력을 양성하고, 학교에서 일터로school to work, 일터에서 학교로work to school의 순환교육체제를 구축하며, 산학일체형, 미래형, 선진국형 평생교육체제성인교육, 재교육, 전직교육를 구축할 수 있도록 2007년 7월 13일 법을 개정하여 2008학년도부터 학사학위 전공심화과정을 설치 · 운영하였다.[57]

학사학위 전공심화 과정 설치 · 운영에 관한 법적 근거는 「고등교육법」 제50조의 2 및 동법 시행령 제58조의 2, 제58조의 4에 있다.

2008년 처음 시작할 때에는 '산업체 경력 있는 과정'으로 출발하여 2012년부터는 산업체 경력이 없어도 전문대학을 통해 심화된 이론과 실무능력을 갖춘 전문기술인력을 양성하는 '산업체 경력 없는 과정'도 개설 운영하고 있다.

학사학위 전공심화과정을 설치 · 운영하기 위해서는 기본적으로 교사 확보율 100% 이상, 교원확보율은 '산업체경력 있는 학사학위심화과정'일 경우 편제 정원 기준 대학전체 전임교원확보율과 모집단위 전임교원 확보율이 각각 50% 이상, 모집 단위 전체 교원확보율이 80% 이상이어야 한다. '산업체 경력 없는 학사학위 전공심화과정'은 대학전체 전임교원확보율 50% 이상, 모집단위 전임교원 확보율 60% 이상, 모집 단위 전체 교원확보율이 100% 이상이어야 한다. 입학 정원은 전문학사 학위과정 입학정원의 100분의 20 범위 내이다.

2015년 기준 학사학위 전공심화과정의 운영 현황은 <표 6-17>에서 <표 6-20>과 같다.

---

57 양한주 (2015). 학사학위 전공심화과정 운영 현황 및 질 관리. 한국전문대학교육협의회, 자료 2015-37호. pp. 4-24.

표 6-17 학사학위 전공심화과정 연도별 모집 현황

연도	산업체 경력 있는 전공심화과정					산업체 경력 없는 전공심화과정				
	모집대학	학과수	모집정원	입학인원	등록률	모집대학	학과수	모집정원	입학인원	등록률
2008	65	241	6,645	2,915	43.9					–
2009	75	340	8,931	3,790	42.4					
2010	83	399	9,715	4,840	49.8					–
2011	84	415	9,910	4,916	49.6					–
2012	84	254	5,608	3.359	59.9	42	178	4,225	3,220	76.2
2013	74	160	3,529	1,983	56.2	60	318	7,301	5,918	81.1
2014	64	107	2,318	1,401	60.4	76	401	9,329	7,701	82.5
2015	53	76	1,641	1,128	68.7	85	489	1,094	9,248	83.4

자료: 양한주 (2015). 학사학위 전공심화과정 운영 현황 및 질 관리. 한국전문대학교육협의회, 자료 2015-37호. p. 10.

<표 6-17>에서 보면 해가 거듭될수록 등록률은 높아지고 있으나 '산업체 경력 있는 전공심화 과정' 등록률은 '산업체 경력 없는 전공심화과정'의 등록률보다 상대적으로 낮고 실제 등록률도 상당히 낮은 편이다. 이는 학사학위 전공심화과정 설치 원래 취지를 생각하면 그렇게 바람직한 현상은 아니다.

표 6-18 학사학위 전공심화과정 주간/야간 모집 현황(2015학년도)

구분	산업체 경력 있는 전공심화과정					산업체 경력 없는 전공심화과정				
	모집 인원((A)	지원 인원(B)	등록 인원(c)	지원율 (B/A)	등록률 (C/A*100)	모집 인원(A)	지원 인원(B)	등록 인원(c)	지원율 (B/A)	등록률 (C/A*100)
주간	212	228	155	1.1	73.1	1,553	1,849	1,343	1.2	86.5
야간	1,419	1,578	973	1.1	68.1	9,541	11,544	7,905	1.2	82.9
계	1,641	1,806	1,128	1.1	68.7	11,094	13,393	9,248	1.2	83.4

자료: 양한주 (2015). 학사학위 전공심화과정 운영 현황 및 질 관리. 한국전문대학교육협의회, 자료 2015-37호. p. 11.

<표 6-18>에서 학사학위 전공심화과정 주간/야간 모집 현황을 보면 모집 인원이 야간 과정이 주간과정보다 절대적으로 많다. 이는 학사학위 전공심화과정의 설립 취지에 잘 부합한다고 생각된다. 그러나 야간과정 등록률이 주간과정보다 낮은 것에 대해서는 원인 분석과 대책 강구가 요구된다.

표 6-19 학사학위 전공심화과정 학생 1인당 등록금(입학금 포함)(2015학년도) (단위: 천원)

구분	학사학위과정(A)	전문학사 학위 과정(B)	비율(A/B*100)	1인당 장학금 (학사학위)
주간	3,196	3,513	88.1	1,247
야간	2,986	3,395	88.7	1,556
평균	3,044	3,439	88.7	1,521

자료: 양한주 (2015). 학사학위 전공심화과정 운영 현황 및 질 관리. 한국전문대학교육협의회, 자료 2015-37호. p. 13.

<표 6-19>에서 학사학위 전공심화과정 학생 1인당 등록금 현황을 보면 학사학위과정이 전문학사 학위과정의 88.7%이고 평균 3백 439천원이었다.

<표 6-20>에서 학사학위 전공심화과정 졸업생 진로 현황을 보면 전체 졸업생의 73.2%가 취업자이고 그 중 55.6%가 현상 유지를 주로 하였다. 나머지는 처우개선을 하였거나 재취업, 이직을 하였다. 일부는 대학원 진학을 하는 경우도 있었다.

표 6-20 학사학위 전공심화과정 졸업생 진로 현황(2015년 2월 졸업자 기준)

구분	취업자					대학원 진학	타대학 진학	기타	합계
	처우개선	이직	재취업	현상유지/단순이직	소계				
주간	101	18	139	465	723	64.2	44	1	385
야간	424	195	477	3,821	4,917	74.7	358	14	1,289
총계	525	213	616	4,286	5,640	73.2	402	15	1,647

자료: 양한주 (2015). 학사학위 전공심화과정 운영 현황 및 질 관리. 한국전문대학교육협의회, 자료 2015-37호. p. 14.

이상과 같이 전문대학의 학사학위 전공심화과정 설치 운영 현황을 분석해 볼 때 현재 문제점으로 제기되는 과제들을 적극적으로 해결하고 운영의 내실화가 이루어져야 한다. 앞으로 전문대학이 지역사회의 평생 직업교육의 센터적인 역할을 수행하는 고등교육기관으로 자리매김 하기 위해서는 학사학위 전공심화과정도 양적 확대보다는 절적 개선이 반드시 선행되어야 한다.

10 역대 정부에서의 전문대학 교육과정 변천(1961~2017)

1) 박정희 · 전두환 · 노태우 정부의 전문대학 교육과정(I) 정책(1979~1997)[58, 59]

박정희 정부 말기인 1979년 단기고등 직업교육기관들이 전문대학으로 단일화 된 후 교육과정의 특성은 교육과정 및 실험 실습 시설 기준령을 제정하고, 이수 단위가 단위제에서 학점제로 바뀌었다는 점이다.

이에 따라 졸업 이수 학점은 80학점 이상3년제 120학점 이상이어야 하고, 1과목당 1학기 3학점 배정을 하도록 하였다. 모형 교육과정을 개발 운영하고, 교양 교과 대 전문 교과의 비는 처음에는 20:80으로 편성 운영하다가 1982년에 20~40:60~80으로 개정하였다. 1989년에 20~30:70~80으로 개정하여 교육과정 운영에 유연성을 부여하였다. 국민윤리, 국사, 교련, 체육 등을 필수교과목에서 삭제하였고 전문 과목은 이론과 실습을 각각 50%로 편성 운영하도록 하였다.

그 후 1993년 2월 24일과 1995년 2월 28일 두 차례에 걸친 「교육법」 개정으로 전문대학의 과정별 이수 단위와 졸업에 필요한 최소 학점 등은 각 전문대학의 학칙으로 정한다로 개정하여 운영하고 있다.

박근혜 정부 때에는 학력보다 능력중심 사회 구현을 강조하는 국가직무능력표준National Competency Standards: NCS 기반 교육과정이 개발되어 편성 · 운영되고 있다.

이와 관련하여 전문대학 교육과정 변천과정을 보면 1979년 전문대학으로 개편되면서 1980년 대 초부터 '무엇을 아느냐의 주지주의 교과중심 교육과정'에서 '무엇을 할 수 있느냐의 능력중심 교육'을 위해 주로 DACUMDeveloping A Curriculum법을 사용한 '직무분석'에 의한 교육과정 개발과 운영이 대학과 전공 학과에 따라 정도 차이는 있지만 지속적으로 전개되어 왔다.[60]

직업교육에서 '무엇을 아느냐'에서 '무엇을 할 수 있느냐'로의 직무 분석에 의한 능력중심 교육과정 개발의 적용은 1940년대 미국이 제2차 세계 대전 당시 학력차가 심한 신병대상 교육을 효율적으로 실시하기 위해 병과별로 직무 분석을 하여 교육과정을 개발 · 운영하

---

58 이무근 (1982). '전문대학 교육과정 구성과 운영'. 1982학년도 전문대학 교수 하계 세미나. 문교부. 1982.8.23~31. pp. 41-102.

59 이무근 · 원상봉 (2000). 직업교육과정과 평가. 교육과학사. pp. 48-57.

60 최홍영 (1986). 직무분석법에 의한 공업전문대학 기계설계과 교육과정의 개발. 서울대학교 석사 학위 논문.

는 데서 시작되었다.

직무분석에 의한 교육과정 개발은 1960년대 Robert F. Mager의 Developing Vocational Instruction이란 저서에서 직무분석에 의한 직업교육과정 개발과 운영에 관한 이론과 실제가 소개되었다. 1970년대에는 10개 영역, 100개 학습모듈로 구성된 능력중심 직업교사교육 Competency Based Vocational Teacher Education이 개발되어 널리 활용되었다. 100개 모듈은 당시 한국직업훈련관리공단 직업훈련연구소에서 번역하여 활용하였다. 이어서 1980년대에 능력중심 교육을 위한 교육과정 개발Curriculum Development for Competency Based Education에 관한 다양한 저서가 출간되고 연구도 활발하게 전개되었다. 이 때 지금도 널리 사용되고 있는 데이컴 DACUM: Developing A Curriculum이 대두되기 시작하였다.[61]

동시에 우리나라 전문대학들도 직무 분석에 의한 교육과정 개발과 운영을 위해 많은 노력을 경주하였다. 직무분석에 의한 사무자동화과, 용접과, 기계과, 자동차과, 원예과, 축산과, 조경과 등의 교육과정 개발이 대표적인 예이다. 특히 그 당시 산학협동에 의한 통신과와 사무자동화과 교육과정 개발이 DACUM 법에 의한 교육과정 모델로 널리 활용되었다.[62] 또한 1980년대 초에는 교육부 지원으로 전국 전문대학에서 용접코스 교육과정 개발 외 157개 분야의 모형 교육과정이 1987년까지 개발되었고 108 종의 교재 및 모듈이 개발되어 활용되었다. 1990년대에 들어서도 대학에 따라 DACUM 법에 의한 교육과정 개발은 지속적으로 이루어져 왔다.[63]

2) 김영삼 · 김대중 · 노무현 · 이명박 · 박근혜 정부의 교육과정 정책(II)(1997~2017)[64]

(1) 교육 목적

전문대학의 교육목적이 1997년 '사회 각 분야에 관한 전문적인 지식과 이론을 가르치고 연구하며 재능을 연마하여 국가사회의 발전에 필요한 전문직업인을 양성함'을 목적으로 한다고등교육법 제47조 1997년 12월 13일 제정, 1999년 8월 31일 일부 개정라고 개정되었다. 그리하여 전문대학의 교육목적이 1979년 '중견 직업인 양성'에서 1997년 '전문직업인 양성'으로 바뀌었다.

61 이무근 · 원상봉 (2001). 직업교육과정과 평가. 교육과학사. pp. 127-168.
62 김상호 외 3인 (1983). 공업전문대학 사무자동화 (O/A) 분야 교육과정 개발 연구보고서, 동양공업 전문대학.
63 강경종 (1999). DACUM Method를 활용한 전문대학의 산학일치형 교육과정 개발. 두원공과대학.
64 한국전문대학교육협의회 (2010). 한국전문대학교육 30년사. pp. 220-254.

(2) 교육과정

전문대학 실험실습실은 1997년 1월 '대학 및 전문대학 실험실습 기준이 철폐'됨에 따라 대학이 자율적으로 운영하게 되었다.

또한 고등교육법 제21조, 48조, 49조, 50조 및 고등교육법 시행령 제 58조와 58조의 2에 의거 교육과정은 각 전문대학의 학칙에 따라 자율적으로 운영할 수 있다.

교육목적이 중견직업인 양성에서 전문직업인 양성으로 개정된 이후 전문학사 학위과정 외에 전공심화과정학사학위과정, 비학위과정과 의료인 양성을 위한 수업연한 4년 과정 신설로 2008학년도부터 학사학위 수여가 가능하게 되었다.

1994년부터 산업체 위탁교육 및 군 위탁생 교육 프로그램 운영, 실업계고교+전문대학 2+2 프로그램 운영, 다학기제와 실습학기제 운영, 협약학과 및 특약학과 등이 설치·운영되었다. 그리고 DACUM 법에 의해 개발된 주문식 교육과정을 학부제계열화 또는 전공 코스제 운영, 특별과정 프로그램 운영, 국제화 프로그램에 활용하였다.

2014학년도부터 특성화 전문대학 육성 사업 선정대상 대학은 일부 전공을 제외하면 의무적으로, 그리고 그 외 전문대학도 국가직무능력표준NCS 기반 교육과정 개발 운영을 권장하고 있다.[65]

전문대학은 평생교육원을 설치하여 다양한 프로그램을 개설·운영하면서 지역사회 주민들에게 교육기회를 제공하고 있다.

또한 전문대학은 체험학습 프로그램을 개발·운영하면서 중학생들의 자유학기제에 의한 진로체험 교육도 제공하는 등 지역사회대학으로서의 역할도 수행하고 있다.

11 이명박 MB 정부의 전문대학 교육(2008~2013)[66]

1) 교육역량 강화 사업을 통한 전문직업기술인 양성

이명박 정부는 인력 양성이 국가발전의 원동력이 되는 지식정보화 사회에 부응하기 위

---

65 교육부 · 한국연구재단 (2015). NCS(국가직무능력표준)기반 교육과정 가이드라인-개발, 운영 및 평가, 질관리. p. 295.
66 이주호 외 (2012). 인재대국 2012. 한국경제신문사 한경BP. pp. 411-415.

해 그동안 강조되던 특성화사업 중심의 전문대학 정책을 2008년부터 전반적인 대학의 교육역량을 강화하고자 하는 '전문대학 교육역량강화사업'으로 정책을 전환하였다. 그리하여 그동안 정부 주도적인 정책에서 대학 스스로 발전 방향을 정하고, 이에 자원을 투자할 수 있는 재량권을 인정하여 대학의 자율성을 제고하는 총괄 재원배분 방향으로 정책이 전환되었다.

그런데 이를 통해 대학의 본질적 기능인 교육역량을 향상시키는 데는 기여했으나, 대학의 특성이 다양함에도 불구하고 동일한 정량지표로 평가를 하므로 대학의 동질화를 유도하고, 대학의 특성화가 미흡해졌다는 문제가 제기되기도 하였다.

2) 세계적 수준의 전문대학 육성

'세계적 수준의 전문대학World Class College: WCC 육성 사업'은 우수 전문대학 중심으로 고등직업교육체제를 개편하기 위한 정책이었다. 상위 15%21개교를 우수 전문대학으로 분류해 집중 육성한다는 계획으로, 3년2011~2013년에 걸쳐 선정하였다. 중등교육 단계에 마이스터고가 있다면, 고등교육단계에서는 WCC가 선도적인 역할을 해 직업교육에 대한 총체적인 인식과 경쟁력을 높이려는 것이다. 2011년에 거제대, 대전보건대, 연암공업대, 영남이공대, 영진전문대, 울산과학대, 제주한라대가 선정되었다. 2012년에는 경기과학기술대, 경북전문대, 아주자동차대, 한림성심대가 선성되어 총 11개 전문대학이 글로벌 역량을 갖춘 한국 최고의 전문대학인 WCC가 되었다. WCC 11개교는 요건 평가, 재정 건전성 평가, 기관역량 평가, 고객 평가 등 4단계 평가를 통하여 선정되었는데 이들 11개교의 2012년 평균 취업률은 71%로 전문대학 전체 평균 60.9%보다 상당히 높았다. 또한 타 대학과 차별화되는 교육 프로그램을 통해 지역산업에 특화된 분야의 전문기술인을 양성하고 있다. 그 후 세계적 수준의 전문대학WCC이 계속 선정되어 2018년 기준 17개교가 되었다.

WCC로 선정된 대학은 한국 최고의 전문대학이라는 명예와 함께 전문대학 교육역량강화사업을 통해 대학 당 평균 5억 원, 총 70억 원의 재정지원을 받았다. 이 밖에도 학사학위 전공심화과정 및 산업체 위탁교육 운영에서도 일반 전문대학보다 폭넓은 자율성이 부여되고 대학별로 특성화된 발전모델 구축을 위해 WCC 특화 프로그램을 운영한다.

3) 산학협력 선도대학 육성

2000년 이후, 점차 일반지원 사업은 축소되고 여러 가지 사업을 통합하여 목적형 사업인 특성화사업에 집중하게 되었다. 1997년부터 2008년까지 12년 동안 특성화사업이 추진되면서 평가에 근거한 시장형 재정지원 방식은 대학 간 경쟁을 촉진하여 한정된 재원을 합리적으로 배분함으로써 재정운영의 효율성 증대와 대학교육의 질을 제고하는 성과를 거두었다.

대학 졸업 후 산업체로의 취업을 목적으로 하는 고등 직업교육의 특성상 산학협력 기반 교육의 필요성에 근거하여 '산학협력중심대학 육성사업'이 2005년 9월부터 2009년 6월까지 총 4년간 지원 사업으로 추진되었다. 1주기 사업이 끝난 후 제2기 사업은 2009년 7월부터 2011년 12월까지 3년간 진행되었다. 이 사업은 '산학협력 선도 전문대학 육성사업Leaders in INdustry College Cooperation: LINC'으로 명칭을 바꾸고 2012년부터 2016년까지 총 5년간 지원하며 매년 120억 원씩 지원하는 사업으로 추진되었다.

산학협력선도전문대학 육성 사업을 통해서는 주문식 교육, 현장실습 학점제, 창의적 종합설계Capstone Design 등 다양한 산학협력 프로그램이 운영되었다. 이를 통해 지역산업과 밀착된 전문대학 직업기술교육을 강화해 지역 중소기업에 우수 기술인력을 공급하였다.

이러한 사업을 통하여 전문대학은 산학협력제도 개선 및 체제 구축을 통하여 산학협력형 대학체제를 구축하고 산학연계 맞춤형 인력을 양성하는 데 성과를 거두었다.

12 박근혜 정부의 전문대학 교육(2013~2017)

교육부는 국가 고용률 70% 달성과 능력중심사회 실현을 위해 2013년 7월 18일 전문대학을 고등 직업교육 중심기관으로 집중 육성하기 위한 주요 5대 과제를 다음과 같이 선정하고 추진 계획도 발표하였다.[67]

첫째, 특성화 전문대학 100개교 육성을 통해 산업핵심인력 양성체제 구축,

둘째, 전문대학 수업연한·학위과정 다양화를 통해 기능 다변화,

67 교육부 (2013.7.18.). 전문대학 육성방안. - 국가 고용률 70% 달성과 능력중심사회 실현-. 국정과제 기본 계획. pp. 1-52.

셋째, 산업기술명장대학원 설치 및 육성을 통해 산업분야별 명장 육성,
넷째, 평생 직업교육대학 육성으로 평생학습 기능 강화,
다섯째, 세계로 프로젝트 추진을 통해 전문대학생의 해외 진출 촉진
위의 다섯 가지 과제의 주요 추진 내용을 요약하면 다음과 같다.

1) 특성화 전문대학 100개교 집중 육성

교육부는 학벌이 아닌 능력중심사회를 주도하고 꿈과 끼를 펼칠 수 있는 매력적인 특성화 전문대학Specialized College of Korea: SCK 육성을 통해 지식기반산업 및 창조경제의 핵심 전문 직업인을 매년 15만 명 양성할 계획을 수립하였다. 이를 구현하기 위해 전문대학을 4개 유형으로 분류하여 특성화 전문대학 100개교를 집중 육성할 계획이었다. 이들 대학에 대해서는 매년 2500~2900억 원WCC 포함내외의 재정을 5개년 간2014~2018년에 걸쳐 지원할 계획이었는데 실제로 1조 3천 7백 2십 9억 원을 지원하였다.[68] 4개 유형은 각각 다음과 같은 기준과 특성이 있었다.

I 유형은 국가전략산업 또는 지역전략산업과 연계된 대학단위 특성화 대학으로 단일 주력계열이 70% 이상이어야 한다.

II 유형은 복합분야 특성화 대학으로 국가전략산업 또는 지역전략산업과 연계된 대학단위 특성화 대학으로 2개 주력 계열이 70% 이상이어야 한다.

III 유형은 프로그램 특성화 대학으로 대학 전체가 특정분야 프로그램주문식 교육이거나 또는 일부학과 중심으로 운영되는 프로그램 특성화대학전체 또는 일부학과 특정 프로그램 대학이다.

IV유형은 평생 직업교육 특성화대학으로 일반 전문대학을 성인중심의 100% 실무형 비학위과정과 학위과정으로 통합·운영하는 평생 직업교육대학으로 전환하는 대학이다.

원래 육성 목표는 대학단위 특성화I 유형 20개교 내외, 복합분야 특성화II 유형 44개교 내외, 프로그램 특성화III 유형 20개교 내외, 평생 직업교육 특성화IV 유형 16개교 내외 총계 100개교를 선정할 계획이었다. 연차별 평가와 중간평가를 거쳐 2018년 7월 기준 I 유형 22교, II 유형 42교, III 유형 7교, IV 유형 10교 총 81개 대학을 선정하여 지원하였다.[69]

이번 특성화 전문대학 육성 사업은 원래 기획한대로 성과를 거두었다고 할 수 있다. 국

---

68 이길순 외 12인 (2019). 특성화 전문대학 육성사업 백서(제1권). 한국연구재단. pp. i-viii, pp. 7-296.
69 한국연구재단 (2018). 특성화전문대학육성사업 제22차 사업관리위원회 별지 자료. pp. 2-6.

가 · 지역 산업이 필요로 하는 우수 인재를 집중 양성하고, NCS 기반 교육과정 운영의 정착으로 산업현장에서 필요로 하는 능력과 역량 중심으로 교육내용을 개편하여 운영함으로써 능력중심사회 기반을 구축하였다. 취 · 창업교육을 통해 국가 고용률을 높이기도 했다. 또한 지역주민을 위한 평생 직업교육 기회가 확대되어 전문대학이 지역사회의 평생 직업교육 센터로서의 기능이 확대되고 전문대학 체질 개선 및 자율적 구조 혁신 추진으로 경쟁력을 강화하였다. 또한 글로벌 역량 강화를 통해 외국인 유학생 및 해외취업자가 증가하는 등의 성과도 있었다.[70, 71]

이상과 같은 5개년에 걸친 특성화전문대학 육성사업이 정권이 바뀌었어도 큰 차질 없이 계획대로 비교적 성공리에 마무리할 수 있었던 것은 교육부, 한국연구재단, 전문대학특성화사업관리위원회 간의 긴밀하고 유기적인 협조체제 아래 공정한 대학 평가 및 선정, 합리적이고 지속적인 관리 · 운영이 잘 이루어졌다는 점을 들 수 있겠다. 예를 들면, 사업의 성과관리를 위해 특성화 대학 선정에 있어 공정성 제고를 위한 치밀한 계획 하에 평가가 이루어졌다. 매년 사업계획 대비 이행실적을 평가하여 환류하는 연차평가를 실시하고, 연차평가 결과는 지원액에 연계하여 가감하였다. 또한 사업개시 2년 후 중간평가를 실시하여 실적 미흡대학은 사업에서 배제하며, 특성화 사업 미 선정 대학 중에서 우수 대학을 추가 선정하였다. 그리고 특성화 전문대학 육성사업 발전협의회를 구성하여 컨설팅, 성과평가와 성과 포럼 등을 통해 사업의 질을 높이고 성과를 공유 · 확산하였다.

아울러 어려운 여건 속에서도 소요 재원을 안정적으로 확보하였다는 것도 큰 도움이 되었다. 무엇보다도 각 전문대학이 특성화 전문대학에 선정되기 위해 무던히 노력하고 선정된 후에도 연차 및 중간 평가를 통해 내실을 기하기 위해 최선을 다했다는 데도 큰 의미를 부여할 수 있겠다.

그런 와중에도 한 가지 아쉬운 점이 있다면 선정된 대학 중 일부가 특성화전문대학 운영기준에 위배되어 중도에 탈락되거나 불미스러운 제재를 받는 경우가 있었다는 점이다.

2) 능력중심 사회 구현을 위한 국가직무능력 표준(NCS) 기반 교육과정 개발 운영

국가직무능력표준NCS 기반 교육과정이란 산업현장에서 필요로 하는 맞춤형 인재를 양성

70 교육부 (2018). 2018년 특성화전문대학육성사업 기본 계획. 교육부 대학정책과 2018.03. pp. 5-6.
71 이길순 외 (2019). 특성화 전문대학 육성사업 백서(제2권) SCK 백서. 한국연구재단.

하기 위하여 산업현장에서 직무를 수행하는데 요구되는 지식 · 기술 · 소양 등의 내용을 국가가 산업부문별 · 수준별로 체계화한 내용과 역량을 교육과정에 편성하여 운영하는 것이다. 현재 우리가 흔히 사용하고 있는 DACUMDeveloping A Curriculum에 의해 개발하고 운영하던 직무분석에 의한 교육과정을 국가수준에서 산업별 · 직종별로 일정 수준 표준화한 것이라고 할 수 있다.

정부는 NCS 기반 교육과정 개발 · 운영을 위해 2000년대 초부터 10 여 년간에 걸쳐 한국직업능력개발원과 한국산업인력공단을 통해 지속적으로 연구해왔다. 이 연구 결과를 토대로 전문대학에서 NCS 기반 교육과정이 편성 운영될 수 있도록 특성화 전문대학 육성 선정 평가에 큰 비중을 두었다.

궁극적으로는 NCS 기반 및 산업수요에 맞추어 수업연한을 1~4년까지 다양화하여 선 순환적 고등 직업교육 체제를 확립하려고 계획하였다. 추진 성과는 체계화된 NCS 기반 교육과정 운영을 통해 직무수행능력이 높은 인력을 양성함으로써 산학간 인력의 미스매치가 완화되고 산업체 만족도가 향상되었다. 더 구체적인 결과는 NCS 백서에 잘 기술되어 있다.[72]

3) 세계적 수준의 전문대학 육성 사업 추진

세계적 수준의 전문대학 육성 사업World Class College: WCC 프로젝트는 전문대학생의 글로벌 취업 역량을 강화하고, 해외에 진출한 국내산업체에 우수 인력을 양성 · 공급하여 세계적 수준의 경쟁력을 갖춘 우수전문대학의 선도 모델을 확립하기 위해 2011년부터 추진되고 있다.

특히 박근혜 정부에 들어서는 해외에 진출한 국내산업체의 우수 인력을 양성하기 위해 연간 20개 사업단에 600명 이상을 양성하여 공급할 계획이었다. 이를 위해 전문대학생 맞춤형 해외취업프로그램I 유령, 외국인 유학생교포포함 맞춤형 프로그램II 유형, 해외 한국산업체 근로자 맞춤형 교육 프로그램III 유형을 개설 운영하였다.[73]

I 유형에서는 전문대학이 해외 산업체와 맞춤형 교육협력을 체결하고, 해당 산업체의 수요를 반영한 주문식 교육과 외국어교육, 현지 산업체 현장실습 등을 실시하여 국내 전문대학생의 해외 취업을 촉진한다. II 유형에서는 외국인 유학생교포 포함에게 해외산업체의 맞춤

72 이길순 외 (2019). 특성화 전문대학 육성사업 백서(제3권) NCS 백서. 한국연구재단.
73 교육부 (2013.7.18.). 국가 고용률 70% 달성과 능력중심사회 구현! 전문대학 육성방안. pp. 36-44.

형 교육을 실시하여 해외진출 기업체의 인력난 해소에도 기여할 것이다. III유형에서는 해외에 진출한 한국 산업체의 외국인 근로자재외국민 · 교포 포함를 대상으로 하여 직무능력 향상을 위한 교육도 실시할 계획이었다,

이러한 다양한 글로벌 교육 · 교류 프로그램 운영을 통해 전문대학의 국제적 취업역량과 외국인 유학생 유치역량을 강화하고, 고등 직업교육의 해외 통용성과 현장성을 높여 나갈 계획이었다. 그리고 이를 구현하기 위해 전국 전문대학 중 글로벌 역량이 뛰어난 20개 사업단을 선정하여 지원할 계획이었다. 2017년 기준 18개 대학을 선정하여 60억 원의 재정지원을 하였다. 구체적인 성과는 WCC 백서에 기술되어 있다.[74]

4) 평생 직업교육대학 육성

평생 직업교육대학은 앞의 '1) 특성화 전문대학 100개 집중 육성' 사업의 IV 유형에 해당된다. 평생 직업교육대학은 재직자, 전직자 및 실직자 등이 수업연한에 제한 없이 등록과 이수를 자유롭게 반복할 수 있도록 비학위과정과 학위과정이 국가직무능력표준NCS에 근거한 100% 실무형 모듈식 교육과정으로 통합 · 운영하였다.

수업연한은 NCS 기반 교육과정에 따라 1년 내외부터 4년까지 신축적으로 할 수 있게 하고, 비학위과정의 이수학점은 정규 학위 과정 등록 시 누적학점으로 인정되어 전문학사 학위 또는 학사학위를 받을 수 있게 된다.

평생 직업교육대학은 기존 전문대학을 시 · 도별로 각 1개교씩 총 16개교를 전환하여 운영할 계획이었으나 2018년 기준 10개교를 선정하여 운영하고 있다.[75]

5) 취업보장형 고교, 전문대학 통합교육 육성사업(Uni-Tech) 추진

Uni-Tech 사업에 대하여는 이미 제4장의 <표 4-17>에서 일 · 학습병행제와 비교하면서 특성을 설명하였다. Uni-Tech 사업은 중학생이 입시 및 취업부담 없이 미래직업과 연계된 맞춤형 직업교육을 통해 숙련 기술인으로서의 성장을 지원하고 졸업과 동시에 취업을 할 수 있는 새로운 직업교육 경로이다.

---

74 이길순 외 (2019). 특성화 전문대학 육성사업 백서(제4권) WCC 백서. 한국연구재단.
75 교육부 (2013). 전문대학 육성 방안. 보도자료. 2013.7.18. pp. 11-12.

이 제도는 특성화 고등학교와 전문대학 그리고 기업이 컨소시엄을 형성하여 특성화 고등학교에서 3년, 전문대학에서 2년 총 5년간 교육을 이수하고 방학과 학기 중 필요에 따라 기업 현장에서 현장실습과 교육과정을 이수한다. 졸업과 동시에 컨소시엄에 협약된 기업에 취업하는 취업보장형 고교 · 전문대 통합교육 체제이다. 2015년 기준 16개 사업단16개 전문대학, 16개 고교에 91개 기업이 참여하고 있다.[76]

13 요약 및 논의

1) 요약

「고등교육법 제2조」에 규정된 학교의 종류 중 대표적인 단기 고등 직업교육 기관은 전문대학이라고 할 수 있다.

광복 후 전문대학 체제를 보면 1960년 이승만 정부까지는 정확이 말해서 단기 고등 직업교육기관이라고 말할 수는 없지만 2년제 초급대학이 있었다. 그 후 박정희 정부1961~1979 때에는 기존의 초급대학과 경제개발 5개년 계획에 따른 중견산업기술인 양성을 목적으로 1963년 중학교 졸업생을 입학자격으로 하는 5년제 실업고등전문학교 체제를 신설하였다.

그러나 여러 가지 문제가 제기되어 1970년도부터 고등학교 졸업생을 입힉자격으로 하는 2년제 전문학교가 설립되었다. 1970년대에는 이들 초급대학, 실업고등전문학교, 전문학교 등 3종류의 단기 고등 직업교육 기관들이 교육목적, 학과편제, 교육과정 편성 및 운영 등의 관점에서 차별화도 없이 운영됨으로써 고등 직업교육 기관 간에 혼돈을 초래하였다.

이 문제를 해결하기 위해 1977년 교육법을 개정하여 1979학년도부터 초급대학, 실업고등전문학교, 전문학교를 전문대학으로 단일화하고 발전계획을 수립하여 추진하였다.

그러나 1970년대 말 오일 쇼크로 인한 경제 침체, 유신체제에 대한 반항, 박정희 대통령 서거로 인한 정치 · 사회적 불안, 제4차 경제개발 5개년 계획1977~1981 추진의 불확실 등으로 전문대학 발전 계획 추진에 차질이 생겼다.

설상가상으로 1980년대 초에는 전두환 정부의 불안한 출범, 전문대학 학생 정원 과다 증

76 고용노동부 · 교육부 · 한국산업인력공단 (2015.11.11.). '취업보장형 고교 · 전문대 통합교육 육성사업 (Uni -Tech). 내부자료. p. 9.

원 정책으로 인한 학생 정원 미달, 경제 침체로 인한 전문대학 졸업생들의 취업난 등이 겹쳐 전문대학에 여러 가지 문제가 제기되었다.

전두환 정부1980~1988는 이런 문제 해결을 위해 다각적인 전문대학 정책을 추진하였다. 즉, 산업수요에 부응하는 중견직업인 양성을 위해 여러 분야에 걸쳐 신설 학과를 개발하여 1979~1984년 5개년 동안에 학과 수는 51%, 학과의 종류는 44% 증가, 산업체가 요구하는 역량을 개발하기 위해 직무분석에 의한 교육과정 개발 운영, 교수 역량 개발을 위한 국내외 교원 연수 강화, 교육차관 사업에 의한 시설 · 설비 확충, 부실 전문대학 및 학과의 통 · 폐합 및 정비, 전문대학 학생 수를 1979년 75,205명에서 1985년까지 6개년 동안에 242,114명으로 3.2배 증가 등을 추진하였다

그 후 노태우 정부1988~1993에서도 지속적인 전문대학 학생 정원 증원 정책과 산업체 근로자에게 특별 전형 확대를 통한 입학 기회 확대 정책을 추진하였다.

김영삼 정부1993~1998에서는 전문대학 교육목적을 '중견직업인 양성'에서 '전문직업인 양성'으로 개정하고 전문대학 명칭에 '전문' 사용을 자율화 하였다. 평생 직업교육체제 구축의 일환으로 전문계 고교와 전문대학 간에 2+2 연계체제를 강화하였다. 전문대학 졸업생을 대상으로 비학위 수업년한 1년의 전공심화과정을 설치하였다. 농촌지역발전을 위해 각 도별로 공립전문대학을 1~2개교씩 설립하였다. 1997년 전문대학 졸업생에게는 전문학사 학위를, 기능대학 졸업생에게는 산업학사 학위를 수여할 수 있는 법을 제정하였다. 산학협력체제 강화는 김영삼 정부뿐만 아니라 김대중, 노무현, 이명박, 박근혜 정부에서도 계속 적극적으로 추진되었다.

전문대학 재정지원 정책은 1990년 이전에는 공업계열 육성을 위해 공업계열 학생수에 비례해서 실험 실습 기자재 확보를 위한 일반재정지원 사업이었다. 1990년대 중반 이후부터는 대학 간 경쟁을 기반으로 대학교육의 질을 개선하기 위해 평가와 재정지원을 연계하기 시작하면서 1997년 전문대학 특성화사업이 시작되었고, 이후 특수목적 재정지원 사업이 추진되었다.

전문대학에 대한 재정지원 규모는 특성화사업이 시작되던 김영삼 정부의 1997년에 988억, 김대중 정부의 2,000년에 1,700억, 노무현 정부의 2008년에 2,120억, 이명박 정부의 2011년부터 2,700억 규모로 확대되었다. 박근혜 정부에서는 특성화 전문대학 사업으로 2014년도부터 매년 2500억~2900억 원 내외를 2018년까지 5년 동안 1조 3천 7백억 원을 지원하였다.

노무현 정부의 대표적인 전문대학 정책은 네 가지이다. 첫째, 전문대학 교원과 4년제 대학 교원 간에 호봉 단일화와 여비 규정 개정을 통하여 전문대학 교원복지 정책을 강구하였

다. 둘째, 전문대학 구조 개혁을 통하여 대학 간 통폐합을 추진하였다. 셋째, 정보공시제를 통하여 대학의 질적 개선을 강화하였다. 넷째, 전문대학이 지역사회의 평생 직업교육센터의 역할을 수행할 수 있도록 학사학위 전공심화과정을 설치 운영하였다.

이명박 정부는 2011년 대학 명칭에 '대학교' 사용을 자율화 하였다. 그래서 지난 20년 동안에 전문대학의 교육목적이 '중견직업인 양성'에서 '전문직업인 양성'으로 바뀌었다. 전문대학 명칭에서 대부분 경우 '전문'이 삭제되고 '대학college' 대신에 '대학교university'로 사용하고 있다. 그러나 전문대학 졸업생에 학위는 '전문학사'를 수여하고 있다. 이런 '전문'과 '대학교'란 용어 사용의 혼돈과 변화과정을 거치면서 전문대학의 정체성이 모호해지고 있다.

1990년대와 2000년대의 전문대학의 이런 변화 과정을 보면, 일부는 마치 개방대학산업대학이 1980년대에 태동되어 2000년대 초까지 변화되던 발자취를 15년 뒤에서 따라가는 인상을 갖게도 한다.

박근혜 정부는 특성화 전문대학 100개를 집중 육성하기 위해 전문대학을 4개 유형으로 분류하여 매년 2500~2900억WCC 포함 내외의 재정을 5개년 간2014~2018년에 걸쳐 1조 3천 7백억 원을 지원하였다.

특성화 전문대학 육성사업의 대표적인 성과로는 첫째, 각 대학별로 강점 계열 중심특성화와 학과 구조 개편을 통해 사회수요 지향적 구조 혁신을 이루었다. 둘째, 능력사회 중심 구현을 위한 국가직무능력표준NCS 기반 교육과정을 개발 · 운영하여 직무수행 능력이 우수한 인력을 양성하고 수업연한을 다양화하였다. 셋째, 취 · 창업교육강화를 통해 취입률이 향상되고 창업자 수가 증가하여 국가 고용률을 높였다. 넷째, 비학위과정과 학위과정의 통합 운영을 통해 성인중심 평생교육체제로 전환하는 실천적 평생 직업교육대학 모델을 제시하였다. 다섯째, 특성화 발전전략에 부합하는 선도적 모델을 발굴하여 전체 전문대학에 발전 방향을 제시할 수 있는 세계적 수준의 전문대학World Class College: WCC을 선정하여 육성하였다.

특히 박근혜 정부의 5개년2014~2018에 걸친 특성화 전문대학 육성사업을 정권이 바뀌었음에도 불구하고 큰 변동 없이 지속적으로 추진하였고 추진 내용과 성과를 종합적으로 분석하여 당초 설정한 정책 목표의 달성 정도, 사업 내용별 추진 성과, 파급 효과, 애로 및 문제, 향후를 위한 정책 제언 등을 담은 '특성화 전문대학 육성사업 백서'[77]를 4권으로 분류하여 발간한 것은 향후 전문대학 정책 수립에 큰 도움이 될 것으로 여겨져 높이 평가할 사항이다.

역대 정권은 전문대학이 시대 변화에 맞춰 산업사회가 필요로 하는 다양한 분야의 중견

77 이길순 외 (2019). 특성화 전문대학 육성사업 백서(제1권~제4권). 한국연구재단.

직업인을 양성하도록 정책을 수립하여 추진하여 왔다. 특히 전체 전문대학의 95% 이상이 사학인 점을 감안하면 그 동안 이들 대학들의 노력과 성과를 높이 평가하여야 할 것이다.

광복 후부터 시작한 여러 형태의 단기고등 직업교육 기관은 1979년에 전문대학으로 단일화 되었다. 그 후 전문대학으로서의 기반을 구축하기까지는 관 주도의 전문대학 정책이 수립되었다고 할 수 있다.

그러나 전두환 정권이 대통령 자문 교육개혁심의회를 조직 운영한 이후 역대 대통령들이 대통령 자문 교육정책위원회를 조직 운영하고, 1990년대 들어 한국전문대학학교육협의회의 발족 운영, 한국직업능력개발원 설립, 전문 학술단체 회원 및 산업체 인사의 전문대학 교육 정책 자문에 적극 참여하게 됨으로써, 민간단체가 전문대학 교육 정책 수립과 추진에 크게 도움이 되었다고 할 수 있다.

그동안 정부의 전문대학 교육정책 변화 추이를 요약하면 <표 6－21>과 같다.

표 6-21 역대 정부의 전문대학 교육정책 변화 추이

구분	전문대학 육성 방향	주요 정책
교육부의 다양한 단기고등 직업교육기관을 전문대학으로 단일화 계획(1979)	단기 고등 직업교육 기관을 전문대학으로 단일화	• 초급대학, 실업고등전문학교, 전문학교를 전문대학으로 단일화 • 전문대학 교육 목적을 중견직업인 양성으로 설정(교육법 제 47조) • 성격은 종국교육, 중간교육, 계속교육의 기능을 가지되 당분간 종국교육에 중점 기능을 둠 • 수업연한 2~3년으로 함 • 입학 및 편입학은 원칙적으로 대학예비고사 합격자로 함 • 교육과정은 단위제에서 학점제로 전환 • 교수의 주된 역할은 연구 보다 교수(teaching)에 둠 • 산학 협동 체제 강화 • 졸업자의 취업 대책 적극 강구
교육부의 전문대학 체제 개선 계획(1984)	• 전문대학을 직업교육 기관으로서의 기능 정착 • 산업체가 필요로 하는 중견직업인을 양성하도록 함 • 청소년 및 성인근로자들의 계속교육 기회 제동	• 우수학생 입학 유치 확대 • 우수 교원 확보와 자질 향상 • 실험 실습 시설의 확보와 지원 • 직무분석에 의한 교육과정 개발 강화 • 전문대학 평가 내실화 • 전문대학 설립 요건 강화 • 산학협동 강화 • 졸업생 진로 대책 강화 • 전문대학 정비 추진

대통령 자문 교육개혁심의회(1987)	• 전문대학의 기능 및 체제에 다양성 부여 • 전문대학 교육의 질적 개선 • 행정 및 재정 운영의 자율성 신장 • 사회적 여건의 개선	• 전문대학 기능 및 체제 정립 • 교육과정 조정 및 운영의 내실화 • 정원 정책에 융통성 부여 • 산학협동의 활성화 • 전문대학 교수개발(faculty development) 강화 • 지원 체제 강화 • 졸업생 진로 대책 강화 • 사회 여건 개선
대통령 자문 교육정책자문회의(1992)	직업기술교육 기관, 계속 교육 기관으로 육성	• 단계적 직업교육체제 확립: 실업고–전문대–대학 • 개방체제로 운영 • 교육과정의 수직적 연계 및 기술자격체계 부합
대통령 자문 교육개혁위원회(1996)	고등교육 단계의 중추적 직업교육기관으로 육성	• 고교+전문대 (2+2) 연계 교육과정 운영 • 전문대+개방대 · 일반대(2+2) • 전문대 + 방송대 • 소규모 특성화 전문대학 설립 • 신대학: 산업학사과정(2+2), 학사과정(2+2)
교육부의 교육발전 5개년 계획(1999)	전문 직업기술 인력 양성 중추 기관으로 특성화	• 실업고 · 전문대(2+2) • 실업고+전문대+일반대(2+2+2) • 대학간, 대학내 학과간 통 · 폐합 및 교수 공동제 운영 • 수요자 중심 교육과정 운영을 위한 인적 · 물적 구조 개편
대통령 자문 새교육공동체위원회(2000)	전문대학의 단력적 · 다원적 운영	• 학점은행제 • 다학기제 · 전공심화과정 운영 • 전문교육과정(일반고), 연계교육과정(실업고), 직업교육과정(산업체)운영
교육부의 전문대학 교육 발전 방안(2001)	전문대학 교육의 위상 정립, 실용적인 전문기술인 양성기관으로 육성, 협력적 특성화 추진, 평생 직업교육기관으로서의 역할 수행	• 전문 직업기술교육의 질 제고 • 계속교육 체제의 구축 • 지역별, 설립별, 대학별 특성에 따른 균형적 육성 • 정부 재정 지원의 효율성 제고
대통령 자문 교육인적자원정책위원회(2001)	특별한 언급 없음	• 전문 직업교육 분야 우수 프로그램 인증으로 교육 질 향상 • 수도권 대학 정원에 총량적 규제
교육부의 대학구조개혁(2004)	전문대학 구조 개혁	• 대학 정보공시제 도입 • 전문대 전임교원 확보율 준수: 2009년까지 50% 확보 • 대학 간 다양한 통합 • 전문대학이 4년제 대학 개편 시 입학정원 60% 감축
대통령 자문 교육혁신위원회의 직업교육체제 혁신 방안(2005)	지역사회의 평생 직업교육기관으로서의 역할 강화	• 실업고 · 전문대, 산업체 협약학과 설치 운영 • 지역산업체 · 전문대 연계 '산업기술교육단지' 육성 • 근로자 재교육, 계속교육 강화 • 직업훈련 과정에 고용보험기금 지원 확대

교육부의 특성화 전문대학 육성사업 계획(2013)	전문대학을 고등 직업교육 중심기관으로 육성	• 특성화 전문대학을 4개 유형으로 분류하여 100개 대학 육성 • 능력중심사회 구현을 위한 국가직무능력표준(NCS) 기반 교육과정 개발 운영 • 세계로 프로젝트 운영 • 취업 보장형 고교·전문대학 통합 교육사업 (Uni–Tec) 추진

자료: 1) 박병용, 정우현(1991). 전문대학 발족들 위한 기초 연구. 정태수 · 조규향 편저 일봉 정태수 박사 회갑 농촌(1). 한국교육정책 개발사. pp. 681-764.
2) 이무근 외 4인(1983). 전문대학 체질 개선 방안 연구. 교육부.
3) 교육개혁심의회(1987). 전문대학 육성 방안. 정책연구 III-4. pp, i - x .
4) 한국전문대학교육협의회(2010). 1979~2008. 한국전문대학 교육 30년사. p. 128.
5) 교육부 전문대학 지원과(2001). 전문대학 발전방안. 내부자료. pp. 1-37.

2) 논의

지난 75년 동안의 전문대학 정책 변동 과정을 고찰하면서 다음과 같은 논의 주제를 제안한다.

(1) 고등교육기관의 여러 유형 중에서 전문대학 고유의 특수한 역할과 기능은 무엇일까?

일반적으로 전문대학의 주된 역할과 기능은 전문직업인 및 관련직 종사자 양성, 성인교육 실시, 지역사회 봉사, 고등교육 대중화에 기여 등이라고 할 수 있다.

이들 역할을 수행하기 위해 다수 국가의 전문대학들은 대부분 국공립이고, 납입금이 저렴하며, 교육대상은 청소년과 성인인데 25세 이상 성인이 더 많다. 이에 따라 전일제 학생full time students보다 정시제 학생part time students이 더 많고, 수업연한이 다양하면서 비교적 짧은 단기고등 직업교육기관이라는 특성이 있다.

우리나라 전문대학은 다른 나라에 비해 사학 비중이 절대적으로 높다. 이로 인해 교육비용의 등록금 의존율도 높다. 비록 국가장학금제도가 도입되어 과거에 비해 다소 개선되었지만 소외된 사회계층에게 평등한 기회로서 고등교육 기회를 제공하는 의미가 높은 편은 아니다.

이런 상황 속에서 전문대학이 더욱 발전하기 위해서는 다른 고등교육기관들과 차별화할 수 있는 고유의 역할 정립이 필요하다. 정립된 역할과 기능은 전문대학 구성원 모두에게 내면화 되고 국민이 긍정적으로 인식할 수 있어야 할 것이다.

(2) '전문직업인 양성'이란 전문대학의 교육목적은 성취 가능한가?

전문대학의 교육 목적이 '중견직업인 양성'1979에서 '전문직업인 양성'1997으로 바뀌고, 교명을 '전문대학technical junior college'에서 대학college으로, '대학college'에서 '대학교university'로 사용 자율화2011되면서 고등교육에서 전문대학의 이미지와 정체성이 모호해지고 있다. 반면에 외형적으로는 폴리텍 대학이 전문대학의 기능을 수행하고 있는 것으로 인식하게 하고 있다.

전문대학은 실현 가능한 교육목적을 설정하고 다른 대학과는 차별화된 특성을 찾아야 할 것이다. 이에 부응해서 미래지향적인 프로그램 개발과 교육내실화를 통해 질적인 면에서 국제 경쟁력 있는 직업인을 양성할 수 있어야 한다.

(3) 이상적인 국 · 공립 전문대학과 사립전문대학 간의 구성비는?

1970년대 말까지만 해도 우수 국립 전문대학이 시 · 도마다 설립 운영되었다. 이들 국립 전문대학들은 지역별로 중견기술인력을 양성하는 튼튼한 버팀목이 되었다.

그러나 1980년대 초 국립전문대학을 개방산업대학으로 개편하기 시작한 후, <표 6-22>에서 보는 바와 같이 20여 년이 지나면서 모두 일반대학으로 개편하였거나 통합하였다.

이들 대학들은 개편 후에도 전문대학 당시 전공학과를 대부분 유지 운영하다보니 전문대학들은 전문대학에 적합한 전공학과를 4년제 대학에서 설치 · 운영하고 있다고 비판하면서 불만을 토로한다.

그 후 1990년대 중반부터 앞의 <표 6-9>에서 보는 바와 같이 도별로 입학정원 1000명 미만의 공업계열 중심의 도립 전문대학을 1~2개 설립 운영하고 있지만 국 · 공립 전문대학으로서의 역할과 특성도 미미한 실정이다. 결과적으로 우리나라 단기고등 직업교육은 거의 사학에 의존95%하고 있어 이에 대한 대책 강구가 필요하다.

이를 OECD 국가의 전문대학 학교 유형과 비교해보면 OECD 평균은 국공립학교 59%, 정부 의존형 사립학교 23%, 독립형 사립학교 17%이다. 이를 몇 개 나라를 대상으로 공립학교:정부 의존형 사립학교:독립형 사립학교 구성비%를 비교해보면 미국은 78:0:22, 영국은 0:100:0, 독일은 54:46:0, 호주는 72:20:8, 일본은 8:0:92, 한국은 2:0:98로 나라마다 다르다.

그러나 한국과 일본, 네덜란드90%와 칠레94% 등의 독립형 사립학교 형태의 전문대학 운영을 제외하면 대부분의 OECD 회원국의 전문대학은 국공립학교나 정부 의존형 사립학교 형태로 운영되고 있다. 그래서 독일, 핀란드, 오스트리아 같은 나라는 독립형 사립학교가

표 6-22 1980년대 이후 국·공립전문대학의 4년제 대학으로의 개편 및 통·폐합 상황

지역	전문대학명	변동 상황	현재 대학명
서울	경기공업전문대학 국립의료원간호대학	경기공업개방대학으로 개편 후→ 일반대학으로 개편 성신여자대학교와 통합	서울과학기술대학교 성신여자대학교 간호대학
강원	삼척공업전문대학	삼척공업개방대학으로 개편 후→ 강원대학교와 통합	강원대학교 삼척캠퍼스
	원주전문대학	강릉대학교와 통합	강릉원주대학교 원주캠퍼스
경기	인천전문대학(공립) 안성농업전문대학 세무대학	인천대학교와 통·폐합 안성산업대학으로 개편 후→ 일반 대학으로 개편 2001년 해체	인천대학교 제물포캠퍼스 한경대학교 폐교
충북	충주공업전문대학 청주과학대학	충주산업대학으로 개편 후→ 청주과학대학과 통합 후→ 일반대학으로 개편 후→ 철도대학과 통합 충주산업대학과 통합	한국교통대학교
충남	대전공업전문대학	대전공업개방대학으로 개편 후→ 일반 대학으로 개편	한밭대학교
	천안공업전문대학	공주대학교와 통합	공주대학교 천안캠퍼스
	예산 농업전문대학 공주문화대학	공주대학교와 통합 공주대학교와 통합	공주대학교 예산캠퍼스 공주대학교 영상보건대학
전북	이리농공전문대학	전북대학교와 통합	전북대학교 익산캠퍼스
	군산수산전문대학	군산대학교 수산대학으로 통합	군산대학교
전남	순천농업전문대학	4년제 순천대학으로 개편	순천대학교
	여수수산전문대학	여수수산대학교로 개편 후 → 전남대학교와 통합	전남대학교 여수캠퍼스
	목포해양전문대학	4년제 목포해양대학으로 개편	목포해양대학교
경북	상주농잠전문대학	상주산업대학으로 개편 후 → 경북대학교와 통합	경북대학교 상주캠퍼스
부산	부산공업전문대학	부산개방대학으로 개편 후 → 부산수산대학과 통합	부경대학교
경남	밀양농잠전문대학	밀양산업대학으로 개편 후 → 부산대학교와 통합	부산대학교 밀양캠퍼스
	진주농업전문대학 통영수산전문대학	진주 산업대학으로 개편 후 → 일반 대학으로 개편 경상대학교 수산과학대학으로 통합	경남과학기술대학교 경상대학교

자료: 각 대학 홈페이지 대학연혁 및 한국직업능력개발원(1998). 한국직업교육훈련 100사.

0%이다. 반면에 영국은 정부 의존형 사립학교가 100%이다.[78]

이상과 같은 OECD 회원국의 사례를 분석해 보면 우리나라는 국·공립과 사립 전문대학이 균형 있게 발전할 수 있는 장기적이고 일관성 있는 고등 직업교육 정책 수립이 요구되고 있다.

78 최창균 · 유한구 · 양정승 (2015). 고등 직업교육의 재정 및 의사 결정 시스템에 관한 연구. 한국직업능력개발원 기본연구 2015-8. p.116.

(4) 전문대학의 역할과 기능을 수행하기 위한 이상적인 체제와 프로그램은?

전문대학은 그동안 체제가 너무 빈번하게 개편되면서 고등 직업교육기관으로서의 기반을 구축하는 데 어려움이 있었다. 일본은 1962년에 설립한 60개 내외의 5년제 고등전문학교가 현재도 국제적으로 우수 중견기술인 양성기관으로 인정받고 있다. 우리나라는 1963년에 설립한 5년제 실업고등전문학교 체제가 10년도 지속하지 못하고 1970년에 사실상 폐지되었다. 그 후 전문학교 체제가 신설되었고 1979년에는 초급대학, 실업고등전문학교, 전문학교가 전문대학으로 단일화되는 등 전문대학 체제가 빈번하게 변경되었다. 1980~1990년대에 들어서는 국립 전문대학이 모두 일반대학으로 개편 또는 통폐합되면서 전문대학의 95%가 사립 전문대학이다.

현제 전문대학은 2~3년제를 주축으로 하면서, 위로는 간호대학을 중심으로 한 4년제 학사학위과정, 학사학위 전공심화과정, 평생 직업교육대학, 일학습병행제 등이 있다. 아래로는 다양한 장 · 단기 평생 직업교육 프로그램도 있다.

전문대학의 체제가 다양하다는 것은 바람직한 형상이기도 하지만, 양적 확대 못지않게 질적 향상을 통해 국제 경쟁력 있는 체제와 프로그램 개발이 필요하다.

이제 우리나라 전문대학들도 WCC 대학을 표방하였듯이, 우리의 전문대학 체제와 프로그램을 외국에 수출할 수 있을 정도로 질적으로 경쟁력이 있어야 할 것이다. 이런 관점에서 볼 때 전문대하은 뷰티 산업과 같은 한국이 비교 우위에 있고 전문대학의 입장에서도 국제 경쟁력이 있는 뷰티분야 전공학과를 다각적으로 개발하는 것도 하나의 방안일 수 있다. 1980년대 초 위기에 처했던 전문대학 발전을 위해 전문대학에 적합한 전공학과를 적극적으로 개발했던 사례도 참고할 만하다.

또한 NCS 기반 교육과정 개발과 운영을 통해 산업사회가 필요로 하는 우수한 직업인 양성을 우선적으로 실시하여야 할 것이다.

(5) 전문대학의 지역사회 평생 직업교육훈련 센터로서의 역할 강화 방안은?

전문대학의 정체성을 확립하고 특성화하는 하나의 방법은 전문대학의 역할 중의 하나인 성인교육을 강화하는 방안이다. 미국의 커뮤니티 칼리지community college 재학생의 평균 연령이 28세이고, 22세 이상이 63%이며, 정시제定時制학생이 61%이다. 반면에, 한국은 전문대학 재학생 중 25세 이상은 9.6%에 불과하다. 이는 미래 변화에 대비하여 한국의 대학, 특히 전문대학들이 역할을 정립하고 교육목적을 설정하며 발전 방향을 모색함에 있어 도움이 될 것이다.

그런데 전문대학이 지역인적자원개발과 평생교육의 센터 역할을 수행하기 위해서는 지역별로 공립 성격의 전문대학을 선정하여 행·재정적으로 지원하는 것이 바람직하다. 앞에서 이미 언급하였듯이 세계적으로 영국, 네덜란드, 일본, 칠레 등을 제외하면 전문대학은 평균해서 국공립59%, 정부 의존형 사립23%, 독립형 사립17%의 순위로 설립·운영되고 있다. 한국은 독립형 사립전문대학이 95%이어서 이에 대한 대책 강구도 요구된다.

(6) 전문대학의 안정적 재정 확보 방안은?

우리나라 전문대학의 재정 현황을 보면 몇 가지 특징이 있다. 첫째, 등록금 의존률이 높다. 사립 전문대학의 수입구조에서 등록금이 차지하는 비율이 2014년 기준 60.3%이다. 등록금도 일반 대학과 차이가 크지 않은 높은 수준이다. 이는 미국의 전문대학community college와 technical college과 같이 지역에 소재하는 단기고등 교육기관의 저렴한 교육비용으로 고등교육기회를 제공함으로써 고등교육의 접근성을 높여 교육기회를 제공하고 직업기술교육을 강화하는 체제와는 대조적이다.[79]

둘째, 사립 전문대학의 법인 전입금이 1% 수준으로 법인 전입금이 거의 없다.

셋째, 외부로부터의 기부금이 적다.

넷째, 앞에서 이미 지적하였듯이 일반 대학에 배해 정부 재정 지원금이 적다.[80] 전문대학에 대한 재정 지원은 학교 수와 학생 정원의 관점에서 볼 때 대학에 비해 상대적으로 너무 적다. 대학 대비 전문대학의 학교 수는 42.4%, 입학정원은 36.7%인데 전체 대학 대비 전문대학의 재정지원 비율은 7.3%에 불과하다. 사립대학 대비 사립 전문대학 재정 비율은 19.6%에 불과하다. 때문에 전문대학에 대한 정부 재정지원의 획기적인 증액과 다각적인 재정 지원 확보책 강구가 절실하다.

이렇게 재원 확보가 어렵게 되다 보니 사립 전문대학들은 재원확보 방안의 하나로 한 동안 학생 정원을 무리하게 증원함으로써 지역별 학생 자원 부족으로 전문대학 간에 여러 가지 불미스러운 문제가 발생하기도 했다. 현재도 대학 적령인구 감소로 학생 정원 감축을 비롯한 다각적인 구조조정 방안이 추진되고 있다.

이렇게 어려운 재원확보 문제를 해결하기 위해서는 미국의 Carl D Perkins Act V와 같은

---

79 윤정아 (2004). 한국 전문대학의 기능과 분화과정-인력 수요와 사회적 수요 사이의 갈등. 서울대학교 사회학 석사학위 논문. pp. 45-55.

80 유한구 · 김태준 외 (2018). 미래 인재개발과 교육혁신. 경제 · 인문사회연구회 협동연구총서 18-16-01. pp. 194-197.

직업교육 재정지원 교부금법 제정을 제안한다.

(7) 전문대학이 지향해야 할 궁극적인 방향은?

장기적으로 고등교육에서 대학과 전문대학의 역할과 기능의 차별화와 특성화, 이를 통한 과감한 구조 개혁, 특히 전문대학은 학생과 지역사회의 요구와 기업의 인력 수요를 충족시킬 수 있는 대학으로 발전시킬 수 있는 대책 강구가 절실하다.

전문대학의 당면 과제로는 앞서 논의된 고등교육에서의 전문대학 정체성 확립 문제, 학령인구 감소와 평균수명 연장으로 인한 노인인구 증가에 대한 대책, 과학기술변화, 세계화, 사회문화 변화, 노동시장 변화, 포스트 코로나19의 변화 등 미래 변화에 대비한 종합적인 대책 수립 문제, 이들 과제 해결에 필요한 재원 확보 문제, 학력에 따른 임금격차 해소 대책 등이라고 할 수 있다.

궁극적으로 전문대학은 저렴한 학비로 국민 누구나가 적성에 맞고 하고 싶은 일에 필요한 지식과 기술을 배울 수 있는 대학, 졸업과 동시에 원하는 직업에 취업할 수 있도록 학생들의 역량을 개발해 주는 대학, 근로자가 필요에 따라 직무능력 향상이나 직업 전환을 위해 지식과 기술을 배울 수 있는 가장 실용적인 대학, 지역사회 성인들이 학습하기를 원하는 성인교육 프로그램이 가장 우수한 대학, 지역사회와의 산학협력이 잘 이루어져 지역사회 주민들이 전문대학을 우리 지역사회의 평생 직업교육 중심대학으로 인식하는 대학이 되도록 특성화되어야만 한다. 그리고 그 성과가 대학의 노력과 졸업생들의 진로 결과를 통해 입증할 수 있어야 할 것이다.

표 6-23 연도별 · 학력별 임금의 상대적 격차 추이 (단위: %)

구 분	전학력	중졸 이하	고 졸	전문대졸	대졸 이상
1975	83.3	57.2	100.0	136.2	214.4
1980	96.9	72.7	100.0	145.7	217.3
1985	104.5	79.3	100.0	129.5	214.7
1990	108.0	87.7	100.0	116.7	174.7
1995		91.0	100.0	109.0	147.0
1998		88.0	100.0	107.0	149.0
2006	112.8	87.9	100.0	108.0	155.4
2010	105.2	92.7	100.0	117.6	150.7
2015	124.7	84.8	100.0	110.9	145.7

자료: 노동부, 임금구조 기본통계 조사보고서, 각 년도.

PART
04

평생 직업교육훈련과 지원 체제

CHAPTER 07

평생 직업교육훈련

01 평생 직업교육훈련의 개념과 역대 정부의 평생 직업교육훈련정책 개요

1) 평생 직업교육훈련의 개념

평생교육은 광의와 협의의 의미에서 정의할 수 있다. 광의의 의미에서 평생교육이란 요람에서 무덤 전까지 전 생애에 걸쳐 교육의 수직적 통합과 가정교육, 학교교육, 사회교육이라는 수평적 통합을 전제로 한 통합적 교육 개념을 의미한다. 협의의 의미에서 평생교육은 학교의 정규 교육과정을 제외한 조직적 교육개념으로 사회교육 개념과 유사한 의미이다.[1]

2007년 개정된 「평생교육법」에서 「평생교육이란 정규 학교 교육과정을 제외한 학력보완교육, 성인 문자해득교육, 직업능력 향상교육, 인문교양교육, 문화예술교육, 시민참여교육을 포함하는 모든 형태의 조직적 교육활동」이라고 규정하고 있다. 따라서 우리나라에서는 평생교육을 법적으로는 협의의 의미로 사용하고 있다.

1 최운실. '평생학습 정책의 변동'. 김신복 외 (2017). 교육정책의 변동과 전망. 서울대학교출판문화원. pp. 350-352.

그러나 이 책에서는 앞뒤 문맥에 따라 광의와 협의의 의미에서 평생교육이란 단어를 혼용하여 사용하였다. 개인적 입장에서 필자는 광의의 의미에서의 개념을 받아들이면서 제3부의 제7장에서는 좁은 의미의 평생교육 개념을 사용하였다. 그 중에서도 직업교육훈련과 관련된 사회교육을 평생 직업교육훈련이란 용어로 사용하였다. 협의의 의미에서 평생교육에서는 직업교육보다는 직업훈련의 성격이 강하기 때문에 직업훈련이란 용어를 주로 사용하였다.

평생교육기관 분류체계는 학자에 따라 다소 차이가 있는데[2, 3, 4], 이 책에서는 평생교육 체제하의 직업교육훈련 유형을 학교 체제하산업교육기관의 평생 직업교육훈련, 직업능력개발훈련직업훈련, 공무원교육훈련국가공무원인재개발, 기업교육기업 인적자원개발: 기업 HRD, 사업내 직업훈련, 학원평생 직업교육학원에서의 직업교육훈련 등으로 구분하였다.

2) 역대 정부의 평생 직업교육훈련정책 개요

모든 사람에게는 언제 어디서 일하든 일생 동안 일하면서 배우고 배우면서 일할 수 있는 평생학습 기회가 있어야 한다. 역대 정부는 시대 변화에 맞춰 평생 직업교육 정책을 수립하고 학교 체제 및 준학교 체제, 학교외 형태 등의 평생 직업교육 체제를 구축하여 다양한 프로그램을 통해 평생 학습기회를 제공해 오고 있다.

평생 직업교육훈련 체제와 프로그램이 역대 정권별로 어떻게 변천·발전되어 왔는지를 간략히 소개하면 다음과 같다.

(1) 학교 체제 및 준학교 체제하의 평생 직업교육훈련

박정희 정부의 1970년대에는 학교 내를 중심으로 한 평생 직업교육 체제로 산업체 부설 중·고등학교, 기술학교·고등기술학교, 한국방송통신대학원격-사이버 대학 등을 설립·운영하였다.

전두환 정부에서는 1982년 개방산업대학 제도를 설립하여 운영하였다.

노태우 정부는 독학학위제를 도입하여 운영하였다.

---

2 이무근 · 정지웅 (1985). 사회교육기관(시설)의 실태조사분석 및 육성 방안에 관한 연구. 교육부 정책연구. p. 20.

3 김용현 · 김종표 (2015). 평생학습과 열린사회. 양서원. p.149.

4 김진화 외 6인 (2011). 평생교육기관 분류 체계 수립 연구. 평생교육진흥원. pp. 86-87.

김영삼 정부에서는 1997년 전문대학 졸업자의 계속교육 기회 확대를 위해 전문대학에 전공심화과정을 설치 운영하게 하였다. 또한 1997년 다기능기술자를 양성하고 있는 「기능대학법」을 개정하여 기능대학 졸업생에게 산업학사 학위를 수여할 수 있게 하였다. 1998년에는 「기술대학 설립 운영 규정」을 개정1998.12.31.하여 1999학년도부터 기술대학이 개교되어 운영되도록 하였다. 사내대학 설립을 위한 기본 계획도 수립하였다. 또한 김영삼 정부는 학점은행제를 도입하여 학사 및 준학사 학위를 수여하였다. 그리고 김영삼 정부는 우수한 자립 영농인을 양성하기 위해 여주농업경영전문학교와 한국농수산대학교를 설립·운영하였다.

김대중 정부는 사내에서도 대학을 설립하여 운영할 수 있게 법을 제정하였고 노무현 정부는 그 법을 근거로 2005년부터 사내대학을 설립·운영하였다. 또한 김대중 정부는 사이버대학을 설립하여 고등교육에서의 평생교육 기회를 확대하였다.

노무현 정부는 2006년 기능대학을 폴리텍대학으로 통합하여 산업학사를 수여하고 그 후 학사학위 과정의 심화과정을 개설하여 2015학년에 첫 학사학위를 수여하였다.

이명박 정부는 「평생교육법」 전부 개정 시행일 이전2008.2.15.에 전공과專攻科를 설치·운영하는 고등기술학교에 한정하여 교육과학기술부장관의 인가를 받아 전문대학 졸업자와 동등한 학력·학위가 인정되는 평생교육시설로 전환·운영하도록 하였다. 이에 따라 3개 고등기술학교를 '전공대학'으로 인가하였다. 2008년 8월 18일에는 이들 3개교의 교명에서 '전공'이 삭제된 백제예술대학교, 정화예술대학, 국제예술대학으로 개명되어 2009년 3월 개교하게 하였다.

박근혜 정부는 고졸 취업자 등 후진학자와 평생학습자들이 언제 어디서나 대학에서 공부할 수 있도록 지원하는 두 유형의 체제를 신설하였다. 하나는 10개 전문대학을 성인중심의 100% 실무형 비학위과정과 학위과정으로 통합·운영하는 평생 직업교육대학IV유형으로 전환하였다. 다른 하나는 4년제 대학에 '성인 전담 평생교육 단과대학 지원사업' 기본 계획을 2015년 12월에 발표하고 2016년부터 9개 대학을 선정하여 운영하기 시작하였다.

(2) 학교외 형태의 평생 직업교육훈련

학교외 사회교육기관으로 직업인 양성 및 직업능력 개발 사업을 담당하고 있는 기관으로는 대학원부설 평생교육원; 원격 형태, 산업체 부설, 시민사회단체 부설, 언론기관부설, 지식·인력개발형태, 교육감 설치 및 지정 평생 학습관; 고용노동부 산하의 직업훈련원현 학교법인 기능대학의 폴리텍 대학; 그리고 평생 직업교육학원 등이 있다.

현장 직무능력 향상 및 개발을 위해서 공무원에게는 정부 부처 및 지방자치단체별로 설립 운영하고 있는 공무원인재개발원이 있다. 기업에 근무하고 있는 근로자들을 위해서는 기업별로 설립 운영하고 있는 기업교육기업 인적자원개발원: HRD, 사업내 직업훈련원 등이 있다. 특히 공무원인재개발원이나 기업교육은 규모, 체제, 교육과정 운영 면에서 대학 못지않게 체계적이고 계획적이며 실용적으로 운영되고 있다.

평생 교육기관들이 제공하고 있는 프로그램의 영역으로는 직업능력향상, 문화예술, 인문교양, 학력보완, 성인기초/문자 해독, 시민 참여 등이 있다. 이중 직업능력 프로그램 수는 67,470개로 전체 프로그램 수의 41.1%이고, 학습자 수는 5,619,996명으로 전체 학습자 중 47.2%로 가장 많다.[5]

이들 프로그램을 운영하고 있는 평생교육 기관은 <표 7-1>과 같다.

표 7-1 직업능력개발훈련기관, 입시관련기관, 학점은행제 운영기관 현황 (단위: 개)

시설구분		기관수	직업능력개발	입시관련시설	학점은행제	기타
총계		4,032	459	73	308	3,243
학교부설	초·중등학교 부설	5	–	–	–	5
	대학(원)부설	412	31	33	196	192
	소계	417	31	33	196	187
원격형태		949	122	20	80	740

5 한국교육개발원 (2017). KEDI 평생교육통계 인포 그래픽.

사업장 부설	유통업체부설	383	–	1	–	382
	산업체부설	41	7	–	1	33
	소계	424	7	1	1	415
시민사회단체부설		515	37	4	4	470
언론기관부설		707	115	6	4	583
지식 · 인력개발형태		579	145	4	17	416
시 · 도평생교육진흥원		17	–	–	–	17
평생 학습관	교육감 설치 및 지정	286	2	3	1	279
	지자체 설치	139	–	2	6	131
	소계	424	2	5	7	410

자료: 한국교육개발원(2017). KEDI 평생교육통계.

광복 후 지금까지 국가나 산업사회가 필요로 하는 인력은 학교 교육과 다양한 사회교육 기관을 통해서 양성되어 왔다. 그 중에서도 1960~1980년대 말까지는 수차에 걸친 경제개발 5개년 계획을 추진하면서 필요했던 노동집약적 시대의 기능인과 기술집약적 시대의 기술인 수요 인력의 3분의 1 정도는 당시 노동부 산하 직업훈련시설을 통해 양성 · 공급되었다.

1990년대 중반 이후부터는 지식정보화 · 세계화 시대를 맞아 직업훈련의 개념, 역할과 기능, 조직 및 기구가 기능대학에서 폴리텍 대학 등으로 더 확대되면서 제조업 중심의 기능 · 기술인뿐만 아니라 서비스 산업을 비롯한 다양한 분야의 산업인력 개발에도 기여하고 있다. 특히 고용노동부는 「근로자직업훈련촉진법」에 의해 실업자훈련 지원제도, 내일배움카드제 지원, 신규실업자 훈련생계비 대부, 재직근로자훈련 지원제도, 근로자 능력개발카드제 등 여러 가지 훈련사업을 실시하고 있다.

이들 직업능력개발사업의 최근 실적을 살펴보면 직업능력개발은 2016년 기준 임금근로자의 57.0%가 교육에 참여하였고, 기업의 근로자 1인당 월평균 교육훈련비는 2만 1천 1백 원이었다. 고용노동부 직업능력개발사업 훈련 참여 인원은 2016년 353만 9천명으로 2009년 516만 5천명 대비 68.5% 수준으로 감소하였다. 예산도 2009년 1조 2,7123억 원에서 계속 감소하다가 2013년부터 다시 증가하기 시작하여 2016년 1조 5,973억 원으로 증가하였다.

직업능력개발사업 중 실업자 훈련 참여 인원은 내일배움카드제 도입으로 크게 증가하여 2013년에 45만 1천 명으로 절정을 이루었으나 2016년에는 27만 2천 명으로 감소하였다. 예산은 2014년 4,302억 원에서 2016년 6,330억 원으로 증가하였다.[6]

6 김용현 · 김종표 (2015). 평생학습과 열린사회. 양서원. p.134.

다양한 형태의 학원도 학교교육과 직업능력개발훈련을 통해 양성하지 못한 직업분야의 직업인력 양성과 보완을 산업발달 단계에 따라 적절히 수행해왔다.[7]

02 학교 체제하(산업교육기관)의 평생 직업교육훈련

학교 체제하의 평생 직업교육훈련기관 중 대학에서의 평생 직업교육훈련에 관해서는 '제5장 대학교육'에서 1970년대 박정희 정부의 한국방송통신대학, 1980년대 전두환 정부의 개방대학산업대학, 노태우 정부의 독학 학위제, 1990년대 김영삼 정부의 기술대학과 학점은행제, 2000년대 김대중 정부의 사내대학과 사이버대학, 박근혜 정부의 평생교육 단과대학에 대해 이미 기술하였다.

'제6장 전문대학'에서는 김영삼 정부의 심화과정, 노무현 정부의 전문대학 학사학위 심화과정, 박근혜 정부의 평생 직업교육대학 등에 관해 논하였다.

따라서 앞의 장들에서 평생 직업교육훈련과 관련해서 이미 논의된 위의 대학들에 대해서는 중복을 피하기 위해서 여기서는 다시 서술하지 않았다.

1) 박정희 정부의 평생 직업교육훈련

(1) 산업체 부설 중 · 고등학교 및 특별학급

박정희 정부는 수차에 걸친 경제개발 5개년 계획을 추진하면서 근로청소년의 교육기회를 확충하고 사기 진작과 유인의 강화를 위해 「산업체 근로청소년의 교육을 위한 특별학급 등의 설치 기준령 및 시행 규칙」초 · 중등 교육법 제52조. 근로청소년을 위한 특별학급 등에 의거하여 1977년 3월부터 특별학급 및 산업체부설학교를 설치 · 운영하였다.

1,000명 이상의 근로자를 고용하는 산업체에는 근로청소년들을 위한 부설 중고교를 설립할 수 있었다. 100명 이상의 근로자를 고용하는 기업체에서는 근로청소년을 위한 특별학급을 설치 운영할 수 있었다.

7 한국직업능력개발원 (2018). 2018 한국의 인적자원개발 지표. pp. 54-63.

이 같은 조치는 산학협동교육의 한 유형을 제시하였고 현 시점에서 강조되고 있는 일학습병행제의 한 모형이었다는 점에서 의의가 있다.

교육과정 운영은 산업체에서의 작업을 수업시간의 일부로 환산하여 인정함으로써 일반학생의 수업일수의 3분의 2 정도를 이수하고도 동등한 자격을 인정하여 유연성을 부여하기도 하였다.

근로청소년을 위한 특별학급은 187개 산업체, 9개 특성화고등학교, 24개 학급에 430명의 학생이 재학하고 있으며 산업체 부설고등학교는 6개교가 있다.[8, 9]

(2) 기술학교, 고등기술학교

정규학교에 진학하지 못한 학생들에게 국민생활에 필요한 직업기술을 교육하기 위하여 설립된 기술학교 및 고등기술학교는 수업연한이 1~3년이다. 기술학교는 중학교, 고등기술학교는 고등학교 교육과정을 개설한다. 1970년대 초반에는 당시 문교부의 학력인가를 받아 중학교나 고등학교 졸업자격을 인정받는 경우도 있었다. 그렇지 못한 경우에는 검정고시를 거쳐 상급학교에 진학할 수 있는 기회가 있었다.초 · 중등교육법 제54조

중학교 교육이 의무화되고 기술 인력의 수준이 높아짐에 따라 기술학교는 1975년 이후부터 급격히 감소하기 시작하였다. 고등기술학교도 1980년대 후반부터 차츰 감소하였다. 기술학교는 1975년에 60개교였던 것이 1992년까지 모두 폐교되었다. 고등기술학교는 1989년 28개교에서 1995년 20개교, 2009년 10개교로 감소하였다.[10]

---

8 한국학원총연합회 (2017). 반추를 통한 학원의 재도약: 한국학원총연합회 60년사.
9 차갑부 (2014). 평생교육론-모든 이를 위한 평생학습(2판). 교육과학사. pp.190-199.
10 차갑부 (2014). 평생교육론-모든 이를 위한 평생학습(2판). 교육과학사. p. 200.

2) 전두환 정부의 평생 직업교육훈련

(1) 전문대학에서의 평생 직업교육훈련

전문대학의 대표적인 역할 중의 하나는 성인교육을 실시함에 있다. 따라서 현재 직업에 종사하고 있는 근로자의 직무능력 향상을 위한 교육이거나 앞으로 직업에 종사하려는 성인을 대상으로 한 전문대학에서의 직업교육은 대단히 중요하다고 할 수 있다.

전문대학에서의 평생 직업교육은 여러 유형의 단기 고등 직업교육기관들이 1979년 전문대학으로 단일화된 이후부터라고 할 수 있다. 특히 전두환 정부 때인 1982년에 「사회교육법」이 제정되면서 전문대학에서 평생 직업교육이 본격적으로 추진되기 시작하였다. 동법 제21조 제1항에서 「대학 · 전문대학은 당해 특성에 알맞은 사회교육을 실시하여야 한다」고 규정되어 있다. 이 규정에 의거하여 전문대학은 사회교육원평생교육원을 설치하여 직업교육훈련을 실시하였다.

그러나 교육부는 당시 동법 제24조 규정에 근거 설치된 사회교육과정평생교육원, 사회교육원의 운영 상태가 활발하지 못하자 전문대학 부설 특별과정에 통합 운영하도록 하였고, 1994년부터는 평생교육원을 「특별과정」으로 통합 운영하게 하였다.

전문대학 부설 특별과정은 당해 대학의 계열 및 개설학과의 범위 내에서 설치하여 3개월 내지 1년 과정으로 산학연계교육 방식으로 실시되었다. 1981년부터 운영된 전문대학의 특별과정은 1990년에는 15개 대학의 98개 과정에서 5,620명에게 교육을 실시하였다. 1993년에는 36개 대학의 232개 과정에서 14,410명을 배출하는 등 1990년대 중반까지 활성화되었다. 1994년부터는 전문대학에 「산업체 위탁교육」이 시행되면서 성인교육이 더욱 강화되었다.

전문대학은 1998년 「고등교육법 제26조공개강좌」, 「산업교육진흥법 제7조특별강좌의 설치 운영」에 근거하여 성인교육과 청소년 및 고졸 미취업자를 대상으로 한 특별과정, 고용안정을 위한 특별과정, 산업체 근로자 대상 기능 향상교육, 실업자 재취업 및 전직 교육 등 평생교육을 실시해 오고 있다. 또한 전공심화과정과 학점은행제 등과 연계된 비정규 계속교육과정을 운영해 왔다. 특히 1998년부터는 IMF로 실업자가 대량 발생됨에 따라 이들을 위한 직업교육훈련도 실시하였다.

김대중 정부 때인 1999년에는 「사회교육법」이 전면 개정되어 「평생교육법」이 제정되었다. 동법 제2조 제1항에 따라 전문대학은 특별과정을 포함한 「평생교육원」을 설치 · 운영하게 되었다. 2004년에는 전문대학 부설 평생교육원이 158개 전문대학 중 131개82.9%개교가 1,779개 과정을 개설하고 70,113명의 학습자들이 참여할 정도로 활발하게 운영되고 있다.

박근혜 정부는 국정과제의 하나로 일부 전문대학을 성인 대상 100% 실무형 교육과정으로 운영하는 평생 직업교육대학을 육성하였다. 대학 운영의 주요 특징을 보면 기존 전문대학을 평생 직업교육대학으로 전환하여 학위 · 비학위과정을 국가직무능력표준NCS 기반의 100% 실무형 모듈식 교육과정으로 통합 · 운영하고, NCS에 기반한 직업교육과정의 수업 연한을 신축적으로 편성 · 운영하고 있다. 재직자, 전직 및 실직자, 미취업자, 퇴직자 등을 위한 진 · 출입이 자유롭고, 수업연한이 다양한 직업교육 과정도 개설하고 있다. 전문대학과 '특성화고+지역산업계+지역사회'간 연계로 선취업 후진학 계속교육기회를 확대하고 있다. 농어촌 지역 등 교육 취약 지역에 평생 직업교육 지원으로 균등한 교육복지 지원 등도 하고 있다.

2017년 3월 기준 10개 전문대학이 평생 직업교육대학으로 선정되어 2014년부터 5년간 교육부로부터 재정적 지원을 받으면서 운영되고 있다. 그런데 평생 직업교육대학으로 개편하는 데 따른 학위 및 비학위 과정의 법적 기반의 취약성, 입학 자원 확보 가능성에 대한 회의적 반응, 입학자원 감소에 따른 재정난 확보 대책 어려움 등이 문제로 제기되고 있다.[11]

(2) 대학에서의 평생 직업교육훈련

대학에서의 평생 직업교육도 전문대학에서의 평생 직업교육과 유사한 프로그램을 개설하여 운영해 왔다. 교육부 평생교육시설 현황2018.04.04. 기준에 의하면 대학원 부설 평생교육

11 박동열 · 이무근 · 마상진 (2016). 광복 70년의 직업교육 정책 변동과 전망. 한국직업능력개발원. 기본연구. 2016-23. pp. 330-337.

기관은 2017년 기준 412개가 있다.

특히 대학은 학점은행제 운영 교육훈련에서 크게 기여해오고 있다. 학점은행제 운영 교육훈련기간은 대학교부설 평생교육원, 전공심화 및 특별과정, 학원, 직업훈련기관, 정부관련기관, 고등기술학교, 특수학교, 기타 평생교육시설, 중요 무형 문화재 시설, 원격교육시설 등이다.

학점은행제 개설 기관수는 2008년 471개에서 2016년 기준 501개로 증가하였다. 이중 대학부설 평생교육원이 217개대학 142개, 전문대학 75개로 43.3%를 차지하여 가장 많다. 이어서 직업훈련기관 91개18.2%, 원격교육시설 79개15.8%, 정부관련기관 39개7.8% 순위이다.[12]

3) 김영삼 정부의 여주농업경영전문학교 및 한국농수산대학교 설립

(1) 여주농업경영전문학교

전두환 정부는 1980년부터 자립영농인을 양성하기 위해 각 도별로 1개교충북 2개 총계 10개 농업고등학교에 자영농과를 설치하였다. 이어서 자립영농인 양성을 과 단위가 아닌 학교단위에서 양성하는 것을 목적으로 여주농업고등학교를 1983년 여주자영농업고등학교로 전환하였다. 여주자영농업고등학교는 100만㎡30여 만 평의 광활한 캠퍼스에 실험실습을 비롯한 교육에 필요한 각종 시설과 기자재를 잘 갖추고 있어 가장 이상적인 교육을 할 수 있는 농업학교라고 할 수 있었다.

이렇게 훌륭한 학교에서 재학생뿐만 아니라 영농에 종사하기를 희망하는 전국청소년들에게도 교육기회를 제공하기 위해 2년에 걸쳐 영농후계자를 양성하는 전문대학 과정을 여주자영농업고등학교에 특별과정으로 설치산업교육진흥 및 산학협력촉진에 관한 법률에 의거하는 것을 1996년 1월 3일 결정하고, 동년 3월 1일 개교하였다.

12 한국교육개발원 (2017). 2017 KEDI 평생교육통계 인포 그래픽.

그 때 교육 행정 특성상 고등학교에 전문대학 과정을 설치한다는 것은 거의 불가능한 일이었다. 그러나 당시 세계무역기구WTO에 의한 농산물 개방으로 인한 농업 위기를 극복하고 과학영농과 전문농업경영을 할 수 있는 우수 농업인을 양성하기 위해서는 농업고등학교가 그 역할을 담당하여야 한다는 사명감으로 여주자영농업고등학교에 특별과정으로 전문대학 2년 과정을 설치 운영하게 되었다. 그 후 이 특별과정을 추진하는 과정에 당해 연도와 그 다음에 많은 논란이 있었지만 1997년 6월 25일 경기도립학교 설치 조례 중 개정 조례안으로 여주자영농고부설단기산업교육시설명칭: 농업전문교육원설치 의결 공표제2,757호, 1997년 12월 27일 전문대학 졸업 등 학력인정 단기산업교육시설로 지정고시교육부 고시 제1997-76호, 2002년 8월 1일 경기도립학교 개정 조례안으로 여주농업경영전문학교로 교명 변경 등을 통하여 설치 목적에 맞게 운영되고 있다.

여주농업경영전문학교는 학생 입학 전형에서 영농기반 구축 정도 30% 반영, 재학기간 중 쾌적한 기숙사 시설 무료 제공, 식비와 학생 활동비의 학교 제공 등 여러 가지 재정적인 지원을 하고 있다.

2017년 기준 입학 정원은 85명이고 전공은 원예계열채소경영과, 화훼경영과 과수경영과과 동물자원 계열낙농한우경영과, 양돈양계경영과, 축산 식품경영과 등이 있고 매년 60~70명의 졸업생을 배출하고 있다.[13]

(2) 한국농수산대학교

김영삼 정부 당시 우리나라는 급격한 산업화와 도시화로 농업·농촌의 인력 감소와 노령화를 초래하였고, 우루과이라운드UR 농업협상 타결, 세계무역기구WTO 체제의 출범으로 우리 농업분야도 국경 없는 무한 경쟁시대에 돌입하였다.

이러한 농업여건 변화를 슬기롭게 극복하고 우리 농업의 경쟁력을 높이기 위해서는 영농규모의 확대를 위한 기계화, 자동화 등 첨단 기술을 수용하고, 환경의식과 경영능력을 갖추고 농업발전을 선도할 정예 인력의 육성이 당면 과제로 대두되었다.

그러나 현장중심교육을 실시할 농업관련대학이 거의 없었고 농업계 학교 졸업생의 영농 취업률도 극히 저조하여 대통령 자문기구인 농어촌발전위원회에서 전문 농업경영인 양성

13 한국직업능력개발원 (1998). 한국직업교육훈련 100년사. pp. 224-225와 여주농업경영전문학교 홈페이지 학교 소개.

을 위한 학교의 설립을 정부에 건의하여 한국농업전문학교가 탄생하게 되었다.

한국농업전문학교의 설립과정을 좀 더 구체적으로 살펴보면 1994년 5월에 대통령자문기구인 농어촌발전위원회에서 현장중심교육을 실시할 순수한 농업대학의 설립을 건의하였고, 1994년 6월에 「농어촌발전대책 및 농정개혁 추진방안」의 일환으로 농수산 전문기술대학의 설립이 결정되었다. 1994년 9월에 학교 설립을 위한 세부실천계획을 수립하였고, 1995년 7월 27일에 한국농업전문학교 설치령대통령령 제14742호이 공포되어 1997년 3월 20일 국립 3년제 전문대학으로 개교하였다.

그 후 2006년 9월 27일 한국농업대학 설치법법률 제7997호이 공포되어 명칭을 한국농업전문학교에서 한국농업대학으로 변경하였다. 2009년 4월 1일 한국농수산대학 설치법법률 제9624호이 공포되고, 2009년 10월 2일 시행되어 인력양성 범위를 농림수산식품 전 분야로 확대하였다. 이 법에 근거하여 대학의 명칭을 한국농수산대학으로, 그 소속을 농촌진흥청에서 농림수산식품부로 변경하였고, 전공심화과정 이수자의 학사학위 수여를 위한 기준을 마련하였다.

당시 우리나라는 21세기 무한경쟁 시대를 맞아 농업·농촌 발전을 주도할 정예 농업 인력의 필요성이 날로 증가되고 있었다. 이에 부응하기 위해 한국농수산대학의 교육목적은 투철한 직업의식과 현장 중심의 지식·기술·경영능력 및 국제적인 안목을 두루 갖춘 미래 농업 CEO를 양성함에 있었다.

한국농수산대학은 미래 농업 CEO를 양성하기 위해 6계열 18개과에 580명을 매년 모집하고 있다. 계열별 학과의 종류를 보면 작물계열에는 식량작물학과, 특용작물학과, 버섯학과가 있다. 원예계열에는 채소학과, 과수학과, 화훼학과, 원예환경시스템학과가 있다. 산림계열에는 산림학과와 조경학과가 있다. 축산계열에는 한우학과, 낙농학과, 양돈학과, 가금학과, 말산업학과, 산업곤충학과가 있다. 농수산융복합계열에는 농수산가공학과, 농수산비즈니스학과가 있다. 수산계열에는 수산양식학과가 있다.

학사운영상의 특이점은 학생들이 학비 부담 없이 학업에만 전념할 수 있도록 입학금, 수업료, 기숙사비 등 교육에 필요한 일체의 비용을 국가에서 부담하고, 노력한 학생이 인정을 받을 수 있도록 다양한 장학금을 지원하고 있다.

또한 2학년 재학기간 동안 교내에서 교육을 받는 것이 아니라 실제 현장에서 경험을 쌓을 수 있도록 1년간 현장실습을 실시하고 있으며, 특히 미국, 일본, 네덜란드, 호주, 독일 등에서 단기 및 장기 해외연수를 실시하여 국제적인 안목을 쌓을 수 있는 기회를 제공하고 있다. 현재 우리나라는 한국형 산학협력을 통한 현장실습 체제가 구축되어 있지 않기 때문에 한국형 현장실습 모형 개발에 도움이 될 것으로 판단된다.

2010년부터 전공심화과정을 신설하여 4년제 대학과 같이 학사학위 취득과정이 운영되며 졸업생들이 농업과 수산업 분야에서 명실상부한 인재로 성장할 수 있도록 각종 졸업생 지원 프로그램을 운영해 졸업생 교육에도 매진하고 있다.

교육 프로그램에는 3년의 정규 교육과정뿐만 아니라 최고농업경영자, 경기농업마이스터 대학, 귀농귀촌교육 등 농수산업 종사자의 지속적인 교육을 통해 대한민국 농수산업의 전문 인력을 양성하기 위해 노력하고 있다.

2017년 기준 매년 500명 내외의 졸업생을 배출하고 있고 현재까지 4,360명의 졸업생을 배출하였다.[14]

이상과 같이 한국농수산대학은 한국농업전문학교로부터 시작해서 한국농업대학으로 전환되었다가 그 후 한국농수산대학으로 확대 개편되었다. 이 과정에 전공분야도 작물, 원예, 축산 계열 전공학과뿐만 아니라 산림계열의 산림학과와 조경학과, 농수산복합계열의 농수산가공학과와 농수산비즈니스학과, 그리고 수산계열의 수산양식학과도 설치 · 운영하고 있다.

그래서 그런지 '한국임업전문학교 및 한국수산전문학교 설치령대통령령 제1472호. 1995년 7월 27일 제정 공포'에 의하면 1996년 1월 1일부터 각종학교 형태인 한국임업전문학교는 산림청장에게, 그리고 한국수산전문학교는 해양수산부장관에게 위탁 설치 · 운영하게 시행령이 공포되어 있으나, 이들 학교는 현재 설립 · 운영되고 있지 않다.

4) 전두환, 김영삼, 노무현 정부의 기능대학(폴리텍 대학)

기능대학은 전두환 정부에서 1980년 생산현장의 중간관리자인 기능장 양성을 목적으로 설립된 직업훈련기관이었다. 그 후 김영삼 문민의 정부는 1994년에 직업훈련체계의 대대적인 개편을 단행하였다. 한국산업인력공단 산하 훈련기관 중 지역여건과 설비

14 한국농수산대학교 홈페이지 대학소개.

가 우수한 곳부터 기능대학으로 개편하고 다기능 기술자를 양성하기 시작했다. 1997년에는 「기능대학법」을 개정하여 다기능기술자과정 졸업생에 한하여 산업학사 학위를 수여하기 시작했다.

노무현 정부인 2006년 3월에는 24개 기능대학과 19개 직업전문학교를 통합하여 11개의 한국폴리텍대학으로 통합하였다.[15, 16] 심화과정도 개설하여 2015학년도부터는 학사 학위도 수여하고 있다.

앞에서 서술한 기술대학, 사내대학과 한국폴리텍 대학기능대학과의 차이점을 비교해보면 <표 7-2>와 같다.

표 7-2 기술대학, 사내대학, 한국폴리텍 (기능)대학의 특성 비교

	기술대학	사내대학	한국폴리텍 (기능)대학
도입배경 (목적)	교육개혁위원회 '신대학' 설립 제안 산업체근로자의 계속교육과 전문인력 양성	평생교육	산업기술인력 양성
근거 법령	고등교육법 기술대학설립운영규정 동 시행 규칙	평생교육법 동시행령 및 시행규칙	기능대학법(1977 과기부), 노동부 이관(1981), 법 개정(1997, 학위수여), 한국산업인력공단법
설립 주체	산업체, 산업체법인, 산업체와 대학 및 전문대학 공동 – 학교법인 필요	종업원 200명 이상으로서 상법 또는 특별법에 의하여 설립된 법인의 사업장	국가, 지방자치단체, 학교법인
인가 여부	인가	인가	인가
학위 수여	학위 수여	학위 수여	학위 수여
비용 부담	학교 법인, 산업체	고용주	국가. 지자체, 학교법인, 학생
과정	전문학사, 학사	전문학사, 학사	산업학사, 학사
교육 대상	1년 6월 이상 산업체 근무한자 당 산업체 이외의 자도 가능	종업원(단 사업장에서 6월 이상 근무한 종업원만 가능	고졸 이상(학력 다양)
교육 기간	학사(2년), 전문학사(2년)	학사(2년 또는 4년) 전문학사(2년)	2년
설치 계열	사무실무계열, 자연공학계열	인문 · 사회 · 예체능계열	산업기술

자료: 김용현 · 김종표. 전게서. p. 419.

15 서상선 (2002). 한국직업훈련제도의 발자취. 대한상공회의소. pp. 254-268.
16 정택수 (2008). 직업능력개발제도 변천사. 한국직업능력개발원 p. 93, p. 108, pp. 182-186.

5) 이명박 정부의 전공대학

1952년 첫 고등기술학교가 개설된 이후 고등기술학교에는 그동안 전공과專攻科를 개설하여 직업인을 양성하여 왔다. 그런데 1990년대에는 전문대학에서 고등기술학교의 전공과의 학과를 개설하는 경향이 많았다. 이런 와중에 1999년 「사회교육법」이 「평생교육법」으로 변경되었다. 2008년에는 「평생교육법」 전부개정 시행일 이전2008.2.15에 전공과專攻科를 설치 운영하는 고등기술학교에 한정하여 교육과학기술부 장관의 인가를 받아 전문대학 졸업자와 동등한 학력 · 학위가 인정되는 평생교육시설로 '전환 · 운영'하도록 하였다.

이에 따라 「평생교육법」 제31조에 근거하여 평생교육시설전공대학로 전환 · 운영 인가2008.2.21.를 받은 전공대학은 국제예술전공대학, 백석예술전공대학, 정화예술전공대학이었다. 그런데 교명이 설립인가 후 반년도 채 되지 않아 교명에서 '전공'이 삭제된 백제예술대학, 정화예술대학, 국제예술대학으로 변경2008.8.18.~9.1.10되었다. 그 후 백제예술대학은 백제예술대학교2012.2.15.로 교명이 변경되었다. 그래서 '교명 변경'과 관련 사항이 이슈가 되기도 하였다.

현재 전공대학은 3개교가 개설 · 운영되고 있는데 전공별 학생 구성비는 예체능계가 47.2%, 사회계열 41.9%로 두 계열이 주를 이루고 있다. 이들 전공대학들은 정체성 문제, 열악한 교육환경, 법제도의 미비와 사회적 인식 부족 등의 문제를 안고 있다.

전공대학의 정체성과 관련하여서는 전공대학이 평생교육기관인지 직업교육기관인지 모호하다. 학생들의 주된 연령 구성을 보면 고등학교 신규 졸업자들인 18세~19세55.9%이고 25세 이상은 3.2%에 불과하다. 전공대학의 역할 면에서도 2009~2014년 사이 3개 전공대학에서 배출한 전문학사 학위 소지자가 13,407명으로 서울의 9개 전문대학에서 배출한 전문학사 학위 소지자 101,902명의 13%를 차지하고 있다. 이 수는 계속 급격히 증가하고 있다. 이에 따라 전공대학은 성인을 대상으로 한 평생교육시설인지 전문학사를 양성하는 고등교육법에 명시되어야 할 고등교육기관의 또 다른 한 유형인지 불명확하다.

전공대학은 고등교육법에 근거하지 않고 있어 정부의 재정 지원을 받지 않은 상태에서 학생 등록금에 의존도가 높다. 이에 따라 교육환경이 상대적으로 열악할 수 있다. 뿐만 아니라 전공대학은 평생교육법에 의해 설립 · 운영되고 있어 고등교육법에 근간한 고등교육기관 정보 공시 의무화 대상이 아니기 때문에 전공대학에 대한 알 권리, 교육현장 투명성과 학교운영의 효율성을 가로막을 수도 있는 실정이다.[17]

---

17 정태화 · 윤형한 · 홍용기 (2014). 고등 직업교육기관의 통합 방안: 전문대학을 중심으로. 한국직업능력개발원 기본연구 2014-14. pp. 94-96, 108-113.

그 후 박근혜 정부는 고등기술학교가 '전공과'를 개설하여 교육부 장관의 인가를 받을 경우 전문대학 졸업자와 동등한 학력과 학위를 인정하는 평생교육법 시행령 개정안을 국무회의 의결2015.11.17.을 거쳐 즉시 시행하도록 하였다. 이에 따라 백석예술대학, 정화예술대학, 국제 예술대학 등이 전문대학과 동등한 학력과 학위를 인증 받게 되었다.

03 직업능력개발훈련(직업훈련, 직업능력개발)

현재는 '직업능력개발사업', 또는 '직업능력개발훈련'이라고 칭하고 있는 직업훈련은 지난 반세기 동안 국가발전을 위해 경제·사회적인 면에서 다각적으로 기여해오고 있다.

경제적인 면에서 보면 생산직 수요 인력의 33%를 직업훈련으로 충족하여 왔다. 무기능 유휴노동력을 산업 인력으로 전환시켜 직무수행능력을 향상시킴으로써 생산성 제고와 기능을 축적시켜 왔다.

사회적 측면에서도 근로자의 소득 향상으로 자기 욕구를 일정 수준 충족케 하여 사회 안정에 기여한 바도 있다. 특히 취약계층에 대한 사회적응 능력을 신장시키는 데도 기여하여 왔다.

그러나 훈련시설의 부족, 민간기업의 훈련 참여 기피, 직업훈련제도의 학교 교육과의 연계 미비, 산학협력의 부실로 인해 산업체의 요구에 부응하는 인력 양성을 만족스러울 정도 수준까지 도달하지 못한 어려움도 있었다.

이상과 같은 큰 흐름 속에서 우리나라 직업훈련은 어떻게 변화되었나를 전반적으로 고찰하면서 특히 직업훈련 정책 변동의 관점에서 살펴보고자 한다.

1) 광복 후 이승만 정부(1945~1960)의 직업훈련

직업훈련의 발달과정을 역사적 측면에서 찾아보면 유럽 봉건사회 후반기에 발달한 길드제도에서 그 기원을 찾을 수 있다. 교시敎示제도로부터 시작된 유럽의 직업훈련제도는 도제徒弟제도로 발전되어 중세봉건사회에서 직업훈련의 대종을 이루고 오랜 기간 유지되었다.

그 후 10세기 말부터 16세기에 이르는 동안 시장경제가 점차 확대되고 새로운 생산수단이 개발됨에 따라 도제제도가 길드제도라는 새로운 제도로 발전하면서부터 부분적인 노동조합 형태가 생성되었다. 이때부터 노동문제와 더불어 직업훈련문제가 중요한 사회문제로 대두되기 시작하였다. 또한 공장제수공업에서 근대 공업제도로 옮아가는 18세기에서부터 19세기에는 지도공指導工제도가 형성되면서 오늘날의 사내직업훈련방식의 모체가 되었으며, 영국과 독일 등에서 직업훈련과 근로조건 등을 명시한 각종 법이 제정되기 시작하였다.

그 후 제1차 세계대전을 전후하여 급격하게 기능 인력의 수요가 증가되고 기술혁신과 사회경제의 비약적인 발전에 의해 기능노동자의 확보가 크게 문제시되자 직업훈련의 필요성이 더욱 강조되었다. 이에 따라 국가가 적극적으로 인적자원개발에 개입하였고, 이와 더불어 직업훈련의 성과측정과 직업알선이 동시에 확산되었다.

우리나라 직업훈련의 시발은 해방 이후 미군정시대로서 각종 노동문제에 관한 공공정책 및 노동부에 관한 법령이 1946년 7월 30일자로 공포되면서 부터이다. 이 때 직업훈련에 관한 제반문제가 새로이 정비되기 시작하였고, 1948년 7월 17일 대한민국 헌법이 공포되면서 새로운 전환점을 맞았다. 그 후 1953년 5월 10일에 공포되어 90일 이후에 실시된 근로기준법이 법률 제286호로 제정되어 기능사 양성을 규제하는 동시에 직업훈련법의 제정을 촉진하여 왔다. 그 외에 1961년 12월 6일에 직업안정법이 법률 제807호로, 1962년 1월 10일에 선원법이 법률 제963호로, 1월 22일에는 기능자양성령이 법률 제39호로 제정되었다. 1963년 11월 5일에는 산업재해보상법이 법률 제1438호로 제정됨으로써 직업훈련법을 촉진하고 보완해 왔다.

그러나 1967년 직업훈련법이 제정되기 전까지 기능 인력 양성은 주로 실업계교육기관에서 이루어졌다. 사업체에서는 자체적으로 견습공제도를 활용하여 관행적으로 충원하는 정도였다. 정부기관이나 공공기관에서도 특별한 목적을 수행하기 위하여 필요한 인력을 산발적으로 양성하는 정도에 그쳤다. 따라서 직업훈련을 통합적으로 전담하는 행정기구도 없었다.

당시 직업훈련은 사회부 노동국 직업과 또는 보건사회부 노동국 직업과의 관장업무 중 일부로 포함되어 있었다. 물론 근로기준법과 직업안정법에 직업훈련에 관한 내용과 구직자에 대한 직업보도부분이 언급되었으나 직접적이고 적극적인 직업훈련규제 조치는 없었다. 이러한 소극적인 인력개발정책으로 풍부한 노동 가능 인구를 직접 산업노동력으로 직결시켜 주는 인력개발이 낙후성을 면치 못하였다. 이로 인하여 1960년대 이후 고도 성장기에 요구되었던 기능 및 기술 인력자원의 극심한 부족현상이 경제사회문제로 대두되었다.[18]

위에서 직업훈련에 관한 최초의 법적 근거는 1953년 5월에 공포된 「근로기준법」법률 제1268호의 「기능자 양성에 관한 규정」임을 알 수 있다. 「근로기준법 제75조 제1항」에 의하면, 장기 습득을 요하는 특정기능자를 근로과정에서 양성할 필요가 있는 경우에는 그 양성 방법, 사용자 자격, 계약기간, 근로시간과 임금에 관한 규정은 노동위원회에 자문하여 대통령으로 정한다고 규정하고 있다. 그런데 이 법령은 직업훈련을 촉진하거나 정부가 이를 직접 수행하기 위한 근거를 제시한 것이 아니라, 견습근로자를 보호하기 위한 것이었다.[19]

정부 수립 후 1950년대에는 공무원연수원 외에 민간 기업에서 사업내 교육을 위한 전담부서나 연수 시설은 없었다. 단지 사업내 교육으로 1957년 6월 한국생산성본부가 한국기업교육전문기관으로 설립되어 1958년 9월 '경영실무강좌'를 최초로 공개교육 프로그램으로 개설 운영하였다. 1959년부터는 경영실무강좌, 외국인전문가 강좌 및 간담회, 경영자 양성강좌, 상점 경영강좌, 경영동우강좌, 1960년에는 해외시장 개척 강좌, 중소기업지도자훈련강좌, 노동생산성대학강좌 등을 개설하여 매회 200명씩 3,000여 명의 훈련생을 배출하였다.[20]

2) 박정희 정부의 직업훈련 (I): 도입기(1961~1973)

(1) 직업훈련법 제정과 직업훈련 행정 조직 편성(1961~1966)

1960년대 초에는 「근로기준법」의 「기능자양성령」에 의한 직업훈련 외에 「중소기업협동조합법1961.12.27.」, 「생활보호법1961.12.30.」, 「윤락행위방지법1961.11.9.」, 「아동복지법1961.12.30.」, 「직업안정법1961.12.6.」, 「원호대상자 직업재활법1963.7.26.」, 「산업교육진흥법1963.9.9.」등 각종

18 한국산업인력공단 (2002). 한국산업인력공단 20년사. pp. 83-85.
19 한국직업능력개발원 (1998). 한국직업교육훈련 100년사. pp. 900-901.
20 엄준화 (2012). 한국기업 HRD 형성과정의 탐구. 한국기술교육대학교 박사학위 논문. pp. 60-69.

법에 의해 각각 다른 목적과 형태로 직업훈련이 실시되었다. 그러나 이들 직업훈련 과정은 급격한 인구 증가와 전후 복구과정에서 인구의 도시 집중 등에 따라 심각해진 각종 사회문제에 대처하는 과정에서 산발적으로 수립된 사회 안정과 관련된 시책들이었다.[21]

1960년에 들어 열위계층을 중심으로 직업보도 시설을 개설하여 처음으로 직업훈련이 시작되었다. 같은 해 대한조선공사, 금성사 등 15개 기업에서 견습공과정으로 사업내 직업훈련이 시작되었다. 1961년에는 한국전력주식회사가 국내기업으로는 처음으로 사원 훈련소를 설립하여 신입사원 훈련을 실시하는 정도였다.

그런데 1962년 경제개발 5개년 계획이 시작되면서 기능 · 기술 인력 수요의 급증, 직업훈련을 필요로 하는 무기능 인적자원의 증가, 기존의 실업교육과 견습공제도로는 기술계 인력 공급 기능 미흡, 실수요자인 기업주가 부족한 기술인력 양성을 적극적으로 실시할 수 있는 제도적 장치 필요, 근로자들의 지속적인 직무능력 향상을 위한 평생교육체제 확립의 필요성 등이 대두되었다.

박정희 정부는 이런 과제 해결을 위해 수년에 걸친 준비과정을 거쳐 「직업훈련법」을 1967년 1월 17일 제정 · 공포하였다.[22]

당시 노동청은 「직업훈련법」안이 국회에서 통과될 것이 확실시되자 1966년 6월 8일 이 업무를 담당할 직업훈련담당관실을 신설하였다. 특히 노동청은 직업훈련 담당 부서 조직을 지속적으로 개편 · 강화하면서 노동시장을 중심으로 인력양성직업훈련, 인력배분직업안정, 인력활용노사협조, 인력보존근로기준 간에 균형을 이루는 노동행정이 되도록 노력하였다.

(2) 직업훈련 계획과 기술계 인력자원 양성 계획 수립

직업훈련법안에 의하면 노동청장은 종합적인 직업훈련을 수립하게 되어 있었다. 노동청장은 1966년 말까지는 동 법이 제정될 것을 전제로 1967년부터 시행할 직업훈련 계획을 미리 작성하였다.

① 직업훈련 계획

직업훈련 계획은 경제기획원의 과학기술진흥 5개년 테두리 내에서 과학기술계 인력자원의 수요 전망에 따라 산업별 직종별 인력수급 계획을 토대로 기술공과 기능공의 기관별 양

21 정택수 (2008). 직업능력개발제도 변천사. 한국직업능력개발원 pp. 32-33.
22 서상선 (2002). 한국직업훈련제도의 발자취. 대한상공회의소. p. 99.

성을 계획하는 것이었다. 이 사업 계획에는 사업내 직업훈련, 공공직업훈련원, 직업훈련관리, 그리고 기능검정 및 기능 경기 등 4개 사업이었다.

사업내 직업훈련 계획은 기능공 양성 훈련, 감독자 훈련, 통신훈련과 해외기술자 단기훈련과정 등으로 나누어 계획되었다.

공공직업훈련사업은 중앙직업훈련원 설치 사업과 직업훈련교사훈련 실시 사업이었다. 중앙직업훈련원 설치 목적은 직업훈련교사의 양성과 직업훈련에 관한 조사연구, 교과 작성 등의 기능을 갖는 특수 직업훈련 기관이었다. 직업훈련교사 확보 계획은 교사요원 100명을 선발하여 이들 교사요원에게 직업훈련의 개념과 직업훈련계획의 작성요령, 훈련 지도방법, 훈련 평가 요령 등의 역량을 지닌 직업훈련 교사를 확보하기 위한 계획이었다,

직업훈련 관리 사업은 직업훈련심의위원회 운영 사업, 직업훈련에 관한 기초자료 실태조사, ILO 자문관 활용 사업, 교재 편찬 사업 등으로 계획되었다.

기능검정 사업에는 기능검정의 실시와 기능올림픽대회 참가사업이 계획되었다. 기능경기사업으로는 우리나라가 처음 참가하게 된 1967년 제16회 국제기능올림픽대회 참가 계획과 국내 경기대회 개최 계획이 마련되었다.

② 기술계 인력사업 계획

제1차 경제개발 계획이 종료되어가는 시점에 공장시설 등은 마련되었으나 기술 인력 특히 숙련기능공의 부족으로 공장 가동이 안 되는 사례가 발생하고 있었다. 다른 한편으로는 일자리를 원하는 비진학 청소년들이 많이 있는데도 기술·기능이 없어 취업을 못하는 일이 발생하고 있었다.

박정희 대통령은 이 문제의 원인이 직업훈련시설의 부족에 있다고 판단하고 1966년 12월 5일 관계기관 대책회의를 열고 내각에 다음과 같이 여러 가지 대책을 지시하였다.

첫째, 각 군의 공창工廠, 통신학교, 병참학교, 기타 창廠 등의 시설과 국영기업 및 민간기

업의 공장시설을 인근 비진학 청소년들의 기술 습득을 위해 개방할 것,

둘째, 정부 보조나 기타 재정적 부담 없이 현 시설을 활용하는 범위 내에서 적은 수의 인원이라도 인근 청소년들에게 단기간에 기술 습득을 시키고, 무엇보다 정신교육에 노력할 것,

셋째, 문교부는 이러한 방법의 기술교육을 위한 근본지침을 만들어 주고 수료증과 면허증에 대하여 배려해 줄 것,

넷째, 무임소 장관은 관계부처의 실무자를 집합시켜 이러한 방법의 기술훈련을 위한 방안을 세밀히 연구할 것 등이었다.

박정희 대통령은 재임기간 중 산업현장을 방문할 때마다 기능근로자에 관한 세심한 관심을 표명하고, 방문지역의 공업고등학교나 직업훈련시설을 순시하고 격려하였다. 돌아온 후에는 반드시 미비점 해결과 지원책을 강구토록 관계관에게 지시하였다. "조국 근대화의 기수"란 친필 휘호를 유관 기관에 내려 기능인의 긍지를 앙양시키고, 기능인 양성의 중요성을 강조하며, 직업훈련시설의 확충, 직업훈련생 기숙사 제공, 직업훈련교사 아파트 제공 등 직업훈련 실시 요건의 성숙 등에 각별한 관심이 있었다.

이는 직업훈련을 발전시키는데 대통령의 관심과 열정이 얼마나 중요한가를 보여주는 구체적인 사례라고 할 수 있다.[23]

직업훈련이 여러 가지 어려운 여건 속에서도 지속적으로 발전하여 오늘의 시점에 오기까지는 박정희 대통령의 직업교육훈련의 중요성에 관한 강한 집념, 노동부에서 직업훈련 관련 업무와 함께 거의 일생을 보낸 우수 직업훈련 행정가의 존재, 지속적이고 일관성 있는 직업훈련 정책을 제안하고 위기에 처했을 때는 적기에 대응책을 제안해준 현재는 한국직업능력개발원으로 통합되었지만 당시 직업훈련연구소의 연구원들의 기여가 있었다.

(3) 공공직업훈련시설 설치

① 국제 협력을 통한 시설 확보

노동청은 사업내 직업훈련을 우선적으로 실시하면서도 공공직업훈련원의 확보에도 심

23 서상선 (2002). 한국직업훈련제도의 발자취. 대한상공회의소. pp.112-117.

혈을 기울여 왔다. 그러나 1960년대 초 우리나라 정부 예산 재원의 3분의 1 정도는 미국원조에 의존할 정도로 경제 사정이 어려워 시설 확보에 필요한 재원 조달이 문제였다. 뿐만 아니라 직업훈련에 관한 기술적인 전문성 부족 등이 문제가 되어 직업훈련사업 추진에 한계가 있었다.

이 문제를 해결하면서 직업훈련시설을 확충하기 위해 국제협력사업을 추진하였다. 즉, UNDP, ILO, UNICEF 등 여러 국제협력기구와 선진 공업국인 독일, 일본, 벨기에 등의 협력으로 중앙직업훈련원, 한독부산직업훈련원, 대전직업훈련원, 한백창원직업훈련원, 그리고 각 시도에 농촌직업훈련원을 설립하였다. 또한 미국 요직 인사의 방한이 계기가 되어 정수직업훈련원을 설립하였다.[24]

② **차관사업에 의한 직업훈련시설 확충**

경제개발 5개년 계획이 계속 추진되면서 기능·기술 인력 수요가 늘어났다. 노동청은 이런 산업인력 수요를 충족시키기 위해 직업훈련 시설을 더 증설하기로 결정하였다. 그러나 재원 확보가 어려워 차관 사업에 의한 시설 확충을 하였다. 1973년 6월 아시아개발은행ADB과 춘천, 성남, 인천, 대구, 광주 등 5개소에 공공직업훈련 시설을 설치하기로 차관 협정을 체결하고 1976년에 완공하였다. 이어서 1976년부터 1980년까지 3차 IBRD 사업으로 청주, 전주, 진주, 순천, 구미, 포항, 울산 등에 7개 훈련원을 신설하였다. 4차 IBRD 차관으로는 원주, 부산, 홍성, 김천, 이리, 목포, 영주, 충주 등 8개소에 공공시설을 설치하였다.[25]

1980년까지 신설된 공법인 직업훈련 기관별 시설 규모와 투자액은 <표 7-3>과 같다.

24 서상선 (2002). 한국직업훈련제도의 발자취. 대한상공회의소. pp 117-138.
25 정택수 (2008). 직업능력개발제도 변천사. 한국직업능력개발원. pp. 40-41.

표 7-3 1980년까지 신설된 공법인 직업훈련기관별 시설규모와 투자액 (교수 아파트 건립비 미포함)

사업 구분	훈련원별	설립일자	시설 규모		투자 예산(백만 원)		
			대지(평)	건물(평)	합계	국비	지방자치단체
계			386,215	101,163	70,623	66,005	4,618
국제 협력	한독부산정수	1971.12	7,449	4,211	2,321	1,991	330
		1973. 2	9,482	3,634	2,708	2,243	465
	대전	1976.10	15,312	4,306	4,306	2,195	59
	창원	1976. 8	16,877	4,537	4,537	3,504	296
ADB	춘천	1973.10	10,000	5,190	1,792	1,762	30
	대수	1973.10	11,776	5,295	1,954	1,887	67
	광주	1975. 4	13,605	3,501	1,538	1,408	130
	인천	1975. 4	11,584	5,247	2,476	2,134	342
	성남	1976.12	12,962	5,012	2,825	2,682	143
IBRD 3차	청주	1977. 4	11,321	2,895	2,054	1,942	112
	전주	1977. 4	9,829	2,926	1,988	1,759	226
	진주	1977. 4	12,236	3.025	2,457	2,061	396
	순천	1977. 5	10.020	2,964	1,937	1,729	208
	구미	1977. 4	10,000	3,004	3,000	2,870	130
	포항	1978. 4	13,600	3,108	2,233	2,133	100
	울산	1978. 4	16,753	3,117	2,406	2,266	140
IBRD 4차	원주	1978. 3	12,254	3,752	2,659	2,531	118
	부산	1978. 4	16,691	3,696	3,066	2,837	292
	홍천	1979. 3	12,634	3,969	3,197	3,117	80
	김천	1979. 3	12,399	3,848	3,097	2,967	130
	이리	1979. 3	13,166	3,730	3,322	3,131	191
	목포	1978. 3	12,449	3,740	3,387	3,167	220
	충주	1980. 4	14,469	3,749	6,211	5,961	250
	영주	1980. 4	15,063	3,755	6,057	5,834	223
국제 협력	중앙직업훈련원	1968. 6	85,514	8,961	1,894	1,894	–

자료: 1) 노동부(1983). 직업훈련의 현황과 전망. p. 85.
2) 한국직업능력개발원(1998). 한국직업교육훈련 100년사. p. 924.

이렇게 국제협력과 차관사업을 통해 시설을 확충하는 과정에 외국인 자문관의 역할과 영향이 컸다. 자문관이 어느 나라 출신이냐에 따라 출신 국가나 소속 국제기구의 직업훈련 지침에 영향을 받았다. 1960년대 직업훈련법을 제정할 무렵에는 일본의 직업훈련법을 모방하였다. 1970년대 ADB 차관사업에 의한 직업훈련시설 확충 때에는 일본인 출신 자문관이었기에 일본의 집체훈련 중심의 직업훈련 체제의 영향을 더 많이 받았다. 1970년대 중반부터 1980년대까지 추진된 세계지역개발은행IBRD차관사업은 독일 출신 자문관이었기에 독일의 직업훈련제도dual system의 영향을 받았다. 그래서 1980년대 초부터 1990년 초까지 다양한 형태의 학교 교육과 산업체에서의 훈련이 독일의 듀얼 시스템dual system과 연계된 직업 훈련이었다.

그러나 여러 가지 문제가 제기되어 실패하고 1994년부터 다시 일본식의 직업전문학교에서 실시하는 집체훈련off-the-job-Training으로 돌아갔다. 이렇게 산학협력에 의한 일학습병행제는 시행착오와 혼돈을 거듭하면서 지금도 한국의 직업교육훈련환경, 기업문화 풍토에 맞는 체제를 정착시키지 못하고 있다.

(4) 사업내 직업훈련 실시

「직업훈련법 제2조 제5항」에 의하면 「사업주가 실시하는 직업훈련 모두를 사업내 직업훈련」이라고 정의하였다. 사업내 직업훈련 중 보사부령이 정하는 기준에 적합한 것인 경우 그 훈련을 행하는 자의 신청에 의해 노동청장이 인정할 수 있도록 하였는데, 이것이 인정직업훈련이다. 인정직업훈련기관은 공공직업훈련기관처럼 직업훈련비의 전부 또는 일부를 노동청으로부터 보조받을 수 있었다직업훈련법 제13조.

노동청장이 사업주의 직업훈련과정을 인정하는 기준은 훈련 직종을 토대로 하였다. 1967년 선정된 직종은 기계, 주물, 전공, 용접, 단조, 기계운전, 목공, 금속 드레스, 내연기관 조립, 배관, 기계 조립, 도안, 자동차 정비, 판금, 공업제도, 도장, 전기기기 수리, 유기합성 및 합성수지, 라디오 TV, 전자기기 조립, 판금, 통신기기 조립공 등 22개 직종이었다.

당시 인정을 받은 사업내 직업훈련 실시 기업체는 15개였다. 이 중 한국전력, 한국통신, 신광기업, 한국기계공업, 기아산업, 대성목재, 대동공업, 호남비료, 대한조선공사, 금성사, 대한도기주식회사 등 11개 사는 연 52개 직종 분야에서 1,560명을 대상으로 기초훈련을 실시하였다. 대한전기공업, 한국통조림, 신진자동차, 제일모직주식회사 등 4개 업체에서는 연 33개 직종분야에서 1,470명을 대상으로 단기훈련을 실시하였다.

이들 훈련기관에는 인정직업훈련제도상의 특전들이 주어졌다. 즉, 직업훈련에 관한 교재 및 자료제공, 직업훈련 교사의 지원 및 기술적인 지도, 노동청장이 공인하는 수료증의 수여, 기능검정의 수검자격 부여, 기타 보조금 지급을 포함한 「직업훈련법」상의 특전을 받을 수 있었다.[26]

---

26 서상선 (2002). 한국직업훈련제도의 발자취. 대한상공회의소. pp.156-158.

직업훈련법이 제정되면서 그동안 추진되던 직업 훈련 사업은 크게 사업내 직업훈련과 공공직업 훈련으로 구분되었다. 공공직업훈련은 「직업훈련법 제8조」에 의하여 한국직업훈련공단이 설치 운영하도록 하였다. 비영리법인이 행하는 직업훈련은 「직업훈련기본법」이 제정된 후 인정직업훈련으로 분류되었다. 사업내 직업훈련은 사업체의 경영상 그 종업원 또는 종업원이 될 수 있는 자를 대상으로 감독자 훈련, 일반 기능공 등에 관한 기초훈련으로 구분하였다. 정부는 사업내 직업훈련을 그 능력과 조건이 합당하다고 인정하는 경우 인정직업훈련으로 승인하여 이들에게 수료생 자격을 공인하고 정부가 훈련비를 보조할 수 있도록 법에 규정하였다.

직업훈련과정의 승인 여부는 직업훈련 기준에 의해 평가되었다. 「직업훈련 기준」이란 직업훈련 직종의 명칭, 훈련, 대상, 교과, 시설, 장비 등 직업훈련을 실시하는 데 필수적인 요소들을 훈련 직종별로 규정한 것이다. 최초의 직업훈련 기준은 1969년 4월 「직업훈련법 시행규칙(보사부령) 제250호」으로 139개 직종에 대해 공포되었다.

직업훈련 제도 도입 단계라 할 수 있는 1960년대와 1970년대 초의 직업훈련 추이를 보면 <표 7-4>와 <표 7-5>와 같다.[27]

표 7-4 직업훈련 제도 도입 초기의 연도별, 형태별 직업훈련 추이 (단위: 명)

형태별 / 연도	계	1967	1968	1969	1970
계	86,688	10.738	20,180	25,212	30,558
o 사업내 훈련	33,922	3,890	8,022	8,527	13,483
기능공	27,111	3,140	5,918	6,503	11,550
기술공	6,811	750	2,104	2,024	1,933
o 공공직업훈련	30,313	1,502	7,093	9,878	11,840
군위탁	3,721	1,278	853	777	813
정부기관	5,553	224	510	2,514	2,305
법인체	6,906	–	784	1,459	4,663
촉진훈련	13,597	–	4,946	4,961	3,690
농촌직업훈련	50	–	–	–	50
기능공(중직)	486	–	–	167	319
o 특수훈련	7,483	2,346	1,965	2,766	406
교사	811	246	160	195	210
경영관리자	461	–	105	246	110
감독자	6,211	2,100	1,700	2,325	86
o 통신훈련	14,970	3,000	3,100	4,041	4,829

자료: 노동청(1971). 알기 쉬운 노동백서. p. 24. 정택수(2008). 직업능력개발제도 변천사. 한국직업능력개발원. p. 35에서 재인용.

27 서상선 (2002). 한국직업훈련제도의 발자취. 대한상공회의소. pp. 40-99.

표 7-5 제2차 경제개발 5개년 계획 기간 중의 직업훈련 실적 (단위: 명)

기관별/연도별	소계	1967	1968	1969	1970	1971
계	98,863	5,392	15,115	18,405	26,965	32,986
o 공공	36,317	1,502	6,309	8,419	8,819	11,268
공법인	1,091	–	–	167	319	605
정부기관	12,717	1,502	1,363	3,291	3,118	3,443
K.N.O.P	4,077	–	–	–	1,642	2,435
자치단체	18,432	–	4,946	4,961	3,740	4,785
o 사업내	48,225	3,890	8,022	8,527	13,483	14,403
o 인정	14,321	–	784	1,459	4,663	7,415

※ 공법인 훈련원은 1982. 3.18 한국직업훈련관리공단으로 통합됨
※ K.N.O.P 는 주한 미8군 한국인 종업원 전직 프로그램임
자료: 직업훈련사업 현황. 1984. p. 44. 정택수(2008).직업능력개발제도 변천사. 한국직업능력개발원. p. 35에서 재인용.

(5) 기능장 제도 도입[28]

과학기술자에 비해 현장기술자와 기능인의 지위가 상대적으로 열위에 있는 사회적 환경을 개선하기 위해 정부는 1973년 국가기술자격법 제정을 통해 '기능장'제도를 도입했다. 이어 1977년 기능대학법을 제정하여 이를 구체화했다. 이때 기능장자격 취득요건으로 기능사 1급 자격 취득 후 기능대학 2년을 포함하여 7년간의 실무경력을 쌓도록 했다. 1977년 10월에는 기능장 양성기관인 창원기능대학을 설립했다. 이후 1986년까지 모두 145명의 기능장이 배출되었다.

초기의 기능장 양성사업은 독일 정부로부터 교육훈련장비를 제공받고 전문가의 기술지원을 받았으나, 독일 지원은 1985년에 종료되어, 그 이후는 국내 재원으로 추진되었다.

28 한국산업인력공단 (2002). 한국산업인력공단 20년사. p. 85.

(6) 직업훈련에 관한 특별 조치법 제정과 사업내 직업훈련의 의무화(1974~1976)[29]

1960년대는 직업훈련법의 제정, 직업훈련과정과 직업훈련기준의 설정, 교사 양성 기반의 마련 등으로 직업훈련의 기본 토대가 마련된 시기였다.

1970년대는 제3~4차 경제개발 5개년 계획1972~1981과 함께 직업훈련이 양적·질적으로 비약적인 성장을 이룩한 시기라고 할 수 있다. 특히 이 시기는 중화학공업화에 역점이 주어져 있었는데 4차 계획이 끝나는 1981년까지 중화학공업 자체만으로도 100만 명 이상의 고용 증가가 예측되었다.

이에 필요한 기술인력을 공급하기 위해 학교 교육을 통한 과학기술 인력의 확충은 물론 공공 및 사업내 직업훈련시설도 획기적으로 확충하여야만 했다. 한편 당시 매년 4~50여 만 명의 비진학청소년이 유휴인력으로 잔존하면서 거리를 방황하며 사회적 문제를 야기하였다.

정부는 이런 문제 해결을 위한 방안으로 사업내 직업훈련 의무제도를 도입하였다. 이를 실현하기 위해 「직업훈련에 관한 특별조치법1974년 12월 26일, 법률 제 2741호」을 제정·공포하였다. 또한 「직업훈련 분담금제도」를 도입하기 위해 「직업훈련 기본법1976년 12월 31일, 법률 제 2973호」을 제정·공포하였다.

「직업훈련에 관한 특별조치법」의 목적은 '사업주로 하여금 직업훈련을 의무적으로 실시하게 하여 기능사를 양성하게 함으로써 근로자의 지위향상을 도모하며 국민경제에 기여'하기 위한 것이었다.

직업훈련분담금 제도는 사업내 직업훈련으로서 기능사 기초훈련을 실시하여야 할 사업주가 이 법에 의한 직업훈련을 실시하지 아니하는 경우에는 직업훈련분담금을 납부하도록 하는 직업훈련법기본법을 의미한다. 이는 「직업훈련에 관한 특별조치법」에서 부득이한 사정으로 훈련을 실시하지 못한 사업주에게 벌금형을 처할 수밖에 없었던 것을 시정하여 분담금을 납부할 수 있는 기회를 부여한 점이라 할 수 있다.

(7) 직업훈련의 개혁 방안 수립과 직업훈련기본법 제정(1976-1979)

공식적인 직업훈련이 실시된 이후 10여 년이 경과하면서 제도 운영에 관련된 여러 문제점이 노출되었다. 이에 따라 직업훈련 개혁 방안을 수립하였다.

핵심내용은 관리직 및 사무직 공무원을 철수시켜 민간인이 공공훈련기관의 주축이 되도

---

29 서상선 (2002). 한국직업훈련제도의 발자취. 대한상공회의소. pp. 178-186.

록 중앙직업훈련원을 제외한 모든 국립직업훈련기관을 법인체 직업훈련기관으로 전환하고, 훈련원별로 훈련 직종을 특성화시키며, 훈련시설의 투자계획을 조정하여 여러 곳에서 동시에 시공하지 않고 순차적으로 집중 시공할 것, 각 훈련시설에는 교사 아파트를 건립한다는 것 등이었다.

한편, 직업훈련에 관한 법이 「직업훈련법」과 「직업훈련에 관한 특별조치법」으로 이원화로 인한 비효율화, 직업훈련 분담금제 신설의 필요성 대두, 국립직업훈련원의 법인체로의 전환을 위한 법제화 필요성 등 직업훈련관련 법의 개정에 관한 문제도 부각되었다.

이에 노동청은 1976년부터 시작된 제4차 경제개발 5개년 계획에 맞추어 두 가지 직업훈련 관련법을 통폐합하는 동시에, 직업훈련분담금제를 신설한 「직업훈련기본법」을 1976년 12월 31일 법률 제2973호로 제정하였다. 이 「직업훈련기본법」은 종래의 「직업훈련법」에 「직업훈련에 관한 특별조치법」에서 규정한 사업내 훈련의 의무적인 실시 규정을 통합한 것이며, 사업주가 사업내 훈련을 실시하지 못하는 경우에는 일정액의 분담금을 납부하게 하는 선택제도를 추가하였다.

이번에 제정된 「직업훈련기본법」은 제1조 목적에서 첫째, 근로자에 대하여 직업훈련과 기능검정을 실시하고, 둘째, 공업 및 기타 산업에 필요한 기능자를 양성하며, 셋째, 근로자의 지위 향상을 도모하고, 넷째, 국민경제 발전에 기여하는 것으로 하여 종래의 「직업훈련법」의 목적을 그대로 계승하였다.[30]

3) 전두환 정부의 직업훈련(1980~1988)

1980년 전두환 정권이 들어서면서 우리나라는 정치적으로 큰 변화를 겪었다. 정치적 격변의 파장은 정치 부문에 머물지 않고 경제, 사회, 교육, 노동 등 사회 전체를 질적으로 변화시키는 도화선이 되었다.

인력개발 부문에서도 1970년대 말까지는 국가가 주도하는 경제계획에 따라 공업화와 경제성장 과정에서 요구되는 신규인력 공급이라는 패러다임이 지배하였다. 그러나 1980년대 이후에는 질적으로 우수한 인력의 양성 공급과 재직근로자의 능력향상을 중시하는 패러다임이 등장하였다.

생산체제는 노동집약적 산업에서 기술집약적 산업으로, 대량생산 체제에서 다품종 소량

30 서상선 (2002). 한국직업훈련제도의 발자취. 대한상공회의소. pp. 187-202.

생산 체제, 유연생산 체제로 변화하면서 사고력, 문제해결능력, 창의력을 겸비한 인적자원에 대한 산업체의 요구가 높아졌다. 교육훈련 수요에 있어서도 자녀의 미래를 위해 교육에 투자하려는 교육열이 매우 높아졌다. 소득의 증가로 발생한 가계의 여유에 힘입어 전문대학 이상 고등교육의 수요가 급격히 팽창함에 따라 중등 수준의 직업교육 및 단기간의 직업훈련 수요는 크게 위축되었다. 이에 따라, 훈련 대상자 확보의 한계에 직면한 직업훈련 부문에서도 훈련생들에게 미래의 기술변화에 충분히 대처할 수 있는 능력을 개발해 줄 수 있도록 훈련 기간을 장기화하고 훈련 수준도 높이게 되었다.

이런 사회적 변화에 대비하여 직업훈련 분야에서 1980년대 이후에 이루어진 질적인 변화는 크게 제도적인 보강, 훈련과정의 개편, 훈련 방식의 개편 모색 및 사업내 직업훈련의 자율화로 요약할 수 있다.

제도적인 측면에서의 큰 변화로는 노동청이 노동부로 승격, 한국직업훈련관리공단현 한국산업인력공단의 설립, 한국산업인력공단을 중심으로 한 직업훈련 관련 연구 개발 및 각종 지원 체제의 확립 등을 들 수 있다. 1981년 말에는 「직업훈련기본법」, 「직업훈련촉진기금법」, 「기능대학법」, 「국가기술자격법」 등 직업훈련 관계법령을 대폭 개정하는 동시에 「한국직업훈련관리공단법」을 제정·공포하였다.

직업훈련 과정의 측면에서는 기업훈련 대상자들의 학력 상승과 산업계의 요구에 따라 훈련과정이 장기화되고 훈련 내용이 심화되었으며, 기능장·다기능 기술자 과정 등 다양한 수준의 직업훈련이 실시되었다.

직업훈련 방법의 관점에서 보면 산학협동훈련 제도를 도입하고자 노력했던 것과 사업주 단체인 대한상공회의소가 관장하는 공동훈련원이 신설된 것 등이라 할 수 있다.

앞에서 서술한 전두환 정부의 직업훈련정책 중에서 몇 가지 주요 특징을 요약·서술하면 다음과 같다.

(1) 한국직업훈련관리공단의 설립

서상선 당시 노동부 직업훈련국장의 저서 '한국직업훈련제도의 발자취–제도화 과정에 얽힌 뒷이야기를 중심으로–'와 정택수 저 '직업능력개발제도 변천사'에 의하면 직업훈련 관련 법 하나를 제정 또는 개정하거나 조직을 신설·개편·통합하는 과정에, 부처 내는 물론 타 부처와의 이해관계에 얽힌 난제 극복 문제, 필요한 재원 조달 문제, 적재적소의 인사 행정과 관련된 문제 등 여러 가지 어려운 일에 봉착하였었다.

이런 과제를 해결하기 위해서는 직업훈련에 관한 전문적 식견을 지닌 유능한 직업훈련 행정가가 한 분야에서 오랜 기간 근무하면서 어떤 어려움이 닥쳐도 공직자로서의 투철한 사명감과 헌신적인 노력을 하면서 업무를 일관성 있게 추진하는 것이 얼마나 중요한가를 느끼게 한다. 동시에 이런 정책을 객관적으로 뒷받침 할 수 있는 연구가 적기에 제시된 직업훈련연구소의 역할도 중요하다는 것을 재확인할 수 있었다.

한국직업훈련관리공단의 설립과정도 예외가 아니었다. 직업훈련공단의 필요성은 1966년 12월에 제정된 「직업훈련법 부칙 2항의 경과조치」에서 '직업훈련공단을 법 시행 1년 내에 설립하여야 한다'는 조항을 두었을 정도로 직업훈련법 제정 당시부터 거론되었던 과제이다. 그 후 15년 가까이 직업훈련공단의 설립에 대해 추진과 중단을 반복하다가 1980년부터 직업훈련공단 설립이 본격적으로 추진되어 1982년 3월 18일 마침내 한국직업훈련관리공단이 발족하게 되었다.

한국직업훈련관리공단의 설립 목적은 효율적인 인력양성 체제 확립을 위해 산업수요에 부응하는 기능 인력을 양성하고, 합리적인 기능 수준을 평가 유지하며, 양성 인력을 적재적소에 배분 관리하는 데 기본 목표를 두었다.

이를 구현하기 위한 시책으로는 기능수준의 고도·정예화로 생산성 향상 및 국제 경쟁력을 강화하고, 민간의 인력양성 기능의 활성화로 인력개발을 민간 주도체제로 유도하며, 기능검정의 합리화로 기능 수준을 향상시키고, 직업훈련 및 기능 검정의 일원화를 도모하며, 직업안정 기능의 활성화로 인

력수급의 원활화를 도모하는 데 중점을 두었다.[31]

한국직업훈련관리공단은 1982년 3월 18일 설립과 동시에 과학기술처 산하의 한국기술검정공단 및 산하 13개 지방사무소를 비롯하여 창원기능대학, 24개 직업훈련원, 국제기능올림픽대회 한국위원회 및 12개 지방위원회, 근로복지공단 산하 직업훈련연구소를 각각 흡수 통합하여 단일기관 운영체제로 출발했다.

그러나 유사한 업무와 기능을 수행하던 여러 기관이 통합되었기 때문에 업무의 효율화, 운영체제의 합리화가 시급한 과제로 대두되어 1982년 공단 발족 첫 해에는 기관 통합에 따른 조직정비에 중점을 두었다. 그 결과 한국직업훈련관리공단은 주로 공공직업훈련법인 훈련시설과 창원기능대학, 직업훈련연구소, 국립중앙직업훈련원, 한국검정공단을 관리하게 되었다.

그 중 공단의 설립 초기 직업훈련사업의 대표적 업무로는 훈련계획의 수립, 훈련생 모집 및 선발, 훈련 실시, 훈련 평가, 훈련장비 관리, 취업지도 및 사후관리, 교사자질 향상을 위한 연구 활동, 기능개발센터 운영, 훈련지도 및 지원 등이었다. 이들 사업은 공단 본부 훈련국과 지도국, 그리고 기능장 양성을 목표로 한 창원기능대학, 각급직업훈련원의 교사양성을 목표로 한 중앙직업훈련원, 기능사 양성을 목표로 한 24개 직업훈련원 등 26개 산하 훈련기관에 해당 훈련과정을 설치 운영하였다. 훈련과정은 1년 과정에 기능사 2급 또는 기능사 1급 자격 수준을 목표로 실시했다.

1982년부터 1986년까지 공단 설립초기 5년간의 직업훈련체제의 주요 변화는 고급인력 양성체제로의 전환 및 기능사보 훈련과정의 폐지, 산학협동과정의 개설 및 확대였다.

한국직업훈련관리공단은 그 후에도 주변여건 변화에 따라 필요시마다 조직을 부분 개편 또는 전면 개편하여 업무량의 적정한 배분과 효율화를 꾀하면서 산업인력 종합관리체제를 구축해 나갔다. 그래서 그 이후에도 계속해서 공단에 부여된 경제사회적 역할 변화 요구에 부응하여, 공단의 기능과 그에 따른 조직이 탄력적으로 개편되어 왔다. 그 결과 현재 한국산업인력공단은 인적자원의 양성, 평가 및 배분이라는 세 기능의 연계적 수행, 즉 '훈련-자격-일'에 관련된 인적자원개발의 중추기관으로 자리 잡아 나가고 있다.[32]

31 서상선 (2002). 한국직업훈련제도의 발자취. 대한상공회의소. pp. 203-221.
32 한국산업인력공단 (2002). 한국산업인력공단 20년사. p. 82.

(2) 직업훈련 지원체제 구축을 위한 직업훈련연구소 설치

한국직업훈련관리공단 설립 시 흡수·통합된 기관 중에 근로복지공사 산하에 1980년 4월 23일 창립한 직업훈련에 관한 정책연구와 직업훈련 기준과 교재개발 등을 담당하는 직업훈련연구소가 있었다. 이 직업훈련연구소는 1982년 한국직업훈련관리공단의 산하기관으로 편입되면서 기능검정 및 자격제도에 관한 연구도 중요한 연구 분야로 자리 잡았다. 훈련과정 개편 및 훈련기관 신설을 위한 기초자료 조사 등도 추진되었다. 또한 직무분석 및 기준개발과 직업훈련 교재의 개발 및 보급도 하였다.

직업훈련연구소는 1992년 한국기술교육대학교의 개교와 동시에 동 대학 부설 산업기술인력연구소로 이관되었다. 그 후 산업기술인력연구소는 1997년 한국직업능력개발원직능원이 개원되면서 직능원으로 통합되었다.[33]

(3) 한국기술교육대학 설립 추진

전두환 정부는 우수 직업 훈련교사를 양성하기 위하여 한국기술교육대학교 설립을 추진하였다. 좋은 씨가 좋은 열매를 맺듯 훌륭한 교사가 훌륭한 기능인을 낳는다는 의미에서 직업훈련교사의 양성문제는 직업훈련사업에 있어서 매우 중요한 과제이고 노동부의 오랜 숙원사업이었다. 처음에는 2년제 특수직업훈련원으로 설립되도록 추진하다가 이왕이면 4년제 대학으로 하는 것이 좋겠다는 청와대와 부총리의 의견이 있어 「한국산업기술대학」 설립을 대덕연구 단지 내에 설립하도록 추진하였다.

1984년 대학시설이 완성되어 가던 즈음에 청와대로부터 한국과학기술대학을 과학기술원KIST으로 이관시키라는 지시가 있었다. 이유인즉 전날 대통령이 경기과학고등학교를 방문하였는데 과학고등학교 졸업생들이 진학을 하는데 특수교육을 받았기 때문에 일반대학에 진학하기가 어려워 애로점이 있으니 과학고등학교 졸업생들이 진학할 수 있도록 과학기술

33 한국직업능력개발원 (1998). 한국직업교육훈련 100년사. pp. 947-954.

원KIST에 학부를 설치해 달라는 건의가 있었다는 것이다. 대통령은 이 건의를 받아들여 노동부가 설립 중에 있던 한국산업기술대학 시설을 과학기술원에 이관하고 대학명을 「한국과학기술대학」으로 바꾸라는 지시가 있었던 것이다.

이런 사연으로 한국산업기술대학은 과학기술처의 과학기술대학으로 이관되었다. 그리고 별도의 직업훈련 교사 양성대학이 신설될 때까지 1986년에 개교한 한국과학기술대학 내에 기술공학부를 설치하여 공업계고등학교 출신 학생들을 대상으로 4년의 직업훈련교사 양성과정으로 운영하였다. 그러나 과학기술대학의 정책변화로 이 과정은 지속되지 못하고 1988년 신입생 모집 이후 학생 선발을 중단하였다.

그 후 대통령 공약사업이면서 그동안 유보되어 있던 직업훈련교사 양성을 목적으로 하는 직업훈련대학 설립 문제가 다시 대두되었다. 여러 가지 우여곡절을 겪으면서 충남 천안의 현 위치에 1992년 한국기술교육대학교를 개교하게 되었다.[34, 35] 필자도 한국산업기술대학 설립 추진단의 한 사람으로 동 대학 기공식 때 대덕연구 단지에 내려가 삽질도 하였다. 또한 신설된 한국기술교육대학교 초대 이사부터 시작하여 12년간1989~2001 이사로 재직하면서 초기 발전에 기여하였다.

(4) 실업자 직업훈련 사업 추진

1981년 전두환 정권은 정통성 문제로 불안한 기조에서 출발하였다. 당시 경제 사정도 좋지 않아 경기는 하향 국면이었고, 중화학공업분야의 개발사업 정책도 대폭 축소되었다. 이로 인해 실업자가 계속 늘어나자 민심 이반으로 사회적 혼란이 야기될 것이 우려될 정도였다. 이에 정부 관계 기관에서는 실업자 재취업을 위한 직업훈련사업을 실업자 대책사업으로 강구하게 되었다.

당시 직업훈련국장은 1982년 6월 어느 날 갑자기 실업자 대책사업에 대한 긴급회의가 경제기획원에서 개최되어 참석하였고 실업자 직업훈련 실시 타당성에 관한 논의가 있었다고 한다. 그런데 그 후 10일이 지나 경제기획원으로부터 90억을 지원할 테니 실업자 직업훈련을 실시하여 취업을 알선해달라는 연락이 있었다고 한다. 이 과제는 사업의 성격상 직업훈련국과 직업안정국이 공동으로 참여해야 할 과제인데 당시 부내 여건상 공동으로 업무를 추진하기 어려워 직업훈련국이 할 수 없이 단독으로 추진하였다고 한다. 그래서 이 사업은

---

34 한국산업인력공단 (2002). 한국산업인력공단 20년사. pp. 199-201.
35 서상선 (2002). 한국직업훈련제도의 발자취. 대한상공회의소. pp. 221-233.

사전에 충분한 계획과 준비도 없이 급하게 실업자 직업훈련 사업을 맡아 추진하게 되었다고 한다.

훈련 프로그램은 해외 진출이 용이한 건설업 직종으로 실업자 직업훈련 사업을 추진하였다. 이 사업을 통하여 1만 여명의 영세민 실업자를 해외에 진출하여 가정생활에 많은 도움을 주는 성과도 있었다. 하지만 여러 문제에 봉착하여 장기간에 걸친 감사원 감사를 받으면서 시련을 겪기도 하였다.

이 사업은 사전에 충분히 검토되지 않았고 준비 과정도 거의 없이 갑자기 정책이 결정되어 여러 가지 어려운 여건 속에 추진하게 되었다. 그런데 이런 직업훈련 사업을 열심히 일한 담당자들에게 격려는 하지 못할지라도 감사를 통해 시련과 사기를 저하시키기도 하였다.

이는 중앙정부의 정책 수립과정과 추진 결과의 처리가 얼마나 조급하고 무계획적이며 불합리했던 과제였는가를 반성하게 하는 사업이기도 하였다.[36] 뿐만 아니라 새로운 일을 추진함에 있어 특히 어려움이 있을 때 부처 내 다른 부서와의 긴밀한 협조가 필요하다는 것을 깨닫게 하는 과제였다.

(5) 직업훈련기본법 개정을 통한 사업내 직업훈련 의무제도의 산정기준 개정

1986년 5월 9일 「직업훈련기본법」을 개정하여 사업내 직업훈련 의무제도의 운영에 있어서 1987년부터는 훈련 의무 산정 기준을 '근로자 수에서 임금 총액'으로 변경하였다. 또한, 의무이행 인정대상 사업의 대상과 종류를 다양화하고, 훈련기준을 단순화하는 등 점진적으로 자율화하였다.[37]

(6) 산하 훈련기관의 신설과 사업 이관

1980년대 중반 이후 산업의 고도화가 가속되자 공단은 기능사 2급 양성훈련원 중 일부

36 서상선 (2002). 한국직업훈련제도의 발자취. 대한상공회의소. pp. 234-238.
37 정택수 (2008). 직업능력개발제도 변천사. 한국직업능력개발원. pp. 67-68.

를 기능사 1급 수준의 훈련원으로 개편하기 시작하였다. 이와 아울러 직업 여건 변화에 맞는 특수목적의 직업훈련원을 신설하여 상대적으로 소외되어온 계층에게까지 직업훈련을 실시하였다.

1987년에는 국내 최초의 여성 전용 훈련원으로서 안성여자직업훈련원을 설립하였다. 지역의 균형적 발전을 고려하여 강원지역에서는 처음으로 강릉직업훈련원을 설립하였다. 이와 함께 국내 최초의 장애인전용 훈련원인 일산장애자직업훈련원을 설립하여 신체장애자들에게 재활기반을 구축할 수 있도록 하였다. 또한 1987년 7월 1일부터 1988년 1월 1일까지 각 도에서 운영해오던 농민교육원 중 경기, 강원, 충북, 충남, 전북, 전남, 경북, 제주 등 8개 도의 직업훈련기능을 공단으로 이관하는 동시에 직업훈련원을 설립하였다.[38]

4) 노태우 정부의 직업훈련(1988~1993)

노태우 정부가 들어설 무렵을 전후해서 국내에는 사회 경제적으로 큰 변화가 일어나고 있었다. 1987년 6·29 선언으로 민주화가 이루어지고 있었다. 노사분규가 폭발적으로 발생하여 기존의 노사 관계제도가 일시에 무너지기도 하였다. 1987년 임금 인상률이 17%에 이르러 1986년의 6.6%보다 3배 가까이 증가하였다. 고학력화와 더불어 소위 더럽고 위험하고 힘든 직업을 기피하는 3Ddirty, dangerous, difficulty 기피현상이 이때부터 나타나기 시작하였다.

한편 1986~1988년 3년 동안에 소위 저금리, 저달러, 저유가의 3저 호황으로 인한 매년 10% 이상의 경제 성장률 달성, 통화량 증가, 88 올림픽 특수 등이 겹친 아파트 값 폭등, 이를 해소하기 위한 정부의 주택 200만호 건설계획 발표 등이 있었다. 이로 인해 건설업은 비약적으로 발전하였고, 건설업을 비롯한 산업 전 분야에 걸친 인력 부족 사태가 발생하였으며, 임금 인상 현상 등이 나타났다.

38 한국산업인력공단 (2012). 한국산업인력공단 30년. pp. 105-108.

(1) 직업훈련 발전 계획 수립

노동부는 앞에서 제기한 것과 같은 노동 인력의 부족을 해소하고, 제6차 경제사회발전계획1987~1991에 포함된 각종 사업을 추진함에 있어 필요한 기술 인력을 양성하며, 그동안 누적된 직업훈련과 관련된 문제 해결을 위해 1989년 직업훈련 발전계획을 다음과 같이 수립하였다.

① 직업훈련의 확대 실시

직업훈련 대상을 중졸자, 일반 고등학교 졸업자와 재직근로자에서 기능이 부족한 공고생과 일반 고등학교 재학생 그리고 대졸 미취업자까지 확대한다.

② 직업훈련 체제 개편

현재 실시하고 있는 집체 위주 훈련방법을 산학협동체제로 전환하여 운영할 계획이다. 그리고 현재 공공, 사업내, 인정직업훈련으로 구분되어 있는 직업훈련 형태를 공공과 사업내 직업훈련으로 단순화하고 인정직업훈련기관은 공공직업훈련 기관에 포함시키거나 문교부 관할의 학원으로 전환시켜 부실 훈련시설을 정리한다.

③ 사업내 직업훈련 확대 실시 및 공동훈련원 신설

직업훈련 실적을 10년 전의 1980년대 수준으로 회복하고 사업주 단체가 행하는 공동훈련시설도 7개소를 신설하도록 한다.

④ 국가기술자격검정제도의 개편

당시 국가기술자격 검정제도와 관련된 여러 문제점, 즉 자격증에 대한 산업체로부터의 불신, 자격 기준과 산업 수요와의 괴리, 출제 문제나 출제 방법에 관한 문제점 등을 개선하였다. 기능계의 등급을 기능장, 기능사 1급과 2급, 기능사 보 등 4개 등급을 단순화 하도록 하였다. 등급별 응시자격도 산업체 실무경력의 요건을 강화하도록 하였다.

⑤ 기능 장려 시책 확대

채용 승급 승진 시 자격 소지자 우대, 장인 정신에 부합하는 기능상을 발굴하여 상징화,

기능 경기와 사업을 개편하고 기능 장려금 500억 원을 조성한다.

⑥ 훈련기반 조성

직업훈련교사를 집체훈련 교사와 현장훈련교사로 구분하고 교사의 인사 체계를 계층화한다. 또한 훈련기준과 훈련교재 개발 체계를 개선한다.

(2) 직업훈련기본법 등 관련법의 개정

직업훈련발전계획이 성공적으로 추진될 수 있도록 「직업훈련기본법」 등 4대 법률이 제정 공포되고, 6개 시행령과 4개 시행규칙을 차례로 제 · 개정하였다.

「직업훈련기본법법률 제4331호, 1991.1.14.과 시행령대통령령 제1396호, 1991.6.27.」 및 시행규칙노동부령 제69호, 1991.8.6.의 개정에서는 민간기업의 직업훈련 참여 확대를 유도하였다. 아울러 기능 인력의 현장훈련을 강화함과 동시에 비진학 청소년에게 직업능력을 부여하기 위해 산학협동훈련을 제도화하였다. 직업훈련 방법을 집체훈련, 현장훈련, 산학협동훈련으로 구분하고 그 개념을 규정하였다. 현장훈련 및 산학협동훈련을 뒷받침하기 위해 현장훈련교사 제도를 신설하고 자격요건을 완화하였다.

직업훈련과정은 훈련 목적 또는 내용을 기준으로 양성훈련, 향상훈련, 전직훈련, 재훈련으로 구분함으로써 평생 직업훈련체제를 확립하였다. 직업훈련 위탁대상을 직업훈련을 실시할 수 있는 능력이 있는 자에게까지 확대하였다. 훈련비용의 부담을 수익자부담 원칙으로 전환하여 인정훈련기관 훈련생뿐만 아니라 공공훈련기관에서도 부담시킬 수 있게 하였다.

사업내 직업훈련을 강화하고 이행치 않은 경우 분담금을 50%까지 추가 납부토록 하였다. 직업훈련 의무대상 사업체의 규모를 200인 이상에서 150 이상으로 확대하였다.

(3) 한국직업훈련관리공단을 '한국산업인력관리공단'으로 개칭, 직종 개편 및 공단 훈련과정의 개편

「한국 산업인력공단법법률 제4332호, 1991.1.14.」 및 「동법 시행령대통령령 제13347호, 1991. 4.11」에 의거 「한국직업훈련관리공단」을 「한국산업인력관리공단」으로 개정하였다. 공단의 명칭 개정 이유는 공단의 사업을 양성 기능 인력의 취업지도 등 사후관리, 직업훈련 실시자에 대한 기술지원 및 기능 장려 등의 사업을 명시하고 기능인력 수급 등에 관한 조정 · 연구 사업을

추가함에 있었다.[39]

(4) 기능대학 확충

창원기능대학을 중심으로 기능장 양성을 하고 있었지만 여러 가지 문제가 야기되었다. 즉, 기능장 양성 과정이 산업현장 수요와 괴리, 기능대학 입학생의 실무 경력 부족, 기능장 시험 합격률 저조, 산업체 위탁생 부족, 일부 종목은 과정이 없어 기능장 배출 불가, 양성 비용의 과다, 기능장 배출이 적어 기능장제도 정착의 어려움, 대학 체계 운영 미비 등이 있었다.

이런 문제를 해결하기 위해 「기능대학법법률 제4330호, 1991.1.14.」과 「동법 시행령대통령령 제13397호, 1991.6.27.」에 의거 기능장 양성을 훈련 직종별·대상별로 실무경력과 특성에 따라 다양화하기 위해 기능대학의 수업연한과 교육과정을 조정하였다. 교육과정을 장·단기 과정으로 구분하고 교육과정별로 입학자격을 정하여 수업일수, 학기 및 복수전공 방법을 정하였다. 수업 연한 2년을 장기 1~2년, 단기 3개월, 6개월로 정하였다.

그러나 이 과정에 창원기능대학 학생들과 일부 교수들의 수업 연한 1년을 2년으로 환원 조치, 기능장 시험 응시자격 수정 보완, 기능사 1·2급 자격 취득자도 기사 1·2급 자격 취득자와 동등하게 대우할 것, 창원기능대학 수료자를 4년제 대학 수료자와 동등하게 대우해 달라는 요구 등으로 학원 소요 사태가 상당 기간에 걸쳐 있었다.[40]

(5) 기능장려 강화

당시 우수 기능인과 명장제도 운영상의 문제점을 해결하기 위하여 「기능장려법법률 제4329호, 1991.1.14」 및 「시행령대통령령 제13349호, 1991.4.13.」을 정비하였다. 이를 통해 우수 기능인과 명장의 선정 기준을 정비하고, 국내기능경기대회에 청소년부와 명장의 구분을 폐지하며, 기능관계 단체가 참여할 수 있도록 권한의 위탁기관을 확대하였다.

(6) 국가기술자격 검정제도의 개선

「국가기술자격법시행령대통령령 제13494호, 1991.10.31.」을 정비하여 기술계의 기술분야를 21개에서 22개 분야로, 기능계의 기술 분야를 15개에서 19개 분야로 확대하였다. 기술계 기술

39 한국산업인력공단 (2002). 한국산업인력공단 20년사. pp. 207-209.
40 서상선 (2002). 한국직업훈련제도의 발자취. 대한상공회의소. pp. 254-268.

자격의 응시자격 기준을 현실에 맞게 조정하였다. 또한 기능검정에 있어 훈련과 검정의 연계를 강화하는 방향으로 검정 방법을 개선하였다.

(7) 직업훈련촉진기금의 사용 확대

「직업훈련촉진기금법시행령대통령령 제3348호, 1991.1.11.」을 정비하여 기금 사용 용도를 확대하였다. 또한 직업훈련 방법에 관한 규칙을 제정하여 직업훈련을 훈련 직종 및 대상에 따라 집체훈련, 현장훈련, 또는 병행하는 방법이 가능하게 하였다.

(8) 서울국제직업훈련원의 설립

1989년 7월 7일에는 아태지역기능개발사업단APSDE과의 협력사업으로 인천 소재 중앙직업훈련원 내에 외국인 초청 훈련 전담기관인 서울국제직업훈련원을 설립하였다.

국제직업훈련원 설립은 1988년 6월 한국 정부노동부 및 APSDEP 간에 국제직업훈련센터를 건립한다는 기본원칙의 합의에 따라 훈련원의 운영은 APSDEP과 한국이 공동으로 맡되 훈련생 항공료, 첨단장비 및 외국인 전문가 지원에 따르는 경비부담은 APSDEP이, 시설장비 · 훈련경비 · 직원인건비 등 제반 비용은 한국 측이 부담하는 것으로 하였다.

서울국제직업훈련원은 설립 후 개도국 초급 기능인을 대상으로 한 3개월 기초과정, APSPDEP 회원국 중급 기능인을 대상으로 한 3개월 향상훈련과정, 개도국 교사를 대상으로 한 교사향상훈련과정, 그리고 개도국 관리자 등을 대상으로 한 기타 특수과정을 운영하였다. 초기의 연간 훈련인원은 100명 정도였다. 기초과정 직종은 기계, 용접, 배관, 전기, 전자, 금속, 자동차였고, 향상훈련과정 직종은 CAD, CAM, CBT, 수치제어, 금형 등이었다. 교사향상훈련과정의 직종은 기계, 용접, 배관, 전기, 전자, 자동차, 목공, 건축 등이었다.[41]

(9) 노태우 정부의 직업훈련 정책의 논의

노태우 정부는 직업훈련 장기 발전계획을 수립하여 추진하였다. 사업 계획도 방대하였고 이를 실현하기 위해 관련법도 많이 제 · 개정하였다.

그러나 동 계획의 실행 결과를 보면 그리 만족할 만한 수준은 아닌 것 같다. 우선 산학협동훈련의 실적을 보면 첫해인 1991년에는 일반, 전문 및 고등과정에 산학협동훈련과정을 개설하여 3,375명을 양성하였으나 성과가 지지부진하여 1994년에 전면 폐지되었다. 그 원

41 한국산업인력공단 (2012). 한국산업인력공단 30년. p. 109.

인에 대해서는 각주의 인용문헌[42, 43, 44]을 참고하기 바란다.

또한 산학협동에 관한 문제는 「제3장 중등 직업교육, 단원 6의 '김영삼 정부의 직업교육 정책' 중 '나 항' 공고 2·1체제 도입 운영」, 그리고 「제6장 전문대학교육, 단원 7의 김대중, 노무현 정부의 전문대학 산학협력」에서 구체적으로 논의된 바 있다. 외국의 아무리 훌륭한 직업교육훈련제도일지라도 국내 교육훈련 체제 및 환경, 기업 문화 풍토의 고려 없이 도입하여 시행하였을 경우 실패할 확률이 얼마나 높았는가를 시사해주는 프로젝트라고 할 수 있다.

직업훈련발전계획은 이 계획을 수립한 담당 국장이 자리를 옮김으로써 원래 계획대로 추진되지 못한 점도 있었다. 정책을 기획하고 집행함에 있어 중앙부처의 담당 국장의 역할이 중요하다는 것을 보여주는 한 단면이다.[45, 46]

5) 김영삼 정부의 직업훈련(1993~1998)

우리나라 직업교육훈련은 1960년대 초 제1차 경제개발 5개년 계획1962~1966이 시작된 후 제6차 경제사회 발전 5개년 계획1987~1991이 끝날 때까지 경제개발 5개년 계획에 의한 인력 수요 예측과 이 결과를 기초로 훈련이 필요한 인원을 산출하였다. 이를 근거로 하여 직업훈련 계획을 세우고 이에 부합되게 직업훈련 투자계획을 수립하여 직업훈련을 실시하여 왔다. 당시 필요한 기능·기술 인력 양성을 위해 국가는 공공훈련을 통하여 직접 양성하는 것 외에도 사업주에게 직업훈련 의무를 부가하여 기능 기술 인력의 양성훈련을 강제하는 제도를 유지해왔다.

그러나 국가 주도의 계획경제는 제6차 경제사회발전 5개년 계획으로 끝나고 1993년부터는 신경제 5개년으로 대체되었다. 경제·사회 환경 변화에 따라 인력 양성에 대한 요구가 변하게 되었다. 즉, 공급자 중심에서 수요자 중심으로, 정부 주도에서 민간 주도로, 막힌 교육훈련에서 열린 교육훈련으로, 제각기 하는 훈련에서 협력·경쟁하는 교육훈련으로의 전환이 강력히 요구되었다.

---

42 정택수 (2008). 직업능력개발제도 변천사. 한국직업능력개발원. pp. 95-102.
43 서상선 (2002). 한국직업훈련제도의 발자취. 대한상공회의소. pp. 248-254.
44 한국산업인력공단 (2002). 한국산업인력공단 20년사. pp. 182-183.
45 정택수 (2008). 직업능력개발제도 변천사. 한국직업능력개발원. pp. 54-67, pp. 89-97.
46 서상선 (2002). 한국직업훈련제도의 발자취. 대한상공회의소. pp. 239-248.

이런 사회 변화에 부응하기 위해 직업훈련에도 다음과 같은 큰 변화가 있었다.

(1) 신경제 5개년 사업과 공동직업훈련원 설치

직업훈련의 핵심과정은 사업내 훈련에 있다. 그러나 중소기업들은 단독으로 사업내 훈련원을 설립 · 운영하기가 어렵다. 노동부는 이들 중소기업체들이 공동으로 운영할 수 있는 공동직업훈련원을 10개 설치하기로 하였다.

신경제 5개년 계획에 의해 노동부가 추진해오던 공동직업훈련원 10개는 사업내 직업훈련을 활성화하여야 한다는 노동부의 강한 정책의지에 의해 사업체의 모임인 대한상공회의소가 공동직업훈련소를 인수하여 운영할 수 있도록 1993년 12월 3일 「대한상공회의소 정관」을 개정하여 운영하게 하였다.[47]

(2) 기술 및 기능인력 양성제도 개편 계획과 법제화

김영삼 정부가 들어서면서 노태우 정부 말기에 제7차 5개년 계획에 의해 수립된 정부차원의 '직업훈련계획'이 폐지되고 신경제 5개년 계획에 의한 '기술 및 기능인력 양성제도 개편 계획'이 1993년 7월에 수립되었다. 이 계획에는 김영삼 정부의 중등 직업교육정책에서 이미 논했던 「공고 2 · 1체제」 도입이 있었다. 또한 신경제 5개년 계획에 의한 '기술 및 기능인력 양성제도 개편 계획'을 뒷받침하고 직업훈련 활성화를 저해하는 불합리한 일부 규정을 정비, 보완하기 위해 「직업훈련기본법」 및 「기능대학법」을 1993년 12월 27일에 개정하여 시행하였다.

(3) 고용보험제도 도입(1995.7), 직업훈련의무제도 폐지(1997.12.24.), 근로자 직업훈련 촉진법 제정(1999)

노동부 직업훈련국에서는 1994년 8월 '산업인력 수급 계획과 대책'을 발표하였다. 그 중에는 인력개발 체제를 개편하여 공공훈련원은 다기능 기술자 등 고급 기능인력 양성체제로 전환한다. 양성훈련은 점진적으로 교육과 민간 부문에 맡긴다. 대신에, 향상, 재훈련 과정을 대폭 확대한다. 사업내 직업훈련 의무제도는 고용보험직업능력개발사업과 통합하여 기업에서 자율적으로 시행하도록 하는 것 등이 포함되어 있었다.

1995년 7월 고용보험제도 도입 이후 1,000인 미만의 사업장의 경우는 「고용보험법」상

47 서상선 (2002). 한국직업훈련제도의 발자취. 대한상공회의소 pp. 269-277.

직업능력개발사업의 적용을 받게 되었다. 반면에 1,000명 이상의 사업장은 직업훈련 의무를 지게 되어 사업내 훈련이 이원화되는 것 등으로 인하여 직업훈련 체계에 대변화가 일어났다. 이에 따라 1997년 12월 24일 훈련 의무제를 폐지하고 민간의 자발적 참여를 골간으로 하는 「근로자직업훈련촉진법」을 제정하였으며 그 시행 시기는 1999년으로 하였다.

이 법에서는 공공직업훈련, 사업내 직업훈련, 인정직업훈련의 구분을 폐지하고, 정부가 정한 교과 내용, 시설, 교사 등의 훈련기준에 따라 실시하는 기준훈련과 그 밖의 기준외 훈련으로 단순화하였다. 또한 1,000인 이상 근로자를 고용한 직업훈련 의무대상 사업체를 포함한 모든 사업장이 「고용보험법」상의 직업능력개발사업의 적용을 받도록 훈련제도를 통합하였다. 이로 인하여 기존의 직업훈련은 직업능력개발사업 또는 직업능력개발훈련이라는 용어로 대체되었다.

(4) 직업교육훈련촉진법, 자격기본법, 한국직업능력개발원법 제정(1997.3)

김영삼 정부의 대통령자문 교육개혁위원회는 1996년 2월 9일 제2차 교육개혁 방안으로 신직업교육체제 구축 방안을 다각적으로 제시하였다. 그리고 이들 교육개혁 방안을 구현하기 위해 「직업교육훈련 촉진법」, 「자격기본법」, 「한국직업능력개발원법」 등을 1997년 3월 27일 공포하였다. 제정 배경과 구체적 내용은 이미 앞의 제3장의 중등 직업교육정책 중 김영삼 정부와 직업교육훈련 관련법을 다루면서 논의되었기 때문에 여기서는 생략한다. 구체적인 내용이 필요할 경우 각주를 참고하기 바란다.[48]

(5) 기능대학법 개정

1997년 6월 창원 기능대학생들의 학위 요구사태를 계기로 관계부처 간총리실, 노동부, 교육부 협의 결과에 따라 「교육법」 체계와 별도로 설치 운영되어 온 기능대학을 교육관계법이 적

48 정택수 (2008). 직업능력개발제도 변천사. 한국직업능력개발원. pp. 97-109.

용되는 「학교법인」으로 전환하였다. 이에 따라 다기능 기술자과정 졸업자에게 산업학사학위를 수여하기 위하여 1997년 12월 24일 「기능대학법」을 개정하였다.

이 때 기능대학의 목적도 '산업현장에서 필요로 하는 다기능기술자 · 기능장 등 고급 기능 인력을 양성하기 위한 기능대학'으로 되었다. 용어의 정의에서 '기능대학은 「교육법」에 의한 전문대학으로서 학위과정인 다기능기술과정과 「직업훈련기본법」에 의한 직업훈련과정 등을 병설 운영하는 대학으로 규정하였고, 기능대학의 설립 및 운영주체를 국가, 지방자치단체, 학교법인으로 명시'하였다.

(6) 실업자 재취업 및 직업능력개발을 위한 직업훈련 강화

1997년 11월에 닥친 외환위기로 야기된 대량의 실업사태로 인해 정부는 1998년 직업훈련정책을 종전의 인력양성훈련에서 실업자 재취업 추진 및 직업능력개발을 위한 직업훈련으로 중점을 전환하였다. 1997년 42천명에 불과했던 실업자 직업훈련을 1998년 이후 이보다 8배가 증가한 33만 명 이상에게 실시하였다.[49]

6) 김대중 정부의 직업능력개발훈련(1998~2003)

1998년에 출범한 김대중 정부는 '민주주의와 시장경제의 병행발전'을 국정지표로 설정하고 외환 위기 극복에 최선을 다하였다. 다행히 외환위기의 극복과 IT정보기술, BT생명공학, NT나노기술 등의 신기술 육성에 힘입어 경제 성장률도 빠른 속도로 회복되었다. 노동시장 정책도 '일을 통한 복지work-fare'로 전환하여 '생산적 복지'를 구현시키기 위해 노력하였다. 노동 시장의 고용구조도 점차 선진국형으로 고도화하고 실업률도 계속 감소하였다.

이러한 사회 · 경제 변화 속에 김대중 정부에서는 고용보험 직업능력개발사업이 도입되고 「근로자 직업훈련촉진법」이 시행되면서 직업훈련이 정부 주도이고 의무제도 중심의 직업훈련에서 민간 직업훈련 지원제도로 전환되는 획기적인 계기가 되었다.

(1) 직업능력개발 3개년 계획 수립

지식기반경제사회 도래에 대비하기 위해 현장 인적자원의 지적능력 제고가 큰 과제로 대두되었다. 이에 따라 '직업능력개발훈련'은 기존의 단순한 복지정책이나 기능인력 양성의

49 정택수 (2008). 직업능력개발제도 변천사. 한국직업능력개발원. pp. 234-249.

차원이 아니라 '능력개발 → 소득향상 → 지식격차에 따른 소득 불평등과 고용불안 해소 → 삶의 질 향상'이란 '생산적 복지work-fare'를 구현하기 위한 사회 투자로서의 의미를 지니게 되었다.

노동부는 1999년 말부터 '직업능력개발 3개년 계획'을 추진하여 2000년에 확정하고 2001년부터 시행하였다. 이 계획의 기본목표는 한국을 인적자원개발의 세계적 모델 국가로 도약시키는 것이었다.

(2) 「근로자직업훈련촉진법 개정」 및 「능력개발 지원을 위한 고용보험법」 개정

2001년 3월 28일 「근로자직업훈련촉진법」을 개정하여 직업능력개발 훈련교사가 자격을 취득한 후 직무능력 향상을 위해 필요한 향상교육을 지원 받을 수 있도록 하는 근거를 마련하였다.

2002년 12월 「고용보험법시행령」을 개정하여 이·전직 예정자의 재취업 촉진을 위해 지원되던 수강장려금제도를 재직근로자가 스스로 능력개발을 할 수 있도록 근로자 수강지원금으로 개정하였다. 또한 근로자에 능력개발에 필요한 비용을 낮은 이자로 대부해 주는 능력개발훈련비 대부제도 신설 등 여러 가지 내용을 개정하였다.

(3) 다양한 직업능력개발 사업의 전개

노동부는 1999년부터 산업인력공단 산하 직업전문학교, 기능대학 등 공공훈련기관의 훈련 직종의 45%를 2003년까지 신지식인 양성을 위한 지식기반 직종으로 개편하여 46개 직종에 대해 훈련을 실시하려 했다.

2001년부터는 중소기업 직업훈련 컨소시엄 사업을 확대 추진하여 조건이 열악한 중소기업의 직업능력개발 사업을 촉진시켰다. 사업의 목적은 중소기업에 지속적이고 체계적인 인

적자원개발 등 인력관리시스템을 제공하고, 중소기업을 위한 공동 교육훈련 인프라를 구축하며, 대·중소기업 상생을 위한 인력양성 생태계를 구축함에 있었다. 2001년 6월 대우조선해양 등 6개 공동훈련센터에서 「중소기업직업훈련컨소시엄」이 시범 실시되어 운영되어 오다가 2008년 1월 고용센터에서 한국산업인력공단으로 사업 위탁이관이 있었다.

2010년 12월에는 각 부처 인력양성 사업을 '전략분야 컨소시엄'으로 통합·특성화하면서 「국가인적자원개발컨소시엄」 CHAMPConsortium for HRD Ability Magnified Program로 사업 명칭을 개정하였다. 그 후 2012년 2월 컨소시엄 사업 특성화, 지역공동훈련 등 시범사업 실시, 공동훈련비 등에 관한 제도개편을 하였다. 2019년 기준 국가인적자원개발컨소시엄 사업은 공동훈련센터 140개, 훈련과정 3700여 개, 훈련참여 인원 22만 2000여 명, 훈련참여기업 5만 4000여 개 등을 통하여 기업수요 맞춤형 훈련을 통한 중소기업 경쟁력을 강화시키고 있다. 그러나 재정지원은 많은데 결과는 고비용·저효율적이라는 비판도 있어 이에 대한 대책 강구도 필요하다.

그리고 지방노동관서의 능력개발팀 보강, 직업훈련카드제 실시, 직업훈련정보망 확충, 직업훈련 평가제의 구축 등을 통하여 직업능력개발사업을 확대하고 내실화시켰다.[50, 51, 52]

(4) 원격 직업훈련사업의 활성화

김대중 정부는 평생학습사회 구현을 위해 유비쿼터스 시대를 맞아 근로자들이 필요한 장소에서 편리한 시간에 학습할 수 있도록 다양한 교수-학습 방법을 구현하였다. 대표적인 예로 인터넷과 TV, 초고속정보통신망을 이용한 원격 직업훈련사업의 활성화, 사이버인력개발 시스템의 구축 운영, 원격화상직업훈련 등을 실시하였다.[53]

50 정택수 (2008). 직업능력개발제도 변천사. 한국직업능력개발원. pp. 281-290.
51 조선일보 (2019.9.4.) '국가인적자원개발컨소시엄'. 조선일보 특집. C1-C4.
52 http://www.c-hrd.net
53 한국산업인력공단 (2012). 한국산업인력공단 30년. pp. 388-390.

(5) 기술자격제도 개선과 기능 장려 사업 추진

1997년 3월 제정된 「자격기본법시행령」에 따라 「민간자격 국가공인제도」를 2000년 3월 말 최초로 시행하였다. 또한 산업현장의 여건 변화에 따라 국가기술자격제도를 신축적으로 운영할 수 있도록 기술자격의 분류체계를 단순화하였다. 「자격기본법」이 제정되어 민간 분야에서도 민간자격을 관리, 운영할 수 있도록 하였다. 동법 시행령을 일부 개정하여1998년 5월 9일 대통령령 제15794호 종전의 8등급에서 기술사, 기능장, 기사, 산업기사 및 기능사 등 5등급으로 단순화하였다.

김대중 정부는 기능인을 우대하기 위해 여러 가지 사업을 추진하였다. 명장제도를 계속하여 명장 선정, 기능장려 우수업체를 선정하여 기능 전승 지원, 중소기업 우수기능인 선정, 기능경기대회 활성화, 근로자 1인 2자격 갖기 사업 추진, Skill – Up 21 Plan– 기능장려 혁신방안의 마련 등이 그 예다.

(6) 직업능력개발 대외교류 확대

① 개발도상국에 대한 직업 훈련 지원

우리나라가 OECD 회원국으로부터 경제적 수혜를 받던 수원국에서 경제를 지원해 주는 공여국ODA으로서 개발원조위원회DAC회원국이 되면서 개도국 직업훈련 사업을 지원하고 있다. 직업훈련사업으로는 주로 한국형 훈련이나 자격시스템을 전수하는 형태로서 직업훈련센터 건립, 국산 훈련장비 공급, 훈련 관리자 및 교사의 한국초청연수, 한국 전문가의 현지 파견지도, 교과과정 개발 및 훈련 교재 개발 등을 통해 우리의 기술과 교수기법을 전수하였다. 또한 한국의 훈련제도와 문화를 습득케 함으로써 상호 협력 증진과 우리 기업 진출의 기반을 마련하고 있다.

대표적인 지원 사업으로는 2000년 12월 중국 취업훈련 기술지도센터 건립 개원 및 직업훈련 정책 자문과 직업훈련교사 및 관리자를 한국에 초정하여 연수를 실시하였다. 2000~2001년에 걸쳐 우즈베키스탄 교육훈련시설 개선사업을 지원하였다. 2001년에 남아프리카공화국 국립직업기능검정원 사업을 지원하였다. 2003~2005년에 걸쳐 아프가니스탄 직업훈련원을 건립하였다. 2003년 캄보디아, 필리핀 등 아태 국가에 대한 직업훈련원 건립을 위한 사업을 지원하였다. 2000년 9월 22일~25일 울산광역시 문화체육관에서 21개 전 회원국으로부터 400명이 참가한 제1회 APEC 청소년 기능캠프를 개최하였다. 2000~2002년에 걸쳐

APEC Engineer Project 및 IT 자격 상호인정 사업을 확대하여 아시아, 아프리카, 중남미 등을 대상으로 한 직업훈련 용역을 수출하였다. 국제 HRD 센터SIVAT를 통한 유·무상 사업에 의한 외국인 초청 훈련 및 전문가 파견 지원 사업을 추진하였다. 국제기구와의 공동협력사업에 의한 프로젝트에 참여하였다.[54]

7) 노무현 정부의 직업능력개발훈련(2003~2008)

(1) 직업능력개발 혁신 방안 수립 추진[55]

① 공공훈련 인프라 개편

2000년대에 접어들면서 급속한 기술 변화와 인구 및 산업구조가 변화됨에 따라 새로운 환경에 대응하기 위해 산업기술인력 양성을 담당하는 공공훈련 인프라를 혁신해야 할 필요성이 대두되었다. 이에 2005년 12월 「한국산업인력공단법」 및 「기능대학법」 개정안이 국회에서 의결되었다. 이를 통해 한국산업인력공단은 HRD 시장을 선도할 수 있는 평생능력개발지원 전문기관으로 새롭게 기능 전환을 하였다.

노무현 정부는 사람과 기업의 가치를 높여주는 인적자원개발의 리더가 되는 것을 비전으로 하고, 평생학습 기업 및 지식근로자의 확산과 효과적인 직업능력개발지원 체제 구축 및 인프라 확충을 목표로 설정하였다.

이를 구현하기 위하여 중소기업근로자의 평생 직업능력 개발 참여 촉진, 수요자 중심의 직업능력개발 지원체계 구축, 취약 계층의 고용경쟁력 강화, 성과 높은 직업능력개발 시장 조성과 사회적 인식제고를 위한 사업 등을 추진하였다.[56] 기능대학은 기술 및 기능 인력 양

54 정택수 (2008). 직업능력개발제도 변천사. 한국직업능력개발원. pp. 317-323.
55 정택수 (2008). 직업능력개발제도 변천사. 한국직업능력개발원. pp. 323-328.
56 한국산업인력공단 (2012). 한국산업인력공단 30년. pp. 412-432.

성 전문기관으로 교육과 훈련에 집중할 수 있게 개편하였다.

② 한국산업인력공단을 HRD 선도기관으로 육성

한국산업인력공단은 직접 훈련을 실시하던 기능인력 양성기관에서 탈피하여 근로자의 평생학습을 체계적으로 지원하고, 민간훈련기관 등을 평가·지원하여 훈련시장을 조정·선도해 나가는 근로자 평생학습지원 전문기관으로 그 위상이 재정립되었다.

또한 국가기술자격의 현장성과 통용성에 대한 비판을 해소하고 비효율적인 자격제도의 경직성을 극복하고자 자격관리 체제를 정비하고 자격관리 전문기관으로 전환하였다. 해외직업능력개발 용역사업 확대, 외국인 고용 지원 사업 확대 등의 국제협력을 강화하여 아시아 HRD－Hub 기관을 지향하였다.

③ 공공훈련기관(기능대학, 직업전문학교)통합, 지역분권화 및 기능 조정

2005년 12월 개정된 「한국산업인력공단법」 및 「기능대학법」에 따라 2006년 3월 1일 학교법인 기능대학전국 24개 대학과 한국산업인력공단 소속 직업전문학교전국 19개를 통합하여 4개 특성화대학 및 7개 권역별 캠퍼스전국 40개 캠퍼스, 3개 직업전문학교는 인근 캠퍼스로 통합 체제로 전환하면서 대학 명칭도 한국 폴리텍I~VII대학으로 변경하였다.

7개 권역별 캠퍼스에 대해서는 각 권역별로 중심대학을 선정하여 학교법인의 기능을 권역별 중심 대학장에게 대폭 위임함으로써 지역 인적자원개발의 중심기관으로서의 역할을 담당할 수 있도록 하였다. 기존 학장의 정년제를 폐지하고 임기제로 전환하여 책임경영이 실현될 수 있는 체제를 구축하였다.

당시 기능대학과 직업전문학교를 통합하여 개편한 사항은 <표 7－6>과 같다.

표 7-6 기능대학 및 직업전문학교 개편 현황

현행(45)	개편(40)		비고
서울정수기능대학	한국폴리텍 1 대학	서울정수대학	중심대학
서울정보기능대학		서울강서대학	
성남기능대학		성남대학	
인천기능대학	한국폴리텍 II 대학	인천대학	중심대학
인천직업전문학교		남인천캠퍼스	
경기직업전문학교		화성캠퍼스	
춘천기능대학	한국폴리텍 III 대학	춘천대학	중심대학
강원직업전문학교		원주캠퍼스	

원주직업전문학교		원주캠퍼스	
강릉직업전문학교		강릉캠퍼스	
정선직업전문학교		정성캠퍼스	
대전기능대학		대전대학	중심대학
청주기능대학		청주대학	
제천기능대학	한국폴리텍 IV 대학	제천대학	제천시와 공동운영
아산기능대학		아산대학	
홍성기능대학		홍성대학	홍성군과 공동운영
충주직업전문학교		충주캠퍼스	
광주기능대학		광주대학	중심대학
전남직업전문학교			
전북기능대학		김제대학	
고창기능대학		고창대학	고창군과 공동운영
목포기능대학	한국폴리텍 V 대학	목포대학	목포시와 공동운영
익산직업전문학교		익산캠퍼스	
순천직업전문학교		순천캠퍼스	
제주직업전문학교		제주캠퍼스	
전북직업전문학교		남원캠퍼스	남원시와 공동운영
대구기능대학		대구대학	중심대학
구미기능대학		구미대학	
경북직업전문학교	한국폴리텍 VI 대학	달성캠퍼스	
포항직업전문학교		포항캠퍼스	
영주직업전문학교		영주캠퍼스	
김천직업전문학교		김천캠퍼스	김천시와 공동운영
창원기능대학		창원대학	중심대학
한백창원직업전문학교			
부산기능대학		부산대학	
울산기능대학	한국폴리텍 VII 대학	울산대학	
거창기능대학		거창대학	거창군과 공동운영
한독부산직업전문학교		동부산캠퍼스	
진주직업전문학교		진주캠퍼스	
안성여자기능대학	한국폴리텍 여자대학		
섬유패션기능대학	한국폴리텍 섬유패션대학		특성화대학
항공기능대학	항국폴리텍 항공대학		
바이오기능대학	한국폴리텍 바이오대학		
충남직업전문학교	강경바이오기능대와 통합		폐교
충북직업전문학교	기능전환(외국인 전용시설)		

자료: 노동부(2007). 노동백서. p. 106.

④ 공공훈련의 기능 및 사업 영역 조정

공공훈련을 둘러싼 환경변화, 즉 직무 수행에 필요한 숙련 수요의 고도화, 빠른 기술 혁신으로 노동시장 진입 후에도 지속적인 능력개발의 필요성 증대, 인구 구조의 변화, 제조업 비중 감소 등으로 기능인력 수요 감소 등이 나타나고 있었다. 따라서 당시 공공훈련원의 양성 위주 훈련을 다양한 훈련과정을 개설 운영할 수 있는 공공훈련의 체제로 개편할 필요성이 대두되었다.

이런 환경 변화에 부응하기 위해 학위 중심의 양성훈련 규모를 축소하고 재직자 직무능력 향상과정, 실업자 재훈련과정 등 향상교육 훈련과정을 확대하였다. 근로자의 지속적인 능력개발을 지원하고, 양극화 해소를 위해 비정규직, 여성, 장애인, 생활보호대상자 등 취약계층에 대한 직업능력개발 서비스를 한층 강화하였다. 유관 기관과 네트워크를 구축하여 다양한 인력개발 사업을 추진하고 있다. 11개 중심대학의 지역 인적자원개발 및 산학협력을 전담하는 「산학협력단」을 별도 법인으로 설치 운영하고 있다.

(2) 지속적인 기술자격제도 개선[57]

인적자원이 중요시되는 지식정보사회에 대응하기 위하여 2004년 2월 9일 「국가기술자격법」을 전면 개정법률 제7171호하였다. 노동부 장관은 국가지술자격제도 발전 기본계획을 매 3년마다 수립하여 시행토록 하고 노동부에 국가기술자격 정책심의위원회를 두도록 했다. 대통령으로 정하던 국가기술종목을 노동부령으로 정하도록 하고, 국가기술 자격검정업무의 일부를 대통령이 정하는 기준을 충족하는 관련 전문기관 또는 단체에 위탁할 수 있도록 하였다.

국가기술자격제도도 혁신하였다. 2006년 '국가기술자격제도 혁신방안'을 수립하여 산업현장에 적합한 자격체제 구축 방안과 자격종목 정비방안 등을 마련하였다. 자격제도 운영주체로서 산업계의 역할 확대를 위해 '직종별 전문위원회'를 구성하고, 위원의 과반수를 산업현장 전문가 중심으로 위촉하였다.

또한 직무분석을 통한 200개 종목에 대한 출제기준 정비, 문제 은행에 보유된 40만 개의 문항을 정비하였다.

특히, 2006년에는 중장기적 비전과 계획에 따라 국가기술자격제도를 체계적으로 운영하

---

57 정택수 (2008). 직업능력개발제도 변천사. 한국직업능력개발원. pp. 307-312.

기 위해 2007~2009년까지 3년간 적용되는 제1차 '국가기술자격제도 발전 기본계획'을 수립하여 추진하였다.

당시 국가자격이 개별사업법에 의거 26개 주무부처별로 128개 종목이 관리·운영되고 있는 것을 2006년부터 2008년까지 3개년에 걸친 연구 및 협의를 거쳐 '국가자격시험 통합관리체계 구축방안'을 마련2007년 1월하고, 대통령에게 보고하여 확정2007.3월하였다. 2008년부터 공인회회계사 등 20개 부처 47개 자격의 시험 관리를 산업인력공단에 위탁하기 위한 이관 업무를 진행하였다.

그 후 2007년에는 「자격기본법」이 국가직무능력표준 및 자격체제법 제5조 및 제6조, 자격관리·운영기본계획법 제7조, 자격정책심의회의 설치법 제8조 제1항 등을 골자로 전면 개정되었다. 2007년 자격기본법 개정으로 표준개발이 법제화되었고, 동 법령에서 각 부처가 소관 산업분야의 국가직무능력표준National Competency Standards: NCS을 개발하여 고시토록 규정하면서 NCS 관련 법적 추진 근거가 확립되었다.[58]

(3) 개발도상국에 대한 지속적인 직업훈련 지원

김대중 정부에 이어 노무현 정부에서도 개발도상국에 대한 직업훈련 지원은 계속되었다. 노무현 정부는 2004년에서 2005년에 걸쳐 과테말라 자카파시市에 기술교육훈련원 건립에 수반되는 총 188종 613점 6억 원 상당의 직업훈련 장비 및 기자재를 지원하였다. 또한 동 사업을 효과적으로 추진하기 위해 직업훈련전문가를 파견하고 한편으로는 현지 교사를 초청하여 자동차 및 용접 배관에 대하여 연수를 실시하였다.

2004년에서 2007년 사이에는 총 700만 달러 규모의 이라크 직업훈련원 건립에 지원하고 2005년 12월 직업훈련 관리자 12명을 초청하여 연수를 실시하였다.

8) 이명박 정부의 직업능력개발훈련(2008~2013)[59]

이명박 정부가 출범한 2008년은 사회·경제적으로 어려운 시기였다. 상반기에는 국제 유가 상승에 따른 소비와 투자의 부진, 하반기에는 미국 발 금융위기로 촉발된 세계 경제의 동반 불황으로 인한 수출부진으로 갈수록 고용 위기가 심화되었다.

58 정향진 외 7인 (2013). 국가직무능력표준의 핵심과제와 추진 전략. 한국직업능력개발원 기본연구 2013-48. pp. 15-26.
59 노동부 (2009). 2009년판 노동백서. pp.127-170.

정치적으로는 10년 만의 정권교체가 이루어져 소위 진보세력으로서는 보수 정권의 출범에 대해 인정하기를 원치 않았다. 이에 편승한 야권 정치세력은 진보·시민·사회단체 및 노동자와 연대하여 정권 출범 초기부터 강력한 저항을 보였다. 1기 내각 구성과정에 인사파동, 특히 미국과의 쇠고기 협상을 계기로 대정부 투쟁이 절정에 달하여 이명박 정부는 출범 초기부터 심각한 타격을 받았다.

이와 같은 경기 부진과 정국 불안에 따른 고용 악화 속에서 이명박 정부는 「현장 수요에 맞는 직업능력개발」을 정책목표로 설정하였다. 이 목표 달성을 위해 다양하고 질 높은 직업훈련 서비스 제공, 취약 계층에 따른 직업능력개발 지원 강화, 국가 기술자격 제도의 혁신 및 기능 강화, 직업능력 개발 지원체제 선진화 사업 등을 추진하였다.

(1) 다양하고 질 높은 직업훈련 서비스 제공

① 근로자 직업훈련 참여 확대

사업주 직업능력개발 훈련, 유급휴가 훈련, 능력개발시설·장비 비용 대부 등의 확대 등을 통하여 근로자 직업훈련 참여를 늘렸다.

② 실업자 직업훈련 강화

지방노동청의 자율과 책임을 강화하여 지역별로 전략 직종산업이나 수요에 비해 공급이 부족한 직종 등을 선정하여 훈련과정을 공모하였다. 운영방식도 민간 훈련기관, 대학, 학원 등 역량 있는 기관이 참여할 수 있도록 진입 장벽을 완화하였다. 시장 친화적 훈련체계로의 개편 및 훈련 참여자의 선택권 강화를 위해 바우

처 방식과 훈련이력관리 기능을 결합한 「평생 직업능력개발 계좌제」를 도입하였다. 훈련 참여자는 근로생애 주기에 걸쳐 직업능력개발을 설계하고 훈련에 주도적으로 참여할 수 있게 하였다. 훈련 실시기관은 수요자의 요구에 부합하는 과정 개발을 강화하는 등 훈련 시장의 주체가 공급자에서 수요자 중심으로 개편되고 건전한 시장경쟁도 강화되도록 하였다.

직업훈련기관 평가 제도를 대폭 개선하여 훈련기관의 역량, 수요자 만족 지표 등에 내실 있는 평가를 진행하고, 이를 통한 훈련시장의 경쟁을 강화하였다.

③ 직업능력개발계좌제 시범 실시

훈련생에게는 훈련 선택권을 확대하고, 훈련시장에는 진입장벽과 규제 완화를 통해 시장을 활성화하고 훈련의 질을 제고하며, 정부는 심층상담과 정보 제공 등 고용지원 서비스와의 연계를 강화하여 훈련성과와 자원 배분의 효율성을 제고하기 위해 「직업능력개발계좌제」를 도입 추진하였다.

(2) 취약 계층에 대한 직업능력개발 지원 강화

① 인적자원개발 집중 지원으로 중소기업 경쟁력 강화

직업능력개발 여건이 열악한 중소기업을 다각적으로 집중 지원하여 인적자원개발에 있어 중소기업의 경쟁력을 강화시켰다.

② 근로자의 자율적 능력개발선택권 강화

근로자의 자율적 직업능력개발을 지원하기 위해 중소기업 및 비정규직 근로자에게 노동부장관의 인정을 받은 직업능력개발훈련과정을 수강하는데 소요되는 훈련비용을 지원하는 사업을 추진하였다. 대표적으로 근로자수강지원금 지원 제도와 근로자능력개발카드제도 및 「고등교육법」에 의한 전문대학 또는 이와 동등 이상의 학력이 인정되는 교육과정의 수업료를 융자하는 근로자학자금 및 훈련비 대부 사업을 운영하였다.

(3) 국가기술자격제도의 혁신 및 기능장려 사업

① 국가기술자격제도 운영

1973년부터 1980년대까지 국가기술자격제도를 확립·강화하여 기술자격을 통합·관리함으로써 광복 이후 부처별로 분산 관리되던 기술·기능분야 자격을 체계화하였다. 1990년대에 들어와서는 1997년 자격기본법 제정을 통해 민간자격의 신설·관리·운영을 법적으로 명시하고, 우수 민간자격에 대한 국가 공인제도를 관장하던 분야와 관리 기능에 대한 국가와 민간의 역할 분담을 시도하였다.

2000년대에는 자격검정업무 민간위탁 확대의 법적 근거를 마련하고, 국가기술자격정책심의위원회로 확대 개편하였다. 산업계 중심의 전문위원회를 구성하고, 산업 수요 변화에 따라 자격종목의 정비를 계속 추진하는 등 산업구조의 고도화와 수요자 참여 확대에 부응하기 위한 국가기술자격제도를 개편하고 수요자 참여를 제도화하였다.

② 국가기술자격의 현장성 · 활용성 강화

국가기술자격제도 발전 기본 계획 3대 정책과제로 '자격제도 운영 틀 개선', '자격검정의 현장성 강화', '자격취득자의 활용성 제고'를 선정하였다. 이를 실현하기 위해 54개 세부과제를 선정하여 2008년 시행계획을 수립하여 4개 부처노동부·교육과학기술부·국토해양부·방송통신위원회와 3개 검정기관한국산업인력공단·대한상공회의소·한국원자력안전기술원이 참여하여 추진하였다.

국가기술자격법 제정 이후 약 25년간1973~2008 산업사회의 자격수요 변화를 반영하여 법률 개정 9차례, 시행령 24차례, 시행규칙 28차례 개정 등 지속적인 제도 개선을 하였다. 그런데 그간 국가기술자격법령의 변천 과정에 대해 체계적으로 정리된 자료가 부족하여 정책 수립 및 조사 연구에 어려움이 있었다. 이런 문제점을 개선하기 위해 '국가기술자격법령 연혁집'을 발간하였다.

자격검정의 현장성 강화를 위해 자격검정의 민간 위탁을 확대 추진하였다. 그 결과 2008년도에 부처 협의·수탁희망기관 조사평가·국가기술자격정책심의회 심의를 통해 3개 검정업무 수탁기관을 추가 선정하였다.

자격 취득자의 활용성을 제고하기 위해 국가기술자격 불법대여 단속을 강화하기로 하고 이를 위해 범부처가 참여하는 방안을 강구하였다.

③ 국가자격검정 통합관리체제 구축

국가자격검정과 관련된 잡다한 문제들, 즉 자격시험 난이도 실패, 시험 중복 출제 사고, 국가자격시험관리시험에서의 관리사고 등의 문제를 해결하기 위해 2008년부터 국가자격검정 통합관리체계를 구축하여 시행하고 있다.

④ 국가직무능력 표준 개발 및 활용

노동부는 2002년부터 「국가직무능력표준」의 개발 및 활용을 추진하기 시작하여 2008년 말 기준 28개 분야 201개 직종에 대한 표준을 개발하였다. 2008년 기준 54개 직종, 50개 기관에서 국가직무능력표준을 활용하고 있고 154개 종목의 출제기준에 표준이 적용되고 있다.

⑤ 기능중시 풍토 조성

기능인이 긍지와 자부심을 가지고 맡은 분야에 정진할 수 있도록 하고 기능인의 경제·사회적 지위 향상을 도모하기 위해 1989년 4월 1일 「기능장려법」을 제정·공포하였다.

이후 기능인의 범위 및 기능전승 지원 대상을 확대하는 등 4차례의 법 개정을 통하여 우수 기능 인력을 발굴하고 사기를 진작시키며, 기능 인력에 대한 사회적 인식을 제고하고 있다. 이를 위하여 명장, 우수지도자, 기능장려 우수사업체의 선정, 국내·외 기능경기대회 등 다양한 사업을 실시하고 있다.

(4) 직업능력개발 지원 체계의 선진화

① 직업훈련시장의 규제 완화

그간 직업능력개발훈련이 공급자정부-훈련기관 위주로 실시되어 수요자의 다양한 요구에 부응하지 못한다는 지적이 꾸준히 제기되어 왔다. 이를 개선하여 수요자의 훈련선택권을 강화할 수 있도록 「근로자직업능력개발법」을 개정법률 제9316호, 2008.12.31 공포·시행, 일부 조항

2009.4.1 시행하고, 동 시행령을 개정대통령령 제21111호, 2008.11.11. 공포·시행하였다. 구직자를 포함한 '근로자에게 일정한 금액을 지원하고 그 범위에서 직업능력개발훈련에 참여할 수 있도록 하며, 개인별 훈련이력 관리 등을 종합 관리하는 「직업능력개발계좌제」'를 도입하였다.

또한 우선 선정 직종훈련 등 위탁 실시 기관 참여 범위를 직업능력개발훈련시설 또는 직업능력개발훈련법인뿐만 아니라 「고등교육법」에 의한 학교, 지방관서의 장이 인정하는 시설 등으로 확대하여 진입규제를 완화하였다시행령 제12조. 아울러 지정직업훈련시설의 지정시행령 제24조 및 취소 요건법 제31조도 완화하였다.

현재 직업능력개발훈련 참여는 <표 7-7>에서 보는 것과 같은 직업능력개발훈련 기관을 통해서 이루어지고 있다.

표 7-7 직업능력개발훈련 기관 수 (단위: 수)

시설구분	대학(원) 부설	원격형태	산업체 부설	시민사회 단체 부설	언론기관 부설	지식·인력개발 센터	교육감 설치 및 지정 평생학습관	총계
수	26	95	9	48	172	162	2	514

자료: http://lifelong.kedi.re.kr/popup/popuFrame.jsp.POPUP_ID=INDEX_POPUPO5

② 직업능력전문가 포럼 운영

우리나라에서 직업훈련은 1970년대 전후에는 산업화시대의 기능 인력 양성을 통해 경제 발전의 일익을 담당하였다. 1990년대에는 외환위기에 따른 대량 실업 사태를 실업자직업능력개발훈련을 통해 극복하는 성과도 거두었다.

최근 지식 정보화 시대를 맞아 근로자나 기업은 직업능력개발을 위해 노력하고 있으나, 산업기술의 급격한 변화와 이 러닝e-learning, 브렌디드 러닝blended learning, 유 러닝u-learning을 넘어서 스마트 러닝smart learning이 논의되고 있는 등 직업훈련기법 자체의 발전 등 직업능력정책의 패러다임이 변화하고 있다. 이런 패러다임의 변화에 대응하는 직업능력정책의 발전 방향 모색이 필요하게 되었다.

이에 HRD 관련 기업 · 학계 전문가, 정책담당자 등으로 학습공동체를 구축하여 각 분야 간 정보의 상호교환 · 공유, 학습을 통한 정책 환경 변화에 적극 대처하는 한편, 정책의 실현 가능성을 제고하는 기회로 활용하고자 「직업능력전문가 포럼」을 운영하였다. 2008년에는 '직업능력개발 훈련 기관 평가 개선 방향'이라는 주제를 시작2008.1.11.으로 「직업능력전문가 포럼」을 10회 개최하였다.

③ 미래 신성장동력산업 인력양성 기반 조성

한국폴리텍대학은 전통 제조업분야 산업 중심의 학과로 구성되어 있어 미래 산업현장에서 요구하는 첨단산업분야에 대한 직업훈련은 사각지대에 놓이게 되었다. 이를 극복하기 위해 우리나라를 새롭게 개척해 나갈 신기술분야와 기간산업의 고부가가치화 등 신성장 동력산업을 중점 육성하는 데 필요한 중간기술인력 양성 및 공급기반을 확대할 필요성이 대두되었다.

이에 대비하여 한국폴리텍대학은 2009년에 미래 신성장동력 분야 13개 학과를 선정하였다. 향후 5년2009~2013 동안에 폴리텍대학에서 운영하고 있는 전공과의 20%를 녹색 · 미래신성장동력과로 개편하고 이 분야에 필요한 중간기술인력 1만 명을 양성할 계획을 수립하였다.

9) 박근혜 정부의 직업능력개발훈련(2013~2017)

박근혜 정부는 미래 국가 경쟁을 주도할 청년 인재를 양성하고 생애에 걸친 직업능력개발을 촉진하기 위하여 '학벌이 아닌 능력 중심 사회 구현'을 목표로 하고 있다. 이를 위해 '국가직무능력표준개발 · 보급, 일학습병행제 도입, 스펙 초월 채용 시스템 정착 등 스펙보다 실력과 능력이 존중받는 사회구현'을 핵심과제로 선정하였다.

주요 추진 계획으로는 국가직무능력표준 구축, 스펙 초월 채용 시스템 정착, 직무능력평가제 도입, 기업이 근로자에게 체계적인 현장훈련을 실시한 후 학습근로자의 역량을 평가하여 학력·자격을 인정해주는 실무형 인재육성제도로서의 일학습병행제의 도입 등이었다.[60]

(1) 국가직무능력표준(NCS) 체제 구축 및 확산으로 능력중심 사회 선도[61, 62]

우리나라의 직업교육훈련 및 자격제도는 산업현장과 괴리되어 기업이 인력을 채용하더라도 추가적인 재교육 기간 및 교육비용이 소요되고 있다. 사회 전반의 과잉 학력으로 스펙이 중요한 취업 요소로 인식되면서 스펙획득 비용 증가 및 취업 지연으로 인한 생애 소득 감소 등의 문제가 야기되고 있기도 하다. 채용·승진·임금 등 노동시장에서의 보상이 직무능력이 아닌 학벌과 스펙에 따라 결정되어 노동시장 진입 이후 근로자들의 평생능력개발 참여율과 노동생산성이 저조한 상황이다.

그래서 교육훈련 시장과 노동시장의 단상을 해소하고 노동시장에서 필요로 하는 인적자원의 개발·육성을 위해 산업현장이 요구하는 지식과 기술 수준을 체계화하여 일자리와 교육훈련, 자격에 적용하는 새로운 인적 자원개발 인프라의 필요성이 제기되었다.

이런 요구에 부응하기 위해 노동부는 2002년부터 「국가직무능력표준NCS의 개발 및 활용」을 추진하기 시작하였었다. 특히 박근혜 정부는 학벌위주 사회에서 능력중심사회로의 전환을 위해 국가직무능력표준의 조기 개발 완료 및 활용·확산을 국정과제로 선정하고, 노동부는 국정과제의 주관부처로서 국가직무능력표준의 조기 개발 완료 및 활용·확산을 추진하였다.

국가직무능력표준NCS은 산업현장에서 직무를 수행하기 위해 요구되는 지식·기술·소양 등의 내용을 국가가 산업부문별·수준별로 체계화한 것으로 직업교육훈련 및 자격제도를 현장일에 맞도록 체계적으로 개편하고 기업의 능력중심 인사관리채용·승진·임금 등를 유도하는 기준이다. 즉, 모든 일자리 종사자에 대한 직무수행 명세서이자, 산업현장이 요구

60 한국산업인력공단 (2017). 한국산업인력공단 35년(1982-2017). pp. 73-77.
61 고용노동부 (2014). 2014년판 고용노동백서. pp. 128-134.
62 고용노동부 (2017). 2017년판 고용노동백서. pp. 179-192.

하는 인재양성의 지침서이다.

국가직무능력표준NCS은 우리나라의 모든 직종11,655개에 요구되는 핵심능력을 제시하기 위해 필요한 직무를 24개의 대분류로 나눈 후, 이를 다시 77개의 중분류, 227개의 소분류, 857개의 세분류로 나누어 구성하고 있다. 1개의 세분류가 1개의 국가직무능력표준이다.

국가직무능력표준은 유사 직종 종사자들이 수행하는 직무들을 종합적으로 분석하고 그들에게 요구되는 핵심 능력을 도출하여 제시하고 있다. 한국고용직업분류KECO를 따르고 있어 제조업뿐만 아니라 금융·보험, 문화·예술·디자인·방송, 정보통신 등 신 성장 산업을 포괄하고 있다.

하나의 국가직무능력표준은 해당 분야 우수성과자가 목표를 달성하기 위해 반드시 수행해야 할 능력단위 10~30개로 구성되어 있다. 하나의 능력단위는 의미 있는 결과를 산출할 수 있는 최소한의 업무 활동 단위인 능력단위요소 2~10개로 구성되어 있다. 능력단위요소는 실제 작업장에서 요구하는 역량을 관찰 가능한 성과 형태로 나타내는 수행준거를 제시하고 이 수행준거의 내용에 따라 해당 국가직무능력표준별 업무 수행에 필요한 지식·기술·태도를 체계적으로 제시하고 있다.

국가직무능력표준을 활용하면 다음과 같은 이점이 있다.

첫째, 학교 교육과 일자리가 직접 연계됨으로써 실전형 인재 육성이 가능하다.

둘째, 숙련 인재 양성에 필요한 고품질·고숙련 훈련을 공급할 수 있어 고숙련 훈련을 중심으로 한 훈련시장 개편이 가능하다.

셋째, 스펙초월문화의 근간이 되는 신 국가기술자격체계를 구축할 수 있다.

넷째, 기업에서는 모든 직종인력에 요구되는 핵심능력을 표준화하여 제시할 수 있어 채용·승진·배치 등에 시간과 비용을 줄일 수 있다.

끝으로 NCS는 근로자에게 특정 일자리에서 최고 전문가로 성장할 수 있는 경력개발 사다리를 기업·국가 차원에서 제시하므로 근로자 본인의 최종 목표를 설정하고 이에 따라 경력 계획을 수립할 수 있게 되어 지속적인 능력개발이 가능하게 된다.

2016년 12월 기준 국가직무 능력기준은 24개 대분류 직업분야의 847개 세분류 분야가 개발되어 특성화고등학교, 마이스터고등학교, 폴리텍대학, 전문대학 등에서 활용되고 있다. 구체적으로 중등 직업교육과정 총론·각론을 국가직무능력기준 기반으로 개발·고시2015년 9월 23일하여 2016년 3월부터 594개교 중 547개 특성화고 및 마이스터고는 국가직무능력표준 기반 교육과정실무과목 196개을 NSC 기반 교육과정으로 편성·운영 중이다.

전문대학도 2017년 9월 기준 137개 대학 중 특성화전문대학 육성사업에 선정된 83개 대학이 NCS 기반 교육과정을 개발 운영하고 있다. 그 외 전문대학들도 NCS기반 교육과정을 개발 운영할 것을 적극 권장하고 있다. 훈련분야에도 NSC 기반 교육과정을 적극 활용하고 있다. 2015년 폴리텍대학과 공공훈련원이 NCS 기반 훈련과정을 전면 도입하였다. 2016년에는 민간훈련과정에도 전면 도입하였다.[63]

그러나 과학기술의 급격한 발달로 산업구조는 빠르게 변하고 있다. 이에 따라 직업의 생성 소멸 주기도 빨라지고 있다. 이로 인해 NCS에 내재되어 있는 지식과 기술의 활용기간도 단축되고 있다. 반면에 새로운 지식과 기술을 배우고 변화에 적응할 수 있는 기초능력과 문제해결력, 창의력 등이 점점 더 중요시 되고 있다. NCS에서 요구하는 능력 중 학교에서 배우는 것이 바람직한 것이 있고 어떤 것은 취업 후 현장에서 학습하는 것이 더 효율적인 것이 있을 수도 있다. 어떤 학습 내용은 시설·설비관계로 학교 교육에서 학습하기가 어려운 경우도 있다.

따라서 NCS 기반 교육과정 개발 운영은 NCS가 지니고 있는 기본 취지는 충분히 살리되 전공분야와 산업의 특성, 교육훈련기관의 교육 여건 등을 최대한 고려하여 유연성 있게 운영하는 것이 바람직하다. 아울러, NCS의 내용 타당성 확보를 위해서는 중장기적으로 국내 Sector Council산업별 인적자원 협의체의 전문성 함양을 병행해야 한다.

(2) 스펙 초월 능력중심 채용 확산

각자가 원하는 기업에 취업하기 위해서는 입사지원서를 제출하고 필기시험과 면접시험 등을 거쳐야 한다. 그런데 이 과정이 편견 없는블라인드 전형체제로 바뀌었다. 입사지원서에 학력과 출신지역, 신체적 조건, 사진, 나이, 가족 관계 등의 인적 정보를 요구하는 칸이 사라졌다. 단, 직무와 연관이 있는 경우에는 관련 내용을 채용에 반영할 수 있다. 대신에 서류전형에서 중점을 두어야 할 것은 자기 소개서에 자기의 특성과 지원한 직무분야와의 관계를 잘 작성하는 것이 중요하다.

필기전형 역시 단순한 지식 위주의 평가에서 직무에 필요한 능력을 평가하는 형식으로 변경됐다. 그리하여 직무수행능력 평가와 직업기초능력 평가에 강조를 두고 있다.

면접전형은 경험, 상황, 발표, 토론 등의 방법으로 이루어지는데 직무에 대한 초점을 확대하는 방향으로 전환하고 있다.[64] 그러나 무리한 블라인드 채용 추진은, 2019년 하반기 가

63 고용노동부 (2017). 2017년 고용노동백서. pp. 179-192.
64 한국산업인력공단 (2017). '편견 없는(블라인드) 채용 A부터 Z까지'. HRD Korea. Vol .258. 2017.12. pp. 32-35.

급 한국원자력연구원에 중국 국적자가 채용되는 등 부작용을 낳기도 했다.

(3) 국가기술자격 개편

그동안 국가직무능력표준NCS과 같은 산업체에서 제시한 호환성 있는 기준이 없었다. 이에 따라 국가기술자격의 내용이 현장의 직무 범위보다 작거나 크게 설계되어 있고 아예 없는 경우도 있었다. 그래서 산업계가 원하는 분야와 수준으로 개발되지 못해 직무능력의 신호signal 기제로 작동하기 어려운 상황이었다.

박근혜 정부는 국가직무능력표준을 활용하여 산업현장의 수요를 반영한 국가기술자격으로 개편하고, 단순 시험이 아니라 일정한 교육·훈련과정을 통해 직무능력을 취득할 수 있는 과정평가형 자격으로 전환을 시도하였다.

2017년 기준 그동안 국가기술자격 개편 추진 사례로는 국가기술자격 출제기준을 국가직무능력표준기반 출제 기준으로 개편하고 있다. 과정평가형 자격을 확대하여 2015년도 15종목, 2016년도 15종목, 2017년도 31종목으로 확대 운영될 전망이다. 특히 국가직무능력표준에 근거한 자격의 현장성 강화를 위해 NCS 기반에 맞게 시험과목을 업그레이드하고, 자격취득자가 포괄적인 이론 지식뿐만 아니라 구체적인 실용능력을 갖출 수 있도록 개선을 추진하였다.

(4) 일 · 학습병행제 도입 및 확산

우리나라는 사교육비로 가정에서 매년 20조 원 넘게 부담하고 있고 대학진학률은 68.9%로 대단히 높다. 이렇게 많은 비용을 쓰고 대학 졸업생을 대량 양성하여 20%가 공급과잉이라고 하지만 정작 기업은 기대하는 인재가 부족하다고 토로한다. 신입직원 재교육에만 연간 13조원을 쏟아 붓고 있다. 한편 과잉학력으로 노동시장 진출이 늦어져 발생하는 대학등록금, 임금 등의 기회비용이 국가 전체적으로 매년 19조원이나 발생하고, 이런 비용들이 GDP 성장률을 1% 이상 잠식하고 있다.

이런 문제 해결의 한 방안으로 박근혜 정부가 추진한 직업교육훈련정책의 하나

는 한국식 도제훈련apprenticeship제도의 도입이다. 도제훈련이란 기업현장에서 인력 양성이 이루어지는 시스템 전체를 일컫는다. 독일, 스위스, 오스트리아 등이 갖고 있는 듀얼 시스템dual system은 도제훈련의 또 다른 이름이다.

고용노동부는 인력 미스매치, 청년실업, 기업의 막대한 재교육비 등의 문제를 인력수요자인 기업에 의한 실무중심의 새로운 교육훈련제도를 도입하여 해결하고자 일·학습병행제한국형 도제훈련를 2013년 시범 도입하여 2014년부터 <표 7-8>과 같이 본격적으로 추진하고 있다.

표 7-8 일·학습병행제 현황 (단위: 개소, 명)

연도	선정 기업	훈련 기업	학습 근로자
2014년	2,079	730	3,197
2015년	5,764	2,705	10,869
2016년	8,679	6,214	35,324

자료: 고용노동부 (2017). 2017년판 고용노동백서. p. 194.

일·학습병행제는 제4장의 <표 4-14>와 <표 4-15>를 통하여 종합적으로 소개한 바 있는 것과 같이 초기에는 졸업생 위주의 사업 운영이었으나 현재는 재학생 단계까지 확장해 나가고 있다. 산학일체형 도제학교는 2014년 9개 특성화 고교를 선정하여 시작하였는데 2016년 3월에는 66개교 2,600여 명의 학생이 도제훈련에 참여하였다. 고교·전문대학·기업 등 3개 기관이 통합하여 실시하는 교육Uni-Tech에도 480명의 근로자가 참여하고 있다. 또한 4년제 대학 3~4학년 학생이 교과과정과 관련된 실무를 4~10개월 동안 산업현장에서 경험하게 하는 대학 단계의 IPP형에도 2016년 기준 23개교를 선정하여 운영하고 있다. 이와 같이 일·학습병행제는 시간이 지날수록 다양한 형태로 확산하고 있다.[65]

일·학습병행제의 도입 및 운영 필요성에 대해서는 누구나 공감하면서도 막상 이를 계획하고 실행하려 하다 보면 노동백서에서 지적하고 있는 것과 같이 여러 가지 문제에 봉착하게 된다. 각 나라의 교육훈련 제도와 환경, 기업의 인재 육성에 관한 의지, 참여 정도 및 인적 물적 지원 정도, 학교에서 직업 세계로의 전환 체계, 행·재정 지원 체제 등이 다르기 때문이다. 따라서 아무리 외국의 훌륭한 일·학습병행제도라고 해도 각 나라의 직업교육훈련

65 고용노동부 (2017). 2017년판 고용노동백서. pp. 193-198.

환경과 기업문화 풍토, 고용제도, 행·재정 지원체제가 맞지 않으면 성공할 수 없다.

특히 국제노동기구ILO 미하엘 악스만Michael Axmann이 고품질 도제훈련을 위한 전제 조건으로 제시한 훈련생의 고용 계약 실시, 법적 기반 마련, 훈련프로그램 존재, 현장직무on-the-Job 훈련 및 현장외직무off-the-job 훈련 시행, 훈련생의 사회보장 마련, 훈련 내용 평가 및 자격증 부여, 1~4년의 충분한 훈련시간 등을 갖추어야 한다는 조건은 우리가 반드시 유념해야 할 사항이다.[66]

따라서 우리나라에서 일·학습병행제를 성공적으로 실시하기 위해서는 어떤 조건이 부족하고 문제인가를 정확히 파악하여 충분한 조건을 갖추고 체계적이면서 단계적으로 추진하는 것이 필요하다. 이와 관련해서는 제4장 '중등 직업교육'의 6의 나. '공고 2·1체제 운영'과 10의 나. '일·학습 병행제를 통한 평생학습체제 구축'을 논하면서 일·학습병행제의 복잡한 문제점과 개선 방안을 제시한 바 있다.

(5) 지역·산업 맞춤형 인력양성 체제 구축

그동안 직업능력개발사업에 많은 예산과 노력의 투입이 있었음에도 불구하고 중소기업은 여전히 인력이 부족하고 청년층의 실업률은 계속 높아지고 있다. 이런 문제 해결 방안의 하나로 수요자인 산업계가 주도로 지역 기업의 인력 및 훈련 수요를 근거로 인력을 양성하는 「지역·산업 맞춤형 인력 양성 체계 구축 방안」을 마련하여 추진하였다.

지역단위에서 산업계 중심으로 사업주단체, 노동단체, 자치단체, 대학 등 인력 수급의 주요 기관이 모두 참여하는 「지역인적자원개발위원회」이하 "지역인자위"를 구성하고, 지역인자위가 중심이 되어 지역 산업계의 인력 및 훈련수요를 파악하여, 이를 기반으로 지역 인력 양성 계획 수립, 교육훈련제공, 채용에 이르는 수요자 중심의 직업능력개발 운영 체계를 마련하여 추진 중이다.

2016년 기준 <표 7-9>와 같이 16개 광역시·도에 지역인자위가 구성되어 있다.

2016년 4월 한국직업능력개발원 산하에 「인적자원개발위원회지원센터」를 설치하여 인자위의 전문성 강화를 위해 지원하고 있다.

66 고용노동부 (2017). 제4회 한국형 일학습병행제 정착을 위한 국제 컨퍼런스. 2017.9.28. 서울 펠리스 강남 호텔.

표 7-9 지역인자위 현황 및 사무국 설치기관(2016.12월 기준)

연번	지역	지역인자위 명칭	사무국 설치기관
1	서울	서울지역 인적자원개발위원회	서울상공회의소
2	인천	인천지역 인적자원개발위원회	인천상공회의소
3	경기	경기도지역 인적자원개발위원회	경기경영자총협회
4	강원	강원도지역 인적자원개발위원회	강원도산업경제진흥원
5	대전	대전, 세종지역 인적자원개발위원회	대전상공회의소
6	충북	충북지역 인적자원개발위원회	청주상공회의소
7	충남	충남지역 인적자원개발위원회	충남북부상공회의소
8	대구	대구지역 인적자원개발위원회	대구상공회의소
9	경북	경북지역 인적자원개발위원회	경북경영자총협회
10	부산	부산지역 인적자원개발위원회	부산상공회의소
11	경남	경남지역 인적자원개발위원회	경남경영자총협회
12	광주	광주지역 인적자원개발위원회	광주상공회의소
13	전북	전북지역 인적자원개발위원회	진주상공희의소
14	목포	전남지역인적자원개발위원회	목포상공회의소
15	울산	울산지역 인적자원개발위원회	울산상공회의소
16	제주	제주지역 인적자원개발위원회	제주상공회의소

자료: 고용노동부 (2017). 2017년판 고용노동백서. p. 209.

(6) 미래산업분야 인력 양성 기반 확충

① 과학기술의 변화에 대비한 직업능력 개발 체제 개편

과학기술 변화, 저출산·고령화, 세계화, 기후환경 변화 등으로 일자리 변동이 커지고 있다. 특히 2016년 초 스위스 다보스 포럼에서 제기된 4차 산업혁명으로 인한 앞으로의 노동시장의 붕괴 전망은 우리에게 큰 충격을 주고 있다.[67]

따라서 직업능력개발훈련에 있어서도 새로운 기술 분야에 대한 훈련과정의 신설, 근로자 숙련의 증진과 새로운 일자리로의 연계 역할 등이 확대될 전망이다.

이에 부응하여 정부는 2016년 12월 15일 「국가인력양성협의회」를 통해 국가기간·전략 산

67 클라우스 슈밥 지음, 송경진 옮김 (2016). 클라우스 슈밥의 제4차 산업혁명. 메가스터디(주).

업직종을 112개로 확정하면서 14개 직종을 신설하고, 16개 직종을 제외하였다. 신설 직종으로는 사물인터넷, 빅데이터개발·활용, 영상촬영용 드론 조종, 핀테크, 할랄/코셔, 자동차튜닝엔지니어, 기술문서작성, 스마트팜 구축, 증강현실, 곤충사육, 동물매개치유, 응용소프트웨어프로그래머, 품질관리기술, 철도안정 등이다. 제외 직종으로는 도금, 디스플레이, 반도체표면처리, 기상학연구, 풍력발전설비, 반도체가공, 스포츠마케팅, 섬유기계설치, 국제의료통역, 의약품제조, 항공기기체제작, 전기용접, 전자통신, 주조, 기계장치설비, 자동차용접 등이다.

② 훈련기관 성과 평가 강화를 통한 훈련의 질 제고

정부 지원 훈련시장에 7천개가 넘는 훈련기관이 진입해 있다. 그러나 훈련규모가 100인 미만인 훈련기관이 절반이 넘는 등 영세·소규모 훈련기관이 많다. 이로 인해 훈련 성과가 저하되는 등 훈련의 질 관리에 어려움이 있었다.

훈련의 질 제고를 위해 2015년부터 훈련인정평가제도를 도입하여 부실·영세한 훈련 기관은 퇴출시키고 역량이 뛰어난 훈련 기관 위주로 훈련을 실시하고 있다. 실재로 2016년 인증평가 결과 대상 훈련기관 4,811개소 중 훈련기관 1,863개소38.7%가 '인증유예' 등급을 받아 정부지원 훈련시장에서 퇴출되었다. 훈련기관 263개소가 '3년 인증' 등급을 받았으며, 훈련기관 2,285개소가 '1년 인증'을 받았다. 이와 같이 훈련인증평가제도를 통해 훈련의 질 관리를 강화하고 있다

이상과 같이 광복 75년의 직업능력개발훈련 정책의 변동 과정을 요약하면 <표 7-10>과 같다.

표 7-10 광복 75년의 직업능력개발 훈련정책 변동 과정

시대	광복 후(-1960)	산업화시기 (1961-1988)		민주화시기 (1988-1998)		세계화·정보화시기(1998 ~) 4차 산업혁명 도래, 코로나19 시대			
정권	미군정 – 이승만 (1948–1960)	박정희 (1961–1979)	전두환 (1980–1988)	노태우 (1988–1993)	김영삼 (1993–1998)	김대중 (1998–2003)	노무현 (2003–2008)	이명박 (2008–2013)	박근혜 (2013–)
사회 경제	• 6·25 전쟁으로 피해극심	• 1인당 GDP 100불	• 산업의 고도화	• 6.29 민주화 선언	• 군부 개혁, 금융실명제 도	• IMF 위기 극복	• 여소 야대로 정권 불안	• 보수 진보 간에 10년만의 정권 교체	• 창조경제 • 과학기술화와 4차 산업

시대	광복 후-1960	산업화시기 (1961-1988)		민주화시기 (1988-1998)		세계화·정보화시기(1998 ~) 4차 산업혁명 도래, 코로나19 시대			
정권	미군정-이승만 (1948-1960)	박정희 (1961-1979)	전두환 (1980-1988)	노태우 (1988-1993)	김영삼 (1993-1998)	김대중 (1998-2003)	노무현 (2003-2008)	이명박 (2008-2013)	박근혜 (2013-)
상황	• 전후 복구에 필요한 재원 난 • 빈곤 극심, 인구 폭증, 교육열 고조 • <표 9-1> 참조	• 경제개발 5개년 계획 수립 추진 • 기능·기술 인력 수요 급증 • <표 9-1> 참조	• 정권변화에 따른 정치적 안정 필요 • 3D기피현상과 기능 인력 부족 심화 • <표 9-1> 참조	• 경제성장 둔화 • 노사분쟁 극치 • 88올림픽 계기 아파트 값 폭등 • 인력난 극심 • <표 9-1> 참조	금융실명제 도입, UR 협정, OECD 가입 • 정치 경제 혼란 • IMF 위기 초래 • <표 9-1> 참조	• 햇빛정책으로 여야 논쟁 극심 • 한미 갈등과 사회 혼란 • <표 9-1> 참조	• 국민이 참여, 권리, 개혁의 주체 정부 • 대통령의 국민통합, 화해, 소통 부족으로 탄핵 위기	• 국내외적으로 경제난 • 녹색 성장 강조 • <표 9-1> 참조	4차 산업혁명 대두, 코로나 19 • 저출산 고령화 문제 • 일자리 혁명 추진 • <표 9-1> 참조
발전단계	• 직업교육 도입기	• 직업교육 기반 확충 • 직업교육 양적 성장기	• 직업교육 질적 성장기	• 직업교육 전환기	• 평생 직업교육 체제 구축기	• 직업교육 재구조화			
정책관점		• 산업인력 양성을 통한 국가 경제발전			• 개인 요구와 진로를 반영한 평생 직업교육	• 인적자원 개발	• 국가균형 발전을 위한 산학협력	• 선 취업·후 진학 • 진로·직업 교육	• 능력중심사회구현
직업능력개발정책(직업훈련, 직업능력개발훈련)	○ 근로 기준법(1953.5.10 공포)의 기능자 양성에 관한 규정, 제정 - 이 법은 견습근로자를 보호함에 주목적이 있음	○ 직업훈련법 제정과 직업훈련 행정 조직 편성(1961-1966) - 1960년 근로기준법의 기능자 양성령, 중소기업 협동조합법(1961), 생활보호법(1961), 윤락행위방지법(1961), 아동복지법(1961), 직업안정법(1961), 원호대상자 직업 재활법(1963), 산업교육진흥법(1963) 등에 의해 직업훈련 실시 - 1960년 열위계층 중심으로 직업보호시설 이용하	○ 한국직업훈련 관리공단 설립(1982.3.18.) ○ 직업훈련 지원체계 구축을 위한 직업훈련 연구소 설치(1982), 1992년 과기대 산업기술인력연구소로 이관, 1997년 직능원으로 통합 ○ 한국기술교육대학 설립 추진 - 1984년 한국산업기술대학을 한국과학기술대학으로 교명을 바꿔 과학기술원에 이관하여 1986년 개교, 1988년 기술공학	○ 직업훈련 발전계획 수립 - 제6차 경제사회발전계획(1987-1991)에 따른 필요 기술인력 양성과 관련된 직업훈련 계획 수립 - 직업훈련 확대실시 - 직업훈련 체제 개편 • 집체위주훈련⇒산학협동 체제로 전환 • 직업훈련 형태를 공공과 사업내로 단순화 • 사업 내 직업훈련 확대 실시-공동훈련시설 7개소 신설	○ 경제사회 변화 요구에 따른 인력 양성 요구 변화 - 공급자 중심⇒수요자 중심 - 정부주도⇒민간주도 - 막힌 교육훈련⇒열린 교육훈련 - 제각기 하는 훈련⇒협력·경쟁하는 교육훈련 ○ 대한상공회의소가 10개 공동직업훈련소 설치 운영하게 함(1993.12.3.) ○ 기술 및 기능 인력 양성제도 개편 계획과 법제화 - 신경제 5개년 계획에 의한 기술 및	○ 직업능력개발 3개년 계획 수립 ○ 근로자 직업훈련 촉진법 개정(2001.3.28.) 및 능력개발 지원을 위한 고용보험법 개정(2002.12) ○ 다양한 직업능력개발 사업의 전개 - 공공훈련기관의 훈련 직종 다양화 ○ 기술자격제도 개선과 기능장려사업 추진 - 민간자격 국가공인제도 최초 시행(2000.3) - 기술자격의 분류체계 단순화	○ 직업능력개발 혁신 방안 수립 추진 - 공공 훈련 인프라 개편 • 한국산업인력공단법(2005.12) 및 기능대학법 개정 국회 의결(2006.3.1.) - 한국산업인력공단을 HRD 선도기관으로 육성 - 공공훈련기관(기능대학, 직업전문학교)통합, 지역 분권화 및 기능 조정 • 학교법인 기능대학(24개)과 한국산업인력공단 소속 직업전문	○ 다양하고 질 높은 직업훈련 서비스 제공 - 근로자 직업훈련 참여 확대 - 실업자 직업훈련 강화 - 직업능력개발 계좌제 시범 실시 ○ 취약 계층에 대한 직업능력개발 지원 강화 - 인적자원개발 집중 지원으로 중소기업 경쟁력 강화 ○ 국가기술자격제도의 혁신 및 기능장려사업 - 국가기술자격제도의 운영 - 국가기술자격 현장성·	○ 국가직무능력표준(NCS) 체계 구축 및 확산으로 능력중심 사회 선도 ○ 스펙초월 능력 중심 채용 확산 ○ 국가기술자격 개편 - 과정평가형 자격으로의 전환 시도 = 국가기술자격 출제기준을 국가직무능력 표준에 기반함 ○ 일·학습 병행제 도입 및 확산 ○ 지역산업맞춤형 인력 양성체제 구축 - 지역인적자원개발 위원회(인자위) 중심의 인력 양상체제

시대	광복 후-1960	산업화시기 (1961-1988)		민주화시기 (1988-1998)		세계화 · 정보화시기(1998 ~) 4차 산업혁명 도래, 코로나19 시대			
정권	미군정–이승만 (1948–1960)	박정희 (1961–1979)	전두환 (1980–1988)	노태우 (1988–1993)	김영삼 (1993–1998)	김대중 (1998–2003)	노무현 (2003–2008)	이명박 (2008–2013)	박근혜 (2013–)
		여 처음으로 직업훈련 실시 –1960년 대한조선공사, 금성사 등 15개 기업이 견습공 과정으로 사업내 직업훈련 실시 –1961년 한국전력주식회사가 사원훈련소 설립 신입사원 훈련 실시 –직업훈련법 제정 공포 (1967.1.17) ○ 직업훈련 계획과 기술계 인력 자원 양성 계획 수립 – 직업훈련 계획수립 –기술계 인력 사업 계획 수립 ○공공 직업훈련시설설치 –국제 협력을 통한 시설확보 • 중앙직업훈련원 설립 –차관사업에 의한 직업훈련시설확보 ○사업내 직업훈련 실시 –사업주가 실시하는 직업훈련 모듀(직업훈련법 제2조, 제5항) 15개 업체에서 85개 직종 대상 단기	부, 신입생 마지막 선발 후 폐지 –1992년 충남 천안의 현 위치에 한국기술교육대학교 설립. 개교 ○ 실업자 직업훈련 사업 추진 –1980년대 초 경기불황으로 실업자 문제 심각 ○ 직업훈련기본법 개정을 통한 사업내 직업훈련 의무제도의 산정 기준 개정(1986.5.9.) –1989년부터 훈련 의무 산정 기준을 근로자 수에서 임금 총액으로 변경 –의무 이행 인정 대상 사업의 대상과 종류 다양화 –훈련 기준 단순화	• 국가기술자격검정제도의 개편 • 기능 장려 시책 확대 • 훈련 기반 조성–직업훈련 교사를 집체훈련 교사와 현장훈련 교사로 구분 ○ 직업훈련기본법 등 관련 법의 개정 (1991.1.14.) –민간 기업의 직업 훈련 참여확대 유도 –산학협동훈련 제도화 – 직업훈련 과정을 양성, 향상, 전직훈련으로 구분, –평생 직업훈련체제 확립 ○ '한국직업훈련관리공단'을 '한국산업인력관리 공단'으로 개칭, 직종 개편 및 훈련 과정의 개편(1991.1.14.) ○ 기능대학 확충 – 기능대학법 조정(1991.1.14.) – 창원기능대학 학생들의 일부 교수들의 소요 사태 발생 ○ 기능장려 강화	기능 인력 양성제도 개편 계획 수립 (1993.7) –공고 2:1 체제 도입 –직업훈련 기본법 및 기능대학법 일부 개정(1993.12.29.) ○ 고용보험제도 도입 (1995.7) 직업훈련의무 제도 폐지 (1997. 12. 24.), 근로자직업 훈련촉진법 제정(1999) ○ 직업교육훈련촉진법, 자격기본법, 한국직업능력개발원법 제정 (1997.3) ○ 기능대학법 개정(1997. 12.24.) –다기능기술과정 졸업자에게 산업학사 학위수여 –기능대학의 설립 및 운영 주체를 국가, 지방자치단체, 학교 법인으로 명시 ○ 실업자 재취업 및 직업 능력 개발을 위한 직업훈련 강화	○ 직업능력개발 대외 교류 확대 –개발도상국에 대한 직업훈련 지원 • 중국기술지도센터 건립 (2000.12), 우즈베키스탄 교육훈련 시설 개선사업지원(2000–2001), 아프가니스탄 직업훈련원 건립(2003–2005), 캄보디아, 필리핀 등의 직업훈련원 건립 사업 지원 (2003)	학교(19개)를 통합, 4개 특성화 대학 및 7개 권역별캠퍼스(전국 40개 캠퍼스) 체제로 전환 • 대학 명칭을 폴리텍(Ⅰ~Ⅳ)대학으로 변경 • 공공훈련의 기능 및 사업 영역 조정 ○ 지속적인 기술자격 제도 개선 – 국가기술자격제도의 전면 개편 (2004.2.9.) –그 후 자격기본의 전면 개정(2009)으로 국가직무능력 표준 개발의 법제화됨 –각 부처가 소관 산업분야의 국가직무능력 표준 (NCS)을 개발 고시토록 규정함으로써 NCS 관련법적 추진 근거 확립 ○ 개발도상국에 대한 지속적인 직업훈련 지원	활용성 강화 –국가자격검정 통합관리 체제 구축 –기능 중시 풍토 조성 ○ 직업능력개발 지원 체계의 선진화 – 직업훈련 시장의 규제 완화 –직업능력전문가 포럼 운영 –미래 신성장 동력산업 인력 양성 기반 조성	구축 ○ 미래 산업분야 인력양성 기반 확충 –과학기술 변화에 대비한 직업능력 개발체제 개편 –훈련기관 성과평가 강화를 통한 훈련의 질 제고

		훈련 실시 ○ 직업훈련에 관한 특별조치법 제정과 사업내 직업훈련 의무화(1974~1976)를 위한 직업훈련 기본법 제정(1976. 12. 31일) – 제3·4차 경제개발 5개년에 따른 인력수용 충족, 청소년 유휴 인력 교육		– 기능 장려법 개정(1991.4.13.) ○ 국가기술자격검정 제도의 개선(1991.10.31.) ○ 직업훈련촉진기금의 사용 확대. ※ 산학협동 훈련제도의 문제 복잡					

04 국가공무원인재개발[68]

광복 후 현재까지 우리나라의 공무원 교육훈련의 성장은 국가공무원인재개발원과 함께 했다고 해도 과언이 아니다. 따라서 역대 정권별로 국가공무원인재개발원이 어떻게 변화되었나를 고찰하려 한다. 변화 과정은 이승만 정부의 태동기, 박정희 정부의 확장기, 전두환과 노태우 정부의 강화기, 김영삼 정부의 차별화기, 김대중 정부의 질적 향상기, 노무현 정부의 전환기, 이명박 정부의 재도약기, 박근혜 정부의 제2도전기 등의 과정으로 구분하여 살펴보았다.

1) 광복 후 이승만 정부의 국가 공무원 교육훈련(1945~1960: 태동기)

광복 후 1949년 3월 21일 공무원 교육훈련의 첫 근거인 「국립공무원훈련원직제」 대통령령 제69호가 제정 · 공포됨에 따라 공무원 교육훈련기관이 설치되었다.

동년 6월 17일에는 「국립공무원훈련원 규정」 총리령 제16호이 공식 발효되어, 공무원 교육에 관한 교육목적과 교육과정, 교육대상, 교육기관 등을 구체적으로 확정하였다.

이에 의거하여 1949년 9월 20일부터 3개월 과정의 『현직공무원 재훈련과정』 교육을 실

68 국가공무원인재개발연구원 연구개발센터 (2017). 공무원 인재개발의 미래 발전 방향–공무원 인재개발의 과거 · 현재 · 미래–. pp. 45–61.

시함으로써, 정부의 공무원에게 요구되는 지식과 기술 그리고 필요한 자세를 습득시키기 위한 훈련기능을 수행하기 시작했다.

그러나 그 후 6·25 전쟁으로 혼란을 겪다가 1954년 서울 경운동 청사에 안착하게 된 후 수습행정원 교육과 미국 원조에 의존하던 시대상을 반영하여 영어회화 과정 등이 편성·운영되었다.

1955년부터는 신규채용자의 임용전 교육인 수습행정원 훈련을 비롯하여, 재직자 훈련인 일반행정반, 영어회화반 등의 교육이 실시되었다. 특히 교과목으로 영어회화 외에 외국원조, 미국의 공무원제도, 국제정보해설 등이 편성된 것은 당시 정부가 미국의 원조에 의존할 수밖에 없었던 시대적 상황을 반영한 것이다. 1957년에는 우수 강사진 확보를 위하여 미국 ICAInternational Cooperation and Administration의 재정지원을 받아 교수 요원의 해외파견 훈련이 이루어졌다.

1959년에는 고급공무원 훈련과정이 개설되는 등 과거와는 다른 선진적인 교육운영방식이 전개됨에 따라, 공무원교육훈련이 활기를 찾기 시작했다.

1960년 4·19혁명 이후 출범하였던 제2공화국은 1961년 5월 16일의 군사정변으로 9개월의 단명으로 끝나게 되면서 공무원교육훈련에 관심을 가질 만한 여유가 없었다.

이 시기에 국립공무원훈련원 이외에 설립된 공무원교육훈련기관으로는 형무관학교현 법무연수원, 전라남도공무원훈련소현 전라남도 지방공무원교육원, 경기도도립공무원훈련소현 경기도 인재개발원 등이 있다.

우리나라 공무원교육훈련의 태동기인 이 시기는, 정부수립과 한국전쟁의 혼란기임에도 불구하고, 일반공무원을 위한 교육훈련기관이 창설되어 운영됨으로써, 공무원교육훈련의 씨를 뿌린 것에서 그 의미를 찾을 수 있다.[69]

2) 박정희 정부의 국가공무원 교육훈련(1961~1979: 확장기)

이 시기는 우리나라의 경제발전과 근대화가 적극적으로 추진되던 때로, 정치·사회·경

69 중앙공무원교육원 (2009). 「중앙공무원교육원 60년사 1949-2008」. 요약사.

제 전반으로 변화와 발전이 많았다. 더불어 공무원 교육훈련도 많은 발전이 있었는데 크게 4개의 단계로 나누어 볼 수 있다.[70]

(1) 공무원 교육훈련의 법적 · 제도적 기틀 마련 및 중앙공무원교육원 설치

1961년 10월 2일 「정부조직법」 개정으로 내각사무처에 교육훈련과 설치규정이 마련되어 중앙부처 과 단위로 공무원 교육훈련의 전담부서를 두게 하였다. 한편 「중앙공무원교육원설치법」법률 제747호과 「중앙공무원교육원직제」각령 제855호를 공포하여 기존 '국립공무원훈련원'을 '중앙공무원교육원'이 대체하게 되었다.

1961년 11월 1일 「공무원훈련법」법률 제754호이 제정되면서 각 교육원을 통한 공무원 교육훈련이 본격화 되었다. 1962년 중앙공무원교육원에서는 지방공무원교육원의 교관양성교육, 행정부 공무원뿐만 아니라 입법부, 사법부의 사무직공무원과 판 · 검사 등에 대한 교육도 실시하게 되었다.

(2) 교육훈련의 체계화와 공무원 교육훈련기관의 증설

「중앙공무원교육원설치법」과 「공무원교육훈련법」으로 이원화되어 있던 교육훈련법체계를 「공무원교육훈련법」으로 일원화하여 정비하고 시 · 도 공무원교육원과 특수훈련기관의 설치 근거를 마련하였다. 이에 따라 공무원 개개인에 대한 주기적 교육훈련이 실시되고, 지방행정연수원 등 특정 분야의 공무원들을 대상으로 하는 교육훈련기관들이 생겨났다.

(3) 관리직공무원 기본교육 실시 및 중앙관서장의 교육훈련 권한 강화

1967년 제2차 경제개발 5개년 계획이 추진되면서 국가목적 달성을 뒷받침하기 위해 공무원 교육훈련의 목적을 '정부의 주요정책을 체득시키고, 해당 직무에 관한 지식과 기술을 습득 · 활용하게 함'을 강조하였다. 그리고 같은 해 3급 을류 시험 합격자 대상의 교육과정이 신설되었는데 이는 직급별 기본 교육체계의 첫 발이었다.

1970년부터는 각급 교육훈련기관의 중앙관서장 권한을 강화하였는데, 교육훈련에 대한 감독뿐만 아니라, 교육과정 설치와 훈련방법 결정도 중앙관서장이 할 수 있도록 했다.

---

70 중앙공무원교육원 (2009), 「중앙공무원교육원 60년사 1949-2008」. pp. 716-727.

(4) 신 공무원교육훈련법의 제정 및 새마을교육 강화

1973년 1월 29일 「공무원훈련법」이 폐지되고 「공무원교육훈련법」법률 제2461호이 제정되어 교육훈련의 기본방침은 주기별·직무분야별 보수교육, 새로운 관리기법의 습득, 신규채용자의 훈련 등에 역점을 두게 되고, 5년 주기 교육훈련 원칙이 법제화되었다.

1974년 수도권 인구 분산과 교육훈련기관 통합 운영을 위해 중앙공무원교육원, 세무공무원교육원, 체신공무원교육원 분원 등을 대전으로 옮겼다.

1975년부터 새마을운동의 영향으로 각급 공무원교육원 중심으로 새마을교육을 실시하였다. 1978년에는 「공무원평정규정」을 개정하여 공무원교육훈련기관 근무경력 가산점제도를 신설하였으며, 「공무원교육훈련법」법률 제3151호 개정으로 공무원 대상 국비유학을 제도화하였다.

이렇듯 사회·경제적으로 팽창하던 시대적 요구에 따라 교육훈련 관련 법령들을 정비하고 교육훈련기관이 늘어나면서 공무원 교육훈련에 대한 관심이 높아지는 시기였다고 할 수 있다.

3) 전두환 정부의 국가공무원 교육훈련(1981~1988: 강화기)

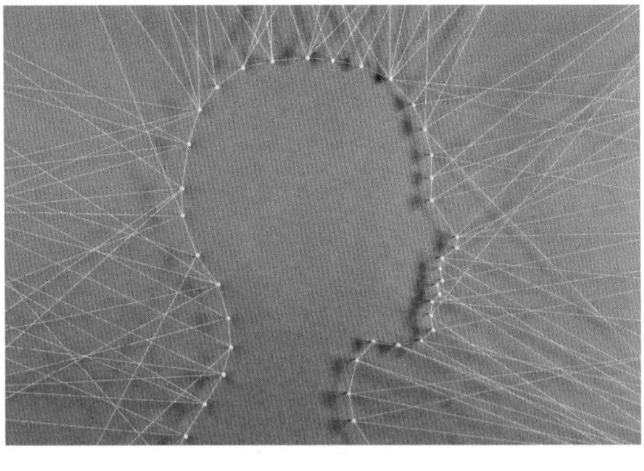

1981년 공무원 교육훈련기관 통합 운영이 폐지되면서 중앙공무원교육원은 다시 과천으로 이전하였다. 그리고 총무처에서 '공무원교육훈련 중장기발전계획'82~'86년'을 수립함으로써 교육훈련과정 개편 및 정착화, 교관요원 정예화, 교육방법의 다양화, 교육훈련의 인사관리 연계 등이 도입되었다.

1983년에는 공무원교육의 중점을 정신교육 위주로 전환하여, 정신교육 9대 덕목 체질화, 공무원윤리헌장과 공무원선서 정신의 생활화 등을 교육훈련지표로 고정화하고 중앙공무원교육원을 중심으로 관리직공무원에 대한 정신교육을 강화하였다.

4) 노태우 정부의 국가공무원 교육훈련(1988~1993: 강화기)

노태우 정부는 1988년부터 전문화시대에 적극 대처하기 위해 전문교육을 강화하였다. 반면에 직급별 정신교육과정을 원칙적으로 폐지하고, 이를 직무교육과정에 흡수하여 운영토록 하였다.

1992년에는 행정의 다양화 · 전문화 추세에 맞게 기존 기본교육 중심에서 전문교육체계로 전환하며 시의성 있는 직무분야별 단기 교육과정을 확대하였다. 또한 지방자치시대를 대비하여 지방공무원 교육훈련의 지도 · 지원 권한을 내무부장관과 교육부장관에게 위임하였다. 한편 북방외교정책으로 사회주의 국가인 몽골 · 중국 등의 공무원 대상 교육훈련이 중앙공무원교육원에서 실시되었다.

이 시기는 공무원 교육훈련에 대한 중장기적 안목이 도입되고 전문화와 지방화라는 행정환경에 능동적으로 대응하였다. 한편 사회주의 국가 대상 교육훈련이 실시되는 등 내 · 외 공무원 교육훈련에 대한 외연을 넓히면서 교육의 내실화를 강조하는 때였다라고 평가할 수 있다.

5) 김영삼 정부의 국가공무원 교육훈련(1993~1998: 차별화기)

김영삼 정부는 1993년 4월 19일 「공무원교육훈련일반지침」에서 '신한국 창조'를 공무원 교육훈련의 기본방향으로 설정하면서 전문 인력 양성을 강조하였다. 이어 「1995년 공무원 교육훈련지침」에서는 전문교육과정의 확대 및 활성화를 교육훈련 중점 방향으로 하였다.

1995년에는 「1995년도 공무원교육훈련 추가지침」을 통하여 공무원 교육훈련에 '세계화'를 반영토록 하여 정신교육 및 어학교육에 기준이 되었다. 그리고 지방화 시대를 맞아 「지방공무원교육훈련법」법률 제4871호을 제정하여 지방의 특성에 맞는 교육훈련 실시의 기틀을 마련하였다.

공무원 교육훈련의 차별화기에는 '신한국 창조', '세계화' 그리고 '지방화 시대'에 대응되는 교육훈련체제 마련을 특징으로 하고 있다고 할 수 있다.

6) 김대중 정부의 국가공무원 교육훈련(1998~2003: 질적 향상기)

1998년 IMF 경제위기 극복을 위해 공무원 교육훈련기관의 정비가 있었다. 그래서 1998년 4월 15일 '공무원 교육훈련기관 운영개선 작업단'을 구성하여 교육훈련기관의 통폐합을 추진하였다. 이에 행정부 소속 23개 교육훈련기관은 10개로 줄어들고 인력도 약 28% 감축되었다.

한편 교육훈련제도 개선도 진행되어, 수요자 중심의 교육으로 전환되고, 전문교육이 강화되었다. 교육과정을 유상교육과 무상교육으로 구분하고 교육훈련과정 또는 교육시설을 유상 제공에 의한 수입금 충당·활용을 가능케 하였다.

정보통신IT 및 인터넷 활성에 따라 이 러닝e-Learning, 자기주도형 학습의 중요성이 높아지는 현실을 반영하여 2000년 12월 '원하는 교육을, 원하는 장소에서, 원하는 시간에' 받을 수 있도록 하는 것을 목표로 한, 「공무원 Cyber 교육센터」를 중앙공무원교육원에 구축하였다. 또한 정보화능력 향상을 위해 전 공무원에 대해 연 1회 이상 정보화 교육을 이수토록 하였다.

이 시기에는 국내의 경제적 위기로 말미암아 교육훈련기관의 구조조정을 거쳤지만 질적으로 수요자 중심의 교육과 사이버 교육시대를 여는 계기가 되었다.

7) 노무현 정부의 국가공무원 교육훈련(2003~2008: 전환기)

행정의 변화와 혁신을 강조하던 정부기조에 따라, 2004년 2월 '교육훈련 혁신 TF'를 구성하고 '교육훈련 혁신인프라 강화', '교육프로그램 혁신', '교육훈련기관혁신'을 교육훈련 혁신의 기본방향으로 잡았다.

2004년 3월 11일 「정부조직법」법률 제7186호 개정에 따라 공무원 인사 기능을 중앙인사위원회로 통합하고 행정자치부 소속 국가전문행정연수원을 기존 교육인적자원연수원, 통계연수원 등 5개 연수부로 분할·환원하였다.

중앙공무원교육원은 '혁신의 진원지'로 혁신 성과 전파에 노력하였다. 2005년부터 계층별 혁신리더과정, 부처단위 맞춤형 혁신과정과 액션 러닝Action learning을 운영하였다.

특히 2007년에는 부처별로 상시학습체제가 구축되어 교육훈련이 그간 '승진 점수 확보 수단'에서 '일과 학습을 병행하는 문화'가 되는 공무원 교육훈련의 패러다임 전환이 이루어지는 시점이 되었다. 이 상시학습제도 도입으로 현장학습, 연구모임, 사이버 교육 등 직무 관련 다양한 형태의 교육·학습 활동이 활성화되었고, 액션 러닝을 통한 문제 해결 사례, 연구모임 연구결과의 정책 반영 사례가 증가하였다.

8) 이명박 정부의 국가공무원 교육훈련(2008~2013: 재도약기)

2008년 '선진일류국가'를 국가비전으로 제시하고 도약을 위한 의식 개혁과 국정 철학 확산·전파를 위해 전 공무원을 대상으로 워크숍 및 교육을 실시하였다.

4월 이후에는 섬기는 봉사자세, 실용적 사고 등 일하는 방식 개선을 위한 공직가치 교육을 강화하여, 중앙공무원교육원 등 전 교육기관의 교과과정에 기본교육으로 반영하였다.

새로운 행정수요 대응을 위해 미래예측과 대응전략과정, 저탄소 녹색 성장과 에너지자원개발과정, 공직리더를 위한 인문학과정 등 전문교육을 실시하였다. 글로벌 경쟁력 강화를 위해 글로벌 리더 양성과정, 국제협상과정 등도 운영하였다.

특히 글로벌 전문 인력을 체계적으로 양성하기 위해 국외훈련대상자의 어학역량을 강화하고 개인별 직무기여도 및 훈련계획서 평가 성적을 선발에 반영토록 하였다.

9) 박근혜 정부의 국가공무원 교육훈련(2013~2017: 재도전기)

박근혜 정부가 들어설 무렵 세계적으로 각 나라는 기술적 · 사회적 · 환경적 행정환경의 변화에 직면해 있었다. 정보화와 과학기술의 융합, 글로벌 경제의 급변과 충돌, 기상 이변 등 이러한 복합적 변화는 새로운 정책 해결점을 요구하였다.

이에 대응하기 위한 정부 경쟁력은 결국 사람, 즉 우수 인적자원을 확보하고 개발하는 데 있었다. 한 나라의 번성은 인재개발 초점을 어떻게 맞출 것인가와 불가분의 관계인 것이다.

글로벌 무한경쟁 환경은 인재개발의 패러다임의 변화를 필요로 하는데, 기존의 단편적이고도 수동적인 교육훈련Education and Training은 종합적이고도 능동적인 인재개발HRD로 방향 전환되고 있는 상황이다.

이에 박근혜 정부는 2015년 12월 「공무원인재개발법」을 개정하여 기존 중앙공무원교육원을 국가공무원인재개발원으로 개칭하고, 목적을 '기술 및 능력 향상'에서 '전문성과 미래지향적 역량을 갖춘 인재 개발'로 변경하였다.

이에 따라 2016년은 국가공무원 인재개발에 있어 새로운 제2 도전이 시작되었다. 기존의 「공무원교육훈련법」이 「공무원인재개발법」으로 전면 개정됨에 따라, '중앙공무원교육원'은 '국가공무원인재개발원'으로 거듭나게 되면서 연구개발센터와 글로벌교육과를 신설하는 등 조직개편이 이루어졌다.

아울러 2016년 9월 본원을 충북혁신도시 신청사로 이전하여 진천 본원과 과천분원의 이원체제를 확립하고 국가공무원 인재개발의 허브Public HRD Hub로서의 기반을 다졌다.

이를 바탕으로 사명감과 전문성을 갖춘 미래지향적 창의융합형 인재를 양성하기 위해 인재개발 전략을 <표 7-11>과 같이 정하였다. 즉, 신뢰받는 공직사회 구현을 위한 공직가치 교육 고도화, 앞서가는 공직사회 실현을 위한 리더 양성 체계 확립, 글로벌 공직사회 조성을 위한 글로벌 역량 강화 등이 핵심 내용이다.

2017년에는 지난해의 인재개발 기반과 전략을 구체적으로 실행함으로써 혁신을 본격적으로 추진하기 시작하였다.

2017년 교육의 특징은 크게 다음과 같았다. 첫째, '통합적 모듈관리 체계'를 도입함으로

표 7-11 국가공무원인재개발원의 비전 및 인재개발 전략

비전	대한민국의 새로운 시대를 열어가는 공무원의 산실	
미션	변화와 혁신을 선도하는 공무원 양성	
인재개발전략	신뢰받는 공직사회 실현을 위한 공직가치교육 고도화	• Role Model 기반의 미래지향적 국가공무원 인재상 정립 • 공직가치 내재화 프로세스에 기반한 교육체계 구축 • 공직가치교육 표준 교육프로그램 개발·운영·보급
	앞서가는 공직사회 실현을 위한 리더 양성체계 재편	• 경력단계별 체계적 교육을 위한 프레임워크 재정립 • 성과중심의 관리직 교육 강화 • 목적형 직무역량 교육 강화
	글로벌공직사회 실현을 위한 글로벌 교육 강화	• 글로벌 경쟁력 확보를 위한 글로벌 교육체계 정립 • 국가브랜드가치 제고를 위한 외국공무원교육 강화 • 글로벌 위상 강화를 위한 국제 교류협력 확대
	통합 시너지 창출을 위한 국가공무원 인재개발허브 구축	• 민·관·학·연 협력거버넌스 구축 • 공무원교육훈련기관 HRD Hub 역할 정립 • 이러닝 공동활용 및 자기주도적 학습 인프라 확충
	세계 최고 수준의 Public HRD 역량 확보	• 국가공무원인재개발원 조직 역량 강화 • 진천 이전에 따른 효율적 이원체제 구축 • HRD 전문성 제고 및 인적 역량 강화

자료: 국가공무원인재개발원 (2016). 2016 인재개발연보. p. 54.

써 공직가치·정책기획·리더십역량 등 핵심과정 중심으로 '콘텐츠-교육방법-교육운영자-교수진-퍼실리테이터'를 유기적으로 연계하여 집합교육의 품질을 제고할 계획이다. 둘째, '나라배움터', 즉 이러닝 통합 플랫폼을 구축·완료하여 상시적 자기주도 학습을 본격적으로 지원할 것이다.

한편 교육 목표가 개인중심의 역량개발에서 조직의 성과·가치 연계 역량 개발로 변화하는 인재개발 트렌드 등을 반영하여 교육운영도 다음과 같이 개선할 계획이었다.

첫째, 공직가치 내재화·실천을 위한 공직가치 신념화 프로세스, 즉 '성찰-공감-제도화-생활화'에 기반한 신규자 교육을 강화하는 등 공직가치 교육을 확산할 것이다. 둘째, 역량진단Assessment Center과 개발Development Center을 프로세스화하여 고위공무원단후보자과정과 신임과장과정의 관리자 리더십을 강화할 것이다. 셋째, 학습공동체를 기반으로 한 현장문제해결형Community of Practice 직무역량 교육을 도입하여 공무원의 실질적인 직무역량을 제고할 계획이다. 넷째, 글로벌컨설팅 역량과정을 신설하여 공무원의 국제기구 진출 확대 및 개도국 ODAOfficial Development Assistance 정책자문 등 수요증가에 대응할 예정이다.

이상과 같은 국가공무원인재개발을 위한 비전, 미션, 인재개발전략을 추진하고 있는 민·

관교육발전협의회의 공무원교육훈련기관 64개국가 40, 지방 20, 공공기관연수원 26개, 민간기관 연수원 16개 총 106개 기관의 기관명은 <표 7-12>와 같다.

<표 7-12>를 보면 공무원 인재개발을 위해 국가나 지방 자치단체가 얼마나 적극적으로 노력하고 있는가를 이해할 수 있다.

표 7-12 민·관교육발전협의회의 공무원교육훈련기관

구분	기관명
공무원교육훈련기관	감사교육원, 강원도 인재개발원, 경기도 소방학교, 경기도 인재개발원, 경기도율곡교육연수원, 경상남도 인재개발원, 경상북도 공무원교육원, 경상북도 소방학교, 경찰교육원, 경찰대학, 경찰수사연수원, 중앙경찰학교, 관세국경관리연수원, 광주광역시 소방학교, 광주광역시 지방공무원교육원, 교육부 중앙교육연수원, 국가인권위원회 인권교육센터, 청렴연수원, 국가민방위재난안전교육원, 국민안전처 비상대비훈련과, 국방대학교, 육군교육사령부, 국세공무원교육원, 국토교통 인재개발원, 국회 의정연구원, 기상기후인력개발원, 농식폼공무원교육원, 농촌진흥청 역량개발과, 대구광역시 공무원교육원, 법원공무원교육원, 대전광역시 인재개발원, 국립중앙도서관, 우정공원교육원, 법무연수원, 법제교육과, 병무연수원, 부산광역시 소방학교, 부산광역시 인재개발원, 산림청 산림교육원, 서울특별시 교육연수원, 서울특별시 소방학원, 인천광역시 인재개발원, 전라남도 교육연수원, 전라남도 지방공무원교육원, 제주특별자치도 인재개발원, 조달청 조달교육원, 중앙선거관리위원회 선거연수원, 충청남도 공무원교육원, 충청남도 충청소방학교, 충청북도 자치연수원, 통계청 통계교육원, 통일부 통일교육원, 특허청 국제지식재산연수원, 해양수산 인재개발원, 행정자치부 국가기록원기록관리연수원, 지방행정연수원, 환경부 국립환경인력개발원
공공기관 연수원	KBS 인재개발원, KEPCO 인재개발원, KORAIL 인재개발원, K-Water 교육원, 국민건강보험공단, 대한지적공사LX국토 정보교육원, 새마을운동중앙연수원, 중소기업중앙회 중소기업인력개발원, 중소기업진흥공단 중소기업연수원, 한국항해관리공단 연수센터, 한국근로복지공단 인재개발원, 한국기술교육대학교 고용노동연수원, 한국농수산식품유통공사 AT 농식품유통교육원, 한국도로공사 인력개발원, 한국보건복지인력개발원, 한국보훈복지의료공단 보훈교육연수원
민간기관 연수원	DLI연강원, KOLON인재개발센터, KT 인재개발원, KT & G 인재개발원, LG 인화원, POSCO인재창조원, SK아카데미, 가나안농군학교(원주), 국민은행연수원, 금호아시아나인재개발원, 삼성인력개발원, 한국금융연수원, 한국능률협회, 한국분권아카데미, 한국자유총연맹, 현대경제연구원

자료: 국가공무원인재개발원 (2016). 2016 인재개발연보. pp. 202-205.

05 기업교육(기업 인적자원개발: 기업 HRD, 사업내 직업훈련)

기업교육corporate education이란 기업이 재직근로자의 확보, 유지 및 능력개발을 위해 실시하는 의도적인 교육, 훈련, 개발 등의 활동을 의미한다. 이 때 기업교육은 제2장 '직업교육훈련의 기본개념', 단원 1. '직업교육훈련의 정의'와 관련 용어에서 '인적자원개발'을 정의할 때 협의의 의미에서 인적자원개발HRD을 의미하기도 한다. 또한 기업교육은 직업훈련기본법 제2조에서 규정한 사업내 직업훈련의 의미와도 연관이 깊다. 따라서 여기서는 기업교육, 기업 인적자원개발기업 HRD, 사업내 직업훈련직업능력개발훈련을 앞뒤 문맥에 따라 혼용하였다.

우리나라 기업들의 사업내 직업훈련 변화과정을 산업발달 단계와 역대 정권의 변동과 연관해서 구분해 보면 광복 후~이승만 정부의 태동기1945~1961, 박정희 정부의 도입기1962~1971와 전개기1972~1980, 전두환과 노태우 정부의 성장기1981~1993, 김영삼 정부 후 이명박 정부의 도약기1993~2013, 박근혜 정부2013~2017의 혁신기로 구분해 볼 수 있다.[71]

1) 광복 후~이승만 정부의 태동기(1945~1961)

우리나라 기업들은 광복 후 1950년 민족상쟁의 전란과 1961년 5·16 군사정변을 겪어오는 과정에 비공식적인 교육훈련은 간헐적으로 있었지만 오늘날 얘기하는 기업교육은 없었다고 할 수 있다.

우리나라에서 기업교육이 처음 실시된 것은 1957년 6월 재단법인 한국생산성본부가 설립되어 1958년 9월 최초로 '경영실무강좌'를 개설하여 자체연수를 실시한 데서 찾아 볼 수 있다. 한국 기업의 사업내 직업훈련 프로그램이 경영실무교육으로부터 시작된 배경은 재건기의 불하재산과 원조자금, 차관 도입에 따른 경영자들의 기업가정신 혼탁과 현대적 경영

71 엄준하 (2012). 한국기업 HRD 형성과정의 탐구. 한국기술교육대학교 박사학위 논문. pp. 46-174.

관리기법의 필요성 때문이었다. 따라서 이 때 경영실무 강좌의 주된 내용은 기업의 생산성 향상과 기업가정신, 근대경영기법의 보급 등이 주였다.

1960년에는 취약계층을 중심으로 직업보도 시설을 개설하여 처음으로 직업훈련이 시작되었다. 같은 해 대한조선공사, 금성사 등 15개 기업체에서 견습공 과정으로 사업내 직업훈련이 시작되었다. 1961년 7월에는 한국전력주식회사가 국내기업으로는 처음 한국전력사원훈련소를 설립하여 전업 3개사 '통합신입사원교육'을 실시하였다. 이것이 한국기업들의 사업내 직업훈련의 태동이며 형성과정의 맹아였다.

이를 계기로 기업은 기능인 양성교육뿐만 아니라 재직자 향상훈련을 위한 훈련이 사내외 프로그램에 의해서 시작되었다. 따라서 이 시기가 한국기업의 사업내 직업훈련 활동이 본격적으로 시작된 시기이다.

1960년대에는 ILO 엑스퍼트의 지원으로 산업내 감독자 훈련Training Within Industry for supervisors: TWI 프로그램이 보급되어 1980년 중반까지 기업교육의 기본 프로그램으로 활용하였다. TWI는 제2차 세계대전 당시, 참전으로 인한 산업인력 부족 해결을 위해 미국전시노동력위원회훈련국이 단기간 효율적인 인력 양성을 위해 산업체 내에서의 훈련을 도입한 데서 유래되었다.

2) 박정희 정부의 직업훈련 도입기(1962~1971)와 전개기(1972~1980)

1962년 제1차 경제개발 5개년 계획과 더불어 사업내 직업훈련 전문 교육기관의 설립이 본격화 되고, 기능인 양성교육뿐만 아니라 신입사원 교육훈련을 비롯하여 재직자 향상훈련을 위한 교육훈련이 사내외 프로그램에 의해 시작되었다. 특히 1962년 한국표준협회가 설립되고, 순수 민간 직업훈련 종합기관으로 한국능률협회가 설립되어, 1957년에 설립된 한국생산성본부와 함께 직업훈련기관 Big3가 태동하여 한국기업의 인적자원개발을 이끌어가기 시작했다. 이때 신입사원 교육과 기술자 훈련은 한국전력사원훈련소와 1969년에 설립된 포항제철연수원 등 2개소에서 집중적으로 이루어졌다.

1967년에 「직업훈련법」이 제정되면서 중앙직업훈련소 설치를 시작으로 훈련교사 양성과 더불어 경제발전에 필요한 기능공과 기술자 양성의 직업훈련을 본격적으로 실시하였다. 직업훈련은 「직업훈련법」에 따라 공공직업훈련, 인정직업훈련, 사업내직업훈련으로 크게 구분되었다. 공공직업훈련은 한국직업훈련관리공단이 설치 운영하도록 하였다.

사업내 직업훈련은 사업체의 경영상 그 종업원 또는 종업원이 될 수 있는 자를 대상으로 실시하였다. 그 대상은 각 사업체의 경영정책에 따라 달라질 수 있다. 그러나 훈련 형태는 대체적으로 감독자 훈련, 일반 기능공에 대한 기초훈련 등으로 구분되었다.

정부는 사업내 직업훈련을 그 능력과 조건이 합당하다고 인정하는 경우 인정직업훈련으로 승인하여 이들에게 수료생 자격을 공인하고 정부가 훈련비를 보조할 수 있도록 「직업훈련법」에 규정하였다. 이 법에 따라 1960년대 초에 견습공과정을 개설했던 금성사 등 15개 기업이 사업내 직업훈련원으로 노동청의 인가를 받았다.

이 때 직업훈련과정의 승인 여부는 「직업훈련기준」에 의해 평가되었다. '직업훈련기준이란 직업훈련 직종의 명칭, 훈련 대상, 교과, 시설, 장비 등 직업훈련을 실시하는 데 있어서 필수적인 요소들을 훈련 직종별로 규정한 것'이다.

1961~1971년의 도입기에 설립된 이들 사업내 직업훈련 기관은 새로운 산업현실과 경영방식의 주입식 교육에 역점을 두었다.

1972~1980년대의 직업훈련 전개기의 한국경제 개발은 중화학공업을 적극적으로 추진하여 본격적인 산업화를 통한 신흥공업국으로 진입하게 된 시기이다. 국가 인력개발정책은 '고급기술 인력의 질적 개발 및 확보'가 관건으로 두뇌개발 및 기능 숙달체제 확립 등 중화학공업 건설을 효과적으로 지원하기 위한 직업훈련분담금제, 공공직업훈련원 확충, 사업내 훈련 우대조치와 국가기술자격 체제를 확대하고 기능대학 설립 등을 적극 추진하였다.

이 당시 사업내 직업훈련에서는 경영환경의 다변화와 고도성장기, 수출주도형 산업발달, 기업의 국제화 전략 및 경영관리기법의 효율화 요구 등으로 선진교육을 도입하고 관리교육과 계층별·직능별 교육이 시작되었다. 일부 대기업에서는 교육전담 부서를 설치하였는데 주요 교육 프로그램은 신입사원교육과 감독자 교육TWI 중심이었다.

기업현장의 직능교육으로는 세일즈맨 교육과 품질관리Quality Control: QC교육 과정이 있었다. 1970년대 중반부터 대부분의 기업에서 실시하였던 공장새마을교육은 당시 근로자와 기업인들에게 교육에 대한 관심과 열의를 불러일으켰다. 오리엔티어링orienteering은 조직원 간의 소속감을 가지게 하는 계기가 되었다.

특히 1970년대 전개기의 사업내 직업훈련은 당시 전국적으로 전개된 새마을 운동을 시작으로 기업에서도 물자 절약, 원가 절감, 생산성, 능률, 품질향상을 지원하는 공장새마을운동이 시작되었다. 이를 지원하기 위해 새마을 교육과 함께 인적자원개발 전문교육기관의 위탁교육을 중심으로 품질관리, 마케팅, 산업내훈련TWI과 오리엔티어링 등의 직능교육이 주로 이루어졌다. 이 때 각 기업별로는 새로 고용한 젊은 엘리트 사원의 연수에 역점을 두었다. 당시 공장새마을교육은 한국 기업의 사업내 직업훈련 확산에 기여하였다.

1970년 말부터는 관리자 훈련과정Management Training Program: MTP이 사업내 직업훈련의 중심 프로그램이었다. 관리자 훈련과정MTP은 1973년 대한항공연수원에서 시작하였다. MTPI MTP Instructor 과정은 국내기업 최초로 1982년 삼성전자에서 시작하였다.

1960년대의 감독자 훈련 교육프로그램TWI과 1970년대의 관리자훈련과정 프로그램MTP은 이후 근로정신 함양과정Workman Ship Training Course: WSTC, 목표관리Management by Objective: MBO과정 등과 함께 1990년대 말 팀제의 본격적인 도입 이전까지 한국기업의 대표적 직업훈련 프로그램으로서 기업경영의 원리원칙과 경영관리기법, 직장인의 자세와 역할 등의 향상에 큰 역할을 하였다.

이 당시 기업 경영자의 리더십 프로그램의 하나를 소개한다면 1975년에 설립한 인간개발연구원www.khdi.or.kr의 인간개발경영자연구회가 주최한 조찬모임이다. 인간개발경영자연구회는 1975년 2월 5일에 창립하여 제1회 인간개발경영자조찬회를 개최한 후 40주년을 맞이하는 2015년 2월 15일까지 1824회에 걸쳐 매주 목요일 조찬 모임을 한 번도 거르지 않고 개최해 오고 있다. 지금도 조찬모임은 계속되고 있는데 이 최고권위의 조찬 모임에서는 경제 · 경영 · 정치 · 사회 · 과학 · 기술 · 교육 · 문화 · 종교 · 사상 · 철학 · 문학 · 예술 등의 분야의 주제가 논의됨으로써 경영자 및 각계 전문인들의 평생학습의 장으로서 국내기업교육에 훌륭한 사례가 되고 있다.[72]

72 인간개발연구원 (2015). 창립 40주년 기념 대토론회-대한민국 100년 미래를 좌우하는 경쟁력 '사람'- 2015년 2월 15일. 롯데호텔 사파이어볼룸. pp. 9-16.

3) 전두환과 노태우 정부의 성장기(1981~1993)

1980년대는 1986 아시안게임, 1988 서울올림픽의 개최로 개방화, 글로벌화가 촉진되는 경영환경 변혁기로서 기술혁신과 국가 경쟁력 제고가 급선무였다. 창의적인 과학·기술 인력의 확보와 개발이 요구되었고 6·29 선언 이후 노사분규가 급증하였으며, 능력급제와 업적고과제의 인사 패러다임이 등장했다,

한편 종업원의 다양한 요구에 대응하기 위해 그동안 인적자원개발 전문교육기관에 위탁했던 교육프로그램은 자체적으로 교육과정을 편성하기 시작했다. 특히 1982년 삼성종합연수원이 설립됨을 계기로 각 그룹 및 대기업이 교육전담부서 및 연수원을 설치해서 자체적으로 능력개발시스템을 구축하고 과제해결책으로 직무교육 일변도에서 교육을 계층, 직능, 과제별로 구분하여 체계적으로 접근하기 시작했다. 과제교육으로는 조직개발OD이 활발하게 이루어졌다.

1980년 말에는 대부분의 기업에서 계층별, 직능별, 과제별로 교육체계를 수립하여 WSTC, JMTPJob Management Training Program, MTP, MBO를 기본과정으로 운영하고, 노사관계의 원활화와 조직 활성화를 위해 신념강화 훈련, 산악극기 훈련과정을 대유행처럼 실시하였다.

당시 집합교육은 기본적으로 OJT, 통신교육 방법 등 다양한 방법을 통하여 교수-학습이 전개되었다. 특히 경영과제 해결을 위한 교육훈련과 과제활동이 활발하게 이루어졌다.

1990년 1월에는 삼성그룹이 삼성종합연수원Samsung Education & Training Center을 삼성인력개발원Samsung Human Resource Development Center으로 명칭을 개칭하여 교육과 훈련은 물론 교육컨설팅, 조직개발, 경력개발 프로그램을 제공하기 시작하였다. 이것은 기업차원에서 교육훈련이 인적자원개발의 패러다임으로 전환된 경우라고 할 수 있다. 그 후 계속해서 한국 기업에서의 교육훈련이 기업 인적자원개발로 그 패러다임이 바뀌고 있다. 개발 대상도 종업원에서 임원, 협력업체의 직원, 가족, 지역사회 주민으로 확대되고 있다.

1991년에는 직업훈련기본법의 개정으로 양성, 향상교육뿐만 아니라 전직훈련, 재훈련까지 제도적 뒷받침으로 직업능력개발훈련과 사업내 직업훈련이 정부제도로 통합된 사업내 직업훈련의 성장기이기도 하다.

4) 김영삼 정부 후의 도약기(1993~2013)

1990년대 중반 이후부터 우리는 지식정보화 사회와 세계화 시대를 맞이하게 되었다. 이에 따라 새로운 지식과 기술을 창조하고 국제화 경쟁에 대응할 수 있는 역량 개발을 할 수 있는 인적자원개발 시대에 당면하게 되었다.

이에 한국 기업교육은 더 이상 모방하고 배워야 할 대상도 없고 남의 것으로 우리의 인적자원개발을 대신할 수도 없는 시점에 이르렀다. 따라서 모든 근로자들이 매사에 창의적 정신으로 일할 수 있는 창의적 능력 개발을 위한 기업교육이 필요하게 되었다. 이에 따라 기업교육은 글로벌화와 경영구조 조정에 대응하면서 발전해왔다.

이 무렵 상당수의 기업들은 미국의 인적자원개발협회American Society for Training and Development: ASTD에 참여하면서 1969년 미국의 ASTD에서 레오나르드 내들러Leonard Nadler가 처음 소개한 인적자원개발Human Resource Development 개념을 기업 교육 및 연수 담당자들이 학습하게 되었다. 그 결과 기업교육의 영역을 개인개발ID, 경력개발CD, 조직개발OD로 확장하게 되었다.

더불어 미국의 ASTD의 영향으로 교수체제개발Instructional System Development: ISD, 컴퓨터 기반 훈련Computer-Based Training: CBT, 웹기반 훈련Web-Based Training: WBT, 학습조직Learning Organization 및 지식경영Knowledge management, 수행공학Performance Technology, 그리고 투자수익Return on Investment: ROI 등이 기업교육에 도입되었다.[73]

1990년대 후반에 오면서 조직 구성원 개개인의 학습에 초점을 둔 교수체제개발ISD, 컴퓨터 기반 훈련CBT 및 웹기반 훈련WBT보다는 거시적인 학습조직learning organization의 개념이 더 강조되기 시작하였다. 이는 정보시스템의

73 조은상 (2007). 인재개발론. 도서출판 범한. pp. 75-76.

구축을 통하여 조직 전체의 고부가가치를 창출하는 지식경영과 전사적 자원관리Enterprise Resource Planning: ERP로까지 확대되었다.

1997년 말 닥쳐온 IMF 위기는 기업의 교육관련 부서를 감축시켰고, 교육예산을 감소 혹은 전년대비 동일한 비율로만 유지시켰다. 기존의 연수원을 경영연구원으로 탈바꿈시키는 경우도 있어 기업교육이 회사조직의 필수 기능으로 살아남기에 역량이 모자란다는 전반적인 인식을 가져오게 되었다. 기업의 인적자원개발의 산실이라고 할 수 있는 연수원이 IMF 금융위기를 맞아 변모하는 과정은 기업의 구조조정을 맞아 연수원이 독립기관으로서 경쟁력 강화를 위해 효율성의 지표에 얼마나 민감한가를 보여주는 실례라고 할 수 있다.

대부분의 경우 연수원은 IMF 구조조정 이전에는 그룹조직에 속하면서 모기업의 연수원 직원으로 소속되거나 각사에서 파견되는 식으로 연수원이 운영되었다. 그러나 구조조정이 진행된 후에는 경제연구소혹은 경제연구원로 합병되거나 특정기업 소속의 독립사업장을 유지하게 되는 등 독립법인/독립채산제의 형태로 변모하였다.

이러한 연수원의 변모 흐름을 재정의 효율성의 관점에서 살펴보면 교육예산을 각 사업부서로 배분하는 교육비 배분형Overhead Staff Budget, 교육수혜자에게 교육 받은 만큼 교육비를 부담시키는 교육수혜자 부담형Charge-back to User, 사업부서가 교육에 어느 정도의 투자를 하게끔 하는 교육세 부과형Training Tax, 교육부서가 완전 독립체산제 방식으로 운영하는 독립영리법인형 등이 있었다.

기업교육을 담당하는 부서는 대기업의 경우 연수원이라는 형태를 갖고 운영되어 왔다. 이는 최고경영진의 의사결정에 따라 조직에서 필요한 인력만큼 채용하여 각 기능에 맞게 직무교육훈련을 시키는 시스템에 따라 왔다고 할 수 있다.

교육훈련의 방식은 강사가 수강생에게 지식을 일방적으로 주입하는 집합교육훈련의 방식으로 이루어져 온 교육훈련센터training center의 개념이라고 할 수 있다. 하지만 학습조직의 중요성이 강조되면서 일방적인 직무교육보다 조직 구성원들이 직무현장에서 발생하는 문제를 갖고 이를 중심으로 토의 및 공유함으로써 문제점을 심층적으로 분석하고 대안을 마련하여 이를 현장에 적응하는 방식의 학습센터learning center로 점점 변화하고 있다.

교육훈련의 방식에 있어서도 지금까지의 직무교육보다 행동변화 관련 교육훈련을 강조하여 행동 학습action learning, 워크 아웃 미팅work-out meeting 등을 강조하게 되었다. 이러한 변화에 또 다른 변화를 촉진하는 영향 요인으로서 첫째, 정보통신기술의 발달로 새로운 의사소통 방식을 적용하게 되었고, 조직구성원이 현장에 있으면서도 필요한 교육을 받게 된 이

러닝e-learning의 확산을 들 수 있다.

둘째, 회사의 필요에 따라 실행된 직무연수가 개인의 능력개발의 필요에 따라 이루어지게 되어 종업원 각자의 역량을 맞춤식으로 개발하게 되었다.

셋째, 지식경영의 부각으로 회사 내 지식을 누가, 어떻게 관리할 것인가에 대한 역할 분담이 그동안은 IT관련부서에서 지식경영 초기 인프라를 관리한다는 면에서 담당해왔으나 앞으로는 콘텐츠를 관리할 수 있는 부서에서 담당해야 지식경영이 활성화될 수 있을 것이다. 그 결과 연수부서는 앞으로 타 HR부서와 통합되어 조직구성원에 대한 총체적인 HR 서비스를 제공하거나 지식경영을 관리할 센터Knowledge management center로의 역할을 할 것으로 기대되었다.[74]

우리나라의 기업교육이 1990년대부터 2000년대 초에 걸쳐 활성화될 수 있었던 요인들 중의 하나는 미국의 경우 1944년에 설립된 인적자원개발협회ASTD와 1993년에 설립한 인적자원개발학회Academy of Human Resource Development: AHRD에 비교하면 역사는 짧지만 우리나라에도 기업교육을 연구하고 자문하며 지원해주는 학술단체로서 한국산업교육학회1989, 한국기업교육학회1997, 한국인력개발학회1998 등이 창립되고, 인적자원개발을 전공하는 대학원 과정이 개설되면서 HRD 전문가와 학자를 양성하며, 한국 기업 HRD협회를 비롯한 여러 유형의 기업교육관련협회들의 설립·운영이라고도 할 수 있다.

2000년대 들어서 김대중 정부는 인적자원개발을 강화하기 위해 2001년 1월 29일 교육부 장관을 부총리로 격상시켜 교육인적자원부로 개편하여 국가 및 지역단위의 인적자원개발을 추진하였다. 이 사업은 노무현 정부에서도 계속 추진되었다. 그러나 2008년 이명박 정부가 들어서면서 인적자원개발기본법을 폐기하려고 하였다. 그래서 인적자원개발기본법이 수년간 국회에서 계류하다가 국회가 폐회되고 2013년 박근혜 정부가 들어서면서 동 법은 교육부로 반송되어 왔다. 이는 정권이 바뀜에 따라 인력개발정책이 극에서 극으로 변동된 일면을 보여주는 하나의 예다.

---

74 조은상 (2007). 인재개발론. 도서출판 범한. pp. 77-79.

5) 박근혜 정부의 혁신기(2013 ~2017)

우리는 현재 정보통신기술ICT을 바탕으로 인공지능AI, 사물인터넷IoT, 빅 데이터Big Data 등의 초연결화와 초지능화된 것을 특징으로 하는 신산업 소위 4차 산업혁명 시대를 맞이하고 있다. 4차 산업혁명은 우리 모두에게 언제 어디서 무엇을 하고 있든 기업 교육을 통한 문제 해결력과 창의력 개발 및 국제 경쟁력 있는 역량개발을 요구하고 있다. 이와 같이 인적자원 개발이 경영의 중요 자원으로 인식되면서 기업교육의 중요성은 점점 더 강조되고 있다.

이런 변화에 대응하기 위해 기업 HRD에도 대변혁이 이루어지고 있다. 기업HRD의 목표는 개인개발ID, 경력개발CD, 조직개발OD에 있지만 과거에 비해 ID에는 리더십이 강화되고 있고, 직업의 생성소멸 주기 단축, 평균수명 연장, 노동시장의 변화 등으로 CD의 중요성이 더 부각되고 있다. OD도 궁극적으로 성취 목표에 도달하는 것이 중요하기 때문에 OD뿐만 아니라 성과관리Performance Management: PM도 강조되고 있다. 더 나아가 기업 HRD는 성과관리에만 강조를 두는 것이 아니라 조직 구성원 모두가 조직생활을 통해서 행복한 삶을 살 수 있도록 하는 목표를 강화하고 있다.

교수 학습 방법도 전통적인 방법에서 탈피하여 형식학습formal learning보다 무형식 학습informal learning과 멘토링mentoring 등 소셜 러닝social learning이 강조되고 있다. 그리고 결과적으로 이들이 일터학습workplace leaning과 성과 performance가 함께 이루어지도록 하는 방향으로 기업 HRD가 전개되고 있다. 교수－학습에서 근본적인 변화는 '훈련'에서 '학습'으로 바뀌었다는 점이다. 누군가가 교육을 시켜주던 방식에서 자기주도 방식으로 전환되었다. 그리하여 교육의 내용은 같은데 공급자 위주에서 수요자 중심으로 무게중심이 옮겨갔다.

더 나아가 앞에서 HRD를 정의할 때 인적자원개발의 다학문적 접근을 소개하면서 인적자원개발HRD과 인적자원관리HRM 간의 밀접한 관계를 강조한 바 있지만 앞으로 HRD와 HRM은 불가분의 관계에서 연계가 더 강화될 것이다.

이상과 같은 HRD의 패러다임의 변화를 전통적인 것과 21세기의 것으로 구분하여 비교하면 <표 7-13>과 같다.

표 7-13 HRD에 대한 전통적 패러다임과 21세기 패러다임

변화의 관점	전통적 패러다임	21세기 패러다임
학습 목적	• 기술 습득 • 개인 역량의 강화	• 능력 개발, 제너럴리스트가 아닌 스페셜리스트로서의 역량 개발 • 현업의 문제 해결, 리더십 강조 • 인지 과정 강화 및 기술 습득 • 고용 가능성 강화 • 훈련 · 개발(T&D)에서 학습 · 성과(WLP)로 • 행복한 조직 및 가정생활
학습 초점	• 반응적, 전술적 • 비용 초점	• 사전적, 전략적 • 경쟁 우위 초점
학습 접근	• 형식적, 주제 중심적 접근 • 조직적으로 통제됨	• 경험적, 암묵적, 형식 · 무형식 혼합적 접근 • 개인적으로 통제됨
조직	• 계층적, 개인적, 집중적, 구조 • 경계가 정의되어 있음	• 팀 지향적, 구심적, 평등적, 유연적 구조 • 가상 조직 및 네트워크 • HRD와 HRM의 연계 강화
학습 장소	• 구체적 사건 • 과정 중심 • 특정 장소	• 상시 학습 • 학습과정의 적시성 중심 • 가상학습
학습 빈도	• 일회적, 간헐적 학습과정	• 지속적인 학습과정
학습 수준	• 개인 · 직무 수준 위주	• 개인 · 직무 · 팀 · 조직 · 수준에서 다양
학습 절차	• 훈시적, 형식적	• 무형식적, 우연적, 체험적, 임기응변적, 사회교환적
학습 방법론	• Learning by listening • 교실중심 학습 • 워크숍, 세미나, 강의 • 수동적인 학습자 • 제한된 참여 • 개인에 초청	• Learning by doing • Blended learning • 경험학습, 메타 학습, 맞춤형 학습 • 적극적인 학습(실천중심 과제) • 대화 및 네트워크형태의 참여 • 팀에 초점 • 무형식 학습, 소셜러닝
학습 대상	• 광범위한 대상 • 공통역량 접근 • 제한된 깊이	• 요구별 대상(경영층 참여 확대) • 직군별 학습 • 폭넓고 깊은 학습
교원의 역할	• 외부 공급업체 및 사내강사 • 내용 전문가 • 외부 컨설턴트	• 학습자팀, 학습자 네트워크 • 조직 내 관리자의 멘토 및 코치 활용 • 내부 컨설턴트 • 동료, 경쟁자, 고객, 관리자 등
테크놀로지의 역할	• 전달과정에서 미미한 역할	• 상시 해결책으로 활용

자료: 이찬 외 4인 (2017). 인적자원개발론-HRD 이론과 실제-. 양서원. pp. 15-18.

06 학원(평생 직업교육학원)의 직업교육훈련

1) 학원(평생 직업교육학원)의 개념 변천과정과 교습 과정의 분류 및 역할

(1) 학원(평생 직업교육학원)의 개념 변천과정

현재 사용되고 있는 학원이란 개념은 광복 후 1950년대까지는 일본 강점기 때 사용한 사설강습소란 개념으로 계속 사용되어 왔다. 그 후 1961년 국가재건최고회의에서 사설강습소에 관한 법률과 각령으로 동법 시행령이 제정·공포되면서 이에 대한 개념이 정립되었다. 동법에서 「사설강습소란 그 명칭 여하를 불문하고 사인이 청소년이나 성인에게 지식 또는 기술이나 예능을 전수할 목적으로 일정한 과정을 강습 또는 교습시키는 시설로서 교육법 제81조에 규정한 학교 이외의 것을 말한다」라고 정의하였다.

그러나 사설강습소에 대한 정의가 애매모호하여 1970년 8월, 1976년 5월, 1980년 7월, 1982년 12월, 1984년 4월에 법률에서 규정한 사설강습소에 관한 개념을 계속 수정·보완하였다. 그 후 1989년 6월 동 법률의 명칭을 「학원의 설립·운영에 관한 법률」로 개칭하였다. 이 법률은 2000년 4월 27일 다시 「학원의 설립·운영 및 과외교습에 관한 법률」로 개정·공포2001.4되었다.[75]

(2) 학원교습과정의 종류

학원교습과정의 종류도 그동안 몇 차례에 걸쳐 바뀌었다. 최근에 분류된 학원교습과정의 종류는 크게 학교교과교습학원과 평생 직업교육학원으로 구분되어 있다. 그 하위 단계인 분야, 계열, 교습과정은 시대 변화에 따라 다소 바뀌었다. 현재 학원교습과정의 종류는 <표 7-14>와 같다.

이들 학원교습과정의 종류별 학원 수 현황을 보면 학교교과교습학원 75,677개, 평생 직업교육학원 7,018개, 총계 82,695개이다. 결과적으로 평생 직업교육학원은 전체 학원의 8.9% 정도이다.

75 김용현 · 김종표 (2015). 평생교육론: 평생학습과 열린 학습사회. 양서원, pp. 172-173.

표 7-14 학원의 교습과정 종류

종류	분야	계열	교습과정
학교교과 학습 학원	입시·검정 및 보습	보통교과	초등학교·중학교·고등학교의 교육과정에 속하는 교과(예·체능계 및 실업계 고등학교의 전문교과 제외) 및 실습
		진학지도	진학상담·지도
	국제화	외국어	보통교과에 속하지 않는 교과로서 유아 또는 초등학교·중학교·고등학교 학생을 주된 교습대상으로 하는 실용외국어
	예능	예능	음악, 미술, 무용
	독서실	독서	유아 또는 초등학교·중학교·고등학교 학생을 주된 대상으로 하는 시설
	특수교육	특수교육	특수학교 교육과정에 속하는 교육활동
	기타	기타	그 밖의 교습 과정
평생 직업 교육학원	직업기술	산업일반기술	기계, 자동차, 금속, 화공 및 세라믹, 전기, 통신, 전자, 조선, 항공, 토목, 건축, 의복, 섬유, 광업자원, 국토개발, 농림, 해양, 에너지, 환경, 공예, 교통, 안전관리, 조경
		산업응용기술	디자인, 이용·미용, 식음료품(바리스타, 소믈리에 등), 포장, 인쇄, 사진, 피아노 조율
		산업서비스	속기, 전산회계, 전자상거래, 직업상담, 사회조사, 컨벤션기획, 소비자 전문상담, 텔레마케팅, 카지노 딜러, 도배, 미장, 세탁
		일반서비스	애견미용, 장의, 호스피스, 항공승무원, 병원코디네이터(coordinator), 청소
		컴퓨터	컴퓨터(정보처리, 통신기기, 인터넷, 소프터웨어 등), 게임, 로봇
		문화관광	출판, 영상, 음반, 영화, 방송, 캐릭터, 관광
		간호보조기술	간호보조사
		경영·사무관리	금융, 보험, 유통, 부동산, 비서, 경리, 펜글씨, 부기, 주산, 속셈, 속독, 경매
	국제화	국제	성인대상 어학, 통역, 번역
	인문사회	인문사회	대학편입, 행정, 경영, 회계, 통계, 성인고시
	기예	기예	국악, 무용(전통무용, 현대무용 등), 서예, 만화, 모델, 화술, 마술(매직), 실용음악(성악), 바둑, 웅변, 공예(종이접기, 꽃꽂이, 꽃기예 등), 도예, 미술, 댄스('체육시설의 설치 이용에 관한 법률'에 따른 무도학원업 제외), 연기(연극, 뮤지컬, 오페라 등)
	독서실		

자료: '학원의 설립 · 운영 및 과외교습에 관한 법률', 제2조의 제2항, '학원의 설립 · 운영 및 과외교습에 관한 법률 시행령' 제3조의3 제1항 및 별표 2.

이를 계열별로 분류한 학원 현황을 좀 더 구체적으로 살펴보면 <표 7－15>와 같다.

표 7-15 학원교습과정의 종류별 · 계열별 학원 현황 (2013년 12월 기준)

학교 교과교습학원	입시, 검정 및 보습	국제화	예능	독서실	특수 교육	기타	종합	소계
학원 수	37,819	7,807	19,627	4,320	25	2,531	3,548	55,677
평생 직업교육학원	직업기술	국제화	인문사회	기예	독서실	종합	소계	총계 (학원합계)
학원 수	4,050	514	549	1,137	253	515	7,018	82,695

자료: 김용현, 김종표(2015). 평생교육론: 평생학습과 열린학습 사회. 양서원 p. 174의 [표 6-42]를 재구성하였음.

이상과 같은 학원교습과정 종류 및 현황 중에서 여기서는 직업훈련을 실시하는 평생 직업교육학원을 중심으로 서술하였다. 평생 직업교육학원 중에서도 산업발달 단계와 정권 변동에 따라 특성이 부각된 계열이나 교습과정을 중심으로 다루었다.

2) 평생 직업교육학원의 역할

평생 직업교육학원은 직업인을 양성함에 있어 시대 변화와 산업 발단 단계에 따라 다음과 같이 매우 다양한 역할을 수행하면서 직업교육훈련에 기여해오고 있다.

(1) 학교 교육을 통해 양성하지 못한 산업발달 단계별 직업인 양성

광복 후 1960년대까지는 학교 교육을 통한 직업교육이 교육여건의 미비로 사회가 요구하는 다양한 직종에 종사할 수 있는 직업인을 양성하지 못했다. 이를 대행해 준 것이 학원을 통한 직업인 양성이었다. 광복 후부터 설립·운영하기 시작한 미용학원과 양재학원, 1950년대 초의 타자학원을 비롯한 여성계를 위한 기술계 학원의 설립 운영, 1950년대 중반부터의 요리학원, 1950년대 후반의 기술학원, 편물학원, 예술 및 무용학원 등이 당시 사회가 필요로 하는 직업인 양성에 크게 기여했다.

이들 미용학원, 양재학원, 타자학원후에 컴퓨터 학원, 비서실무, 경영실무 등으로 발전, 요리학원, 편물학원, 예술 및 무용학원 등에서 개설하여 운영

되던 프로그램은 산업이 발달됨에 따라 점차 수요가 늘고 우수 인력을 요구함에 따라 고등기술학교, 실업계고등학교, 전문대학, 대학의 전공학과로 발전되어 오늘에 이르고 있다. 이는 좀 더 고도화된 전문기술인을 양성하는 계기도 되었다.

또한 1960년대와 1970년대 경제개발 5개년 계획이 추진되던 때에는 필요한 산업인력을 학교 교육과 직업훈련원이 모두 다 충족시키지 못함에 따라 기술계 학원들이 산업인력을 양성하여 공급함으로써 국가 발전에도 기여하고 일자리 마련에도 도움을 주었다.

(2) 학교 교육을 통한 직업교육의 보충 및 보완 기능

학교 교육에서의 직업교육은 보통교과 교육을 통한 민주시민으로서의 자질 함양과 전문교과 교육을 통해서 직업 특히 특정 직specific job보다는 직업군occupational cluster에 필요한 기본 역량을 개발하는 데 목적이 있다.

반면에 학원은 특정 직specific job에 필요한 역량을 개발하여 과정을 이수함과 동시에 바로 취업이 가능하도록 특정 능력을 개발하는 직업훈련vocational training에 초점을 맞춘다. 이런 경우 학원은 학교보다 특정 직종에 관한 전문적인 지식과 기술을 더 가르치고 취업 준비에 철저를 기한다. 이 때 학원은 학교 교육에서 미흡한 점을 보완해 주는 기능을 수행한다. 반복된 연습과 실습을 강화하여 실기능력을 함양하여 자격증을 취득하게 하고, 각종 경진대회에 참여도 하며, 더 나아가 세계 기능올림픽대회에 참가하여 입상자를 다수 배출하기도 하였다. 또한, 각종 자격시험에 응시하여 자격을 취득하게 함으로써 취업을 촉진시키는 역할을 수행하였다.

3) 정권별 · 시대 변화에 따른 평생 직업교육학원

(1) 광복 후 이승만 정부의 평생 직업교육학원[76]

광복 후 서울에는 정화고등기술학교와 예림고등기술학교에서 운영하는 미용학원, 현대미용학원, 고려미용학원, 소정미용학원 등이 있었다. 1946년 11월 경기도에서 처음 실시하는 미용사 자격시험도 있었다. 이런 점을 미루어 볼 때 당시 여성들의 서양식 머리손질을 위한 기술학원이 갑자기 많이 생겼음을 알 수 있다.

또한 양복, 양장이 붐을 일으키면서 1948~1949년 사이에 서울양재학원을 비롯하여 많

76 한국학원총연합회 (2017). 반추를 통한 학원의 재도약: 한국학원총연합회 60년사. pp. 63-108.

은 양재학원이 문을 열어 당시의 시대 흐름을 어느 정도 반영하고 있다.

1950년 6·25 한국전쟁이 발발하면서 서울을 중심으로 설립되었던 학원들은 대부분 문을 닫았다. 그 후 1953년 휴전 협정이 체결되어 서울이 회복되면서 양재, 미용, 타자 부문과 같이 여성을 위한 기술계 학원들이 성시를 이루었다. 이를 통해 여성들의 사회활동이 점차 확산되는 전초가 되었다. 당시 봉제기술자를 길러내기 위해 설립된 서라벌양재전문학원, 100만 명의 수료생을 배출했고 최근에는 컴퓨터교육으로 맥을 이어오고 있는 뉴타자학원, 그리고 당시 설립된 서울경리학원 등이 현재까지도 맥을 이어오면서 명성을 높이고 있다.

요리학원 역시 이 시기에 설립되기 시작하였는데 국제요리학원1952, 김재옥요리학원1955 등이 대표적인 사례이다.

1950년대 후반에 들어와서는 기술학원, 편물학원, 예술 및 무용 학원 등이 우후죽순으로 생겨났다. 한국 TV 기술학원, 미용편물학원, 삼호기계자수학원, 계성자동차학원, 글샘학원, 한국민속예술학원, 국도경리전문학원, 대한서예학원, 한국속기고등기술학원, 중앙의과전문학원 등이 있었다.

서예학원은 초기에는 전통적인 서예를 가르쳤지만, 1950년대 후반기부터는 서예뿐만 아니라 펜글씨, 프린트글씨, 차트글씨 등을 교육하여 새로운 직업인으로서의 필경사를 양성하는 형태로 발전하여 1980년대 중반까지 성황을 이루었다. 1980년대 중반 이후부터는 타자기와 컴퓨터의 보급으로 이러한 경향은 쇠퇴하고 다시 전통 서예로 돌아가는 경우가 많았다.

해방 후의 음악계 학원은 전통음악을 가르치는 곳과 서양음악을 가르치는 곳으로 나눌 수 있다. 가야금을 중심으로 한 전통음악학원으로는 한국민속학원, 기타와 피아노

를 중심으로 한 서양음악을 교육하는 문화장학원, 기타예술학원, 동양음악학원, 세계기타연구소현 세기음악학원 등이 있었다. 그밖에 기타와 아코디언을 가르친 동화예술학원, 자니음악학원, 전호성음악학원, 안셀모음악학원, 실로암음악학원 등이 있었다.

이와 비슷한 시기에 무용학원과 연기 및 배우양성학원도 생겼다. 그 당시에 김문숙 무용학원, 중앙예술학원, 한일배우전문학원, 한국배우전문학원 등이 있었다.

(2) 박정희, 전두환 정부의 평생 직업교육학원(1961~1988)

1961년 5·16 군사정변 이후 정부는 난립된 학원을 정비하기 위해 「사설강습소에 관한 법률」을 제정하여 모든 학원과 단체가 완전히 재정비되었다. 이 법률에 따라 모든 학원은 새로이 인가를 받아야 했는데 뉴타자학원이 우리나라 최초로 인가를 받은 학원이었고 삼영학원ELI이 뒤를 이었다. 1957년에 설립된 세계기타연구소는 1962년에 세계기타학원으로 인가를 받아 오늘의 세기음악학원으로 발전했다. 이 법률에 의해 많은 통제가 뒤따랐으나 인가 받는 학원 수는 급증하였다.

특히 1962년부터 시작된 경제개발 5개년 계획에 따라 필요한 산업인력 양성을 위해 기술계학원이 급속히 증가하였다. 한국시계기술학원, 서울공과학원전기분야, 대한구슬공예학원, 극동중장비기술학원, 한국보석학원, 한국자동차 정비학원, 금성냉동기학원, 목포간호보조학원, 중앙전산학원 등이 1960년대에 모두 새로운 분야에서 최초학원으로 기여한 바가 컸다.

1967년에는 우리나라가 처음으로 제16회 국제 기능올림픽대회의 7개 부문전기, 기계, 건축, 양복, 제화 등에 참가하였다. 그 중 양복과 제화 부문에서 금메달을 획득하였다. 그 후 국제기능올림픽대회에서 종합 우승도 계속하였다. 당시 우리나라 기능올림픽 선수단의 대다수가 기술계 학원에서 기능을 익혔다.

1969년에는 새로운 부문의 학원으로 중·대형컴퓨터정보처리학원이 설립되어 컴퓨터 교육이 활성화되기 시작하였다. 1966년 주한 미8군사령부에서 육군전산요원 양성 및 관리자 교육, 한국생산성 본부 부설 한국전자계산소, 대한전자계산소, 대한전자계산조직연구원이 컴퓨터 요원 양성교육을 처음 시작했다. 이어 서울전자계산학원현 서울정보처리학원, 타이머현 중앙정보처리학원 등이 1970년대 말까지 우리나 컴퓨터 관계 교육의 핵심적 역할을 했다. 1980년대에는 PC의 출현으로 컴퓨터 학원의 수가 급속히 늘어났다. 이와 함께 컴퓨터 대중화를 위해 컴퓨터교육협의회 주최로 1983년 전국 퍼스널 컴퓨터 경진대회를 처음 개최하였다. 1990년부터는 한국학원총연합회 컴퓨터분과위원회 주관으로 전국 컴퓨터경시대회를 매년 개최하고 있다.

1970년대에는 계속되는 경제개발 5개년 계획에 따른 중화학공업분야의 산업인력 수요, 중동 붐 건설에 따른 기술인력 수요, 그리고 1980년대의 고도의 산업화와 정보화에 따른 고급 인력을 양성하기 위하여 기술계 학원들은 더욱 세분화된 과정으로 설립되어 발전되었다. 한양목공예학원, 제일열관리학원, 중앙사진비디오학원, 서울관광학원, 국제칵테일학원, 수도건축기술학원, 서울제과기술학원, 한국피아노조율학원, 국제항공학원 등이 그들이었다.

이 당시 기술계 학원들은 상급학교에 진학하지 못하는 불우청소년을 교육시켰으며 상당수는 무료 및 장학교육을 시키기도 하였다.

1960년대 여성들에게 인기 있는 직업 중에는 타자원, 경리원, 사무원, 여비서 등을 양성하는 타자 경리학원이었다.

관광산업의 첨병이라는 호텔요원, 관광안내원, 통역안내원 등과 같은 서비스 종사원을 양성한 것도 대학이나 전문대학 보다 관광계 학원이 먼저였다. 1964년 8월 YMCA 재단이 서울 YMCA 회관에 세운 서울 YMCA 호텔 학원이 처음 설립되었다. 그 후 1967년 11월 동아관광요원양성원과 대한관광요원양성학원이 설립되었다. 통역안내원 양성 학원으로는 1968년에 설립하고 1972년에 인가를 받은 서울교통관광학원이 최초이다. 1970년대 이후에는 호텔요원을 양성하는 관광학원과 버스안내양을 양성하는 교통학원 등이 많이 설립되었다.

음악계 학원은 1960년대 들어 음악계 학원 원장이 1964년 전국사설학원총연합회 6대 회장으로 선출되면서 음악계 학원의 역할이 더 커지게 되었다. 그리고 1980년대에는 많은 연기학원이 설립되었다. 당시 한국방송문화원, KBSN 방송예술원, 중앙연기학원, MBC 아카데미 연극음악원, 액터스드림 연기학원, 루멘판토마임댄스씨어터, 캉스 연기학원 등이 생겼다. 이렇게 음악교육협의회는 실력이 뛰어난 연주자를 배출해 내는 것뿐만 아니라 악기 연주 재능을 바탕으로 우리 사회를 한층 더 따뜻하고 밝게 만드는 역할을 지속적으로 수행해왔다.

1980년대에는 사무자동화가 활성화되면서 1960년대 전성기를 누리던 주산학원이 다시 활성화되었다. 컴퓨터가 보급되면서 타자는 워드로, 주산은 계산기로 전환되고, 부기는 전산회계로 처리되면서 사무계 학원으로 전환되어 운영되었다.

(3) 노태우, 김영삼, 김대중, 노무현 정부(1988~2008)의 평생 직업교육학원

1990년대 초 김영삼 정부가 들어서면서 1995년 5월에 서울시 교육위원회가 의결한 「학원설립 · 운영에 관한 조례 개정안」에 따라 30평 이상의 시설만 가져도 입시학원의 교과목을 가르치게 되어 학원이 급속하게 증가하였다.

또한 정부의 UR협상에 따른 시장개방 정책에 따라 1995년과 1996년에 전문학원과 일반학원을 개방한다는 정부 방침에 따라 이에 경쟁할 수 있는 학원들의 질 개선을 위한 노력이 절대적으로 요구되었다.

1997년에는 IMF로 인해 기술계 학원들이 커다란 타격을 받았다. 이로 인해 소규모 학원들은 연이어 폐원을 했고, 규모가 큰 학원들은 고용촉진 및 고용보험을 위한 국비지원을 받기 위해 「전문학교」로 명칭을 변경하여 학원계를 떠났다.

1998년에는 평생학습제도로서 「학점은행제」가 도입되었다. 이 제도에 따라 교육인적자원부는 언제, 어디서나 개인이 객관적으로 평가 인정된 교육과정을 이수한 경우 학점으로 인정받을 수 있도록 하고, 이것이 누적되어 일정 기준을 충족시키면 전문학사학위, 학사 또는 석사학위를 취득할 수 있도록 하였다.

이 때 학원기술 · 어학 · 사회 · 예체능계이 학점은행제에 의하여 학위 취득 교육을 제공할 수 있는 평가 인정 대상 기관의 하나로 선정되었다. 이는 학원이 그동안 학위 및 학문교육과는 거리가 먼 비정규 교육기관 또는 영리목적 교육기관이라는 부정적인 사회적 이미지를 쇄신할 수 있는 계기가 되었다. 2013년 기준 전체 학점은행제 평가 인정 기관 569개 중 학원이 39개6.9%이다.

그동안 학원은 사회변화에 적응하고 새롭게 요구되는 직업사회의 요구에 대처하기 위해 교육과정 분류를 수차에 걸쳐 개편하였다. 당시 학원의 교습과정은 <표 7-16>과 같았다. 이러한 교습과정은 2007년 3월 22일까지 지속되다가 2007년 3월 23일부터는 앞의 <표 7-14>와 같이 학교교과교습학원과 평생 직업교육학원으로 구분되어 오늘에 이르고 있다.

표 7-16 학원의 교육과정 분류

분야	계열	교육과정
직업 · 기술	산업기반기술	기계, 자동차, 금속, 화공 및 세라믹, 전기, 통신, 전자, 조선, 항공, 토목, 건축, 의복, 섬유, 광업자원, 국토개발, 농림, 해양, 에너지, 환경, 공예, 교통, 안전관리
	산업응용기술	디자인, 이 · 미용, 식음료품, 포장, 인쇄, 피아노조율, 사진
	정보처리기술	통신기기, 소프트웨어, 멀티미디어, 정보통신, 인터넷, 컴퓨터
	간호보조기술	간호조무사
	문화관광	출판, 영상, 음반, 방송, 광고, 캐릭터, 관광
국제실무	외국어	어학, 통역, 번역
인문 · 사회	인문 · 사회	행정, 경영 회계, 통계, 성인고시
경영실무	경영관리	금융, 보험, 유통, 부동산
	사무관리	부기, 속기, 속독, 속셈, 워드프로세스, 주산, 비서, 경리, 펜글씨
예능	예능	국악, 전통무용, 서예, 음악, 미술, 무용, 웅변, 화술, 모델, 만화, 연극, 바둑, 꽃꽂이, 꽃기예
입시 · 검정	보통교과	중학교 및 고등학교의 교육과정에 속하는 교과로서 예 · 체능 및 실업계 고등학교의 전문교과 제외
독서실	독서실	독서실

자료: 한국학원총연합회 (2017). 반추를 통한 학원의 재도약: 한국학원총연합회 60년사. p. 72.

2000년 10월 30일 당시 학원 수는, 예능계 26,037개, 문리계 13,884개, 경영실무계 10,043개, 기술계 6,592개, 독서실 3,922개 총계 60,969개였다.

2001년 3월 29일에는 「현역법입영업무 예규」를 개정하여 학원 수강생 중 중장기과정에 재학 중인 수강생에 대해 입영 연기 혜택을 부여했다. 이를 기준으로 국가기술자격 취득을 위한 기술 및 기능계, 기타 서비스 분야 학원에서 6개월 이상의 교육과정을 이수하고 있는 수강생들에게 1회에 한하여 입영을 연기할 수 있었다.

2007년 3월 23일에는 「학원법」 개정이 시행되어 학원의 종류가 앞의 <표 7-15>와 같이 크게 학교교과교습학원과 평생 직업교육학원으로 분류되었다. 새로운 기준 분류에 따른 학원의 수는 2010년 12월 31일 기준 학교교과교습학원 79,051개, 평생 직업교육학원 6,216개였는데 2016년 12월 31일 기준 학교교과교습학원 76,692개, 평생 직업교육학원 7,786개로 학교교과교습학원은 감소하는 반면 평생 직업교육학원은 약간 증가하는 추세이다.[77]

77 한국학원총연합회 (2017). 반추를 통한 학원의 재도약: 한국학원총연합회 60년사. p. 82.

(4) 이명박, 박근혜 정부의 평생 직업교육학원(2008~2017)

이명박 정부와 박근혜 정부에서는 학교교과교습학원과 관련된 이슈와 문제해결을 위한 관련 학원법 개정이 많았고 평생 직업교육학원과 직접적으로 관련된 법 개정은 많지 않았다.

1997년 IMF 타격을 받은 학원들이 그 여파가 2008년 후에도 계속되어 많은 기술계학원들이 국비지원의 혜택이 있는 직업전문학교로 이관하여 노동부의 관할에 있게 되었다.

일부 기술계 학원들은 이런 난관을 극복하기 위해 중국동포 기술교육과정을 개발하여 성공적으로 운영하는 경우도 있다. 또한 고교비진학 학생을 추천받아 기술 교육에 열중하고 있는 기관도 있다. 2016년 12월 31일 기준 기술교육협의회 소속 기술계 학원은 전국 4,252개이다.[78]

4) 평생 직업교육학원의 조직과 지원

평생 직업교육학원의 조직과 지원은 초창기는 1957년 3월에 설립된 전국사설학원총연합회에 의해 운영되었다. 그러다가 1960년대 후반에는 지역 또는 교육 분야에 따라 자신들이 권익 보호를 위해 직역, 또는 분야별 교육협의를 조직 운영하였다. 이에 따라 유사한 법인이 난립 또는 경합하는 사례도 나타났다.

이런 문제를 해결하기 위해 학원들은 난립된 학원들을 1976년 2월 11일 「사단법인 한국학원총연합회」 하나로 통합하여 체계적인 활동을 전개하기 시작하였다. 따라서 한국학원총연합회가 창립된 후로는 한국학원연합총연합회, 그 산하의 12개 교육협의회와 17개 시도지회가 횡적·종적으로 유기적인 네트워크를 구축하면서 효율적으로 운영하게 되었다.

교육협의회는 인문, 외국어, 기술교육, 사무행정, 미술, 음악, 독서, 보습, 컴퓨터, 웅변, 서예, 연기 교육협의회 등 12개이다. 시·도지회는 서울특별시, 부산광역시, 대구광역시, 인

78 한국학원총연합회 (2017). 반추를 통한 학원의 재도약: 한국학원총연합회 60년사. pp. 204-205.

천광역시, 광주광역시, 대전광역시, 울산광역시, 세종특별자치시, 경기도, 충청북도, 충청남도, 전라북도, 전라남도, 경상북도, 경상남도, 제주특별자치도 지회 등 17개이다.

이들 학원총연합회, 교육협의회, 시도지부는 필요에 따라 공동 또는 각 교육협의회나 지회별로 정책을 개발하여 정부에 건의도 하고 내부적으로는 학원 원장과 강사들을 대상으로 평생교육인으로서의 역량 강화를 위해 각종 직무 워크숍을 개최하였다.

한 가지 예로 한국학원총연합회 음악교육협의회는 2013년 12월 31일 '음악실기급수자격검정제도'를 한국직업능력개발원에 정식으로 등록하고 '민간자격 등록증'을 교부 받았다. 현재는 음악실기급수자격검정제도의 국가공인화를 추진 중이다.

그러나 이들 학원총연합회나, 교육협의회 및 시·도지회는 학원 발전을 위해 정책을 개발하여 정부에 건의하고 추진하는 과정에 많은 어려움을 겪기도 하였다.

이러한 어려움을 극복하고 평생 직업교육학원이 더 발전하기 위해서는 학원도 평생학습 차원에서 수요자의 다양한 요구를 충족시킬 수 있는 직업교육 프로그램을 개발·운영해야 한다. 또한 오프라인 교육뿐만 아니라 학습자에게 편리한 온라인 교육을 비롯한 여러 형태의 교수-학습 방법을 개발 운영하여야 할 것이다.

07 요약 및 논의

1) 요약

역대 정부는 그동안 모든 사람이 언제 어디서나 일하면서 배우고 배우면서 일할 수 있는 평생학습체제 구축을 위해 노력해왔다. 학교 교육을 통해서는 물론 학교 외의 사회교육을 통해서도 학습할 수 있는 다양한 평생 직업교육훈련 체제를 구축하여 시행해 오고 있다.

(1) 학교 내를 중심으로 한 평생 직업교육훈련

학교 내를 중심으로 한 평생 직업교육훈련 체제로서 박정희 정부의 1970년대에는 산업체 부설 중·고등학교 및 특별학급, 기술학교·고등기술학교, 각종학교, 한국방송통신대학 등이 설립·운영되었다.

전두환 정부에서는 개방산업대학 제도를 설립하여 운영하였다. 김영삼 정부에서는 사내에 기술대학을 설립 · 운영해오고 있다. 또한 전문대학 졸업자의 계속교육을 위해 전문대학에 전공심화과정을 설치 · 운영하게 하였다. 1997년에는 다기능기술자를 양성하고 있는 「기능대학법」을 개정하여 산업학사 학위를 수여하기 시작했다. 과학영농을 하고 자립농업경영을 선도하는 농업인을 양성하기 위해 전문대학 과정의 여주농업경영전문학교와 학사 및 전문학사 과정의 한국농수산대학을 설립 · 운영하고 있다.

김대중 정부 때에는 사내에도 대학을 설립하여 운영할 수 있게 법을 제정하였고, 노무현 정부 때 사내대학이 2005년부터 설립 · 운영되고 있다.

노무현 정부는 전문대학에 학사학위 심화과정을 설치하여 전문대학 졸업생들에게 학사학위 취득을 위한 고등교육 기회를 제도적으로 제공하였다. 또한 2006년 기능대학을 폴리텍대학으로 통합하여 산업학사를 수여하고 그 후 심화과정을 개설하여 2015학년도부터 학사학위 과정도 수여하고 있다.

이명박 정부는 「평생교육법」 전부개정 시행일 이전2008.2.15에 전공과專攻科를 설치 운영하는 고등기술학교에 한정하여 교육과학기술부 장관의 인가를 받아 전문대학 졸업자와 동등한 학력 · 학위가 인정되는 「평생교육시설」로 전환 · 운영하도록 하였다. 이에 따라 「평생교육법」 제31조에 근거하여 평생교육시설전공대학로 전환 · 운영 인가2008.2.21.를 받은 전공대학은 국제예술전공대학, 백석예술전공대학, 정화예술전공대학이었다.

박근혜 정부는 고졸 취업자 등 후진학자와 평생학습자들이 언제 어디서나 대학에서 공부할 수 있도록 지원하기 위해 10개 전문대학을 2014년부터 성인중심의 100% 실무형 비학위과정과 학위과정으로 통합 · 운영하는 평생 직업교육대학Ⅳ유형을 운영하였다. 또한 '성인전담 평생교육 단과대학 지원 사업 기본 계획'을 2015년 12월 발표하고 일반 4년제 대학에 우선 2016년부터 9개 대학을 선정하여 운영하기 시작하였다.

(2) 학교 외를 중심으로 한 평생 직업교육훈련

학교 외를 중심으로 한 평생 직업교육훈련 체제로는 고용노동부의 직업능력개발훈련, 국가공무원인재개발원, 기업교육기업 인적자원개발: 기업 HRD, 사업내 직업훈련 그리고 학원에서의 직업훈련 등이 있다.

지난 반세기 동안 기능 · 기술인 직업능력개발훈련과 관련하여 큰 역할을 수행하고 있는 기관은 고용노동부 산하 기관들이 주관하고 있는 직업훈련직업능력개발사업, 직업능력개발훈련이다. 1960년대에 시작하여 1980년대까지는 국가가 주도하는 경제개발 계획과 이에 필요한 인력을 양성하면서 취약 계층과 고등학교 미진학자 등을 특별히 배려하였다. 1990년대에는 IMF로 인한 실업자 재훈련을 위해서, 2000년대에는 지식기반 사회를 맞이하여 기능 · 기술인뿐만 아니라 서비스 산업 분야에 종사하고 있는 근로자들을 포함한 이들의 직무 능력개발훈련에 강조를 두고 있다.

국가공무원교육원은 국가발전을 선도할 우수 공무원을 양성하고 끊임없이 발전할 수 있도록 1950년대에 처음으로 설립 운영되었다. 이는 평생교육차원에서 최초로 설립된 직업교육훈련 기관의 유형이기도 하다. 광복 이후 초기 공무원 교육은 일방적이고도 단순 직무능력 중심이었다. 그러나 점점 참여형 교육훈련이 늘어나고 공직리더십과 글로벌 경쟁력을 높이는 방향으로 나아가고 있다. 최근에는 신입 때부터 바람직한 공무원으로 육성하기 위해 합숙교육 시 공무원 기본자세 향상을 위한 교육을 강조하고 있다.

이런 국가공무원 교육훈련의 변화과정을 시대 변화와 정권 변동과 관련하여 살펴보면 광복후 이승만 정부의 태동기1949~1960, 박정희 정부의 확장기1961~1979, 전두환 정부1981~1988와 노태우 정부1988~1993의 강화기, 김영삼 정부의 차별화기1993~1998, 김대중 정부의 질적 향상기1998~2003, 노무현 정부의 전환기2003~2008, 이명박 정부의 재도약기2008~2013, 박근혜 정부의 제2 도전기2013~2017 등으로 변화하면서 발전해 오고 있다

한국 기업들의 기업교육도 산업발달 단계와 역대 정권의 변동에 따라 광복 후~이승만 정부의 태동기1945~1961, 박정희 정부의 도입기1962~1971와 전개기1972~1980, 전두환 · 노태우 정부의 성장기1981~1993, 김영삼 정부 후 이명박 정부의 도약기1993~2013, 박근혜 정부2013~2017의 혁신기 등의 다양한 단계를 거치면서 기업별로 필요한 인적자원을 개발해오고 있다. 과학기술의 급속한 발전과 이에 따른 산업구조 변화, 평균 수명 연장 등으로 기업교육의 중요성이 점점 더 부각되고 있다.

학원은 직업인을 양성함에 있어 시대변화와 산업 발달 단계에 따라 다음과 같이 매우 다양한 역할을 수행하면서 직업교육훈련에 기여하고 있다.

첫째, 학교 교육을 통해 양성하지 못한 산업발전 단계별로 필요한 직업인을 양성해오고 있다. 예를 들면, 해방 후 1960년대까지는 학교 교육을 통한 직업교육이 교육여건의 미비로 사회가 요구하는 다양한 직종에 종사할 수 있는 직업인을 양성하지 못하였다. 이를 대행해 준 것이 학원을 통한 직업인 양성이었다. 1960~1970년대의 경제개발 5개년 계획이 추진되던 때에는 필요한 산업인력을 학교 교육과 직업훈련원이 모두 다 수요를 충족시키지 못하였다. 이 때 기술계 학원들이 부족한 산업인력을 양성하여 공급함으로써 국가 발전에도 기

여하고 무능력자들의 일자리 마련에도 크게 기여했다.

둘째, 학교 교육을 통한 직업교육의 보충 및 보완 기능을 수행해오고 있다. 학교 교육에서의 직업교육은 보통교과 교육을 통한 민주시민으로서의 자질 함양과 전문교과 교육을 통해서 직업 특히 특정 직specific job보다는 직업군occupational cluster에 필요한 기본 역량을 개발하는 데 목적이 있다. 반면에 학원은 특정 직specific job에 필요한 역량을 개발하여 졸업과 동시에 바로 취업이 가능하도록 특정 능력을 개발하는 직업훈련에 초점을 맞춘다.

이런 경우 학원은 학교보다 특정 직종에 관한 전문적인 지식과 기술을 더 가르치고 취업준비에 더 철저를 기한다. 이 때 학원은 학교 교육에서 미흡한 점을 보완해 주는 기능을 수행한다. 반복된 연습과 실습을 강화하여 실기능력을 함양하여 자격증을 취득하게 하고, 각종 경진대회에 참여도 하고 더 나아가 세계 기능올림픽대회에 참가하여 입상자를 다수 배출하기도 하였다. 또한, 각종 자격시험에 응시하여 자격을 취득하게 함으로써 취업을 촉진시키는 역할을 수행하였다.

학원은 이상과 같은 기능을 수행하기 위해 정권 교체에 따른 정책 변화와 시대 변화의 요구에 맞게 다양한 분야의 과정을 신설하면서 운영해오고 있다.

그림 7-1 학교 내 · 외 평생직업교육훈련

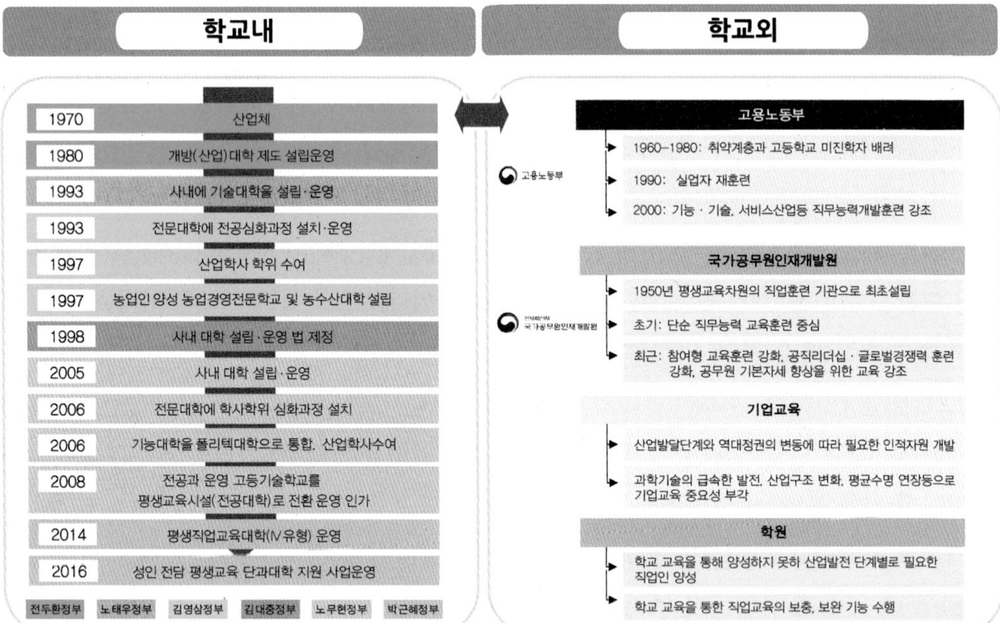

2) 논의

최근 들어 정규교육formal education과 비정규교육non-formal and informal education 기관의 구별 없이 평생 직업교육훈련이 강조되어 이루어지고 있어 매우 고무적인 형상이다.

한편 인구 감소와 고령 인구 증가로 인해 고등교육 기관별 교육목적과 역할이 재정립되어야 할 시점에 와 있다. 또한 지식과 기술의 변화로 성인교육이 더 중요시되고 있다. 이런 점을 감안할 때 평생 직업교육훈련 체제의 강화와 확대가 요구되고 있다.

그러나 지난 반세기 동안 평생 직업교육훈련 체제 운영상에 나타난 문제점을 개선하기 위해서는 앞으로 평생 직업교육훈련정책을 수립하고 추진함에 있어 다음과 같이 논의해야 할 과제들이 있다.

(1) 100세 시대에 맞는 생애주기별 평생 직업교육훈련체제는 어떻게 구축할 것인가?

100세 시대를 맞아 일생 동안 생애주기별에 따라 필요한 직업능력을 개발할 수 있도록 평생 직업교육훈련 체제를 재구축하여야 한다. 그리고 그 체제가 종적·횡적으로 네트워크network가 잘 구축되어 누구나 쉽게 접근할 수 있고 활용이 용이해야 한다. 그리고 새로운 평생 직업교육훈련 체제를 도입하고 운영할 경우 기존의 교육체제와의 중복 또는 마찰을 최소화 하여야 한다. 이런 조건에 부합하는 평생 직업교육훈련체제는 어떤 모습으로 제시할 수 있을까?

(2) 앞으로 대학은 지역사회 평생 직업교육훈련 센터로서의 기능을 어떻게 강화하고 확대할 것인가?

과학기술의 급속한 발달로 산업현장에서의 지식과 기술의 활용기간이 단축되어 직업인 누구에게나 끊임없는 배움을 요구하고 있다. 한편 평균 수명 연장으로 고령 인구가 늘어남에 따라 이들을 위한 직업능력개발 기간이 길어지고 있다. 그런가 하면 대학들은 대학 적령 인구 감소로 대학 입학 자원 확보가 점점 더 어려워지고 있다. 이런 상황에 대처하기 위해 대학들은 성인 직업교육훈련을 위한 고등교육의 역할을 대폭 강화하는 방안을 제시해야 할 것이다.

(3) 앞으로 평생 직업교육훈련 관련 법규간의 횡적 · 종적 연계는 어떻게 강화할 것인가?

현재 평생 직업교육훈련 관련 법규가 매우 복잡하다. 이들 법규 간의 종적·횡적 연계와 네트워크network가 잘 연결된 거버넌스 체제 구축이 우선 잘 이루어져야 할 것이다. 이를 실현하기 위해서 우선 직업교육훈련관련법들의 종합적인 검토와 개정이 요구되고 있다.

(4) 성인들을 위한 교수학습체제는 어떻게 개선되어야 할까?

성인들이 언제 어디서든지 자기 주도적 학습이 이루어질 수 있도록 모듈화 되고 온라인 중심의 새로운 교수-학습 체제가 일반화 될 수 있어야 할 것이다. 특히 코로나19로 인해 온라인을 통한 재택근무와 학습도 확대될 전망이다.

(5) 중소기업 근로자들의 직업능력개발을 활성화 하는 방안은?

중소기업 근로자들의 직업능력개발을 추진하는 과정에 여러 가지 어려움이 제기되고 있다. 이들 문제를 해결하기 위한 종합적이고 장단기적인 정책수립과 이를 점진적이면서도 과감하게 추진할 수 있는 정부 차원의 적극적인 지원체제가 강구되어야 한다.

(6) 일학습병행제의 필수 성공 조건은?

일·학습병행제를 실시함에 있어 국제노동기구ILO 미하엘 악스만Michael Axmann이 고품질 도제훈련을 위한 전제조건으로 제시한 훈련생의 고용 계약 실시, 법적 기반 마련, 훈련프로그램 존재, 현장on-the-Job훈련 및 현장 외off-the-job훈련 시행, 훈련생의 사회보장 마련, 훈련내용 평가 및 자격증 부여, 1~4년의 충분한 훈련시간 등의 조건이 갖추어져야 한다는 제안은 우리가 반드시 유념해야 할 사항이다.

(7) NCS 기반 교육과정의 이상적인 활용 방안은?

과학기술의 급격한 발전과 코로나19 등으로 산업구조는 빠르게 변하고 있다. 이에 따라 직업의 생성 소멸 주기도 빨라지고 있어 NCS에 내재되어 있는 지식과 기술의 활용기간도 단축되고 있다. 반면에 새로운 지식과 기술을 배우고 변화에 적응할 수 있는 기초능력과 문제해결력, 창의력 등이 점점 더 중요시 되고 있다.

따라서 국가직무능력표준 개발 및 활용은 NCS가 지니고 있는 기본 취지는 충분히 살리되 전공분야와 산업의 특성, 교육훈련기관의 교육 여건, 산업별인적자원협의체의 역량 강화 등을 최대한 고려하여 유연성 있게 운영하는 것이 바람직하다.

(8) 외국의 직업교육훈련 체제를 도입할 경우와 사례연구 시 유념할 사항은 ?

외국직업훈련 제도나 프로그램을 도입할 경우 한국의 직업교육훈련 체제와 환경, 직업훈련에 대한 기업의 의지, 인적·물적 지원체제, 행·재정 지원체제 등의 가능성에 대한 면밀한 타당성 검토가 있은 후에 추진되어야 할 것이다. 1984년부터 1993년까지 운영하다가 중단한 산학협력형 직업훈련학교 운영과 현재 추진되고 있는 일학습병행제가 그 예라고 할 수 있다.

평생 직업교육훈련정책을 수립하는 과정에 외국의 사례연구를 할 경우 정책 결정자가 합리적인 판단을 할 수 있게 정책 연구가 추진되고 보고되어야 한다. 즉, 연구 조사 대상 기관이 연구 목적과 연구 내용에 일치되는 곳이어야 한다. 또한 조사 대상은 연구에서 시도하려는 방향과 일치되는 사례도 있고 반대의 경우도 있을 수 있다. 이런 경우 긍정적인 면만 보고하지 말고 부정적인 면도 함께 보고해서 정책 결정자가 현명한 판단을 할 수 있어야 한다.

(9) 평생 직업교육기관 설립 과정에 유념해야 할 사항은?

평생 직업교육 기관은 객관적 기준에 의해 평가되고 설립·운영되는 체제가 정착될 수 있는 여건이 조성되도록 하여야 한다. 이 과정에 정치권의 영향을 최소화하여야 할 것이다. 개방산업대학 설립과 전공대학 교명 변경 건이 그 예이다.

(10) 코로나19 이후의 삶과 일의 변화에 대비한 평생 직업교육훈련정책 방향은?

코로나19 이후 인류는 완전히 다른 삶을 살게 될 것이다. 뉴 노멀에 따라 행복의 기준도 달라질 것이고 시니어 그룹도 디지털 문명에 적응하며 살아갈 수 있어야 한다. 코로나19로 인해 사라지는 직업도 있고, 새로 나타나는 직업도 있다. 직장생활도 비대면 재택근무를 더 많이 하게 된다.[79] 이런 변화에 대응하는 평생 직업교육훈련정책의 방향은 무엇일까?

79 최재천 · 장하준 · 최재붕 · 홍기빈 · 김누리 · 김경일(2020). 코로나 사피엔스-문명의 대전환, 대한민국 대표 석학 6인의 신인류의 미래를 말한다, 인플루엔셜.

CHAPTER 08

직원교육훈련을 위한 법제 및 지원 조직

직업교육훈련을 위한 지원체제는 직업교육관련법과 정부 지원 조직으로 구분해볼 수 있다.

직업교육훈련과 직접적인 관련이 있는 법령을 보면 헌법, 교육기본법, 초·중등교육법, 고등교육법, 산업교육진흥및산학연협력촉진에관한법, 직업교육훈련촉진법, 자격기본법, 한국직업능력개발원법, 인적자원개발기본법, 진로교육법, 평생교육법 등이 있다.

직업교육훈련 지원 정부 조직으로는 교육부와 고용노동부를 위시한 정부 부처와 시도교육청을 비롯한 지방자치 단체가 있다.

01 직업교육훈련 관련 법령

직업교육관련 법령의 제정 배경과 주된 내용을 간단히 소개하면 다음과 같다.

1) 헌법

직업교육과 관련된 헌법 조항은 다음과 같다. 「헌법 제15조」 모든 국민은 직업 선택의 자유를 가진다. 「헌법 제31조」 ① 모든 국민은 능력에 따라 균등하게 교육을 받을 권리를 가진다. 「헌법 제32조」 ① 모든 국민은 근로의 권리를 가진다. 국가는 사회적 경제적 방법으로 근로자의 고용증진과 적정 임금의 보장에 노력하여야 하며, 법률이 정하는 바에 의하여 최저임금제를 시행하여야 한다.

2) 교육기본법

「교육기본법 제2조교육이념」 교육은 홍익인간弘益人間의 이념 아래 모든 국민으로 하여금 인격을 도야陶冶하고 자주적 생활능력과 민주시민으로서 필요한 자질을 갖추게 함으로써 인간다운 삶을 영위하게 하고 민주국가의 발전과 인류공영人類共榮의 이상을 실현하는 데에 이바지하게 함을 목적으로 한다.

「교육기본법 제2조교육이념」에서 직업교육과 가장 밀접한 관계가 있는 것은 '모든 국민이 자주적 생활능력'을 갖추게 함으로써 '인간다운 삶을 영위하게 함'에 있다고 할 수 있다.

「교육기본법 제21조직업교육」 국가와 지방자치단체는 모든 국민이 학교교육과 사회교육을 통하여 직업에 관한 소양과 능력을 개발하기 위한 교육을 받을 수 있도록 필요한 시책을 수립 실행하여야 한다.

이 「교육기본법 21조직업교육」는 직업교육의 역할과 목적을 정립하고, 직업교육정책을 수립하여 집행하며, 결과를 평가하는 데 기본이 되는 지침이라고 할 수 있다.

3) 초 · 중등교육법

초 · 중등교육에서 직업교육을 지원하기 위한 관련법은 「초 · 중등교육법」, 「초 · 중등교육법 시행령」, 「초 · 중등교육시행규칙」 등이 있다. 초 · 중등교육법에는 제2조학교의 종류의

3. 고등학교 · 고등기술학교, 5. 각종학교, 제19조의 2전문상담교사의 배치 등, 제22조산학겸임교사 등, 제44조고등공민학교, 제52조근로청소년을 위한 특별학급, 제54조고등기술학교 등이 있다.

초 · 중등교육법 시행령에는 제90조특수목적 고등학교, 제90조의 2.특수목적 고등학교 지정운영위원회, 제91조특성화 고등학교, 제92조특성화 고등학교 지정운영위원회 등이 있다.

초 · 중등교육 시행세칙에는 제63조특수목적 고등학교 등 지정위원회 구성 및 운영, 제73조산업수요 맞춤형 고등학교의 교육과정 등, 제74조산업수요 맞춤형 고등학교의 교직원 전문성 제고 및 지원, 제75조산업수요 맞춤형 고등학교의 학비 및 재정지원, 제76조산업수요 맞춤형 고등학교의 지원 기관 지정 등가 있다.

4) 고등교육법

직업교육과 직접 관계가 있는 「고등교육법」과 「고등교육법 시행령」의 관련 조항은 다음과 같다. 고등교육법 제2조학교의 종류, 제18조학교의 명칭, 산업대학과 관련된 제37조목적, 제38조수업연한, 제40조산업체 위탁교육, 전문대학과 관련된 제47조목적, 제48조수업연한, 제49조전공심화과정, 제50조학위수여, 제50조의 2전공심화과정에 대한 학위의 수여, 제50조의 3의료인 양성을 위한 과정의 수업연한 및 학위에 관한 특례, 원격대학과 관련된 제52조목적, 제53조과정 및 수업연한, 제54조학위의 수여, 기술대학과 관련된 제55조목적, 제56조과정 및 수업연한, 제57조입학 자격, 제58조학위의 수여, 각종학교와 관련하여 제59조각종학교 등이 있다.

고등교육법 시행령에는 대학 및 산업대학과 관련하여 제19조학생의 전공이수 등, 제20조학위과정의 연계 운영, 제39조산업대학의 학생 선발 방법, 제39조의 2원격대학의 학생 선발 방법, 제40조전문대학의 특별 전형 등이 있다. 전문대학과 관련하여 제57조수업연한, 제57조의 2수업연한의 단축, 제58조비학위 전공심화과정의 설치 운영, 제58조의 2학사학위 수여 전공 심화과정의 설치인가, 제58조의 3학위 심화과정의 운영, 재58조의 4학위 심화과정의 등록 자격, 제58조의 5의료인 양성과정의 지정 등, 제59조전문대학 교육과정의 연계 운영, 제60조전문학사의 종류, 제61조준용 규정 등이 있다. 원격대학과 관련하여 제62조원격대학의 과정 설치, 제63조수업의 운영, 제64조준용 규정 등이 있다. 기술대학과 관련하여 제65조입학자격, 제66조선발 방법, 제67조준용 규정 등이 있으며, 각종학교와 관련하여 제68조각종학교, 제69조준용 규정 등이 있다.

5) 산업교육진흥 및 산학연협력촉진에 관한 법

산학협력은 직업교육에 있어 매우 중요한 역할을 한다. 따라서 일찍이 박정희 정부 때부터 「산업교육진흥법」1963.9.19. 제정에 근거하여 고등학교와 전문대학을 중심으로 더 나아가 대학에서도 역대 대통령들이 강조점엔 다소 차이가 있었지만 나름대로 산학협력을 추진해 왔다. 그러다가 2000년대 들어 김대중 정부에서 국가인적자원개발 정책을 국가 주요 정책으로 결정하고 산학협력을 16개 주요 정책 과제의 하나로 추진하면서 산학협력이 산학협동교육뿐만 아니라 산업계와 학계가 상호발전을 위하여 인적·물적 자원 등 가용자원을 상호교류하는 유기적인 협력관계로 확대되었다.

특히 산학협력 정책은 노무현 정부의 대표적인 역점 사업의 하나로 설정하였다. 2003년 9월에는 '참여정부의 산학협력 비전과 추진전략'을 마련하였다. 그리하여 산학협력을 통한 지식과 기술의 효율적인 창출·공유·확산에 근거한 국가혁신 체제 및 지역혁신 체제의 구축을 도모하고자 하였다. 이에 따라 고등학교와 전문대학 수준에서의 산업교육진흥뿐만 아니라 대학 차원에서 산업계와 학계가 상호 축적한 기술적 경험, 연구 능력, 교육시설, 재정 등 유·무형의 자원 교류까지 포함한 산학협력이 확대되어 활발하게 전개되기 시작하였다.

이를 제도적으로 뒷받침하기 위해 「산업교육진흥법」을 2003년에 「산업교육진흥 및 산학연협력촉진에 관한 법률」로 개정2003.5.27.하였다. 이 법의 개정을 통하여 산학협력단, 산학협력전담교수, 학교기업, 협동연구소 등 산학협력과 관련된 제도의 법적 근거를 마련하였다.[1] 산업교육진흥 및 산학연협력촉진에 관한 법률에 규정된 주된 내용은 학생의 진로지도, 국가와 지방 자치단체의 임무, 산업교육진흥, 국가와 자치단체의 부담, 산학협력의 촉진 등이다.

그 후 「산업교육진흥 및 산학연협력촉진에 관한 법」은 수차2007.12.21., 2011.7.25., 2013.3.23., 2015.3.27., 2016.3.22., 2017.11.28.에 걸쳐 전면 개정, 일부 개정, 또는 삭제 등을 통하여 계속 수정·보완되고 있다. 법률 개정내용의 예로는 2007.12.21. 개정 때에는 제1조 목적을 비롯한 여러 조항에 걸친 개정이 있었다. 2011.7.25. 개정에서는 제2조 '정의'에 대한 개정이 있었다.

---

1 임창빈 (2009). 산학협력정책의 성과평가. 서울대학교 박사학위논문. p. 2.

2013.12.30 개정에서는 제3조 '학생의 진로지도'에 관한 개정이 있었다. 2015.3.27. 개정에서는 제11조의 2. '산업기술인력의 양성'이 있었다. 2016.3.22. 개정에서는 제6조 '단기 산업교육시설의 설치', 제13조의 2. '산업교육센터'의 설치 등이 있었다. 2017.11.28.개정에서는 제14조 '국가산학연협력위원회 설치' 등이 있었다.

이상과 같이 역대 정권은 강조점에는 다소 차이가 있지만 산업교육진흥과 산학연 협력 촉진을 위해 다양한 시도를 해오고 있다.

6) 직업교육훈련촉진법

김영삼 정부는 직업교육훈련 관련 행·재정 지원체제 구축을 위해 '직업교육훈련촉진법, 자격기본법, 한국직업능력개발원법' 등 직업교육 3법을 제정하였다. 직업교육훈련 관련 3법을 제정하게 된 배경과 체계도는 <그림 8-1>과 같다.[2]

「직업교육훈련촉진법」은 직업교육과 직업훈련 간 상호 칸막이와 불통을 해소하여 실질적으로 직업교육과 직업훈련을 통합하는 것이 주된 목적이었다. 이 법은 특히 직업교육훈련을 고교수준에서 고졸+2년의 단계로 올리는 것에 주요 목표를 두고 실업계 고교와 전문대학 간의 협약에 의한 연계과정을 만들고 실업계 고교생이 대학에 무시험 전형으로 진학하여 직업교육을 계속 받을 수 있게 하는 데 있었다.

이 법률에는 다음과 같은 사항이 규정되어 있다.

(1) 교육과 노동시장의 연계 강화를 위하여 국무총리를 위원장으로 하고, 관련부처의 장관을 위원으로 하는 '직업교육훈련정책심의회'의 구성·운영

(2) 직업교육훈련에 대한 국가 및 지방자치단체의 책무 강화

(3) 직업교육훈련분야에 대한 행·재정 지원 강화

(4) 기타 각종 지원 대책 규정

2 안병영·하영섭 (2015). 5·31 교육개혁 그리고 20년. 다산출판사. pp. 207-216.

그림 8-1 직업교육 관련 3법을 제정하게 된 배경과 체계도

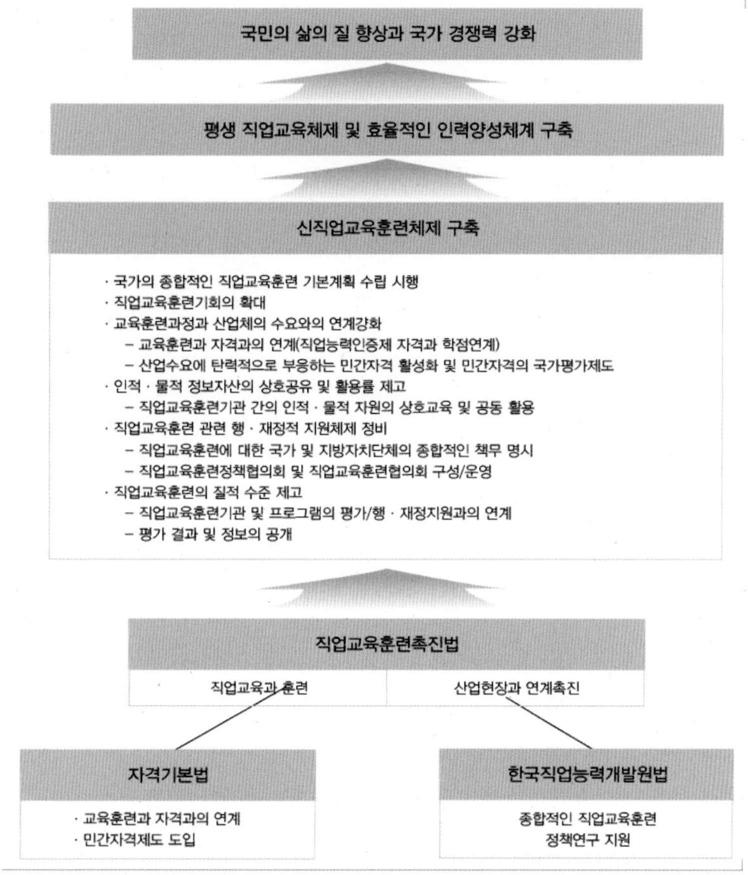

자료: 안병영 · 하연섭 (2015). 5.31 교육개혁 그리고 20년. 다산 출판사. p. 214.

7) 자격기본법

「자격기본법」은 다음과 같은 내용을 주로 담고 있다.

(1) 각종 자격제도에 대한 절차나 법적 역할을 수행하는 자격에 대한 기본법으로서 국가자격의 신설 · 개선 등에 대한 절차를 규정

(2) 국가자격과 민간자격의 건전한 경쟁을 통한 자격제도 개선을 유도하기 위한 민간자격제도의 국가공인제도 도입

1997년과 2004년 사이 국가자격에는 27개 분야 637개 자격으로 자격 종목에 변화가 없

었으나 민간자격은 1,310개 종이 새롭게 출현하였고 국가공인 민간자격도 70개 종에 다달았다.

(3) 직업교육의 현장 적합성을 제고하기 위해 교육과정과 자격의 연계 강화

8) 한국직업능력개발원법

평생학습은 그 성격상 개인의 자율과 창의에 입각한 학습체제의 구축 체제를 창출하면서 기존에 운영되어 온 국가자격제도나 공공훈련체제처럼 국가가 전면에 나서서 지배하는 체제를 해소할 필요가 있었다. 직업교육훈련촉진법과 자격기본법은 이를 위한 입법이었다.

다른 한편으로는 이러한 방향의 변화를 촉매할 전문지식을 공급하고 지도할 변화촉진기구의 존재가 필수적이었다. 한국직업능력개발원은 이러한 목적으로 그 설립이 제안되었다. 「한국직업능력개발원법」의 주요 내용은 다음과 같다.

(1) 교육과 노동시장을 종합적이고 체계적으로 연계할 수 있도록 직업교육훈련과정, 자격제도, 직업능력인증제 등에 대한 연구 개발과 평가

(2) 국가자격의 신설 · 개선 등의 경우 체계적인 연구 지원을 통하여 자격제도의 지속적 발전 도모

(3) 민간자격의 등록 및 국가공인기능 수행 등

이상과 같은 직업교육 3법직업교육훈련촉진법, 자격기본법, 한국직업능력개발원법의 입법 과정과 입법 후 집행과정에서 교육부와 노동부 간에 갈등이 있어 조정하는 데 어려움도 있었다. 입법과정에서는 교육부 관료로 OECD 사무국 교육과에 파견되었던 정기오 박사와 청와대 교육비서실 김태기 행정관의 기여가 컸고, 교육부와 노동부 간의 갈등 조정에는 당시 청와대 박세일 수석, 교육부 신진기 산업정책심의관과 노동부 유필우 심의관 간의 협의를 통해 이루어졌다.[3]

9) 인적자원개발기본법

우리나라는 1995년에 국민소득 1만달러 달성, OECD 가입 등으로 선진국 진입을 시도했었다. 그러나 IMF라는 국가위기 사태에 직면함으로써 노동 · 자본투입의 증가를 통한 경제

3 안병영 · 하영섭 (2015). 5 · 31 교육개혁 그리고 20년. 다산출판사. p. 207, p. 215.

성장이라는 전통적 성장 전략에는 한계가 있다는 것을 인식하게 되었다. 이에 김대중 정부는 선진국으로의 진입과 지식정보화로의 이행을 위해서는 우수 인적자원개발이 절대적으로 필요하다는 것을 인식하였다. 그래서 정부는 국가인적자원개발 기본계획을 수립하여 추진하려고 하였다2001.12.17..

국가인적자원개발 기본계획은 인적자원정책의 목표, 정책과제 및 추진전략 제시에 중점을 둔 종합적 · 전략적 계획이며, 5년 단위로 수립되는 중 · 장기 계획이다. 따라서 국가인적자원개발 기본계획의 실효성 담보를 위해서는 정책 추진 주체, 내용, 방법, 일정 등을 포함하는 구체적인 실행 계획의 수립이 필요했다. 그런데 이를 수립 · 실행하기 위한 법적인 근거가 마련되어 있지 않았다. 이런 문제를 해결하기 위해 교육인적자원부는 「인적자원개발기본법」2002.8을 제정하고, 이어서 동법 시행령2003. 2이 제정되어 2003년 2월 27일부터 효력이 발효되었다. 인적자원개발기본법에 규정된 주된 내용은 다음과 같다.

(1) 인적자원개발에 관한 국가의 책무
(2) 인적자원개발기본계획 등의 수립
(3) 국가인적자원위원회
(4) 지역인적자원개발의 추진
(5) 정부출연연구기관 등의 협력망 구축

필자는 한국직업능력개발원 초대원장으로 재임기간1997.9~2000.9 중에 김영삼 정부 때 제정된 직업교육훈련촉진법에 근거하여 한국직업능력개발원이 주도하면서 12개 부처가 2년에 걸쳐 협의하여 작성한 '직업교육훈련 5개년 계획'을 국무총리가 위원장당시 김종필 총리인 직업교육훈련정책심의회에서 동 심의회 위원의 한 사람으로 참여하여 의결한 바 있다 1999.12.29..

그런데 며칠 후에 김대중 대통령이 신년사2000.1.3.에서 "교육부 장관을 부총리로 승격시켜 교육 · 훈련 · 문화 · 관광 · 과학 · 정보 등 인력개발 정책을 종합적으로 관장하겠다고" 발표하였다.

그 후 2000년 11월 29일 정부조직법이 개정되어 교육부가 교육인적자원부로 개편되었다. 이에 따라 5일 전에 국무총리가 직업교육훈련정책심의회에서 의결한 '직업교육훈련 5개년 계획'과 「직업교육훈련촉진법」은 거의 사문화된 상태에서 직업교육훈련에 관한 특별한 사업도 추진하지 못하고 2년 가까이 현상 유지 상태로 이어왔다. 그러다가 2년 후인 2002년 8월 「인적자원개발기본법」이 제정되고 2003년 2월 27일 「인적자원개발기본법 시행령」의 효력이 발효되면서 직업교육훈련정책을 새롭게 계획하여 추진하게 되었다.

이렇게 탄생된 「인적자원개발법」이 김대중 정부와 노무현 정부에서는 인적자원개발 수립과 실행을 위한 법적 근거가 되었다.

그러나 5년도 채 경과되지 않은 상태에서 이명박 정부가 들어서면서 교육인적자원부를 교육과학기술부로 부 명칭을 바꾸고 인적자원개발기본법 및 동법 시행령 폐지안을 입법예고교육과학기술부 공고 제2009-269호하고 동법 및 시행령을 폐기하기 위해 국회로 이관시켰다. 그런데 이 법은 국회에서 수년간 계류되다가 18대 국회가 폐회되고 이명박 정권이 끝나면서 다시 교육부로 반송되어 왔다. 그 후 부분 개정된 인적자원개발기본법이 현재 활용되고 있다.

이런 와중에 인적자원개발기본법뿐만 아니라 그 후 노무현 정부에서 추진되었던 「국가균형발전 특별법」에 의한 혁신위원회 산하 지역인적자원개발 협의체, 「지역인적자원개발법」 제7조 3의 지역인적자원개발 협의회, 이명박 정부에 들어서면서 '인적자원개발 정책'이 '인재정책'으로, '지역인적자원개발'이 '지역인재육성'으로 명칭이 변경되었다. 박근혜 정부에서는 교육부가 중심이 되어 추진하고 있는 「지방대학 및 지역균형인재육성에 관한 법률」, 고용노동부산하 산업인력공단이 중심이 되어 추진되고 있는 「인적자원개발위원회인자위」 산하의 「지역인적자원개발위원회 운영 규정」 등이 혼재되어 운영되면서 크게는 인적자원개발, 좁게는 직업교육훈련을 지원하는 법적 체계와 이에 따른 중앙과 지방자치단체 간의 횡적·종적 거버넌스가 매우 혼미스럽다.

이상과 같이 우리나라 직업교육훈련은 정권이 바뀌면 직업교육훈련정책이 요동치면서 변동되곤 하였다. 이로 인해 법 개정과 조직 개편 준비를 위해 평균 2년 내외의 시간을 보내면서 그 동안은 변화와 발전 없는 현상 유지에 머물곤 하는 경우가 있었다. 장관이 바뀔 때도 이런 비슷한 사례가 발생하는 경우가 있었는데 대표적인 예가 실업계 고등학교 학생 정원 정책의 빈번한 변동이다.

10) 진로교육법

그 동안 정부는 교육부 평생 직업교육국에 진로교육정책과 설치, 중 · 고등학교에 '진로와 직업' 교과목 개설 운영, 전국 중 · 고등학교에 진로전담교사 배치, 한국직업능력개발원에 진로정보센터 및 국가진로교육지원센터지정 운영, 자유학기제 시범 운영 및 전면 실시를 통한 진로탐색의 중요성 강화, 고용노동부 산하 산업인력공단과 고용정보원을 통한 진로지도 및 상담 기능 강화 등 나름대로 진로교육 개선을 위하여 노력해 오고 있다.

그러나 위에 제시한 여러 활동을 법적으로 지원할 법적 근거가 마련되어 있지 않아 「진로교육법」2015.6.22.과 「진로교육법 시행령」2015.12. 23을 제정하게 되었다.

진로교육법의 주된 내용은 다음과 같다.

(1) 진로교육의 기본 방향

(2) 국가 및 지방자치단체 등의 책무

(3) 초 · 중등학교의 진로교육

(4) 대학의 진로 교육

(5) 진로교육 지원

그런데 현행 진로교육법은 학교 교육 특히 초 · 중등학교 단계에 치중된 인상을 준다.

2015년 6월 22일 공포된 「진로교육법 제2조」에 의하면 '진로 교육이란 국가 및 지방자치단체 등이 학생에게 자신의 소질과 적성을 바탕으로 직업세계를 이해하고 자신의 진로를 탐색 · 설계할 수 있도록 학교와 지역사회와의 협력을 통하여 진로 심리 검사, 진로 정보 제공, 진로 체험, 취업 지원 등의 활동을 말한다.'라고 정의하고 있다.

진로교육법에서 초 · 중등학교 진로교육에 관하여는 구체적으로 명시하고 있지만 대학 진로교육에 대해서는 선언적인 문구 표현 정도에 머물고 있고 성인들의 생애주기에 따른 진로교육에 대해서는 언급이 없다.

진로교육career education을 진로개발career development 단계의 관점에서 보면 진로인식career awareness, 진로탐색career exploration, 진로준비career preparation, 진로유지 및 개선career maintenance

& improvement 단계로 구분된다고 제1장과 제2장에서 이미 서술한 바 있다.

진로교육법에서는 일의 세계를 인지하게 하는 초등학교 단계에서의 '진로인식'과 자신의 적성과 소질 등에 맞는 직업을 구체적 경험을 통하여 탐색하게 하는 중 · 고등학교 단계에서의 '진로탐색'에 중점을 두고 있다.

반면에 '진로준비' 단계와 '진로 유지 및 개선' 단계에 대한 언급이 없다. 여기서 진로준비는 직업교육vocational education을 의미하고 마이스터 고등학교, 특성화고등학교, 전문대학과 폴리텍 대학, 대학 등이 이에 해당된다. 진로 유지 및 개선은 기업 교육을 비롯하여 현직 근로자를 위한 교육으로 협의의 의미의 인적자원개발HRD을 의미하기도 한다. 일부 학자나 국가에서는 진로교육을 직업교육과 동등한 개념으로 보는 경우도 있다.

Career는 앞뒤 문맥에 따라 진로, 생애, 경력 등 다양한 용어로 사용되기도 한다. 진로교육법에서 '진로'는 어떤 의미로 정의하였는지 용어 정의가 없다.[4]

법을 제정할 때 용어의 정의는 대단히 중요하다. 「Carl D. Perkins Career and Technical Education Act of 2006」을 2018년 7월 31일 개정하여 2019년 7월 1일부터 시행하고 있는 Carl D. Perkins Career and Technical Education Act as Amended by The Strengthening Career and Technical Education for the 21st Century Act의 섹션Section 3에 55개의 용어가 정의되고 있는 것이 이를 시사하고 있다. 특히 이 법의 용어의 정의에서 진로지도career guidance는 우리나라의 진로교육career education과 거의 같은 뜻으로 정의되고 있고 진로 · 기술교육career and technical education은 우리나라의 직업교육훈련과 거의 같은 뜻으로 정의되고 있다.[5]

진로교육은 100세 시대를 맞아 평생학습차원에서 학교 교육에서 뿐만 아니라 사회교육 등을 통해서 생애주기별로 평생 동안 이루어질 수 있도록 법적 근거가 마련되어야 할 것이다.

11) 평생교육법

평생교육법에서 직업교육훈련과 직접적으로 관련된 법 조항은 '제32조 사내대학 형태의 평생교육 시설', '제33조 원격대학 형태의 평생교육시설', '제38조 지식 · 인력개발 관련 평생교육 시설' 등이 있다.

「평생교육법」에서 평생교육이란 '정규 학교 교육과정을 제외한 학력보완교육, 성인 문자해득교육, 직업능력 향상교육, 인문교양교육, 문화예술교육, 시민참여교육을 포함하는 모든 형

4 이무근 (2015). 평생학습사회에서의 진로교육, 어떻게 구현할 것인가. 제41차 한국진로교육학회 추계 학술대회. pp. 1-11.
5 Perkins V- September 2018(Carl D Perkins Career and Technical Education Act~pdf-adobe Acrobat reader DC.

태의 조직적 교육활동'으로 규정하고 있다. 그러나 평생교육의 정의에 관해서는 여러 가지 논쟁이 있다.[6]

필자는 학교 외에서 이루어지는 교육은 사회교육비형식교육+무형식교육이라 할 수 있고 평생교육lifelong education은 학교교육formal education과 비형식 교육nonformal education과 무형식 교육informal education을 포함한 전 생애에 걸쳐 이루어지는 교육이라고 정의하는 것이 바람직하다고 생각한다.

02 직업교육훈련 관련 법령 간의 상호 관계와 개념의 체계화

직업교육관련법 간의 관계를 도식화하면 <그림 8-2>와 같다.

그림 8-2 직업교육훈련 법령 간의 상호관계

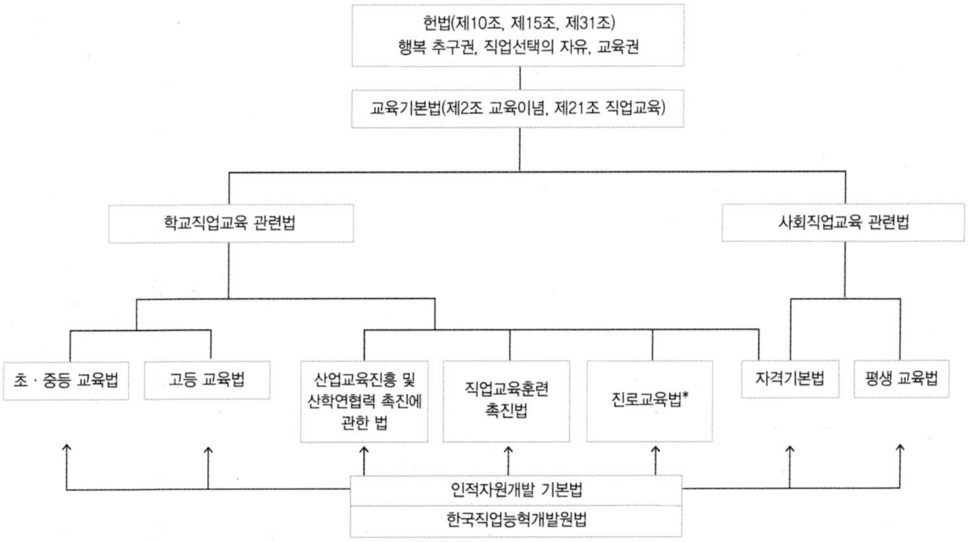

* 진로교육은 넓은 개념으로 정의되는데 우리나라 진로교육법에서는 매우 협소하게 정의되고 있음.

자료: 나승일 외 3인, (2002). 교육인적자원 관련 직업교육 법제 정비 방안 연구. 교육인적자원부. p. 169 재구성.

6 최운실 (2016). '평생학습정책', 교육정책의 역사적 변동과 전망- 제2세션. 서울대학교 행정대학원 국가리더십포럼. 2016. 6.18. pp. 1-2.

03 직업교육훈련 지원 체제

직업교육훈련정책을 지원하기 위해 그동안 교육부의 직업교육 관련 부서의 조직 개편의 큰 흐름을 개략적으로 살펴보면 다음과 같다.

광복 후부터 이승만 정부에서는 과학교육국 산하에 과학진흥과, 농업교육과, 상공교육과, 수산교육과를 설치하였다.

1950년대에는 기술교육국 산하에 과학기술과, 실업교육과, 기술교육과가 있었다. 1960년대 박정희 정부에서는 과학교육국 산하에 과학교육과, 실업교육과 또는 농수산교육과와 상공교육과가 있었다.

1970년대에는 과학교육국 산하에 과학교육과, 실업교육과, 공업교육과, 산학협동과 등이 있었다.

1980년대 전두환 정부와 노태우 정부에서는 산업교육국사회직업교육국, 과학교육국 산하에 전문대학행정과, 전문대학 학무과, 실업산업교육과 등이 있었다.

1990년대의 김영삼 정부에서는 대학정책실 산하의 산업교육심의관 아래 산업교육총괄과, 전문대학행정과, 전문대학학무과, 개방대학교육과가 있었다.

2000년대에 들어 김대중 정부에서는 평생교육국 산하에 평생학습정책과, 산업교육정책과, 전문대학 지원과가 있었다.

노무현 정부에서는 평생 직업교육국 산하에 평생학습정책과, 직업교육정책과, 전문대학 지원과가 있었다.

이명박 정부 때에는 평생 직업교육국 산하에 평생학습정책과, 직업교육정책과, 전문대학 지원과, 잠재인력정책과, 이러닝지원과, 지식정보기반과가 있었다. 인재정책실에는 인재정책총괄과, 과학기술인력과, 산업인력양성과, 지식서비스인력과, 진로취업과 등이 있었다.

박근혜 정부에서는 평생 직업교육국 산하에 직업교육정책과, 인재직무능력정책과, 진로교육정책과가 있었고, 대학지원관 산하에 전문대학정책과와 산학협력과가 있었으며, 학교정책관 산하에 교원정책과, 교육과정정책과, 교과서정책과, 교육과정운영과 등이 설치 운영되고 있었다.

직업교육정책이 산업사회가 필요로 하는 산업인력 양성이란 국가발전적 관점이 강조되던 1960~1980년대까지는 과학교육국산업교육국, 사회직업교육국산하에 농수산교육과, 상공업교육과, 전문대학 행정과, 전문대학 학무과, 개방대학 교육과 등이 설치 운영되었다.

1990년대 중반부터 지식정보화사회를 맞아 직업기초능력이 강조되고 일하면서 배우고 배우면서 일하는 평생 직업적 관점에서의 교육이 강조되었다. 그래서 평생 직업교육 지원 체제가 평생 직업교육국 산하에 직업교육정책과, 인재직무능력정책과, 진로교육정책과가 있었고, 대학지원관 산하에는 전문대학정책과와 산학협력과가 있었다. 학교정책관 산하에는 교원정책과, 교육과정정책과, 교과서정책과, 교육과정운영과 등으로 편재되어 매우 다양화되면서 강화되었다.

04 요약 및 논의

1) 요약

직업교육훈련지원 체제는 직업교육훈련 관련법과 지원 조직으로 구분해 볼 수 있다. 직업교육훈련 관련법은 시대 변화와 정권이 바뀔 때마다 부분 개정하거나 새로운 법을 제정하면서 직업교육훈련정책을 지원했다. 교육부가 주축이 된 시대별/정권별 직업교육훈련 관련법을 보면 해방 후 이승만 정권에서는 「교육법」, 박정희 정부에서는 「산업교육진흥법」, 전두환 정부에서는 「평생교육법」, 김영삼 정부에서는 「교육기본법」, 「초·중등교육법」, 「고등교육법」, 「직업교육 3법」 직업교육훈련촉진법, 자격기본법, 한국직업능력개발원법, 김대중 정부에서는 「인적자원개발기본법」, 노무현 정부에서는 「개정 산업교육진흥및산학연협력촉진에관한법」, 박근혜 정부에서는 「진로교육법」이 제정 또는 개정되었다.

이상과 같은 직업교육관련법을 고찰해 볼 때 직업교육훈련정책을 지원하기 위한 관련법은 김영삼 정부 때 확고하게 구축되었다고 할 수 있다. 그 후 「인적자원개발기본법」과 「산업교육진흥및산학연협력촉진에관한법」, 「진로교육법」 등이 직업교육을 추진함에 있어 큰 힘이 되고 있다.

그림 8-3 직업교육훈련지원 체제

직업교육훈련지원 체제

직업교육훈련 관련법	지원조직
시대 변화와 정권이 바뀔 때마다 부분 개정하거나 새로운 법을 제정하면서 직업교육훈련 정책 지원	직업교육훈련 정책을 지원하기 위한 교육부의 직업교육 관련 부서

직업교육훈련 관련법

	정부	관련법
1	이승만 정부	「교육법」
2	박정희 정부	「산업교육진흥법」
3	전두환 정부	「평생교육법」
4	김영삼 정부	「교육기본법」, 「초·중등교육법」, 「고등교육법」, 「직업교육 3법」(직업교육훈련촉진법, 자격기본법, 한국직업능력개발원법)
5	김대중 정부	「인적자원개발기본법」
6	노무현 정부	「(개정)산업교육진흥및산학연협력촉진에관한법」
7	박근혜 정부	「진로교육법」

지원조직

	정부	지원조직
1	이승만 정부	과학교육국 산하 과학진흥과, 농업교육과, 상공교육과, 수산교육과
2	박정희 정부	과학교육국 산하 과학교육과, 실업교육과 또는 농수산교육과와 상공교육과
3	전두환 정부 · 노태우정부	산업교육국(사회직업교육국, 과학교육국) 산하 전문대학행정과, 전문대학학무과, 실업(산업)교육과
4	김영삼 정부	대학정책실 산하의 산업교육심의관 산하 산업교육총괄과, 전문대학행정과, 전문대학학무과, 개방대학교육과
5	김대중 정부	평생교육국 산하 평생학습정책과, 산업교육정책과, 전문대학지원과
6	노무현 정부	평생직업교육국 산하 평생학습정책과, 직업교육정책과, 전문대학지원과
7	이명박 정부	평생직업교육국 산하 평생학습정책과, 직업교육정책과, 전문대학지원과, 잠재인력정책과, 이러닝지원과, 지식정보기반과 인재정책실 산하 인재정책총괄과, 과학기술인력과, 산업인력양성과, 지식서비스인력과, 진로취업과
8	박근혜 정부	평생직업교육국 산하 직업교육정책과, 인재직무능력정책과, 진로교육정책과外

2) 논의

직업교육훈련법들과 관련된 논의점을 제시하면 다음과 같다.

(1) 직업교육훈련관련법의 제정 및 개정 절차상의 문제점은 어떻게 개선될 수 있을까?

직업교육훈련관련법을 새로 제정하거나 기존 법을 폐기하려고 할 경우 법 제정 준비 기간 또는 경과 조치 기간이 1년 내지 3년이 걸려 그 동안은 사실상 새로운 직업교육훈련정책을 추진할 수 없는 상태이다.

예를 들면, 「직업교육훈련촉진법」에 의해 1999년 말 수립된 5개년 직업교육훈련계획이 2003년 「인적자원개발법」이 제정되기까지 3년간 유보 상태로 대기하여야만 했다. 그 후 인적자원개발기본법은 폐기를 위해 국회에서 3년 가까이 계류하다가 18대 국회가 폐회됨으로써 그 법이 다시 교육부로 반송되었다. 현재는 부분개정 후 활용되고 있다.

따라서 법 제정 또는 개정 시 경과 조치를 확실히 하고 가급적 경과조치 기간을 단축하여야 할 것이다. 무엇보다도 직업교육훈련법의 제정 및 폐기에 신중을 기하여 시행착오가 없도록 하여야 할 것이다.

(2) 현행 「고등교육법 제2조(학교의 종류)」에 규정된 대학의 종류별에 따른 교육목적과 특성을 어떻게 하면 좀 더 명확히 차별화하여 구분할 수 있을까?

현행 「고등교육법 제2조학교의 종류」에 규정된 대학, 산업대학, 전문대학, 기술대학 등의 역할과 기능, 교육 목적 등이 차별화되고 특성화 되도록 법이 개정되어야 할 것이다.

또한 고등교육이 보편화 단계에 접어든 우리나라의 경우 연구중심 대학을 제외한 상당수의 교육중심 대학은 직업교육과 평생 직업교육 관점에서의 역할이 강화되도록 법적 근거가 뒷받침되어야 할 것이다.

(3) 직업교육훈련 관련법이 매우 복잡하다. 이들 법규를 좀 더 체계화하는 방안은 무엇일까?

직업교육훈련관련법은 교육부뿐만 아니라 다른 부처와 종적·횡적 관계가 매우 복잡하게 연계되어 있다. 현행 법령상 4,907건 조문내용을 분석한 결과시행령, 시행 규칙 포함 1,162건이 인력 양성 법제와 관련된 것으로 나타나 매우 복잡하다. 따라서 인력양성 정책의 통합적 관점의 법제 개편이 필요하다.[7]

---

7 양승우. '미래 혁신환경 변화 대응을 위한 국가연구개발 법제의 개편방향'. 대한민국국회. 한국과학기술 한림원 (2017). 미래

(4) 직업교육훈련을 위한 합리적인 지원 체제는?

직업교육훈련을 위한 지원체제는 역대 정권이 나름대로 노력해 왔다고 할 수 있다. 그러나 직업교육훈련을 어떻게 정의하느냐에 따라 지원체제는 매우 다르게 구축할 수 있다. 직업교육훈련 지원부서는 교양 직업교육, 중등 직업교육과 고등 직업교육, 그리고 평생 직업교육훈련으로 구분하여 지원 부서를 구축하면 바람직할 것으로 판단된다.

직업교육훈련 지원 체제는 부처 내에서뿐만 아니라 부처 간의 횡적 연계 체제가 대단히 중요하다. 부처이기주의를 떠나 직업교육훈련 지원을 위한 지원 체제는 어떻게 개선되어야만 하는가가 끊임없이 연구 검토되어야 할 것이다.

(5) 직업교육훈련을 위한 안정적 재원 확보를 위한 법적 근거 마련 방안은?

직업교육훈련을 위해 재정지원을 할 수 있는 법적근거가 체계화되어 있지 않고 미흡하다. 직업교육훈련을 위한 안정적 재원 확보를 위해서 직업교육훈련촉진법을 비롯한 관련 법령에 직업교육 재정 지원 교부금에 관한 기준과 방안을 규정할 것을 제안한다.

2019년 7월 1일부터 시행하고 있는 미국의 Carl D. Parkins Career and Technical Education Act as Amended by The Strengthening Career and Technical Education for the 21st Century Act 개정법이 하나의 예다.

과학기술을 위한 정책입법 및 교육, 어떻게 해야 하나?. 제9회 국회 · 한림원 과학기술혁신연구회 포럼. 국회본관 3층. 11. 17. p. 39.

PART
05

미래 변화 전망과 직업교육훈련의 방향

CHAPTER 09

미래 변화 전망, 요구되는 인재상과 역할, 광복 75년의 직업교육훈련정책의 성과

01 미래 변화 전망

미래 변화를 보는 관점은 다양하다. 여기서는 인구 변화, 과학기술 변화, 세계화, 자원·기후 환경 변화, 사회문화 변화, 노동시장 변화, 그리고 포스트 코로나19 등으로 구분하여 논하였다.

1) 인구 변화

앞으로 인구는 인구 감소, 고령화, 인구 구조가 변화할 것이라는 세 가지 특징이 전망된다.

한국의 인구 증가율은 합계 출산율이 2019년 0.92명으로 대만과 홍콩을 제외하면 세계에서 최하위 수준이다. 이런 저출산으로 인하여 한국의 인구는 2019년 51백만에서 2050년 42백만 명으로 감소할 전망이다. 반면에 세계 인구는 2019년 77억 명에서 2050년 97억 명으로 증가할 전망이다.

한국의 경우 저출산으로 인해 인구가 급속하게 감소되면 여러 가지 부정적인 영향이 나타난다. 먼저 아동 수 감소로 아동 대상 내수시장이 침체된다. 학령인구 감소로 학생 모집이 어려워져 폐교되는 학교가 늘어나게 된다. 생산 인구 감소로 인력 수급 불균형을 초래한다. 설상가상으로 경기 하강, 자산 가격 하락, 소비 위축 등으로 소비절벽 현상이 나타나기도 한다. 뿐만 아니라 인구가 국력인 시대에 총 인구 감소로 국제 경쟁력도 약화된다.

한국은 세계의 유례를 찾아볼 수 없을 정도로 가장 빠른 속도로 2017년 고령화 사회노인인구 7%에서 고령사회노인 인구 14%로 진입하였고, 2026년에 고령사회에서 초고령사회노인인구 20%로 진입될 전망이다. 노인이 되면 왕성하게 직장생활을 하던 때에 비해 소비를 평균 40% 정도 절약하기 때문에 노인 인구가 증가할수록 내수 시장은 침체하게 된다. 반면에 노인 부양비 증가, 사회보장제도에 의한 독거노인 증가, 보건 의료비 증가 등으로 결국은 국민들의 경제·사회적 부담이 가중된다. 숙련 노동 인구도 감소되어 노동 생산성이 낮아질 전망이다.

인구 구조 변화의 관점에서 전망해보면 0~14세 인구 1,000명당 65세 이상의 노인 인구 비율을 의미하는 노령화 지수가 2010년 68에서 2050년이 되면 429로 6.3배 높아질 전망이다. 결과적으로 청소년 인구 감소로 인력수급에 불균형이 나타날 전망이다. 청소년 인구 감소는 국방 인력 수급 불균형도 초래할 전망이다. 반면에 노령 인구는 증가하여 중위 연령이 2009년 37.3세에서 2050년 56.7세로 높아질 전망이다. 그래서 최근 유엔은 사람의 평생 연령을 17세 미만은 미성년, 18~65세는 청년, 66~79세 장년, 80~99세는 노년, 100세 이상은 장수 노인으로 구분하였다. 이런 현상을 2050년 이후로 상상해보면 전 국민의 반 이상이 현직에서 퇴직한 사람들이 된다는 셈이다.

인구 구조 변화로 전통적 가족 구조도 무너져 2035년이 되면 1인 가구가 34.3%, 2인 가구가 34%로 전체 가구의 3분의 2 이상이 1인 내지 2인 가구가 될 전망이다. 이런 인구 구조 변화에 따라 가족의 개념도 바뀌고 세대 간 경제·문화적 갈등도 발생할 전망이다.

이런 인구 구조와 노동인구 변화는 여성의 경제활동 증가, 고령자의 취업 증가, 외국인 노동자의 국내 유입 증가, 근로조건이 열악한 직종을 중심으로 한 구인난 등으로 고용에도 영향을 미치고 있다.

이상과 같은 인구변화 전망이 직업교육훈련에 주는 시사점은 다음과 같다.

첫째, 인구는 나라를 구성하는 기본 요소이며 국력의 기반이다. 인구 규모와 구성형태는 그 나라의 경제 규모, 시장 규모, 노동력 등을 나타내 주는 주요 경제 변수이다. 따라서 한국의 심각한 저출산율을 적어도 현재 인구 상태로 유지할 수 있는 합계출산율 2.06까지 높일 수 있는 정책이 정권에 관계없이 지속적이고 적극적으로 추진되어야 한다.

둘째, 저출산으로 인해 앞으로 학생 자원이 계속 감소될 전망이어서 직업교육훈련 학생 자원 확보를 위한 적극적인 대처 방안이 요구된다.

셋째, 평균 수명이 길어짐에 따라 노인 인구가 증가하고 있다. 이들의 인생 2모작에서 후반기 직업 2모작을 꾸며 일하면서 생활할 수 있는 노인들을 위한 다양한 경력 개발 모형의 제시, 직무능력 개발을 위한 직업교육훈련과 일자리 마련을 위한 적극적인 정책 추진 등이 전개되어야 한다. 이를 위해 대학의 역할이 성인을 위한 직업교육과 사회교육 기능의 관점에서 더 강화되어야 한다.

넷째, 생산 인구 감소에 따른 대책으로 우수 숙련 노인들의 일자리 기회 제공을 적극 강구하여야 한다.

다섯째, 부족한 인력 수요를 위해 해외근로자 유입은 하되 부작용을 최소화할 수 있는 다각적인 대책이 필요하다.[1]

2) 과학기술 변화

과학기술의 급격한 발달로 4차 산업혁명을 맞이하고 있다. 정보통신기술ICT과 사물인터넷IoT을 바탕으로 한 초연결화, 빅데이터Big Data와 인공지능AI이 연결되는 초지능화, 초연결화와 초지능화를 기반으로 한 산업의 대융합화와 같은 새로운 산업구조의 변화가 일어나고 있다. 이런 과학기술의 발달로 산업이

1 이무근 · 이찬 (2018). 꿈꾸는 진로여행-나 · 직업 · 미래를 알면 진로가 보인다. 교육과학사. pp.113- 148.

급속하게 바뀌면서 50년 전 기업의 평균 수명은 60년이었던 것이, 2020년에는 20년 미만으로 단축될 전망이다. 신흥기술 제품이 5000만 명의 사용자를 확보하는데 걸린 시간이 전화기 75년, 라디오 38년, 텔레비전 13년, 인터넷 4년, 페이스 북 3.5년, 앵그리버드 36일 등으로 빠르게 단축되고 있다.[2]

그간 정보기술IT, 생명공학BT, 나노기술NT, 로봇기술RT, 에너지 및 환경기술ET, 문화기술CT, 우주항공기술ST, 이들의 융합 기술 등이 강조되어 왔다. 그 후 4차 산업혁명의 등장과 함께 4차 산업혁명을 이끌 기술적 변화 동인으로 인공지능AI, 사물 인터넷IoT, 빅 데이터Big Data, 무인 운송수단, 3D 프린팅, 유전자 혁명, 뇌 과학, 합성 생물학, 양자 컴퓨팅, 스마트 소재, 핵융합, 인공광합성 등이 새로운 과학 기술 분야로 부각되고 있다.

기술 변화에 따라 일자리도 빠르게 변화하고 있다. 전기자동차 하나에 수십만 개의 일자리가 바뀌고 있다.[3] 초등학교에 입학한 7세 어린이가 취업하게 될 무렵 65%는 현재 존재하지 않는 직업에 종사하게 될 전망이다. 세계고용의 65%를 차지하는 주요 15개국에서 향후 5년간 716만 개의 일자리가 변화되는데 그 중에 510만 개의 일자리가 사라지고, 206만 개의 일자리가 새로 생길 전망이다.

직장도 모바일, 클라우드 컴퓨팅, 가상현실 등으로 근무 환경, 근무 형태, 직장 구성원, 조직문화, 인적자원관리 시스템, 상사 리더십 등에 큰 변화가 일어날 것으로 전망하고 있다.

그런데 일부 연구에서는 과학기술 발달로 일자리가 그렇게 빠르게 변화하지는 않을 것이라는 보고도 있다. OECD의 '자동화, 기술사용과 교육' 보고서에 의하면 OECD 회원국에서 고도로 자동화될 수 있는 일자리는 전체 일자리의 14%라고 밝혔다. 이는 과거보다 훨씬 적은 수치다. 영국 옥스퍼드 대학의 '고용의 미래 보고서'에서는 인공지능과 같은 자동화로 인해 20년 내 현재 직업의 47%가 사라질 것이라고 전망하였었다. OECD 보고서는 사람이 하는 일의 대부분은 로봇이나 인공지능이 대체하기 어렵다고 진단하였다. 복잡한 사회적 관계 속에서 협상하고 창의

2 이무근 · 이찬. 상게서. pp. 201-241.
3 선대인 (2017). 일의 미래 무엇이 바뀌고 무엇이 오는가. 인플루엔셜. pp. 99-109.

성을 발휘하며 추론하는 능력은 기계가 대신하기 어렵다는 이유에서다. 체계화되지 않은 환경에서 물리적인 작업을 수행하는 것도 로봇으로 대체하기 힘들다고 분석했다.[4]

과학기술 변화가 직업교육훈련에 주는 시사점은 다음과 같다.

첫째, 과학기술의 급속한 발달과 4차 산업혁명으로 나타나고 있는 새로운 산업분야와 직업을 적극적으로 발굴해야 한다.

둘째, 새로운 과학기술분야와 4차 산업혁명 분야에 종사할 우수 전문 인력을 양성해야 한다. 이를 위해 양보다 질적인 면에서 연구중심 대학을 더 강화하고 특성화하여야 한다.

셋째, 과학기술분야에 종사하려는 전문인은 기본적으로 모든 직업분야에서 필요로 하는 직업기초능력과 STEAMScience, technology, engineering, arts, mathematics, 문제해결력, 창의력, 팀워크, 의사소통 능력 등을 개발할 수 있게 교육과정과 교수학습체제가 개선되어야 한다.

넷째, 급격한 과학기술 변화로 직업의 생성 소멸 주기 단축, 근무 형태 다양화, 조직문화와 구성원 등의 근무 환경 변화에 대처하고 적응할 수 있는 다양한 진로경로career path 모형이 제시되고 진로지도 및 상담체제career guidance & counseling system가 강화되어야 한다. 이런 진로 경로에 따라 성인들이 활동할 수 있는 평생 직업교육체제와 프로그램이 활성화되어야 한다.

다섯째, 직장에서 직위보다는 나만의 특수 전문 능력을 지니고 전문직에 근무하며, 나만의 독창적이고 전문적인 역량으로 전직도 가능하다는 것을 자랑스럽게 여길 수 있는 직장 분위기 확대가 필요하다.

3) 세계화

정보화와 교통통신의 발달로 세계가 하나의 지구촌화되면서 무역이 개방화되고 신흥시장이 지구촌 곳곳에 등장하고 있다. 이에 따라 글로벌 교역전문가의 역할이 증대되고 있다. 세계 경제는 국가 간의 교류도 활발하지만 대도시 또는 특수 지역을 중심으로 한 교류도 활성화되고 있다. 이에 따라 금융 허브의 쇠락과 새로운 라이프 스타일 허브도 등장하고 있다. 이런 와중에 세계 경제 주도권 변화도 여러 관점에서 전망되고 있다.

4 한국경제 (2018). '로봇이 일자리 위협? 지나친 우려'. 2018.4.3.(화). A 10면.

세계가 하나의 지구촌화되면서 다문화 가족 사회가 확대되고 있다.

특히 우리나라의 산업구조는 수출주도형이라는 특징이 있다. 그런데 글로벌 국가 간 경쟁이 심화되고 세계 경기의 침체가 지속되면서 기존 수출주도 산업들이 경쟁력을 잃어가고 있다. 조선, 해운, 철강, 석유화학, 건설 등 우리나라 경제의 중심이 되고 엄청난 일자리를 창출했던 산업들이 최근에는 5대 취약 산업으로 분류되어 구조조정을 하고 있다.

이상과 같은 영향으로 최근 대내외 경제 상황의 키워드는 국제 경제의 저성장 시대 진입, 중국경제의 성장, 저임금의 중국과 첨단기술의 일본 사이에 낀 넛크래커nut-cracker 상황, 글로벌 경쟁의 심화, 미국을 중심으로 한 보호무역주의 강화, 브랙시트영국의 유럽연합 탈퇴 이후 유럽경제의 불안 등이 회자되고 있다.

세계화는 긍정적인 면도 있지만 부정적인 면도 있다. 금융암시장 등장, 경작지를 비롯한 식량, 물, 금속, 에너지 등의 자원 매입을 통한 총칼 없는 경제 식민지화, 정치적 불안과 테러위협 증가, 남북관계 문제 등이 그 예다. 선진국의 저출산과 고령화, 개발도상국의 이민 발생도 부정적인 면이다.

세계화가 직업교육훈련에 주는 시사점은 다음과 같다.

첫째, 다문화를 이해하고 세계 어느 나라, 어느 곳, 어느 민족과도 더불어 생활할 수 있어야 한다.

둘째, 세계 어느 곳에서든지 일할 수 있는 국제적인 역량을 지닌 전문인을 양성해야 한다.

셋째, 특히 글로벌 교역 전문가와 세계 신흥 시장에서 미지의 직업을 창출하여 종사할 수 있는 국제적인 전문 인력을 양성해야 한다.[5]

4) 자원 부족과 기후 환경 변화

자원은 식량, 물, 금속, 에너지 자원으로 구분하여 전망해 볼 수 있다. 먼저 식량 자원을 보면 세계 식량 부족이 심각하다. 현재 77억 인구 중 10억 인구가 영양 부족 상태이다. 매년 1천 8백만 명의 5세 이하 어린이가 기아·질병으로 사망할 정도로 식량자원이 부족하

5 이무근 · 이찬 (2018). 꿈꾸는 진로여행-나 · 직업 · 미래를 알면 진로가 보인다. 교육과학사. pp.179-200.

다. 2050년이 되면 세계 인구는 현재 77억에서 97억 명으로 증가될 전망이다. 늘어나는 인구에 대한 식량 확보 대책도 시급하다. 한국도 곡물 자급률이 23.6%에 불과하여 식량 안보 차원에서도 심각한 실정이다. 한국인 1인당 연간 평균 육류 소비량은 2005년 32.1kg에서 2014년 51.4kg으로 지난 10년 동안에 57%가 증가할 정도로 유지 및 육류 소비량이 급증하고 있다.

세계적으로 물 부족 상태도 심각하다. 현재 12억 인구가 안전하게 마실 물이 부족하다. 24억 인구는 정화되지 않은 비위생적인 물을 마시고 있다. 이로 인해 매년 300만 인구가 비위생적인 물·음식으로 사망하고 있다. 세계는 물 부족으로 국가 간, 지역 간에 분쟁이 발생하고 있다. 특히 21세기는 물 부족으로 인해 중동 지역을 비롯한 국가 간 전쟁 위협이 높아가고 있다.

최근 전자산업이 발달되면서 이에 필요한 금속자원의 수요가 증가하고 있다. 이로 인해 금속자원 수급에 차질이 생기면서 국가 간에 힘겨루기가 심해지고 있다. 지난 60년간 발생한 내부 분쟁의 40%는 천연자원과 연관된 것이라고 한다.

몇 년 전에 일본과 중국과 간에 발생했던 희토류 분쟁, 그리고 최근 한국과 일본 간에 제기된 반도체 부품소재인 불화수소 분쟁도 그 예라고 할 수 있다.

세계적으로 에너지가 부족하여 12억 인구가 아직 전등이 없는 2차 산업혁명 이전의 시대에 살고 있다. 세계적으로 에너지는 절대적으로 부족한 상태이고 앞으로 더 악화될 전망이다.

기후 환경 변화도 심각하고 앞으로 더 악화될 전망이다. 지구온난화, 도시화, 인구 증가 등으로 인하여 폭염, 이상건조, 대형산불, 폭설, 한파, 폭우, 장마, 태풍, 지진과 쓰나미, 화산 폭발 등의 기상 이변이 세계 곳곳에서 끊임없이 발생하고 있다.

이런 환경 변화는 생태 재난, 경제 재난, 사회 재난, 국가 안전 위협 등을 초래하고 있다. 생태 재난으로 각종 동식물이 멸종 위기에 처하는 경우가 나타나고 있다. 일부 인류는 죽음의 위협을 받고 있기도 하다. 경제 재난의 관점에서 보면 지구온난화를 그대로 방치해두면 20세기 초의 경제공황과 같은 위기가 초래될 것으로 전망하고 있다. 그리고 사회 재난과 분배의 불균형으로 일부 인류는 죽음을 위협 받을 것으로 전망하고 있다. 기후환경 변화는 국가 안전에도 도전하고 있는데 기후 환경 변화로 영토의 손실과 국경 분쟁 발생, 환경 문제로 인한 분쟁 및 이민 문제 발생 등이 나타나고 있다.

자원, 에너지, 기후 환경 변화가 직업교육훈련에 주는 시사점은 다음과 같다.

첫째, 세계적으로 심각한 식량, 물, 금속, 에너지 자원 등의 부족 문제 해결을 위해 이들 분야에 종사할 전문 인력을 양성해야 한다.

둘째, 농업의 6차 산업화, 물 산업, 금속 자원 확보, 에너지 자원 개발, 지구 온난화 예방을 위한 녹색 성장 산업의 발전과 이에 종사할 인력을 양성해야 한다.

셋째, 국민 모두가 자연을 사랑하고 생명을 존중하며, 자원을 절약하는 것을 생활화하도록 해야 한다.[6]

5) 사회문화 변화

SNSSocial Network Service의 발달로 직접민주주의 시대가 오고 있다. 이로 인해 앞으로 국회나 언론의 역할은 점점 더 약화될 것이다. 실제 한국에서도 선거나 정치적인 문제, 사회적 이슈가 SNS를 통해 점점 더 영향을 크게 미치고 있는 것을 알 수 있다.

국가보다 도시로 구분되는 메가시티가 확산되면서 메가시티의 정치·경제적 비중도 높아지고 있다.

여성의 사회 참여가 확대되면서 여성시대가 도래하고 있다.

인구 구조 변화, 과학기술 발달, 세계화, 직장생활 변화 등으로 가치관과 생활양식도 변하고 있다. 생활수준의 향상과 고령화 등으로 건강과 미용에 대한 관심이 증가하고 있다. 이러한 현상은 피부과나 성형외과, 미용 산업, 헬스 케어 산업에 대한 성장을 가져오고 있다.

황사나 미세먼지 증가 등으로 생활환경 및 환경보호에 대한 관심이 증가하고 있다. 이러한 현상은 환경산업과 신재생에너지산업에 대한 성장으로 이어지고 있다.

---

6 이무근 · 이찬 (2018). 꿈꾸는 진로여행-나 · 직업 · 미래를 알면 진로가 보인다. 교육과학사. pp.149-178.

또한 최근에 발생한 세월호, 가습기 살균제 피해, 묻지마 범죄 증가 등으로 안전의식이 높아지고 있다. 이와 관련하여 안전 관련 제품이나 서비스 산업이 성장할 전망이다.

저성장, 취업난, 고용불안 등으로 가성비 및 B급 제품을 선호하고, 소유가 아닌 공유로의 생활양식으로 변화하고 있다. 자동차와 주거 양식의 공유 형태로의 변화가 대표적인 예이다.

가족 형태도 결혼 기피와 고령화에 따라 1인 가구가 증가하고 있다. 취업난 가중과 개인주의 확산 등의 요인이 복합적으로 작용하여 1인용 제품, 혼자밥술 먹기혼밥 혼술 등 1인 소비 중심의 혼족 문화가 증가하고 있다.

이렇게 1인 가구가 증가하고 고령화 등으로 인해 애완동물을 반려동물로 인식하는 애견문화도 확산되고 있다.

취업난으로 니트족NEET족이 증가하고, 취업과 결혼, 연애를 기피하는 3포세대가 등장하고 있다. 아울러 풍족한 유년기를 보낸 고학력의 청년층이 3D 직종을 기피하는 현상도 계속될 것이다.

개인 생활이 외재적 가치보다 내재적 가치를 존중하는 경향으로 변하고 있다. 이에 따라 갭이어족gap year 族도 등장하는 등 진로 직업 선택과 준비 방법도 다양화 되어가고 있으며 직업 가치관도 바뀌고 있다. 직업도 외벌이 시대에서 맞벌이 시대로 변화하고 사회적으로는 다문화 사회가 확대되고 있다.

이상과 같이 개인주의 생활이 확산됨에 따라 관혼상제 의례도 변화되고 있다. 다른 한편에서는 인간관계 단절과 인간성 상실에 따른 반동으로 동호회나 공유주택 등 공동체주의를 지향하는 집단도 등장하고 있다.[7]

이상과 같은 사회문화 변화가 직업교육훈련에 주는 시사점은 다음과 같다.

첫째, 여성의 사회참여 활성화를 위해 직업능력 개발을 강화해야 한다.

둘째, 시대 변화에 대응하여 자신이 생각하는 바람직한 가정생활과 생활양식을 마련하고, 직접 민주주의 시대를 맞아 소셜 네트워크를 통해 자신의 의사를 정확히 전달할 수 있는 능력을 개발해야 한다.

셋째, 자아 정체감과 자아 존중감을 확립하게 하는 역량을 개발해야 한다.

넷째, 맞벌이 부부에서의 가정생활 양식에 적응할 수 있는 능력을 함양해야 한다.

다섯째, 다른 민족과 더불어 생활할 수 있는 태도를 함양해야 한다.[8]

---

7 고용노동부 · 한국고용정보원 (2016). 한국직업전망 2017. pp. 12-22.

8 이무근 · 이찬 (2018). 꿈꾸는 진로여행-나 · 직업 · 미래를 알면 진로가 보인다. 교육과학사. pp. 131-148.

6) 노동시장 변화

산업 발달에 따라 직업별 비중 추이가 변화하고 있다. 중장기 인력수급 전망 2015－2025에 의하면 향후 10년간2016~2025년 '전문가 및 관련종사자연평균 1.3%, 서비스종사자연평균 1.1%, 단순노무자연평균 1.0% 사무종사자연평균 0.9%, 장치·기계조작 및 조립종사자연평균 0.9% 직군에서 취업자 증가 속도가 빠를 것으로 전망된다.

직업 대분류의 관점에서 보면 일부 특수 분야를 제외하고 전문대학, 대학, 대학원은 15% 내외에서 대졸자가 공급 과잉이다.

노동시장 구조도 계속 변화하는데 국제금융 위기, 기업의 글로벌화에 따른 국내수요 인력 감소, 경제 성장 둔화, 산업구조의 고도화와 타 산업과의 융합 확대, 저출산, 고령화, 과도한 고학력 등으로 고용 창출능력이 둔화되는 노동 수요가 전망된다. 현재 노동시장의 고용 형태로는 대졸자의 15% 내외는 대기업 취업이 가능하고, 85% 내외는 중소기업 취업이 가능하다.

이상과 같은 영향으로 기업의 경영전략도 변하고 있다. 자동화 생산시설의 확대, 생산시설의 해외 이전off shoring 또는 국내 유턴reshoring, 기업 간 인수·합병, 유망 신사업 개발 및 투자 확대, 유연근무제 확대, 아웃소싱outsouring 등이 그 예이다.

이런 영향으로 고용 시장도 고용률 저하, 대졸자의 취업 준비 기간 연장, 초임직 근무 기간 단축, 잦은 직장 이동과 직업 소멸 주기 단축, 은퇴가 사라지고 1인 다직종 시대 도래, 고용시장의 다양화와 창업자 확대, 재택근무, 가상공간 활용 증가 등 매우 다양한 면에서 변화가 이루어지고 있다.

이상과 같은 노동시장 변화가 직업교육훈련에 주는 시사점은 다음과 같다.

첫째, 현재 노동시장의 인력 수급 전망과 관련하여 평균 15% 정도는 공급과잉이기 때문에 대학 유형별, 학과별 특성화와 구조 조정이 필요하다.

둘째, 현재 여러 종류의 대학을 연구중심대학과 교육중심대학 특히 직업교육 중심대학학사학위 + 석사학위 과정으로 구분하고 각 유형별 대학의 역할을 분명히 구분하여 특성화해야 한다.

셋째, 교육과 노동시장 간의 연계school-to-work transition 체제를 강화하여 졸업생들의 취업률을 높일 수 있어야 한다.

넷째, 직업세계의 변화와 노동시장의 전망을 고려한 다양한 진로 경로를 제시하여 현재 보다 더 다양한 진로를 선택할 수 있는 다각적인 진로계획 및 취업지도 체계가 확립되어야 한다. 따라서 진로교육은 생애주기별에 따른 평생 직업교육체제를 구축하여 추진하여야 한다.

다섯째, 특히 대학 졸업자의 대기업 중심의 취업 기회는 15% 미만이므로 중소기업과 창업을 통한 취업과 다각적인 진로 설계가 요망된다. 또한 창업을 위한 진로 지도 및 직업능력 개발이 강화되어야 한다.[9]

7) 포스트 코로나19 시대의 변화 전망

2019년 12월 31일 중국 후베이湖北성 우한武漢에서 신종 코로나바이러스 감염증코로나19·COVID 19 환자 발생이 처음 보고되었다. 그 후 2020년 6월 28일 기준, 코로나가 발생한 185개 국가에서의 누적 확진자 수는 9,702,405명이고 사망자는 492,480명이다. 한국은 확진자가 12,653명이고, 완치자는 11,317명이며 사망자 수는 282명이다.

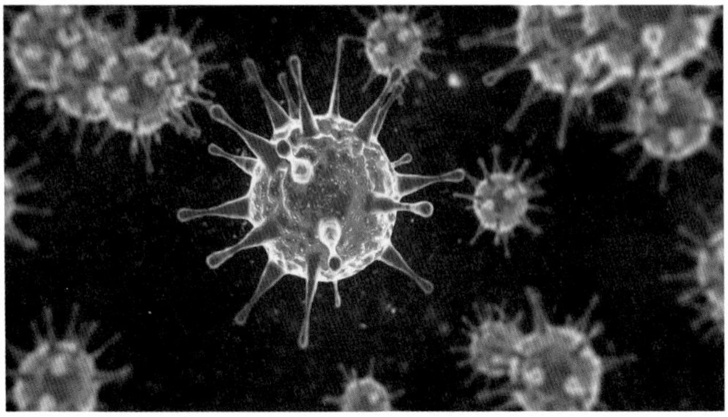

코로나19 확진자가 처음 확인된 후 2020년도 상반기에만도 전 세계는 속수무책의 혼돈과 공포, 생존 본능에서 비롯한 이기심과 편견의 민낯을 드러냈다. 이동 마비, 격리, 셧다운, 의료시스템 붕괴, 원격 업무, 경기 추락에다 의도치 않은 기후 환경 개선 등 미증유의 사건과 현상을 경험했다. 세계적 유례를 찾아 볼 수 없는 온라인을 통한 전국 초·중·고·대학의 비대면 수업과 직장인 재택근무, 사회적 거리 두기, 가족생활의 변화, 고난을 함께 극복하자는 격려와 연대의 힘, 전 국민 대상 긴급재난 지원금 지급 등을 경험했다. 이런 새로운 변화 속에서 정치, 경제, 산업, 교육, 보건, 환경 등 각 분야에 새로운 인식과 흐름이 형성되고 있다. 그 과정에서 우리는 지금 팬데믹세계적 대유행이 바

9 이무근 · 이찬 (2018). 꿈꾸는 진로여행-나 · 직업 · 미래를 알면 진로가 보인다. 교육과학사. pp. 113- 148, pp. 243-264.

꿔 놓은 '포스트 코로나post corona' 시대에 직면하고 있다. 인류는 이런 뉴 노멀new normal · 새로운 정상에 능동적으로 대응해야 하는데, 아직 코로나19가 종식된 것이 아니라 진행 중이기 때문에 미래를 전망하기는 어렵다. 그러나 그동안 나타난 현상을 근거로 전문가들이 전망하고 있는 포스트 코로나에 나타날 현상을 종합해 보면 4개 영역, 20개 키워드로 조명해 볼 수 있다.[10, 11, 12, 13, 14]

(1) 더 커진 국가의 역할

① 빅 · 스마트 정부: 생명 · 안전 위해 '스마트 국가' 개입 용인

이번에 코로나19 사태에 대처하는 과정에서 개별 정부가 보유한 거버넌스 역량에 따라 국민의 안전이 직접적인 영향을 받았다. 이에 따라 코로나19 사태는 국가의 역할을 재정립하는 계기가 되었다. 대규모 재난 상황에서 각 국가는 장벽을 다시 세웠고, 국제 연대는 약화됐다. 이로 인해 당분간 '큰 정부'가 세계적 추세로 자리 잡을 가능성이 커졌다.

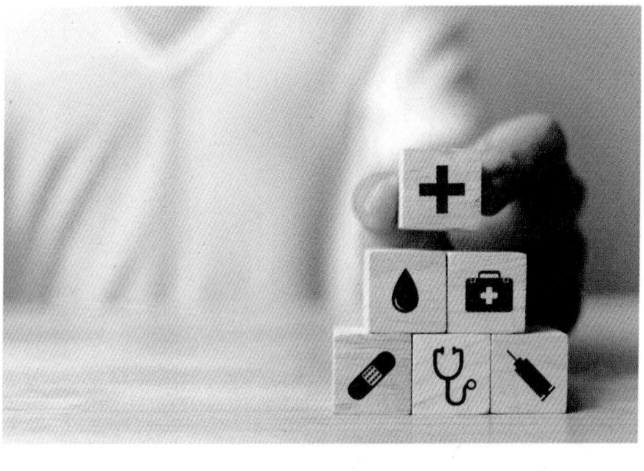

개인의 자유를 억압할 수 있다는 비판이 없지 않으나 시민의 생명과 안전을 보장 받기 위해 과거보다 국가의 개입을 더 용인할 여지가 생긴 것이다. 중국 등 많은 국가에서 시행한 봉쇄 조치, 한국의 사회적 거리두기 등이 그 예이다. 반대로, 유럽 국가 중 전면적 봉쇄조치를 취하지 않은 스웨덴은, 집단면역 정책의 실패라는 오명을 쓰고, 2020년 6월 28일 기준 확진자 사망률이 8.1%에 이르러, 이웃나라 핀란드사망률 4.6%, 덴마크사망률 4.8% 등에 비해 두 배 가까이 높은 사망률을 보이고 있다.

따라서 국가가 국민의 생명과 안전을 얼마나 스마트하게 보호할 수 있느냐가 국가 역할의 중요한 덕목으로 새롭게 등장했다. 경제력, 군력만으로는 국민의 안전을 지키기 어려워

10 문화일보 (2020.5.4.). '포스트 코로나19 시대'의 19가지 뉴 트렌드. 사회면.
11 조선일보 (2020.4.21.). 24인 글로벌 전문가들이 본 코로나 이후 세계. A4-A5.
12 초종현 학술원 · 중앙일보 (2020.5.8.). 코로나19 위기와 대응. 그리고 미래.
13 임승규 외 6인 (2020). 포스트 코로나 우리는 무엇을 준비할 것인가. 한빛 비즈. pp. 304-352.
14 한국과학기술단체총연합회 · 한국과학기술한림원 · 한국공학한림원 · 대한민국의학한림원(2020.5.25.). 포스트 코로나 어떻게 살아남을 것인가: 교육분야.

졌기 때문에 국가 간 경쟁이 소프트 파워 분야로 확대될 것이 예상된다.

② 네이션 퍼스트: 자국 이익이 최우선, '각국도생 시대' 도래

중국은 그 동안 제2차 세계대전 이후 국제질서를 주도해왔던 미국에 도전하고 있다. 그런데 중국은 코로나19 사태로 깊은 내상을 입으면서 민생·경제 등 내치도 급급하다. 따라서 미·중은 '각자도생'의 길을 걷고 있다. 이에 따라 나머지 국가들 역시 같은 길을 밟을 수밖에 없다. 그 결과 각국은 특정 강대국 주도의 질서에 따르거나 동맹을 우선순위로 놓는 것이 아니라 각국의 이익을 최우선해 '이합집산'할 것으로 예상된다.

일례로 한미 방위비분담 특별협정SMA 협상이 지연되면서, 2020년 4월 1일부터 6월 15일까지 4000여 명의 주한미군 소속 한국인 근로자들이 무급 휴직에 처해진 상황은, 국가 간 동맹보다, 자국의 이익 중심으로 정책적 의사결정이 이루어지는 시대가 이미 도래하였음을 상징한다.

주권국가의 경제적 독립은 강대국으로의 의존도를 더욱 낮추면서 자국 중심주의 목소리를 키우는 요인이다. 동시에 20세기 협력적인 세계 질서의 중추 역할을 했던 국제기구의 영향력은 급속히 줄어들고 있다. 그 예로 코로나19 사태와 관련하여 주무 기관임에도 무능함을 질타 받은 세계보건기구WHO는, 트럼프 대통령의 WHO 탈퇴 공식 선언과 지원금 중단 조치 계획 등으로 점차 그 기능이 유명무실해 질 수 있다.

③ 머니 폴리시: 각국 정부 '역대 최대의 돈 풀기' 전망

코로나19의 전 지구적 확산으로 각국 정부는 국민을 대상으로 유례없는 직접적인 돈 보따리풀기에 한창이다. 정부가 국민의 기본 생계유지를 명목으로 현금, 수표, 상품권을 직접 지급하는 등 그 방식 역시 직접적이다. 한국 정부가 2020년 5월에 전 국민을 상대로 코로나19 위기 극복을 위해, 1인 가구 40만원, 2인 가구 60만원, 3인 가구 80만원, 4인 가구 100만원 등의 긴급재난지원금을 지급한 것 등이 그 예이다.

④ 포퓰리즘: 양극화로 인한 포퓰리즘 대두

많은 전문가는 코로나 팬데믹 이후 극단적인 양극화와 이에 따른 포퓰리즘의 대두를 우려하고 있다.

코로나19 확산을 막기 위해 미국과 유럽 등에서 폐쇄된 산업의 대부분은 재택근무가 불가능한 식당, 술집, 레저 등 서비스 산업이다. 일자리 손실이 이런 저소득 근로자가 많은 서비스 분야에 치우치면서 소득 불평등이 심화되어 양극화 형상이 나타나고 있다. 국가 간 양극화도 더욱 뚜렷해질 것으로 전망했다. 특히 세계 무역과 외국 금융에 의존하는 경제는 취약해지고, 내수가 큰 국가는 번창할 것이라고 전망하였다.

이 같은 경제 양극화가 포퓰리즘 부상으로 이어질 것을 우려하고 있는데 이미 각국 정부는 코로나19로 인한 수요 부족 문제를 기본 소득 같은 포퓰리즘 정책으로 해결하려는 경향을 보이고 있다. 고용절벽으로 고군분투하는 대한민국 노동시장에 코로나19는 쐐기를 박은 셈이다. 상황이 이렇게 되니 이제는 보수와 진보, 여당과 야당을 불문하고 기본소득제를 운운하기 시작했다.

현재 한국이 당면한 취업난은 개인의 역량부족도 원인이 있겠으나, 상당 부분 사회 구조적인 측면에 기인한다. 따라서 실업수당과 같은 근로연계형 복지처럼, 취업을 위한 최소한의 노력이 없이도 현금 수령이 가능한 형태의 기본소득이 정치적으로 더욱 설득력을 갖게 된 것이다. 그러나 제한된 예산의 효율성을 극대화하기 위하여, 저소득층을 대상으로 한 기존의 선별적 복지 정책 대신에, 포퓰리즘에 입각하여 중상층과 고소득층을 포함한 모두에게 일정액의 기본소득을 지급하면, 그에 따른 최대의 피해자는 누가 될까?

기본소득제는 단기적 연명이 목적이지 장기적 성장을 도모할 수가 없다. 직업교육훈련과 산학협력에 따른 일자리 창출의 필요성이 다시금 부각되는 이유가 여기에 있다.

⑤ 인간 안보: 전쟁 아닌 인간 자체가 안보의 궁극적 목표

코로나19 사태가 개인의 일상을 파괴하기 시작하면서 '인간안보'는 '전쟁 등 국가 간 군사적·물리적 대립으로부터 보호'를 뜻하던 기존의 안보 개념을 확장하여 인간 자체를 안보의 궁극적인 목표로 본다는 것이다. 한국전쟁에 참전한 미군사망자가 3만 6천명이고, 베트남전 참전 미군사망자가 9만 3천명인데, 2020년 6월 28일 기준 코로나로 인한 미국의 사망자 수는 이미 4만 5천명을 넘어서며 가파르게 상승하고 있다.

1994년 유엔개발계획UNDP은 인간안보로 경제 안보, 식량 안보, 건강 안보, 환경 안보, 개인 안보, 공동체 안보, 정치 안보 등 7가지를 제시하였다.

⑥ 사생활 침해: 확진자 동선 공개 큰 역할, '빅 브러더' 논란

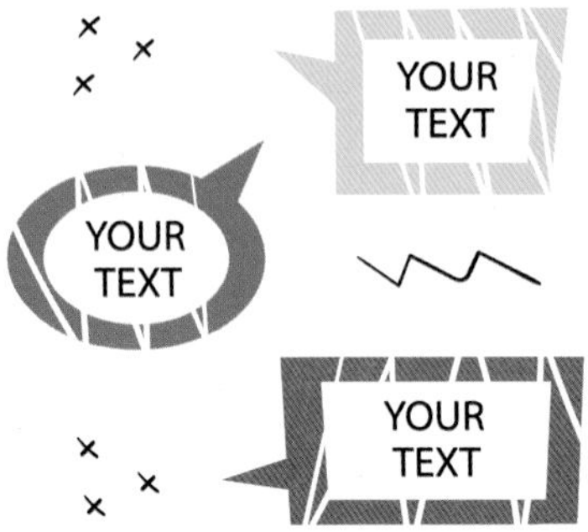

한국 정부가 코로나19의 대유행을 늦추고 2, 3차 대유행을 막으려 확진자 동선을 공개하고 접촉자들이 자발적으로 진단검사를 받도록 한 것이 방역 성공에 큰 역할을 했다는 평가를 세계로부터 받고 있다. 그러나 사생활에 대한 과도한 노출과 정부의 개입을 둘러싸고 '프라이버시 침해' '빅 브러더의 등장' 등과 같은 논란도 일고 있다.

일례로 2020년 5월말 이태원 클럽발 코로나 확산 방지를 위해, 서울시와 보건복지부 요청에 따라서 이동통신 3사는 5월 24일부터 6월 6일까지 이태원 클럽 등 확진자 동선에 포함된 주변 17개 기지국에 접속한 사용자의 성명과 전화번호, 집주소 등의 정보를 제출했다. 서울시장의 브리핑에 따르면 해당 기간에 이태원 인근에 있던 사람들이 1만 905명이나 되니, 지나가는 행인들의 개인정보 유출이나 사생활 침해의 논란이 불거질 수밖에 없다. 그렇기 때문에 정부는 개인정보 수집·활용 시 다른 목적으로 사용되지 않도록 하고, 수집한 정보가 규정에 따라 파기되게 해야 할 것이다.

(2) 지구촌 삶의 대 전환

① 탈 세계화: 인적 이동 차단으로 이미 '지역화' 시험 마쳐

세계화globalization와 지역화localization 간의 긴장도가 코로나19 사태 이후 더욱 팽팽해질 것으로 보인다. 일률적이었던 세계화에 대응하는 차원에서 지역화 추세가 탄력을 받을 가능성이 크지만 국제 연대와 교역 확대의 중요성도 동시에 커졌기 때문이다.

코로나19 확산으로 세계화의 핵심인 국경 개방이 중지되고, 인적 이동도 차단되면서 각국은 이미 지역화 시험을 했다. 이에 따라 세계화를 통해 모두가 상호 이익을 본다는 믿음은 깨졌다. 국가 간 협력의 대표적 모델로 꼽혀온 유럽연합EU도 코로나19 사태 이후 균열이 커진 상황이다. 하지만 이럴 때일수록 국가 간 협력·연대가 중요하다는 목소리도 상당하다.

② 지구의 재발견: 전 세계적 '일시 멈춤'으로 더 깨끗한 지구촌, 환경 존중의식 제고

코로나19는 무차별적 개발과 환경 · 자원 착취를 통해 성장해온 인류에게 경고음을 울리고 있다. 화석연료 에너지를 중심으로 한 경제발전이 낳은 기후변화에 이은 전염병 팬데믹은 일종의 자연의 역습이다.

난개발로 야생동물의 서식지가 무너지면서 동물에게 기생하던 균과 바이러스가 인간의 생명, 더 나아가 인류 공동체까지 위협하고 있다. 본래 야생동물은 인간과 떨어져 생활하는데, 인간의 무분별한 개발과 기후 변화 등으로 인간과 밀접하게 생활하게 되면서 이번 참사가 벌어졌다고 주장하는 학자도 있다.

하지만 역설적으로 이번 위기는 세계 인구 77억 명의 보금자리인 지구의 소중함을 깨닫게 하는 계기가 됐다는 평가도 있다. 이번에 세계가 전염병 차단을 위해 '멈춤의 시간'을 보내면서 탄소 배출국인 중국, 인도의 대기는 깨끗해졌고, 이탈리아 베네치아의 운하는 하늘이 비칠 정도로 맑아졌다. 특히 탁한 공기로 악명을 떨치던 프랑스 파리, 미국 로스앤젤레스의 공기도 갑자기 맑아졌다. 코로나로 관광객이 줄면서 태국 푸켓에서 멸종 위기인 장수거북이 20년 만에 가장 많은 산란처를 만들었다. 이 때문에 코로나19 사태 이후 인류는 환경의 중요성에 대한 인식을 제고하고 지구에 자정 기능을 회복하는 시간을 줘야 한다는 목소리도 더욱 힘을 얻을 전망이다.

③ 신공동체: 악수의 종말, 협동심 강화

세계 각국은 코로나 확산을 막기 위해 국경 봉쇄, 이동 제한, 공공장소 폐쇄 등 사회적 거리 두기에 적극 나서고 있다. 사회적, 신체적 거리 두기는 코로나19가 끝난 뒤에도 뉴노멀새로운 표준로 자리 잡을 것이라고 한다. 오랜 서구식 인사법인 악수의 종말을 전망하는 학자도 있다.

이번 코로나19 사태 때 대구의 신천지교회에서 대규모 감염이 발생하여 어려움을 겪을 당시 의사와 간호사들은 앞다퉈 대구로 향했다. 시민들도 각종 구호물품을 기부하면서 코로나19 극복을 지원했다.

이상과 같이 이번 코로나19 사태를 통하여 위기 속에서 서로 돕고 협력해야 한다는 시민의식이 많이 깨어난 신공동체가 형성되고 있다. 이런 공동체 의식은 서양보다 동양의 국가에서 더 나타나고 있는데 이는 유교사상의 영향이라고 보는 견해도 있다.

④ 탈 도시화: 쾌적한 교외에서 '에코로지라이프' 재촉

코로나19를 계기로 공장이 멈춰져 미세먼지 · 공해 없는 하늘을 보면서 사람들은 인간이 자연에 이렇게까지 악영향을 끼치고 있다는 것을 알지 못했다고 하면서 환경을 중시하는 삶을 희망하게 되었다.

한편 재택근무가 가능해지면서 오피스 문화 붕괴를 엿볼 수 있고, 아침에 햇살을 받으며 일어나고 저녁에 느긋하게 석양을 바라보는 에코로지 라이프가 대세를 이루면서 탈 도시화 현상이 나타날 것으로 전망하고 있다.

(3) 글로벌 파워의 재편

① 선진국과 선도국: 전통적 국가경쟁력 평가 기준의 재정의

코로나19 사태를 거치면서 선도국 개념이 새롭게 대두되고 있다. 전통적으로 선진국advanced country이란 경제 수준과 산업의 발달 정도, 1인당 국내총생산GDP 등, 양적 지표에 따라 전 세계 국가를 순서대로 줄 세운 것이다. 그러나 코로나19와 같은 대형 재난에 직면한 것을 계기로 위기 대응력과 사회 안전망 확보 등과 관련한 국가의 역량이 국가 경쟁력의 평가 요소로 떠올랐다.

선진국이라는 기존 틀로는 설명하지 못하는 국가의 능력에 주목해야 할 필요성이 부각되었다. 즉, 선도국leading country이라는 새 개념이 주목 받게 되었다. 코로나19 이후 시대에는 감염병 등의 위기에 빠르게 대응하는 능력, 재난 극복을 위해 한정된 자원을 효과적으로 사용하는 능력 등이 국가 이미지를 형성하고 국가를 평가하는 주요 요소가 될 것이라는 관측이 나온다. 한국은 정책결정과 인적자원 두 가지 측면에서 모두, 코로나19 사태를 통제하는 측면에서 선진국 이상의 역량을 발휘하고 있다는 평가를 받고 있다.

② 탈 G2: 패권국 리더십 큰 상처, 당분간 다극체제로

코로나19 사태는 주요 2개국G2인 미국 · 중국에도 상당한 상처를 남길 전망이다. 확진자 · 사망자 수 모두 1위의 불명예를 얻은 미국은 글로벌 리더십에 큰 상처를 입었다.

중국은 불투명한 정보 공개와 폐쇄적 태도가 도마 위에 오른 상태로, 미국 대안 세력으로서 중국 권위주의 모델에 대한 신뢰가 급격히 떨어졌다. 사실상 탈 G2 시대가 도래하면서 당분간 다극 체제가 될 수 있다는 전망도 나온다.

③ 서구 우위의 균열: 유로존 위기, 부실 의료시스템 민낯에 선진국 신화 깨져

2020년 6월 28일 기준 코로나19 확진수가 15만 명을 넘어선 나라는 16개국이다. 미국2,462천 명, 브라질1,274천 명, 러시아620천 명, 인도490천 명, 영국309천 명, 페루272천 명, 칠레263천 명, 스페인247천 명, 이탈리아239천 명, 이란217천 명, 멕시코208천 명, 파키스탄195천 명, 터키194천 명, 독일194천 명, 사우디아라비아174천 명, 프랑스162천 명 등의 순위이다. 사망자가 많은 순위는 미국124천 명, 브라질55천 명, 영국43천 명, 이탈리아34천 명, 프랑스29천 명의 순위다. 세계인들이 살기 좋은 나라로 동경해온 북유럽의 벨기에, 네덜란드, 스위스, 스웨덴은 물론 북미의 캐나다도 인구 대비로 앞의 나라들에 뒤지지 않는 확진자와 사망자를 기록했다.

코로나19 팬데믹은 초유의 사태인 만큼 혼란은 불가피했지만, 각국의 대처 방식은 각 나라의 공공의료시스템 및 거버넌스의 수준, 경제적 안정도, 직업교육훈련을 기반으로 한 인적자원 수준까지 민낯을 고스란히 드러냈다. 부실한 공공의료시스템과 바이러스에 전혀 힘을 못 쓰는 영리 의료, 재난 규모의 은폐와 축소 의혹 등 끝이 없다.

이상과 같은 코로나19 펜데믹은 제3세계 국가들이 닮고자 했던 이른바 '구미 선진국'이란 신화에 균열을 냈다. 자신들이 아시아가 아니라 서구로 인정받고 싶어 했던 일본도 예외는 아니었다. 반면 한국의 성공적인 대응은 선진국 콤플렉스를 극복하는 계기가 될 수 있다.

④ 리쇼어링 vs 글로벌 밸류 체인(GVC): '기업의 유턴 · 국제 공급망 재편' 선택 기로에

2020년 2월 현대자동차의 국내 공장이 멈춰 섰던 것은 코로나19로 중국에서 들어오는

'와이어링 하니스배선 뭉치' 부품 공급 차질이 발생한 탓이었다. 중국 기업에서 수입해 오는 부품도 아니고, 국내 협력사의 생산기지가 중국에 있어서 벌어진 사태였다.

이와 유사한 사례의 문제가 다른 여러 나라에서도 발생하면서 국제 공급망 재편이 '포스트 코로나' 시대에 대비하는 화두로 떠올랐다. 이 과정에서 리쇼어링reshoring 혹은 '기업 유턴'이 주목 받고 있다. '글로벌 밸류체인GVC · 생산에서 판매까지 이어지는 국제분업구조'에서 한 군데만 문제가 생겨도 피해가 커지는 현상을 겪은 만큼, 시스템 리스크 관리 차원에서 리쇼어링이 촉진될 수 있다고 전망하고 있다. 하지만 다른 한편에서는 인건비와 운송비를 절감하기 위해 생산기지를 다변화하고, 가치사슬에서 국가별 특성에 맞는 국제 분업 체계를 유지할 필요가 있다는 의견도 있다.

(4) 언택트(untact)라고 불리는 non-contact 및 contactless 문화의 일상화

① 홈 루덴스: 집에서 안전하게 놀고 즐기는 문화 확산

코로나19 사태는 국민에게 '사람들이 많은 곳은 위험하다'는 인식을 심어주면서 '홈 루덴스home ludens' 문화의 확산으로 이어졌다. 홈 루덴스는 호모 루덴스homo ludens · 놀이하는 인간, 유희의 인간에서 파생된 말로, 멀리 밖으로 나가지 않고 주로 집에서 놀고 즐길 줄 아는 사람을 가리키는 신조어다. 집 안에 갇혀 있다는 사실에 스트레스를 받기보다 나만의 안전한 공간에서 영화감상과 운동, 요리 등 취미를 즐기려는 사람이 여기에 해당한다.

전문가들은 코로나19 예방을 위한 '사회적 거리두기'와 삶의 질을 중요시하는 사회 분위기가 맞물리면서 가정에서도 외식 못지않은 식사와 여가를 즐기려는 욕구가 홈 루덴스 문화에 반영됐다고 분석한다.

특히 이 같은 홈 루덴스 문화의 확산은 음식 · 숙박업을 비롯해 새로운 비즈니스 기회 창출을 포함한 산업 변화는 물론 사회적으로도 큰 변화를 가져오게 할 것이어서 새로운 수요를 예측하고 선제 대응하는 것이 중요한 과제가 될 전망이다.

② 원격교육: 온 · 오프라인 '블렌디드 러닝' 활발해질 듯

매년 3월이면 새 학년이 시작되고 학생들은 새 선생님과 새 친구를 만나고 새 교실에서 새 교과서로 공부한다. 그런데 2020년 3월 한국의 초 · 중고생 540만 명은 학교에 가지 못했다.

코로나19 감염 확산 우려로 4월 9일에야 고3과 중3을 시작으로 온라인 개학에 들어갔다. 그 후 온라인 교육과 오프라인 교육을 병행한 블렌디드 러닝blended learning과 온라인 선행학습 이후 오프라인에서 토론을 벌이는 플립 러닝flipped learning이 극히 일부 학교에서 부분적으로 추진되었다.

그러면서 6월 8일에서야 전국 유 · 초 · 중 · 고교 학생이 모두 등교하여 오프라인 수업을 하게 되었다. 대학도 실험 실습이나 실기 중심의 교과 또는 소수 학생이 수강하는 교과를 제외하고는 오프라인 수업을 하지 못하고 대부분 온라인 수업에 의해 한 학기를 마쳐가고 있다. 이러한 상황을 계기로 교육계에서는 원격교육의 문이 본격적으로 열렸다고 평가하고 있다.

코로나19는 전통적인 오프라인 교수–학습에서 온라인, 블렌디드 러닝, 플립 러닝 등이 더 강조되는 교수–학습 형태로 촉진시킬 전망이다. 이런 변화는 근본적으로 학교와 교원의 역할, 교수–학습 방법, 교육 평가, 시설 · 설비를 비롯한 교육환경도 크게 혁신할 것을 요구하고 있다.

또한 학교에서 노동시장으로의 전환과정에서 고용체제도 획기적으로 변화되고 있다. 뿐만 아니라 기업교육을 비롯한 인적자원개발 전 분야에 걸쳐 새로운 개혁을 요구하고 있다.

지금은 평생학습시대를 맞아 성인 특히 노인들도 언제 어디서든지 원하는 것을 배울 수 있어야 한다. 그런데 코로나19로 인해 도서관, 시군단위 복지관이나 체육시설, 주민센터 등에서 개설하는 교육 프로그램 등 오프라인에 의해 사회교육기관에서 개설하던 프로그램이 폐쇄된 지가 반년이 넘었다. 사실상 남녀노소를 불문하고 평생학습 차원에서 활동의 기회가 극도로 축소되었다. 당장의 코로나확산 방지라는 우선순위에 밀려 정부관련 기관들이 관심을 가질 여력이 없을수록, 관계자와 전문가 그룹의 적극적인 정책적 제안이 필요하다.

특히 온라인 교육을 전개하는 과정에 학교 급별, 지역별, 전공분야별, 과목별, 교원별, 수업의 준비, 전개, 평가 단계별, 연령별, 학습자의 가정환경 및 특성별, 학력별, 기업의 규모 및 직종별 등에 따라 여러 가지 문제가 제기되고 있다. 이런 문제 해결을 위한 관련 분야 전문가 및 종사자의 수요가 늘어날 전망이다. 따라서 이와 관련된 새로운 교육산업과 직업 분야도 새롭게 나타날 전망이다.

학교교육뿐만 아니라 기업교육 분야에서도 코로나19 심각단계 이전과 이후 3개월씩을 상호 비교 조사한 결과, 집체교육은 66.5%에서 2.4%로 급감한 반면, 온라인교육은 4.2%에서 76.4%로 급증하였다.[15]

그림 9-1 코로나19 심각단계 전과 후 기업교육 형태의 변화

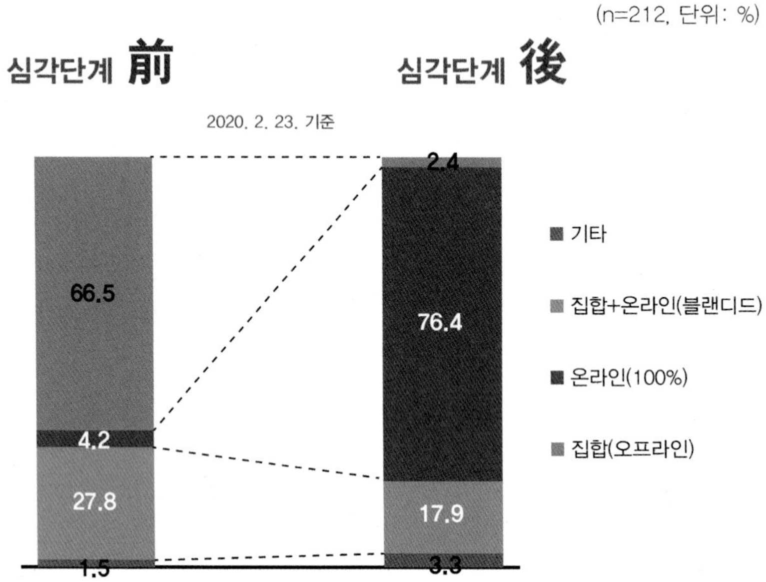

자료: 이찬 · 박복미 (2020). 포스트코로나, 워러밸(Work & Learning Balance: WLB) 한국실태조사. 2020 한국산업교육학회 연차학술대회 발표.

③ 비대면 산업: 5G 네트워크 기반 4차 산업의 가속

대면 접촉을 자제하는 언택트비대면는 교육 · 산업 · 경제 전반에서도 대세가 될 전망이다.

15 이찬 · 박복미 (2020). 포스트코로나, 워러벨(Work & Learning Balance: WLB) 한국실태조사. 2020 한국산업교육학회 연차학술대회 발표.

지금까지 대면이 대세였던 교육은 온라인을 더 포함하는 확장된 방식으로 전환할 것이고, 소비자의 상거래도 오프라인 상점에서 온라인으로 전환하는 구조적 변화를 가속화할 것으로 전망하고 있다.

특히 코로나19 예방을 위해 사람들은 점점 밀집한 지역을 피하려는 경향이 커지면서 비대면화가 빨리 진행되고 있다. 이로 인해 포스터 코로나 시대에는 5세대5G 네트워크 등 정보통신기술ICT과 이를 활용한 비대면 산업이 더욱 활기를 띨 전망이다.

네트워크가 발달할수록 기업의 생사도 빠르게 결정될 가능성이 크다. 네트워크가 발달하지 않았을 때는 기업이 내수 시장만으로 버티는 것이 가능했지만, 앞으로 글로벌 경쟁력을 갖춘 1~2개 기업만 살아남을 수 있다는 분석이다.

④ 스마트 오피스: 탈오피스, 재택근무 등 기업문화 혁신 급물살

코로나19 확산 방지를 위해 재택근무를 권고하는 회사가 크게 늘어나면서 대형 사무실에 함께 모여 일하던 기존의 오피스 문화에 혁신의 바람이 불고 있다. 이런 화상회의와 재택근무 도입 등은 일하는 방식의 변화로 오피스 공간 혁신으로 이어지고 있다.

그림 9-2 코로나19 심각단계 격상 후 학습장소의 변화

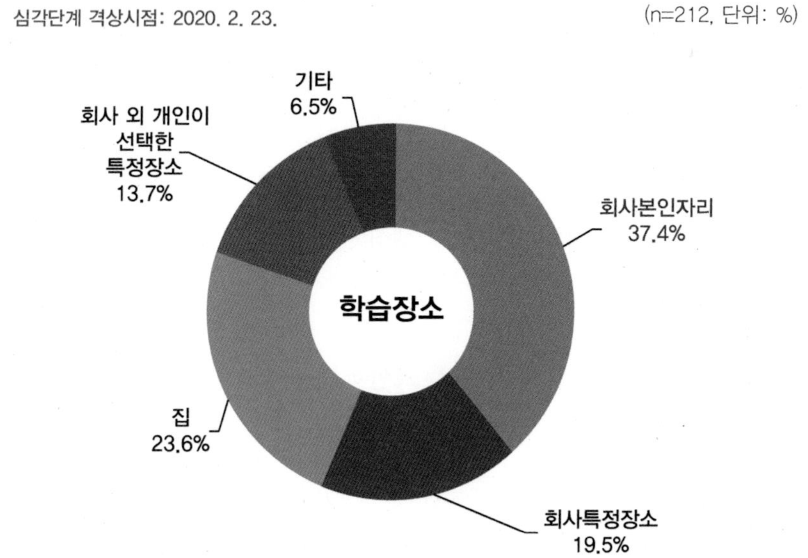

자료: 이찬 · 박복미 (2020). 포스트코로나, 워러밸(Work & Learning Balance: WLB) 한국실태조사. 2020 한국산업교육학회 연차학술대회 발표.

BMW 코리아는 최근 모바일 오피스 제도를 도입했다. 대표이사로부터 인턴 사원까지 전 임직원의 고정석을 없앴고 출퇴근 근무기록도 온라인에서 처리가 가능하도록 했다. SK텔레콤도 지난해 삼성전자와 시스코 등과 손잡고 스마트폰 하나로 모든 업무가 가능한 '모바일 기반 5세대G 스마트 오피스 사업'을 추진 중이다.

그래서 지금은 대기업이나 외국계 기업의 전유물로 여겨져 온 재택근무가 전 기업으로 확산하면서 홈 오피스 구축 사업도 빠르게 성장하는 양상이다.

국내 기업교육 상황도 급변하여, 코로나 심각단계 이후 재직자들의 학습장소 조사 결과, 자택이 23.6%, 회사 밖 개인 선호 장소 13.7% 등으로, 1/3 이상의 기업교육이 회사 밖에서 개인들의 선택과 편의에 따라 이루어지게 되었음이 확인되었다.

⑤ 콘서트 앳 홈: '랜선' 공연관람, 신문화 소비방식 가능성

코로나19가 강제한 '언택트' 상황은 문화계에 새로운 전기가 되고 있다. 뉴욕 메트로폴리탄 오페라와 영국 로열 앨버트홀의 앤드루 로이드 웨버 작품, 피아니스트 조성진의 무관중 공연 등을 온라인으로 관람하였다. 이는 온라인 관람과 문화적 체험에 대한 새로운 가능성을 열어주었다.

특히 전 세계적 팬덤을 기반으로 한 K-팝 쪽에서는 기술을 기반으로 새로운 콘서트 형식을 만들 수 있음을 보여줬다. 방탄소년단과 SM 엔터테인먼트의 스타군단 슈퍼엠의 온라인 콘서트가 대표적인 예이다. 방탄소년단의 무료 온라인 스트리밍 축제 '방방콘방에서 즐기는 방탄소년단 콘서트'은 조회 수가 5000만 건을 넘었고, 슈퍼엠은 온라인 전용 유료 콘서트 '비욘드 라이브Beyond Live'를 선보여, 120분 1회 공연7만 5000여 명 접속만으로 약 25억 원의 수익을 냈다.

온라인 공연은 기존의 무대와 관객의 거리를 없애고, 실시간 쌍방향 소통과 아티스트의 빈번한 '클로즈업' 연출 등으로 문화콘텐츠 생산 방식과 소비자들의 문화 소비방식에 대전환을 가져올 것으로 보인다.

⑥ 전문가의 귀환: '집단지성'보다 전문지식 · 조언에 의존

'집단지성'이란 용어가 말해주듯 인터넷의 폭발은 누구나 '나름 전문가'로 만들었다. 그래서 실제로는 '전문가의 몰락'이 왔다. 모든 의견이 같이 존중받아야 한다는 평등의식의 일반화에도 부채질 했다.

그러나 코로나19가 자신의 생명을 앗아갈 수 있는 상황에 이르자 사람들은 의료 전문가의 손에 매달렸고 그들의 입에 촉각을 세웠다. 의료뿐 아니라 통계 등 여타 과학 분야의 전문가도 부각되었다. 그들의 희생과 함께 전문적 지식과 대응이 코로나19 확산 저지에 결정적이었음을 지켜본 사람들은 전문가들을 이전과 달리 보게 되었다.

코로나19 의료진을 응원하는 한국의 릴레이 캠페인 '덕분에 챌린지'는 '전문가의 귀환'을 상징적으로 보여 주고 있다.

02 미래 변화가 요구하는 인재상과 역량

미래 변화가 요구하는 인재상은 앞에서 논의한 미래 변화 요인별 전문가, 미래학자, 산업계, 국제기구, 교육학자, 인적자원개발연구기관, 정부 관련 부처 등의 관점에 따라 다양한 인재상과 역량이 제시되고 있다.

우리나라 교육과정 원문, 2015 개정시기 초·중등학교2015.09 총론 Ⅰ. 교육과정 구성의 방향 1에 제시된 추구하는 인간상은 다음과 같다.

> 우리나라의 교육은 홍익인간의 이념 아래 모든 국민으로 하여금 인격을 도야하고, 자주적 생활 능력과 민주 시민으로서 필요한 자질을 갖추게 함으로써 인간다운 삶을 영위하게 하고, 민주 국가의 발전과 인류 공영의 이상을 실현하는 데에 이바지하게 함을 목적으로 하고 있다.

이러한 교육 이념과 교육 목적을 바탕으로, 이 교육과정이 추구하는 인간상은 다음과 같다.

가. 전인적 성장을 바탕으로 자아정체성을 확립하고 자신의 진로와 삶을 개척하는 자주적인 사람

나. 기초 능력의 바탕 위에 다양한 발상과 도전으로 새로운 것을 창출하는 창의적인 사람

다. 문화적 소양과 다원적 가치에 대한 이해를 바탕으로 인류 문화를 향유하고 발전시키는 교양 있는 사람
라. 공동체 의식을 가지고 세계와 소통하는 민주 시민으로서 배려와 나눔을 실천하는 더불어 사는 사람

이 교육과정이 추구하는 인간상을 구현하기 위해 교과 교육을 포함한 학교 교육 전 과정을 통해 중점적으로 기르고자 하는 핵심역량은 다음과 같다.

가. 자아정체성과 자신감을 가지고 자신의 삶과 진로에 필요한 기초 능력과 자질을 갖추어 자기 주도적으로 살아갈 수 있는 자기관리 역량
나. 문제를 합리적으로 해결하기 위하여 다양한 영역의 지식과 정보를 처리하고 활용할 수 있는 지식정보처리 역량
다. 폭넓은 기초 지식을 바탕으로 다양한 전문 분야의 지식, 기술, 경험을 융합적으로 활용하여 새로운 것을 창출하는 창의적 사고 역량
라. 인간에 대한 공감적 이해와 문화적 감수성을 바탕으로 삶의 의미와 가치를 발견하고 향유하는 심미적 감성 역량
마. 다양한 상황에서 자신의 생각과 감정을 효과적으로 표현하고 다른 사람의 의견을 경청하며 존중하는 의사소통 역량
바. 지역·국가·세계 공동체의 구성원에게 요구되는 가치와 태도를 가지고 공동체 발전에 적극적으로 참여하는 공동체 역량

교육학자의 관점에서 정범모는 '내일의 한국인'이 지녀야 할 자질 8가지를 다음과 같이 제시하고 있다.

• 전인(全人)

내일의 한국인은 기본적인 지·정·의·체를 고루 그리고 높게 갖춘 전인이기를 바란다. 내일은 좁고 단순한 지식·기술만으로는 지탱하기 어렵기 때문이다.

• 공인(公人)

내일의 한국인은 남과 공공을 깊이 생각하는 공인이기를 바란다. 빈곤의 시대에 부득이

'나'부터 생각했던 심성으로는 내일을 감당하기 힘들기 때문이다.

- 생산인

내일의 한국인은 장인정신과 창의력을 지닌 유능한 생산인이기를 바란다. 내일의 세계는 범상하고 진부한 생산력으로는 이겨내지 못하기 때문이다.

- 자율인

내일의 한국인은 지적·사회적·도덕적 생활에서 자발적이고 자율적이며, 책임 있는 자유를 행사하는 역량을 지닌 자율인이기를 바란다. 내일은 타율의 풍토로는 경영하기 힘들기 때문이다.

- 내재 가치

내일의 한국인은 일의 수단적 가치보다 일 자체에 보람을 느끼는 내재적 가치를 만끽하는 사람이 되기를 바란다. 내일은 사물의 쓸모만 생각하는 수단주의적 풍토만으로는 번영할 수가 없기 때문이다.

- 역사적 현재

내일의 한국인은 과거와 미래를 함축하는 역사적 현재를 사는 사람이기를 바란다. 내일에는 바로 눈앞만 보는 단기적인 안목으로는 온갖 차질을 빚을 것이기 때문이다.

- 보편과 특수

내일의 한국인은 지적·사회적·도덕적 생활에서 보편과 특수를 슬기롭게 오가는 사람이 되기를 바란다. 세상은 보편과 특수의 합작품이기 때문이다.

- 자연과의 조화

내일의 한국인은 자연과의 조화 속에서 자연과 더불어 살아가는 사람이 되기를 바란다. 인간의 삶을 지탱하는 자연의 파괴와 착취에는 한계가 있기 때문이다.[16]

그림 9-3 교육학자의 관점에서 정범모의 '내일의 한국인'이 지녀야 할 자질 8가지

16 정범모 (2011). 내일의 한국인. 학지사. pp.19-286.

옥스퍼드 대학의 옥스퍼드 이코노믹스는 향후 5~10년 사이에 수요가 증가하는 스킬skills을 디지털 스킬digital skills, 명민한 사고력agile thinking skills, 대인관계 및 의사소통 능력interpersonal & communication skills, 글로벌하게 활동할 수 있는 능력global operating skills이라고 발표하였다.

디지털 스킬이란 디지털 비즈니스를 적용한다든지 또는 가상공간에서 일한다든지, IT 소프트웨어와 시스템을 이해하는 능력을 말한다.

명민한 사고능력이란 혁신할 지점을 찾아내거나, 복잡한 문제를 해결한다거나, 여러 가지 다른 시나리오를 가지고 적절한 선택을 한다거나, 모호하거나 역설적인 상황에서 결정을 내리거나, 큰 흐름을 읽고 전략적인 판단을 할 수 있는 능력을 의미한다.

대인관계 및 의사소통 능력에서는 서로 간에 정보를 주고받으면서 협력하는 능력이 필요하다.

글로벌하게 활동할 수 있는 능력으로는 글로벌하게 언어를 습득하고 문화적 감수성을 발휘해 다른 나라에서 활동하거나, 글로벌한 시장을 이해할 수 있는 능력이 필요하다.[17]

세계 경제포럼에서 제시한 2020년 직장인이 가져야 할 10가지 역량은 복합적 문제해결력, 비판적 사고, 창의성, 인적자원관리 역량, 대인관계 역량, 감성지능, 결정력, 방향 설정 역량, 협상력, 융통성 등이다.[18]

위에서 제시하고 있는 여러 관점과 역량을 종합하고 4차 산업혁명과 관련하여 요구되는 역량 등을 필자 나름대로 정리하여 한국인 특히 젊은 세대가 지녀야 한다고 생각한 인간상을 교양인, 전문직업인, 국제인, 평생학습인으로 구분하여 제시하면 다음과 같다.

---

17 선대인 (2017). 일의 미래 무엇이 바뀌고 무엇이 오는가. 인플루엔셜. pp. 209-215.

18 이찬 (2018). '인더스트리 4.0 시대의 인재-Knowing 보다 Sharing 과 Doing 교실 밖 경험과 실천이 인재 만든다'. DBR /Dong-A Business Review. November 2017 Issue2, No 237. pp. 44-51.

• 교양인

가. 일상생활에 필요한 지식과 기술을 지니고 신체적으로나 정신적으로 건강한 생활을 하는 사람

나. 훌륭한 품성과 건전한 가치관으로 행복한 가정과 사회생활을 하는 사람

다. 정서적으로 안정되고 풍부한 감성으로 미를 창조하며 디자인 할 수 있는 사람

라. 생명을 존중하고 자연을 보호하며 자원을 절약하면서 생활하는 사람

마. 가정과 사회, 국가와 세계를 위해 도움을 주고 봉사하며 생활하는 사람

• 전문직업인

가. 모든 직업인이 공통적으로 갖추어야 할 직업 기초 능력을 튼튼히 지닌 사람

나. 자신이 좋아하고, 일생을 통하여 하고 싶은 일이면서, 로봇이나 인공 지능 등의 기계와의 경쟁에서 살아남을 수 있는 일을 택하여, 장인 수준의 최고에 달하는 사람

다. 직무에 필요한 전문적인 지식과 기술, 복합 문제해결력STEAM과 창의력, 다른 사람과 잘 소통하며 함께 일할 수 있는 협업능력, 그리고 변화에 도전할 수 있는 전이능력 등이 튼튼한 사람

• 국제인

가. 다문화를 이해하고 다른 민족과 더불어 살아가며 소통할 수 있는 사람

나. 뚜렷한 국가관과 애국심을 가지고 국제적인 품격을 지닌 사람

다. 지구촌 어디에서나 일할 수 있는 국제적인 역량을 지닌 사람

• 평생학습인

가. 생애 주기별로 진로를 설계하여 일생 동안 끊임없이 자기 개발을 하는 사람

나. 언제 어디서나 일하면서 배우고 배우면서 일하는 평생학습이 생활화된 사람

03 광복 75년의 직업교육훈련정책의 성과

1) 광복 75년의 직업교육훈련정책의 패러다임의 변화와 특징

역대 정권별 정치 · 경제 · 사회적 특성을 요약하면 <표 9-1>과 같다.

표 9-1 역대 정권별 정치 · 경제 · 사회적 특성

역대 정부	미군정 -이승만	박정희	전두환	노태우	김영삼	김대중	노무현	이명박	박근혜
정권별 정치, 경제, 사회적 특성	• 1950.6 · 25 전쟁으로피해극심 • 전후 복구비 재원 확보 곤란 • 1인당 국민소득 70~80달러 불과 • 기하급수적인 인구증가, 빈곤심화, 무질서 사회 속에 교육열 고조 • 대통령의 장기 집권과 선거 부정으로 1960년 4·19 혁명 거사 • 1960년 대통령 하야 및 장면 민주당 정권 수립, 그러나 정치·사회적으로 불안 계속	• 1961.5·16. 군사 정변으로 정권장악 • 1인당 GDP 100 달러 수준 • 경공업 중심의 경제개발 5개년 계획 수립 추진 • 기능기술 인력 수요 급증 • 새마을 운동 전개 • 1970년대는 중화학공업 중심 수출 주도형 경제개발 5개년 계획 추진 • 1970년대 유신체제 저항으로 사회 혼란과 불안 계속 • 1970년대 말 오일 쇼크, 세계 경제 불황 • 대통령 서거 등으로 경제 침체	• 신군부 쿠데타로 군부통치 시작 • 5·18 민주화 운동으로 많은 사상자 발생, 박종철군 고문 사망, 이한렬군 최루탄 사망사건 등 사회 혼란 계속 • 정권 변화에 따른 정치적 안정 필요성 대두 • 시국 수습책으로 1987년 6·29 선언 발표 • 경제 안전을 최우선 과제로 추진 • 기술 및 두뇌 의존형 산업으로 전환하는 산업고도화 추진 및 전문인력 개발 적극 추진	• 6·29 민주화 선언 이후 정치 민주화, 경제 민주화 주장 고조 • 기업내 노사분쟁극치 • 88 올림픽 계기로 아파트값 폭등 • 주택 200만호 건설계획에 따른 급속한 경제 성장 • 건설업 붐으로 전 산업 분야에 인력 부족과 임금 인상 초래, 반면에 3D 기피 현상 확대	• 문민정부 시대 도래 • 사회 전반에 걸친 개혁 추진: 군부개혁, 금융실명제 도입, UR 협정, OECD 가입 • 여당의원 과반수 미달, 한보철강 부도 및 비리로 정치 경제 혼란 • 1995년 수출규모 최초로 1000억 달러 초과, 1인당 GNP 1만달러 돌파, GDP 성장율 8.9%, 실업률 2.% • 국제경쟁력 강화 책 소홀로 1997년 IMF 외환위기 초래	• 민주주의와 시장경제의 병행 발전을 통치철학으로 국민의 정부 탄생 • 햇빛정책으로 여·야 간 논란 극심 • IMF 외환위기 극복과 구조개혁이 시급한 과제로 대두 • 대량 실업과 기업의 연쇄 부도로 사회 혼란 • 효순이 · 미순이 미군 장갑차 사건으로 한미갈등과 사회 혼란 • 지식기반 사회 도래	• 대통령 선거에서 극적으로 역전승 • 여소야대 정권으로 불안한 출발 • 당정 분리, 국정 분권을 통한 대통령 권한 축소 노력 • 탈권위적 권한행사 시도 • 국민이 참여의 주체, 권리의 주체, 개혁의 주체가 되는 정부 시도 • 국민통합, 화해와 포용력 부족, 정부주도의 자의적 한미 FTA 추진 • 대통령의 불안전한 언행 등으로 탄핵정국 겪음 • 지식기반 사회 도래	• 보수· 진보 간 10년만의 정권 교체 • 진보세력은 보수정권 출범의 인정을 원치 않음 • 진보 · 시민 · 사회단체, 노동자가 연대한 내각 구성 인사파동과 광우병 사태 등으로 정권초기부터 심한 저항 제기 • 국제유가 상승에 따른 소비와 투자 부진, 미국의 금융위기 촉발 등으로 경제 사회적 어려움 봉착 • 녹색성장을 통한 친환경 추진과 지식기반 사회 도래	• 보수정권 승계 • 박 대통령의 국민과의 소통 부재와 인사 문제가 정치 · 사회 이슈화 • 국내외 사회 · 경제적 변화에 대응하기 위한 창조 경제 정책 수립 및 이에 필요한 인력 개발 강화 • 4차 산업혁명 도래 • 세월호 사건, 위안부 문제 협상 후유증, 최순실 사건 등으로 인한 촛불시위와 언론계의 선동 등으로 탄핵소추 및 헌재의 파면 판결, 대통령 하야

<표 9－1>에서 보면 지난 75년 동안 역대 정권별로 정치 · 경제 · 사회적 특성이 있었음을 알 수 있다. 이런 특징 속에 직업교육훈련정책 패러다임의 변화와 특징을 요약하면 <표 9－2>와 같다.

표 9-2 광복 75년의 직업교육훈련정책 패러다임의 변화와 특징

시대	해방 후-1960	산업화시기 (1961-1988)		민주화시기 (1988-1998)		세계화 · 정보화시기(1998 ~) 4차 산업혁명 도래, 코로나19 시대			
정권	미군정 – 이승만	박정희 (1961 – 1979)	전두환 (1980 – 1988)	노태우 (1988 – 1993)	김영삼 (1993 – 1998)	김대중 (1998 – 2003)	노무현 (2003 – 2008)	이명박 (2008 – 2013)	박근혜 (2013 – 2017)
사회 경제 상황	• 6·25 전쟁으로 피해 극심 • 전후 복구에 필요한 재원 부족 • 빈곤 극심, 인구 폭증, 교육열 고조 • <표 9–1> 참조	• 1인당 GDP 100불 • 경제개발 5개년계획수립 및 추진 • 기능, 기술, 인력 수요 급증 • <표 9–1> 참조	• 산업의 고도화 • 정권 변화에 따른 정치적 안정 필요 • 3D기피 현상과 기능인력 부족 심화 • <표 9–1> 참조	• 6·29 민주와 선언 • 경제 성장 둔화 • 노사분쟁 극치 • 88올림픽 계기, 아파트값 폭등 • 인력난극심 • <표 9–1> 참조	• 군부개혁, 금융실명제 도입, UR 협정, OECD 가입. • 정치, 경제 혼란 • IMF 위기 초래 • <표 9–1> 참조	• IMF 위기 극복 • 햇빛정책으로 여야 논쟁 극심 • 한미갈등과 사회 혼란 • <표 9–1> 참조	• 여소야대로 정권 불안 • 국민이 참여 권리, 개혁의 주체 정부 • 대통령의 국민 통합, 화해, 소통 능력 부족으로 탄핵 정국	• 보수 진보 간에 10년 만의 정권 교체 • 국내외적으로 경제난 • 녹색 성장 강조 • <표 9–1> 참조	• 창조경제 강조 • 과학기술 변화로 4차산업혁명 도래 • 저출산 고령화문제 • 일자리 혁명 시도 • <표 9–1> 참조
발전 단계	직업교육 도입기	• 직업교육 기반 확충 • 직업교육 양적 성장기	• 직업교육 질적 성장기	• 직업교육 전환기	• 평생 직업 교육 체제 구축기	• 직업교육 재구조화			
정책 관점		• 산업인력 양성을 통한 국가 경제발전			• 개인 요구와 진로를 반영한 평생 직업 교육	• 인적자원 개발	• 국가균형 발전을 위한 산학협력	• 선 취업 · 후 진학 • 진로 · 직업 교육	• 능력중심 사회구현
교양 직업교육 정책	• 의식주, 가정생활, 실생활과 직업에 필요한 기초 능력개발 • 초등학교 실과와 중등학교 실업, 가정(1954 – 1973) 교과 이수		• 실과교과에 '일과 직업 세계' 단원 추가(4차) • 일과 경험과 소질 개발 강조(4 – 6차(1981 – 1992) • 중학교 기술(남) 가정(여) 이수(1973 – 1981) • 생활기술(남), 가정(여), 이수(4차 1981 – 1987)	• 기술(남), 가정(여), 기술, 가정 중 택 1, (5차 1987 – 1992) • 각 시도교육원에 진로연구부 설치	• 6차(1992) 기술, 산업과 가정 교과 이수 • 직업기초능력 중요성 인식 및 강화	• 7차 교육과정(2000 – 2007) 이후 현재와 미래를 주도할 수 있는 역량 개발 강조 • 진로·직업 교과로 편성운영(7차; 2000~)	• 10학년까지 10개의 국민공통 교과라는 총론의 원칙에 따라 초등의 실과와 중등의 기술가정 교과를 하나의 교과체제로 연결. • 4, 5, 6학년에서 이수하던 실과를 5, 6학년에서 2시간씩 이수하도록 함	• 진로교육 체제 강화 (2009개정 교육과정) • '진로와 직업' 선택 교과로 편성 운영 • 교육인적자원부 진로취업과(2008), 진로교육과(2012) 설치 • 모든 중고교에 진로, 진학 상담 교사 배치(2014)	• 진로교육법 제정 • 자유학기제 도입 • 직업기초능력 개발 강화

시대	해방 후-1960	산업화시기 (1961-1988)		민주화시기 (1988-1998)		세계화 · 정보화시기(1998 ~) 4차 산업혁명 도래, 코로나19 시대			
정권	미군정 – 이승만	박정희 (1961 – 1979)	전두환 (1980 – 1988)	노태우 (1988 – 1993)	김영삼 (1993 – 1998)	김대중 (1998 – 2003)	노무현 (2003 – 2008)	이명박 (2008 – 2013)	박근혜 (2013 – 2017)
중등 직업교육 정책	• 1인 1기 교육 강조 • 실업계 고교 확충 • 실업교육 지원 행정기구 확충 • 실업교사재교육 강화 • 교육과정 시간배당 기준령 제정 • 실업기술 5개년 계획 수립 • 실업교육 진흥법안 의결 • 주산능력 검정고시 규정제정	• 실업계 고교 및 학생 정원 확대 • 실업계고교 교육과정 제정 • 사범계열 실업교사 양성과 설치 • 실업계고교 유형 다양화 • 시설, 설비 확보를 위한 차관사업 추진 • 재정지원 확대 • 국가기술자격제도 창설 • 산업교육진흥법 제정 • 산학협동 강화	• 직업교육이 고교단계에서 고등교육 단계로 전환 • 기초역량 강화 • 전인교육을 위한 교육과정 개편 • 무시험 전형입학 • 자립영농인 육성 체제 강화 • 상업고 컴퓨터교육 강화 • 재정지원 감소	• 실업계고교 및 학생 정원을 고교 전체 정원의 35%에서 50%로 확대 추진 • 중등 직업교육 정책 행정권 지방자치단체로 이양 • 국공립 교육대학 및 사범대학 졸업자 우선 임용제 철폐	• 고교 직업교육다양화 • 특성화고 확대 • 공고2+1 체제 운영 • 고교 교육과정 통합 운영 • 재정지원 확대 • 교육기본법 21조(직업교육) 규정 • 직업교육 3법(직업교육훈련촉진법, 자격기본법, 한국직업능력개발원법) 제정 • 직업기초능력 강화	• 인적자원개발법에 의한 특성화고교 체제 강화 • 고교와 전문대학의 2+2연계체제 운영 • 인적자원개발기본법 제정 • 교원 정년단축, 전교조 합법화, 교원 양성기관 평가	• 특성화고 설치 확대 • 산학협력 강화 • 산업교육진흥 및 산학 협력촉진을 위한 법률 제정 • 직업교육체제 혁신 • 실업계 고교 졸업자 지방 공무원 특별 임용 • 수능 시험에 '직업탐구' 영역 신설 • 재정지원사업 중앙에서 시도 교육청으로 이관	• 전문계 고교를 마이스터고와 특성화고로 정예화, 전문화 • 진로교육 강화 • 특성화고 교과서를 국정에서 검인정으로 전환	• 능력중심사회 구현을 위한 NCS 기반 교육과정개발·운영 • 일 학습 병행제를 통한 평생학습체제 구현 • 진로교육 강화
고등 직업교육 정책 전문대학	• 초급대학 태동	• 초급대학의 교육목적과 역할 정립 • 실업고등전문학교 설립 • 전문학교 설립 • 초급대학, 실업고등전문학교, 전문학교를 전문대학으로 단일화 • 전문대학 발전 계획 수립 추진 • 교육과정 및 실험실습기준령 제정	• 전문대학 체제 개선 및 구조조정 • 전문대학 입학 정원 확대 • 졸업 정원제로 115% 모집	• 전문대학 기관 평가 실시 • 전문대학 설립 인가 사무처리 규정 및 개정 • 전문학사 학위 수여 • 산업체 근로자 전문대학 입학 기회 확대	• 전문대학 교육목적이 '중견직업인' 양성에서 '전문직업인' 양성으로 개정 • 전문대학 교명 변경 자율화 • 국공립 전문대학 신설 • 산학협력 강화 • 특성화사업 추진을 통한 재정지원 사업 추진 • 산업체위탁교육 군위탁생 프로그램 운영	• 전문 직업기술교육의 질제고 • 계속교육체제 구축 • 지역별, 설립별, 대학별 특성에 따른 균형적 육성 • 특성화 사업을 통한 정부 재정지원의 효율성 제고 • 산학협력 사업 대학까지 확대 강화	• 대학 정보공시제 도입 및 교원 확보율 강화 • 전문대학 교원과 4년제 대학 교원 간의 호봉 단일화 • 산학협력 중심대학 육성 사업 추진 • 학사학위 전공심화 과정 설치 운영	• 교명에 대학(교) 사용 자율화 • 전문대학 교육역량 강화 사업을 통한 재정 지원 • 산학협력 선도대학 육성 • 심화과정을 통한 학사학위 수여 • 세계적 수준의 전문대학 육성	• 특성화 전문대학 육성 사업을 통한 재정지원 • NCS기반 교육과정 개발·운영 • 취업 보장형 고교, 전문대학 통합교육 육성 사업 추진 • 세계로 프로젝트 추진 • 평생 직업교육대학 육성

시대		해방 후-1960	산업화시기 (1961-1988)		민주화시기 (1988-1998)		세계화 · 정보화시기(1998 ~) 4차 산업혁명 도래, 코로나19 시대			
정권		미군정－이승만	박정희 (1961－1979)	전두환 (1980－1988)	노태우 (1988－1993)	김영삼 (1993－1998)	김대중 (1998－2003)	노무현 (2003－2008)	이명박 (2008－2013)	박근혜 (2013 －2017)
						• 주문식 교육과정 및 전공 코스제 운영 • 전문대학졸업생에게 '전문학사' 학위수여 • 전공심화 과정 설치 운영				
	대학	• 고등교육을 초급대학, 대학, 대학원, 각종 학교 체제로 구축 • 전시연합대학 설립 운영 • 지역별로 국립대학 설립 • 대학 설치 기준령 제정을 통한 대학 설립 인가 및 교육질 통제 • 실업계 및 사범대학 설립 인가 확대 • 서울대 행정대학원 및 보건대학원 설립 • 졸업이수 학점 180 → 160으로 축소	• 부실 대학 정비 • 입시제도 국가관리 • 학사고시제 실시 • 교수실적검사제 도입 • 고등교육 개혁을 위한 실험대학 운영 • 졸업이수 학점 160→140으로 축소 • 대학별 학부제 또는 계열별 학생 모집 자율화 • 부전공 및 복수 전공제 도입 • 이수 학점 자율화 • 계절 학기제 운영 및 학점제 수업료 책정 • 한국방송통신대학 설립 • 대학의 특성화 정책 추진	• 7·30 교육개혁에 의한 고등교육 개혁 • 대학별 본고사 폐지, 예비고사 성적과 내신 성적으로 학생 선발 • 졸업정원제 도입(학생 130% 선발) • 한국방송통신대학 2년→4년으로 연장 및 학사과정 신설 • 대학 입학 정원의 급격한 증원 • 대학 평가 인정제 도입 • 학생 납입금 자율화 • 개방(산업) 대학 설립 운영	• 독학에 의한 학위 인정 제도 도입 • 국·사립대 교원 임용 차별 철폐 • 대학 설립 예고제 도입	• 대학 정원 자율화 제도 도입 • 대학 설립준칙주의 도입을 통한 대학의 다양화·특성화 • 시간제 등록제 도입 • 전과 및 편입학 제도 확대 • 전국 대학 평가를 통한 대학별 선의의 경쟁 유도 • 학점은행 도입 • 기술대학 설립 운영 • 사내대학 설립 준비 추진	• 대학 정원 통제를 위해 대학학생 정원조정 지침에 교원 확보율 및 교사 확보율 기준 상향 조정 교지확보율 및 수익용 기본재산도 기준에 추가 • 대학원 특성화 및 기능 분화 활성화 • 세계 수준 대학원 중심 대학 육성을 위한 두뇌한국 BK 21 사업 추진 • 사이버대학 설립 운영	• 지방대학 혁신역량 강화 사업(NURI 사업) 추진 • 산학협력중심대학 사업 추진 • Post BK 및 기초학문 육성 계획 추진 • 대학 구조 개혁을 통한 대학 간 통폐합 추진 • 대학 신설 요건 강화 • 정원 감축과 연계한 대학 구조 개혁 지원 사업 추진 • 대학 특성화 추진	• 우수 인력 양육을 위한 교육 역량 강화 사업 추진 • 정부 재정 지원 사업과 대학 구조 개혁과의 연계 추진 • 산학협력 선도대학 육성 사업(LINC) 추진 • 세계 수준의 연구 중심대학 육성 사업(WCU) 추진 • 국가장학금 제도 도입	• 대학평가를 통한 대학구조개혁 추진 • 대학 역량 강화 사업 추진(대학 특성화 사업(CK), 학부교육 선도 대학 육성 사업(ACE), 여성 공학 인재 양성 (WE－UP), CAMPUS ASIA 확대 사업 등) 추진 • 산학협력 및 취·창업 활성화 사업(산학협력 선도 대학 육성 (LINC), 취·창업 교육 지원 활성화 및 창조 경제 혁신 센터와 연계 협력, 글로벌 현장 실습 프로그램 운영 등) 추진 • 성인전담 평생교육 단과대학 체제 도입 지원

시대	해방 후-1960	산업화시기 (1961-1988)		민주화시기 (1988-1998)		세계화 · 정보화시기(1998 ~) 4차 산업혁명 도래, 코로나19 시대			
정권	미군정-이승만	박정희 (1961-1979)	전두환 (1980-1988)	노태우 (1988-1993)	김영삼 (1993-1998)	김대중 (1998-2003)	노무현 (2003-2008)	이명박 (2008-2013)	박근혜 (2013 -2017)
평생 직업 교육훈련 정책	• 1953년 근로기준법 제정 • 1949년 공무원교육훈련 기관 설치 및 현직 공무원재훈련 과정 개설 운영 • 1954년 수습행정원과 영어회화과, 1959년 고급공무원 훈련과정 개설 운영 • 한국생산성본부 설립을 통한 기업교육 실시 • 미용, 양재, 편물, 예술 및 무용, 타자, 기술 학원을 통한 직업훈련 • 사설강습소에 관한 법률 제정(1961)과 학원 정비 • 특이 1960년대 타자, 경리, 여비서등을 양성하는 타자 경리학원이 인기가 높았음. 그 후 호텔 요원, 관광안내원, 통역 안내원 양성기관이 인기가 있었고 1970년대에는 기술학원이 인기가 높았음	• 산업체부설중고등학교 및 특별학급 설치 운영 • 기술학교 및 고등기술학교 설립 운영 • 직업훈련 기본법 제정 • 1960년 대한조선공사 등 15개 기업에서 견습공과정 사업내직업훈련 실시 • 1961년 한국전력주식 호사 사원훈련소 설치 신입사원 훈련 실시 • 1967년 직업훈련법 제정 • 공공직업훈련원 시설 설치 • 차관 사업에 의한 직업훈련시설확보 • 사업내 직업훈련 실시 및 의무화 • 기능장 제도 도입 • 1976년 직업훈련기본법 제정 • 공무원 교육훈련의 법적·제도적 기틀 마련 및 중앙공무원교육원 설치(1961), 및 기관 증설	• 전문대학 및 대학에서의 평생직업교육훈련 실시 • 기능대학 설립 운영 • 한국직업훈련관리공단 설립 • 한국기술교육대학 설립 추진 • 직업훈련 의무제도의 산정 기준 개정 • 특수목적직업훈련원 신설 • 그룹 및 대기업의 교육훈련 전담 연수원 설치(1980년대) • 학원을 사단법인 한국학원총연합회 하나로 통일(1976)하고 12개 교육협회와 17개 지회로 조직	• 개방대학 확충 및 운영 내실화 • 독학에 의한 학위취득에 관한 법률 제정 • 한국직업훈련관리공단을 한국산업인력관리공단으로 개칭, 직종개편 및 공단 훈련 과정의 개편 • 기능 장려 강화 • 국가기술자격 검정제도 개선 • 직업훈련촉진기금의 사용 확대 • 서울 국제 직업훈련원의 설립	• 기능대학법 개정, 및 기능대학 졸업생에게 산업학사 학위 수여 • 고용보험 제도 도입 • 전문대학 학력 인정 여주농업경영전문학교 설립 • 자립영농인 양성을 위한 한국농수산대학교 설립 • 공동직업훈련원 설치 • 고용보험제도 도입(1995), 직업훈련의무제도 폐지(1997), 근로자직업훈련촉진법 제정(1999) • 기업의 교육훈련이 인적자원개발(HRD) 패러다임으로 전환	• 평생교육법 개정 (1999) • 사내대학 설립을 위한 법적 근거 준비 • 기술자격 제도 개선 • 근로자직업훈련촉진법 개정 • 능력개발지원을 위한 고용보험법 개정 • 원격직업훈련사업의 활성화 • 민간자력국가공인제도 시행 • 민간자격 대외교류 확대 • 기업의 인적자원개발이 거시적 학습조직에 역점을 둠 • 인적자원개발기본법 제정	• 기능대학을 폴리텍대학으로 통합 • 사내대학 설립 운영 • 지속적인 기술자격 제도 개선 • 개발도상국에 직업훈련 지원	• 전공과 운영 3개 고등기술학교를 전문대학 졸업동등인정 전공대학으로 인가 • 취약계층에 대한 직업능력 개발 지원 강화 • 다양하고 질 높은 직업훈련 서비스 제공 • 취약계층 직업능력개발 지원 강화 • 국가기술자격제도 혁신 및 기능장려 사업 • 직업능력개발 체제 선진화	• 폴리텍 대학 졸업생에게 학사 학위 수여 (2015) • 전공대학과 평생교육대학체제 신설 • 국가직무능력표준(NCS) 체제 구축 및 확산 • 국가기술자격 개편 • 스펙 초월 능력 중심 채용 확산 • 일·학습병행제 도입 • 지역·산업 맞춤형 인격양성 체제 구축

<표 9-2>에서 광복 75년 동안의 직업교육훈련정책의 특징을 몇 가지 관점에서 찾아볼 수 있다.

첫째, 직업교육훈련정책을 사회·경제 상황 변화와 산업발달 단계에 따라 유연성 있게 수립·추진하였다. 산업화 시기이고 박정희 정권부터 시작해서 노태우 정권까지 경제개발 5개년 계획이 수립되어 추진되던 1960년대 초부터 1980년대 말까지는 정부가 국가 경제 발전을 위해 필요한 산업 인력 수급을 계획하여 정부 주도로 인력을 양성하였다.

그 후 1990년대 초 민주화 시기가 본격적으로 추진되던 김영삼 정부부터는 직업교육 정책이 경제·사회 요구 변화에 따라 다양한 인력 양성 요구를 충족할 수 있도록 변화하였다. 이를 위해 인력 양성 체제가 공급자 중심에서 수요자 중심으로, 정부 주도에서 민간 주도로, 막힌 교육훈련에서 열린 교육훈련으로, 제각기 하는 교육훈련에서 협력·경쟁하는 체제로 바뀌었다.

둘째, 국가경제발전 정도에 따라 교양 직업교육, 중등 및 고등 교육에서의 직업교육, 그리고 사회교육을 통한 직업교육훈련평생 직업교육의 체제, 프로그램, 양성 인력 등을 산업 발달 단계별 수요에 맞추려고 노력하였다.

교양 직업교육은 산업화시기인 1960년대 초부터 1980년대까지는 모든 국민이 일상생활에 필요한 실기능력을 함양할 수 있도록 초등학교에서의 실과와 중등학교에서의 실업·가정을 강조하였다. 1980년 후반부터는 과학기술의 발달로 산업이 고도화되면서 진로 교육을 본격적으로 강조하기 시작하였다. 1990년대 후반부터는 지식정보화 사회를 맞아 직업기초능력을 강조하기 시작하였다.

중등 직업교육도 산업화 발달 단계에 따라 기능인력 수요를 최대로 요구하던 1960~1970년대에는 고교 직업교육과 직업훈련 체제를 강화하고 다양화하여 이들 인력 수요를 충족하도록 노력하였다. 산업사회가 중견 기술 인력을 많이 필요로 하던 1980년대 초부터는 전문대학 교육을 확대하고 강화하였다. 고등교육이 보편화단계에 접어든 1990년대 중반부터는 대학에서의 직업교육이 본격적으로 강화되기 시작하였다.

2000년대에는 지식정보화 사회를 맞이하면서 과학기술의 급속한 발달로 직업의 생성소멸 주기가 단축되고 평균 수명이 길어지고 있다. 이에 따라 인생 이모작에 적합한 일을 계속할 수 있는 다양한 형태의 평생 직업교육 체제를 확대 강화하고 있다.

평생 직업교육훈련도 시대 변화에 따라 필요한 산업인력을 양성하기 위해 매우 다양한 유형과 프로그램을 개발 운영하였다. 학교체제하의 평생 직업교육 기관 설립 운영, 고용노

동부 산하의 직업능력개발훈련, 기업 교육인적자원개발: HRD, 사업내 직업훈련, 국가공무원인재개발원, 평생 직업교육 학원 등에서의 직업교육훈련 등이 대표적인 예다. 이들 평생 직업교육훈련 기관들은 학교 교육을 통해 추진하기 어려운 여러 가지 직업교육훈련을 보완하고 지원하는 기능도 수행해오고 있어 기여도가 높다.

셋째, 학교 급별로 직업교육 정책이 성공적으로 기획되고 추진된 것 중 중등 직업교육에서는 다음과 같다. 실업계고등학교 교육과정을 일반고등학교와 분리하여 독립적으로 1963년에 제정·운영하였다. 1963학년도부터는 사범계열 실업교원 양성과를 대학에 설치하여 우수 실업교원을 양성하기 시작하였다. 1970년대에는 분야별 산업인력을 양성하기 위해 실업계고등학교 유형을 다양하게 운영하였다.

전문대학의 대표적인 성공정책은 1979년부터 초급대학, 고등전문학교, 전문학교를 통합하여 전문대학으로 단일화하고 산업사회가 필요로 하고 전문대학에 적합한 전공학과를 1980년대에 대폭 개발하여 확대하였다.

4년제 대학의 경우는 1990년대 중반부터 고등교육이 보편화 단계에 접어들면서 정부가 재정지원을 계기로 직업교육에 역점을 둔 대학 육성 지원정책들을 기획하고 추진하였다는 점이다.

넷째, 제한된 정부 재원 속에서도 산업발달 단계에 따라 필요한 인력 양성을 위해 직업교육훈련에 재정을 유효적절하게 투자하였다. 특히 1960년대 말부터 시작하여 1990년대 초까지 직업교육훈련을 실시하고 있는 중등, 고등 및 사회교육 기관에 차관 사업을 추진하였다. 이를 통해 직업기술교육훈련을 위한 시설·설비 및 기자재를 확보할 수 있도록 하여 직업교육훈련 내실화에 크게 기여하였다.

다섯째, 직업교육훈련은 특히 박정희, 김영삼, 이명박 정부 때 활성화 되었다. 직업교육

훈련이 발전되기 위해서는 대통령과 교육부 장관을 위시한 직업교육훈련관련 담당 부서 장관, 청와대 수석 및 정부 부처의 담당국장들의 리더십이 중요하다는 것을 시사하고 있다.

2) 광복 75년의 직업교육훈련 주요 인적자원개발 지표[19]

광복 후 75년간의 직업교육훈련정책을 통하여 이룬 성과를 2017년 기준 인적자원개발 지표의 관점에서 직업계 고교 졸업자와 고등교육기관 졸업자의 진로 현황, 평생 직업교육 현황 등을 살펴보면 <표 9-3>에서 <표 9-11>과 같다.

(1) 평생 직업교육

① 중등 직업교육

고등학교 단계 직업교육기관의 계열별 학교·학생·교원 현황과 고등학교 단계 직업교육기관의 현황은 <표 9-3>과 <표 9-4>와 같다.

표 9-3 고등학교 단계 직업교육기관의 현황(2017)

연도	농업고			공업고			상업고		
	학교수	학생수	교원수	학교수	학생수	교원수	학교수	학생수	교원수
2010	30	16,492	1,443	212	189,758	13,353	190	147,435	10,541
2017	35	14,146	–	195	124,130	–	178	106,696	
연도	수산·해양고			가사·실업고			종합고		
	학교수	학생수	교원수	학교수	학생수	교원수	학교수	학생수	교원수
2010	7	3,737	323	64	34,153	2,825	189	94,554	7,203
2017	7	1,983		50	24,386		–	–	–

주: 2010년 초·중등교육법 시행령 개정으로 종합고가 일반고로 분류가 변경됨에 따라 교육 통계에서 종합고는 제외되었음.
자료: 한국직업능력개발원(2018). 2018 한국인적자원개발지표. p. 25.

<표 9-3>에서 보면 대부분의 고등학교 단계 직업교육기관의 학교 수와 학생 수가 지난 7년 동안에도 계속 감소하였음을 알 수 있다.

19 한국직업능력개발원 (2018). 2018 한국의 인적자원 개발지표. pp. 3-21, pp. 36-54.

표 9-4 고등학교 단계 직업교육기관의 현황(2017)

구분	특성화고등학교			마이스터고등학교		
	학교수	교원수	학생수	학교수	교원수	학생수
총계	466	25,405	271,446	45	2,683	18,492
국립	–	–	–	5	473	3,414
공립	268	14,406	143,635	5	1,864	12,633
사립	198	10,999	127,811	4	346	2,445

자료: 한국직업능력개발원 (2018). 2018 한국인적자원개발지표. p. 26.

고등학교에서 특성화고등학교의 비중은 고교 전체 2,360개교 중 491개교로 20.8%이다.

학생 수는 고등학교 전체 입학자 수 521,591명 중에서 특성화고 입학자는 94,148명으로 18.1%이다. 마이스고등학교는 전체 고등학교 수의 2%이고 학생 수는 3.5%이다.

고등학교 졸업자의 진로 현황은 <표 9－5>와 같다.

표 9-5 고등학교 졸업자의 진로 현황 (단위: 명, %)

연도	졸업자		진학자(등록자)		취업자		입대자	
	학생수	진학률	학생수	취업률	학생수	비률	학생수	비률
1990	761,922	206,790	27.1	357,905	51.0	3,244	0.4	247,942
2000	764,712	473,803	62.0	161,272	66.1	884	0.1	82,745
2010	633,539	477,384	75,4	34,182	25.9	1,405	0,2	97.861
2017	583,608	401,923	68,9	62,784	34.7	927	0.2	117,974

자료: 한국직업능력개발원 (2018). 2018 한국의 인적자원개발지표. p. 34.

<표 9－5>에서 보면 계속되는 합계출산율 감소로 인해 지난 30년 동안 고등학교 졸업자 수가 761,922명에서 583,608명으로 76.6 % 수준으로 감소하였다.

그런데 고등학교 졸업자 수는 급감하였지만 같은 기간 동안 대학 진학자 수는 206,790명에서 401,923명으로 194% 증가하였다. 반면에 취업자 수는 357,905명에서 62,784명으로 취업률이 51.0%에서 34.7%로 감소하였다.

이런 결과가 나타난 원인은 그 기간 동안에 고등학교 교육을 보통교육과 직업교육 중 어느 쪽에 더 비중을 둘 것인가에 대한 정부 교육정책의 혼선과 중등 직업교육정책에 대한 일관성 부족, 특히 1980년의 전두환 정부 때 직업교육의 축을 중등교육에서 고등교육으로의 전환함에 따른 중등 직업교육의 위축, 1990년대 말 이후부터 직업 고교 졸업생의 동일계 진학 특혜, 고등학교와 전문대학 간의 2+2 연계교육과정 운영, 수능시험에 직업탐구 영역 신설 등의 영향이 있었던 것으로 판단된다.

직업계고 졸업자의 진로 현황은 <표 9-6>과 같다.

표 9-6 직업계고 졸업자진로 현황 (단위: 명, %)

연도	졸업자	취업자	취업률	진학자	진학률	기타
2010	156,069	29,916	19.2	111,041	71,1	15,112
2017	109,051	54,908	50.6	35,420	32,5	18,723

자료: 한국직업능력개발원 (2018). 2018 한국의 인적자원개발지표. p. 31.

지난 이명박 정부와 박근혜 정부에서 직업계 고등학교 졸업자의 취업률이 월등히 높아지고 대학 진학률이 반으로 줄어든 것은 691개의 직업고등학교를 50개의 마이스터고등학교와 350개의 특성화고등학교로 구조조정하고 양보다 질적으로 우수한 직업교육을 강화한 정책 기획과 다각적인 정책과제의 추진 결과이다.

고등학교 단계 직업교육기관특성화고등학교 졸업자의 진로 현황은 <표 9-7>과 같다.

표 9-7 고등학교 단계 직업교육기관(특성화 고등학교) 졸업자의 진로 (단위: 명, %)

연도	졸업자	진학자		취업자		입대자		무직자 및 미상		특수학교 전공과	
		인원	비율	인원	비율	인원	비율	인원	비율	인원	비율
2014	105,612	39,668	37.6	47,519	45.0	444	0.4	17,981	17.0	–	–
2017	95,131	30.839	32.4	47,946	50.4	425	0.4	15,770	16.6	151	0.2

자료: 한국직업능력개발원 (2018). 2018 한국의 인적자원개발지표. p. 31.

<표 9-7>에서 보면 최근 들어 특성화고등학교 졸업자 수는 감소하였지만 취업자 수는 늘어나고 진학자 수는 감소하는 경향이었다.

고등학교 단계 직업교육기관특성화고등학교 졸업자의 진학 현황은 <표 9-8>과 같다.

표 9-8 고등학교 단계 직업교육기관(특성화 고등학교) 졸업자의 진학 (단위: 명, %)

연도	졸업자	전체	진학자					
			국내				국외	
			전문대학	대학	교육대학	기타	전문대학	대학
2014	105,612	39,668 (37.6)	27,625 (26,2)	11,415 (10.8)	2 (0.0)	517 (0.5)	47 (0.0)	62 (0.1)
2017	95,131	30,839 (32.4)	21,767 (22.8)	8,480 (8.9)	3 (0.0)	396 (0.4)	78 (0.1)	106 (0.1)

자료: 한국직업능력개발원 (2018). 2018 한국의 인적자원개발지표. p. 32.

표에서 특성화 고등학교 졸업자의 대학 진학 경향을 보면 3분의 2 정도는 전문대학에 진학하고 3분의 1 정도는 대학에 진학하는 경향이다.

고등학교 단계 직업교육기관특성화 고등학교 졸업 후 취업자의 취업 업종을 보면 <표 9-9>와 같다.

표 9-9 고등학교 단계 직업교육기관(특성화고등학교)졸업 후 취업자의 취업 업종 (2017년 기준, 단위: 명, %)

구분	인원	비율	구분	인원	비율
합계	47,946	100.0	금융 및 보험업	1,700	3.5
농업·어업·임업	867	1,8	부동산업 및 임대업	80	0.2
광업	146	0.3	전문·과학 및 기술서비스업	2,084	4.3
제조업	19,610	40.9	사업 시설관리 및 사업지원서비스업	2,008	4.2
전기·가스·증기 및 수도사업	1,151	2.4	공공행정·국방 및 사회보장행정	1,543	3.2
하수폐기물처리·원료 재생 및 환경복원업	46	0.1	교육서비스업	281	0.6
건설업	1,891	3.9	보건업 및 사회복지 서비스업	1,600	3.3
도매 및 소매업	4,042	8.4	예술·스포츠 및 여가관리 서비스업	1,448	3.0
운수업	425	0.9	협회 및 단체·수리 및 기타 개인서비스업	1,604	3,3
숙박 및 음식점업	4,739	9.9	가구내 고용활동 및 달리 분류되지 않는 자가소비 생산활동	148	0.3
출판·영상·방송통신 및 정보서비스업	2,483	5.2	국제 및 외국기관	50	0.1

자료: 한국직업능력개발원 (2018). 2018 한국의 인적자원개발지표. p. 35.

특성화고등학교 졸업생의 주된 취업 분야는 제조업 40.9%, 숙박 및 음식점업 9.9%, 도매 및 소매업 8.4%, 출판·영상·방송통신 및 정보서비스업 5.2%, 전문·과학 및 기술 서비스업 4.3%, 사업시설 관리 및 사업지원 서비스업 4.2%, 건설업 3.9%, 금융 및 보험업 3.9%, 보건업 및 사회복지서비스업 3.3%의 순위이다.

② **고등 직업교육**

고등 교육기관 졸업자 취업 현황은 <표 9-10>과 같다.

표 9-10 2016년 고등교육기관 졸업자 취업 현황

(단위: 개교, 명, %)

구분	학교 수	졸업자	취업 대상자	졸업 상황							취업률	진학률
				취업자	진학자	입대자	취업불 가능자	외국인 유학생	제외 인정자	기타 미상		
고등교육기관	566	580,695	516,620	349,584	36,838	7,607	265	12,983	6,382	167,036	67.7	6.3
전문대학	145	178,486	161,521	114,001	8,967	5,182	81	712	2,023	47,520	70.6	5.0
대학	194	334,649	297,754	191,404	24,490	1,915	155	6,612	3,723	106,320	64.3	7.3
교육대학	10	3,833	3,723	3,145	11	89	2	–	8	578	84.5	0.3
산업대학	13	10,986	10,432	6,997	357	38	6	89	64	3,435	67.1	3.2
각종학교	4	514	404	224	60	7	–	10	33	180	55.4	11.7
기능대학	25	7,476	7,086	5,864	84	214	7	1	84	222	82.8	1.1
일반대학원	175	44,751	35,700	27,949	2,869	162	14	5,559	447	7,751	78.3	6.4

자료: 한국직업능력개발원 (2018). 2018 한국의 인적자원개발지표. p. 53.

고등교육기관 전체 평균 취업률은 67.7%인데 전문대학은 70.6%, 대학은 64.3%이다. 고등교육기관 전체 평균 진학률은 6.3%인데 전문대학은 5.0%, 대학은 7.3%이다. 여기서 우리는 대학원 진학이 대학졸업생의 10% 미만이고 대부분의 졸업생은 취업을 희망한다는 것을 알 수 있다. 따라서 고등교육도 연구중심대학은 연구 여건을 잘 갖춘 일정 범위 내의 대학을 선택하여 집중 육성하고 대부분의 대학은 교육 중심, 특히 학생 개인이 원하고 사회가 필요로 하는 다양한 형태의 전문인을 양성하는 직업교육과 성인을 위한 평생교육체제가 강화된 교육중심대학으로 발전되어야 한다.

③ **평생 직업교육**

우리나라 평생교육기관 수는 2017년 기준 4,032개인데 그 중 직업능력개발훈련기관수는 459개로 11.4%이다. 프로그램 수는 전체가 164,529개인데 그 중 직업능력향상 프로그램이 67,513개로 41.0%이다. 직업능력향상 프로그램은 원격형태 53,595개, 대학(원)부설 4,645개, 지식·인력개발형태 3,373개, 평생학습관 2,344개, 언론기관 부설 1,411개 등 다양한 기관에서 개설 운영하고 있다.

평생 학습 참여율은 2017년 34.4%로 2012년 35.6%에 비해 다소 감소하는 경향이다.

(2) 일자리 관련 인력개발자원지표[20]

① **일자리**

우리나라 국민들의 경제활동 참가 정도, 취업 및 실업 인구, 청년층 경제활동 인구, 임금, 노동시장 등에 나타난 결과를 2017년을 기준으로 살펴보면 다음과 같다.

• **경제활동 참가**

15세 이상 인구는 43,931천 명인데 남자가 21,573천 명이고, 여자가 22,357천 명이다. 그 중 경제활동인구는 27,748천 명인데 성별로는 남자가 15,975천 명이고 여자는 11,773천 명이다. 경제활동 참가율은 63.2%인데 남자는 74.1%이고 여자는 52.7%이다.

연령별 경제활동 참가율은 전체적으로는 63.2%인데 연령별로는 15~19세 9.2%, 20~29세 63.9%, 30~39세 77.8%, 40~49세 81.1%, 50~59세 77%, 60세 이상은 41.1%이다.

학력수준별 경제활동 참가율은 전체적으로 63.2%인데 초졸 이하 36.4%, 중졸 40.0%, 고졸 65.3%, 대졸 이상 78.1%(전문대졸 79.2%, 대학교졸 이상 77.7%)이다.

20 한국직업능력개발원 (2018). 2018 한국의 인적자원 개발 지표. pp. 3-24, pp. 71-90.

• 취업 · 실업 인구 구성비

산업별 취업자 구성비는 농림 · 어업 4.8%, 광공업 16.9%제조업 16.9%, 사회간접자본 및 기타서비스업 78.3%건설업 7.4%, 도소매 · 음식숙박업 22.8%, 사업 · 개인 · 공공서비스 및 기타 36.6%, 전기 · 운수 · 통신 · 금융 11.5%이다.

고용율은 전체적으로는 60.8%인데 연령별로는 15~19세 8.4%, 20~29세 57.6%, 30~39세 75.3%, 40~49세 79.4%, 50~59세 75.3%, 60세 이상은 9.9%이다.

구직 단념자 현황은 481천 명인데 남자 287천 명, 여자 194천 명이다.

전체 실업율은 3.7%인데 연령별로는 15~19세 8.7%, 20~29세 9.9%, 30~39세 3.3%, 40~49세 2.1%, 50~59세 2.2%, 60세 이상은 2.9%이다. 교육정도별 실업률은 전체적으로 3.7%인데 초졸 이하 2.5%, 중졸 3.0%, 고졸 3.8%, 대졸이상 3.9%전문대졸 4.4%, 대학교졸 이상 3.7%이다.

• 청년층 경제활동 인구

청년층만 15~29세 인구는 9,282천 명이다. 그 중 경제활동 인구는 4,333천 명취업자 3,907천 명, 실업자 426천 명이고 비경제활동 인구는 4,949천 명으로 경제활동 참가율은 46.7%이고 실업률은 9.8%, 고용율은 42.1%이다.

• 임금

산업별, 성별 월 평균 임금은 <표 9-11>과 같다.

표 9-11 산업별, 성별 월 평균 임금(2016년 기준 상용근로자 5인 이상) (단위: 천원)

구분	임금			구분	임금		
	평균	남	여		평균	남	여
전체 산업	2,892	3,289	2,203	출판, 영상, 방송통신 및 정보서비스업	3,494	3,804	2,685
농업, 임업, 어업	2,746	2,928	2,109	금융 및 보험업	4,092	4,745	3,277
광업	3,395	3,494	2,491	부동산 및 임대업	2,255	2,512	1,636

구분	임금			구분	임금		
	평균	남	여		평균	남	여
제조업	2,984	3,230	2,227	전문, 과학 및 기술서비스업	3,659	4,037	2,757
전기,가스,증기 및 수도사업	4,438	4,637	3.197	사업시설관리 및 사업지원서비스업	2,431	2,861	1,950
하수 · 폐기물처리 원료재생 및 환경복원업	2,846	2,960	2,176	교육서비스업	3,200	4,003	2,494
건설업	3,050	3,192	2,262	보건 및 사회복지 서비스업	2,354	3,755	2,035
도매 및 소매업	2,722	3,115	2,124	예술, 스포츠 및 여가관련 서비스업	2,451	2,779	1,991
운수업	2,679	2,724	2,416	협회 및 단체, 수리 및 기타 개인 서비스업	2,158	2,640	1,404
숙박 및 음식점업	1,884	2,137	1,695				

자료: 한국직업능력개발원 (2018). 2018 한국의 인적자원개발지표. pp. 14-15.

광업, 제조업, 전기, 가스 및 수도업을 포함한 전 산업의 노동생산성 지수는 102.4인데 해가 거듭될수록 노동생산성 지수가 계속 낮아지고 있다. 특히 제조업 노동생산성 지수는 2012년 111.1에서 2017년 102.2로 급속히 감소하였다.

- 노동시장 국제 비교

나라별 고용 비율15세~64까지 고용인구인구비을 보면 OECD 전체평균은 67.0%이고 한국은 66.1%, 독일 74.9%, 일본 74.3%, 영국 74,3%, 호주 72.4%. 미국 69.4% 등이다

나라별 연간 평균 근로시간은 OECD 전체 1,763시간, 한국 2,069시간, 독일 1,363시간, 호주 1,669시간, 영국 1,676시간, 일본 1,713시간, 미국 1,783시간 등이다.

(3) 직업능력개발 관련 인적자원개발 지표[21]

① 개인의 교육훈련 참여 현황

임금 근로자의 교육훈련 참여는 지속적으로 확대 추세를 보이고 있었는데 2017년도의 경우에는 56.6%로 전년도 대비 0.4% 감소하였다.

21 한국직업능력개발원 (2018). 2018 한국의 인적자원 개발 지표. pp. 71-90.

② 기업의 교육훈련 실시 현황

기업의 근로자 1인당 월평균 교육훈련비는 2016년 2만 1천 1백 원이었다. 1인당 노동 비용에서 교육훈련비가 차지하는 비중은 2008년 0.8%에서 2016년 0.4%로 감소되었다.

③ 정부의 직업능력개발사업 현황

고용노동부 직업능력개발사업 훈련 참여 인원은 2009년 516만 8천 명에서 계속 감소 추세를 보여 2016년에는 353만 9천 명이 되었다.

직업능력개발사업 중 실업자 훈련 참여 인원은 내일배움카드제 도입으로 크게 증가하여 2013년 45만 1천 명으로 절정을 이루었으나, 이후 절반 수준으로 감소하여 2016년에는 27만 2천 명이 실업자 훈련에 참여하였다.

3) 광복 75년의 직업교육훈련정책의 긍정적인 면

한국은 독립과 건국, 그리고 6·25 전쟁을 겪으면서 20세기 중반 세계 최빈국으로 전락하였었다. 그러나 반세기만에 산업화에 성공하고 정치적, 사회적 안정을 이루어 내었으며, 결국 세계가 부러워하는 경제 강국으로 일어섰다.

한국이 부존자원과 자본이 부족함에도 불구하고 빠른 경제 성장을 할 수 있었던 요인 중의 하나는 계획적인 인적자원 개발 정책의 수립과 실천이라고 할 수 있다. 지난 반세기 넘게 수행해온 인적자원 개발 정책의 긍정적인 면은 다음과 같다.

첫째, 중앙집권적 정책 기획이 주효했다는 점이다. 한국의 직업교육훈련은 경제개발을 위한 국가전략의 중요한 부분으로 추진되었다. 1962년부터 시작된 경제개발 5개년 계획에 맞추어 인력수급 계획과 이를 위한 교육과 훈련 관련 정책이 입안되고 집행되었다.

둘째, 교육과 산업의 협력 강화이다. 특히 중화학공업 육성 정책을 추진했던 1970년대에는 중화학 공업에 필요한 산업인력을 양성하기 위한 구체적인 목표 아래 공업계 고등학교

를 특성별로 발전시키는 등 실업계 고등학교에 투자확대와 재구조화가 진행되었다. 이 당시는 공업계 고등학교를 중심으로 한 산학협력도 강화되었다. 이어서 1980년대에는 더 고도화된 산업인력을 양성하기 위해 고등전문학교, 전문학교, 초급대학을 전문대학으로 단일화하고 확대하면서 전문대학 교육과 산학협력을 강화하였다.

셋째, 효과적인 재정 운영이다. 한국 교육투자의 우선순위는 경제개발 단계에 발맞추어 초·중등교육, 실업교육, 고등교육 순으로 옮겨갔다. 특히 중화학공업을 강하게 추진하던 시기의 정점인 1977년에 실업교육에 대한 예산이 고등교육 예산에 거의 육박할 수준까지 높아졌다는 사실을 알 수 있다. 또한 부족한 정부의 재정은 외국의 교육차관으로 충당되었다.[22]

넷째, 산업의 발달 단계에 따라 고학력 산업 인력의 수요가 확대됨에 따라 1980년대 이후부터는 산업의 고도화와 고학력화에 따른 고등 직업교육 강화 정책을 수립하여 추진하였다. 이에 따라 전문대학과 이공계 대학 중심의 고등교육 정책이 강화되었다. 반면에 고등학교 직업교육은 상대적으로 위축되었다.

다섯째, 역대 정권이 산업발달과 사회 변화에 맞게 일하면서 배우고 배우면서 일하는 중등교육 단계뿐만 아니라 고등교육 단계, 그리고 사회교육을 통해 다양한 평생 직업교육훈련 체제를 구축하고 강화해왔다.

여섯째, 시대별로 산업발달 단계에 따라 필요 인력을 적기에 양성·공급하기 위해 교육부 산하의 학교 교육뿐만 아니라 노동부 산하의 직업훈련기관과 사업내 직업훈련을 통해서도 다양한 인력을 양성하였다. 또한 과학기술이 빠

22 교육부 · KDI 국제 정책대학원 (2014). 2013 경제발전경험모듈화사업: 한국 중등 직업교육 체제의 구축: 산업화단계의 실업계고등학교 정책. pp. 9-10 .

르게 변화됨에 따라 근로자의 직업능력 개발을 위한 정부의 직업교육훈련정책과 기업교육이 시기적절하게 계획되어 추진되었다. 그리고 공무원의 끊임없는 역량 개발을 위해 1960년대부터 국가공무원교육원을 비롯하여 정부 부처 및 지방자치단체별 공무원 교육원을 설치하여 계속 확대·운영해 오고 있다. 1950년대부터 붐을 일으켜 지금까지 계속되고 있는 학원을 통한 직업교육훈련도 우리나라 산업인력 개발에 크게 기여하고 있다는 것을 확인할 수 있었다.

일곱째, 역대 정권은 직업교육 정책을 수립할 때 국내외 정세 파악과 미래 변화 전망 등을 종합적으로 고려하려고 노력하였다.

여덟째, 1960~1980년대의 산업화 시대에는 중앙집권적 정책 기획이 주도하였다. 그렇지만 1980년대 중반 이후 그리고 1990년대 지식기반 사회를 맞이하면서 역대 대통령들이 대통령 자문 교육정책자문위원회를 조직 운영하였다. 그 후 해가 거듭될수록 직업교육관련 위원회, 학회, 협회, 전문집단, 산업계 대표 등 민간인을 직업교육정책 수립에 참여하게 하였다. 그 영향으로 직업교육이 국가 발전뿐만 아니라 개인과 지역사회 발전을 위해서도 기여할 수 있는 정책을 병행하였다.

아홉째, 역대 정권 중 직업교육정책을 수립하고 집행하여 기대하는 성과를 거둔 경우는 특히 대통령의 강한 의지와 장관의 적극적인 추진력이 있었기 때문이다.

4) 광복 75년의 직업교육훈련정책 변동 과정에 나타난 문제

직업교육훈련정책을 기획하고 집행하는 과정에 제기된 문제점은 다음과 같다.

(1) 산업인력 수요 전망에 맞지 않는 실업계 고교 및 전문대학 정원 증원 정책

역대 정권은 직업교육훈련정책을 산업발달 단계에 따라 필요한 인력을 양성함에 주된 목적을 두고 노력해왔다. 그래서 1960년대부터 1970년대까지는 인력수급에 비교적 균형을 이루었다. 그러다가 1980년대 산업의 고도화에 따라 중등 직업교육 정책은 약화되고 고등 직업교육정책이 강화되면서 실업계 고등학교의 학교 수와 학생 수가 감소하여 중등 직업교육과 고등 직업교육에 불균형이 초래되었다.

그 결과 1990년대에 들어서는 기능 인력이 부족하게 되면서 인문고 대 실업고 학생 비율은 당시 65:35이었던 것을 50:50으로 1995년까지 조정하는 정책이 갑자기 수립되었다.

재정 지원은 증가되지도 않은 상태에서 제한된 재원으로 많은 투자를 요구하는 실업계 고등학교와 학생 수가 증가하여 고교 실업교육의 부실과 불신을 초래하였다. 그 여파는 지금도 남아있다.

반면에 1980년대부터 급격히 증가하기 시작한 고등교육 인구는 2000년대 초까지 끊임없이 증가하여 인력 수급의 불균형을 초래하였다. 이로 인해 고등교육 인구는 계속 증가하였고 대학 적령 인구는 감소하여 2000년대 고등교육 정책은 고등교육 인구 감축 정책에 급급한 실정이다.

(2) 직업교육훈련정책의 일관성 결여

정권이 바뀔 때마다 전 정부의 직업교육훈련정책에 대한 체계적인 평가도 없이 추진되던 사업이 변경되거나 중단되고 새로운 직업교육훈련정책을 수립하여 추진하는 경향이 있었다. 이로 인해 장기적이고 계획적인 직업교육훈련정책 수립이 어려워 최대 5년 주기의 1회성에 국한된 직업교육훈련정책을 수립하여 추진하게 된다.

뿐만 아니라 정부는 임기 내에 가시적인 성과를 거두려고 하다 보니 정책의 기획/결정, 집행, 성과 평가 등에 관한 업무가 절차와 우선순위에 따라 체계적으로 이루어지는 것이 아니라 거의 동시다발적으로 일어나는 경우도 있어 소기의 목적 달성이 어려운 경우도 있었다.

(3) 역대 정권의 직업교육훈련정책에 관한 체계적인 평가 미흡

정권이 바뀔 때마다 새로운 직업교육훈련정책을 수립하지만 어떤 정책은 과거에 추진하여 실패했던 정책을 원인 분석과 대책 수립도 없이 새로운 정책으로 결정하여 추진하는 경우도 있었다.

그 대표적인 사례가 그 동안 역대 정부가 추진한 산학 협력 정책의 시행착오라고 할 수 있다. 그 구체적인 사례는 「제6장 단기 고등전문대학 직업교육의 7. 김대중·노무현 정부의 전문대학 산학협력 정책」에서 구체적으로 서술하였기 때문에 여기서는 생략한다.

이러한 문제가 발생되는 원인은 과거에 제기된 문제를 파악하여 원인을 구명하고 대책을 수립할 수 있는 역대 정권의 직업교육훈련정책에 관한 평가 체제가 미흡하다는 데 있다. 그래서 직업교육훈련정책을 입안하는 정책입안자들 중에는 과거 위와 같은 산학협력 프로그램을 운영하였던 사실이 있었다는 것도 모르고 있는 경우가 있었다.

(4) 재정지원 미흡

1980년대 전두환 정부 이후 직업교육에 대한 재정지원은 감소되거나 겨우 현상 유지 상태이다. 최근의 중등 직업교육 재정지원책을 보면 과거와 거의 비슷한 현상을 나타내고 있다.

교육부 중등 직업교육의 사업비는 평생 · 직업교육의 예산으로부터 조달되는데 평생 · 직업교육의 예산은 전체 교육부 예산의 1%에도 미치지 못하는 것으로 나타났다. 실제 평생 · 직업교육의 예산이 중등 직업교육 외, 전문대학 등의 사업비로도 활용되는 걸 감안한다면, 중등 직업교육에 투자되는 국가의 재정이 매우 부족하다는 것을 확인할 수 있다.

표 9-12 최근 3년간 국가의 중등 직업교육 예산내역 및 비율 (단위: 백만원, %)

구분	2012	2013	2014
교육부 예산 총액(A)	49,644,828	50,424,128	50,835,377
유아 및 초중등교육(B(B/A))	38,804,798(78.1)	41,523,623(82.3)	41,465,434(81.5)
평생 · 직업교육(C(C/A))	320,337(0.7)	452,087(0.9)	238,242(0.5)

자료: 한국교육개발원. (2012-2014). 교육통계연보. 서울: 한국교육개발원.

한편, 국가가 시 · 도교육청에 지원하는 지방교육재정교부금의 최근 3년간 추이를 살펴본 결과는 <표 9－13>과 같다. 정부조직이 개편된 2013년 시점인 최근 3년간의 지방교육재정교부금 증감 추이를 살펴보았다. 그 결과, 국가가 시 · 도교육청으로 배분하는 지방교육재정교부금 역시 크게 증가하는 추세에 있지 않기 때문에 중등 직업교육의 재정 안정성을 담보하기 어려울 것으로 판단된다.

표 9-13 지방교육재정교부금 증감 추이(2013~2015)

구분	'13년	'14년	'15년(안)
교부금 (조원)	40.8	40.9*	39.5
전년도 대비 증가율(%)	4.1	0.2	△3.3

* 취득세 인하 및 지방소비세 인상에 따른 교부금감소 보전금(7,656억 원) 별도
출처: 서울대학교 진로직업교육연구센터(2015). 중등 직업교육 정책 토론회(경상권). p. 43. 연구자가 재구성.

보다 직접적인 중등 직업교육 재정지원 현황을 확인하기 위하여 최근 3년간 시 · 도교육청의 직업교육 관련 예산지원 현황을 확인하였다. 이를 통해 보면, 중등 직업교육에 관한

시·도교육청의 예산이 꾸준히 감소하고 있다. 절대 액수뿐만 아니라 전체 시·도교육청의 교육예산에서 차지하는 비중 역시 감소하고 있는 것으로 확인되었다.[23]

표 9-14 연도별 시·도교육청의 직업교육 관련 예산 변동 추이 (단위: 천원)

연도	특성화고 운영 경비		직업교육 지원 경비		합계		
		총 예산액 대비 비중		총 예산액 대비 비중		전년대비 증감율	총 예산액 대비 비중
2013	154,428,755	0.30%	7,749,088	0.02%	162,177,843	−30.5%	0.32%
2014	124,967,297	0.24%	6,709,212	0.01%	131,676,509	−18.8%	0.25%
2015	105,589,040	0.20%	5,205,960	0.01%	110,795,000	−15.9%	0.21%

* 시·도교육청 본예산 자료 기준(2012~2015)
** 특성화고 장학금 예산 제외 / 세종시 제외
자료: 서울대학교 진로직업교육연구센터(2015). 중등 직업교육 정책 토론회(경상권). p. 45.

중등 직업교육뿐만 아니라 고등 직업교육을 대표하는 전문대학의 재정지원 정책도 매우 미흡한 실정이다. 전체 대학 대비 전문대학국·공·사립 전체 지원 비율 현황을 보면 2007년 5.54%이고 2011년 7.2%이다. 전체 대학 대비 사립 전문대학 지원 현황을 보면 2007년 4.73%이고 2011년 6.86%로 더 낮다. 사립 일반대학 대비 사립 전문대학 지원 비율을 보면 2007년 17.7%이고 2011년 19.6%이다. 이는 전문대학이 고등교육에서 일반대학 대비 학교 수 42.4%, 입학정원 36.7%, 졸업자 수 36.7%인 점을 감안하고 취업률이 60.9%일반대학 56.9%인 점을 감안해 볼 때 전문대학에 대한 재정 지원이 상대적으로 너무 낮다.

특히 사회와 국가가 필요로 하는 중견직업인para-professional worker, technician과 technologist 양성의 95%를 사립 전문대학에 의존하고 있으면서 재정지원조차 미흡한 것은 큰 문제점이라고 할 수 있다.[24]

(5) 평생 학습체제하의 진로교육 체제 및 프로그램 개발 운영 미흡

현재 진로·직업교육은 계속 강조되고 있으나 생애 주기별에 따른 종합적이고 체계적인 진로 교육이 이루어지지 못하고 있다. 학교 급별 또는 생애 개발 단계별로 별개의 진로 지도가 이루어지고 있어 100세 시대의 인생 2모작과 직업 2모작에 적합한 평생 학습체제하의

23 김진모·장명희·최수정·조영아 (2015). 고졸 취업 활성화를 위한 중등 직업 교육정책 추진 체제 개편 방안. 서울대학교 진로직업교육연구센터. 수시과제 2-2차. 2014-02. pp. 73-77.
24 교육부 (2013.7.18). 전문대학 육성방안. 교육부 내부자료. pp. 45-46.

진로교육 체제 및 프로그램 개발 운영이 미흡하다.

(6) 고등교육법에 명시된 학교의 종류별 고등 직업교육 정책의 차별화 및 특성 모호

고등교육법 제2조학교의 종류에는 대학, 산업대학, 교육대학, 전문대학, 원격대학, 기술대학, 각종학교 등이 있다. 학교 종류별 교육목적도 규정되어 있다. 그런데 현실적으로 대학과 산업대학 간의 교육목적과 학과 편성 운영에 거의 차이가 없다. 산업대학과 전문대학 간에도 교육목적과 학과편제 및 교육과정 운영에 차이가 없어지고 있다. 전문대학의 수업 연한이 1-4년으로 일반화될 경우 대학, 산업대학, 전문대학 간에 교육목적, 학과 편제, 교육과정 운영에도 차이가 없게 될 전망이다. 이에 따라 학교의 종류별 고등 직업교육정책에 차별화와 특성이 모호한 실정이다.

(7) 직업교육훈련을 위한 법제 및 관련 용어의 혼란

직업교육훈련을 담당하는 정부 부처가 현재 13개이고 이에 따라 직업교육관련법 체제도 제8장의 <그림 8-2>에 제시한 것과 같이 매우 복잡하다. 이는 국가차원의 직업교육훈련 체제가 복잡한 데 기인된다고 할 수 있다. 이에 따라 이를 지원하는 직업교육훈련과 관련 법 체제 및 지원 부처와 거버넌스도 복잡한 실정이다.[25]

또한 직업교육훈련에 쓰이고 있는 용어들이 관련 종사자들이 누구나 공감할 수 있고 소통이 가능한 것이 아니라 직업교육관련법, 학협회, 학자에 따라 같은 용어를 각기 다른 뜻으로 해석하여 사용하는 경우가 있다.

(8) 직업교육훈련정책 수립에 부정적 영향을 미치는 학교 외적 요인의 문제

직업교육훈련은 학교 내적 요인 못지않게 학교 외적 요인에 의해 크게 영향을 받고 있다. 교육 외적인 면에서 직업교육훈련정책의 문제점은 교육에서 노동시장으로의 전환School-to-work transition과정에서 교육체계와 노동시장 체계의 연계가 잘 구축되어 있지 않다는

25 나승일 · 강인수 · 정철영 · 허종렬 (2002). 교육 · 인적자원 관련 직업교육 법제 정비방안 연구. 교육인적자원부. p. 40, p. 73.

점이다. 미국과 같이 느슨한 내부 노동시장단절형이 대부분이면서 독일과 같이 직종별 노동시장연계형도 있어 학교 측이나 기업 모두 인력 수급과정에 문제가 있다.

이로 인해 졸업생들이 교육에서 노동시장으로의 전환이 매우 어렵다. 그리고 이런 연계 추진 과정이 관주도의 정책이어서 산학협력에서 강조하는 상호간의 공동목표 설정, 공동 투자, 상호 편익 추구의 기본인 파트너십partnership 정신에 근거해서 추진하기가 어렵다.

특히 우리나라는 고등교육이 보편화 단계에 접어들면서 교육 수준은 전반적으로 높아지고 있지만 교육-직업 이행은 고도로 차별화되어 학력 수준에 따른 노동시장 진입에 격차가 커지고 있다.

더욱 문제가 되는 것은 기업이 신입사원을 채용할 경우 최근에는 NCS 기반 채용 기준이 적용되기 시작하였지만 아직도 학력보다는 출신 대학의 위계화, 즉 학벌이 중시되는 문제가 해소되지 않고 있는 점이다. 더 심각한 것은 학력, 대기업과 중소기업, 정규직과 비정규직, 성별 등에 따른 임금 격차 해소의 한계가 있다. 학력별에 따른 임금 격차가 고졸자의 임금을 100으로 하였을 때 전문대학 졸업생은 116%, 대학 졸업생은 161%이었다.[26]

04 논의

미래 변화 전망, 요구되는 인재상과 역량, 광복 75년의 직업교육훈련정책을 고찰한 결과 미래의 직업교육훈련정책 방향 설정을 위해 논의되어야 할 쟁점을 제시하면 다음과 같다.

1) 미래 변화가 직업교육훈련정책 방향 설정에 주는 시사점은 무엇일까?

미래는 인구, 과학기술 특히 4차 산업혁명, 세계화, 자원·에너지·기후 환경, 사회문화, 노동시장, 포스트 코로나19 등의 변화에 영향을 받고 있다. 이들 미래 변화 요인은 직업교육훈련정책에도 큰 영향을 미치고 있다.

인구 변화의 관점에서 보면 한국은 고령사회와 초고령사회로의 급속한 진입과 평균 수명 연장으로 생애주기 변화와 고령사회에 대비하는 역량 개발이 필요하다.

26 연합뉴스. 2014 OECD 교육지표 조사 결과. 2014.9.9.

생애주기를 편의상 준비기1-25세, 전반기26~50세, 중반기51~75세, 후반기76~100세 등 4단계로 구분해 보았다. 이를 축구 경기에 비유해보면 전반전은 전반기, 후반전은 중반기, 연장전은 후반기로 비유해 볼 수 있다. 한국의 직업교육은 준비기를 통하여 전반전 경기에 필요한 역량 개발에 역점을 둔 체제이다. 후반전과 연장전을 염두에 둔 중반기와 후반기에 대비한 직업교육훈련 체제는 부실하다. 따라서 이에 대한 준비가 필요하다.

한국의 2030년생 기대 수명은 여자 90.8세, 남자 84.2세로 남녀 모두 세계에서 가장 높을 전망이다. 그런데 2017년 기준 노인 빈곤율이 47.7%로 OECD 회원국 중에서 가장 높다. 중반기와 후반기에 접어든 장년 및 고령자들이 일할 수 있는 일자리 확보와 역량 개발이 절박하다. 그런데 성인과 고령자를 대상으로 한 직업교육 체제는 미비하다. 한편, 대학적령 인구가 급속히 감소하고 있기 때문에 대학들은 생존을 위한 학생자원 확보 차원에서도 전반기는 물론 중반기와 후반기의 장년 및 고령자들의 교육 수요를 충족시키기 위한 다양한 사회교육 프로그램을 개발 · 운영하여야 한다.

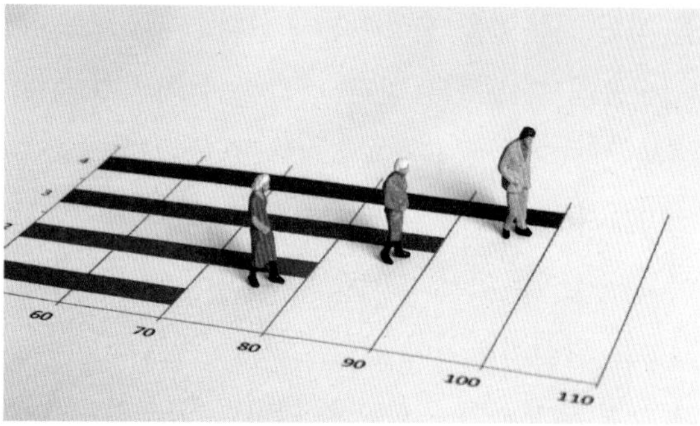

과학기술의 급속한 발달은 산업구조를 빠르게 변화시켜 직업의 생성 · 소멸 주기를 단축시키고 있다. 특히 4차 산업혁명 시대를 맞아 직업세계에는 대 변혁이 일어나고 있다. 2030년이 되면 현재 직업의 80%가 바뀌고, 32억 개의 일자리 중에서 20억 개의 일자리는 없어지거나 바뀔 전망이며, 7세 어린이의 65%는 현재 존재하지 않는 직업에 종사하게 될 전망이다.

이런 변화에 대응하기 위해 우리는 어떤 변화에도 적응할 수 있는 튼튼한 직업기초 능력을 키워야 한다. 일생 동안 누구나 최소한 서너 번은 직업 전환을 하면서도 평생을 통해 가장 하고 싶은 일이면서 자기만이 제일 잘할 수 있는 직업을 선택하여 일할 수 있는 역량도 개발하여야 한다. 특히 로봇, 인공지능, 사물인터넷, 빅 데이터, 드론, 3D 프린팅 등이 인간의 일을 대신함으로써 직무가 바뀌거나 일자리를 잃게 되는 근로자들을 위한 직업교육이 강화되어야 한다.

현직에 종사하고 있더라도 과거에 비해 지식과 기술의 활용 기간이 짧아져 직무 능력 향상을 위한 계속 직업교육도 더 필요하다. 따라서 대학들은 학위과정 중심의 전문인 양성교육뿐만 아니라 지역사회 주민, 근로자, 산업체의 요구를 충족할 수 있는 평생교육차원의 다양한 직업교육 프로그램을 개설 운영해야 한다.

세계화로 인해 우리는 지구촌 어느 곳에서나 일하고 생활할 수 있게 되어가고 있다. 이에 따라 국제 경쟁력 있는 전문 역량과 외국어 능력, 다문화를 이해하고 어느 나라 어느 민족과도 더불어 살아갈 수 있는 삶의 지혜와 국제적인 품격을 지닌 전문인을 양성하여야 한다.

아울러 대학들은 다른 나라들과 차별화된 특성화 프로그램을 개발하고 교육 내실화를 통해 선진국은 물론 ODA 사업으로 개발도상국에 프랜차이즈franchise화하여 저개발국이나 개발도상국 교육발전에 기여할 수 있어야 한다. 아울러 한국의 젊은이들이 국제무대로 많이 진출할 수 있는 대책을 수립하여 적극적으로 추진되어야 한다. 그런 과정을 통해 국제교류도 활성화하여야 한다.

한편 세계화의 영향으로 입국한 외국인 근로자들의 역량 개발과 삶의 질 향상을 위한 교육에도 관심과 배려가 있어야 한다.

사회 문화 변화의 관점에서 보면 삶의 가치와 직업 가치관이 변화되고 있다. 생활양식의 변화로 대가족과 핵가족제도도 무너지고 2030년 중반이 되면 1인 가족의 구성비가 제일 많을 전망이다. 이에 따라 대부분의 직업인은 그 동안 자신이 근무하는 직장을 최우선으로 하여 모든 정력을 쏟았지만 앞으로는 점점 더 자신과 가정, 일과 여가생활의 균형 등을 고려하면서 직업생활을 하려고 한다. 특히 대부분의 일은 로봇, 인공지능, 사물인터넷, 빅 데이터, 드론, 3D 프린팅 등이 대신해주기 때문에 앞으로 인간은 점점 더 감성적인 면에 관심을 가지게 된다. 따라서 이를 충족시킬 수 있는 학습기회가 계속해서 제공되어야 한다.

이상과 같은 미래 변화는 노동시장에도 큰 영향을 미치고 있다. 높은 수준의 스킬이면서 복합적 문제해결력, 창의력과 같은 핵심적인 역량을 요구하는 직업이 날로 증가하고 중간 스킬을 요구하는 직업은 감소하고 있다.

고용 형태는 정규직보다 필요에 따라 전문인력을 단기간만 활용하는 비정규직 고용체제가 늘어날 전망이다. 대기업이 일자리를 늘리는 데에는 한계가 있고 전체 일자리의 15% 내외를 유지할 전망이다. 전체 일자리의 85%는 중소기업에 있다. 따라서 중소기업에 종사할 직업인 양성과 이들 근로자들이 끊임없이 역량을 개발할 수 있는 직업교육훈련이 강화되어야 한다.

특히 근로자가 앞으로 '1인 기업'이나 '1인 미디어' 등 프리워커, 프리랜서와 같은 창업을 할 수 있는 창업 프로그램의 개발과 운영이 고등교육에서 활성화되어야 한다. 세계 경제는 앞으로 대기업이 아니라 1인 기업들이 주도하는 시대가 올 것으로 전망하고 있기 때문이다.

뿐만 아니라 모바일, 클라우드 컴퓨팅, 가상현실 등으로 근무 환경, 근무 형태, 직장 구성원, 조직문화, 인적자원관리 시스템, 상사 리더십 등의 변화 등 직장 변화가 이루어지기 때문에 이에 적응할 수 있는 지속적인 역량 개발이 필요하다.

특히 포스트 코로나19로 인해 나타나고 있는 글로벌 파워의 재편과 언택트untact 문화의 일상화는 학생과 학부모 생활과 근로자들의 직장생활은 물론 일반 시민의 생활에도 큰 변화가 나타날 것으로 전망하고 있다.

2) 미래 변화가 요구하는 인재상과 역량은 무엇일까?

미래 변화를 전망해 본 결과, 요구하는 인재상은 훌륭한 교양인, 전문직업인, 국제인, 평생학습인이기를 기대한다.

교양인으로서는 신체적 · 정신적으로 건강하고 훌륭한 품성을 지녀 건전한 가정과 사회생활을 할 수 있고, 생명을 존중하고 자연을 아끼며, 자원을 절약하면서 사회, 국가, 인류를 위해 도움을 주고 봉사하면서 생활할 수 있는 사람이기를 기대한다.

전문직업인으로서는 모든 직업인이 공통적으로 지녀야 할 직업기초능력을 지니고, 자신이 좋아하고 일생을 통하여 하고 싶은 일이면서, 로봇, 인공지능 등과 같은 기계와의 경쟁에서 살아남을 수 있는 직업을 택하여 장인수준의 최고에 도달할 수 있으며, 직무에 필요한 전문적인 지식과 기술, 복합문제해결력, 창의력, 다른 사람과 잘 소통하며 함께 일할 수 있는 협업능력, 어떤 변화에도 도전하고 적응할 수 있는 전이력이 풍부한 사람이기를

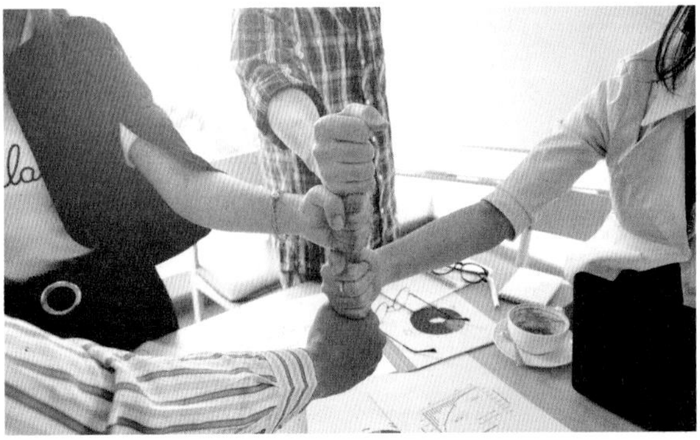

기대한다.

국제인으로서는 다문화를 이해하고 다른 민족과 더불어 살아가며 소통할 수 있는 사람, 뚜렷한 국가관과 애국심을 가지고 국제적인 품격을 지닌 사람, 지구촌 어디서나 일할 수 있는 국제적인 역량을 지닌 사람이기를 기대한다.

평생학습인으로서는 생애 주기별로 진로를 설계하여 끊임없이 자기 개발을 하고, 언제 어디서나 일하면서 배우고 배우면서 일하는 평생학습이 생활화된 사람이기를 기대한다.

그림 9-4 젊은 세대가 지녀야 하는 인간상

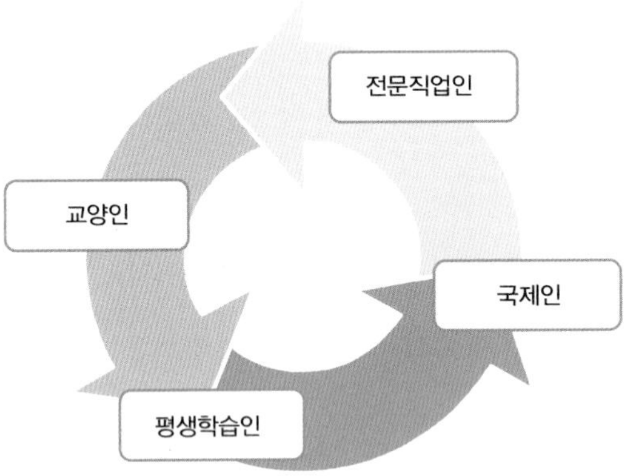

3) 광복 75년의 직업교육 정책의 성과는 무엇일까?

광복 75년의 직업교육 정책의 긍정적인 면을 살펴보면 첫째, 직업교육 정책을 사회 경제 상황 변화와 산업발달 단계에 따라 유연성 있게 수립·추진하였다.

둘째, 국가경제발전 정도에 따라 교양 직업교육, 중등 및 고등 교육에서의 직업교육, 그리고 사회교육을 통한 직업교육훈련평생 직업교육의 체제, 프로그램, 인력 양성 등을 산업 발달 단계별 수요에 맞추려고 노력하였다.

셋째, 학교급별로 직업교육 정책이 성공적으로 기획되고 추진된 것은 중등 직업교육에서는 실업계고등학교 교육과정을 일찍이 1963년에 제정·운영하였고, 1963학년도부터는 사범계열 실업교원 양성과를 대학에 설치하여 우수 실업교원을 양성하기 시작하였으며, 1970년대에는 각 분야의 산업인력을 양성하기 위하여 실업계고등학교 유형을 다양하게 운영하였다.

전문대학의 대표적인 성공정책은 1979년부터 초급대학, 실업고등전문학교, 전문학교를 통합하여 전문대학으로 단일화하고, 산업사회가 필요로 하고 전문대학에 적합한 전공학과를 1980년대에 대폭 개발하여 신설·확대하였다.

4년제 대학의 경우는 1990년대 중반부터 고등교육이 보편화 단계에 접어들면서 정부가 재정지원을 계기로 직업교육에 역점을 둔 대학 육성 지원정책들을 기획하고 추진하였다.

넷째, 제한된 정부 재원 속에서도 산업발달 단계에 따라 필요한 인력 양성을 위해 직업교육훈련에 재정을 유효적절하게 투자하였다. 특히 1960년대 말부터 시작하여 1990년대 초까지 직업교육을 실시하고 있는 중등, 고등 및 사회교육 기관에 차관 사업을 통해 직업기술교육을 위한 시설·설비 및 기자재를 확보할 수 있도록 하여 직업교육 내실화에 크게 기여하였다.

다섯째, 직업교육은 특히 박정희 정부, 김영삼 문민의 정부, 이명박 MB 정부 때 활성화되었다. 직업교육이 발전되기 위해서는 대통령과 교육부 장관을 위시한 직업교육훈련관련 담당 부서 장관, 청와대 수석 및 정부 부처의 담당국장들의 리더십이 중요하다는 것을 인식하게 되었다.

직업교육 정책을 기획하고 집행하는 과정에 제기된 문제점은 다음과 같다.

첫째, 정권이 바뀌거나 장관이 경질될 때마다 직업교육 정책이 바뀌거나 단절되어 일관성이 결여되었다.

둘째, 역대 정권별 직업교육 정책에 관한 체계적인 평가가 미흡하였다.

셋째, 중등교육기관에서의 직업교육의 역할과 기능, 특히 고등학교에서의 직업교육의 목적이 법적으로 모호하여 중등 직업교육정책이 일관성이 부족하다.

넷째, 고등교육법에 명시된 학교의 종류별 고등 직업교육 정책의 차별화 및 특성이 모호하다.

다섯째, 직업계 고교 및 전문대학의 학생 정원 증원 정책과 학교 설립 정책이 산업인력 수요 정책과 맞지 않아 어려움을 겪는 경우가 있었다.

여섯째, 평생 학습체제하의 진로교육 체제 및 생애 주기별 프로그램 개발이 미흡하다.

일곱째, 직업교육을 위한 안정적 재원 확보와 지원을 위한 법적 근거가 미비하다.

CHAPTER 10

포스트 코로나 · 한국판 뉴딜의 HRD 방향

01 일에 근간한 평생학습 체제 구축

미래의 직업교육훈련은 제2장의 <그림 2-1>에 제시한 일work을 근간으로 평생학습lifelong learning과 진로교육career education 체제가 구축되어야 한다. 그리하여 일을 근거로 한 평생학습체제work based lifelong learning system가 확립되어 다음과 같은 방향으로 추진되어야 한다.

1) 진로 발달 단계에 따른 평생 동안의 진로 개발 체제 구축

진로교육이 특정 진로 개발 단계에만 치중되지 않고 생애 주기에 따라 체계적이며 균형 있게 일생 동안 전개되어야 한다.

특히 진로 선택은 자신의 적성과 소질에 맞고 일생을 통해서 가장 하고 싶은 일을 선택하되 로봇, 인공지능 등과 같은 기계와의 경쟁에서 살아남을 수 있는 직업을 선택하도록 진로지도가 체계화되어 전개되어야 한다.

2) 교양 직업교육, 중등 및 고등 직업교육, 평생 직업교육훈련 간의 종적 · 횡적 연계 체제 구축

일에 근간한 평생 학습체제는 교양 직업교육, 중등 및 고등 직업교육, 그리고 사회교육을 통한 다양한 직업교육훈련 간에 종적 및 횡적 연계 체제가 구축되어야 한다. 직업교육훈련기관 간의 연계 강화뿐만 아니라 이를 지원하는 행정 부서 간의 거버넌스 체제의 횡적·종적 연계도 강화되어야 한다.

3) 진로·직업교과를 필수로 하고 교원 양성과정의 교직과목에 '진로·직업' 교과 추가

진로 교육을 강화하기 위해 중·고등학교에서 선택교과로 개설되고 있는 '진로·직업' 교과를 필수 교과로 편성할 것을 제안한다. 자유학기제도 진로·직업교과와 연계하여 체계적으로 운영하도록 함이 바람직하다. 진로지도를 모든 교과에서도 연계하여 지도할 수 있도록 '진로·직업'을 교원 양성과정의 교직과목으로 추가할 것을 제안한다.

4) 초·중등학교 교육과정의 보통교과와 직업기초능력 간의 연계 강화

미래 변화 전망과 4차 산업혁명이 주는 시사점을 고려해 볼 때 초·중등·고등 교육을 통한 튼튼한 직업기초능력 개발의 중요성은 아무리 강조하여도 지나치지 않을 것이다. 이를 구현하기 위해서는 초·중등학교 교육과정의 보통교과와 직업기초능력 간의 연계가 더 강화되어야 한다.

5) 일반고와 직업고의 유형과 교육목적, 교육과정, 학교 수 및 정원 정책 결정 신중

중등 직업교육에서 고교 직업교육의 유형과 교육목적 설정, 교육과정 편성 운영, 일반고와 특성화고마이스터고 포함와의 적정 학교 수와 학생 수의 구성비 등의 정책 결정은 다각적인 연구와 종합적인 검토 후에 신중히 결정하여야 한다.

그리하여 앞으로는 정권이 바뀔 때마다 직업고의 유형과 교육목적이 변경되고 학생정원

정책이 급격히 변동되는 것은 지양되어야 한다. 일반고와 직업고의 학생 구성비의 급격한 정책 변동의 시행착오가 차후에 고등학교 직업교육 현장에 오랜 기간 동안 너무 큰 영향을 미친다는 것을 경험하고 있기 때문이다.

6) 전문대학의 역할과 기능, 교육목적, 교명의 검토와 정체성 확립

전문대학은 고등교육 내의 다른 유형의 대학들과 좀 더 차별화되고 특성화된 역할과 기능, 교육목적, 전공과, 교육과정, 대학명 등이 정립되어 정체성이 더 확고히 부각되어야 할 것이다.

특히 전문대학은 학생들에게 확실한 직업능력을 갖춰 줄만한 집중학습과정을 제공해주고 있다는 것이 국민들에게 각인될 수 있도록 교육목적과 교육과정, 교수-학습 방법이 전개되어야 할 것이다.

아울러 4차 산업혁명을 비롯한 미래 변화에 대비한 근로자와 지역사회 주민을 대상으로 한 다양한 단기 직업교육훈련 프로그램의 개발과 운영이 현재보다도 더 확대되고 내실화되어야 할 것이다.

급격한 과학기술 발달로 인한 직업 변화와 4차 산업혁명에 부응하기 위해 앞으로 단기간에 특수 전문분야 인력을 양성하는 프로그램을 개발 운영하고 소규모 특수대학micro college과 같은 대학을 설립 운영하는 방안 등을 예로 들 수 있을 것이다.

궁극적으로 전문대학은 우수한 직업인을 양성하는 대학, 지역사회의 평생 직업교육훈련의 센터로서의 역할을 가장 잘 수행하고 있는 대학으로 지역사회 주민과 기관들에게 강하게 인식시키는 것이 중요하다.

7) 대학을 연구중심대학과 교육중심대학으로 이분화하고 직업교육 및 성인교육 강화

대학은 연구중심대학박사학위과정 개설과, 교육중심대학석사 및 학사학위과정 개설으로 유형화하고 역할을 구분하여 대학 유형별 기준을 달리하여 특성화한다. 특히 교육중심 대학을 확대하여 직업교육, 성인교육, 산학협력이 강화된 실용교육 중심대학으로 지역별, 대학별로 특성화 한다.

교육중심대학에서는 대학 당국이나 학생 모두 학생들의 진로를 국내 취업 못지않게 국제

무대에서 활동할 수 있는 프로그램과 교과목 개설을 강화하고 적극 추진하여야 할 것이다.

8) 기업 인적자원개발(기업 HRD) 및 평생 직업교육훈련에서 경력 개발(CD) 체제 강화 및 확대

진로개발 단계에서 진로 유지 및 개선단계, 다른 말로 표현하면 기업교육HRD에서 강조하고 있는 경력개발CD이 강화되어야 한다. 100세 시대에 부합하는 인생 2모작과 직업 2모작예: 1모작 26세~50세, 2모작 51~75세 생활을 위한 평생 직업교육훈련이 강화된 새로운 생애주기별 진로 개발 모델career development model을 설정하고 진로 경로career path를 다양하게 제시하여야 한다.

직업 2모작과 관련하여 고령자들도 필요한 직업능력 개발을 언제 어디서든지 할 수 있는 평생 직업교육훈련이 대학의 주요 역할의 하나로 더 강조되고 확대되어야 한다. 즉, 성인들이 대학의 평생 교육원을 이용하여 학점은행제, 독학학위제, 원격대학, 사내대학, 교육계좌제 등을 통하여 직업능력을 향상할 수 있는 다양한 프로그램을 운영하는 초개방형 평생 학습체제가 구축되어야 한다.

9) 한국의 교육환경과 기업문화 풍토에 맞는 한국형 산학협력 체제 구축

산학협력을 강화하되 외국 모델의 무비판적 모방은 지양하고, 정권이 바뀔 때마다 산학협력 정책 및 관련법이 개정되어 직업교육훈련 현장에 혼돈을 초래하고 있는 현상이 반복되지 말아야 한다. 시간이 걸리더라도 한국의 현실에 맞는 산학연 간에 공동목표 설정, 공동 투자, 상호 편익mutual benefit을 추구하는 파트너십partnership 정신에 근거한 일·학습 병행제의 모델을 개발하여 정착시켜야 한다.

교육부를 비롯해서 한국산업기술진흥원, 산학협력정책연구소, 산학협력관리자협회 등이

애써 개발한 '현장실습운영 매뉴얼', '대학현장실습 운영 매뉴얼', '산학협력 길라잡이' 등이 계속 유지 개선되도록 하여야 할 것이다. 현장실습 과정에 안전사고가 한 번 나면 이들 매뉴얼의 내용이나 길라잡이에 대한 충분한 검토와 대책 수립도 없이 정부 고위층의 결단에 의해 갑자기 중단되면서 폐기되곤 한다. 그러다가 그 부작용이 심각한 문제로 부각되면 현장실습을 다시 실시하는 시행착오가 반복되어서는 안 될 것이다.

10) 인력 양성, 배분, 활용의 연계체제 강화

평생 직업교육훈련이 성공하기 위해서는 양성체제뿐만 아니라 양성된 인력의 배분과 활용이 연계되어 움직일 수 있는 국가차원의 인적자원개발 체제가 구축되어야 한다.

02 직업교육훈련정책의 일관성 유지

정권이 바뀌면 정책도 바뀌어야만 한다는 고정관념을 불식하고, 좋은 정책은 계승 유지하면서, 문제가 있는 정책은 개선하여 정책의 일관성이 유지되어야 한다. 이를 위해 다음 사항을 제안한다.

1) 국가차원의 장단기 직업교육훈련정책 수립 · 추진

국가교육회의, 국가인적자원개발위원회, 또는 국가산학연협력위원회 등이 합의한 국가차원의 직업교육훈련정책을 수립하여 정권교체와 관계없이 일관성을 가지고 지속적으로 추진하도록 한다. 그리하여 정부에서 추진하던 직업교육훈련정책이 정권이 바뀔 때마다 중단되거나 폐기되고 또 새로운 직업교육훈련정책이 수립되어 추진되는 것을 지양한다.

2) 역대 정권별 직업교육훈련정책의 평가와 고려

역대 정권별로 직업교육훈련정책을 평가하여 성과와 개선할 점을 종합적으로 정리한다. 새 정권이 들어서기 전에 이를 면밀히 검토하여 차기 정권의 정책 수립에 반영함으로써 직업교육훈련정책에 일관성을 유지하고 시행착오가 반복되지 않도록 한다.

03 직업교육훈련정책 수립과 추진과정에 유연성 부여

과학과 기술이 급변하고 있어 직업 생성 소멸주기도 빠른 속도로 단축되고 있다. 특히 ICT 기반 사물 인터넷IoT의 진화로 모든 디바이스의 디지털화, 인공지능AI과 빅 데이터의 결합·연계를 통한 기술 및 산업구조의 초지능화, 산업 영역과 경계의 대융합과 같은 것을 특징으로 하는 4차 산업혁명이 도래하면서 일자리에도 큰 변화가 나타날 전망이다.

2016년 세계경제포럼일명 다보스포럼의 보고서에 의하면 올해 초등학교에 입학하는 아이들의 65%는 지금 존재하지 않는 직업에 종사하게 될 전망이다. 미국 내 800개의 직업 중 로봇, 3D 프린팅 등으로 인해 완벽하게 사람을 대체할 수 있는 직업은 5%이고, 2,000가지 업무 활동 중 45%가 자동화가 가능하다고 한다. 앞으로 10년에서 20년 사이에 2010년 미국에 존재한 직업군 가운데 많게는 47%까지 자동화 될 것이라고 예상했다.[1] 『유엔 미래보고서 2040년』에 의하면 2030년이 되면 현재 직업의 80%는 없어지거나 새로운 직업으로 바뀔 전망이다. 세계에는 32억 개의 일자리가 있는데 2030년이 되면 20억 개의 일자리가 없어지거나 새로운 일자리로 바뀐다고 한다.[2]

1 클라우스 슈밥 지음, 송경진 옮김 (2016). 클라우스 슈밥의 제4차 산업혁명, 새로운 현재. pp. 69-70, pp. 220-221.
2 박영숙 외 (2013). 유엔 미래보고서 2040. 교보문고. pp. 71-73.

우리나라도 1969년 처음으로 한국표준직업분류를 할 때만 해도 최초의 직업사전에는 3,260개의 직업명이 수록되었다. 그런데 2016 한국직업사전에 의하면 15.537개로 4.8배가 늘었다.[3] 인공지능과 로봇 기술의 발달로 순수하게 기술 대체 가능성만을 가지고 분석해보면 2025년이 되면 현재 국내 취업자의 61.3%가 일자리를 잃을 수 있다는 연구 결과도 있다.[4] 또 다른 보고서에 의하면 인공지능으로 우리나라 노동시장 일자리의 43%가 자동화 고위험 군이고, 사무 · 판매 · 기계조작 종사자 등 3대 직업이 고위험 일자리의 72%를 차지할 것이며, 도소매업, 숙박음식점업, 제조업 등 3대 산업이 고위험 일자리의 63%를 차지할 것이라고 하였다.[5] 따라서 우리나라도 앞으로 직업은 끊임없이 변화될 전망이다.

그렇기 때문에 앞으로의 직업교육훈련정책은 인구변화, 과학기술변화, 세계화, 자원 부족과 기후 환경 변화, 사회문화 변화, 노동시장 변화, 포스트 코로나 등 미래 변화를 다각적으로 고려한 장단기 계획이 유연성 있게 수립되어 추진되도록 하여야 한다.

이런 상황에서 모든 직업에 국가직무능력표준NCS을 의무적으로 적용하고 특성화고등학교, 전문대학, 대학 등에 NCS 기반 교육과정 개발 · 운영을 의무화 또는 강요하는 것은 무리가 있다.

NCS가 꼭 필요한 산업분야와 직종에는 NCS를 적용하되 다른 산업분야와 직종에서는 NCS의 기본 취지는 살리면서 산업별인적자원개발위원회Industrial Sector Council: ISC 중심으로 유연성 있게 운영되는 것이 바람직하다. 잉글랜드에서는 NOSNational Occupational Standards를 더 이상 개발하거나 활용하지 않을 계획이고, 캐나다에서는 연방정부의 NOS와 SCSector Council 주도의 NOS가 별도로 개발 · 운영되고 있다는 것이 우리에게 시사점을 주고 있다.[6]

미래 변화에 대비해서 NCS가 특히 강조해야 할 것은 4차 산업혁명뿐만 아니라 어떤 직업변화에도 적응할 수 있는 직업기초능력 개발을 강화하는 것이다. 이를 위해서 초 · 중등학교 교육과정과 대학 교양교육과정에서 직업기초능력과의 연계 강화가 이루어져야 한다.

능력중심 사회 구현을 위해서는 국제적으로 인증을 받을 수 있는 공신력 있는 자격제도, 공학교육인증제, 경영교육인증제 등의 운영도 중요하다. 따라서 NCS 기반 교육과정과 이들 체제 간에도 유기적인 관계 구축이 이루어져야 한다.

---

3 고용노동부 · 한국고용정보원 (2016). 한국직업사전. p. vii.

4 박가열 (2017). 4차 산업혁명과 직업의 미래. 한국직업자격학회 콜로키움. 2017.2.17.

5 한국과학기술한림원 (2019). 인공지능과 함께할 미래 사회, 유토피아인가 디스토피아인가. 142회 한림원원탁토론회. 코리아나호텔 2019.9.26. p. 90.

6 문한나 외 4인 (2016). 주요 국가 NCS 제도 관련 정책적 발전 방향 동향 분석. 한국직업능력개발원. pp. xiv-xvii.

새로운 직업교육 체제를 도입하고 운영할 경우 기존의 교육체제와의 중복 또는 마찰을 최소화하여야 한다. 직업교육 정책에 관한 외국의 사례연구를 할 경우에도 연구자는 학자적 양심에 따라 정확하고 객관적으로 연구 결과를 보고하여야 한다. 직업교육 기관 설립과 운영에 정치권의 영향도 최소화하여야 한다.

04 개인과 지역 발전을 위한 인적자원 개발 강화

그동안 직업교육훈련정책이 개인이나 지역사회 발전보다 국가 발전을 위해 추진되어 왔다. 앞으로의 인적자원개발 정책은 국가 발전뿐만 아니라 국민 각자가 자신의 적성과 소질에 맞아 가장 잘 할 수 있고, 또 일생을 통해서 꼭 하고 싶은 일에 종사할 수 있도록 직업능력을 개발하여 자아실현도 하고 지역사회가 능력중심사회 구현을 통해 균형적으로 발전할 수 있도록 기획되고 추진되어야 한다.

이를 위해 현재 「인적자원개발기본법」 제7조의 3에 근거한 '지역인적자원개발협의회협의회', 「산업교육진흥 및 산학연협력촉진에 관한 법률」 제 14조에 의한 '국가산학연협력위원회', 「국가균형발전 특별법」 제28조에 따른 '지역혁신협의회', 「지방대학 및 지역균형발전 인재육성에 관한 법률」 제8조에 의한 '지방대학 및 지역균형인재육성지원위원회', 「근로자직업능력개발법」 제22조의 2에 근거한 '지역인적자원개발위원회', 「산업발전법」 제12조 제2항에 근거한 '산업별인적자원개발협의체', 그리고 「고용노동부 고시 2017-3호」에 의한 '인적자원개발위원회' 등이 있다.

그런데 위에 열거한 법률과 위원회 간의 역할과 특성, 종적·횡적 연계가 모호하고 지역단위에서 산학협력을 위한 거버넌스 체계가 매우 복잡하다. 이들 법률 간의 네트워크를 체계적으로 구축하여 공동으로 추진할 사항과 각 위원회가 고유한 특성을 가지고 추진할 사항을 구분하여야

한다. 그리고 이를 근거로 거버넌스의 종적 · 횡적 체계를 확실하게 구축하고 이런 바탕 위에 개인과 지역발전을 위한 인적자원개발을 계획하고 추진하여야 한다.

05 고등교육에서의 직업교육 강화와 체제 개선

우리나라 고등교육은 현재 대학의 유형별 특성화가 이루어지지 못하고 있다. 뿐만 아니라 대학 적령 인구가 급격히 감소하고 있고 2017년 기준 고졸자의 68.9%가 대학에 진학하여 고등교육이 보편화단계에 진입한 지도 20여 년이 지났다. 이에 따라 학생들의 요구, 학력과 교육의 질적인 면에서도 차이가 있다. 특히 우리나라 대학은 미국과 일본에 비해 연구중심 대학과 교육중심대학의 성격이 한 대학 내에 너무 혼재되어 있는 경향이 있어 교육중심 대학으로서의 특성화가 약한 편이다.

따라서 고등교육이 보편화 단계에 있는 우리나라는 연구중심대학과 교육중심대학의 기준과 역할을 좀 더 명확히 구분하고 차별화해야 한다. 그리하여 교육중심대학은 대학의 교육목적과 역할이 직업교육의 관점에서 더 강화되고 특성화되어야 한다. 동시에 대학 발전 계획도 직업교육과 평생 직업교육의 관점에서 더 관심을 가지고 수립하여 추진되어야 한다.

교육부가 2010년 대학교육역량강화지원 사업 내 학부교육 선진화 선도대학 지원ACE 사업으로 시작하여 2014년 학부교육 선도대학 육성 사업ACE으로 별도 추진하고, 2017년부터는 대학자율역량강화지원 사업ACE+으로 전환하여 2017년 기준 총 42개교에 744억 원의 국고가 지원되고 있다. 이런 교육중심대학을 연구중심대학 못지않게 적극적으로 육성하여 대학별 여건과 지역특성에 따라 교육중심대학과 연구중심대학으로 특성화하여 발전해야 한다.

40% 이상의 대졸자들이 직무와 교육기술 수준의 불일치를 경험하고 있고, 전공과도 부합하지 않는다고 지적한 최근의 한 연구 보고는 대학 교육의 획기적인 개선이 필요하다는 것을 시사하고 있다.[7]

---

7 길혜지 · 김영식 (2018). 대졸 청년층의 직무 불일치 잠재유형 변화 분석. KRIVET Issue Brief. 152호. 한국직업능력개발원. 2018.7.31.

아울러 전문대학의 교육목적과 역할, 대학 명칭도 공급자 위주가 아니라 학습자와 산업계의 요구가 반영된 수요자의 관점에서 정체성을 재확립하여야 한다. 그리하여 대학과 차별화하고 특성화하여 대학과 전문대학이 각각 국내뿐만 아니라 국제 경쟁력 있는 대학으로 발전할 수 있어야 한다.

특히 국제화 시대를 맞아 대학들은 국제 교류를 활성화하고 외국 유학생들이 한국의 대학에 유학하여 공부하고 싶은 프로그램 편성 운영과 교육환경조성에 관한 노력이 요구되고 있다. 현재와 같은 유학생을 위한 대학의 교육여건으로는 일부 대학과 학과를 제외하면 우수 유학생을 유치하기 어렵다.

06 능력중심 교육을 위한 모듈 프로그램 개발과 개별화 수업을 위한 교수-학습 체제 혁신

1) 능력중심 교육을 위한 모듈 프로그램 개발

교육 중심대학에서 직업교육을 강조하는 프로그램은 무엇을 아느냐 보다는 무엇을 할 수 있느냐에 역점을 둔 학벌보다는 학력을 신장시키는 교육이 되도록 하여야 한다. 이를 위해서는 우선 교과중심 교육보다 능력중심 교육과정 개발을 운영하여야 한다. DACUM과 같은 방법에 의해 교육과정을 개발하고 이를 모듈Module화 하여 목표에 도달할 수 있도록 하여야 한다. NCS 기반 교육과정 개발 운영이 대표적인 예다.

이러한 프로그램이 성공하기 위해서는 학생이 희망하고 산업사회가 요구하며 미래 전망이 밝은 직업들을 과감하게 개발하고 설치하는 노력이 선행되어야 한다. 1980년대 전문대학에 설치되어야 할 신설학과 개발과 다양한 모듈 개설을 위해 과감하게 추진했던 것이 좋은 사례가 될 수 있다.

이들 모듈 프로그램들은 대안학교, 각종학교, 전문학교, 학원 등에서 다양한 형태로 개설되어 on－line과 off line을 통해 수업을 전개할 수 있을 것이다.

2) 문제해결법, 프로젝트학습, 체험학습에 근간한 창의력 개발을 위한 교수-학습 체제 강화

21세기를 전후해서 지식정보화 사회를 맞이하였고, 지금은 4차 산업혁명에 접어들면서 학생들에게 요구되는 역량이 단순한 지식이나 기술의 이해를 벗어나 고차적인 고등정신기능에 해당되는 문제 해결력, 비판적 사고력, 창의력, 그리고 다른 사람과 잘 소통하고 함께 일할 수 있는 협동심 등을 요구하고 있다.[8]

필자가 지금부터 50여 년 전 1960년대 후반 미국의 대학원에서 직업기술교육 교수법Teaching Methods in Vocational-Technical Education 과목을 수강할 때 교재의 하나로 소개되었던 A. H. Krebs의 저서 'For More Effective Teaching'이란 문헌이 떠오른다. 이 책은 문제해결법Problem Solving Method과 프로젝트법Project Methods 두 가지 방법론을 가지고 책 한 권을 서술하고 있다. 직업 · 기술교육에서는 문제해결법, 프로젝트학습법, 체험학습learning by doing을 중요시하고 있다. 그런데 50년이 지난 지금 4차 산업혁명을 맞아 이 방법들이 더 강조되고 있는 것에 대해 감회가 새롭다. 직업 · 기술교육에서의 교수－학습은 기본적으로 문제 해결법, 프로젝트학습, 체험학습이 중심이 되어 개인차가 고려된 자기주도적 학습이 이루어 질 수 있어야 한다.

3) 개별화 수업을 위한 교수-학습 체제 혁신

코로나19로 인해 대부분의 수업이 온라인에 의해 이루어짐에 따라 학교교육이나 사회교

8 서울대학교 창의성 교육을 위한 교수 모임 (2018). 창의 혁명. Korea Com.

육 모두 온라인 수업이 절대적으로 높아지고 있어 온라인 수업의 내실화와 혁신이 요청되고 있다.

또한 고등교육이 보편화되면서 해가 거듭될수록 학생들의 학력차가 심해지고 있어 학생들의 개인차가 고려된 개별화 수업이 활성화되어야 한다. 뿐만 아니라 K-MOOC를 비롯한 교수-학습방법도 혁신되고 있다. 따라서 학생 각자가 필요한 시간과 장소에서 학습자의 능력에 따라 학습할 수 있도록 자기 주도적 개별화 수업이 활성화되어야 한다. 이런 학습이 보편화되기 위해서는 온라인on line 수업과 오프라인off line 수업이 유연성 있게 운영되도록 하여야 한다.

07 직업교육훈련 재원의 안정적 확보를 위한 법적 근거 마련

중등 직업교육을 위한 안정적 재원 확보를 위해서는 직업교육훈련촉진법을 비롯한 관련 법령에 직업교육 재정 지원 교부금에 관한 기준과 방안을 규정할 것을 제안한다. 그리하여 정권이 바뀌고 장관이 바뀌면 정부가 직업교육으로 지방교육청에 내려 보내는 교부금의 비중이 감소되고, 시도교육청의 교육감이 바뀌면서 대부분의 시도교육감이 중등 직업교육보다 일반고등학교 교육에 치중함으로써 시도교육청에 배정된 예산에서 중등 직업교육이 또 한 번 불이익을 당하는 일이 없도록 하여야 할 것이다. 아울러 지방자치법을 통한 재원 확보 방안도 적극 마련해야 할 것이다.

전문대학의 95%가 사립이고, 중견기술인 양성의 97%를 사학에 의존하고 있다. 따라서 정부는 국가가 필요로 하는 중견기술 인력을 사학에 의존하고 있다. 이런 경우 대부분의 국가에서는 사립 전문대학을 공립 전문대학에 준하는 재정지원을 한다. 따라서 우리나라도 각 지역을 대표하는 사립 전문대학에 대해서는 공립 전문대학에 상응하는 재정지원 방안이 강구되어야 한다. 전문대학의 재정지원은 교육부뿐만 아니라 고용보험금 내의 직업능력부담금을 활용할 방안을 비롯한 다각적인 방안이 더 적극적으로 강구되어야 한다.

대학들도 10년째 등록금 인상이 동결됨으로써 심각한 재정난에 당면하면서 교육의 질 악화가 우려되고 있다. 설상가상으로 대학 적령 인구 감소로 재원난 확보에 어려움을 겪고 있다. 반값등록금으로 인한 재원난을 해결할 수 있는 법적, 제도적 그리고 대학 나름대로의 자구 해결 방안이 더 강구되어야 한다.

직업교육훈련을 위한 재원 확보 문제를 해결하기 위해서 직업교육훈련촉진법을 비롯한 관련 법령에 직업교육 재정 지원 교부금에 관한 기준과 방안을 규정할 것을 제안한다. 미국의 「Carl D. Perkins The Strengthening Career and Technical Education for the 21st Century Act」이 하나의 예다.

08 직업교육관련법 및 지원 조직의 개선

직업교육훈련 관련법을 새로 제정하거나 기존법을 폐기하려고 할 경우 법 제정 준비 기간 또는 경과조치 기간이 1년 내지 3년이 걸려 그동안은 새로운 직업교육 정책을 추진할 수 없어 현상 유지를 하는 경우가 있다. 따라서 법 제정 또는 개정 시 가급적 경과조치 기간을 단축하여야 할 것이다.

현재 직업교육훈련은 13개 부처에서 간여하고 있고 부처마다 관련 법령이 있어 법 집행이 복잡하다. 현행 법령상 총 4,907건의 조문내용시행령, 시행 규칙 포함을 분석한 결과 인력 양성 법제가 1,162건으로 나타나 매우 복잡하다. 따라서 인력양성 정책의 통합적 관점에서 부처 간의 직업교육 관련법에 관한 종합적인 재정비가 필요하다.[9] 또한 한국의 실정에 맞는

9 양승우. '미래 혁신환경 변화 대응을 위한 국가연구개발 법제의 개편방향'. 대한민국국회 · 한국과학기술한림원 (2017). 미래 과학기술을 위한 정책 입법 및 교육, 어떻게 해야 하나? 제9회 국회 · 한림원 과학기술혁신연구회 포럼. 국회본관 3층. 11. 17. p. 39.

교육과 노동시장 간의 연계체제school-to-work transition system 구축 방안이 강구되어야 한다.

09 직업교육훈련의 학문 구조 체계화와 관련 학술단체의 통합 운영

1) 직업교육훈련의 학문 구조를 체계화하여 전문성 높은 직업교육 학자, 행정가, 교원 양성

학문으로서의 직업교육훈련을 구조화하여 체계화해보면 다음과 같이 제시할 수도 있다.

(1) 직업교육의 기초

직업교육사이념, 직업교육의 심리학적 기초직업심리학, 산업심리학, 진로지도 및 상담, 교육심리학, 직업사회학, 노동경제학

(2) 직업교육 방법

직업교육의 기초원리, 이해, 직업교육과정, 직업교육 교수-학습 방법, 산학협동교육, 진로지도와 상담, 직업교육 평가, 직업교육 행정, 교육통계

(3) 직업교육 전공 대상

① 산업분야

농업교육, 공업교육, 경영상업교육, 수산·해양교육, 가사·실업교육, 보건의료교육, 융복합 산업교육

② 진로발달 단계

교양 직업교육실과, 기술, 기술·가정, 진로지도, 중등 직업교육, 고등 직업교육대학 교육, 전문대학 교육, 원격 교육, 평생 직업교육직업능력개발훈련, 공무원 인재 개발, 기업교육 HRD, 평생 직업교육학원, 노인 직업교육

③ **학문 분야**

직업교육사, 직업심리학, 직업사회학, 노동경제학, 직업교육과정, 직업교육방법, 산학협동교육, 진로지도와 상담, 직업교육행정, 직업교육평가, 직업교사교육, 고등 직업교육전문대학교육, 비교직업교육, 국제직업교육훈련, 직업교육법, 자격, 기업교육HRD, 직업교육의 최신 동향, 이슈 및 전망, 실과교육, 기술교육, 가정교육, 농업교육, 공업교육, 경영상업교육, 수산·해양교육, 보건의료교육, 융복합 산업교육

이상과 같은 직업교육 학문 구조를 분석해 볼 때 지난 광복 75년의 직업교육 정책은 직업교육의 기초 영역의 고려보다 직업교육 방법론에 더 치우치지 않았었나 하는 생각이 있다. 또한 직업교육과 관련된 대학의 학과들은 각 학문 영역별 발전은 물론 후진 양성에도 적극 노력하여야 할 것이다.

아울러 한국직업능력개발원을 비롯한 한국노동연구원, 한국고용정보원, 한국청소년정책연구원, 국가평생교육진흥원, 한국교육개발원, 한국교육과정평가원 등도 직업교육 관련 기관들과 유기적인 네트워크를 통하여 상호 정보 교류를 강화하여 직업교육 발전에 더 큰 기여가 있기를 기대한다.

그리하여 직업교육 전공자들이 국내는 물론 국제무대에서 널리 활동할 수 있는 역량과 기회가 확대·제공되기를 기대한다.

2) 직업교육훈련 관련 학회 및 협회 간의 연계 체제 강화 및 통합 운영

현재 직업교육훈련을 대상으로 한 학술단체 간에 뚜렷한 차이도 없고 동일회원이 여러 학회의 회원으로 가입된 경우가 적지 않아 유사 학술단체가 난립되어 있다. 이들 학회가 좀 더 통합 운영되어 시너지 효과를 내는 체계가 구축되었으면 한다.

3) 직업교육훈련의 역사와 용어에 대한 올바른 이해 증진

필자가 학문에 임하려는 후학들에게 반드시 학습하기를 바라는 세 가지 사항이 있다. 첫째, 전공하려는 그 학문의 세계에 관한 역사 내지 변천과정을 정확히 이해하여야 한다는 것

이다. 둘째, 그 학문에서 사용되고 있는 각종 용어를 정확히 이해하여 그 용어의 개념이 국내에서는 물론 국제적으로 같은 뜻으로 상호 소통할 수 있어야 한다는 점이다. 셋째, 2개 이상의 외국어 구사 능력이다. 이 세 가지 사항에 대해 우리는 너무 소홀한 것 같다.

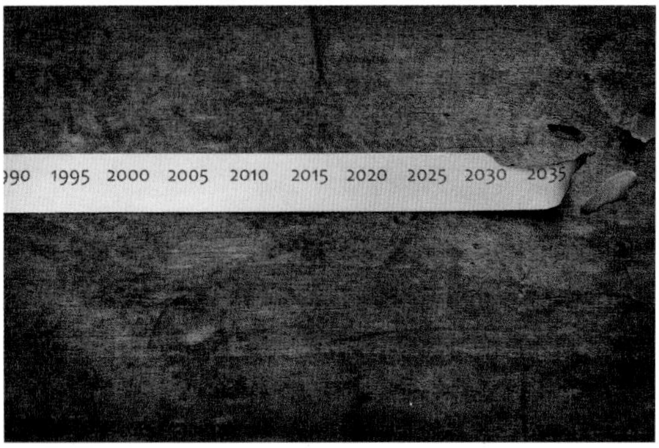

외국의 직업교육사는 자주 인용하면서 우리나라 직업교육사에 대해서는 연구 논문이나 저서가 많지 않은 것 같아 아쉬움이 있다. 우리 스스로 우리 것을 먼저 찾아 학문적으로 튼튼한 기초를 쌓고 그 토대 위에 외국의 학문도 접목할 수 있기를 기대한다. 정권이 바뀔 때마다 유행처럼 갑자기 외국의 직업교육 제도나 프로그램을 도입하여 추진하다가 실패하여 중단하는 시행착오는 더 이상 반복되지 않았으면 한다.

학문에 임하려면 그 학문에 사용되는 용어를 정확히 이해하는 것이 대단히 중요하다. 그리고 그 용어는 국제적으로도 같은 뜻으로 상호 소통될 수 있어야 한다. 그런 면에서 볼 때 우리나라는 직업교육에 관련된 용어의 정리가 요구된다.

몇 가지 예를 들면 다음과 같다. OECD에서는 스킬skills을 인지적 및 메타 인지적 스킬cognitive and meta cognitive skills, 기술, 전문적 스킬technical, professional skills, 사회 및 정서적 스킬social and emotional skills 등을 포함한 매우 포괄적 개념으로 정의하고 있다. 그런데 우리나라에서는 스킬skills을 전후 문맥에 잘 맞지도 않는 경우도 자주 나타나는 '숙련'으로 사용하는 경우가 대부분이다. 진로교육career education과 진로지도career guidance도 정확히 구분되지 않고 사용되고 있다. 직업훈련, 직업능력개발훈련, 직업능력개발사업이 같은 뜻으로 사용되고 있다. 산업교육진흥 및 산학연협력촉진에 관한 법률에서 규정한 '산업교육'의 정의와 기업교육HRD을 중심으로 학술활동을 주로 하고 있는 한국산업교육학회의 '산업교육'의 의미와의 관계도 모호하다. 직업훈련촉진법에 규정한 사업

내직업훈련과 인적자원개발HRD 및 기업교육과의 관계도 불확실하다. 전문대학을 외국의 경우 미국은 community college, technical college, junior college, 일본은 단기대학短期大學 등으로 대학교university와 구별하여 사용하고 있다. 우리나라는 전문대학을 대부분 대학교university로 사용하고 있다. 각종학교로서 전문대학 학력 인정을 받는 '전공대학'에 대해 '대학교university' 교명 사용을 허용하는 것 등이다.

10 학력간, 대기업과 중소기업간, 정규직과 비정규직, 성별에 따른 임금 격차 해소

직업교육훈련이 성공적으로 이루어지기 위해서는 교육 외적 요인으로 크게 작용하고 있는 학력, 대기업과 중소기업, 정규직과 비정규직, 성별에 따른 임금 격차가 해소되어야만 한다. 현재 학력별에 따른 임금 격차는 고졸자의 임금을 100으로 하였을 때 전문대학 졸업생은 116%, 대학 졸업생은 161%이다.[10]

11 교육부 '평생 직업교육훈련 혁신 방안'[11]에 대한 제안

교육부부총리 겸 교육부장관 김상곤는 미래 직업교육훈련의 혁신 방향과 중장기 전략을 담은 '평생 직업교육훈련 혁신 방안'을 사회관계장관회의에서 확정하여 비전, 3대 기본 방향, 5대 추진 전략, 20대 주요 과제, 64개 세부 과제를 발표하였다. 주요 내용은 <표 10-1>과 같다.

<표 10-1>에서 보면 추진 전략에 따른 주요 과제는 다음과 같다.

첫 번째로 유연하고 통합적인 직업교육훈련을 제공한다.

변화하는 산업수요에 유연하게 대응할 수 있도록 교육과정이나 교원 등에 관한 규제가 완화된 자율학교 지정을 활성화하고, 학점제를 도입하여 학생들의 다양한 선택권을 보장하고 융합학습을 지원한다.

---

10 연합뉴스. 2014.9.9.: OECD 2014 교육지표 조사 결과.

11 교육부 (2018). 평생 직업교육훈련 혁신 방안. 교육부 보도자료. 2018.7.27.

표 10-1 평생 직업교육훈련의 비전 및 기본방향 체계도

구분	내용		
비전	내일을 준비하여 내일이 행복한 사회 * 내일: my work, future		
기본방향	새로운 가치를 창출하고 도전하는 인재 양성	직업교육훈련 혁신을 통한 사회적 가치 실현	전 생애에 걸친 직업교육훈련에 대한 국가책임 강화
추진전략	1. 유연하고 통합적인 직업교육훈련 제공 2. 미래형 혁신인재 양성을 위한 직업교육훈련 고도화 3. 지속적 성장이 가능한 직무역량개발체계 확충 4. 사람 중심의 포용적 평생 직업교육훈련체계 구축 5. 평생 직업교육훈련 통합 지원 생태계 조성		
패러다임 변화	입직단계 중심 직업교육훈련	생애 통합적 평생 직업교육훈련	
	주입식 단순 기능 숙달	미래 핵심역량 개발에 초점	
	단선적, 분절적, 경직적 체제	다양하고 유연하며 개방적인 체제	
	교육훈련 사각지대 존재 및 소외계층에 대한 맞춤형 지원 부족	소외계층 맞춤형, 교육훈련－복지－고용 연계	
	지속적인 경제성장	경제성장 및 사회통합	

또한 다양한 온·오프라인의 교육을 통해 쉽게 다가갈 수 있도록 K－MOOC에 직업교육훈련 강좌를 신설하고, 스마트 직업훈련 플랫폼 구축을 추진하며, 가칭 마이크로 디그리 등 단기과정을 도입해 나간다.

직업교육과 훈련 간 연계도 강화하고자 평생학습계좌제, 직업능력개발계좌제의 유사 기능을 연계하는 등 유사한 제도와 정책의 경우 단기적으로는 연계를 더 확대하고 장기적으로 통합을 추진한다.

두 번째로 미래 유망분야, 성장 동력 분야의 혁신인재를 길러낼 수 있도록 직업교육훈련을 고도화한다.

실무중심 교육을 통해 고숙련 인재를 양성할 수 있도록 '선도형 전문대학'을 육성하고 전문대학 교원 자격기준을 전면 개편한다. 이와 함께 우리의 현황에 맞는 고등 직업교육 혁신 모델도 만들어 나갈 예정이다.

산업 및 직업구조 변화에 맞추어 학과 및 교육과정 개편을 추진한다. 아울러 직업계고,

전문대학, 폴리텍 등 교육훈련기관의 학위 · 비학위 과정의 현장성을 높이기 위해 산업계의 참여를 확대해 나간다.

핵심적인 역할을 수행하는 교원의 전문성을 높이기 위한 지원 방안을 마련한다. 우수한 현장전문가가 학생을 가르칠 수 있도록 전문교과 사범대 재직자 특별전형을 도입하고, 보수교육에 대한 인센티브와 처우개선을 통해 훈련기관 교 · 강사의 질을 향상시킨다.

세 번째로 모든 국민이 지속적으로 성장해나갈 수 있도록 직무역량 개발체계를 확충해 나간다.

입직 전 단계부터 진로 및 직업교육을 받고, 입직 이후에도 후학습이나 훈련, 자격취득 및 현장경험을 통해 전문직업인으로 성장할 수 있도록 다양한 성장경로를 마련한다.

표 10-2 전문직업인 성장경로 모델(예시)

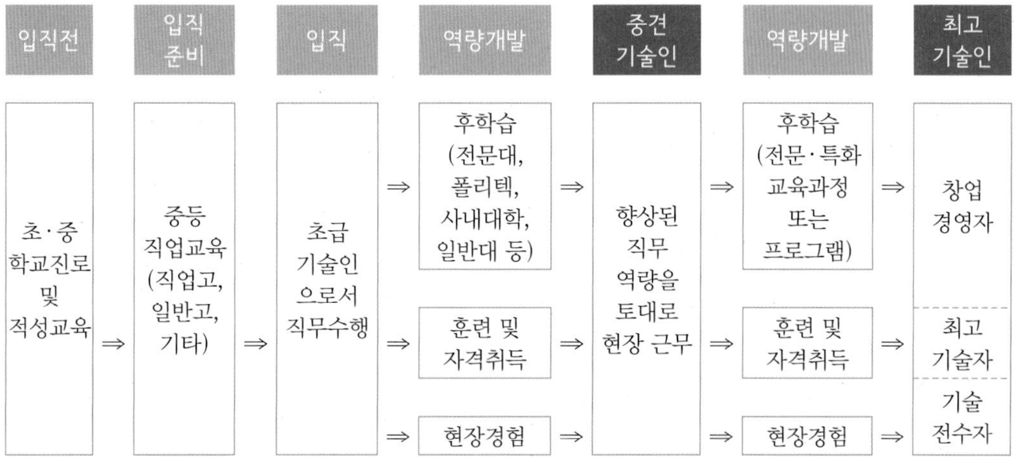

전문대학 및 대학을 통한 후학습 기회도 확대해나간다. 전문대 후학습 기능 강화를 지원하고, 국립대의 경우 후학습자 전담과정을 대폭 확대해나간다. 외부시설을 활용한 후학습을 활성화하는 등 후학습 관련 규제도 완화해 나갈 예정이다.

아울러 재직자 역량 개발 기회를 확대한다. 유급휴가훈련제를 활성화하고 장기적으로는 재직자의 학습권 및 학습휴가의 제도화를 검토한다.

앞으로 잦아질 이 · 전직 수요에 대응하여 지원을 확대한다. 중소기업이나 비정규직의 경우 공공부문을 통해 이 · 전직 서비스를 제공하고, 대기업은 자체적으로 제공할 수 있도록 제도를 구축할 계획이다.

네 번째로 사람이 중심이 되는 포용적인 평생 직업교육훈련 체계를 만든다.

교육훈련 참여가 어려운 중소기업 재직자의 역량개발 지원을 위해 공동훈련센터를 적극 활성화하고, 직업교육훈련에 따른 관리업무부담을 줄이고자 '중소기업 훈련지원센터'를 지정하여 운영한다.

취약계층에 대한 지원도 강화한다. 장애인 대상의 공공직업교육훈련 인프라를 확대하고, 학교 부적응 학생들을 위한 가칭'공립형 직업 대안고등학교' 지정 · 운영도 추진한다.

아울러, 고용보험 미적용자에 대한 지원을 확대해 나갈 예정이다. 사회적 안전망을 촘촘하게 할 수 있도록 비정규직, 특수형태업무종사자, 영세자영업자 등에 대해 내일배움카드를 확대해 나간다.

마지막으로 평생 직업교육훈련을 통합적으로 지원해나갈 수 있는 생태계를 만들어간다.

부처 간 칸막이 제거를 위해 국무총리가 공동위원장인 국가산학연협력위원회를 통해 직업교육훈련정책을 연계 · 조정하고, 지역단위에서의 협력적 거버넌스를 구축하여 지역의 인력수요와 공급을 조사 및 조정할 수 있도록 한다.

아울러 직업교육훈련에 대한 재정투자를 확대한다. 교육훈련기관의 재구조화를 지원하고 전문대학의 후학습 기능을 강화하며, 특히 취약계층에 대한 실질적인 능력개발기회 보장에 집중 투자할 계획이다.

직업교육훈련에 대한 대대적인 인식 개선을 추진한다. 사회적 캠페인을 실시하고, 학생들을 대상으로 노동인권, 산업안전, 직업윤리에 대한 교육을 체계적이고 다양하게 제공하여 직업에 대한 올바른 가치관을 확립해나갈 수 있도록 할 계획이다.

김상곤 부총리 겸 교육부장관은 "이해관계자가 많아 갈등 조정에 많은 시간이 필요한 과제도 있지만, 기술혁신에 대응하여 모든 국민의 역량을 키워 일을 통해 행복을 찾도록 지원하는 것은 우리 경제와 사회가 발전해 나가기 위해서는 반드시 필요하다."라고 언급하였다. "직업교육훈련 혁신방향에 대한 논의가 이제 시작됐으니 일자리를 창출하고 혁신인재를 양성하기 위해 앞으로 할 일이 많다."라고 밝혔다. "교육부는 실행계획의 일환으로 선취업 후

학습 계획을 발표하는 등 빠르게 후속조치를 실시할 계획이다. 다른 부처도 현장과의 논의를 통해 조속히 구체적인 방안을 마련해 주길 바란다."라고 덧붙였다.

교육부가 2018년 7월 27일 보도한 이상과 같은 '평생 직업교육훈련 혁신 방안'에 대하여 긍정적인 면과 더 발전하기 위해 추가로 보완되기를 바라는 점을 몇 가지 제안한다.

1) 평생 직업교육훈련 혁신 방안의 긍정적인 면

현재의 직업교육훈련 혁신 방안에서 긍정적으로 보고 싶은 점은 다음과 같다.

첫째, 주제의 범위를 요람에서 무덤에 이르기 직전까지의 모든 국민을 대상으로 한 '평생 직업교육훈련'에 두었다는 점이다.

둘째, 선취업 후학습체제를 강화한다는 점이다.

셋째, 용어 사용에 있어 직업교육과 직업훈련을 포용한 '직업교육훈련'을 사용하였다.

넷째, 실무중심 교육을 통해 고숙련 인재를 양성하기 위해 전문대학 교원 자격 기준을 전면 개편하고, 우리의 현황에 맞는 고등 직업교육 혁신 모델도 만든다는 점이다.

다섯째, 부처 간 칸막이 제거를 위해 국무총리가 공동위원장인 국가산학연협력위원회를 운영한다.

여섯째, 직업교육훈련에 대한 재정투자 확대, 혁신 방안 마련에 관계부처와 민간 기관·단체, 산업계·노동계, 공급자기관, 교·강사, 수요자학생, 재직자, 관련전문 등 이해관계자의 의견뿐만 아니라 일반교육 전문가, 국민 등 폭넓게 의견을 수렴하여 공감대를 형성하려고 노력한다는 점 등이다.

2) 직업교육훈련 혁신 방안에 대한 제언

(1) 교양 직업교육에 관한 내용 추가

직업교육훈련 혁신 방안에 추가로 보완되기를 바라는 점은 평생 직업교육훈련은 진로개발단계로 보면 교양교육으로서의 직업교육을 학습하는 초등학교, 중학교, 일반고등학교진로교육, 직업기초능력, 실생활에 필요한 실기능력과 관련 직업 체험학습, 직업준비교육특성화고등학교, 전문대학, 대학, 그리고 사회교육을 통해 직무 능력 향상, 전직, 퇴직 준비를 위한 생애개발 교육 등이 체계적이고 균형 있게 제시되어야 한다.

그런데 교양 직업교육에서 다루어져야 할 과제 중 진로교육에 관해서만 언급하고, 직업 기초능력 개발과 실생활에 필요한 실기능력개발 등에 관한 혁신 방안은 언급되지 않고 있다.

예를 들면, 능력중심사회에서 모든 직업인에게 강조되고 있는 직업기초능력이 초·중등학교 교육과정과는 어떻게 연계되어 있는지? 실과교육을 5학년부터 배우는 근거는 어디에 있는지? 실과교육을 1학년부터 4학년까지는 교육과정에 편성 운영하지 않는 이유는 무엇인지? 요즘 강조되고 있는 체험학습과 실과, 기술·가정 교과와는 어떤 관계가 있는지 등이다.

(2) 고등학교 직업교육의 목적과 체제의 명문화 및 입학 정원 정책 제시

고등학교 직업교육의 목적은 무엇이고 이상적인 고교 직업교육 체제는 어떤 것인지가 확실하지 않다. 현 특성화고등학교와 마이스트고등학교 체제를 앞으로도 계속 유지할 것인지 여부도 확실하지 않다. 직업고교에 학점제 도입이 고교 직업교육발전을 위해 그렇게 우선 과제에 선정될 정도로 시급하고 중요한 것인지? 고교에서의 직업교육 학생 정원 정책에 대한 언급도 없다. 고교 직업교육 체제와 학생 정원 정책에 있어 과거와 같은 시행착오를 밟지 않도록 확실한 방향 설정 제시가 있기를 기대한다.

(3) 전문대학의 역할, 교육목적, 교명에 대한 검토와 정체성 확립

직업교육훈련 고도화를 위해 전문대학의 교원자격 기준 전면 개편뿐만 아니라 고등교육의 여러 유형 중에서 정체성이 점점 모호해지고 있는 전문대학의 역할, 교육목적, 대학명 등을 검토할 필요가 있다. 특히 전문대학의 특성이 부각되기 위해서는 전문대학 교원자격 기준에 학위 중심 못지않게 자격을 포함한 전공 관련 산업현장 경력의 우수성이 높이 평가되어야 할 것이다.

아울러 우리나라 전문대학은 95%가 사립이기 때문에 지역별·산업별로 중추적 역할을 할 수 있는 공영형 사립전문대학의 운영 도입 방안이 강구되어야 할 것이다.

(4) 대학에서의 직업교육에 대한 방향 제시

고등교육 단계에서의 직업교육은 주로 전문대학에 관해 논하고 있고 대학에 대한 혁신 방안은 극히 제한적인 범위 내에서 언급되고 있다. 우리나라는 2017년 기준 고등학교 졸업생의 68.9%가 대학에 진학하고 있어 고등교육이 보편화단계에 있다고 볼 수 있다. 대학 졸업 후 대학원 진학자는 대학 졸업생의 7.3%이다. 대학 졸업생의 64.4%가 졸업과 동시에 취업을 한다.

40% 이상의 대졸자들이 직무와 교육기술 수준의 불일치를 경험하고 있고, 전공과도 부합하지 않는다는 최근의 연구 논문 발표도 있다. 청년 실업이 9.8%에 달할 정도로 심각한 상황 등을 감안할 때 현재의 고등교육 유형은 직업교육의 관점에서 재검토되어야 한다.

최소한 고등교육 유형을 연구 중심대학과 교육중심대학으로 구분하여 각기 역할과 기준을 달리 설정하고 특성화 할 것을 제안한다. 이 때 교육중심 대학은 현재보다 직업교육이 강화되도록 한다. 아울러 선 취업 후 학습뿐만 아니라 100세 시대를 맞아 인생 2모작에 부합하는 생애 설계와 직업능력 개발을 위한 성인교육이 강화된 대학으로의 역할이 전환된 대학 혁신 정책이 제시되어야 한다.

(5) 성인 생애개발 및 직무 역량 강화 모델 제시

직무역량 개발 체계에서는 특히 50대에 퇴직 후 100세 시대에 대비한 인생 2모작과 직업 2모작 생활을 할 수 있는 생애설계와 직무역량 개발을 위한 직업교육훈련 혁신 정책이 생애주기별로 수립되고 다양한 프로그램을 개발·운영하여야 할 것이다.

(6) 직업교육훈련 관련 법 및 조직의 연계 체제 재정비

'평생 직업교육훈련을 통합적으로 지원해나갈 수 있는 생태계를 만들어간다'라고 공약하였다. 이의 구현 방안으로 '부처 간 칸막이 제거를 위해 국무총리가 공동위원장인 국가산학연협력위원회를 통해 직업교육훈련정책을 연계·조정하고, 지역단위에서의 협력적 거버넌스를 구축하여 지역의 인력수요와 공급을 조사 및 조정할 수 있도록 한다.'라고 하였다.

그런데 「산업교육진흥 및 산학연협력촉진에 관한 법률」 제14조에 규정된 국무총리소속이면서 국무총리가 위원장인 '국가산학연협력위원회'와 「인적자원개발기본법」 제7조 규정에 의해 대통령 소속 자문기구인 '국가인적자원위원회', 그리고 「직업교육훈련촉진법」 제18조에 의거 특별시·광역시·도 및 특별자치도에 설치 운영하게 되어 있는 '직업교육협의회' 간의 역할, 협력 체제 및 네트워크, 그리고 거버넌스가 어떻게 이루어지고 있는지가 모호하다. 이들 위원회의 역할과 업무 추진을 위한 거버넌스 체제와 네트워크를 어떻게 공고히 할 것인가에 대한 방안이 수립된 후에 추진되어야 할 것이다.

그리고 이들 법에 근거한 거버넌스 체제는 종적·횡적으로 어떻게 구성되는지 이해하기 쉽게 도식화하여 제시되어야 할 것이다.

(7) 직업교육훈련을 위한 안정적 재원 확보를 위한 법 제정

직업교육훈련을 위한 재정투자를 확대하기 위해서는 먼저 재원을 안정적으로 확보할 수 있도록 직업교육훈련촉진법을 비롯한 관련 법령에 직업교육 재정지원 교부금에 관한 기준과 방안을 규정할 것을 제안한다.

(8) 평생 직업교육훈련 관련 용어의 정리

이번 평생 직업교육훈련 혁신 방안 수립을 하는 과정에 '직업교육훈련'의 개념 정립에 노력한 흔적도 있다. 그러나 각종 법률에 규정되어 있는 「교육기본법」 제21조직업교육, 「직업교육훈련촉진법」의 '직업교육훈련', 「근로자 직업능력개발법」상의 '직업능력개발훈련', '직업훈련', 「산업교육진흥 및 산학연협력촉진에 관한 법률」에 규정된 '산업교육' 「인적자원개발기본법」에 규정된 '인적자원개발' 등의 용어 간에 종적·횡적 개념 체계 정립이 필요하다.

「교육기본법」 제21조에 의하면 「직업교육 국가와 지방자치단체는 모든 국민이 학교교육과 사회교육을 통하여 직업에 관한 소양과 능력을 개발하기 위한 교육을 받을 수 있도록 필요한 시책을 수립 실행하여야 한다」 1997년 제정라고 규정하고 있다.

(9) 직업교육훈련정책의 주기적인 평가

직업교육훈련정책은 주기적인 정책평가를 통하여 정권 교체에 관계없이 일관성을 유지하는 것이 바람직하다. 박근혜 정부에서 능력중심사회 구현을 위해 NCS 기반 교육과정 개발 운영이 강조되었다. 이번 직업교육 훈련 혁신 방안에 NCS에 대한 한 번의 단어 사용도 없다. 계속 강조하는 것인지 폐기하는 것인지 궁금하다.

(10) 직업교육훈련 혁신 방안 실현을 위한 구체적인 로드맵 제시

문재인 정부가 출범한 지 벌써 3년째 접어들었고, 이제 직업교육훈련 혁신을 위한 3대 기본 방향, 5대 추진전략, 20대 주요 과제, 64개 세부과제가 발표되었다. 그런데 이들 과제 추진을 위한 장단기 계획이 수립되어 있지 않다. 그런 와중에 교육부총리가 바뀌었다. 그래서 그런지 문재인 정부의 직업교육훈련정책을 추진하기 위한 로드 맵road map이 잘 보이지 않는다. 과제 계획을 수립하다가 많은 시간을 보내 추진에 차질이 없도록 철저한 사전 준비와 과제 우선순위에 따른 추진계획 수립이 요구된다.

12 포스트 코로나19의 변화 전망이 직업교육훈련정책에 주는 시사점

앞의 제9장 미래변화의 단원에서 '포스트 코로나19의 변화 전망'이란 주제를 다루면서 4개 영역 20개 항에 관하여 논의하였다. 그 결과를 중심으로 포스트 코로나19 변화 전망이 직업교육훈련정책 방향에 주는 시사점을 모색해 보면 다음과 같다.

첫째, 직업교육훈련의 교수-학습 체제는 온라인 수업이든 오프라인 수업이든 문제해결법problem solving method, 프로젝트법project method, 체험학습learning by doing을 바탕으로 자기 주도적 학습self directed learning이 이루어지도록 전개되어야 한다.

특히 직업교육훈련 학습내용 중에는 실험 · 실습 단원이 많아 실제로는 학교의 실험 · 실습실이나 일의 현장에서 모듈화 된 프로그램에 따라 실물을 대상으로 학습이 이루어져야 한다.

이런 실험 · 실습을 온라인에 의해 전개하려면 모듈별로 패키지화된 실험 · 실습 자료가 학생별로 확보되어 어디서나 교실과 별 차이 없이 충분한 실험 · 실습 자료로 수업이 가능해야 한다. 그리고 실험 · 실습 기구에 따라 고가 장비거나 부피가 클 경우, 집에서 실습하기 어려운 경우도 있다. 뿐만 아니라 장애가 있는 학생이나, 다문화 가정의 학생일 경우 개별 학습에 남다른 애로사항이 있을 수 있다. 따라서 실험 · 실습 과제에 관한 수업은 사전에 충분히 준비할 시간적 여유가 제공되어야, 온라인에 의한 수업을 전개하는 데에 따른 난관을 최소화할 수 있다.

따라서 한 학기 동안 특히 실험 실습 교과나 단원을 온라인 수업을 통해 전개하면서 나타난 문제점, 해결 방안, 앞으로 예상되는 문제점과 대책 등을 교원별, 과목별, 전공과별, 학교 급별, 학교 유형별, 학년별, 지역별 등으로 분류하여 직업교육훈련의 장단기 발전 계획을 수립하여 추진해야 할 것이다.

둘째, 언택트Untact 문화에 적응한 홈 루덴스Home Ludens 학습 환경을 조성해야 한다.

학교 대신 나의 집이 학교의 교실이 되어 하루 종일 공부할 수 있는 방과 환경을 조성하고, 학교 밖에서 학습해도 학교생활 못지않게 즐겁고 능률적인 학습을 할 수 있어야 한다. 이런 환경을 조성하기 위해서는 학생 각자는 물론 학부모를 위시한 가족 간에 상호 이해와 협조가 필요하다. 그리고 이런 현상은 한 번으로 끝나는 것이 아니라 학교를 가지 못하게 됨으로써 발생하는 친구들과의 대인관계, 단체생활 익히기, 체계적인 체력 단련, 동아리 활동을 통한 취미 생활 유지 등을 위해 계속 노력하여야 한다.

아울러 집에서 학습하는 비중이 늘게 됨으로써 가정생활을 하면서 익혀야 할 직업교육훈련의 교과와 과제는 어떤 것인가를 파악하여 가정실습을 통한 학습이 잘 이루어지게 하는 방안도 강구되어야 할 것이다. 예를 들면, 초등학교 실과, 중등학교 기술 · 가정 교과 등이다.

셋째, ICT 기반 시설 구비 및 온라인 · 오프라인 수업을 위하여, 디지털 리터리시를 포함한 교원 역량이 강화되어야 한다.

비단 직업교육훈련 분야뿐만 아니라 학교마다 온라인 수업을 할 수 있는 ICT 시설 장비와 지원체제도 잘 갖추어져야 한다. 이를 위해 단위 학교, 지자체, 교육부와 고용부의 적극적인 지원 정책이 필요하다.

2020년도 7월 2일 교육부가 제시한 정책과제에 따르면, 그동안 대학 수업은 오프라인을 원칙으로 하면서 전체 과목의 20%까지만 온라인으로 할 수 있도록 한 규정을 바꿔서, 앞으로는 대학 자율에 맡길 방침이다. 평가도 출석 평가를 원칙으로 해왔지만 앞으로는 온라인 시험 등 대학이 자율적으로 정한다. 기존에는 사이버대에서 온라인 학위를 취득할 수 있는데, 앞으로는 일반 대학도 별도의 온라인 학위과정을 운영할 수 있게 된다. 따라서 이러한 제도적 변화 추세에 맞추어 비대면 수업 환경에 적합한 교원들의 역량 강화가 절실하다.[12]

넷째, 「산업교육진흥 및 산학연협력촉진에 관한 법률」에 의한 학생들의 현장실습이 계획대로 추진되어야 할 것이다.

학교에서 오프라인 수업도 제대로 하지 못하는 상황에서 산업체가 학생들을 실습생으로 받아 체계적으로 지도하는 데에는 여러 가지 제한점과 상당한 어려움이 있을 것으로 예견된다. 이런 문제를 해결하기 위한 VR 체험관이나 증강현실을 직업교육훈련에 활용하는 등 현장실습 제약에 따른 대안 수립도 요구된다.

다섯째, 코로나19로 인해 직업세계에도 격동의 시기가 도래하여, 소멸하는 직종도 있고 새롭게 탄생하는 직종도 있다. 이들 분야에 대한 직종과 인력 수요 전망 등이 종합적으로 분석되어 직업교육훈련정책에 반영되어야 한다.

코로나19 사태가 발생하면서 식당, 노래방, 술집, 나이트클럽, 관광 관련 서비스업 등이 큰 타격을 받고 있다. 반면에 온라인 수업을 추진하는 데 필요한 ICT 관련 산업은 과거에 비해 활성화되고 있고, 이에 필요한 ICT 및 교육 전문가의 수요도 늘어나고 있다. 사회적 거리 두기로 인해 택배업과 홈쇼핑 등 온라인 구매도 늘어나고 있다. 홈 루덴스 산업을 중심으로 한 새로운 직종도 등장하고 있다.

위와 같은 상황에서 특히 사라지는 직종에 근무하던 근로자에 대한 전직훈련 대책이 적극 강구되어야 한다. 또한 새로운 직종에 종사할 사람에게는 그 직무에 필요한 역량을 개발할 수 있는 프로그램이 개발·운영되어야 한다.

여섯째, 직종을 불문하고 코로나19와 맞물려 공통적으로 대두되는 핵심역량들을 함양하기 위한 역량기반교육과정 개발이 필요하다. ＜그림 10－1＞에서 보는 바와 같이 이찬과 박복미의 연구에 따르면, 코로나 심각단계 격상 후 비대면 원격근무 및 스마트워크가 확산되면서, 국내 기업에 재직중인 근로자들이 느끼는 일터에서의 핵심역량도 변화하고 있다.

---

12 남윤서 (2020.7.2.). "원격수업이 대학 '뉴노멀'" 교육부 온라인학사 · 석사 허용키로. 중앙일보.

개개인이 자각하는 우선순위는 1위 디지털 숙련, 2위 유연한 사고, 3위 데이터 활용으로 조사되었다. 특히 포스트 코로나 시대의 상사들에게 기대하는 역량은 1위 유연한 사고, 2위 리더십, 3위 디지털 숙련으로 조사되어, 향후 직업교육훈련 분야에 있어 직급교육과 직무교육 프로그램 개발시에 많은 시사점을 주고 있다.

그림 10-1 포스트 코로나 시대의 일터가 요구하는 핵심역량

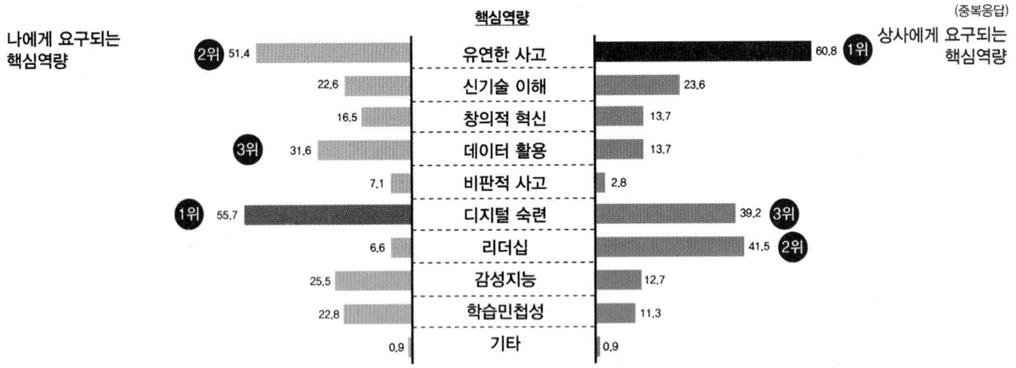

자료: 이찬 · 박복미 (2020). 포스트 코로나, 워러밸(Work & Learning Balance: WLB) 한국 실태조사. 2020 한국산업교육학회 연차학술대회 발표.

일곱째, 코로나19로 인해 국경 개방이 중지되고, 인적 이동도 차단되면서 특히 해외 근로자들의 출입이 제한되면서 이들 근로자를 필요로 하는 업종에서는 인력 확보에 어려움을 겪고 있어 이에 대한 대책 수립이 필요하다.

미국의 경우에는 도널드 트럼프 대통령이 2020년 6월 22일 기점으로 당해년도 연말까지 외국인 근로자에 대한 취업비자 발급을 중단한다고 밝혔다. 컴퓨터 프로그래머와 기타 숙련 노동자를 포함한 다양한 직무 대상자에게 취업비자 발급 중단 행정 명령을 내렸다. 이로 인해 신규 그린카드 발급 제안 연장 조치가 추진됨에 따라, 2020년 하반기에만 무려 52만 5천명의 외국인 근로자들이 미국을 떠나게 될 것으로 예상된다. 그러면서도 코로나19 사태를 위한 의료진, 식품서비스, 일부 임시직 근로자는 제외시켰으나, 여전히 실리콘벨리의 기업들은 당장 인력수급이 결정타를 입을 것으로 예측했다. 미국의 의원들조차 취업 비자 제한 조치로 자국인들의 선호도가 낮거나, 수행 역량이 부족한 일자리에 대해서는 필요한 인력 충원이 내수 노동시장에서 어려울 것으로 우려했다.[13]

13 임주형 (2020.6.23). 트럼프, 전문직 등 취업비자 발급 연말까지 중단 … "IT업계 타격". 연합뉴스.

따라서 우리나라도 산업수요에 따른 외국인 근로자의 수급 조절을 위한 우방국들과의 관계를 공고히 하고, 외교부 산하 KOICA의 ODA 분야에 직업교육훈련 부문을 강화하고, 고용노동부 산하의 한국산업인력공단을 채널로 하여 양질의 외국인 노동력을 확보하는 방안을 보다 체계적으로 강구해야 한다.

아울러, 외국인 노동시장의 위축에 따른 인력수요 부족을 감안하여, 해당 직군에 필요한 직업교육훈련을 자국민 대상으로 실시하고, 필요한 직무역량 향상뿐만 아니라, 내국인들의 기피 직종에 대해서는 특히 직업에 대한 가치 함양과 지속적인 근무가 가능하도록 중장기적인 경력개발 지원이 병행되는 제도적 고민이 필요하다. 따라서 코로나19로 인한 직종 변화와 인력 수요 변화에 대한 종합적이고 장단기적인 정책 계획이 수립되어 직업교육훈련정책에 반영되어야 한다.

여덟째, 코로나19로 집에만 억류되어 있는 노인들을 위한 홈 루덴스 문화의 신장과 온라인을 통한 평생학습 프로그램이 활성화되어야 한다.

100세의 평생학습시대를 맞아 노인들도 언제 어디서든지 원하는 것을 배울 수 있어야 한다. 그런데 코로나19 사태로 인해 도서관, 시군구 단위 복지관이나 체육시설, 동 단위 주민센터, 사설 사회교육 기관 등에서 오프라인으로 운영되던 다양한 프로그램들이 폐쇄된 지가 반년이 되었다.

노인들은 코로나19 방지 우선순위에서 밀려서 그런지 마스크 착용, 사회적 거리 유지, 위생 철저, 외출 자제 등의 문자 메시지를 제외하면 정부관련 기관들로부터 특별한 관심과 대책을 찾아 볼 수 없다.

노인복지 관련 부처 및 기관은 코로나19 사태에 적응할 수 있는 노인들의 홈 루덴스 문화 신장과 온라인이나 기타 방법에 의한 다양한 사회교육 프로그램을 개발하여 운영하는 정책을 수립하여 추진해야 할 것이다. 아울러 이런 상황에서 노인들을 위해 적합한 직업교육훈련 프로그램은 없는지 연구 검토할 필요도 있다.

---

https://www.yna.co.kr/view/AKR20200623023400071?input=1195m.

13 한국판 뉴딜 정책이 직업교육훈련에 주는 시사점

1) 한국판 뉴딜 정책의 배경과 계획

문재인 대통령은 2020년 7월 14일 청와대에서 제7차 비상경제회의를 개최하면서 '한국판 뉴딜' 국민보고대회를 가졌다. 이 대회에서 대통령은 기조연설을 통해 우리가 코로나19로 인해 충격을 받고 있는 극심한 경기 침체와 일자리 문제, 저성장 · 양극화 심화 문제 등을 극복하기 위해 '한국판 뉴딜'을 발표하였다. "한국판 뉴딜은 대한민국을 선도 국가로 도약하는 대전환 선언이자 새로운 100년의 설계"라고 하였다. 즉, 한국판 뉴딜은 대한민국을 추격형 경제에서 선도형 경제로, 탄소 의존 경제에서 저탄소 경제로, 불평등 사회에서 포용사회로 바꿔 선도국가로 도약하는 대전환이라고 밝혔다.

한국판 뉴딜의 핵심은 '디지털 뉴딜, 그린 뉴딜, 안전망 강화'이다. 디지털 뉴딜은 비대면 산업 육성, 디지털 경제로의 전환 등을 목표로 한다. 그린 뉴딜은 저탄소 · 친환경 경제 체제로의 전환을 추진한다. 디지털 · 그린 경제로 전환하면서 실업 및 양극화가 발생할 수 있는데, 사회 · 고용 안전망 강화를 통해 이러한 문제에 대응하겠다는 것이다.

정부는 이런 목표 달성을 위해 디지털 뉴딜 분야 12개 과제, 그린 뉴딜 분야 8개 과제, 안전망 강화 분야 8개 과제 등, 총 28개 과제를 설정 · 제시하였다. 그 중 10개를 10대 대표과제로 선정하였는데 디지털 뉴딜 분야에서 데이터 댐, 지능형 정부, 스마트 의료 인프라 등 3개 과제, 그린 뉴딜분야에서는 그린 리모델링, 그린 에너지, 친환경 미래 모빌리티 등 3개 과제, 그리고 디지털 · 그린 융합분야에서는 그린 스마트 스쿨, 디지털 트윈, 국민안전 SOC 디지털화, 스마트 그린 산단 등 4개 과제 등, 총 10개이다.

정부는 이런 과제를 수행하기 위해 2025년까지 6년 동안 국고 114조 원을 직접 투자하고 민간과 지자체를 포함해 약 160조원을 투입하여 190여만 개의 일자리를 창출하겠다고 발표하였다. 위의 내용을 요약하면 <그림 10－2>와 같다.

그림 10-2 한국판 뉴딜 정책의 구조 및 추진 전략

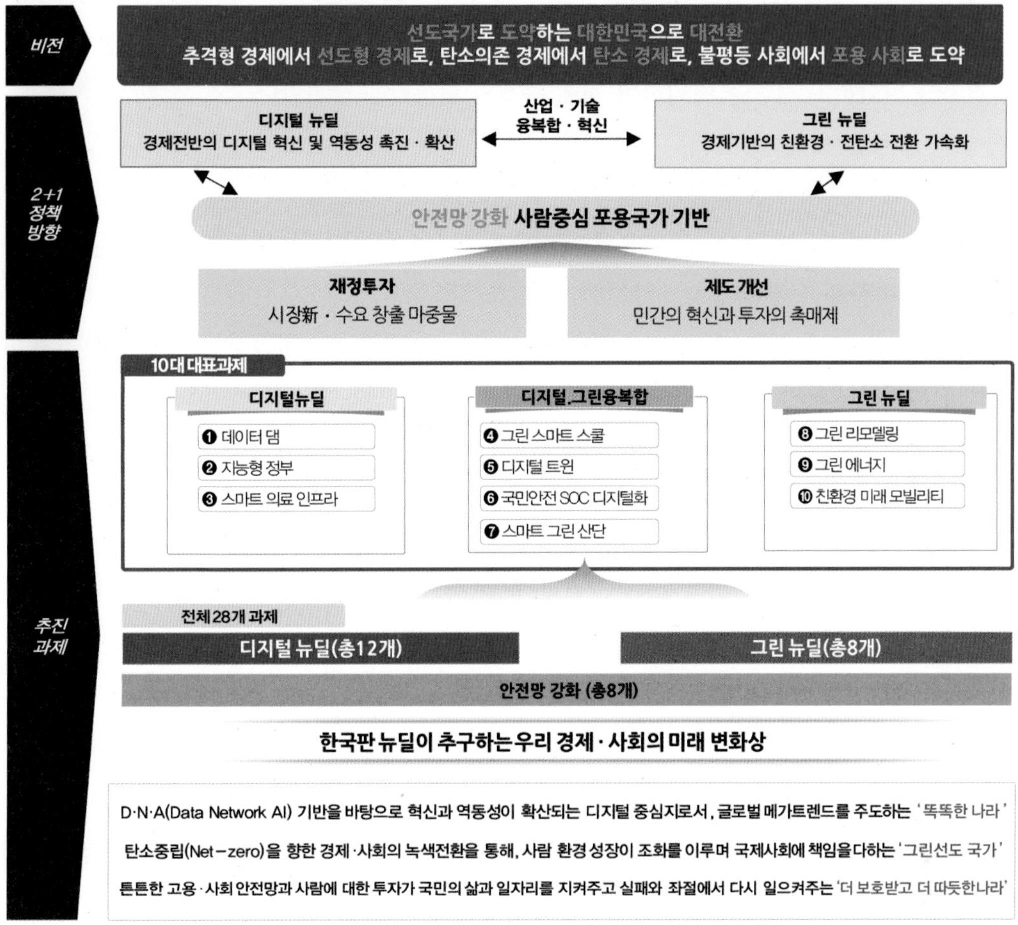

자료: 관계부처합동(2020.7.14.). 「한국판 뉴딜」 종합 계획. 한국판 뉴딜 국민보고대회(제7차 비상경제회의). p. 5.

2) 한국판 뉴딜 계획의 추진 전략

관계 부처는 앞의 <그림 10-2>에 제시된 비전, 정책 방향, 과제 추진을 위해 세 가지 추진 전략을 수립하고 있으며, 그 추진 전략은 다음과 같다.

(1) 디지털 뉴딜, 그린 뉴딜을 강력 추진하고 안전망 강화로 뒷받침

① 디지털 뉴딜을 통하여 세계 최고 수준의 전자정부 인프라·서비스 등 우리 강점인 ICT 기반으로 디지털 초격차를 확대한다.

② 그린 뉴딜 정책을 통하여 친환경·저탄소 등 그린 경제로의 전환을 가속화하여 탄소중립Net-Zero을 지향하고 경제 기반을 저탄소·친환경으로 전환한다.

③ 안전망 강화 정책을 통해 경제구조 재편 등에 따른 불확실성 시대에 실업불안 및 소득격차를 완화하고 적응을 지원하여 경제 주체의 회복력을 강화한다.

(2) 재정투자와 함께 제도 개선을 병행하여 후속 대규모 민간투자를 유도 · 촉진

① 2025년까지 국비 114.1조원을 순차적으로 투입하여 신시장 창출·민간수요를 견인하는 마중물 역할을 수행한다.

② 디지털·그린경제로의 전환을 위한 제도 기반을 구축하고 지속적인 규제 개선을 통하여 민간의 혁신·투자를 촉진하는 촉매제 역할을 한다.

(3) 10대 대표 과제를 선정하여 변화와 파급의 초기 구심으로 활용

디지털·그린 28개 과제 중에서 일자리 및 신산업 창출 효과가 크고, 지역균형발전, 국민 변화체감 등에 기여할 수 있는 10대 과제를 우선 엄선하여 추진한다.

3) 분야별 세부 과제별 투자계획 및 일자리 효과

분야별 세부 과제별 투자계획 및 일자리 효과는 <그림 10-3>과 같다.

<그림 10-3>의 분야별 세부 과제별 투자계획 및 일자리 효과를 보면 국비 투자계획은 2020년 추경 예산부터 2025년까지 총 114.1조원2020 추경~2022년까지 49조원을 투자하여 190.1만개의 일자리를 창출할 계획이다.

이를 분야별로 보면 디지털 뉴딜 12개 과제에 44.8조원2020 추경~2022년까지 18.6조원 투자하여 90.3만개의 일자리를 창출할 계획이다. 그린 뉴딜 8개 과제에는 42.7조원2020 추경~2022년까지 19.6조원을 투자하고 65.9만개의 일자리를 창출할 계획이다. 안전망 강화 분야의 8개 과제에는 26.6조원2020 추경~2022년까지 10.8조원을 투자하고 33.9만개의 일자리를 창출할 계획이다.

그림 10-3 한국판 뉴딜 정책의 분야별 세부과제 투자계획 및 일자리 효과

(단위: 국비(조원), 일자리(만개))

	분야	과제	'20추~22	'20추~'25	일자리
		총계	**49.0**	**114.1**	**190.1**
디지털뉴딜		**합계**	**18.6**	**44.8**	**90.3**
	1. D.N.A 생태계 강화	**소계**	**12.5**	**31.9**	**56.7**
		1. 국민생활과 밀접한 분야데이터 구축 · 개방 · 활용	3.1	6.4	29.5
		2. 1 · 2 · 3 차 산업으로 5G · AI 융합확산	6.5	14.8	17.2
		3. 5G · AI 기반 지능형 정부	2.5	9.7	9.1
		4. K-사이버 방역체계 구축	0.4	1.0	0.9
	2. 교육 인프라 디지털 전환	**소계**	**0.6**	**0.8**	**0.9**
		5. 모든 초중고에 디지털 기반 교육 인프라 조성	0.3	0.3	0.4
		6. 전국 대학·직업훈련기관 온라인 교육 강화	0.3	0.5	0.5
	3.비대면 산업육성	**소계**	**1.1**	**2.1**	**13.4**
		7. 스마트 의료 및 돌봄 인프라 구축	0.2	0.4	0.5
		8. 중소기업 원격근무 확산	0.6	0.7	0.9
		9. 소상공인 온라인 비즈니스 지원	0.3	1.0	12.0
	4. SOC 디지털 화	**소계**	**4.4**	**10.0**	**19.3**
		10. 4대 분야 핵심 인프라 디지털 관리체계 구축	3.7	8.5	12.4
		11. 도시·산단의 공간 디지털 확산	0.6	1.2	1.4
		12. 스마트 물류체계 구축	0.1	0.3	5.5
그린뉴딜		**합계**	**19.6**	**42.7**	**65.9**
	5. 도시 · 공간 · 생활 인프라 녹색전환	**소계**	**6.1**	**12.1**	**38.7**
		13. 국민생활과 밀접한 공공시설 제로 에너지화	2.6	6.2	24.3
		14. 국토·해양·도시의 녹색 생태계 회복	1.2	2.5	10.5
		15. 깨끗하고 안전한 물 관리체계 구축	2.3	3.4	3.9
	6. 저탄소 · 분산형 에너지확산	**소계**	**10.3**	**24.3**	**20.9**
		16. 에너지관리 효율화 지능형 스마트 그리드 구축	1.1	2.0	2.0
		17. 신재생에너지 확산기반 구축 및 공정한 전환 지원	3.6	9.2	3.8
		18. 전기차·수소차 등 그린 모빌리티 보급 확대	5.6	13.1	15.1
	7. 녹색산업 혁신 생태계구축	**소계**	**3.2**	**6.3**	**6.3**
		19. 녹색 선도 유망기업 육성 및 저탄소 · 녹색산단 조성	2.0	3.6	4.7
		20. R&D · 금융 등 녹색혁신 기반 조성	1.2	2.7	1.6

안전망 강화				
	합계	**10.8**	**26.6**	**33.9**
1. 고용사회 안전망	**소계**	**9.3**	**22.6**	**15.9**
	21. 전국민 대상 고용안전망 구축	0.8	3.2	-
	22. 함께 잘 사는 포용적 사회안전망 강화	4.3	10.4	-
	23. 고용보험 사각지대 생활 · 고용안정 지원	3.0	7.2	3.9
	24. 고용시장 신규진입 및 전환 지원	0.9	1.2	11.8
	25. 산업안전 및 근무환경 혁신	0.3	0.6	0.2
2. 사람투자	**소계**	**1.5**	**4.0**	**18.0**
	26. 디지털 · 그린 인재양성	0.5	1.1	2.5*
	27. 미래적응형 직업훈련 체계로 개편	0.6	2.3	12.6*
	28. 농어촌 · 취약계층의 디지털 접근성 강화	0.4	0.6	2.9

* 인재양성 · 직업훈련 사업의 취업자수 추정치(훈련인원*취업율)로 디지털 · 그린 일자리와 일부 중복 가능

자료: 관계부처합동(2020.7.14.).「한국판 뉴딜」 종합 계획. 한국판 뉴딜 국민보고대회(제7차 비상경제회의). p. 9.

4) 한국판 뉴딜 분야 및 과제 중 직업교육훈련 관련 내용

한국판 뉴딜 정책이 추진하는 3개 분야 28개 과제 중 직업교육훈련과 직접 관련이 있는 것은 <그림 10-3>에서 찾아볼 수 있는 것과 같이 2개 분야의 4개 과제이다: 디지털 뉴딜 분야의 2. 교육인프라 디지털 전환 영역에서 5. 모든 초중고에 디지털 기반 교육 인프라 조성 과제, 6. 전국 대학·직업훈련기관 온라인 교육 강화 과제; 그리고 안전망 강화 분야의 2. 사람 투자 영역에서 26. 디지털·그린 인재 육성 과제, 27. 미래 적응형 직업훈련 체계로 개편 과제 등이다. 이상의 과제들을 좀 더 구체적으로 살펴보면 다음과 같다.

(1) 교육인프라 디지털 전환

전국 초·중고·대학·직업훈련기관의 온·오프라인 융합 학습 환경 조성을 위해 2025년까지 0.8조원2020년 추경~2022년까지 0.6조원을 투자하여 디지털 인프라 기반을 구축하고 교육 콘텐츠 확충을 추진한다. 아울러 0.9만개의 일자리를 창출할 계획이다.

① 모든 초중고에 디지털 기반 교육 인프라 조성

전국 초중고 전체 교실에 2022년까지 고성능 WiFi를 100% 구축하고, 교원 노후 PC·노트북 20만대를 교체하며, 온라인 교과서 선도학교 1,200개교에 교육용 태블릿 PC 24만대를 지원한다. 또한 다양한 교육 콘텐츠·빅데이터를 활용하여 맞춤형 콘텐츠를 제공하는 온라인 교육 통합 플랫폼을 구축한다.

② 전국 대학·직업훈련기관 온라인 교육 강화

- 대학 온라인 수업을 강화하기 위해 전국 39개 국립대의 노후서버-네트워크 장비를 교체하고, 대학의 공동활용 온라인학습관리시스템LMS을 구축하여 온라인 수업 콘텐츠 제작을 지원할 수 있도록 '원격교육지원센터' 10개를 설치하고, 현직·예비교원의 온라인 강의 제작, 빅데이터 활용 교습 모델 개발 역량 강화 지원을 위한 '현직·예비교원 미래교육센터' 28개를 설치한다.
- AI·로봇 등 4차 산업혁명 수요에 적합한 유명강좌 개발을 확대하여 K-MOOC를 통하여 일반 국민에게 제공한다.
- 공공직업훈련에 스마트 직업훈련 플랫폼 시스템을 고도화하고 이러닝·가상훈련 콘텐

츠 개발을 확대한다.

- 민간 직업훈련원에 대해 온라인 훈련 전환 컨설팅을 제공하고, 온라인 학습관리 시스템LMS 임대비를 지원한다.

(2) 사람투자

경제구조 변화에 맞추어 새로운 일자리로의 이동을 위한 인력 양성 · 취업 지원 및 디지털 격차 해소 등 포용적 사람투자를 확대해서 2025년까지 총사업비 4.4조원국비 4.0조원을 투자2020 추경~2022년까지 1.5조원해서 일자리 18.0만개를 창출할 계획이다.

① 디지털 그린 인재 양성

- AI · SW 핵심 인재 10만 명을 양성하기 위해 첨단산업 AI 융합분야 박사급 인재의 산학협력 연구단을 4개에서 6개로 확대하고 SW 중심대학 40개를 운영한다.
- 기후 변화 · 그린엔지니어링 등 특성화 대학원 운영, 환경산업분야 재직자 · 실무자 교육 확대를 통하여 녹색 융합기술 인재 2만 명을 양성한다.

② 미래적응형 직업훈련체계로 개편

- K－Digital Training: 기업 · 대학 · 민간 혁신기관 훈련을 통해 신기술 분야 미래형 핵심 실무인재 18만 명을 양성한다.
- K－Digital Plus: 직업훈련 참여자를 대상으로 초중급 디지털 융합훈련 지원자에게 디지털 융합훈련 50만원K-Digital Credit을 지원한다2021년 4만 명, 2022년 이후 5만 명. 또한 신산업분야 융합과정을 신설하여 융합지식을 갖춘 문제해결형 인재를 40개 대학에서 1만 명 양성한다.
- K-Digital Platform: 협업 기업만 활용 가능한 공동훈련센터를 지역 중소기업 및 훈련기관 등에 개방하여 디지털 융합 훈련을 제공한다. 전체 공동훈련센터 208개 중 60개30를 디지털 융합훈련 플랫폼으로 개편한다.

5) 한국판 뉴딜 정책이 직업교육훈련 정책에 주는 시사점

앞서 다룬 제10장 '12. 포스트 코로나19의 변화 전망이 직업교육훈련정책에 주는 시사점'에서 직업교육훈련 기관 및 초·중·고·대학의 모든 학교가 온라인 교육을 실시할 수 있는 ICT 기반 구축과 지원체제 강화를 제언한 바 있다. 또한 교원들이 온라인 교육을 할 수 있는 역량 개발 기회가 제공되어야 함 역시 함께 건의하였다. 다행히 이번 한국판 뉴딜에서 이런 제언들을 수용할 수 있는 과제들이 선정되어 고무적이다.

특히 디지털그린 인재양성 과제의 첨단산업 AI 융합분야 박사급 인재의 산학협력 연구단을 4개에서 6개로 확대하고 SW 중심대학 40개를 운영하며, 기후 변화·그린엔지니어링 등 특성화 대학원 운영, 환경산업분야 재직자·실무자 교육 확대를 통하여 녹색 융합기술 인재 2만 여명의 양성 등의 AI·SW 핵심 인재 10만 명 양성을 위한 계획은 매우 주목할 부분이다. 따라서 각 대학의 관련 전공분야 학과들은 이에 적극적으로 참여하기 위한 전략 수립이 필요하다.

또한 K-Digital Training, K-Digital Plus, K-Digital Platform 등을 통해서 미래적응형 직업훈련체계로 개편한다고 발표하였다. 직업훈련에서도 미래 변화에 적응할 수 있는 학습 민첩성을 키우는 체제로 전환하겠다는 야심찬 의욕과, 평생교육차원에서 현장직무능력 개발을 강조하고 있다는 점에서 긍정적인 변화로 해석된다.

한국판 뉴딜 종합 계획에서 제시하고 있는 과업들의 성공적인 수행을 위해서 다음 <그림 10-4>와 같이 몇 가지 고려할 점이 있다.

그림 10-4 직업교육훈련 관련 한국판 뉴딜 종합계획의 성공적 수행 조건

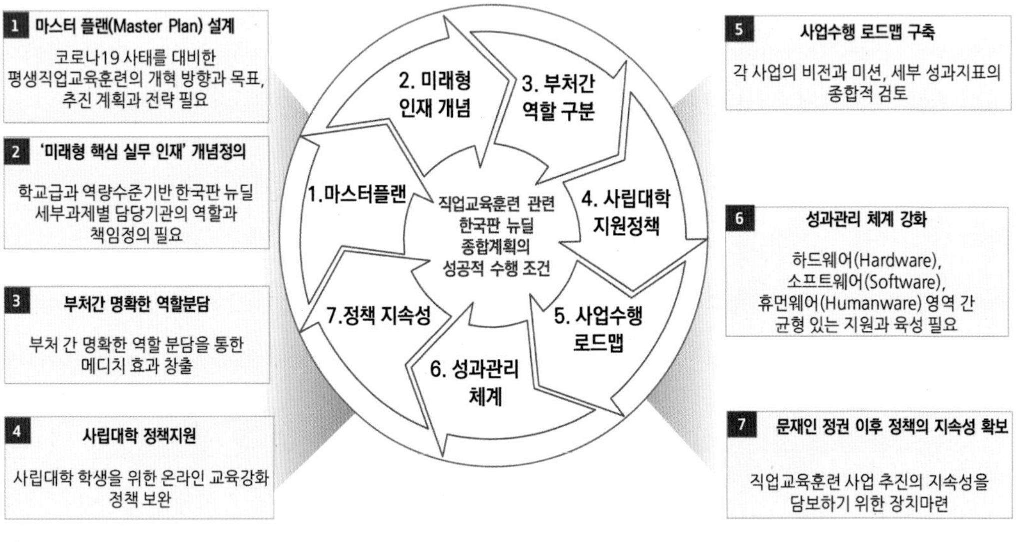

첫째, 코로나19 사태를 대비한 평생직업교육훈련의 개혁 방향과 목표, 추진 계획과 전략 등이 포함된 마스터 플랜Master Plan이 필요하다. 문재인 정부 출범 당시의 김상곤 부총리 겸 교육부 장관은 2018년 7월 27일 미래 직업교육훈련의 혁신 방향과 중장기 전략을 담은 '평생직업교육훈련 혁신방안'을 발표하였다. 그 혁신방안에는 비전, 3대 기본방향, 5대 추진 전략, 20대 주요 과제, 64개 세부 과제가 제시되었다. 그런데 이번 한국판 뉴딜 정책의 직업교육훈련 관련 과제들은 이들 과제들과 어떤 유기적인 연계 속에 추진되는지를 알기 어렵다.

한국판 뉴딜 정책은 교육 인프라의 디지털 전환을 위한 기반 구축을 강화하고, 대학에서의 디지털 분야와 그린 분야의 전문인력 양성에 주안점을 두고 있다. 직업교육훈련의 연계성을 확보하는 파이프라인 구축 차원에서, 산업인력 양성을 위한 직업계 고교, 전문대학, 대학의 발전 계획 수립이 추가되는 것도 요구된다.

둘째, 신기술 분야 '미래형 핵심 실무인재' 18만 명을 양성하기 위해 K−Digital Training, K−Digital Plus, K-Digital Platform 등의 계획에서 제시된 '미래형 핵심 실무 인재'의 개념이 구체적으로 정의되어야 한다. 요구되는 역량이 고등학교, 전문대학, 대학, 대학원 단계 중 어느 수준인지도 명확히 제시되어야 한다. 요구되는 역량 수준에 따라 한국판 뉴딜 종합계획에서 소개된 개별 과제들의 추진 담당 기관들의 역할과 책임도 분명해질 것이다. 아울러, 한국판 뉴딜 정책에서 제시한 일자리 수와 해당 직군 및 직무의 유형에 대하여 과학적인 근거 제시가 요망된다.

셋째, 직업훈련체제도 미래적응형 직업훈련체제로 전환한다고 발표되었다. 이렇게 될 경우 앞서 제2장에서 직업교육훈련의 개념을 정립하는 과정에서 소개한 다양한 관점 중, '교육=훈련'의 개념이 구체화 될 것이므로, 현재 교육부 산하의 각급 학교에서 실시하고 있는 직업교육과 고용노동부 산하기관에서 실시하고 있는 직업훈련 간 기능과 역할이 중복될 가능성이 더욱 높아진다. 부처 간 명확한 역할 분담을 통해 시너지를 내는 메디치 효과 창출에 실패한다면, 양 부처가 협업하고도 개별 부처의 정책 수행만도 못한 결과를 초래하는 링겔만 효과를 감수해야 할 수도 있다.

넷째, 전국 대학·직업훈련온라인 교육 강화를 위해 전국 39개 국립대의 노후서버·네트워크 장비 교체 및 원격교육지원센터, 현직·예비교육원 미래교육센터 28개를 설치하겠다고 하였다. 그런데 우리나라 일반대학의 81.7%, 전문대학의 94.1%가 사립인 국내 상황에서, 사립대학에 대한 재정 지원 및 배려가 미비하여, 사립대학 재학생들이 온라인 교육 강화 정책에서 배제되지 않도록 보완 정책 마련이 필요하다.

다섯째, 대학들이 2020년 8월에 착수하게 될 '2020년 지자체 – 대학협력기반 지역혁신사업'이나 'BK 21 플러스 사업' 등이 '한국판 뉴딜 정책'에서 새로이 추진되는 과제들과 어떤 종적 · 횡적 연계 속에서 전개될지, 각 사업의 비전과 미션, 그리고 세부 성과지표 등을 종합적으로 검토해야 한다. 제한된 재원의 효율성과 효과성을 극대화하고, 대학의 입장에서도 각 사업들이 본래의 사업 취지와 목적에 맞게 운영될 수 있도록 연계 체제를 마련한 사업수행 로드맵 구축이 필요하다.

여섯째, 한국 뉴딜 정책에 따라 직업교육훈련 분야의 외형적 인프라 및 시스템 구축에 절대적 비중의 예산이 책정되어 있는 만큼, 운영 프로그램이나 운영 인력의 부족 등으로 최첨단 시스템들이 허송세월을 보내는 경우를 미연에 방지하기 위해서, 하드웨어, 소프트웨어, 휴먼웨어 3개 영역 간에 균형 있는 지원과 육성이 이루어지도록, 한국판 뉴딜에 따른 직업교육훈련 정책 성과관리 차원의 모니터링 체계가 강화되어야 한다.

일곱째, 역대 정부의 정책 수립과 추진 과정을 되돌아보면 정권이 바뀔 때마다 전 정권에서 추진하던 사업이 변경되거나 중단되는 경우가 빈번하였다. 따라서 한국판 뉴딜 정책도 2020년 추경부터 문재인 대통령의 임기가 끝나는 해인 2022년까지는 안전하나, 새 정부가 들어선 2023년부터 2025년까지의 과제 추진은 계획대로 추진될 것인지가 미지수이다. 따라서 정권이 교체된 후에도 지속적으로 사업이 일관성 있게 추진될 수 있는 장치가 사전에 마련됨이 바람직하다.

14 요약

앞에서 논의한 미래 직업교육훈련정책의 방향을 요약하면 다음과 같다.

첫째, 모든 사람이 요람에서 무덤에 이르기 직전까지 일하면서 배우고 배우면서 일할 수 있는 평생 직업교육훈련 체제가 구축되어야 한다.

평생 직업교육훈련 체제의 첫 단계는 초 · 중등학교 교육을 통한 교양교육으로서의 직업교육 강화이다. 교양 직업교육의 주된 목적은 세 가지로 구분해 볼 수 있다. 그 중 하나는 실생활에 필요한 의식주와 일에 대한 기초적인 경험을 통하여 일과 직업에 대한 건전한 가치관을 형성하게 하고, 가정생활과 일을 조화롭게 영위할 수 있는 능력을 기른다. 두 번째는 산업사회 변화와 산업기술에 대한 개념과 특성을 이해하고, 일상생활과 관련되는 문제를 창의적으로 해결함으로써, 산업 기술에 대한 바람직한 자세와 미래 사회에 적응하는 능력과 태도를 기른다. 그리고 이런 과정을 통하여 진로를 인지·탐색하게 하여 현명한 진로 선택을 할 수 있게 한다. 마지막 하나는 모든 산업 혹은 직업에서 기업체의 특성, 성별, 직급 등에 관계없이 직무를 성공적으로 수행하기 위해 필요한 직업기초능력을 계발한다. 직업기초능력은 초·중등학교 교육과정은 물론 대학의 교양교육과정을 통해서도 개발되어야 한다.

둘째, 진로발달 단계의 준비기, 전반기, 중반기, 후반기 등의 생애 주기에 맞게 다양한 진로개발 모델이 제시되고 지원이 체계화되어야 한다. 이를 위해 우선 현재 중·고등학교에서 선택교과로 개설되고 있는 '진로·직업' 교과를 필수 교과로 편성할 것을 제안한다. 자유학기제도 진로·직업교과, 초등학교 실과, 중등학교 기술·가정 교과와 연계하여 체계적으로 운영하도록 함이 바람직하다. 진로지도를 모든 교과에서도 연계하여 지도할 수 있도록 교원 양성과정에 '진로·직업'을 교직과목으로 추가할 것을 제안한다.

셋째, 직업교육은 중등교육에서 뿐만 아니라 고등교육에서 더 강화되어야 한다. 이를 위해 중등교육기관에서의 직업교육의 역할과 기능, 교육목적을 법으로 더 명확하게 규정하여야 한다.

한편 현 고등교육법에 복잡하게 분류되어 있는 대학의 종류를 '연구를 위주로 하는 대학'과 '교육, 특히 직업교육을 강조하는 대학' 두 유형으로 구분하여 특성화하고 차별화할 수 있도록 법 개정을 제안한다.

교육중심 대학은 학위과정뿐만 아니라 새로 출현되는 직업세계에 종사할 수 있는 전문인 양성과정, 자격증 과정, 직장인의 재교육과정과 같은 작은 단위의 역량 프로그램, 경력단절 여성을 위한 프로그램 등 다양한 단기 직업교육 프로그램 운영 등을 통하여 성인직업교육을 대학의 중요한 역할로 설정하여야 한다.

넷째, 직업교육과정은 직업기초능력을 최대한 강화하고 국가직무능력표준NCS을 적용하되 산업 분야, 직업의 특성, 융복합과정, 학교의 교육 여건 등을 고려하여 유연성 있게 운영하도록 함이 요구된다. NCS 기반 교육과정과 학습 모듈 개발은 장기적으로 볼 때 중앙정부보다는 지역별·산업별 지역인적자원개발위원회ISC가 중심이 되어 운영하게 됨이 바람직하다.

특히 직업교육을 위한 교육과정 개발과 운영에서 보통교과와 전문교과의 구성비는 여러 가지 요인을 고려하여 BBCA 접근법과 NBCA 접근법을 유연성 있게 적용하여 어느 한 쪽으로 치우치는 것을 지양하여야 한다.

다섯째, 직업교육에서의 교수 학습체제는 기본적으로 문제해결법problem solving method, 프로젝트 학습법project methods, 체험학습learning by doing이 바탕이 되어야 한다. 그 위에 이 러닝e-learning을 중심으로 자기주도적 개별화 수업이 가능한 체제로 전환하고, 궁극적으로는 사이버교육 체제로 확대되어 일반화되어야 한다. 특히 코로나19 이후는 더욱 그렇다.

여섯째, 중등 직업교육을 위한 안정적 재원 확보를 위해서는 직업교육훈련촉진법을 비롯한 관련 법령에 직업교육 재정 지원 교부금에 관한 기준과 방안을 규정할 것을 제안한다. 고등교육에서의 직업교육을 위한 안정적 재원 확보를 위해서도 관련 법령에 재정 지원 교부금에 관한 기준과 방안을 규정할 것을 제안한다.

일곱째, 평생 직업교육훈련 체제 구축을 위해서는 특성화고·마이스터고와 전문대학과의 종적 연계체제 강화, 전문대학과 대학의 종적 연계 체제 강화, 전문대학과 폴리텍대학, 기술대학, 사내대학, 사이버 대학 간의 횡적 연계 체제 강화가 필요하다.

여덟째, 평생 직업교육이 계속 발전하기 위해서는 직업교육정책이 정권 교체에 관계없이 장·단기 계획 하에 일관성 있게 추진될 수 있는 장치가 요구된다. 특히 외국직업교육제도를 모방하여 도입할 경우 한국의 여건에 적합한지 여부에 대한 타당성 검토가 반드시 선행되어야 한다.

아홉째, 직업교육을 통한 인력 양성, 배치 및 활용의 체계화를 일원화하고 행정 지원의 효율화와 재원의 안정적 확보를 위해서는 교육부와 고용노동부가 통합하는 것이 이상적이다. 이에 앞서 최소한 현행 법령 4,907건시행령, 시행 규칙 포함 중 인력양성 관련 법제 1,162건에 대한 종합적인 검토를 통한 법 정비가 요구된다.

열 번째, 궁극적으로 미래 변화에 대응하는 평생 직업교육은 NCS, 자격, 산업현장에서 요구하는 역량이 연계된 국가역량체계KQF를 구축하여야 한다. 이를 통해 학력이나 학벌이 아닌 '무엇을 아느냐'보다 '무엇을 할 수 있느냐'에 역점을 두고 현장경력, 자격증, 직업훈련 등 다양한 경로로 쌓은 직업능력을 공정하게 인정하고 대우해주는 '능력중심사회'가 이루어지도록 하여야 한다. 이를 구현하려면 직업교육훈련 결과와 평가를 누구나 인정하고 신뢰할 수 있는 평생학습체제하의 직업교육훈련의 내실화를 통한 질적 개선이 요구된다.

이상에서 서술한 미래 직업교육훈련정책의 방향을 도식화하면 <그림 10-5>와 같다.

그림 10-5 미래 직업교육훈련정책의 방향

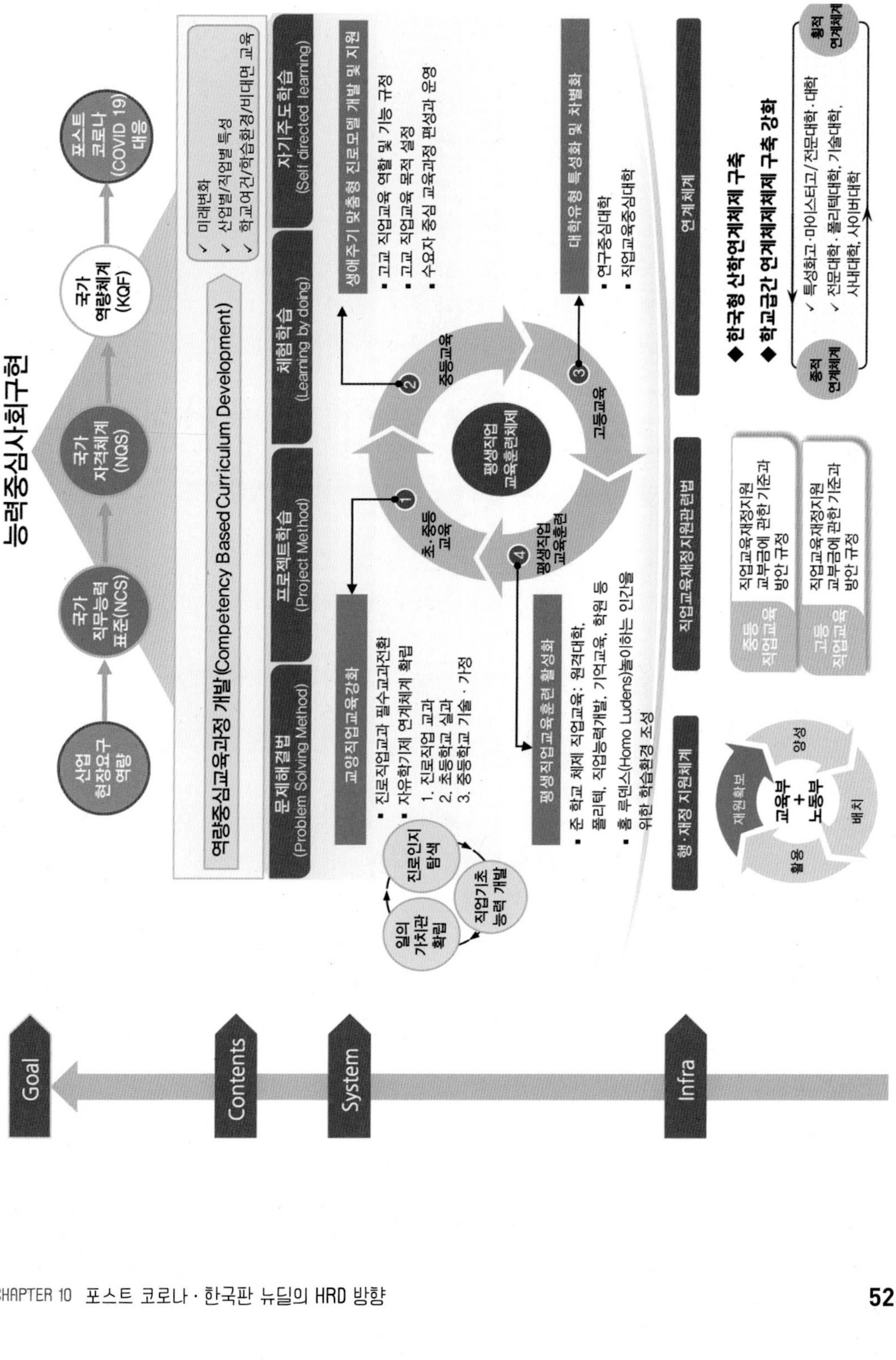

참고문헌

강경종 (1999). DACUM Method를 활용한 전문대학의 산학일치형 교육과정 개발. 두원공과대학.

강명숙 (2018). 한국 고등교육 체제의 특징. 대학과 정책. 제2권 제1호. 대학정책학회.

강일규 · 고혜원 (2002). 인적자원개발 정책 평가체제 개발. 한국직업능력개발원. 기본 연구 02-3. RR 02-3.

강일규 · 윤경한 · 조희경 (2015). 고등 직업교육관으로서의 전문대학 기능 확충 방안. 한국직업능력개발원. 기본연구 2015-8.

고석달 (1992). 한국 전문대학 교육정책의 평가연구. 홍익대학교 박사학위 논문.

고용노동부 (2017). 2017년판 고용노동백서.

고용노동부 (2014). 2014년판 고용노동백서.

고용노동부 (2017). 제4회 한국형 일학습병행제 정착을 위한 국제 컨퍼런스. 2017.9.28. 서울 펠리스 강남 호텔.

고용노동부 · 교육부 · 한국산업인력공단 (2015). '취업보장형고교 · 전문대통합교육 육성 사업(Uni-Tech). 내부자료.

고용노동부 · 한국고용정보원 (2016). 2016 한국직업사전.

고용노동부 · 한국고용정보원 (2016). 한국직업전망 2017.

과학기술정책연구원 (2007). 연구개발투자의 경제성장 기여도 국제 비교.

관계부처합동(2007.7.14.). 한국판 뉴딜 종합 계획. 한국판 뉴딜 국민보고대회.

교육개혁심의회 (1987). 전문대학 육성 방안. 정책연구 III-4 .

교육개혁위원회 (1996). 세계화 · 정보화 시대를 주도하는 신교육체제 수립을 위한 교육개혁 방안(II). 참고 설명 자료. 1996년 2월 9일 제3차 대통령 보고서.

교육과학기술부 (2003). '전문계 고교를 명문 직업교육기관으로' 직업교육선진화방안.

교육부 (1992). 전문대학 설립계획 승인 신청서 서식: 신청서 작성시 유의사항, 교육부 내부자료.

교육부 전문대학 행정과 (1994). 공립전문대학 설립추진 협의 자료. 1994. 12. 23.

교육부 (1998a). 교육개혁 요람.

교육부 (1998b). 교육 50년사. 1948-1998.

교육부 대학교육지원국 (1996). 신직업교육체제에서의 전문대학 육성방안. 내부자료. 1996.04.01.

교육부 전문대학 지원과 (2001). 전문대학 발전 방안. 내부자료.

교육부 (2013). 전문대학 육성 방안. 내부자료.

교육부 전문대학정책과 (2018). 2018년 특성화전문대학육성사업 기본 계획. 2018.03.

교육부 (2018.2.22) 보도자료. '2018 학점은행제 · 독학학위제 학위취득자 주요 통계.

교육부 (2018). 2018년 대학의 평생교육체제 지원 사업 기본계획(안). 평생미래교육국 평생학습정책과. 2018.1.

교육부 · KDI 국제 정책대학원 (2014). 2013 경제발전경험모듈화사업: 한국 중등 직업교육 체제의 구축: 산업화단계의 실업계고등학교 정책.

교육부 · 한국연구재단 (2015). NCS (국가직무능력기준)기반 교육과정 가이드라인 · 개발 · 운영 및 평가 질 관리.

교육인적자원부 대학지원국 대학정책과 (1994). 1995−1996 공립전문대학 대학설립 계획 심의 자료철.− '94년도 공립전문대학 설립 지원 계획(안) 1994.10.1.

교육인적자원부 대학지원국 대학정책과 (1997). 공립전문대학 설립−시도립 전문대학 설립 추진 상황.

교육인적자원부 (2004). 경쟁력 강화를 위한 대학 구조 개혁 방안. 2004.12. 내부자료.

교육인적자원부 대학구조개혁추진본부 (2005). 2005년도 대학구조개혁 지원 사업계획. 2005.5. 내부자료.

교육인적자원부 대학혁신추진단 (2006). 2006년도 대학구조개혁 지원사업계획. 2006.5 내부자료.

국가공무원인재개발원 (2016). 2016 인재개발연보.

국가공무원인재개발연구원 연구개발센터 (2017). 공무원 인재개발의 미래 발전 방향 −공무원 인재개발의 과거 · 현재 · 미래−.

국가평생교육진흥원 (2016). 2016 2월호. NILE 뉴스 레터. '평생교육 단과대학'.

권대봉 (2003). 인적자원개발의 개념 변천과 이론에 대한 종합적 고찰 . 원미사.

기획재정부 총괄보고 (2013). 국가 중장기 발전 전략을 위한 종합연구(1). KAIST 미래전략대학원 (2014). 대한민국 국가미래전략 2015. 이콘출판(주).

길혜지 · 김영식 (2018). 대졸 청년층의 직무 불일치 잠재유형 변화 분석. KRIVET Issue Brief. 152호. 한국직업능력개발원

김근학 (1988). 한국의 단기고등교육기관의 발전과정에 대한 고찰. 고려대학교 교육대학원 석사학위논문

김규태 (2010). 직업교육 선진화 방안. 서울대학교 제13기 직업교육 CEO 과정

김기석 (2008). 한국고등교육연구. 교육과학사.

김미란 (2017). 일학습병행제 운영 현황과 향후 정책방향. 직업과 인력개발. 2017. 제20권, 제6호. 통권 85호.

김상호 · 이무근 · 김용범 (1981). 전문대학 교육과 산업현장과의 연계성 강화 발전에 관한 연구. 문교부 정책연구과제.

김상호 · 원청욱 · 박일 · 윤석현 (1983). 공업전문대학 사무자동화(O/A)분야 교육과정 개발 연구보고서, 동양공업전문대학.
김신복 · 박성호 · 이무근 · 이정식 (1993). 고등교육기관 신설 타당성 연구. 교육부 정책 연구.
김신복 외 8인 (2017). 교육정책의 역사적 변동과 전망. 서울대학교 출판문화원.
김신일 (2006). 한국의 미래 교육 비전과 전략. 교육혁신위원회 국제학술세미나. 2006.9.4－5.
김영봉 · 김신복 · 김기영 · N.F. McGinn (1983). 한국의 교육과 경제발전 1945－75. 한국개발연구원.
김영생 외 4인 (2015). 지속성장을 위한 교육훈련 · 고용의 새로운 프레임과 주요 과제 개발. 한국직업능력개발원. 기본연구. 2015－21.
김영화 외 (1990). 한국경제 및 노동시장 구조 변화에 대한 학교교육 체제의 대응 - 한국 산업화 과정을 중심으로 - 연구보고 RR. 90－15. 한국교육개발원.
김용익 (1997). 공업고등학교 공업교사의 직무능력과 관련 요인. 서울대학교 석사 학위 논문.
김용현 · 김종표 (2015). 평생학습과 열린사회. 양서원.
김윤태 (2002). 한국의 인적자원개발 정책에 대한 분석 및 평가:1962－2002. 한국직업능력개발원. 기본연구 02－38.
김장호 외 (2005). 21세기 동반 성장의 길. 인적자원입국 비전과 전략. 한국직업능력개발원.
김재식 (1999). 상업교육 분야의 변화에 대한 평가와 절차 방안. 경영교육논총. 제19집.
김재식 (1991). 상업교사 양성교육의 문제점과 개선 방안. 직업교육연구. Vol.10, No.2.
김재춘 (2016). 유 · 초 · 중등 교육정책. 교육정책의 역사적 변동과 전망. 서울대학교 행정대학원 국가리더십포럼. 2016. 6.18.
김종철 (1989). 한국교육정책연구. 교육과학사.
김종철 (1979). 한국고등교육연구. 배영사.
김종철 외 5인 (1989). 한국고등교육의 역사적 변천에 관한 연구. 한국대학교육협의회.
김종철 외 (1969). 기능의 교육. 배영사.
김진모 · 장명희 · 최수정 · 조영아 (2015). 고졸 취업 활성화를 위한 중등 직업교육정책 추진 체제 개편 방안. 서울대학교 진로직업교육연구센터. 수시과제 2－2차. 2014－02.
김진형 (2016). '4차 산업혁명과 지식정보사회에 대응하는 SW 중심의 국가혁신전략.' 서비스강국 코리아 추진위원회 특별세미나 자료집: 4차 산업혁명과 신일자리 창출전략. 2016.04.28.
김진화 외 6인 (2011). 평생교육기관 분류 체계 수립 연구. 평생교육진흥원.
나승일 · 강인수 · 정철영 · 허종렬 (2002). 교육 · 인적자원 관련 직업교육 법제 정비방안 연구. 교육인적자원부.
노동부 (2007). 노동백서.
노동부 (2009). 노동백서.
노동부 국립직업안정소 (1986). 「한국직업사전」.
농림수산식품부 · 농업인재개발원 (2011). 2010 농업교육 백서. 한국농림수산정보센터부설농업인재개발원.

대학설립준칙제정위원회 (1995). 대학설립준칙안 제정 및 설립 제도 개선 방안 연구.
대한민국정부 (2001). 국가인적자원개발 기본계획.
문교부 (1963). 전국실과초급대학장회의 연구협의회보고서. 문교부 내부자료. 1963.3.21. 문학기 1034−31.
문교부 (1965). 공립실업초급대학의 전문학교 개편 계획. 문교부 내부자료. 문교과 1041−237.
문교부 (1987). 1987학년도 전문대학 평가표(농업계). 문교부 내부 자료.
문승태 (2015). 진로교육법 제정과 시행. 진로교육법. 진로교육의 새 지평을 연다. THE HRD REVIEW. 2015 July.
문한나 외 4인 (2016). 주요 국가 NCS 제도 관련 정책적 발전 방향 동향 분석. 한국직업능력개발원. 기본연구 2016−28.
문화일보 (2020.5.4.). '포스트 코로나19 시대'의 19가지 '뉴 트렌드'. 사회면.
박가열 (2017). 4차 산업혁명과 직업의 미래. 2017.2.17. 한국직업자격학회 콜로키움.
박기영 (1990). 한국의 인력정책 체계와 과정에 관한 연구. 전남대학교 박사학위 논문.
박남기 · 임수진 (2015). 5 · 31 대학교육의 영향과 과제: 대학설립준칙주의와 정원 자율화 정책을 중심으로. 교육정치학연구 제22집 제4호.
박동열 (1999). 전문대학의 교육효과성 평가 지표 개발 동향과 발전 방향. 직업능력개발 연구 제2권.
박동열 · 이무근 · 마상진 (2016). 광복 70년의 직업교육 정책 변동과 전망. 한국직업능력개발원. 기본연구 2016−23.
박병용 · 정우현 (1991). 전문대학의 발전을 위한 기초 연구, 정태수. 조규향 편저. 한국교육정책개발사 (1975−1984). 일봉 정태수박사 회갑기념논총간행위원회.
박영숙 외 3인 (2013). 유엔미래보고서 2040. 교보문고.
박영아 (2016). '혁신의 파도를 넘어 미래로'. 과학기술정책 50년의 진단과 미래 도전. 과총창립 50주년 기념 세계 과학기술인 대회. 정책 심포지움 I. 2016.7.13.
박용주 · 이무근 · 김유배 · 정우현 · 최홍민 · 이정근 (1980). 전문대학 교육개선에 관한 연구−'80년대 이후의 직종분류와 전문대학의 과(전공과) 개발을 중심으로. 문교부 정책연구.
박유식 외 5인 (2017). 반값등록금과 국가장학금의 쟁점과 과제. 대학과 정책 제1호. 대학정책학회.
박형서 외 공저 (2014). 초등실과교육학. 부산대학교 출판부
백성준 · 채창균 · 유한구 · 주희정 (2011). 미래 지향적 고등교육체제 개편 연구 -직업교육 강화를 중심으로−. 한국직업능력개발원 기본연구. 2011−04.
백형찬 (1991). 직업교육의 관점에서 본 산업대학의 발전 방향에 관한 연구. 세종대학교 석사학위 논문.
백형찬 (1996). 한국 개방대학 교육정책 평가를 위한 기초연구. 세종대학교 박사학위 논문.
사단법인 대한상업교육학회 · 전국상업고등학교장회 (1999). 상업교육 100년사(1899~1999).
서상선 (2002). 한국직업훈련제도의 발자취−제도화 과정에 얽힌 뒷이야기를 중심으로− 대한상공회의소.

서영인 외 (2017). 교육개혁 전망과 과제(II). 고등교육 영역. 한국교육개발원. 연구보고 2017-02-01.
서우석 (2015). 진로교육법. 진로교육의 새 지평을 연다. THE HRD REVIEW. 2015 July.
서울대학교 (1997). 서울대학교 50년사(상)(1946~1996).
서울대학교 농산업교육과 (2013). 서울대학교 농산업교육과 50년사(1963~2013).
서울대학교 진로직업교육연구센터 (2015). 중등 직업교육 정책 토론회(경상권).
서울대학교 창의성 교육을 위한 교수 모임 (2018). 창의 혁명. Korea Com.
서정화. '교원 정책의 변동'. 김신복 외 (2017). 교육정책의 역사적 변동과 전망. 서울대학교출판문화원.
선대인 (2017). 일의 미래 무엇이 바뀌고 무엇이 오는가. 인플루엔셜.
선지수 (2020.4.21.). 24인 글로벌 전문가들이 본 코로나 이후 세계. 조선일보. A4-A5.
손승남 · 이수진 · 임배 (2018). 4차 산업혁명 시대의 진로 선택. 박영스토리.
송달용 (2007). '정부 특성화고 육성 정책 및 사업의 과거, 현재, 미래'. 2010 특성화고등학교의 비전과 방향. 한국농업교육학회. 2007.12.21. 서울대학교.
송병국 (2017). 4차 산업혁명 시대를 대비한 진로교육정책의 방향. THE HRD REVIEW. 제20권 제5호(통권 94호). 한국직업능력개발원.
송해균 · 백대현 · 이무근 · 이용환 · 김재기 (1987). 농업교육학. 서울대학교출판부.
신극범 (2012). 신극범 교육인생 - 극기의 삶. 이롬.
신정철. '고등 교육정책의 역사적 변동과 전망'. 김신복 외 (2017). 교육정책의 역사적 변동과 전망. 서울대학교출판문화원.
신현석 (2000). '전문대학 개혁정책의 공과분석 연구.' 한국전문대학교육연구학회 2000년도 동계 학술대회 논문집.
안병영 · 하연섭 (2015). 5 · 31 교육개혁 그리고 20년. 다산 출판사.
안병욱 (2003). 나의 건강 비결. 월간조선. 2003년 1월호.
안홍선 (2017). 식민지 중등교육체제 형성과 실업교육. 교육과학사.
양승우. '미래 혁신환경 변화 대응을 위한 국가연구개발 법제의 개편방향'. 대한민국 국회. 한국과학기술한림원 (2017). 미래 과학기술을 위한 정책입법 및 교육, 어떻게 해야 하나?. 제9회 국회 · 한림원 과학기술혁신연구회 포럼. 국회 본관 3층. 11. 17.
양한주 (2015). 학사학위 전공심화과정 운영 현황 및 질 관리. 한국전문대학교육협의회, 자료 2015-37호.
엄준하 (2012). 한국기업 HRD 형성과정의 탐구. 한국기술교육대학교 박사학위 논문.
연합뉴스 (2014). OECD 교육지표 조사 결과. 2014.9.9.
연합뉴스 (2020.6.23.). "트럼프, 전문직 등 취업비자 발급 연말까지 중단… IT업계 타격".
오성철 편저 (2015). 대한민국교육 70년. 대한민국역사박물관.
유네스코 · 한국직업능력개발원 (1999). 유네스코 제2차 세계직업기술교육회의 결과.1999.4.26~30. 서울. 한국직업능력개발원 연구자료 99-8.

유인종 · 정우현 · 유봉호 · 김진연 (1976). 한국 단기고등교육제도의 개선에 관한 연구. 문교부 교육정책심의회 고등교육분과위원회. 고등교육연구 VIII.

유창열 (2014). 공업교육원론. 교육과학사.

유한구 · 김태준 외 (2018) 미래 인재개발과 교육혁신. 경제 · 인문사회연구회 협동연구총서 18-16-01.

윤병국 (2016). '평생교육 단과대학 정책, 본질은 무엇인가? 한국대학신문. 2016.08.11.

윤정아 (2004). 한국 전문대학의 기능과 분화과정-인력 수요와 사회적 수요 사이의 갈등. 서울대학교 사회학 석사학위 논문.

이길순 외 (2019). 특성화 전문대학 육성사업 백서(제1권~제4권). 한국연구재단.

이돈희 외 지음 (2015). 한국의 교육 70년. 한국학중앙연구원 출판부.

이동임 (2019). 'Industry 4.0에 대응한 독일 직업교육훈제도의 최근 변화'. The HRD Review. 2019 September. 제22권 3호. 통권 102호.

이무근 (1982). 실업-기술교육론. 배영사.

이무근 (1985). 전문대학교육론. 배영사.

이무근 (2004). '준칙주의에 의한 대학 설립의 실상'. 대학교육. Vol.132.

이무근 (2006).(제3판) 직업교육학 원론. 교육과학사.

이무근 (2015a). 전문대학 교육과정의 역사와 미래 그리고 NCS 교육과정. 2015 한국전문대학 교무 · 입학처장협의회 상반기 연찬회. 대전 호텔인터시티.

이무근 (2015b). '내일의 전문대학이 나아갈 길'. 능력중심사회 위한 전문대학의 역할. 한국전문대학 기획실 · 처장협의회 동계연찬회. 예종글래드제주호텔.

이무근 (2015c). 평생학습사회에서의 진로교육, 어떻게 구현할 것인가. 제41차 한국진로교육학회 추계학술대회. 2015.11.18.

이무근 (2016). '직업교육 정책의 변동과 제언'. 교육정책의 역사적 변동과 전망. 서울대학교 행정대학원 국가리더십 포럼. 2016.6.18. 제2세션. 서울대학교 행정대학원 국가리더십연구센터.

이무근 외 4인 (1983). 전문대학 체질개선 방안 연구. 문교부 학술조성연구.

이무근 · 정지웅 (1985) 사회교육기관(시설)의 실태조사 분석 및 육성 방안에 관한 연구. 문교부 정책연구.

이무근 · 강무섭 · 김수일 · 김신복 (1988). 개방대학 제도 평가 및 향후 발전 방향. 문교부.

이무근 · 김문웅 · 남기홍 · 양재면 · 이현청 (1994). 개방대학 개혁 방안에 관한 연구. 교육부.

이무근 외 7인 (1997). 직업능력인증제 도입을 위한 정책연구. 교육부.

이무근 · 원상봉 (2001). 직업교육과정과 평가. 교육과학사.

이무근 · 이찬 (2018). 꿈꾸는 진로여행-나 · 직업 · 미래를 알면 진로가 보인다. 교육과학사.

이상호 (2019). 독일의 일자리 혁명. 사회평론아카데미.

이승 (2013). 고등 직업교육 중심기관으로서 전문대학 육성방안. 한국전문대학교육협의회부설 고등직업교육연구소.

이용순 (2001). 2·1 체제를 적용한 공고 졸업생의 산업체 현장 적응력 효과 분석. 충남대학교 박사 학위 논문.
이용환·정철영·나승일·김진모·이찬 (2009). 산업인력개발론. 교육과학사.
이인구·이정수·최계호 (1993). '94학년도 전문대학 새 입시제도 분석과 시행에 있어 보완되어야할 사항. 전문대학교육 제10호. 1993.8.
이종성 (1998). 교육자치제 개편에 따른 고등학교 직업교육 방향 설정에 관한 연구. 한국직업능력개발원. 기본연구 97-1.
이주호 외 (2012). 인재대국 2012-대한민국의 교육과학기술정책-. 한국경제신문 한경BP.
이찬·박복미 (2020). 포스트 코로나. 워러벨(Work & Learning Balance: WLB) 한국 실태조사. 2020 한국산업교육학회 연차학술대회.
이찬 (2017). '인더스트리 4.0 시대의 인재-Knowing 보다 Sharing 과 Doing 교실 밖 경험과 실천이 인재 만든다'. DBR/Dong-A Business Review. November 2017 Issue 2, No. 237.
이찬 외 4인 (2017). 인적자원개발론- HRD 이론과 실제. 양서원.
인간개발연구원 (2015). 창립 40주년 기념 대토론회-대한민국 100년 미래를 좌우하는 경쟁력 '사람'- 2015년 2월 15일. 롯데호텔 사파이어볼룸.
임승규 외 6인 (2020). 포스트 코로나 우리는 무엇을 준비할 것인가. 한빛 비즈.
임창빈 (2009). 산학협력정책의 성과평가. 서울대학교 박사학위 논문.
임청일 (2011). 원격교육과 사이버교육 활용의 이해. 교육과학사.
장기원 (2001). 직업교육정책의 평가 연구. 서울대학교 교육학 박사 학위논문.
장명희 (2013). 마이스터고 육성 정책의 추진 성과와 과제. 한국직업능력개발원.
장아름 (2015). 대학 구조개혁 정책의 변동과정 분석-역사적 신제도주의의 제도 변화 관점 적용을 중심으로. 교육정치학연구 제22집 제4호.
장원섭 (2006). 일의 교육학. 학지사.
장원섭 (2015). 장인(匠人)의 탄생. 학지사.
장창선 (2013). 우리나라 중등단계 직업교육의 역사적 발전과 제도적 특성. 서울: 성균관대학교 석사 학위 논문.
장창원 외 (2006). 인력수급전망(2006-15)과 국가인적자원정책. 한국직업능력개발원.
전국교대실과교육연구회 (2015). 실과교육. 양서원.
정미경 외 6인 (2016). 교육개혁 전망과 과제(I). 초중등교육 영역. 한국교육개발원 연구보고 RR 2016-28.
정범모 (2011). 내일의 한국인. 학지사.
정봉근 (1991). '교육차관사업의 추진', 정태수, 조규향 편저. 한국교육정책개발사(1975-1984). 일봉 정태수박사 회갑기념논총간행위원회.
정상천 (1985). 대학 상업교육과 교육과정 개발에 관한 연구, 직업교육연구 Vol. 4, No.1.
정우현·구병림·이무근 (1989). 직업·기술교육론. 서울: 교육과학사.

정윤경 (2019). 진로지원 시스템 현황과 과제. 직업과 인력개발. 제22권 2호. 통권 101호. 한국직업능력개발원.

정지선 외 (2013). 한국의 직업교육훈련. 한국직업능력개발원.

정철영 외 2인 (2014). 능력사회 실현을 위한 전문대학의 역할과 과제. 한국전문대학교육협의회.

정태수 (1991). 7 · 30 교육개혁. 예지각.

정태수 편 (1992). 미군정 한국교육사 자료집 (상). 홍지원.

정태수 · 조규향 편저 (1991). 한국교육정책개발사.(1975~1984). 일봉 정태수 박사 회갑기념논총간행위원회.

정태용 · 김상필 · 김영환 · 박홍현 · 한인철 · 홍순강 (1995). 전문대학교육제도 발전 방안 연구. 교육부.

정태화 (2015). 일 · 학습 병행제 확산, 추진 방향과 전략, 성공요인. 교육개발. 2015. Autumn. Vol. 42, No. 3.

정택수 (2008). 직업능력개발제도 변천사. 한국직업능력개발원.

정향진 외 7인 (2013). 국가직무능력표준의 핵심과제와 추진 전략. 한국직업능력개발원. 기본연구.

조선일보 (2019.9.4.). '국가인적자원개발컨소시엄'. 조선일보 특집. C1-C4.

조성희 (1991). 한국실업교육정책의 평가 연구. 홍익대학교 박사학위 논문.

조원일 (1992). 전문대학 입시제도의 변천과정과 문제점. 전문대학교육. 제6호.

조은상 (2007). 인재개발론. 도서출판 범한.

주수웅 (1977). 전문학교 운영 실태와 그 개선 방안에 관한 연구. 연세대학교 교육대학원 석사학위 논문.

중앙공무원교육원 (2009). 중앙공무원교육원 60년사 1949~2008.

중앙일보 (2020.7.2.). "원격수업이 대학 '뉴노멀'" 교육부 온라인학사 · 석사 허용키로.

지식경제부 · 한국산업기술대학교 (2012). '한국산업기술대학교 설립배경'. 2011 경제 발전 경험 모듈화 사업: 산업기술대학을 통한 기술 인력 양성.

진미석 (2015). 진로교육법 제정의 의미와 과제. THE HRD REVIEW. 2015 July.

차갑부 (2014). (2판) 평생교육론. －모든 이를 위한 평생학습. 교육과학사.

최동선. '생애단계별 진로교육의 목표와 내용'. 임원 · 김안국 (편). (2006). 진로지도와 노동시장의 이행. 한국직업능력개발원.

최운실 (2016). '평생학습정책', 교육정책의 역사적 변동과 전망－ 제2세션. 서울대학교 행정대학원 국가리더십포럼. 2016. 6.18.

최재성 (2005). 정원자율화 10년－현황과 문제－ 2005년 국정감사 정책 자료집 2. 한국대학연구소.

최재천 · 장하준 · 최재붕 · 홍기빈 · 김누리 · 김경일 (2020). 코로나 사피엔스－문명의 대전환. 대한민국 대표 석학 6인의 신인류의 미래를 말한다. 인플루엔셜.

최종현 학술원 · 중앙일보 (2020). 코로나19 위기와 대응. 그리고 미래. 2020.5.8.

최창균 · 유한구 · 양정승 (2015). 고등 직업교육의 재정 및 의사 결정 시스템에 관한 연구. 한국직업능력개발원 기본연구 2015－8.

최홍영 (1986). 직무분석에 의한 공업전문대학 기계설계과 교육과정의 개발. 서울대학교 석사학위 논문.

카이스트(KAIST) 미래전략대학원 (2014). 대한민국 국가미래전략 2015. 이콘.

카이스트(KAIST) 미래전략대학원 (2015). 대한민국 국가미래전략 2016. 이콘.

클라우스 슈밥 외 26인 지음, 포린 어페어스 엮음, 김진희·손용수·최시영 옮김, 정재승 감수 (2016). 4차 산업혁명의 충격. 흐름출판.

클라우스 슈밥 지음, 송경진 옮김 (2016). 클라우스 슈밥의 제4차 산업혁명. 메가스터디(주).

한국고용정보원 (2015). 대학 전공 계열별 인력 수급 전망(2014~2024)(1).

한국과학기술단체총연합회·한국과학기술한림원·대한민국의학한림원 (2020.5.25.). 포스트 코로나 어떻게 살아남을 것인가: 교육분야.

한국과학기술한림원 (2019). 인공지능과 함께할 미래 사회, 유토피아인가 디스토피아인가. 142회 한림원원탁토론회. 코리아나호텔 2019.9.26.

한국교원단체총연합회 (1997). 한국교총 50년사(1947~1997).

한국교육과정평가원 (2016). 국가교육과정정보센터－제7차 교육과정기~2015 개정시기의 중·고등학교 기술·가정 과목의 성격과 교육목표.

한국방송통신대학교 (2018). 2017년도 대학 자체평가 요약 보고서. 한국방송통신대학교 기획평가과.

한국산업인력공단 (2002). 한국산업인력공단 20년사.

한국산업인력공단 (2012). 한국산업인력공단 30년.

한국산업인력공단 (2017). 한국산업인력공단 35년.

한국전문대학교육협의회 (1994). 전문대학교육 10년사.

한국전문대학교육협의회 (1993). '전문대학의 갈 길과 기술대학 제도의 허상', 전문대학 교육 제10호.

한국전문대학교육협의회 (2010). 전문대학교육 30년사(1979~2008).

한국전문대학교육협의회 (2017). 2018학년도 학사학위 전공심화과정 인가·지정평가자료집.

한국직업능력개발원 (1998). 한국직업교육훈련 100년사.

한국직업능력개발원 (2018). 2018 한국의 인적자원개발지표.

한국학원총연합회 (2017). 반추를 통한 학원의 재도약: 한국학원총연합회 60년사.

홍기훈 (1995). 산업발전과 전문대학－전문대학 교육실태 보고서－ 상민사.

홍영란 외 7인 (2016). 교육개혁의 전망과 과제(I): 고등·평생교육영역. 한국교육개발원. 연구보고 RR 2016－29.

홍영란 외 4인 (2017). 교육개혁 전망과 과제(II). 평생교육 영역. 한국교육개발원. RR 2017－02－02.

Bailey, L.J. & Stadt, R., (1973). Career Education: New Approaches to Human Development. MacNight Pub. Co.

Calhoun, Calfrey C,. & Finch, Atton V., (1976). Vocational and Career Education Concepts and Operations. Wadworth Publishing Company Inc.

Campbell, Clifton p. (1996). Education and Training for Work(Vol. 1). planning Program. Technomic Publishing.

Encyclopedia of Education (2003). (second edition). Macmillan References. USA.

Evans, Rupert N. & Herr, Edwin L., (1978) Foundation of Vocational Education(Second edition). Charles E. Merrill Publishing Company.

Farr, M. (2011). Getting the Job You Really Want(6th ed.) JIST Works.

Finch, Curtix R & Crunkilton, John R. (1999). Curriculum Development in Vocational and Technical Education

Frey, C. B, (2017). The Future of Jobs and Grows: Making The Digital Revolution Work for the Many.

George A. Baker III.(Ed), (1994). A Handbook on the Community College in America– Its History, Mission and Management. Greenwood Press(GP).

Gilley. J. W., England. S. A. & Gilley. A. M. (2002). Principles of Human Resource Development. Basic Books.

Gray, Kenneth C., Herr, Edwin L. (1998). The Workforce Education: The Basics. Allyn and Bacon.

Heerman, Barry (1975), Cooperative Education in Community College. Jossey–Bass Publishers.

Horner, James L., & Wehrley, James B., (1995). Work–Based Learning: The Key to School–to–Work Transition. Clincoe/McGraw–Hill.

Hoyt, Kenneth B., Evans, Rupert N., Mackin, Edward F., Mangum, Garth L., (1974). Career Education: What it is and How to do.(Second edition). Olympus Publishing company.

http://www.c–hrd.net

http://www.news.joins.com/article/23815716.

https://www.yna.co.kr/view/AKR20200623023400071?input=1195m.

Krebs, A, H., (1967). For More Effective Teaching. The Interstate Printers & Publishers, Inc.

London, H. H. (1973). Principles and Techniques of Vocational Guidance. Charles E. Merrill Publishing Company.

Mager. Robert F., Kenneth M, Beach. Jr. (1967). Developing Vocational Instruction. Fearson Publishers, Palo Alto, California Fp.

Mason, Ralph E., & Hanes, Peter G., (1965). Cooperative Occupational Education and Work Experience in the Curriculum. The Inter State Publishers.

Matterson, Alan (1981). Polytechnics and College: Control and Administration in the Public Sector of Higher Education. Longman Group Limited.

Meister. J. C. (1998). Corporate Universities. McGraw Hill Com.

Norton, Robert E. (1983). DACUM Coordinator's Handbook. The Ohio State University.

Position Paper on Career Development (1973), AVA–NVGA Commission on Career Guidance and Vocational Education.

Robert, Roy R., (1971). Vocational and Practical Arts Education (Third edition). Harper and Row Publishers.

Sears, S., (1982). 'A Definition of Career Guidance Terms: A National Vocational Guidance Association Perspective. Vocational Guidance Quarterly.31(2).

Stadt, Roy W., & Gooch, Bill G., (1977). Cooperative Education. Bobbs -Merrill Education Publishing.

Stan, S., Lobl. (2012). Paint Your Career Green. Jist Works.

Swanson, R. & Holton, E. F. (2009). Foundation of Human Resource Development. Sanfrancisco: Berrett–Koehler Pub. Inc.

Yao, X. & Lin, Y. (2016). Emerging Manufacturing Paradigm Shifts for the Incoming Industrial Revolution. The International Journal for Advanced Manufacturing Technology, 85(5–8).

찾아보기

공저자 약력

이무근

학력
미국 University of Illinois (UIUC) Ph. D 직업기술교육 전공

경력
現 서울대학교 명예교수
現 한국창의성학회 대표
前 한국과학기술한림원 이사장
前 동명대학교 총장
前 경일대학교 총장
前 한국직업능력개발원 초대원장
前 서울대학교 농산업교육과 교수
前 The Ohio State University, Virginia Tech Visiting Scholar

저서
직업교육학 원론, 직업교육과정과 평가, 고등학교 진로와 직업, 전문대학 교육론

공저
꿈꾸는 진로여행, 실기교육방법론, 교육정책의 역사적 변동과 전망

이 찬

학력
미국 The Ohio State University Ph.D 인적자원개발 전공

경력
現 서울대학교 농산업교육과 산업인력개발학 전공 교수
現 서울대학교 경력개발센터장
現 인사혁신처 국가공무원인재개발원 겸임교수
現 ATD Korea Summit 의장
前 서울대학교 농업생명과학대학 교육연수원 원장
前 LG전자서비스 미국 법인 인사부, HRD Team Leader
前 LEGO Korea 인사팀, HR Specialist

공저
꿈꾸는 진로여행, 신업인력개발론, 인적자원개발론: HRD 이론과 실제, The smart learning
Destination Facilitation: A Travel Guide to Training Around the World(ATD Press, 2018)
Implementing On-the-job Learning: Thirteen Case Studies from the Real World of Training(ASTD Press, 2002)

한국의 직업교육훈련정책: 포스트 코로나 · 한국판 뉴딜의 HRD 방향

초판발행 2020년 9월 15일

지은이 이무근 · 이찬
펴낸이 노 현

편 집 배근하
기획/마케팅 노 현
표지디자인 조아라
제 작 우인도 · 고철민

펴낸곳 ㈜ 피와이메이트
서울특별시 금천구 가산디지털2로 53 한라시그마밸리 210호(가산동)
등록 2014. 2. 12. 제2018-000080호
전 화 02)733-6771
f a x 02)736-4818
e-mail pys@pybook.co.kr
homepage www.pybook.co.kr
ISBN 979-11-8964-378-2 93370

정 가 34,000원